BRECHT GEBRAUCHEN

Theater und Lehrstück - Texte und Methoden

Lingener Beiträge zur Theaterpädagogik
Band XV

herausgegeben von

Milena Massalongo
Florian Vaßen
Bernd Ruping

Schibri-Verlag Berlin • Milow • Strasburg

Die **Lingener Beiträge zur Theaterpädagogik** veröffentlichen und diskutieren neueste Forschungsergebnisse der Theaterpädagogik als angewandte Wissenschaft und als künstlerische Praxis. Die Lingener Beiträge zur Theaterpädagogik richten sich an Praktiker/innen und Forscher/innen, erweitern das konzeptionelle Denken und sind unverzichtbar für Ausbildungsgänge. Sie stärken das große Arbeitsfeld der Theaterpädagogik. Die Autorinnen und Autoren der Beiträge stammen aus internationalen fachlichen Zusammenhängen. Die Reihe wird seit ihrer Gründung 2006 herausgegeben von Bernd Ruping, Marianne Streisand und Gerd Koch und mit Unterstützung des Lingener Instituts für Theaterpädagogik der Hochschule Osnabrück gedruckt.

Bestellungen sind über
den Buchhandel
oder direkt beim Verlag möglich.

Dorfstraße 60, 17337 Uckerland/OT Milow
E-Mail: info@schibri.de
http://www.schibri.de

Umschlag Markus Monecke
Satz & Layout: Elisa Lange

Printed in Germany

ISBN 978-3-86863-172-2

Inhaltsverzeichnis

Milena Massalongo / Florian Vaßen

Bertolt Brechts Lehrstücke: „Texte, die auf Geschichte warten"

Villa Vigoni-Gespräche über Lehrstück, Theater und Politik

Schönheit und Experiment

In der Villa Vigoni, einem deutsch-italienischen Zentrum für europäische Exzellenz, fanden vom 2. bis 6. März 2015 im Rahmen einer Vereinbarung mit der Deutschen Forschungsgemeinschaft Gespräche zu Bertolt Brechts Lehrstück-Konzeption statt. Unter dem Titel „Texte, die auf Geschichte warten" wurde in einem deutsch-italienischen Dialog nicht nur die historische Dimension der Lehrstück-Theorie und -Praxis untersucht, sondern vor allem die gegenwärtige Situation des Lehrstücks in Theater und Theaterpädagogik, im ästhetischen Prozess und politischen Diskurs im Rahmen aktueller Debatten zur Kultur, Geschichte und Gesellschaft diskutiert.

Villa Vigoni: Foto Florian Vaßen

Die Villa Vigoni, in einer herrlichen Parkanlage idyllisch oberhalb des Comer Sees gelegen, mit einem weiten Blick über schneebedeckte Berge, blühende Landschaften und blaues Wasser, mag sich auf den ersten Blick so gar nicht fügen in unseren Erwartungshorizont, wenn es um Brechts politisch-pädagogische Lehrstück-Prozesse gehen soll – entwickelt im Kontext der Arbeiterbewegung , der Reform-

pädagogik und der experimentellen Musik am Ende der 1920er und Anfang der 1930er sowie rekonstruiert und praktisch erprobt seit den 1970er Jahren des letzten Jahrhunderts.
Auf dem Weg zur Villa Vigoni, während Alltag und Stadt, Theater und Universität immer weiter wegrückten und die Landschaft immer schöner wurde, konnte in der Tat ein eigenartiges Gefühl entstehen, dem vielleicht folgende literarische Erinnerung am besten entspricht: In Boccaccios *Decamerone* flieht eine kleine Gesellschaft aus der Stadt, weil sich dort die Pest ausbreitet; sie nimmt Zuflucht auf dem Land in einer wunderschönen Villa, wo sie wartet, bis die Pest vorüber ist. In der Zwischenzeit erzählen sich die Flüchtlinge Geschichten unterschiedlichster Art, komische und tragische, melancholische und witzige, die aber eines gemeinsam haben: Sie erzählen von Geistesgegenwart und Eingreifbereitschaft, angesichts höchster Verlegenheit und peinlichster Situationen, sogar in Konfrontation mit dem Tod. Wie die kleine Gesellschaft von Boccaccio hatten wir in der wunderschönen Villa Vigoni für drei Tage ein Privileg, das uns auch an Heiner Müllers berühmten Vers „in der Zeit des Verrats sind die Landschaften schön" erinnerte.
Aber nicht nur Schönheit und sinnliche Wahrnehmung finden ihren intensiven Bezugspunkt und ihren deutlichen Widerspruch in Lehrstück-Texten wie etwa dem *Fatzer;* das spezifische Format der Villa Vigoni, die intensive Auseinandersetzung einer Gruppe im Gespräch, die sich von den üblichen Tagungen und Symposien unterscheidet, entspricht der dialogischen, basisdemokratischen Spiel-Praxis kleiner Gruppen in der experimentellen Struktur der Lehrstück-Arbeit als eine ‚Selbstverständigung' von Individuum und Kollektiv.
Die Lehrstück-Konzeption stellt den Versuch dar, experimentell-performative Praxis und radikale Reflexion zu verbinden mit dem Ziel des ‚Eingreifens' in individuelle und gesellschaftliche Konstellationen. Intentionalität und Unberechenbarkeit, Intervention und ‚Eigensinn', ‚Einverständnis' und Schrecken provozieren in diesen theatralen Prozessen eine Haltung des Politischen, deren Reichweite und Wirkung es immer neu zu überprüfen gilt.

Brechts *learning play* – ein Versuchslabor gegen Folgenlosigkeit

Schon lange existiert das Problem der *Folgenlosigkeit* – Brecht erkannte es bereits Ende der 1920er Jahre, bevor Nationalsozialismus und Stalinismus zur alles dominierenden Bedrohung wurden:

> Wir haben eine folgenlose Literatur, die sich nur bemüht, selber keine Folgen zu haben, sondern sich auch alle Mühe gibt, ihre Leser zu neutralisieren, indem sie alle Dinge und Zustände ohne ihre Folgen darstellt. Wir haben folgenlose Bildungsinstitute, die sich ängstlich bemühen, eine Bildung zu vermitteln, welche keinerlei Folgen hat und von nichts die Folge ist. (GBA 21, 554)

Die Apparate, die Betriebe, die Institute und Industrien für Kultur, Bildung und Unterhaltung produzieren folgenlose Kultur, Bildung und Unterhaltung. Eine unermüdliche Tätigkeit zieht sich durch die Gesellschaft, alles ist in Bewegung, aber was für eine Bewegung ist das? Alles Tun ist letztlich folgenlos. Erich Fromm hat in den 1960er Jahren diesbezüglich von einer „scheinbaren Tätigkeit", besser noch von einer „Geschäftigkeit" gesprochen, die unsere gesamte Produktion betrifft. Nicht in dem Sinne, dass nichts gemacht wird, Produkte und Profite, Bücher und Nahrungsmittel, Kunstwerke und Fernsehsendungen und vieles mehr werden durchaus hergestellt. Was aber dabei vor allem produziert wird, ist der *Schein*, etwas zu tun, eine Rolle zu spielen, zu agieren, einzugreifen. Dieser Schein ist wichtiger als das eigentliche Produkt, er *ist* das wirkliche Produkt. Die Kraft der Praxis im konkreten und unmittelbaren Sinne, als Können, als Wirkung, als Eingreifen in ein Kraftfeld, so Guy Debord dreißig Jahre nach Brecht, wird in „unserer Gesellschaft von sich selbst abgehoben und in einem selbstständigen Reich fixiert" (*Die Gesellschaft des Spektakels*, These 22). Bekanntlich nennt Debord diese „Verdinglichung der sozialen Praxis" „Spektakel". Man betrachtet die eigene suspendierte Macht in den Waren, in den durchorganisierten Arbeiten und Berufen, in den vorgepackten Unterhaltungen, in den aufgetischten Genüssen. Selbst die Kunstwerke bleiben Orte der „allgemeinen Beschlagnahme und Verdinglichung des Könnens". Es stellt sich deshalb die grundlegende Frage, inwieweit sich Formen der Beteiligung denken lassen, die nicht wieder ‚spektakularisiert' bzw. vereinnahmt werden.
Aus den späten 1920er und den frühen 1930er Jahren stammen einige kleine Texte, in denen Brecht auf eine besonders radikale Weise dieser grundlegenden Folgenlosigkeit entgegenzuarbeiten versucht: die Experimente der sogenannten Lehrstücke. Oft verschüttet und fast vergessen, haben sie gleichwohl – so die These – die Kraft, nicht nur die Institution Theater, sondern allgemein auch Kunst und Kultur sowie soziale Erfahrungen in Frage zu stellen. Der Gegensatz von autonomer und engagierten Kunst, der Sinn von ‚Engagiertem' und 'Rein-Ästhetischem', die Idee einer per Definitionem vorgegebenen Autonomie der Kunst, die Vorstellung vom Didaktischen als inhaltsbezogene Belehrung und die Sichtweise vom Politischen als bloß ideologisch-propagandistische werden in den Lehrstück-Texten nicht bloß kritisch diskutiert, sondern in der theatralen Praxis untersucht und letztlich destruiert. Das beinhaltet die Forderung und Aufforderung, das Politische, das Künstlerische und das, was wir Engagement, engagierte Kunst, nennen, neu zu denken. So lautete einer der zentralen Aspekte, die wir bei den Villa-Vigoni Gesprächen diskutiert haben und die für Deutschland und Italien trotz deutlicher politischer und ökonomischer Unterschiede gleichermaßen relevant sind.
Dieser Neuansatz scheint heutzutage besonders notwendig und dringlich zu sein, da viele künstlerische Initiativen wieder den Anspruch formulieren, sich politisch zu engagieren. Während sie eine ‚Politisierung der Kunst' nach der Vorstellung von Brecht (und Benjamin) anstreben, erreichen sie allerdings oft nur eine weitere ‚Ästhetisierung des Politischen'. Gegen diese Tendenz könnte die Lehrstück-Konzeption Widerstand leisten, sozusagen eine praktische ‚Maßnahme' bilden.

In Brechts Lehrstücken oder auch *learning plays*, so eine treffende, von Brecht selbst vorgeschlagene Übersetzung, die stärker das Lernen als die Lehre und das Spiel als den Theatertext hervorhebt und damit die Prozessualität, radikalisiert Brecht seine Kritik am traditionellen bürgerlichen Theater zu einer praktischen Infragestellung der modernen-zeitgenössischen ästhetischen Erfahrung. Er bedient sich dazu zwar der Theatermittel, aber ohne den Theaterapparat, d.h. ohne die Institution Theater zu benutzen und damit ohne die gewöhnlichen Vorstellungen und Erwartungen von Theater als ‚Schau-Stück' zu reproduzieren. Nach Brecht sind die Lehrstücke primär nicht für eine Theater-Aufführung gedacht; sie setzen kein Publikum voraus, schließen die Zuschauer*innen aber auch nicht aus. Der Akzent liegt demnach nicht mehr in der Darstellung für ein Publikum, sondern in dem Gebrauch, den die Benutzer*innen selbst, d.h. alle Beteiligte, vom Lehrstück-Text machen.

Brecht nimmt in dem Begriff Lehrstück Bezug auf eine pädagogische Dimension, aber er präzisiert sofort, dass es nicht um eine Lehre geht, die vermittelt werden soll, sondern dass diejenige, die mit dem Text praktisch arbeiten, sozusagen als ‚Produzent*innen' selbst im Spielprozess lernen sollen. Dadurch wird sowohl die Spezifik dieser ‚Didaktik' als auch die der Agierenden sichtbar: Es sind keine professionellen Schauspieler*innen, sondern Amateure.

Was auf den ersten Blick nur wie Übungen für Schauspielschulen oder als exzentrischer Einfall der Avantgarde erscheinen könnte, ist also für Brecht ein *Versuchslabor*, in dem die etablierte und heute noch dominante Idee von Kunst und ästhetischer Erfahrung radikal untersucht und in Frage gestellt wird. In den Lehrstücken versucht Brecht, sich von den gängigen Erwartungen dem Kunstwerk gegenüber, von der Kunst als Institution, von dem Schöpfungsprozess des Genies und dem professionellen Handeln der Schauspieler*innen, im Grunde also von der Logik der ‚Expert*innen' und ‚Eingeweihten', zu lösen. Theatrale Übungen, szenische Experimente und öffentliche Lesungen werden zu Gegenmodellen, die sich in kollektiven und eingreifenden Prozessen manifestieren; an die Stelle des unantastbaren Kunstwerks tritt eine experimentelle Umgangsweise mit ästhetischen Prozessen und Produkten. Die Idee vom autonomen Kunstwerk wird destruiert, ebenso wie die festgeschriebenen Demarkationslinien zwischen Erkennen und Darstellen, Denken und Handeln überschritten werden.

Nach der Unterbrechung durch den Nationalsozialismus und den ersten Jahrzehnten nach dem Krieg begünstigte das sozial-politische Klima der 1960er und 1970er Jahre die erneute Auseinandersetzung mit der Konzeption des Lehrstücks, auch in dem Sinne, dass sie zum Impuls für neue Lehrstück-Produktionen wurden. Zu nennen ist hier vor allem Heiner Müller, Brechts ‚kritischer Erbe', der mit *Mauser* und *Der Horatier* Gegenentwürfe zu Brechts *Die Maßnahme* und *Die Horatier und die Kuriatier* geschrieben hat, Ende der 1970er Jahre in einem Brief an Reiner Steinweg jedoch anmerkt, dass man sich vom Lehrstück „bis zum nächsten Erdbeben verabschieden" müsse; es sind, so Müller, „einsame Texte, die auf Geschichte warten." In der Forschung fand gleichwohl seit Anfang der 1970er Jahre in der Bundesrepublik

Deutschland eine Wiederentdeckung und Rekonstruktion von Brechts Lehrstück-Konzeption statt, vor allem durch Reiner Steinweg, Gerd Koch, Hans Martin Ritter, Ingo Scheller und Florian Vaßen, die den Versuch unternahmen, das Potential des Lehrstücks weiterzuentwickeln, und zugleich mit praktischen Versuchen des Lehrstück-Spielens experimentierten.

Die italienische Perspektive

Im Unterschied zu Deutschland hat eine theoretische und praktisch-theatrale Rezeption der Lehrstücke in Italien kaum stattgefunden. Zwar sind einige Lehrstücke schon in den ersten Einaudi-Übersetzungen von Brechts Theater (*Die Maßnahme* und *Die Ausnahme und die Regel*, 1954) veröffentlicht worden, zu denen in den zwei darauf folgenden Jahrzehnten die anderen Lehrstücke hinzukamen. Die letzte Veröffentlichung aller bis dahin übersetzten Lehrstücke liegt aber mehr als dreißig Jahre zurück (1980, hrsg. von Cesare Cases). Trotz Cases' hilfreicher Einführung sind diese außergewöhnlichen Texte in Italien kaum zur Kenntnis genommen und bald als meist nur vom Hörensagen bekannte Zeugnisse einer im Grunde ideologisierten und ideologisierenden Vergangenheit beiseite gelegt worden. In der Folgezeit wurde der ‚Dichter' Brecht vom ‚Politiker' und ‚Ideologen' Brecht getrennt. Soweit es überhaupt zu Inszenierungen kam, hat man sich auf den jungen Brecht, d.h. den Autor der frühen Dramen und Gedichte, konzentriert und den späten, politisch engagierten weitgehend ignoriert. Wie der Theaterhistoriker Ferdinando Taviani 2012 in einer öffentlichen Debatte zum Thema „Perché Brecht?" anmerkte, ist selbst Brechts zentraler Begriff der Verfremdung in Italien kaum wirklich rezipiert worden, selbst nicht in den Jahren, in denen eine oberflächliche Begeisterung für den Verfremdungseffekt herrschte und man sich kaum mehr für Stanislawskis Theorien interessierte.
Hierbei handelt es sich jedoch offensichtlich weniger um eine Wissenslücke oder ein Forschungsdesiderat als um eine fehlende Auseinandersetzung, die nicht nur die Brecht-Rezeption, sondern auch das theoretische Denken und die Theater- und Literatur-Theorie und -Praxis im Allgemeinen beeinträchtigt hat. Bekannt ist z.B. das Erstaunen des Dichters und Brecht-Übersetzers Franco Fortini, eines der wichtigsten italienischen Brecht-Übersetzer, dass Pier Paolo Pasolinis sich nicht mit Brechts Werk beschäftigt hatte. Zu den wenigen italienischen Schriftstellern, die in den 1960er und 70er Jahren die große Tragweite von Brecht zu verstehen scheinen, gehört der Dichter und Übersetzer Edoardo Sanguineti, der von Brechts zentraler Bedeutung überzeugt ist, nicht nur für das Theater, „sondern für den gesamten Wort- und Mitteilungshorizont". Auch der Schriftsteller und Literaturwissenschaftler Fausto Curi erkannte, dass Brechts Arbeit nicht einfach nur eine andere Art von Theater darstellt, sondern dass er für etwas grundlegend Anderes steht als das, was bisher als Literatur erkannt und anerkannt worden ist.

Erst im letzten Jahrzehnt scheint wieder ein wirkliches Interesse an Brecht und insbesondere an den experimentellen Texten der Lehrstücke entstanden zu sein. Das gilt sowohl für Deutschland (die Volksbühne in Berlin hat mehrmals auf das Lehrstück zurückgegriffen, 2008 mit der Inszenierung von *Die Maßnahme / Mauser* von Bertolt Brecht/ Heiner Müller und 2010 von Brechts *Das Badener Lehrstück vom Einverständnis*), wo das kritisch-theoretische und praktisch-experimentelle Interesse allerdings niemals wirklich verlorengegangen war, als auch für Italien, wo sich in den letzten Jahren Zeichen einer ernsthafteren Auseinandersetzung feststellen lassen, sowohl in der Theaterpraxis als auch in der Theorie-Diskussion. Auch auf der Bühne bezeugen verschiedene Inszenierungen ein erneutes Interesse für diese Texte (*Drammi didattici*, unter der Regie von Gabriele Tesauri, 2007; *Orazi e Curiazi*, 2011 und *Fatze*r-Fragment / *Getting lost faster*, unter der Regie von F. Arcuri, 2012). Sogar außerhalb der Theater fanden Experimente statt, die Brechts politisch-pädagogischer Intention zu entsprechen scheinen: Versuche in diesem Sinne haben z.B. an der Universität Roma La Sapienza 2003 und 2005 begonnen und wurden in der Schule fortgesetzt, wo die Dimension der Theater-Aufführung letztlich völlig aufgegeben wurde.

Die Heterogenität der Fragestellungen und die Vielfalt des Materials

Spielt die theatrale ‚Eigenzeit' als Übung, Wiederholung und Erprobung im Lehrstück-Spiel eine besondere Rolle, so versuchten die Teilnehmer*innen in der Villa Vigoni mit einer wissenschaftlichen ‚Eigenzeit' zu experimentieren – auf jeden 45minütigen Vortrag folgte ein intensives Gespräch von ca. einer Stunde. Neben den Vorträgen werden deshalb hier auch Teile der mit erheblichem Aufwand transkribierten und bearbeiteten Gespräche veröffentlicht, in denen die Lebendigkeit und Intensität der Theorie-Diskussion sichtbar wird. Die Gespräche werden ergänzt durch Fotos von den Diskussionsteilnehmer*innen.
Einige eingeladene Lehrstück-Expert*innen waren an dem Termin der Villa-Vigoni-Gespräche verhindert und konnten deshalb nicht teilnehmen. Wir haben sie gebeten, dennoch einen Text für diese Publikation zu schreiben und freuen uns, dass sie der Bitte Folge geleistet haben. Die Autor*innen verwenden weibliche und männliche Formen in unterschiedlichen Schreibweisen.
Im Mittelpunkt der Tagung standen elf Vorträge, jeweils gefolgt von Gesprächen, in deren Rahmen historische, politische, gesellschaftstheoretische, philosophische, pädagogische, textanalytische, produktionsästhetische, spiel- und theaterpraktische, projektbezogene und Utopie orientierte Reflexionen stattfanden.
Wenn man sich Brechts Lehrstücke genauer ansieht, stößt man auf ein breites Spektrum und eine große Vielfalt von Fragestellungen, und nur mit sehr unterschiedlichen Akzentuierungen und aus deutlich differenten Perspektiven lässt sich der Komplex der Lehrstücke erschließen. Die Lehrstück-Texte bilden ein heterogenes

ästhetisches Material, das zweifelsohne *historisch* bestimmt ist. In Folge dessen ist es notwendig, den Kontext von Brechts Lehrstück-Konzeption zu berücksichtigen. Der aber ist nicht ausreichend zu erschließen aus der allgemeinen gesellschaftlichen Situation am Ende der Weimarer Republik; vielmehr beinhaltet er u.a. ganz konkret die Schüler im Neuköllner Reformgymnasium (siehe Iunker, S. 219ff.) und Brechts Kontakte zur Reformpädagogik (siehe Streisand, S. 193ff.) ebenso wie die Arbeitersänger-Bewegung, die Text-Musik-Konstellationen in der Zusammenarbeit mit den Komponisten Paul Hindemith, Kurt Weill und Hanns Eisler wie die Diskussion um Theater, Soziologie und Marxsche Theorie etwa mit Karl Korsch, Fritz Sternberg und Walter Benjamin (siehe auch Ponzi, S. 255ff. und Turnheim, S. 271ff.).
Ebenso unverzichtbar ist aber auch eine sehr genaue *Textanalyse*, wie sie in einigen Beiträgen zu finden ist (siehe insbesondere Härle, S. 165ff., Fiorentino, S. 389ff. Müller-Schöll, S. 323ff., Wehren, S. 303ff. und Lehmann/ Varopoulou, S. 401ff.). Erst so kann eine philologische Fehlinterpretation vermieden werden, wie sie seit den 1930er Jahren immer wieder in wissenschaftlichen Untersuchungen und Analysen, in Theaterkritiken und im Feuilleton zu finden ist, oft geprägt von dogmatischem Missverstehen und Vorurteilsstrukturen. Zudem gilt es, die besondere Qualität von Brechts Lehrstück-Texten hervorzuheben, deren Form „streng" ist, damit von den Lehrstück-Spielenden in die ‚Leerstellen' „teile eigener erfindung und aktueller art desto leichter eingefügt werden können" (Brecht) (siehe Vaßen, S. 37ff., Massalongo, S. 57ff., und Ruping, S. 101ff.).
Besonders aufmerksam ist weiterhin mit dem komplexen Verhältnis von Lehrstück-*Text* und Lehrstück-*Praxis* umzugehen. Mit Literatur und Theater treten hier zwei eigenständige und verschiedenartige Künste in Kontakt, die zwar korrespondieren, aber auch große Differenzen aufweisen. So sollten Brechts Lehrstück-Texte weder mit den Aufführungen auf dem Musikfestival in Baden-Baden, in dem Karl-Marx-Gymnasium und in der alten Philharmonie in Berlin zurzeit der Weimarer Republik noch mit den Lehrstück-Experimenten in einigen Betrieben in der DDR, in Terni (Italien) oder in den vielfältigen ‚alternativen' pädagogischen Kontexten in Westdeutschland gleichgesetzt werden. Gerade die Differenz und zum Teil der Widerspruch von Text und theatraler Realisierung im Kontext der Lehrstück-Theorie ermöglicht eine produktive Spannung.
Das besondere *Theorie-Praxis-Verhältnis* der Lehrstück-Konzeption stellt ein weiteres Spezifikum dar, auf das hinzuweisen ist. Nicht nur dass Brecht sich auf die Marxsche Theorie-Praxis-Dialektik bezieht – er spricht davon, dass „die politiker filosofen und die filosofen politiker sein müssen". Darüber hinaus ist die Theorie nichts Äußerliches, sondern integraler Bestandteil des poetischen Textes und der sinnlich-körperlichen Spiel-Praxis (siehe Massalongo, S. 141ff.), was zu Lernprozessen jenseits rein kognitiver und diskursiver Abläufe führt. Man könnte bei den Lehrstücken dementsprechend von *performative research* oder Theoriebildung in ästhetischer Form sprechen (siehe Ruping, S. 101ff.).
Die Lehrstücke stellen performative ‚Kunst-Übungen' dar und nehmen damit Formen des postdramatischen Theaters vorweg. So ist es auch zu erklären, dass in den

letzten Jahren einige Theater-Gruppen gleichermaßen mit Lehrstück und Post-Dramatik experimentieren, und zwar nicht nur in ihren Inszenierungen, sondern in ihrem gesamten Arbeitsprozess, so dass ihre Organisationsform als Theater-Kollektiv es ermöglicht, dass sie in *politischer* Art und Weise Theater machen (siehe Thamer, S. 381ff., Häckermann/Wicke, S. 393ff., Lehmann/Varopoulou, S. 401ff.).

Lehrstücke ermöglichen ‚Selbstverständigung' von Individuen und Kollektiven (siehe Vaßen, S. 31ff.), sie sind Texte für Produzent*innen und zugleich Anlass für eigene Text-Produktion (siehe Koch, S. 83ff. und Ruping, 101ff.), sie können als Methode und als ästhetisches Material in pädagogischen und theatralen Arbeitszusammenhängen dienen, d.h. sie sind in der Theaterpädagogik (siehe Ruping, S. 101ff. und Iunker, S. 219ff.), in der Gewaltprävention und der Friedensforschung ebenso zu verwenden wie in kollektiven Probenprozessen und experimentellen Inszenierungen (siehe Hirche/Tunk, S. 345ff., Thamer, S. 381ff., Häckermann / Wicke, S. 393ff., Waas, S. 363ff. und Lehmann / Varopoulou, S. 401ff.), so etwa bei Pollesch, andcompany&Co. oder bei den Mülheimer Fatzer-Tagen. Die Lehrstück-Arbeit ist gleichermaßen Ereignis und Dialog, Pädagogik und Performance, Erfahrung und Politik (siehe Massalongo, S.141ff.), auch im Sinne einer Denkform des Anderen.

Zur Potentialität des Lehrstücks

„Geschichte ist schon da, wir brauchen nicht mehr lange darauf zu warten", hatte Florian Thamer in einem unserer Gespräche in der Villa Vigoni angemerkt. Versteht man aber Geschichte in einem strengen Sinne nicht einfach als ‚erlittene' Geschichte, sondern als ‚Geschichte-Machen', dann müssen wir wohl konstatieren, dass in unserer Gesellschaft zumeist daran gearbeitet wird, die Dialektik der Geschichte zu verhindern. Anders als vor einigen Jahren in der Posthistoire wird heute dennoch kaum mehr vom Ende der Geschichte gesprochen. Sie ist nicht einfach in ‚natürlicher Weise ausgestorben', sondern sie wird jeden Tag unterdrückt, umgegangen, weggedacht, weggeredet. Und so existieren Brechts Fragestellungen immer noch, sie sind oft nicht nur unbeantwortet, sondern werden auch kaum mehr wahrgenommen. Deshalb sollten wir auch nicht auf die Geschichte warten, sondern versuchen, mit den ‚kleinen' Texten der Lehrstücke und dem Modell einer künstlerisch ‚kleinen Arbeit', die im Gegensatz zu der traditionellen ‚großen Kunst' steht, aber im Rahmen einer „Großen Pädagogik", wie Brecht es nennt, Geschichte zu praktizieren und dabei das Eingreifen in die gesellschaftliche Praxis zu erproben.
Sowohl die Probleme mit dem Verständnis der Lehrstück-Texte als auch die komplexe Korrespondenz von Theorie und Praxis, von wissenschaftlicher und ästhetisch-theatraler Herangehensweise wurde in den Vorträgen, Gesprächen und Praxis-Versuchen immer wieder angesprochen. Dabei wurde im Zusammenspiel von pädagogischen, politischen und theatral-ästhetischen Prozessen die *Potentia-*

lität der Lehrstücke deutlich sichtbar. Ob heute noch zutrifft, dass die Lehrstücke „ihre pädagogische Wirkung [...] zuerst, ihre politische dann und ihre poetische ganz zuletzt" haben, wie Walter Benjamin in den 1930er Jahren formuliert, muss genau untersucht werden. Auf welche Weise sich das Pädagogische, das Politische und das Poetische artikulieren und Wirkung zeigen, ist nur im konkreten Arbeitsprozess, im politischen Kollektiv und in der lernenden Gruppe, in der theatralen Inszenierung und im performativen Vorgang, im ästhetischen Experiment und pädagogischen Verfahren zu klären. Dabei gibt es zweifelsohne unterschiedliche Akzentuierungen, aber Theater und Performance, Pädagogik und Politik lassen sich eben gerade nicht trennen, sondern ermöglichen in der Lehrstück-Praxis radikale Haltungen, Verunsicherung ebenso wie Ermutigung, Selbstinfragestellung wie *self empowerment*, Erfahrung von Fremdheit und von Eigenheit.

Brechts Fragestellungen, auf die er mit seiner ‚kleinen Kunst' der Lehrstücke zu antworten versuchte, sind im Grunde weder ‚überholt' noch veraltet, sondern immer noch lebendig und aktuell. Ihre Potentialität ermöglicht nicht nur ein Eingreifen in die gesellschaftlichen Verhältnisse, die Lehrstücke stehen auch – wie Brecht schreibt – für ein „Theater der Zukunft" und ästhetisch für den „höchsten Standard technisch".

Blick von der Villa Vigoni auf den Comer See,
Foto: Florian Vaßen

Milena Massalongo / Bernd Ruping / Florian Vaßen

Texte und Gespräche
Eine dialogische Struktur

Die Struktur dieser Publikation ist geprägt durch den Wechsel von Texten und Gesprächen: Thematisch zusammenhängende und sich ergänzende wissenschaftliche Untersuchungen werden erweitert durch die offene Form der Diskussion, die in bearbeiteter und konzentrierter Form jeweils einzelnen Texten oder Textgruppen zugeordnet ist. Zunächst werden vier unterschiedliche Zugänge zu Brechts Lehrstück-Konzeption eröffnet, die auf die produktive Heterogenität von Theorie und Praxis verweisen.

Auf dieses Vorwort und diese Übersicht folgen als Erstes Thesen von *Florian Vaßen* zu „Brechts Lehrstück-Konzeption" im Sinne einer „Theaterpraxis als Selbstverständigung und Potentialität", Thesen, die auch die ‚Villa Vigoni-Gespräche' eingeleitet haben und Ausgangspunkt der Diskussion waren.

Thomas Martin liefert mit seinem Text „Brecht. Spätes Porträt" den zweiten, ganz anderen einleitenden Zugriff auf Bertolt Brecht. Er wird gezeigt – vor seinem frühen Tod in Berlin – im Kampf für ein anderes Theater, für ein „Pädagogium der Unterhaltung *und* der Lehre, des Lernens am Selbst" sowie für „kleine, wendige Kampfformen", für „Laienspielgruppen", die sich mit „Alltagsfragen befassen", für „Selbstzündung" (1956) wie das Lehrstück. Für heute gilt wohl immer noch: „Brecht zeigt seine Wirkung nicht erkennbar, nicht unmittelbar."

Der anschließende Text von *Florian Vaßen* mit dem Titel „Lehrstück und Alterität. Selbstverständigung und politisch-ästhetischer Lernprozess" ist zweigeteilt. Zum einen stellt er Brechts Lehrstücke als *learning play* und demgemäß als „eine andere Versuchsreihe jenseits der ‚eigentlichen Theater'" vor; zum anderen fokussiert sich die Analyse auf die Aspekte *Selbstverständigung, Fremdheitserfahrung* und *pluralisierte Identität:* Selbstverständigung steht im Zentrum sowohl von Brechts Schreibprozess als auch bei der Lehrstück-Praxis in Form von Kommunikation von Individuen und Gruppen; im Kontext des umfassenden Begriffs Alterität bestimmen Fremdheitserfahrungen – über die bekannten Begriffe Verfremdung und Entfremdung hinaus – den Lehrstück-Prozess. Eine Subjektkonstitution mit Formen pluralisierter Identität und ‚Dezentrierung' – im Kontrast zu jeglichem Entitätsdenken – ermöglicht ein neues Verhältnis von Individuum und Kollektiv. Die Lehrstück-Arbeit, die bestimmt ist von Neugier und Phantasie, Eigensinn und Gefährdung, Ungewöhnlichem und Verstörendem, exemplarisch konfiguriert vor allem in Baal und Fatzer, kann zu Liminalität und Transformationen führen und ermöglicht Selbstbestimmung, Selbstfürsorge und Selbstermächtigung *(empowerment)*.

Milena Massalongo stellt in ihrem Text „Weder die Kunst noch der Zuschauer: Das *Publikum* ist der Feind und muss aufhören" einführend aus einer anderen Perspektive grundlegende und radikale Fragen an die heutige Lehrstück-Praxis. Massalongo betont zunächst, dass Brecht mit seiner Lehrstück-Konzeption keineswegs die Kunst abschaffen, sondern sie vielmehr als etwas Selbstverständliches praktizieren will, ohne Trennung von Text und Alltagsleben. Brechts Konzeption bildet zwar einen Kontrast zum folgenlosen „Spektakel-Effekt", aber sie bleibt, nach Massalongo, doch nur eine isolierte Unterbrechung der heutigen Kunstproduktion als Ereignis. Brechts Lehrstücke stehen für einen radikalen Versuch, an Stelle von Originalität und Kreativität die „Reproduzierbarkeit" zum „technischen Prinzip der künstlerischen Produktion zu machen" und damit Kunst als „Gebrauchsgegenstand" zu verstehen. Dazu ist die „Durchschaubarkeit des Produktionsprozesses" im Sinne einer „praktischen Nachvollziehbarkeit, praktikablen Wiederholbarkeit" notwendig. Dementsprechend wendet sich Brecht auch deutlich gegen das „ungesehene Zusehen", diese Grundhaltung des abendländischen Publikums, und kritisiert eine Zuschauer*innen-Situation ohne Verantwortung, konkreten Zusammenhang und Wirkung. Stattdessen sind die konkreten Zuschauer*innen bei Brecht einem „Zugriff" ausgesetzt und treten damit an die Stelle des „unbestimmten" Publikums. Partizipation bildet nach Massalongo jedoch keinen wirklichen Gegenpol zur vorherrschenden gesellschaftlichen „Abstraktion"; „Teilnahme und Aktivität" im Sinne von „geistiger Übung" führen sogar zum Schein von Emanzipation. Es geht beim Lehrstück vielmehr um den „Einbruch [...] in den Lebenszusammenhang und in die Lebensform" der Teilnehmenden mit Blick auf die Überwindung der Trennung von „abstraktem Denken und Leben" und um die Negation von isolierter Ethik und falschem Bewusstsein.

Es folgt das „*Gespräch 1*: Lehrstück als Selbstverständigung. Fremdheit, Gewaltfrage und politische Perspektive in Text, Spielprozess und Aufführung (mit Musik)", in dem einige der zuvor angesprochenen thematischen Schwerpunkte gemeinsam reflektiert, vertieft und weitergedacht werden.

Gerd Koch zeigt in seinem Beitrag „Von Brechts *Me-ti* ausgehend: Gedanken zum Produzieren, zur Produktivität" wie zentral der *Produktionsbegriff* für Brecht und seine Lehrstück-Konzeption ist, und zwar eine Produktion – wie bei Marx und Engels – "im weitesten Sinne". Brecht betont: „Die Produkte können sein Brot, Lampen, Hüte, Musikstücke, Schachzüge, Wässerung, Teint, Charakter, Spiele usw. usw." Er bemüht sich nicht nur um die „Befreiung der Produktivität aller Menschen von allen Fesseln", d.h. um nichtentfremdetes Produzieren, er denkt sie überraschenderweise auch zusammen mit dem Begriff der „Liebe", wie Koch belegt. Selbst hier findet sich erneut eine Parallele zu Marx' und Engels' frühen humanistisch-materialistischen Schriften. Brecht versteht – so Koch – Produktion als „Kultivation", dialogische Geselligkeit und soziales Verhalten, aber auch – wie in der Lehrstück-Praxis – als das „Unvorhersehbare" (Walter Benjamin). Produktion als „Selbstverwirklichung" (Haug) im Sinne eines kollektiven, sozialen Vorgangs führt somit Brechts schon erwähnten Begriff der „Selbstverständigung" (siehe Vaßen, S. 31ff.) weiter und ermöglicht eine neue Form des Lernens (siehe Turnheim, S. 271ff.). Brecht: „Erst wenn die Produktivität entfesselt ist, kann Lernen in Vergnügen und Vergnügen in Lernen verwandelt werden."

Es gab bei den Villa-Vigoni-Gesprächen auch kürzere Praxis-Phasen. *Gerd Koch* beschreibt in seinem Text „Über das Ingang-Setzen einer ‚Schreib-Spiel-Maschine'" die „kollektive Produktion eine 3-Minuten-Szene, bestehend aus Dialog, Kommentar, Rede und Chor", durch die Teilnehmer*innen nach der Methode des *kreativen Schreibens*. Es entsteht ein „Neu-Text" als „Fortsetzung, Korrektur, Gegenstück" zu Brechts fixiertem Lehrstück-Text: „Lehrstücke sind erfindungsoffen." In Tunks Text (siehe Tunk, S. 345ff.) ist eine Fassung des *Badener Lehrstücks vom Einverständnis* enthalten, die gemeinsam von allen Teilnehmenden mit verteilten Rollen laut gelesen wurde. Die kurze, vor allem aus Zeitgründen nur angedeutete Lehrstück-Spiel-Praxis wird hier nicht dokumentiert; stattdessen verweisen wir auf die Forschungsliteratur[1] und auf Bernd Rupings Theorie fundierte Praxis-Darstellung.

Bernd Ruping gibt in seinem Text „Das Lehrstück als leibhaftiger Diskurs. Zur praktischen Archäologie der Theaterpädagogik" ein anschauliches Beispiel für die aktuelle Arbeit mit Brechts Lehrstück-Konzeption. Mit Blick auf mehr als 25 Jahre zurückliegende praktische Lehrstück-Versuche thematisiert Ruping die Spannung zwischen damals und dem Interesse der ‚Lernenden' an der Hochschule heute. Als Textgrundlage dient das *Badener Lehrstück vom Einverständnis,* ausgewählt wegen der darin vorgenommenen „Untersuchung, ob der Mensch dem Menschen hilft" und deren Bezug zu der aktuellen Situation der Migranten und Geflohenen. Detailliert beschreibt Ruping die Methoden und den Ablauf dieses „Theorie-Praxis-Seminars" sowie die Anregungen und Impulse, d.h. Responsivität statt Intentionalität, entsprechend einer *afformativen* Pädagogik (Walter Benjamins Überlegungen zum proletarischen Kindertheater); diese Vorgehensweise zeigt sich auch in den mit abgedruckten Kommentaren und Mitschriften der Studierenden.
Die besondere Ästhetik der Lehrstück-Texte ermöglicht bei den Studierenden vorbegriffliche Erkenntnis und diskursive Erfahrungsbildung. Mit Hilfe von „Verkörperungen", „Entdeckungen", „Textualisierungen", körperlicher „Erzählweise" sowie Textbausteinen von Brecht und selbstgeschriebenen Texten, d.h. in „verschiedenen Spielversuchen und Textentwürfen", gelangen sie zu einer „aktivistischen Geste" (Milo Rau) und zu „einem *konjunktiven Wissen*". Deutlich wird, „dass eine theaterpädagogische Auseinandersetzung mit den Lehrstücken eine *Theoriearbeit als Spiel* generiert", d.h. „der theatralen Praxis selbst wuchs theoretische Qualität

1 Bibliographische Hinweise zu einigen wichtigen Texten zur Theorie und Praxis des Lehrstücks finden sich in dieser Publikation auf S. 427.

zu." Schließlich zeigt sich das Lehrstück trotz seiner strengen Form *„als Format performativer Prozesse"*.

Das *Gespräch 2* bezieht sich vor allem auf Brechts Produktionsbegriff; es erweitert diese Fragestellung um „Produktion und Reproduktion, Kreativität und Autopoiesis" und beschäftigt sich mit dem „Lehrstück im Wärme- und Kältestrom, als Tragödie, Zeremonie und Ereignis".

Es folgen zwei Texte von Milena Massalongo und Clemens-Carl Härle mit differenten theoretischen Ansätzen zu aktuellen und textanalytischen Fragestellungen.

Milena Massalongo konzentriert sich in ihrem Beitrag „Lehrstücke ± Lehre. Übungen zur materiellen Kritik" insbesondere auf Brechts Kritik am „Erlebnis", das zu seiner Zeit oft positiv evoziert (Jugendbewegung, Reformpädagogik), aber auch kritisiert wurde (M. Weber, W. Benjamin) und das im Lauf des Jahrhunderts sowohl in den Künsten und in der Pädagogik als auch in den Medien und in der Unterhaltungsindustrie eine immer zentralere Rolle gespielt hat. Vor dem Hintergrund der Distanzierung vom Erlebnis reflektiert Massalongo den Brechtschen Begriff der Lehre im Lehrstück. Als einen zentralen Bezugspunkt identifiziert sie die Marxsche Lehre als eine Lehre zur Praxis, die bei Brecht zur wichtigsten Verfremdungstechnik wird. Sie dient nicht dazu, Haltungen im Allgemeinen kritisch zu exponieren, sondern historisch ganz bestimmte, zeitgenössische Haltungen in die Krise zu bringen. Sich auf Benjamin stützend, könnte man es so formulieren: Lehrstücke bauen künstliche Situationen auf, um das *erfahren* zu können, was in den heutigen Lebensumständen nicht mehr direkt *erlebt* werden kann: den Zusammenhang zwischen ‚privatem' Charakter und ‚äußerem Anliegen'. Zur Kunst und zur praktischen Wirkung der Lehrstücke gehört also auch der Einbau und Gebrauch einer sehr präzisen Lehre; ohne sie wäre jener Zusammenhang heute nicht wahrnehmbar. Es gilt zu überprüfen, ob die von Brecht gebrauchte Lehre in diesem Sinne heute noch praktikabel ist oder ob wir sie gerade darum umgehen und im Lehrstück tendenziell übersehen, weil sie uns, unserem Status quo gegenüber, nicht in eine ‚helfende', sondern in eine ‚aufgebende' Haltung versetzt.

Ausgehend von Heiner Müllers *Abschied vom Lehrstück* (1977), legt *Clemens-Carl Härle* eine doppelte, gleichsam genealogische und axiomatische Lektüre der Lehrstückform in seiner Untersuchung „Arbeit und Einverständnis. Zur Form des Lehrstücks" vor, damit so die Bedingungen und Möglichkeiten zu deren Aktualisierung genauer untersucht werden können. Das Lehrstück ist nach Härle dadurch gekennzeichnet, dass ein Kollektiv schon präsent ist bzw. vorausgesetzt wird, demgegenüber sich die Stellung des Einzelnen abheben kann und muss. Aber wie eine verbindliche Instanz entsteht, der sowohl der Einzelne als auch die Gruppe Rechenschaft ablegen sollte, wird im Lehrstück nicht gezeigt. Deshalb stellt sich für Härle die Frage, „warum die Bildung des Lehrstücks", die im Grunde dessen

„blinden Fleck" darstellt, nicht selbst auch „Gegenstand des Lehrstücks" ist oder sein kann.
Auf der Grundlage der intensiven Gegenüberstellung der Lehrstücke von Bertolt Brecht und Heiner Müller untersucht Härle deshalb, wie der Entstehung des Kollektivs durch die Bedürfnisse des Körpers (Sexualität, Ernährung etc.) Widerstand geleistet wird, und stellt die offenbleibende Frage, inwieweit die ‚schwindelerregenden' Todesszenen in den Lehrstücken eine spezifische Arbeit, vielleicht sogar die revolutionäre Arbeit schlechthin, darstellen.

Das *Gespräch 3* fragt nach „Lehre oder Erfahrung im Lehrstück", untersucht das „Lehrstück als Text, Methode und Theaterpraxis" und betont das „Theater als gemeinsame Aktivität und ‚Gabe'".

Marianne Streisand und *Finn Iunker* untersuchen die engen Beziehungen zwischen Brechts Lehrstück und der Reformpädagogik am Ende der Weimarer Republik. *Marianne Streisand* zeichnet in ihrem Text „Lehrstückprozess bei Brecht und Reformpädagogik" diese Verbindungslinien nach und fragt: Was hat Brecht dazu angeregt, „Theater als eine neue Form von spielender, experimentierender oder ‚übender' Gemeinschaft mit relativ gleichberechtigten Mitgliedern zu etablieren?" Was ließ ihn gerade um 1930 bei seinen Lehrstück-Versuchen „auf einer völlig neuen Form von Teilhabe aller am Theaterprozess" insistierten? Zu jener Zeit kam Brecht häufig in Kontakt mit der in Deutschland populären Reformpädagogik, ohne freilich selbst Reformpädagoge gewesen zu sein. Neben der reformpädagogischen Karl-Marx-Schule in Berlin-Neukölln mit ihren Lehrstück-Versuchen (siehe auch Finn Iunker, S. 219ff.) nennt Streisand drei ganz konkrete Kontaktpersonen. Da ist zunächst Helene Weigel, die bei Eugenie Schwarzwald, „der ‚Pionierin' der Reformpädagogik in Österreich", ihre Schullaufbahn absolvierte und über deren Freundin Karin Michaelis ihren ersten Theaterkontakt zu Arthur Rundt, dem Direktor der Wiener Volksbühne, bekam. Als zweite Person untersucht Streisand Peter Suhrkamp und seine enge Verbindung sowohl zur Reformpädagogik – er war Lehrer an der Odenwaldschule und in der Freien Schulgemeinde Wickersdorf – als auch zu Brecht. Beide publizierten zusammen die *Anmerkungen zur Oper „Aufstieg und Fall der Stadt Mahagonny"*. Den größten Einfluss auf Brecht in diesem Kontext aber hatte ohne Zweifel Walter Benjamin, der zeitweise eine reformpädagogische Schule besuchte und bis 1915 in enger Beziehung zu dem Reformpädagogen Gustav Wyneken und der Jugendkulturbewegung stand. Das „Ideal der Selbsterziehung der Jugend in autonomen Gemeinschaften", „gehört unter anderem auch zu den zentralen pädagogischen Ideen und Grundsätzen des *Programms für ein proletarisches Kindertheater*, das Benjamin später, in den Jahren 1928/29" und beeinflusst von Asja Lacis, entwarf.

Finn Iunker liefert in seinem Beitrag „‚Man hätte wohl das Recht, einen alten Menschen zu töten'. Die Jasager-Protokolle" mit der Darstellung des Karl-Marx-Gymnasiums und seiner reformpädagogischen Ausrichtung ein konkretes Beispiel für die Verbindung von Reformpädagogik und Lehrstück-Konzeption, indem er den Entwicklungsprozess von *Der Jasager* (1. Fassung) zu *Der Jasager* (2. Fassung) und *Der Neinsager* untersucht. Im Kontext der geplanten Inszenierung von *Der Jasager* im Rahmen der schulischen Theaterarbeit haben die Schüler*innen Protokolle mit sehr unterschiedlichen, oft auch sehr kritischen Anmerkungen geschrieben. Diese Kommentare werden ebenso detailliert vorgestellt wie der Kommunikationsprozess zwischen den Schüler*innen und Brecht sowie dessen Arbeitsweise: Sie besuchten Brecht in seiner Wohnung, und er war zu Besuch in der Schule; zudem hat er eine Auswahl der Protokolle in den *Versuchen* veröffentlicht. Inhaltlich dominiert in den Schülerprotokollen die kontroverse und zum Teil radikale Diskussion über das heute wieder aktuelle Thema der Sterbehilfe und der Euthanasie (siehe auch Waas, S. 363ff.).

Zu Beginn von *Gespräch 4* geht es um die Beziehung von Lehrstück-Konzeption und Reformpädagogik. Im weiteren Verlauf konzentriert sich das Gespräch auf die Aspekte „Erlebnis, Erfahrung und Trauma, Kritik und Zweifel, Apparat und Institution“ sowie „Lehren und Lernen“. Die Diskussion um die Differenz „politisch Theater machen versus politisches Theater machen“, um „theatrale Technik und Spielmodell, Zeitaspekt und aktive Passivität“ schließt dieses Gespräch ab.

Mit Blick auf Politik und Experiment sowie auf Bertolt Brechts *Die Mutter*, *Die Maßnahme* und das *Badener Lehrstück vom Einverständnis* und Heiner Müllers *Der Horatier* vor der Folie von Brechts *Die Horatier und die Kuriatier* stellen Mauro Ponzi, Tina Turnheim, Francesco Fiorentino, Michael Wehren und Nikolaus Müller-Schöll im Folgenden zum Teil in detaillierten Textanalysen fünf unterschiedliche Sichtweisen und Perspektiven der Lehrstück-Konzeption vor.

Mauro Ponzi hebt in seinem Text „Politik und Experiment in Bertolt Brechts Lehrstücken“ eine spezifische Kombination von Politik und Experiment hervor, die sich erst im Lichte einer Dialektik des Paradoxons entziffern lässt. Gerade auch für Autor und Regisseur bilden die Lehrstücke einen Lern-Raum, in dem durch Paradoxie und Experiment die *politischen* Aporien der modernen Gesellschaft formuliert und in Frage gestellt werden können. Nach Ponzi stehen die Lehrstücke dem Theater des Absurden nahe und verbinden zugleich jene von der politischen Militanz hervorgebrachten Grenz-Situationen als paradigmatische Momente mit Aspekten des Agitprop-Theaters. Deshalb sei es mehr denn je notwendig genau zu analysieren, was Brecht unter Begriffen wie Politik, Kommunismus, Marxismus, Partei, Militanz, Zugehörigkeit verstanden hat; es bedarf folglich einer Rekonstruktion, die Ponzi detailliert vornimmt. „Man könnte sogar behaupten, dass der Sinn seiner [Brechts] Lehrstücke gerade in dem Versuch besteht, Widersprüche und Aporien zwischen der konkreten Wirklichkeit und den politischen Voraussetzungen des orthodoxen Marxismus sichtbar zu machen.“ Trotz ihrer politischen Aktualität und ihrer spezifischen Form behandeln die Lehrstücke – so Ponzi – dieselbe Frage der Gerechtigkeit, die später im Zentrum von Brechts Bearbeitung der *Antigone* steht: Auch in den Lehrstücken wird die Aporie der Opferung des Individuums nicht wirklich aufgelöst.

Tina Turnheim untersucht in ihrem Beitrag „Aufstand *in* der Küche. Zur Bedeutung der sozialen Reproduktion in Brechts *Die Mutter*“ und in Fortsetzung der Diskussion über den Begriff der Produktion (siehe Koch, S. 83ff.) den Aspekt der *sozialen Reproduktion.* Brecht greift mit seinem Stück, „im Stil der Lehrstücke geschrieben“, Lenins Einsicht auf, dass es *ohne Frauen keine wirkliche revolutionäre Massenbewegung* geben könne. Während im Marxismus-Leninismus die Unterscheidung zwischen *produktiver* und *unproduktiver Arbeit* jedoch erhalten bleibt, zeigt Brecht, dass am Anfang sozialer Auseinandersetzungen der Kampf um das Brot bzw. um die Suppe steht, also die zweite, unbezahlte, zeitlich nicht festgelegte Arbeit zu Hause nach Feierabend. Als „Produzentin des Menschen wird“ die Mutter „Reproduzentin“ der „Arbeitskraft“ ihres Sohnes, wie Walter Benjamin schreibt. Durch diese Sichtweise auf die reproduktive Arbeit scheinen Brecht und Benjamin Feministinnen wie Mariarosa Dalla Costa oder Silvia Federici aus dem Umkreis der italienischen *Autonomia*-Bewegung der 1970er nahe zu stehen. An die Stelle des russischen Mütterchens tritt im Rahmen einer entmystifizierten Familie eine selbstbewusste alte Frau, die im Aufbrechen der Genderrollen, im *Lob der dritten Sache* und im *radical learning* als *empowerment* eine neue gesellschaftliche Stellung erlangt.

Francesco Fiorentino reflektiert in seinem Text „Unterbrechen, Wiederholen, Darstellen“ „Brechts Lehrstück *Die Maßnahme*“ und zeigt, dass Brecht die „dramatische Repräsentation durch eine epische Konstruktion zu dekonstruieren“ und – analog zu Marx’ Analyse der bürgerlichen Revolution – den historischen „Wiederholungszwang“ mit Hilfe des „Durcharbeitens“ und der „Unterbrechung“ aufzuheben versucht. In der *Maßnahme* wenden sich die Agitatoren mit der Unterbrechung der Handlung und der szenischen Wiederholung der Tötung des jungen Genossen gegen das eilige Fortschreiten des Chores und grundsätzlich gegen das Verdrängen des Vergangenen. Das angeblich Selbstverständliche wird hierbei in der Konfrontation mit dem Schrecken in Frage gestellt, so dass eine Distanz entsteht, die ein Durcharbeiten im Sinne Freuds erst ermöglicht. Das einmal Geschehene kann zwar in der theatralen Wiederholung nicht mehr verändert werden, aber das Subjekt der Handlung kann sich weiterentwickeln, indem es agiert, sich selber betrachtet und kommentiert. Geduldig reflektieren die vier Agitatoren die komplexe Situation und analysieren die Inkommensurabilität der ‚Maßnahme‘, finden aber – wie der Chor und die Zuschauer – keine Lösung: Alle werden zu „Mitschuldigen“. Fiorentino konstatiert: „Vom Theater verlangt Brecht, dass es die *Krise* entfesselt.“ In der Stimme und den Körpern der Agierenden findet eine verdeckte Wiederkehr des Verdrängten statt, d.h. im „Medium des Wortes“ erscheint der „abwesende Körper“ des getöteten jungen Genossen. Brechts Theater zeigt, so Fiorentino, in der Wiederholung die Uneinholbarkeit des Vergangenen und stellt damit die Möglichkeit des Urteilens radikal in Frage. Mit Blick auf Lacans *Genießen* der Gewalt und Heiner Müllers *Mauser* verbindet Fiorentino diese Überlegungen zum Abschluss seiner Untersuchung mit Distanzlosigkeit und Wiederholungszwang in Form von lustvollem Töten.

Michael Wehren geht in seinem Text „‚Tests testen Tests'. Anmerkungen zur Logik der Prüfung in Brechts Lehrstücken" von der Beobachtung aus, dass die bisherige Forschung zum Lehrstück sich vorwiegend mit der Frage auseinandergesetzt hat, wie *mit* diesen Texten im Sinne eines *learning play* zu lernen sei, aber kaum mit der Frage, wie eigentlich *in* diesen Texten die Prozesse des Lernens und Lehrens konkret stattfinden. Am Beispiel des *Badener Lehrstücks vom Einverständnis* untersucht Wehren deshalb genauer die theatralen Situationen und Szenen des Lehrens und Lernens und beschreibt sie als Prüfung bzw. Test, die ihrerseits wiederum einer Prüfung unterzogen werden. Zugleich findet eine Verschiebung der Perspektive statt, „weg von den Subjekten des Lernens (und der Selbstbelehrung)" – hin zur Analyse und Thematisierung „ihrer Rahmenbedingungen und Versuchsanordnungen", vor allem als „Blick auf die Lehrenden und die Anordnungen des Lehrens." Dieses Interesse an Prüfung und Test sowie an Versuch und Übung findet sich häufiger zur Zeit der Weimarer Republik. Nicht nur Brecht, auch Walter Benjamin beschäftigt sich mit dem „reduzierten, kaltgestellten Menschen" im Kontext seiner Überlegungen zu Rundfunk und Brechts „dramatischem Laboratorium". Ausgehend von Überlegungen im Kontext von Michel Foucaults Untersuchung *Überwachen und Strafen* zur „Disziplinarmacht", liefert Wehren eine umfangreiche und detaillierte Textanalyse der „Individualisierung der Abweichung" sowie der „installierten Sichtbarkeitsverhältnisse und ihrer theatralen Rahmung", bei der „die Risse der Darstellung und das Reale, dessen Schrecken auch die Brechtsche Geste des Zeigens grundiert", sichtbar werden.

Auf das „Lehrstück *nach* Brecht" verweist Heiner Müllers Lehrstück *Der Horatier*. Die kritische Weiterentwicklung von Brechts *Die Horatier und die Kuriatier* steht, so *Nikolaus Müller-Schöll* in seinem Beitrag, in der Tradition eines „Theaters als ‚Arbeit am Bösen'". Nicht Aufklärung und Erziehung im Sinne einer ‚moralischen Anstalt', sondern „Grenzüberschreitungen, Tabuverletzungen" sind charakteristisch für dieses Theater, wie es sich in den letzten Jahrhunderten immer wieder manifestiert hat und seinen „Widerhall in den Denktraditionen der kritischen Theorie, der Psychoanalyse und des Poststrukturalismus" fand. Müller-Schöll zeigt, dass Müllers *Horatier* nicht auf den Aspekt Stalinismus oder den Prager Frühling zu reduzieren ist, sondern „die für unsere abendländische Staatlichkeit und Politik konstitutive Gewalt" thematisiert und so den gesellschaftlichen Dualismus von Gut und Böse, von staatlicher und antistaatlicher Gewalt, sprich Terrorismus oder Freiheitsbewegung, in Frage stellt. Eher an Kafkas denn an Brechts Parabel erinnernd, verbindet Müller die Ermordung der Schwester durch den Horatier mit seinem Kriegsverbrechen an dem unterlegenen Kämpfer. Brecht dagegen kehrt in seinem Lehrstück *Die Horatier und die Kuriatier*, anders als im *Fatzer*-Fragment, dem er einen „höchsten standard technisch" attestiert, zu einem vereinfachten Theatermodell zurück. Wo bei Brecht Rom als Modell für eine Politik der Repräsentation steht und – erklärbar aus der historischen Situation von 1934/35 – Freund und Feind vereinfacht gegenübergestellt werden, konzentriert sich Müller auf die pluralisierte Identität des Einzelnen, eine Veränderung, die auch im Gestus der Sprache, speziell in der Auflösung der „chorischen Rede“ des Theaters der Stellvertretung sichtbar wird.

Vor allem an Wehrens Vortrag/Text knüpft das *Gespräch 5* über „Lehrstück und Apparat, Wiederholung und Zeitlichkeit“ an, mit dem Akzent auf dem „’Massenmenschen‘ und Anthropogenese“ auf „Tragik, Sterbelehre, Grenzüberschreitung und Übertretungsmodell“.

Es folgen zwei Darstellungen, die auf sehr unterschiedliche Weise dem Lehrstück begegnen: ein Lehrstück-Experiment *mit* und *in* der Institution Theater und ein skeptischer Blick *auf* die Institution Theater und das Lehrstück zwischen Spontaneität und Versuchsanordnung.

Unter dem Pseudonym Ehrich Tunk berichtet der Künstler und Schauspieler *Knut Hirche* von der Entstehung und ‚Vereitelung‘, d.h. vom Scheitern eines Versuchs, die Berliner Volksbühne an einem Lehrstück-Prozess zu beteiligen, in dem das *Badener Lehrstück vom Einverständnis* „revisited“ werden sollte. Auf Grund langer Erfahrungen am Rand der bekannten Theater-Tradition der DDR entstand die Idee zu diesem Projekt in kleineren Kontexten wie dem Puppentheater und dem Theater der Peripherie, wo es leichter fiel, an der „Herstellung des Nicht-Erwartbaren“ zu arbeiten. Das Verhältnis zwischen künstlerischer Initiative und Theaterapparat warf Fragen auf, auf die die Lehrstückpraxis und -theorie möglicherweise Antworten zu geben vermag. 2007 kam es zu dem Vorschlag, einen „konsequent betriebsinternen Umgang mit dem *Badener Lehrstück*“ zu erproben. Es gelang, zumindest bei den Technikern und einigen Chormitgliedern, Interesse und Bereitschaft zur Mitarbeit zu wecken, aber am Ende verschwand das Lehrstück wieder „im Labyrinth des Apparats“.
Unter der Leitung von Hirche fand am zweiten Tag in der Villa Vigoni eine Lesung des hier abgedruckten Skripts des bearbeiteten Lehrstücks statt, an der alle an der Tagung Beteiligten mitwirkten. Die Frage, ob die Zeit für solche Experimente im Grunde noch nicht reif ist, genau wie es die Zeit Brechts nicht war, führt ins Fatale, so Hirche, denn „die Zeit ist nie reif“: „Solange Theaterbetriebe im besten Fall hierarchisch und im schlechtesten demokratisch geführt werden, kann diese Theorie und Praxis nicht fruchtbar werden“, die in die Aporie der aktiven Beteiligung und der sie suspendierenden Entscheidung mündet.
Von einer ebenso existentiellen wie künstlerisch-praktischen Perspektive geht der Schauspieler und Regisseur *Werner Waas* in seinem Text „Politik und Experiment in Bertolt Brechts Lehrstücken“ aus, deutlich und offen werden Widerstände und Schwierigkeiten auf den Tisch gelegt, die – seiner Ansicht nach – heute im Umgang mit den Lehrstück-Texten bestehen. Vor allem betont er das ‚pädagogische Trauma‘, das das ‚Lehrhafte‘ im Text wiederbelebt, das aber auch schon zu Brechts Zeit existierte, der eben mit seinen Versuchen der gängigen Auffassung von Lehren und Lernen einerseits und Spaß-Haben andererseits entgegenzuarbeiten versuchte. Waas´ eigene praktische Versuche seien früher oder später an diesem Ideologischen,

dem ‚Lehrhaften' und Schematischen gescheitert. In konkrete Kontexte, an der Peripherie der Metropolen, wo man mit Fragen und Problemen der Integration und der Gewalt zu tun hat, scheinen die Lehrstück-Texte nicht eingreifen zu können. Für Waas ist stattdessen seine eigene Praxis in dieser Realität „als Künstler, der es nicht besser weiß", der „sich in keinen behüteten Schutzraum zurückziehen will", ein „ständig gelebtes Lehrstück […], ohne Zuschauer, dessen Finale und auch Moral bis zuletzt ungewiss ist." Im Grunde erstreben die Lehrstücke für Waas nichts Anderes als das totale Ausgesetzt-Sein, in dem es keine Moral, kein Privates, keine offizielle Rechtfertigung mehr geben kann, in die sich Individuen oder Gruppen zurückziehen können. Diese Erfahrung bestätigte sich insbesondere in seinem Umgang mit dem *Fatzer*-Fragment bei dessen italienischer Uraufführung im Jahr 2012. Die totale Exponierung erreiche das Lehrstück durch die Genauigkeit seiner Sprache, die sich in keinem Lehrinhalt aufheben lässt. Ohne diese Sprache ließe sich das Lehrstückmodell wahrscheinlich kaum benutzen, ohne Horror und Ideologiewahnsinn auszulösen. Ein bloß theoretisches Arbeiten an diesen Texten oder ein abstrahierendes praktisches ‚Herumbasteln' könnten deswegen nicht weiterführen, wie Waas in einem mit abgedruckten Brief-Dokument an Clemens-Carl Härle in Bezug auf dessen Text (siehe Härle, S. 165ff.) anmerkt. Wenn überhaupt, böte eben das Schreiben in *dieser* Sprache eine Chance, genau geschriebene neue Texte wären also dringend notwendig.

Das *Gespräch 6* beschäftigen sich mit der „Institution des Theaters", vor allem mit dem „Erfahrungstransfer zwischen Zuschauen und Spielen" sowie mit „Theaterpädagogik und künstlerischer Arbeit, Spontaneität und Versuchsanordnung".

Die Untersuchungen von Florian Thamer, Andreas Häckermann und Joshua Wicke sowie von Hans-Thies Lehmann und Helene Varopoulou mit der Ergänzung ihres Briefes an Brecht bilden einen Textblock, der den Abschluss dieser Publikation darstellt und sich vor allem auf die Relevanz des Lehrstücks für die *heutige Theater-Arbeit* bezieht. Geht es eher um die Methode des Lehrstücks im theatralen Produktionsprozess, geht es um einzelne Lehrstück-Texte als Spiel- und Arbeits-Material oder geht es um das Lehrstück als kollektiven Lernprozess im Theater, sowohl bei den Theater-Schaffenden als auch bei den Zuschauern? – so die zentralen Fragestellungen der folgenden Texte.
In seinem Beitrag „Eine Frage der *-STELLUNG*. Ergänzungen zum *Theater der Sorge* als zeitgemäße Lehrstückpraxis" berichtet *Florian Thamer* über eine besondere Theater-Praxis im Kontext der Lehrstückkonzeption. Ausgehend von der Frage, wie und in welcher Form heute noch Politisches Theater möglich ist, skizziert er das Modell eines *Theaters der Sorge*, das er als ein *„politisch gemachtes Politisches Theater"* versteht. Die am Lehrstück orientierte Inszenierung „FATSA/KOINA: Athen" fundiert ihre vielfältigen Lernprozesse auf sechs Phasen. Zu Beginn geht es um eine bestimmte *„Einstellung"* zur gegenwärtigen Verfasstheit der Welt, um eine Haltung mit deutlichem Bezug zur Lehrstück-Konzeption, ohne sich dabei allerdings auf einen Lehrstück-Text von Brecht zu konzentrieren. Vielmehr fand die

„*Erstellung*" eines neuen Text-Korpus aus künstlerischem Material, theoretischen Abhandlungen und Erfahrungswissen statt; darauf folgt die „*Herstellung*" einer Laborsituation, es entstand ein Raum zur „Selbstverständigung" und experimentellen Erprobung von heterogenen „Lebens-, Denk- und Arbeitsformen". Der nächste Schritt bestand aus einer „*Ausstellung*" oder theatralen „*Aufstellung*", auch als Aktivierung der Zuschauer, um schließlich zu der „*Vorstellung*" und der „*Darstellung*" in Form von spezifischen Gestaltungsmitteln zu kommen.

Andreas Häckermann und *Joshua Wicke* zeigen in ihrem Text „Ich scheiße auf die Ordnung der Welt. 36h für ein neues Handbuch der Lebenskunst der jungen Generationen" zum einen, wie sich eine Gruppe von Jugendlichen in dem ‚Diskurscamp' im Rahmen des „Fatzer geht über die Alpen"-Festivals an der Berliner Volksbühne mit dem *Fatzer*-Fragment von Bertolt Brecht auseinandersetzt. An die Stelle der Dichotomien der 1930er Jahre tritt heute die Konfrontation zwischen den Leidenschaften und Interessen der einzelnen Individuen und der neoliberalen Gouvernementalität, die selbst militante Kritik als „Korrektiv & re-entry" zu vereinnahmen vermag. Wie bei Fatzer ist auch heute eine „*revolutionäre Politik in nicht-revolutionären Zeiten*" zum Scheitern verurteilt. Dennoch lässt sich aus Fatzers Energie, seinen befreienden Spaziergängen und individuellen Abweichungen immer noch eine kritische Haltung entwickeln, die sich in der Körperlichkeit der Spielenden in performativen Räumen und nicht in ordnenden Orten (Certeau) realisieren kann. Dem entsprechend werden Fatzers Gesten, Haltungen und Bewegung im Lehrstück-Spielprozess in ihrer aktuellen *Widerständigkeit* für eine „Lebenskunst der jungen Generation" untersucht.

Hans-Thies Lehmann und *Helene Varopoulou* beschäftigen sich in ihrem Beitrag mit der „Zukunft des Lehrstücks (d.h. Lernstücks)" im Kontext politisch motivierter Theaterformen und mit Blick auf ein *Theater des Lernens.* Der erste Teil der Untersuchung konzentriert sich auf die Poesie und Dramaturgie der Brechtschen Lehrstücke, die in ihrer Einfachheit und Brüchigkeit, in ihrer rhetorischen Ambiguität und der Kraft ihrer Sprache eine eindeutige Fixierung von Sinn-Setzungen verhindern. Inhaltlich geht es um Subjektivität im kollektiven Prozess, den Konflikt von Rationalität und Emotionalität und um Theorie in Form konkreter Theaterarbeit.
Im zweiten Teil werden vier Beispiele gegenwärtiger Theaterarbeit, orientiert am Lehrstück-Modell, gegeben: *Antigone* von 1992, eine griechische Aufführung der sophokleischen Tragödie, die man im Sinne der Idee der Lehrstücke lesen kann; das Projekt *No time for art* der Ägypterin Laila Soliman, ein Theater ohne Publikum und zugleich ein *Theater des Publikums*; das Projekt „Ibsens *Ein Volksfeind* als Brechts Lehrstück", in dem der serbische Regisseurs und Autor Zlatko Pakovic 2015 ein klassisches Drama nach Maßgabe des Brechtschen Lehrstücks ‚erarbeitet', und das Projekt „*Einige von uns*" der Gruppe She She Pop am Stuttgarter Schauspielhaus als Vermittlung zwischen Lehrstück und der eigenen Theaterpraxis. Diese Theater-Arbeiten zeigen die große Vielfalt und Produktivität des Lehrstück-Modells.

Am Ende dieser vielfältigen Auseinandersetzung mit Brechts Lehrstück-Konzeption steht ein Brief, den *Hans-Thies Lehmann* und *Helene Varopoulou* an Bertolt Brecht geschrieben haben und in dem sie eine Perspektive des Lehrstücks entwerfen. Ausgehend von ihren persönlichen Erfahrungen mit Brecht, als „eigentlicher Begründer des epischen Theaters", vor allem aber mit dem ‚anderen' Brecht, skizzieren sie zunächst seine besondere Stellung in der Theater- und Schauspielkunst. Es geht den Autor*innen vor allem um „das Politische im Theater", und da das epische Theater heute seine „einst verstörende Kraft" weitgehend verloren habe, äußern sie den „Wunsch nach einem NEUEN epischen Theater". Das eigentlich Revolutionäre in Brechts Theorie und Praxis liege darin, dass er „das Theater nicht mehr als *Aufführung vor und für*, sondern als *szenische Praxis von und mit* allen, auch den Besuchern = Teilnehmern, imaginiert" hat. Die Möglichkeiten für ein neues episches Theater als „Theater der Recherche und Selbstverständigung der Spielenden" sind vielfältig, es könnte auch eine Adaption des Lehrstück-Modells auf andere literarische Texte sein, eine Installation, ein „getanzter Prozess", eine Theater-Arbeit mit „dokumentarischem Material" oder im öffentlichen Raum. In diesem Sinne formulieren die Autor*innen am Ende ihres Briefes an Brecht eine „Wunschlist" für ein „NEUES episches Theater", das sich „als gemeinsame Veranstaltung aller Beteiligten" besonders ausgeprägt in Brechts Lehrstück-Konzeption, im *learning play*, findet, auf das sich der späte Brecht in der DDR nochmals bezieht, wie auch Thomas Martin in seinem Essay „Brecht. Spätes Porträt" (Siehe Martin, S. 33ff.) zu Beginn dargelegt hat – womit sich der Kreis schließt.

Florian Vaßen

Thesen zu Bertolt Brechts Lehrstück-Konzeption

Theaterpraxis als Selbstverständigung und Potentialität

Die Villa-Vigoni-Gespräche über Brechts Lehrstück-Konzeption wurden durch folgende Thesen eingeleitet:

Zurzeit findet in Deutschland im Rahmen eines *social turn* eine auffällige, wenngleich in sich widersprüchliche Politisierung des Theaters statt. In den vielfältigen Ansätzen, wieder politisch Theater zu machen, spielt Brechts Lehrstück-Konzeption eine besondere Rolle.

Die Lehrstück-Konzeption dient – zum Teil auch unbewusst – zunehmend als Modell für sehr unterschiedliche Theaterformate, es entstehen Verbindungen von Lehrstück und ‚Schaustück', die zu überraschend neuen und innovativen Inszenierungen, Präsentationen und Performances führen. Ein zentraler Aspekt dabei ist die Intervention als Unterbrechung und Veränderung.

Mit Co-Produktion und Partizipation zeigen sich neue Perspektiven für die Theater-Macher*innen und die Zuschauer*innen; dabei spielen theaterpädagogische Arbeitsweisen eine wichtige Rolle. Auffällig ist besonders die Korrespondenz zwischen Lehrstück-Praxis und performativer Arbeitsweise.

Lehrstück-Praxis bietet die Möglichkeit zur gemeinsamen Arbeit, zum gleichberechtigten Austausch und zur Selbstverständigung der Beteiligten; der Spielprozess ist zugleich individuell und kollektiv.

Lehrstück-Praxis als enge Verbindung von präsentischer Körperlichkeit und Denkprozess findet in einem künstlerischen und zugleich sozialen Raum statt.

Lehrstück-Spielen beinhaltet theatral gestaltete Denkprozesse und führt zu ästhetischen Erfahrungen.

Lehrstück-Praxis heißt Arbeit an einem vielfältigen Material; Individuum und Gruppe, sozialer Kontext und ästhetischer Prozess, Text und Gestus, Spiel und Theorie, Körperlichkeit und Reflexivität bilden einen widerspruchsvollen Zusammenhang.

Lehrstück-Praxis ist widerständig, es gibt keine einfachen ‚Lösungen', ihre Potentialität leistet der Realität Widerstand.

Die zumeist gewaltförmige Zuspitzung der Konflikte und die Krisen im Lehrstück-Text wie im Spiel-Prozess führen nicht zur Aufhebung von Widersprüchen, sondern zu einer „unreinen Wahrheit" (Heiner Müller), zu unübersichtlichen Situationen und ambivalenten Haltungen.

Brecht betont: „die Form der Lehrstücke ist streng", d.h. die Texte sind geprägt von Distanz und ‚Kälte', und die nichtpsychologischen Figuren präsentieren eine Art Leere; beides ermöglicht und fordert im Spiel Emotionalität und Phantasie, Variationsreichtum und Möglichkeitssinn.

Ästhetische Distanz (Text), Als-Ob-Situation (Spiel) und Rollentausch (Person) im Lehrstück-Spielen ermöglichen eine spezifische Auseinandersetzung mit Alterität.

Wiederholungen und Übungen im Lehrstück-Spiel bedeuten Verlangsamung mit dem Ziel der Überprüfung von Haltungen, des Erinnerns und ‚Eingedenkens' (Walter Benjamin).

Die Perspektive der Lehrstück-Arbeit könnte mit Heiner Müllers Worten lauten: „Ohne Hoffnung. Ohne Verzweiflung".

Thomas Martin

Brecht. Spätes Porträt

„Erstens: Theater besteht darin, daß lebende Abbildungen von Geschehnissen zwischen Menschen hergestellt werden, und zwar zur Unterhaltung." 1949: Brecht eröffnet sein 77 Paragraphen umfassendes Theoriepapier *Das kleine Organon*, das er seiner Ankunft in der sowjetisch besetzten Zone, auf dem Weg nach Berlin, Trümmerhaufen bei Potsdam, Radierung von Churchill, vorausgeschickt hat. Er wollte gepanzert erscheinen. Es ging ihm, der mit einem Pass aus Österreich aus der Schweiz gekommen war, um Ideologiezertrümmerung, bald verdrängt vom Stellvertreterkrieg ‚dramatisches' gegen ‚episches' Theater, Einfühlung und Erschütterung gegen Spielen und Begreifen, gefolgt vom Formalismusverdikt, Stalins/Shdanows Rache am dialektischen Materialismus in der Kunst, wie ihn zum Beispiel Benjamin und Brecht verstanden haben, dann gehetzt von Ignoranz und Häme, falschen Ehren und Applaus, Abwehrgefechten in beiden Deutschland, die der Krieg ihm hinterlassen hatte.
Ideologien zu zertrümmern war ohne neue einzuziehen nicht möglich, die neuen waren oft genug nur umgedrehte alte. Brecht, nicht Heimkehrer sondern Neuankömmling – „Ich bin kein Deutscher!" –, setzt dagegen Überzeugung, raffiniert versteckt in Winkelzügen, freundlich angelegt und klassisch (was ist klassisch?), versucht zu Einsicht zu verführen, mehr zitiert als offensiv im überlaufenen Schutzraum Theater, im Windschatten einer von der Zensur abgeschirmten Literatur.
Nach seinem Tod im August 1956 wurde das Spiel im Berliner Ensemble für die Zuschauer der Welt einsehbar institutionalisiert, die vierte Wand des Staatstheaters war Bestandsgarantie und Garantie der Wirkungslosigkeit im sozialistischen Konstrukt auf totalitärer Basis. Die journalistische Ersatzfunktion – Gegenwartsbeschreibungen mußten zwischen den Zeilen, hinter den Dialogen herausgefiltert werden – hatte die Kunst zur Bückware gemacht, wie gute Literatur, wie billige Pornographie. Brecht zeitigt seine Wirkung nicht erkennbar, nicht unmittelbar.
Was Hacks 1975 von Brecht noch sehen konnte: „Eine blinde Errungenschaft", wirft Licht auf den schlecht Verstandenen heute. Brecht steht für das Ende einer Theorie des Theaters, die im deutschen Sprachraum mit Lessing begann. Synthetisch animierte Formen haben das „lebend" und „zwischen Menschen" des ersten Paragraphen im *kleinen Organon* weithin ersetzt. Die ‚Schwesterkünste der Schauspielkunst' haben sich soweit vermehrt, dass offenbleiben muss, wer zur Familie zählt, oder ob die neuen Familienmitglieder oder Familien kategorisiert oder zerstört werden müssen. Nach dem dramatischen, epischen, absurden undsoweiter Theater das affirmative. Und danach das Theater des Schweigens. Das Theater verliert seinen Ort, es verliert seine sozialen Bezüge. Engagierte Manager auf Fortbildung in Markt-und-Macht-Rollenspielen wissen es besser als an Schauspielhäusern angestellte, noch besser: nicht angestellte Dramaturgen. Die Bürde des Theaters,

in das wir gelegentlich gehen, ist nicht Mangel, sondern Überschuß. Brecht 1929: „Der größte Typ, den der Kapitalismus hervorbringt, ist der Verwertertyp, der ihn liquidiert. Er ermöglicht den Kommunismus, der ihn liquidiert."

Die Lehre ist ins Leben nicht gelangt, zu seinen, Brechts, Lebzeiten nicht und nicht bis jetzt. Vorerst ist der kommunistische Versuch auf Eis gelegt, in Zeiten des globalen Terrorismus hat sich die Systemkonfrontation verschoben, vereinzelt, ist ins atomare diffundiert. Auch er wird verwertet werden, die staatliche Konstruktion wird ihren Nutzen davon haben, sie konsolidiert sich. Der Terror ist der neue Gegenstaat, auch er treibt seinen Handel. Aus der Position der Intellektuellen ist die Liquidierung einer Gesellschaftsform, der sie zusehn können, ein Material; für die Eliten Machtverschiebung, für die Masse Arbeit, wie es Heiner Müller auf den Punkt bringt, im besten Fall, sonst nichts.

Brecht, zermürbt von den Demütigungen seiner Exile, der Demut, wahrhaft oder gespiegelt, vor ‚der Sache', für die zu lange Stalin und sein Terror stand, gewürgt vom Glauben an DIE SACHE (‚das Mittlere, das Vernünftige, das Machbare' usw.), die nicht zuletzt an den Gläubigen, die mit der Geschichte zu Gläubigern wurden, krankte, stirbt Brecht erschöpft mit 58 Jahren, die Ressourcen waren früh verbraucht. Vor dem Ende stehen Wehmut und entkräftete Wut. In seinem letzten Jahr spricht er sich auf dem Schriftstellerkongress der DDR für „kleine, wendige Kampfformen" aus; wovon er nicht sprechen konnte: sie sollten das ideologisch ausgerichtete Einfühlungstheater mit Agitprop-Methoden unterlaufen. Brechts nicht veröffentlichte Antwort auf eine Umfrage, von Müller überliefert – „Was kann Theater bewirken?" Antwort: „Namen und Hausnummern nennen. Töten." – steht für die späte, ohnmächtige Position des Klassikers zur Lebzeit, eingeschreint, eingemeindet, entmündigt, sein letzter Trumpf die Rechte am Werk für die sechzig und zehn Jahre noch nach seinem Tod.

Kampf und Agitprop, zwei anachronistische Wendungen zweitausend Jahre nach dem Tod des größten Agitators am Kreuz. Wenn der Kampf um die Grundlage des Theaters geht, Geschehnisse zwischen Lebenden im Dialog auch mit den Toten, kann die Erinnerung an die kleine, wendige Form vielleicht nützen. Im Kontext der Lehrstücke schreibt Brecht: „Der Staat kann die asozialen Triebe der Menschen am besten dadurch verbessern, daß er sie, die von der Furcht und der Unkenntnis kommen, in einer möglichst vollendeten und dem einzelnen beinah unerreichbaren Form von jedem erzwingt."

Der Zwang ist die Kunst. Sie ist der Prellbock des Terrors und der Staat der Zukunft. Brechts unentwegter Versuch am Staat, ohne den er sein Theater nicht denken, daran nicht arbeiten konnte, ist ein Exerzitium auf offner Bühne. Seltener Fall eines Pädagogiums der Unterhaltung *und* der Lehre, des Lernens am Selbst. Ein Gladiatorenkampf in der Arena, deren Umrisse der Staat definiert: „Die Spiele müssen so erfunden und so ausgeführt werden, daß der Staat einen Nutzen hat.", schreibt er ebenfalls zum Lehrstück. Brechts Hoffnung auf Verbesserung der asozialen Triebe durch Theater zugunsten eines Gemeinwesens hat die Gegenwart nicht eingelöst bislang.

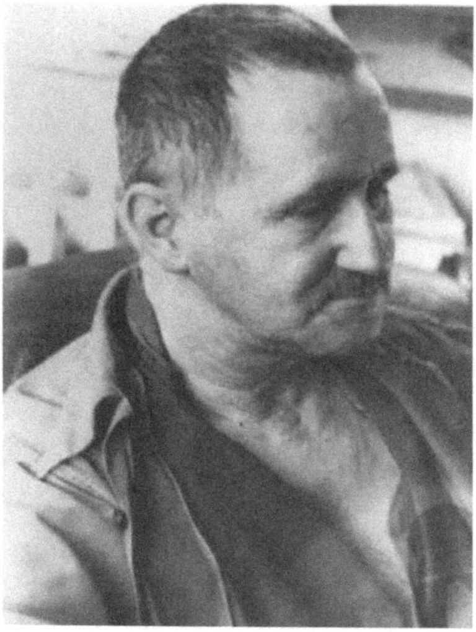

Bert Brecht. Spätes Porträt von Gerda Goedhart © Suhrkamp Verlag

Ein Foto aus dem Sommer 1954 zeigt ihn zurückgelehnt, an unsichtbarer Wand, vielleicht im Freien, das Gesicht im Profil, den Kopf geneigt, erschöpft und schwer, im Hemd, die Knöpfe offen, Brust frei, ein heißer Tag. Ein Bild, das den Leib im Körper eines Mannes ahnen läßt, keine sechzig, in der Maske aus Falten und Fett. Brüchig alles, schwer. Das Passepartout liefert der Waldrand, Buckow, Metapher für Leben abseits, nicht einzulösen, nicht in seiner Zeit: „Himmel / Und Wasser / Beschuldigten mich, die Opfer / Gekannt zu haben." Späte Porträts, späte Gedichte: "Unmerklich fast, am Bord der Zeit / Einsam auf schaukelndem Boot / Des eigenen Leibs". Brecht im offnem Hemd, Jeans aus dem Westen, Stoffturnschuhe, die Aura des sonst tabuisierten Privaten – es ist das Porträt, das die geöffneten Hände ergänzt, die Ruth Berlau zwanzig Jahre zuvor fotografiert hat: schmal, wie leblos gehalten, abgetrennt vom Eigentlichen; schmale Gelenke, die Poren tief in der Haut, Härchen, ein Maß an Sinnlichkeit, das erschreckt. Die kommenden Bilder, Mailand 1956 dann, noch einmal Berlin, zeigen den abwesenden Blick der letzten Jahre. Baudelaire hat solchen Zustand in Serie beschrieben: „Auf keinem dieser müden und ernsten Gesichter lag Verzweiflung; unter der öden Kuppel des Himmels gingen sie, die Füße im Staub einer Erde, die trostlos war wie der Himmel, dahin mit der ergebenen Miene derer, die verdammt sind, immer zu hoffen."

Die im Text erwähnten Zitate finden sich in BERTOLT BRECHT: WERKE, Große kommentierte Berliner und Frankfurter Ausgabe (1988-2000), Berlin / Weimar / Frankfurt a.M. Die von Heiner Müller überlieferte Antwort Brechts auf die Umfrage der Zeitung Neues Deutschland, gilt als anekdotisch. Ebenso Brechts Aussage, „kein Deutscher" zu sein, ca.1950. Der Satz Baudelaires ist seinem Prosagedicht CHACUN SA CHIMÈRE in der Übertragung von Dieter Tauchmann entnommen.

Florian Vaßen

Lehrstück und Alterität

Selbstverständigung und politisch-ästhetischer Lernprozess

Lehrstücke – eine andere Versuchsreihe jenseits des Theaters

Als Brecht 1929 zum ersten Mal den Titel „Lehrstück" verwendete und *Das Badener Lehrstück vom Einverständnis*, wie es später heißt, am 28. Juli im Rahmen der Baden-Badener Musikfestwochen aufgeführt wurde, hatte er einen Theater-Typus geschaffen, der in einem zentralen Punkt deutlich über seine Experimente mit dem epischen Theater hinausging: Die Kommunikation von Bühne und Publikum, das Spielen für ein Publikum war abgeschafft oder zumindest nebensächlich geworden: „das lehrstück lehrt dadurch", wie Brecht schreibt, „daß es gespielt, nicht dadurch, daß es gesehen wird. prinzipiell ist für das lehrstück kein zuschauer nötig, jedoch kann er natürlich verwertet werden."[1]
Brecht „führt", wie er betont, „ eine andere Kette von Versuchen" durch, „die sich zwar theatralischer Mittel bedienten, aber die eigentlichen Theater nicht benötigten, [...]."[2] Stattdessen initiiert er einen selbstreflexiven politisch-pädagogischen Spiel-Prozess, in dem Theorie und ästhetische Praxis eng miteinander verbunden sind. Diese Versuchsreihe besteht aus dem *Ozeanflug*, dem *Badener Lehrstück vom Einverständnis*, dem *Jasager* und *Neinsager*, aus *Die Maßnahme, Die Ausnahme und die Regel* und *Die Horatier und die Kuriatier*, sprich aus Lehrstücken für das Radio, Lehrstücken im Kontext experimenteller Musik sowie Lehrstücken für Schüler im Rahmen der Reformpädagogik, für Arbeiterchöre und für Kinder.
Diese als ästhetisch-pädagogisches Experiment entstandene und sich im politischen und kulturellen Umfeld der Arbeiterbewegung, der Reformpädagogik, der neuen Musik und Medien am Ende der Weimarer Republik entwickelnde Theater-Form wurde allzu oft als Theaterstück mit einer Lehre, als politisches Zeitstück oder als Agitprop im Sinne von Indoktrination und Kunstfeindlichkeit missverstanden. Brecht stellte deshalb selbst die Frage, „ob nicht die bezeichnung lehrstück eine

---

1 Bertolt Brecht: Zur Theorie des Lehrstücks. In: *Brechts Modell der Lehrstücke. Zeugnisse, Diskussion, Erfahrung*. Hg. Reiner Steinweg. Frankfurt a. M., 1976, S. 164 f.

2 Bertolt Brecht: [Das deutsche Drama vor Hitler]. In: B.B.: *Werke. Große kommentierte Berliner und Frankfurter Ausgabe*. Hg. Werner Hecht u.a., Bd. 22.1. Berlin / Weimar / Frankfurt a. M., 1993, S. 167; im Folgenden steht die Sigle GBA mit Band- und Seitenzahl hinter dem Zitat.

sehr unglückliche“[3] sei. Die englische Übersetzung „‚learning-play‘“[4], die Brecht höchstwahrscheinlich mitformuliert hat, drückt dagegen in ihrer Betonung des Lernens gegenüber der Lehre und des Spiels als Prozess gegenüber dem Stück als fertigem Produkt viel stärker Brechts Intention aus. Das ‚Lern-Spiel‘, wie man die englische Bezeichnung rückübersetzen könnte, verweist jedenfalls auf Aspekte, welche die Bezeichnung Lehrstück allzu oft verdeckt hat.

Es geht bei Brechts Lehrstückkonzeption also gerade nicht darum, dass Theaterfiguren dem Publikum eine Lehre vortragen, nicht um Meinungen und Überzeugungen[5], die vertreten und formuliert werden, sondern um Haltungen, die im wechselseitigen Austausch von Personen mit anderen und im Umgang miteinander praktisch erprobt werden. Es interessiert nicht der Inhalt von „These und Gegenthese“, sondern die spielerische Erprobung kontroverser Haltungen, es handelt sich um „Geschmeidigkeitsübungen“[6], wie Brecht es nennt. In diesem Kontext steht auch Brechts *Theorie der Pädagogien*, in der er sich mit dem zentralen Problem von Theorie und Praxis auseinandersetzt, das Marx unter anderem in der 11. Feuerbach-These formuliert und das nicht nur für die weitere Entwicklung des Marxismus von entscheidender Bedeutung war. Gegen die Trennung von „politik“ und „filosofie“, d.h. die vom „tätigen“ und „betrachtenden“, behauptet Brecht, dass „die politiker filosofen und die filosofen politiker sein müssen.“ Sein Postulat mündet in der lakonischen Setzung: „zwischen der wahren filosofie und der wahren politik ist kein unterschied.“ Überwinden will er den Widerspruch von Theorie und Praxis im „theaterspielen“, was bedeutet, „sie [die jungen Leute – F.V.] zugleich zu tätigen und betrachtenden zu machen.“ „indem die jungen leute im spielen taten vollbringen die ihrer eigenen betrachtung unterworfen sind“[7], lernen sie anderes und zugleich anders als in den traditionellen pädagogischen Institutionen. Theatrales Forschen und selbstreflexives Spielen ist für Brecht jedoch selbstverständlich kein Selbstzweck, sondern soll durchaus zu Handlungen führen, die aber immer wieder überprüft und in Frage gestellt werden. So werden – nach Brecht – im performativen Prozess Haltungsänderungen in der Form einer neuartigen Theorie-Praxis-Beziehung ermöglicht.

---

3 Bertolt Brecht: Mißverständnisse über das Lehrstück. In: *Brechts Modell*, S. 129 f.

4 Bertolt Brecht: The German Drama: pre-Hitler. In: Ebd., S. 150.

5 Walter Benjamin betont, Lichtenberg zitierend: „‚Nicht wovon einer überzeugt ist, ist wichtig. Wichtig ist, was seine Überzeugungen aus ihm machen‘“. Walter Benjamin: Bert Brecht. In: W.B.: *Gesammelte Schriften*, Bd. II.2. Hg. Rolf Tiedemann / Hermann Schweppenhäuser. Frankfurt a. M., 1977, S. 662.

6 Brecht referiert von Pierre Abraham. In: *Brechts Modell*, S. 198.

7 Bertolt Brecht: Theorie der Pädagogien. In: Ebd., S. 70 f. Die Fortsetzung des Satzes lautet: „werden sie für den staat erzogen.“ Diese Formulierung ist nur im Kontext der marxschen Theorie vom Absterben des Staates, d.h. vom „neuen klassenlosen staat (da [ja] kein staat mehr ist)“ (Bertolt Brecht: Pädagogik. In: Ebd., S. 52), zu verstehen, eine Theorie, die hier jedoch nicht ausführlich dargestellt werden kann.

Die Spielenden werden in den „Pädagogien" zu Lernenden, indem sie in der Gruppe mit der „durchführung bestimmter handlungsweisen, einnahme bestimmter haltungen, wiedergabe bestimmter reden"[8] experimentieren, die beobachtet, reflektiert, wiederholt, verändert, und so erlernbar bzw. kritisierbar werden. Angestrebt wird, so Brecht, „die nachahmung hochqualifizierter muster [...] ebenso die *kritik* [Hervorhebung – F.V.], die an solchen mustern durch ein überlegtes andersspielen geübt wird."[9], entsprechend Brechts Formulierung, „einverstanden sein heißt auch: *nicht* einverstanden sein."[10] Dabei werden einzelne Aspekte herausgehoben, isoliert und fremd gemacht; als solche werden sie wiederholbar, als „Haltung", „Worte" und „Gesten zitierbar"[11], wie Walter Benjamin sagt, damit aber auch überprüfbar, variierbar und korrigierbar. Wahrnehmung und Handlung stehen in enger Verbindung und im Gegensatz zum epischen Theater dominiert gegenüber der Repräsentation die *Performativität* als körperliche und sprachliche Handlung, die selbst Wirklichkeit konstituiert und präsentiert. Es geht in diesen performativen Experimenten um Theorie fundierte Erfahrungsproduktion, um *experience* im Spiel- und Denkprozess.

Auch die in den Künsten oft getrennten Ebenen der Herstellung, der Darstellung und der Wahrnehmung gehen im Lehrstück-Spiel eine enge Verbindung ein, es findet ein ständiger Austausch und Wechsel zwischen den vielfältigen Formen des Produzierens statt. Im Rollentausch des Spielprozesses sind die Beteiligten mal Spielleiter*in oder Beobachter*in (Zuschauer*in), sprich Experimentator*in, mal Mitspieler*in, also Teil des Experiments und damit Spiel-, d.h. Untersuchungsgegenstand; sie sind ganz bei sich und als distanzierte Beobachter*innen sich selbst fremd, sie sind zugleich in sich und außer sich, d.h. sie erfahren eine *subjektintegrierte Fremdheit*. Subjekt und Objekt werden nicht separiert, sie unterscheiden sich nur punktuell im zeitlichen Ablauf sowie im Perspektivwechsel von Fremd- und Selbstwahrnehmung, deren Intensität sich im Spielprozess steigert und zu einem veränderten Bezug zu sich selbst führt. In diesem Sinne betont Heiner Müller:

8 Brecht: Zur Theorie des Lehrstücks. In: Ebd., S. 164.

9 Ebd.

10 Bertolt Brecht, „[Einverständnis und Widerspruch]". In: Ebd., S. 62; vgl. hierzu auch Brechts Gedicht „INDEM ER JA SAGT", dessen erste Zeile lautet „INDEM ER JA SAGT, indem er nein sagt" (GBA 15, 172 und 22.2, 812). Schon 1938/39 formuliert Brecht: „Wir müssen in gewissen Lagen mehr als eine Antwort, Reaktion, Handlungsweise erwarten, ein Ja *und* ein Nein." (GBA 22.1, 396) Im Kontext der Schauspielkunst heißt es: „Es ist aber besser, den Menschen als eine unfertig Sache zu betrachten und ihn langsam entstehen zu lassen, von Aussage zu Aussage und von Handlung zu Handlung." (GBA 22.2, 812)

11 Benjamin: Bert Brecht, S. 662.

> Jeder Spieler kann der Emotion ausgesetzt/unterworfen sein, die der Text artikuliert/verschweigt. Kein Monopol auf Rolle Maske Geste Text, Episierung kein Privileg: *Jedem die Chance, sich selbst zu verfremden* [Hervorhebung – F.V.].[12]

Brecht schuf eine Konstellation des *Demonstrierens, Kommentierens und Reflektierens*, speziell ein Zeigen, ein Ausstellen[13] der Haltungen im Probehandeln der Spielenden, zum Teil sogar ein zeitlich und räumlich distanziertes Berichten, wie z.B. in der *Maßnahme*. Die Handlung wird dort zu großen Teilen erzählt oder sie wird gezeigt, indem sie nachgespielt wird.
Wenn Brecht formuliert: „die form der lehrstücke ist streng, jedoch nur, damit teile eigener erfindung und aktueller art desto leichter eingefügt werden können"[14], dann spricht er von klaren, nüchternen Texten ohne Milieu und psychologisch ausgeformte Charaktere, aber auch ohne ‚überhöhte' Sprachformen, geprägt von stimmungsvollen Epitheta und ausdrucksstarken Metaphern; derart können dann die ‚Leerstellen' der Texte im Spielprozess eher mit biographischen politischen und psychologischen (Alltags-)Erfahrungen und theoretischem Material gefüllt und so der Text-Corpus erweitert werden. Brecht benutzt eine ‚mittlere Abstraktionsebene' für seine Texte, wie wir es in der Lehrstück-Praxis genannt haben, bei denen in Dialog, Chor und Kommentar wegen ihrer gleichermaßen diskursiven und poetischen Form eine Korrespondenz (und zum Teil Verschmelzung) von Theorie und Theater-Praxis besteht. Gerade befremdliche Themen und Theorien, die fremdartige poetische Sprache und die verfremdete theatrale Form ermöglichen in ihrem Zusammenwirken bei den Spielenden Differenzerfahrungen. Die „reden" der Lehrstücke hat Brecht sowohl in reimlosen Versen mit unregelmäßigen Rhythmen und in gestischer Sprache gefertigt, also in einer gesprochenen und zugleich poetischen Sprache, als auch – vor allem in den Kommentaren – in diskursiver, theoriehaltiger Prosa; beides ist gleichermaßen ästhetisch geformtes und theatrales Textmaterial.
Bei aller zum Teil nicht nur pointierten, sondern auch verkürzten, unter anderem aus dem zeitlichen Kontext zu erklärenden Kritik Theodor W. Adornos an Brechts „Engagement", an „Habitus", „Simplifikation" und „Ton" des epischen Theaters und der Lehrstücke, spricht selbst Adorno vom Lehrstück als „artistisches Prinzip".[15]
Walter Benjamin geht dagegen nicht vom Begriff des Engagements aus, der ja eine inhaltliche und intentionale Konnotation aufweist, sondern von der „Haltung", die „zitierbar ist", ebenso wie „die Worte, die sie begleiten. Auch diese Worte wollen geübt, das heißt erst gemerkt, später verstanden sein." Es findet also ein spezifischer

12 Heiner Müller: Einheit des Textes. In: H. M.: *Werke*. Bd. 5. Die Stücke 3. Hg. Frank Hörnigk. Frankfurt a. M., 2002, S. 192.

13 Statt von Aufführung spricht Brecht deshalb auch von „Ausstellung" (GBA 24, 96).

14 Brecht: Zur Theorie des Lehrstücks, S. 164

15 Theodor W. Adorno: Engagement. In: Th. W. A.: *Noten zur Literatur*. Frankfurt a. M., 1981, S. 418-421.

Lernvorgang statt, dessen politische Implikation nicht im Inhalt und schon gar nicht im politischen Engagement, sondern im performativen Lernprozess selbst liegt, der aber nur erfolgen kann im ästhetisch-theatralen Agieren auf der Grundlage eines „poetische(n)“ Textes. Die außergewöhnliche Qualität der Lehrstücke, die in dem Zusammenspiel dieser drei Komponenten liegt, fasst Benjamin in der Formulierung zusammen: „Ihre pädagogische Wirkung haben sie zuerst, ihre politische dann und ihre poetische ganz zuletzt.“[16] Vor allem im Begriff der ästhetischen Erfahrung, „gewonnen im gestischen Umgang mit literarischen Texten“, die ihre politische Qualität in dem Widerstand gegen die „Deformationen des Alltags“[17] besitzen, wird die Spezifik der Lehrstück-Konzeption sichtbar: Es geht um die ästhetische Konkretion von Theorie und Historie, um die Komplexität und Unausdeutbarkeit von Texten und um deren theatrale Materialisierung in Form von Gesten, Haltungen und Reden, drei Bereiche, die in szenischen Bildern ihre Ausdrucksform finden. Indem diese Erfahrungsexperimente zugleich ästhetische Experimente sind, finden wir auch hier – noch intensiver als in der Versuchsreihe des epischen Theaters – das Spannungsverhältnis von Erlebnis und Erfahrung, Praxis und Theorie, Kunst und Realität, Theater und Politik. Vor allem: In einer ‚Experimentalgemeinschaft‘ werden auf der Grundlage bestimmter Regeln Wahrnehmungen und Haltungen ‚entregelt‘. Das Ergebnis des spielerischen Prozesses bleibt ungewiss und unsicher, Potentialität ist Ausgangspunkt, Basis und Ziel. Es entsteht etwas Neues, Fremdes, etwas Ungewöhnliches und auch Verstörendes und damit ein gesellschaftlich-ästhetischer ‚Möglichkeitssinn‘. Der soziale Raum des Lehrstücks wird – mit Müller gesprochen – zu „Inseln der Unordnung“.[18]

16 Benjamin: Bert Brecht, S. 662.

17 Ralf Schnell / Florian Vaßen: Ästhetische Erfahrung als Widerstandsform. Zur gestischen Interpretation des „*Fatzer*“-Fragments. In: *Assoziales Theater. Spielversuche mit Lehrstükken und Anstiftung zur Praxis*. Hg. Gerd Koch / Reiner Steinweg / Florian Vaßen. Köln, 1984, S. 170.

18 Heiner Müller: „Mich interessiert der Fall Althusser …“. In: H.M.: *Werke*, Bd. 8. Schriften, 2005, S. 245.

Produktive Fremdheit und „Selbstverständigung“ in Brechts Lehrstück-Praxis

1
Fremdheit

Wenn man sich Brechts Texte und seine Theatertheorie und -praxis genauer ansieht, findet man Fremdheit, das Fremde und die Figur des/r Fremden in sehr verschiedene Ausprägungen im Sinne von äußerer raumzeitlicher sowie innerer psychischer und schließlich auch ästhetisch-theatraler Alterität.[19] Brechts diskontinuierliche Entwicklung reicht vom frühen egoistischen Außenseiter Baal, den exotischen Abenteurern in der frühen Prosa respektive der *Hauspostille* und den ‚kalten‘, einander und sich selbst fremden Städtebewohnern *Aus dem Lesebuch für Städtebewohner* über die Ummontierung und Spaltung des Individuums in *Mann ist Mann*, die politisch-theatrale Methode der Entfremdung und Verfremdung im epischen Theater, wie sie zum ersten Mal ausführlich in den *Anmerkungen zu Mahagonny* formuliert werden, bis zur gesellschaftlichen Entfremdung und Selbstentfremdung bei den sozusagen ‚gespaltenen‘ Theaterfiguren Mauler, Mutter Courage, Puntila, Shen Te / Shui Ta und Azdak in den großen, weltberühmten Theaterstücke des epischen Theaters.[20] Mit seinem epischen Theater schafft Brecht gegen Homogenität und Totalität „‚dekonstruierende Kunstkonstruktionen‘“[21] und damit Alterität und Dissonanz als Movens von Veränderung. In Brechts Lehrstück-Konzeption spielt Alterität eine andere, aber keineswegs geringere Rolle: Es geht nicht mehr um das Fremde als *räumliche und zeitliche Distanz* trotz Spielorten wie Atlantik, China, antikes Rom und Naher Osten, und nicht primär um theatrale Verfremdung. Stattdessen konzentriert sich der Spielprozess als präsentische Performance auf die Selbstverständigung von Individuen und Gruppen; das ist: Selbst- *und* Fremdwahrnehmung, Identifikation

19 Vgl. „Die Dialektik von Eigenem und Fremdem, von Identität und Alterität scheint das Theater von jeher zu definieren, verhandelt doch die Bühne seit der Antike gerade das, was der Homogenität des Einzelnen und der Gesellschaft heterogen ist. Doch auch die Form selbst ist von der Auseinandersetzung mit dem anderen geprägt: Dramentext und Inszenierung, Rollenperson und Schauspielerperson, Alltagswirklichkeit und Bühnenrealität stehen im Dialog.“ Helga Finter: Identität und Alterität: Theatralität der performativen Künste im Zeitalter der Medien. In: *Fliegende Bilder, fliehende Texte. Identität und Alterität im Kontext von Gattung und Medium.* Hg. Walter Bruno Berg u.a. Frankfurt a. M. / Madrid, 2004, S. 237.

20 Siehe unter einer anderen Fragestellung auch Florian Vaßen: Eigensinn – Bertolt Brechts widerständiges Theater. In: *Zeitschrift für Theaterpädagogik* 31 (2015), H. 67, S. 25-27.

21 Joachim Fiebach: *Welt Theater Geschichte. Eine Kulturgeschichte des Theatralen.* Berlin, 2015, S. 375.

und Distanz, körperliches Agieren *und* Denken, Selber-Spielen *und* selbstreflexives Beobachten, d.h. gleichermaßen Eigenes und Fremdes.

2
Selbstverständigung

Im Zentrum der Lehrstück-Praxis steht der Prozess der Selbstverständigung, von dem Brecht selbst im Kontext von *Fatzer* spricht:

> das ganze stück, da ja unmöglich,
> einfach zerschmeißen für experiment,
> ohne realität!
> zur „selbstverständigung“[22]

Brecht gibt hier einige aufschlussreiche Hinweise zu seiner Arbeitsweise. Zunächst stellt er fest, dass dieser Theatertext „unmöglich“ ist, zu verstehen wohl im Sinne von *nicht zu bewerkstelligen, nicht durchführbar, nicht zu verwirklichen*“[23], weshalb er beabsichtigt, „das ganze stück“ zu „zerschmeißen“. Bei dieser Tätigkeit liegt zunächst die Assoziation an einen zerbrechlichen Gegenstand nahe, etwa einen Tonkrug, der auf den Boden geworfen wird und in tausend Stücke zerspringt. Das Wort „stück“ hat jedoch mehrere Bedeutungen: Es kann für einen Gegenstand, wie etwa den Krug, stehen, aber auch für ein Bruchstück, ein Fragment, und schließlich gibt es noch die Bedeutung Theaterstück. Im Kontext von *Fatzer* liegt es nahe, dass Brecht beabsichtigt, das mehr als 500 Seiten dicke *Fatzer*-Konvolut, bestehend aus Entwürfen, Skizzen, Inhaltsangaben, Zusammenfassungen, Kommentaren, Chören sowie einzelnen Szenen mit Dialogen und Monologen zu „zerschmeißen“ [24]. In dem so entstehenden Papier-Chaos entstünde dann die Möglichkeit, den Text anders zu sortieren, neu zu ordnen, und wieder zusammenzusetzen. In ähnlicher Weise ist offensichtlich Heiner Müller bei seiner Arbeit an der Bühnenfassung von Brechts *Fatzer* vorgegangen:

> Ich habe in dem Zimmer, in dem ich gearbeitet habe, die vierhundert Seiten ausgebreitet, bin dazwischen herumgelaufen und habe gesucht, was zusammen-

22 BBA 109/56 (hs.); Textstellen, die nicht in den Werken enthalten sind, werden mit den Nummern des Brecht-Archivs zitiert.

23 *Deutsches Universal Wörterbuch*. Mannheim u.a., 4.Aufl. 2001, S. 1660; Reiner Steinweg: *Das Lehrstück. Brechts Theorie einer politisch-ästhetischen Erziehung*. Stuttgart, 1972, S. 107.

24 Steinweg spricht von einer „Auflösung des ganzen Komplexes in verschiedene Einzel-*Versuche*“, Ebd.

> passt. Ich habe auch willkürliche Zusammenhänge hergestellt, an die Brecht nicht denken konnte, ein Puzzle-Spiel.[25]

Brecht spricht von einem „experiment, / ohne realität", was offensichtlich nicht negativ gemeint ist: Realität würde den Arbeitsprozess am *Fatzer* nur einschränken oder behindern. ‚Gesichte', Visionen, Imaginationen, also das Unbekannte, Fremde, sind dagegen offen für ein freies Experimentieren und bilden die Grundlage für einen Möglichkeitssinn. „Die Situation muß so halluzinativ sein wie gestellt, schon in der Vision vorher geschaut, aufgebaut, und ihre Zustimmung (die der „Ausgebeuteten" – F.V.) mechanisch, schon von Anbeginn ab vorgesehen, einstudiert!" (GBA 10.1, 387), heißt es in einem Kommentar. In einem anderen von Reiner Steinweg mit „Realität und Lehrstück" überschriebenen Text (BBA 330/15-16) betont Brecht zudem, so Steinweg, dass „die möglichen, nicht-ausgeführten, poetisch imaginierten" „Handlungen" „ebenso wahrhaftig und nützlich" sein können wie „tatsächlich geschehene Handlungen"[26]. Die Potentialität ästhetischer Versuche generiert eine eigene Wirklichkeit von großer Intensität.Dieser Arbeitsprozess dient zunächst zur „Selbstverständigung" des Schreibenden. Das Wort Selbstverständigung hat Brecht dabei nicht nur ebenso unterstrichen wie die Formulierung „da ja unmöglich", sondern es ist zudem noch in Anführungsstriche gesetzt und damit als Zitat kenntlich gemacht. Steinweg vermutet sicherlich zu Recht, dass Brecht hier aus dem „Vorwort ‚Zur Kritik der politischen Ökonomie" von Karl Marx zitiert, in dem es heißt: „Wir überließen das Manuskript der nagenden Kritik der Mäuse um so williger, als wir unsern Hauptzweck erreicht hatte – Selbstverständigung."[27]
Die zweifache Hervorhebung von Selbstverständigung verweist auf die zentrale Stelle dieses kurzen Selbst-Kommentars, die zum einen auf *Selbst*reflexion verweist und zum anderen sowohl *Verständigung* als auch „Verständnis" und „Einverständnis", „Verstehen" und „Verstand" beinhaltet. Dabei geht es Brecht primär um den eigenen Schreibprozess, bei dem sich Teilnahme und Beobachtung in der Arbeit am ästhetischen und politischen Selbstverständnis in Form einer Haltung verbinden, wie Walter Benjamin darlegt:

> Die beste Tendenz ist falsch, wenn sie die Haltung nicht vormacht, in der man ihr nachzukommen hat. Und dies Haltung kann der Schriftsteller nur da vormachen, wo er überhaupt etwas macht: nämlich schreibend. Die Tendenz ist die

25 Heiner Müller: Fatzer-Material 1978. In: H.M.: *Der Untergang des Egoisten Johann Fatzer. Bühnenfassung*. Frankfurt a.M., 1978, S. 8.

26 Steinweg: *Das Lehrstück*, S. 20.

27 Karl Marx: Zur Kritik der politischen Ökonomie. In: Karl Marx / Friedrich Engels: *Werke*, Bd. 13. Berlin, 1969, S. 10.

notwendige, niemals die hinreichende Bedingung einer organisierenden Funktion der Werke. *Ein Autor, der die Schriftsteller nichts lehrt, lehrt niemanden.*[28]

Selbstverständigung im Sinne von eine „Haltung“ einnehmen, ist aber besonders auch einer der zentralen Aspekte in der Lehrstück-Praxis, die Spielenden verständigen sich im Spielprozess mit sich selbst und zugleich in der Gruppe, sie kommen zu einem Verständnis der im Spiel untersuchten Probleme und gelangen oft sogar zu einem „Einverständnis“; es finden politisch-ästhetische Experimente und Lernprozesse statt.
Die Differenz zwischen der Schreib- und der Spielebene hat Brecht selbst angesprochen, unter dem Titel „Ftzdok“, also „Fatzerdokument“, heißt es:

> der zweck wofür eine arbeit gemacht wird ist nicht mit jenem zweck identisch zu dem sie verwertet wird. So ist das fatzerdokument zunächst hauptsächlich zum lernen des schreibenden gemacht. Wird es späterhin zum lehrgegenstand so wird durch diesen gegenstand von den schülern etwas völlig anderes gelernt als der schreibende lernte ich der schreibende muß nichts fertig machen. Es genügt daß ich mich unterrichte. Ich leite lediglich die untersuchung und meine methode dabei ist es die der zuschauer untersuchen kann. (BBA 109/14 + 520/07)[29]

Brecht betont also, dass seine Lernprozesse als Schreibender andere sind als die der „zuschauer“ bzw. in der „verwertung“; er „unterrichte(t)“ sich und macht dazu mit Hilfe des „Fatzerdokuments“ eine „untersuchung“. In der Anwendung dagegen soll Brechts „methode“ „untersuch(t)“ werden.

3
Fremdheit in der Lehrstückpraxis

Im Lehrstück-Spielprozess machen die Teilnehmer*innen Grenzerfahrungen und erleben Krisensituationen im Übergang vom Fremden zum Eigenen und *vice versa*. Um Erfahrungen zu machen, bedarf es der Destruktion von Vorhandenem, Altbekanntem, ohne Negation bzw. Negativität ist eine Erfahrungsproduktion nicht möglich. In der Konfrontation mit Fremdheit und ihren Ambivalenzen erhalten die Spieler*innen Lern-Impulse für persönliche, politische und/oder ästhetische Veränderungen qua Selbstreflexion und eigenes Agieren als Probehandeln. Die Frage „Wieviel Fremdheit ertragen wir?“ verweist zwar auch auf Abwehr und Angst, die bekanntlich eine schlechte Basis für Lernprozesse darstellen. Irritation und Verstörung können aber durchaus auch produktiv wirken, im Sinne von „'Lernen durch

28 Walter Benjamin: Der Autor als Produzent. In: W.B.: *Gesammelte* Schriften. Bd. II.2., S. 696.
29 Vgl. Steinweg: *Das Lehrstück*, S. 22.

Befremdung/Fremdheit'"[30], Brecht nennt es Verfremdung im Sinne von Fremd-Machen, wodurch neue Erfahrungen und eine bessere Verarbeitung von Komplexität ermöglicht werden. Nur wenn die Spielenden sich auf ihre Mitspieler*innen verlassen können, können sie ‚es' geschehen lassen, d.h. neue Haltungen erproben; dann sind die Spielenden bereit für die Aufnahme für Neues, Unerwartetes, Fremdes, und ohne Intentionalität und ohne festgelegtes Ergebnis entwickelt sich eine Energie, die zu einer neuen Qualität von Erfahrung führen kann. In der Lehrstück-Praxis, d.h. also im Rahmen von „Selbstverständigung", verschaffen sich die Spieler*innen in Form von Selbstbestimmung einen eigenen Raum, in Form von Selbstfürsorge kümmern sie sich um sich selbst und in Form von Selbstermächtigung (*empowerment*) erlangen sie eine eigene Kraft. Dieser ‚Bildungsprozess' ist geprägt von Selbstorganisation, Autopoiesis und Emergenz[31], d.h. von Selbstständigkeit und Selbstbezüglichkeit sowie durch die spontane Herausbildung von Neuem.
Im Zentrum steht die widersprüchliche Haltung von Fremdheit *in* einem selbst und *in* der Gruppe als Konstituens eines körperlich-reflexiven, theatralen Agierens[32] – im Sinne eines kreativen, bisweilen auch schmerzhaften Spiel- und Erkenntnisprozesses –, es geht um Fremdheit als produktiven Prozess. Im Kontrast zu der destruktiven Erfahrung von Entfremdungen und Verdinglichung im kapitalistischen Produktions- und Gesellschaftsprozess, ermöglicht Fremdheit in der ästhetisch-politischen Lehrstück-Praxis eingreifende, sich wandelnde, neue Verhaltensweisen.

30 Ralph Buchenhorst: Einleitung: Das Fremde im Übergang. Lernimpulse durch Befremdung in globalen Wanderungsprozessen. In: *Von Fremdheit lernen. Zum produktiven Umgang mit Erfahrungen des Fremden im Kontext der Globalisierung*. Hg. von Ralph Buchenhorst. Bielefeld, 2015, S. 20; diesem Text verdanke ich einige Anregungen zur Fremdheit als Lernimpuls.

31 Vgl. Christiane Thompson: Bildung und Befremdung. Markierungen im erziehungswissenschaftlichen Diskurs. In: *Von Fremdheit lernen*, S. 69-88; vgl. Erika Fischer-Lichte: *Ästhetik des Performativen*. Frankfurt a.M., 2004, S. 61.

32 Vgl. hierzu auch Heegs Überlegungen zu einem transkulturellen Theater, das „das radikal Andere" nicht „vernichtet oder beschneidet, zähmt, ummodelt und bildet", es weder „exotisiert" noch „eliminiert". Günther Heeg: Die AufLösung des Stadttheaters. Die Zukunft des Stadttheaters liegt in einer transkulturellen Theaterlandschaft. In: *Theater entwickeln und planen. Kulturpolitische Konzeptionen zur Reform der Darstellenden Künste*. Hg. Wolfgang Schneider. Bielefeld, 2013, S. 236 f.

4
Fremdheitstheorien

Es ist nicht anzunehmen, dass sich Brecht in seiner Theater-Theorie und -Praxis auf eine philosophische oder soziologische *Theorie der Fremdheit* bezieht[33], zumal in den 1930er Jahren eine derartige Theorie noch kaum entwickelt war.[34] Sicherlich spielt Hegels Dialektik bei Brechts Begriff der Entfremdung und Verfremdung eine Rolle und auch Marx' Analyse der gesellschaftlichen Entfremdung war ihm gegenwärtig. Dagegen dürften Georg Simmels Überlegungen zu Nähe und Ferne des Fremden in seinem *Exkurs über den Fremden*[35] Brecht nicht bekannt gewesen sein. Brechts Interesse galt zudem – anders als bei Simmel – nicht primär dem Fremden als Bleibendem, heute würde man wohl vom Migranten sprechen. Immerhin tauchen auch in seinen Texten die verschiedenen Typen des Fremden auf: der „Randseiter (marginal man)" wie Baal und die Seeräuber, der „Heimkehrer (homecomer)" wie Kragler und der „Gastarbeiter (sojourner)", Wanderarbeiter oder Tramp, wie die Holzfäller in *Mahagonny* und schließlich der „Metropolit (metropolitan local)" [36] wie die Städtebewohner.

Anders als in der aktuellen Diskussion geht es Brecht jedoch nicht primär um kulturelle Hybridität[37], sondern um Vielheit und Fremdheit, Differenz und Kontrast, Distanz und Kritik als erkenntnistheoretische, soziologische, politische und vor allem

33 Nach Auskunft des Brecht-Archivs gibt es dort nur die Kategorie „Entfremdung / Verfremdung", während die Stichworte „Fremde" bzw. „Fremdheit" nicht vorkommen. Auch Theorien der Fremdheit sind dort nicht zu finden. Ob eine genaue Durchsicht von Brechts Briefen und Tagebüchern bzw. seiner Bibliothek und der von ihm gelesenen Bücher hier größere Klarheit bringen kann, scheint zweifelhaft.

34 Brechts kritischer Freund Walter Benjamin und der ihm auch nahestehende Ernst Bloch beschäftigen sich ebenfalls mit Fremdheit; vgl. die Fremdheitserfahrungen im Kontext der Menge in Benjamins Text „Über einige Motive bei Baudelaire". In: W. B.: *Gesammelte Schriften*, Bd. I, 2. Frankfurt a. M., 1974, S. 605-653, und das Spannungsverhältnis von Verfremdung und Entfremdung in Ernst Blochs *Prinzip Hoffnung*. In: E. B.: *Gesamtausgabe*, Bd. 5. Frankfurt a. M., 1959; siehe besonders das Kapitel „Schöne Fremde", S. 430-435.

35 Georg Simmel: *Soziologie. Untersuchungen über die Formen der Vergesellschaftung*. Berlin, 1908, S. 509-512; der Fremde „ist der Freiere, praktisch und theoretisch, er übersieht die Verhältnisse vorurteilsloser, mißt sie an allgemeineren, objektiveren Idealen und ist in seiner Aktion nicht durch Gewöhnung, Pietät, Antezedenzien gebunden." (S. 511f) Vgl. die Neuausgabe: Georg Simmel: *Gesamtausgabe*. Bd. 11. Soziologie. Untersuchung über die Formen der Vergesellschaftung. Hg. Otthein Rammstedt. Frankfurt a. M., 1992, S. 764-771.

36 Peter-Ulrich Merz-Benz / Gerhard Wagner: Der Fremde als sozialer Typus. Zur Rekonstruktion eines soziologischen Diskurses. In: *Der Fremde als Typus. Klassische soziologische Texte zu einem aktuellen Phänomen*. Hg. Peter-Ulrich Merz-Benz / Gerhard Wagner. Konstanz, 2002, S. 14.

37 Vgl. Merz-Benz / Wagner: Der Fremde, S. 30 und 26.

ästhetische Kategorie, d.h. die Widersprüche bilden für Brecht – im Gegensatz zur Betonung von Totalität gesellschaftlicher Formationen – die dynamischen Elemente gesellschaftlicher Entwicklung, denn für Brecht kommt das Neue aus dem Fremden in seinen verschiedensten Formen. 1929 formuliert er dazu pointiert: „Jeder sollte sich von sich selber entfernen, sonst fällt der Schrecken weg, der zum Erkennen nötig ist.“ (GBA 21, 280)[38]

Dezentrierung und Fremdheit

1
„Dividuum“ und plurale Identität

In diesem Kontext entwickelt Brecht ein neues Verständnis vom *Individuum*, das weder isoliert gesehen und besonders exponiert wird, noch in seiner Persönlichkeit im Kollektiv ausgelöscht werden soll, sondern in seiner Vielgestaltigkeit eine neue Stärke durch die Integration in verschiedene Gruppen erhalten kann, d.h., so Brecht, durch die „Zugehörigkeit zu mehreren Kollektiven“ (GBA 21, 359). Als Teil einer Gruppe entwickelt sich folglich eine neue Qualität von Individualität, die man in einer scheinbar paradoxen Formulierung „kollektiven Individualismus“ (Wolfgang Engler) nennen könnte. Die Menschen, in unserem Fall die Spieler*innen in der Lehrstück-Praxis, sollen in der Gruppe Erfahrungen mit sich als Teil eines „Dividuum[s]“ machen; „am einzelnen ist gerade seine Teilbarkeit zu betonen […]“ (GBA 21, 359), wie Brecht in dem kurzen Text *Individuum und Masse* von 1929 formuliert.

Bei diesen Überlegungen gibt es offensichtliche Bezüge zu Marx[39] und Nietzsche[40], vor allem aber zu den modernen Naturwissenschaften. Brecht hat sich nicht nur in Dänemark von Assistenten des Atomphysikers Niels Bohr bei der Arbeit am *Galilei* in physikalischen Fragen beraten lassen, in Los Angeles steht er auch in engem

38 Es auffällig, dass das Adjektiv „fremd“ sprachgeschichtlich von einem Adverb mit der Bedeutung „entfernt“, „von – weg“, „vorwärts“ stammt und damit den Bewegungs- und Entwicklungsaspekt beinhaltet; siehe *Duden. Deutsches Universalwörterbuch*, S. 574.

39 Vgl. „Aber das menschliche Wesen ist kein den einzelnen Individuum inwohnendes Abstraktum. In seiner Wirklichkeit ist es das ensemble der gesellschaftlichen Verhältnisse.“ Karl Marx / Friedrich Engels: Thesen über Feuerbach. In: K.M. / F.E.: *Werke*, Bd. 3, 1969, S. 6.

40 Vgl. Hans-Thies Lehmann / Helmut Lethen: Verworfenes Denken. In: *Brecht-Jahrbuch* 1980. Hg. Reinhold Grimm / Jost Hermand. Frankfurt a. M., 1981, S. 149-171; der Begriff Dividuum findet sich, wenn auch in anderem Kontext, wörtlich bei Nietzsche; Friedrich Nietzsche: Menschliches, Allzumenschliches. In: F.N.: *Werke in drei Bänden*, Bd. 1. Hg. Karl Schlechta. München, 1999, S. 491.

Kontakt mit Hans Reichenbach, einem Physiker und Philosophen des Logischen Empirismus[41], der seinerzeit als Student Albert Einsteins erste Vorlesung über die Relativitätstheorie gehört hatte. So lassen sich bei Brecht auffällige Parallelen und Bezüge speziell zur der Quantentheorie feststellen[42]: A-tom und In-dividuum als das ursprünglich ‚Unteilbare' sind beide im 20. Jahrhundert ‚teilbar' geworden und befinden sich dementsprechend in einer Wechselwirkung mit ihrer Umwelt, respektive mit anderen Menschen. In einem Gespräch mit Bernard Guillemin betont Brecht: „Das kontinuierliche Ich ist eine Mythe. Der Mensch ist ein immerwährend zerfallendes und neu sich bildendes Atom."[43] Brecht geht zwar von einer Einheit aus, aber entscheidend sind doch die Widersprüche: „Die Einheit der Figur wird nämlich durch die Art gebildet, in der sich ihre einzelnen Eigenschaften widersprechen." (GBA 23, 86) Und an anderer Stelle heißt es bei Brecht: „die Zertrümmerung, Sprengung, Atomisierung der Einzelpsyche", „diese eigentümliche Kernlosigkeit der Individuen" „bedeutet" also „nicht Substanzlosigkeit" (GBA 23, 476). Stattdessen spricht er in positivem Sinne von der „Zertrümmerung der Person", der „Gespaltenheit des Menschen" (GBA 21, 320), vom Individuum „als ein[em] widerspruchsvolle[n] Komplex in stetiger Entwicklung" und – trotz äußerer „Einheit" – als einer „kampfdurchtobte[n] Vielheit" (GBA 22.2, 691). „Uneinigkeit mit sich selbst" (GBA 23, 82) ist für Brecht die Voraussetzung für Entwicklung und Veränderung. Daraus zieht er die Schlussfolgerung: „Um vom Erträglichen

41 Zu Brecht und dem Logischen Empirismus vgl. Ulrich Sautter: „Ich selber nehme kaum noch an einer Diskussion teil, die ich nicht sogleich in eine Diskussion über Logik verwandeln möchte." Der logische Empirismus Brechts. In: *Zeitschrift für Philosophie* 43 (1995), S. 687-710; siehe auch Brechts Hinweise auf Heisenbergs Unschärferelation, die Ziffel in den Flüchtlingsgesprächen „Heisenbergs Unsicherheitsfaktor" nennt (GBA 18, 229), und auf Max Plancks Determinismus oder Indeterminismus in der Eintragung vom 26. März 1942 im Journal. Dort heißt es: „Auch der historische Materialismus weist diese ‚Unschärfe' in bezug auf das Individuum auf." (GBA 27, 74).

42 Anknüpfend am Experiment des physikalischen Raums, entwickelt Brecht Experimente im ästhetischen Raum mit Perspektive auf den sozialen Raum. Vgl. Kurt Lewin: Experimente über den sozialen Raum. In: *Entwicklung der Gruppendynamik*. Hg. T. Brocher / P. Kutter. Darmstadt, 1985, S. 41; zum Experiment vgl. auch Florian Vaßen: Bertolt Brechts Theaterexperimente. Galilei versus Lehrstück. In: *Experimente in den Künsten. Transmediale Erkundungen in Literatur, Theater, Film, Musik und bildender Kunst*. Hg. Stefanie Kreuzer. Bielefeld, 2012, S. 91-130; auch Cohen weist auf den Einfluss des „Philosophen und Sozialpsychologen Kurt Lewin" auf Brecht hin. Lewin betont in seinem „Vortrag *Der Übergang von der aristotelischen zur galileischen Denkweise*" „den Übergang von einer statischen zu einer dynamischen Denkweise, von ‚Substanzbegriffen ' zu ‚Funktionsbegriffe[n]'". Robert Cohen: Über Brechts sechszeiliges Gedicht *Indem er Ja sagt*. In: *Reizland DDR. Deutungen und Selbstdeutungen literarischer West-Ost-Migration*. Hg. Margrid Bircken / Andreas Degen. Göttingen, 2014, S. 392.

43 Bernard Guillemin: Gespräch mit Bert Brecht. In: Willy Haas: *Zeitgemäßes aus der literarischen Welt von 1925-1932*. Stuttgart, 1963, S. 54 f.

zum Lustvollen zu kommen, wird er [der Massemensch] das Dividuelle ungeheuer ausbauen müssen.“ (GBA 21, 179).[44] Vor allem betont er die Produziertheit des Individuums: „'Ich‘ bin keine Person. Ich entstehe jeden Moment, bleibe keinen. Ich entstehe in der Form einer Antwort. In mir ist permanent, was auf solches antwortet, was permanent bleibt. [...] Ich mache Mich.“ (GBA 21, 404) Diese Prozesshaftigkeit korrespondiert auch in auffälliger Weise mit dem Kunstprozess, insbesondere in der Lehrstück-Praxis, aber etwa auch beim postdramatischen Theater, denn gerade Kunst kann in der Differenzerfahrung, die immer auch eine Negation beinhaltet, die „Illusion personaler Identität [...] zerstören.“[45]
Wie Stuart Hall in seiner Theorie der *Subjektkonstitution* aufgezeigt hat, beginnt mit den gesellschaftlichen Veränderungen zu Beginn des 19. Jahrhunderts eine Dezentrierung und Fragmentarisierung der Menschen. Hall betont,

> [...] daß jede gesicherte oder essentialistische Konzeption der Identität, die seit der Aufklärung den Kern oder das Wesen unseres Seins zu definieren und unsere Existenz als menschliche Subjekte zu begründen hatte, der Vergangenheit angehört. [46]

Auch Theodor W. Adorno und Max Horkheimer sprechen davon, dass die Verabsolutierung des Individuums historisch entstanden ist und folglich immer wieder überprüft werden muss und in Frage gestellt werden kann:

> Menschliches Leben ist wesentlich, nicht bloß zufällig Zusammenleben. Damit aber wird der Begriff des Individuums als der der letzten sozialen Einheit fragwürdig. Existiert der Mensch von Grund auf durch entsprechende andere, ist er nur durch sie, was er ist, so wird er letztlich nicht durch primäre Unteilbarkeit und Einzigartigkeit bestimmt, sondern dadurch, daß er am anderen notwendig teilhat und sich mitteilen kann. Er ist Mitmensch, ehe er auch Individuum ist; [...] Der Glaube an die radikale Unabhängigkeit des Einzelnen vom Ganzen ist in der Tat bloßer Schein. Die Form des Individuums selber ist die einer Gesellschaft, die sich am Leben erhält durch die Vermittlung des freien Marktes, wo freie, unabhängige Wirtschaftssubjekte zusammenkommen. [...] Mit der Inthronisie-

---

44 In der Nachfolge von Brecht nennt Heiner Müller es eine „Fiktion [...], daß es eine einheitliche Person gibt. Ich bin ja viele Personen. Das kleinste Kollektiv ist ein Schizophrener. Es gibt aber auch größere Kollektive, die in einer Person versammelt sein können.“ Heiner Müller: „Ich bin ja viele Personen“. Gespräch mit dem Dramatiker Heiner Müller. In: *Werke*, Bd. 11, 2008, S. 590 f.

45 Heiner Müller: Nekrophilie ist Liebe zur Zukunft. In: Ebd., S. 614.

46 Stuart Hall: Die Frage der kulturellen Identität. In: S. H.: *Rassismus und kulturelle Identität. Ausgewählte Schriften*, Bd. 2. Hg. Ulrich Mehlem u.a. Hamburg, 2002, S. 181; vgl. auch Stuart Hall: New Ethnicities. In: *Black British Cultural Studies*. Hg. H. Baker /M. Diawara / R. Lindeborg. Chicago, 1988, S. 163-172

> rung des Konkurrenzprinzips [...] entfaltete die bürgerliche Gesellschaft eine Dynamik, die das einzelne Wirtschaftssubjekt zwingt, seine Erwerbsinteressen rücksichtslos und um das Wohl der Allgemeinheit unbekümmert zu verfolgen. [...] Das antifeudale Ideal der Autonomie des Individuums, das dessen politische Selbstbestimmung meinte, verwandelte sich im Wirtschaftsgefüge zu jener Ideologie, deren es zur Aufrechterhaltung der Ordnung und zur Steigerung der Leistung bedurfte.[47]

Der heutige Mensch hat nicht mehr *eine* unveränderbare homogene, essentialistische Identität, vielmehr besitzt er mehrere Identitäten oder eine dynamische Polyidentität mit mehreren unterschiedlichen Bereichen, der Mensch pluralisiert sich.[48] Früher hätte man von unterschiedlichen Rollen gesprochen, die aber immer noch verschiedenartiger Ausdruck eines homogenen inneren Selbst waren. Sinnvoller ist es, von einem Geflecht performativer Akte zu reden, die zu einer kulturell konstruierten Identität gehören. Identität befindet sich demnach in einem nie abgeschlossenen, dynamischen Prozess im Kontext sich ständig verändernder Selbst- und Fremdkonstitutionen. Mögliche Transformationen sind in besonderem Maße durch künstlerische und ästhetische Elemente bestimmt.[49]

2
Das Eigene und das Fremde

Diese plurale, bewegliche Identität ist die Voraussetzung, die es im Grunde ermöglicht, ohne Abwehr des Anderen in Beziehung zu fremden pluralen Identitäten treten. Allerdings bedarf es dazu, wie Welsch hervorhebt, eines „hohen Grad(es) an Übergangsfähigkeit", was zwar nicht so einfach zu erreichen ist, aber gerade im Lehrstück-Spielen versucht und erprobt werden kann. Bei Welsch heißt es:

> Das Leben der Subjekte wird [...] in zweifachem Sinn zu einem ‚Leben im Plural'. Erstens im Außenbezug: Man lebt innerhalb eines durch Pluralität geprägten Feldes sozialer und kultureller Möglichkeiten und muss sich in dieser

47 Theodor W. Adorno und Max Horkheimer: *Soziologische Exkurs. Nach Vorträgen und Diskussionen*. Frankfurt a.M., 1956, S. 42, 47 und 49.

48 Auch bei Hannah Arendt findet sich in anderem Kontext eine „Apologie der Pluralität"; der Mensch ist „mit der eigenen Pluralität konfrontiert." Matthias Bormuth: Einleitung. In: Hannah Arendt: *Sokrates. Apologie der Pluralität*. Berlin 2016, S. 12 und 8.

49 Zur kulturell konstruierten Identität in Bezug auf Geschlechterzugehörigkeit vgl. Judith Butler: Performative Akte und Geschlechterkonstitution. Phänomenologie und feministische Theorie. In: *Performanz. Zwischen Sprachphilosophie und Kulturwissenschaften*. Hg. Uwe Wirth. Frankfurt a. M., 2002, S. 301-320.

> Pluralität bewegen und zurechtfinden. Zweitens im Innenbezug: Das Subjekt verfügt in sich über mehrere Entwürfe, die es gleichzeitig oder nacheinander durchlaufen kann. Sowohl jene äußere wie diese innere Pluralität erfordern einen hohen Grad an Übergangsfähigkeit.[50]

Diese Pluralität des Subjekts[51] ist eingebettet in den Begriff der Transkulturalität, wie Welsch es nennt. Gegen Johann Gottfried Herders romantisches ‚Kugelmodell' der Kultur, das von Homogenität und Abgrenzung ausgeht, entwickelt Welsch ein permeatives Modell, das „die Durchdringungen und Verflechtungen"[52] der Kulturen aufzeigt. Die europäischen Kulturen zeichnen sich z.B. schon seit dem antiken Griechenland, das etwa ohne Einflüsse aus dem Vorderen Orient nicht denkbar gewesen wäre, durch „*Hybridisierung*"[53] aus, die sich in Folge der kapitalistischen Globalisierung (Ökonomie, Alltag, Konsum, Esskultur, Wissenschaften etc.) heute noch verstärkt hat und die die Individuen auch vielfältigen Abhängigkeiten und Unterdrückungssituationen ausliefert. Im Gegensatz zu Multikulturalität und Interkulturalität, die immer noch von inneren bzw. äußeren Beziehungen von separierten Kulturen ausgehen, löst der Begriff der Transkulturalität grundlegend die „Homogenitätsfiktion"[54] auf.
Fremdheit ist „ein relationaler Begriff", der immer „in Bezug auf etwas, was nicht als fremd angesehen wird"[55] steht. Das Eigene und das Fremde sind demnach untrennbar miteinander verbunden, sie „bedingen und konstituieren" „sich immer gegenseitig"[56] und bezeichnen „Beziehungsmodi".[57] Grundsätzlich ist demnach eine Eigenheit ohne Fremdheit nicht möglich, und der Verlust von Fremdheit würde

---

50 Wolfgang Welsch: *Die zeitgenössische Vernunftkritik und das Konzept der transversalen Vernunft*. Frankfurt a. M., 1996, S. 831.

51 Auch Welsch betont die „individuelle() Mikroebene" und nennt Novalis, Walt Whitman und Ibsen als Beispiele für diese Sichtweise in früheren Zeiten. Wolfgang Welsch: Was ist eigentlich Transkulturalität? www2.uni-jena.de/welsch/papers/W_Welsch__was_ist_transkulturalität.pdf, S. 1 Vgl. *Hochschule als transkultureller Raum? Kultur, Bildung und Differenz in der Universität*. Hg. Lucyna Darowska / Thomas Lüttenberg / Claudia Machold. Bielefeld, 2010, S. 39-66.

52 Welsch: Transkulturalität, S. 1.

53 Ebd., S. 3.

54 Ebd., S. 9.

55 Wilfried Lippitz: Fremdheit und Andersheit in pädagogischen Kontexten. In: *Gegenwärtigkeit und Fremdheit. Wissenschaft und Künste im Dialog über Bildung*. Hg. Kristin Westphal / Wolf-Andreas Liebert. Weinheim, 2009, S. 69 f.

56 Klaus Lösch: Das Fremde und seine Beschreibung. In: *Phänomene der Fremdheit – Fremdheit als Phänomen*. Hg. Simone Broders u.a. Würzburg, 2012, S. 25.

57 Simone Broders u.a: Phänomene der Fremdheit – Fremdheit als Phänomen: Einleitung. In: S.B.: *Phänomene der Fremdheit*, S. 14.

anstelle von Potentialität, Veränderung und „Lernchance“[58] zu Erstarrung und Stagnation führen.[59] Durch *Entitätsdenken*, d.h. durch die Zentrierung auf eine substantielle Identität und die Verdrängung unterschiedlicher Möglichkeiten, also auch eigener innerer Fremdheit, durch die Unterdrückung jeglicher Ambivalenzen und die Vermeidung möglicher Differenzerfahrungen, besteht zudem die Gefahr, dass ein erhebliches Gewalt- und Destruktionspotential freigesetzt wird. Die Ausgrenzung und Verdrängung von Alterität führt sowohl in der individuell psychischen wie in der gesellschaftlichen Konstitution in die Katastrophe, rigide Selbstvergewisserung verhindert jegliche Selbst-Veränderung.
Brecht setzt also einen neuen Akzent: Neben dem Sich-Selbst-Fremd-Sein als destruktive Entfremdung des Menschen im Kapitalismus thematisiert er Fremdsein als Erfahrung der eigenen Vielheit, betont das Fremde als Anteil jedes Menschen und zeigt die Möglichkeit einer produktiven Haltung zur Fremdheit.[60] Diese Überlegungen spielen für Brecht analog zur Quanten- und Relativitätstheorie nicht nur in den Gesellschaftswissenschaften, speziell der Soziologie, eine große Rolle, sondern auch in den Künsten: „Der Zwiespalt zwischen Individuum und Dividuum macht den Künstler aller Zeiten aus. […] Kunst ist nichts besonders Individuelles. Ein reiner Individualist wäre schweigsam.“ (GBA 21, 179f.) Gerade im dialogischen theatralen Prozess erhält die relationale Verbindung von Eigen und Fremd eine besondere Bedeutung. Darüber hinaus wirkt die Ausdifferenzierung der Fremdheit in Kunstprozessen auch auf andere gesellschaftliche Felder und ermöglicht so auch dort Veränderungen.
Noch stärker als im Theater-Spielen und Theater-Wahrnehmen, so die These, können sich in der Lehrstück-Praxis durch Rollentausch, Selbst- und Fremdwahrnehmung, aber auch durch die Konfrontation mit einem ‚fremden' poetischen Text, d.h. durch Veränderung der Perspektive, *Alterität*, *Diversität* und *Differenz* als Möglichkeit für gesellschaftliche und individuelle Veränderungen entwickeln.

Potentialität und Transformation

In diesem Sinne bilden die Lehrstück-Texte die Grundlage für die spielerische Auseinandersetzung gerade auch mit Fremdheitserfahrungen angesichts fremder Theatertexte und -figuren, fremder (Mit-)Spieler*innen und der Entdeckung eigener

58 Röttgers: Der Verlust des Fremden, S. 22.

59 „Wer mit sich identisch ist, der kann sich einsargen lassen, der existiert nicht mehr, ist nicht mehr in Bewegung. Identisch ist ein Denkmal.“ Heiner Müller: Nekrophilie ist Liebe zur Zukunft, S. 613.

60 Vgl. Ulrike Hentschel: Welche Bildung? Überlegungen zu einem viel versprechenden Gegenstand. In: *Theaterpädagogik am Theater. Kontexte und Konzepte von Theatervermittlung*. Hg. Ute Pinkert. Berlin / Milow / Strasburg, 2014, S. 70-78; Pierangelo Maset: *Ästhetische Bildung der Differenz. Kunst und Pädagogik im technischen Zeitalter*. Stuttgart, 1995.

Fremdheit; im Spiel mit anderen und im Rollentausch ist das Bedrohlich-Fremde körperlich ganz nah, es ist sogar in uns selbst. Es ist letztendlich sogar möglich zu erproben, wie es ist, alles „auf(zu)geben“ und nach der Art des „eingreifend Denkende(n)“ die „kleinste() Größe“ zu erlangen (GBA 3, 38). Die Identifikation selbst mit asozialen Haltungen und Verhaltensweisen – nicht mit Personen oder Charakteren wie im Schaustück – ermöglicht überdies die spielerische Beschäftigung mit individuell verinnerlichter und gesellschaftlich äußerer Gewalt. Die Spielenden üben im Spiel Gewalt aus und erleiden Gewalt, sie erleben Körperzerstörung und Sterben, denn für Brecht ist – wie später für Heiner Müller – durchaus „Schrecken […] zum Erkennen nötig“ (GBA 21, 280).

Der „Typus Baal, der absolut unsozialisierbar und dessen Produktionsweise ganz unverwertbar ist“[61], aus dem frühen Theaterstück *Baal* setzt sich seit Ende der 1920 Jahre fort in Brechts Lehrstückfragmenten *Der böse Baal der asoziale* (ca. 1930) und *Der Untergang des Egoisten Johann Fatzer* (1926-1930). Auch in diesen Texten finden wir die Haltung des Außenseiters und des „Provokateurs“, d.h. Egoismus, extreme Asozialität und die Ablehnung jeglicher Moral.

Wie im *Badener Lehrstück vom Einverständnis* wird auch im *Bösen Baal der asoziale* jegliches Mitleid und jede Hilfe verweigert, „das schöne Tier das/ Grausame“ (GBA 10.1, 672), wie der „Rechte Chor“ ihn nennt, begegnet „der grausamen/ Wirklichkeit/ grausamer“, denn „Hilfe und Gewalt geben ein Ganzes/ Und das Ganze muß verändert werden“ (GBA 3, 35-36), wie es im *Badener Lehrstück* heißt. „Baal, der Provokateur, der Verehrer der Dinge, wie sie sind, der Sichausleber und der Andreausleber“ (GBA 26, 323), tritt in den szenischen Fragmenten häufig als Fremder und Gast auf. Er wehrt sich gegen die „Verwurstung“ „seiner Talente“, gegen „eine(r) Welt, die nicht eine ausnutzbare, sondern nur eine ausbeutbare Produktivität anerkennt.“ (GBA 23, 241)

Fatzer kommt als Soldat aus der Fremde, das ist der Erste Weltkrieg; er löst sich sowohl aus der sogenannten völkischen Gemeinschaft[62] als auch aus der Armee; er desertiert[63] und geht als Außenseiter gemeinsam mit anderen Soldaten, also in einer neuen Gemeinschaft, nach Mülheim. Doch auch hier besteht er auf dem Eigenen, sein Eigensinn führt zu vier „Abweichungen“; damit entfremdet er sich von seiner Gruppe und zerstört sie letztlich und zugleich sich selbst, als „Egoist“ (GBA 10.1, 464) ist er wiederum der Fremde. Fatzer wendet sich gegen die „mechanische Art“ (GBA 10.1, 495) und gegen das Verhalten der Massemenschen, d.h. gegen die

61 Äußerungen Brechts zum Baal. In: Bertolt Brecht: *Baal. Der böse Baal der asoziale. Texte, Varianten und Materialien.* Hg. Dieter Schmidt. Frankfurt a. M., 1968, S. 105.

62 Vgl. Juliane Spitta: Umkämpfte Gemeinschaften. *Fatzer* im Kontext des zeitgenössischen Gemeinschaftsdiskurses. In*: In Gemeinschaft und als Einzelne_r*. Mülheimer Fatzerbücher 3, Hg. Matthias Naumann / Mayte Zimmermann. Berlin, 2014, S. 20-33.

63 „Ungehorsam und Flucht“ sind zentrale Aspekte von Fatzers Verhalten; vgl. Florian Thamer / Tina Turnheim: Theater der Sorge. *Politisch* Politisches Theater machen. In: *In Gemeinschaft*, S. 190.

„ungesunde Lust/ Wie Räder zu sein" (GBA 10.1, 463). Zudem lehnt er jedes Nützlichkeitsdenken ab: „Auch habe ich starke Unlust, einzig zu tun/ Von vielen Taten die, welche mir nützlich..." (GBA 10.1, 495). Seine „Verzweiflung" führt ihn, wie es im Kommentar heißt, zu „anarchistische(n) Folgerungen" (GBA 10.1, 475) und seine „Lust" reicht nur bis zum Verbrechen (GBA 10.1, 391). Am Schluss halten die „Moralischen ...Gericht ab über einen Aussätzigen" (GBA 10.1, 471) und töten Fatzer, zerstören aber zugleich ihre Gruppe. In dieser Weiterentwicklung der Baal-Figur geht es nicht mehr nur um ein ‚Épater le bourgeois', sondern – nach Walter Benjamin – darum, „den Revolutionär aus dem schlechten, selbstischen Typus ganz ohne Ethos von selber hervorgehen (zu) lassen."[64] Dabei stellt sich die Frage, ob auf Fatzer Brechts Behauptung zutrifft: „der größte typ, den der kapitalismus hervorbringt, ist der verwertertyp, der ihn liquidiert."[65]

Die Spielform des Lehrstücks mit seiner *Theatralität der Ausnahme* kann die alltägliche, oft zerstörerische und gewalttätig wirkende Ordnung in Frage stellen. Aus den „artistischen und spielerischen Elemente(n) der Kunst"[66], wie Benjamin es nennt, aus der Etablierung von Räumen sozialer Phantasie, dem Schaffen von Neugier und Irritationen, ergeben sich Widersprüche und Paradoxa; es gibt keine einfachen Lösungen und auch – nach meiner Überzeugung und entgegen Brechts Postulat – keine Dialektik, jedenfalls nicht in der Art des simplifizierenden Dreischritts[67], sondern nur eine „unreine Wahrheit".[68] Erstarrte Zustände können so im experimentellen Spiel in Bewegung kommen, Ungewöhnliches und auch Verstörendes kann entstehen; ein labiles Dazwischen bietet die Möglichkeit zu Neuem und kann zu Transformationen führen. Das performative Verfahren des Lehrstücks als „mimetische Verhaltensform"[69] und „Rebellion des Körpers gegen Ideen, oder genauer: gegen die Wirkung von Ideen"[70] setzt in seiner präsentischen Materialität und Prozesshaftigkeit an die Stelle einer Orientierung an Überzeugung und Moral die Potentialität von Erfahrung. Die Spielenden können an die Grenzen ihres alltäglichen Verhaltens kommen, diese vielleicht sogar überschreiten, so dass das Alte, Gewohnheitsmäßige zerstört wird und etwas Neues, Anderes entstehen kann – als Selbstverständigung.

---

64 Benjamin: Bert Brecht, S. 665.

65 Bertolt Brecht: *Notizbücher* Bd. 7. Notizbücher 24/25 (1927-1930). Berlin 2010, S. 334.

66 Walter Benjamin: Gespräche mit Brecht. Svendborger Notizen. In: W.B.: *Versuche über Brecht*. Frankfurt a. M., 1966, S. 126.

67 Cohen spricht in einem vergleichbaren Kontext von „eine(r) dialektische(n) Bewegung, die keiner Synthese zugeführt wird." Cohen: Über Bertolt Brechts sechszeiliges Gedicht, S. 391.

68 Heiner Müller: Der Horatier. In: H.M.: *Werke*, Bd. 4, 2001, S. 83.

69 Hans-Thies Lehmann: Eine unterbrochene Darstellung. Zu Walter Benjamins Idee des Kindertheaters. In: *Szenarien von Theater (und) Wissenschaft*. Festschrift für Erika Fischer-Lichte. Hg. Christel Weiler / Hans-Thies Lehmann. Berlin, 2003 (Recherchen 15), S. 187.

70 Heiner Müller: Ich glaube an Konflikt. Sonst glaube ich an nichts. Ein Gespräch mit Sylvère Lotringer. In: H.M.: *Werke*, Bd. 10, 2008, S. 211.

Milena Massalongo

Weder die Kunst noch der Zuschauer: das *Publikum* ist der Feind und muss aufhören

Kunst kann nur Kunst sein. Aber da liegt nicht der Schwerpunkt

In einem Gespräch aus dem *Messingkauf* protestiert ein Schauspieler gegen die Perspektive, dass die Kunst der Gesellschaft dienen soll, dass sie eine Aufgabe ihr gegenüber habe. Das Schöne bestehe doch in der Tatsache, dass man Kunst um der Kunst willen schafft. Dass sie, im Unterschied zu all den anderen gesellschaftlichen Tätigkeiten Selbstzweck, nicht instrumentell auf etwas gerichtet sei. Und der Philosoph stimmt zu. Sicher sei das so, das sei das Mindeste an der Kunst. Wo es Kunst ist, muss dieses Spiel und diese zwecklose Lust sein. Dazu schlägt er sogar vor, dass man sich erhebt und einige Minuten schweigt, um diese Selbstverständlichkeit zu zelebrieren. Nach einer langen Minute sagt er plötzlich, dass sie auch einen anderen ebenso wichtigen Trieb zelebrieren sollten, nämlich: Wasser abschlagen. Denn einen Trieb zelebrieren ist gut, „aber nur indem die Zelebration einen würdigen Abschluss in der Banalität findet." (GBA 22.2, 753-754)
Der Selbstbezug der künstlerischen Sprache ist also genau so menschlich, ‚natürlich' und triebhaft wie das Bedürfnis Wasser abzuschlagen. Falls wir aber keine Notwendigkeit empfinden, das Bedürfnis Wasser abzuschlagen, zu zelebrieren, so brauchen wir auch nicht den Selbstzweck der Kunst als Zweck zu erstreben. Kunst ist nur um ihrer selbst willen da, das ist geradezu ein Kriterium, wie die Sprache kann sie nur sich selbst aussprechen. Und das kann ihr auf keine Art genommen werden. Dieser Punkt muss weder angestrebt noch verteidigt, das braucht nicht einmal erwähnt zu werden. Eben darum kann und muss Kunst etwas Anderes tun, etwas, das dringend und nötig und ein ‚Mittleres' ist, ohne die geringste Furcht, dadurch ihre Reinheit zu beschmutzen. Besonders in Zeiten, in denen sie ihren Selbstzweck genießt, die ebenso ‚rein' erscheinen, wird das Dringende, Nötige und ‚Mittlere', das allzu ‚Veränderbare' allzu gern übersehen. Für den Agitprop verdächtigen Brecht hat es sich niemals darum gehandelt, die Kunst abzuschaffen. Aber allein Kunst zu machen, sollte nicht mehr der Punkt sein.
Das tritt besonders klar in seinen Lehrstücken hervor. Sie brauchen ja bekanntlich keinen Zuschauer, im Allgemeinen brauchen sie nicht mal einen Künstler oder einen Anspruch, Kunst zu machen. Der Akzent liegt an einer anderen Stelle. Sowohl der ästhetische Raum als auch der Zuschauer lässt sich, wie Brecht sagt, ‚verwerten'. Mit dieser Akzentverschiebung haben wir aber immer noch unsere Schwierigkeiten.

Fragt man, worauf jetzt der Akzent liegen soll, erscheint uns allen die Antwort wie auf einer Schultafel: Der Akzent liegt auf der Veränderung der Gesellschaft, dazu sollten Kunstmittel jetzt dienen. Gesetzt, das stimme, ist es aber doch zu unbestimmt, zu abstrakt. Wie viele ‚Werke' teilen diese Absicht, ohne etwas mit den Lehrstücken gemein zu haben? Natürlich geht es darum, aber nur auf eine unmittelbare, ganz konkrete Weise: Indem zunächst, sofort, auf der Stelle, jener gesellschaftliche Mikrozusammenhang, mit dem man jetzt gerade umgeht, praktisch verändert wird. Nicht nur wie Künstler und Empfänger miteinander umgehen, sondern wie man mit einem Kunstwerk umgeht und umgekehrt, wie es sich zu einem verhält, was es von ihm fordert. Dabei ist der vielleicht entscheidende Unterschied bei den Lehrstücken, dass sie gegen ein Verhältnis zum Text/zum Werk arbeiten, das in der modernen Zeit bis heutzutage dominant, ja exklusiv geworden ist.

Wo Kunst nicht reicht

Davon lässt sich etwas konkreter in einem Apolog aus Brechts *Me-Ti-Buch der Wendungen* erfahren, wo von zwei Arten von Büchern (und von Lesen) die Rede ist, die aber auch für Texte und deren Rezeption im Allgemeinen gelten kann. (GBA 18, 132) Die Anmerkungen gehen von folgender Festlegung aus: Heute werden Bücher wesentlich schlechter geschrieben, die wissenschaftlichen ebenso wie die literarischen. Das Schlechte bestehe darin: Sie setzen im Leser zu viel voraus. Damit ist nicht gemeint, dass z.B. wissenschaftliche Publikationen eine zu technische Sprache reden und von einem Übermaß an schon vorhandenen Kenntnissen ausgehen. Das wäre eventuell nur die Nebenwirkung eines anderen Grundaspekts: Damit man sie überhaupt verfolgen kann, muss man sein Leben, seinen Zusammenhang, seine Zeit mehr oder weniger beiseitelassen. Man muss den engeren, aber oft auch den weiteren Kontext mehr oder weniger ausschließen, und die Fähigkeit dazu ist eine erste Bedingung, damit das Geschriebene (oder das Dargestellte) überhaupt nachvollzogen werden kann. Solche Bücher (solche Texte) zeichnen also einen separierten, heterogenen Raum nach, in den sie uns einzutreten auffordern, während unser Alltagsraum suspendiert und draußen vor der Tür bleiben soll. So gehen Leute ins Theater und geben, wie Brecht einmal sagt, an der Garderobe zusammen mit dem Mantel ihre ganze Existenz ab, um sie, sobald die suspendierende ‚Magie' der Bühne beendet ist, genauso wieder zurückzunehmen, wie man sie hinterlassen hatte.
Diese Situation hat durchaus mit Walter Benjamins Aura-Begriff zu tun, der die zeitlich-räumliche Heterogenität des traditionellen Werks beschreibt: Wie sie uns dazu einlädt, die Schwelle des Empirischen, des Gewöhnlichen und Verständlichen zu überschreiten, um innerhalb der Grenzen des Werks anders erfahren zu können. Adorno warf bekanntlich Benjamin vor, diese Aura-Erfahrung nicht dialektisch genug begriffen zu haben. Sie sei nämlich nicht auf eine Art Flucht in eine künstliche Freizone reduzierbar, in der man im Schutz vor Elend und Verantwortung verweilen könne. Auf Brecht bezogen, könnte der Einwand so lauten: In den grundverschiede-

nen Raum eines Kunstwerks einzutauchen, heißt nicht unbedingt, den eigenen Kontext zu verlieren; es handelt sich um keine Reise ohne Rückkehr. Auch bei der traditionellen Kunsterfahrung liege der Akzent eher auf der Schwelle, auf dem Kontakt zwischen zwei sich gegenseitig verfremdenden Erfahrungsweisen, als auf der Ersetzung der einen durch die andere. Was aber Benjamin und Brecht, jeder nach seiner Art, intendieren, ist eher eine Tatsache, die auch Adorno nicht verneinen konnte: Unter den heutigen gesellschaftlichen Verhältnissen wird eine solche dialektische Erfahrung des Kunstwerks noch mehr zur Ausnahme und zum Sonderfall als früher, ees muss eine besonders geglückte Verbindung von Faktoren entstehen, darunter die Entwicklung einer soliden Innerlichkeit, damit sie stattfinden kann. Und das kann auf jeden Fall nur im Fall von besonders geschützten Lebensbedingungen geschehen, unter denen man sich dem heutigen sozialen Kraftfeld nur gefiltert aussetzen würde. Das Problem liegt also nicht so sehr darin, dass die traditionelle Kunsterfahrung in ihrer entwickeltsten Form zu keiner Massenerfahrung werden kann, das ist im Grunde immer der Fall gewesen. Vielmehr liegt das Problem in der Tatsache, dass jene ästhetische Erfahrungsart, die Aufmerksamkeit, Sensibilität und Wissen voraussetzt, in dem Augenblick, wo sie das tut, mehr denn je von einer privilegierten Filterung bzw. Suspendierung des sozialen Kraftfelds ausgeht, dem sie sonst restlos ausgesetzt wäre. Unser Kraftfeld ist so organisiert, dass es im Grunde all den Bedingungen der vorindustriellen Produktion, egal ob die Rede von Arbeit, Kunst oder Bildung ist, entgegenarbeitet, nämlich der mehr oder weniger langen Zeit des Zeitigens, der Geduld und dem offenen Ergebnis jedes Tuns. Das heißt, dass die traditionelle Kunsterfahrung im Grunde ohne eine programmatische Auslassung der aktuellen Produktionsbedingungen nicht mehr stattfinden kann. Die Grenze der traditionellen Kunsterfahrung bestehe also weniger in ihrem Elite-Charakter als in dem Risiko, das sie jetzt mehr denn je eingeht, leerzulaufen, kaum Boden zu berühren und den Kontakt mit dem eigenen Kontext zu verlieren.
Über das traditionelle Privileg an Kultur, Sensibilität und kultivierter Innerlichkeit allein lässt sich der heutige Zusammenhang weder verändern noch wirklich abfangen. Darin lag der Schwerpunkt von Brechts (und Benjamins) Kritik an dem herkömmlichen ästhetischen Raum, an Aura und Kult eines ästhetischen Werts und eines Kulturwerts im Allgemeinen. Unter den heutigen Umständen verstauben sie im Hintergrund, denn die kritische Wirkung und der Erkenntniswert, die sie einmal hatten, verschwinden mehr und mehr.

Weder Werk noch Ereignis

Dies ist die Lage, mit der Brecht schon ganz nüchtern rechnet, sie ist auch immer noch die unsrige. Im Laufe des letzten Jahrhunderts haben wir tendenziell auf diese ‚Folgenlosigkeit' mit einem Verzicht auf den ästhetischen Raum reagiert: Die Kategorie des Events, des Ereignisses, das ex tempore stattfindet, keine deutliche Grenze

zu dem gewöhnlichen Raum zieht, oft auf Improvisation und auffälliger Interaktion beruht, hat deswegen überhandgenommen. Die traditionelle ‚Werk'-Form mit ihrer festen, soliden Gestalt, die in Zusammenhängen überlebt, die ihrem Ursprung fremd geworden sind, scheint für antiästhetische Zwecke nicht mehr wirklich nützlich zu sein, es sei denn, sie wird als Vorwand, als Suggestion verwendet. Oft und gern wird der Eindruck kultiviert, man gehe auf diese Weise den Weg Brechts weiter. ‚Frech' entraten ja dessen Werke in Theorie und Praxis jeglicher Aura, und nicht zuletzt findet diese Einstellung ihre Legitimation in seiner Anstrengung, soviel wie möglich dem schrecklichen ‚Schau-Spiel', dem Spektakel-Effekt entgegenzuarbeiten.
Die Lehrstücke mit ihrer Akzentverschiebung weg vom Publikum und auf die Spielenden zu und in ihrem Versuch, den Zuschauer auch zu verwerten, können sehr gut als Wegbereiter dieses Trends erscheinen. Sie sind es aber nicht. Brechts Arbeit bezieht sozusagen *ante literam* der zeitgenössischen Kunsttendenz gegenüber Stellung. Die Lehrstücke und die Lehrstückkonzeption sind weniger ein Vorläufer als ein historisch unterbrochener, nur sporadisch wiederaufgenommener Weg, der sowohl an dem Werk-Charakter („Erlebnis-Charakter", wie Brecht in seinen *Versuchen* selbst erklärt) der Tradition und der heutigen Kulturindustrie wie an dem Event-Charakter der zeitgenössischen Kunst vorbeizieht. Näher betrachtet scheint diese Alternative keine zu sein. Wenn Brecht Recht hat und das, was vom traditionellen Werk-Charakter heute bleibt, nur dessen Erlebnis-Charakter ist, dann könnten wir wohl sagen, dass die zeitgenössische Ästhetik des Events eher eine Radikalisierung davon ist, in Richtung auf ein Werk, das jetzt unmittelbar in einem Erlebnis besteht, kaum materielle Reste hinterlässt oder weitere Folgen hat, es sei denn diejenigen der Dokumentation. Es gibt ein Moment, wo die zeitgenössische große Lehre und Rede vom ‚Ereignis' als von dem UNVORSTELLBAREN, NICHT-PROGRAMMIERBAREN, dem UNMÖGLICHEN, das plötzlich einbricht und stattfindet, das die Reihe der Vorstellungen, der Erwartungen, der Darstellungen unterbricht, in der Tat das Risiko eingeht, von jener Begeisterung für Erlebnisse nicht unterscheidbar zu sein, die ab Anfang des letzten Jahrhunderts bis in unsere Tage hinein immer wieder unter verschiedenen Formen, aber als im Grunde ständige Antidote gegen die kapillare Vermittlung, die Durchorganisierung und Rationalisierung unserer Lebensverhältnisse auftaucht.
Von jenem Drang nach ‚Erlebnis' und nach Unterbrechung des gesellschaftlichen ‚Programms' am Anfang des letzten Jahrhunderts ließe sich also wahrscheinlich der Bogen bis in die siebziger Jahre spannen, zu den ‚Erlebnissen' der Situationisten, die dann nicht zufällig zum impliziten Modell oder ausdrücklichen Bezugspunkt für die darauffolgenden künstlerischen Aktionen bis heute geworden sind. Dazu stellt Brecht, mit seinen Lehrstücken insbesondere, eine vereinzelte Position dar, die kaum oder so gut wie gar nicht tradiert worden ist.

Einmal ist keinmal

Es gilt bei Brecht, nicht den Darstellungsraum der Kunst zu unterbrechen, um irgendeine Unmittelbarkeit und Wirklichkeit zu erlangen, sondern den Darstellungslauf des Alltags in Schwierigkeiten zu bringen. Dazu gehört nicht ‚weniger', sondern mehr Kunst. Der ästhetische Raum der Tradition, die Werk-Form wird nicht zurückgenommen, eher wird sie anders eingesetzt. Eine Richtungsumkehrung oder eine Invasion anstelle einer Einladung findet statt: Wer liest, wer zuschaut, wird nicht in einen anderen Raum eingeladen; vielmehr wird ein rein künstlicher Raum in seine Lage ohne Umstände eingreifen. Die Landkarte könnte in der Tat ein gut funktionierendes Bild für jene Umfunktionierung der Kunst sein, die Brecht versucht hat: Kein Bild, das die Welt wiedergeben soll, wie sie ist, noch wie sie sein sollte, kein *trompe-l'oeil* also, das einen Fluchtpunkt in eine Zukunft ermöglicht; eher ein Kompass, um sich in dem aktuellsten Zusammenhang zu orientieren, um gewahr zu werden, wo wir jetzt wirklich stehen, an welcher Stelle wir uns bei unseren angeblichen dringenden Fragen, unseren innovativen Gedanken und Taten, mit unseren Erkenntnissen und Künsten befinden, wo die unterschätzten Gefahren liegen und die nicht wahrgenommenen Chancen.

Das lässt sich von allen Texten Brechts sagen. Bei den Lehrstücken wird das Potential dieser Umfunktionierung jenseits der Bindungen, die durch eine überlebende Kunstidee und -praxis aufgezwungen sind, erprobt. Es wird nicht nur anders als in den gewöhnlichen Büchern geschrieben, indem keine Bereitschaft vorausgesetzt wird, den Zusammenhang zu vergessen, in dem gelesen/gespielt wird; es wird auch kein selbstverständliches Vorwissen vorausgesetzt, was die feste Teilung der Kompetenzen angeht (wer soll schreiben, wer soll lesen, wer aufführen, wer zuschauen?). Dazu wird ein Schreibmodell angeboten, das möglichst durchschaubar, nachvollziehbar, d.h. auch von jedermann in jeder Situation praktizierbar werden könnte – im Sinne von wiederholbar, auch bei anderem Material anwendbar. Die Lehrstücke stellen in diesem Sinne einen ernsten und, ich würde sagen, an sich gelungenen Versuch dar, das Theater und das Schreiben selbst technisch reproduzierbar zu machen. Und zwar im wahrsten Sinne des Ausdrucks, so wie sein Freund Walter Benjamin einige Jahre danach das Potential der modernen technischen Reproduzierbarkeit verstehen wird. Man könnte sagen, Brechts Lehrstücke sind ein konsequenter, vereinzelter, radikaler Versuch (ein abgebrochener Weg in der Tat, oder ein verworfener?), die Reproduzierbarkeit zum zentralen technischen Prinzip der künstlerischen Produktion zu machen. Nämlich an der Stelle der Originalität, der ‚Unberührbarkeit' der ‚endgültigen, ewigen Form', an der Stelle der Kreativität, des unerschütterlichen ‚Geheimnisses' und des Rechts auf ‚Selbstausdruck', die den Kern der traditionellen Kunsterfahrung und Kunstidee bilden, auf jene Aspekte zu setzen, die man heute noch weniger einem Kunstwerk als einem modernen, industriell hergestellten Gebrauchsgegenstand zuschreiben würde: die Brauchbarkeit des Werks in der „Jetztzeit", die Tatsache nämlich, dass es so gedacht und ‚hergestellt' wird, damit es so genau wie möglich in den konkre-

ten Schwächen/Gefahren/Chancen der Zeit eingesetzt werden kann, anstatt zu der Betrachtung von verschwommenen, *pass-partout*-Fluchtpunkten zu entführen. Die vollkommene Durchschaubarkeit des Produktionsprozesses soll jetzt ernstgenommen werden, nicht einfach als jene restlose Sichtbarkeit des Prozesses, in dem man heute gern den Unterschied der Kunst anerkennt, sondern als praktische Nachvollzierbarkeit, praktikable Wiederholbarkeit des Prozesses – die Tatsache nämlich, dass jedermann jeder Zeit in jeder Situation daran anknüpfen und selbst damit arbeiten kann, indem die Abhängigkeit von äußeren und ‚irrationalen' Bedingungen wie institutioneller Bewilligung einerseits und Talent, Genie, Eingebung andererseits tendenziell auf null gestellt werden.
Veränderungen lassen sich in den heutigen Verhältnissen nicht mehr durch einzelne große Taten, etwa den Sturm auf die Bastille oder auf das Winterpalais hervorrufen, d.h. einmalig und individuell, durch einzelne, entscheidende Taten, die von außergewöhnlichen Individuen ausgeführt werden. Alles was einmalig und individuell geschieht, egal ob es Kunstcharakter oder Terrorcharakter hat, ist kurze Zeit später, um nicht zu sagen: unmittelbar nach seinem Ende, nichtig und so, als ob es nie gewesen wäre. Nicht weil es keinen Wert hat, sondern weil das Einmalige auf einem solchen durchorganisierten Raum keine Auswirkung auf dessen Organisierung haben kann. Es hat nur das eine Chance, was völlig auf seine Reproduzierbarkeit setzt, so dass man darüber möglichst überall stolpert' und an sich diesem ständigen Ausgesetzt-Sein praktisch kaum entziehen kann. Es handelt sich im Grunde darum, dieselben Mittel zu handhaben, die der Kapitalismus anwendet, nur eben auf eine radikalisierte Weise.

Ungesehen zusehen gilt nicht

„Das Publikum kann nicht mehr die Illusion haben, ungesehener Zuschauer eines wirklich stattfindenden Ereignisses zu sein." (GBA 22.1, 201) Diese zentrale Aussage von Brecht ist dann besonders wichtig, wenn man alle Implikationen dieses Grundunterschieds verfolgt. Vor allem wenn für einen Augenblick der Akzent nicht wie gewöhnlich auf das ‚nicht wirklich stattfindende Ereignis' gelegt wird, auf die Tatsache nämlich, dass das Theater immer im Vordergrund steht, dass Theatermachen die ganze Zeit unübersehbar ist, sich niemals vergessen lässt. Brecht betont auch einen anderen Aspekt einer solchen Praxis: Dem Zuschauer fällt es dabei schwer, sich in die sonst übliche ‚Gemütlichkeit' des *ungesehenen* Beobachters ‚einlullen' zu lassen. Ungesehen zusehen, das ist die unscheinbare Grundhaltung des abendländischen Publikums, und zwar nicht nur des Publikums im engeren Sinne. Normalerweise beschreiben wir das als eine voyeuristische Haltung und denken dabei an die Tatsache, dass aller Genuss auf das bloße passive Zusehen reduziert wird. Aber ungesehen zusehen bringt mit sich mehr als nur das, es impliziert, dass man sich versteckt, abseits halten kann, dass man sich zurückziehen, nicht in Frage kommen, aus dem Bild verschwinden kann.

Brecht tut Recht in der oben zitierten Stelle, beide Aspekte des chinesischen (und indirekt des epischen) Theaters zu betonen, nämlich dass das Theater als solches und der Zuschauer als solcher unübersehbar werden, denn diese zwei Aspekte sind nicht unbedingt die Kehrseite des je anderen. Man kann sich wohl eine Bühne vorstellen, die keine Illusion eines wirklich stattfindenden Ereignisses herstellt – es fällt übrigens überhaupt schwer, eine solche Illusion zustande zu bringen –, jedoch nicht so, dass die Zuschauer sich dabei auch angeschaut fühlen. Man kann es sogar bis dahin treiben, dass das Publikum, wie man sagt: ‚aktiv' ins Spiel miteinbezogen wird. Es wird gleichsam ex tempore zum Bühnenrequisit, bleibt aber als Gruppe von Zuschauenden ungesehen. Diese wechseln sozusagen nur den ‚Unterschlupf', und immerhin verstecken sie sich jetzt in ihrer neuen ‚aktiven' oder kritischen Rolle. Aber ihre eigene Haltung, die Art und Weise, in der sie gerade zusehen, wird ihnen nicht bewusst. Kurz und gut, sie können und müssen ihre ruhige Haltung nicht persönlich verantworten – darin besteht im Grunde die ‚Gemütlichkeit' jedes Publikums. In keiner konkreten Menge kann man sich so gut verstecken wie in dieser modernen, überall wuchernden Abstraktion, die das Publikum ist. Darin löst sich nicht nur jeder Einzelne, sondern auch jedes Kollektiv und jede Masse auf. Gemeint ist damit eben jenes Publikum, das mit den modernen Reproduktionstechniken, durch die Erfindung des Drucks und das Phänomen der Zeitung erst entsteht, wenn Darbietungen jeder Art eine Menge Menschen erreichen können, die sich nicht zur selben Zeit am selben Ort befinden müssen.Man könnte sagen, das Publikum sei, so verstanden, das ‚Gespenst', das gerade aus der Neutralisierung jedes konkreten Rezeptionszusammenhangs entsteht und das seinerseits den konkreten Zusammenhang jedes Mitteilungsaktes neutralisiert. Wo viele Zuschauern ist, ist nicht unbedingt ein Publikum, aber wo ein Publikum ist, schwebt eine neutralisierende Wolke über jedem Kopf und jedem besonderen Lebenszusammenhang .

Interessant ist in dieser Hinsicht, wie Heiner Müller auf den Spuren von Brecht den Erfolg von der Wirkung einer künstlerischen Produktion unterscheidet: Im Unterschied zum Erfolg entsteht Wirkung, wenn es kein Einverständnis im Zuschauerraum gibt, sondern eine Spaltung. Damit meint Müller nicht bloß eine Meinungsverschiedenheit, die könnte man einfach durch eine dialektische ausführliche Behandlung des Stoffs auslösen. Vielmehr bestehe die Spaltung darin, dass der Zuschauer zu seiner eigenen Situation zurückgeführt wird: Wem oder was er gerade zuschaut, erreicht ihn in seinem persönlichen Zusammenhang und in dem konkreten Zusammenhang, in dem er sich neben *diesem* anderen befindet. Was Müller im Grunde damit sagt, ist: Wenn etwas wirkt, ist es gelungen, den Publikum-Effekt, dieses moderne Phänomen, zu zerstören.

Irreführend wäre der Eindruck, dass das so verstandene Publikum dem Theater als vorindustriellem Phänomen erspart bleibt. Im Theater bleibt zwar die Konkretheit der zeiträumlichen Situation scheinbar empirisch erhalten, Körper sitzen und stehen neben anderen Körpern im gleichen Augenblick. Die Frage lautet aber, Müller weiterdenkend, ob jeder im Zuschauerraum an seine Situation, an seine eigene, ganz besondere Schwäche und Kraft, an seine gesellschaftliche Ohnmacht und

Verantwortung indirekt gebunden wird, oder ob ‚man' (schon kein ‚jeder' mehr) für das soundsovielte Mal Zuflucht und Suspendierung in der Gesichtslosigkeit des Publikums finden kann. Egal wie politisch-gesellschaftlich engagiert und sozusagen spektakelfeindlich eine Produktion sein kann, wie aktiv sie die Zuschauer mit einbezieht: Damit ist noch nichts gegen diese kompakte Abstraktion getan.

In diesem Sinn lässt sich vielleicht erklären, warum es Brecht im Umgang mit dem Lehrstück nicht so wichtig zu sein scheint, ob es jemanden gibt, der zuschaut. Es entspricht wohl Brechts Absicht mehr, wenn man sagt: Es ist eher wichtig, dass niemand in der Lehrstück-Praxis diese Publikum-Haltung einnimmt. Jeder Anwesende sollte sich womöglich direkt *angesprochen* fühlen, keinen Ausweg ins Publikum, keine Rettung in die vermeintlich harmlose, in Wahrheit unverantwortliche Haltung finden. Für das Lehrstück existiert also der Zuschauer *erst* in dem Sinne, dass er mit jener modernen Publikum-Abstraktion nicht verwechselt wird, in der er Abschied von seinem Leben, seinem Zusammenhang, seiner Verantwortung als Einzelner nimmt.

Das scheint nicht von dem so weit entfernt zu sein, was Adorno einmal von der Schreibweise Kafkas sagt: dass sie dem Leser auf den Leib rückt wie jene ersten Filme, vor denen die Zuschauer den Eindruck hatten, dass Lokomotiven auf sie losgelassen würden. Nicht von illusionistischem Realismus ist hier natürlich die Rede, sondern von der Tatsache, dass dieses Schreiben auf den Lesenden/Spielenden/Zuschauenden als Individuum jetzt und hier, in diesem zeitgeschichtlichen Zusammenhang ausgerichtet zu sein scheint, als ob es gerade ihn meinte, ihn anspräche, ‚vor Gericht' riefe, ihm nicht erlaubend, in das Unbestimmte eines Publikums, einer anonymen ‚Leserwelt' und damit hinter das Alibi eines bloßen intellektuellen, kulturellen Interesses zurückzuweichen. Hier geht es nicht um interessante Perspektiven und verfremdende Denkweisen über ewige oder dringende Fragen der Zeit, um Erweiterung eines unbrauchbaren Wissens und um eine selbstgenügsame Vertiefung der Einsicht, hier geht es gerade um die genaue Art und Weise, wie *Du* normalerweise denkst und gehst, wie *Du* Dich in diesem Kontext orientierst, um die Entscheidungen, die *Du* auf jedem Schritt und Tritt triffst, ohne zu erahnen, dass sie Entscheidungen sind (aus dem Fatzer-Kommentar: „Die Frage: wozu lebt der Mensch ist nicht zuzulassen. Sie muss an jeden einzelnen gestellt werden: wozu lebst du, Mensch? Er muss sie beantworten können" – GBA 10.1, 513). Es gilt, an den Punkt zu kommen, wo man sich diesem Verhältnis nicht mehr entziehen kann, wie es im Umgang mit dem traditionellen Kunstwerk noch möglich ist, wo das materielle Auge des Werks, das dich betrachtet, fast zu einem *Zugriff* wird (ein Lieblingsbegriff von Brecht), der keinen Fluchtraum (in die Ästhetik als Freizone, in die bloße Diskussion, in das „kulturelle Erlebnis") mehr möglich macht.

Kunst für alle (aber gegen das „Dichterleben" der Massen)

Lehrstücke bieten sich in diesem Sinne als strategische Kunstgriffe zur Abschaffung der Publikum-Abstraktion, nicht des Zuschauerraums, an, also gar nicht in dem banalen Sinne, dass jetzt jeder am Spiel teilnehmen soll. Das ist die primitive Definition von Teilnahme und Aktivität versus Passivität, die in der Nachkriegszeit bis heute (nicht zufällig) vorherrschend geworden ist. Dieses GESCHÄFTIGE MITTUN kann noch nichts gegen jene Abstraktion der Öffentlichkeit ausrichten, die jeden konkreten Zusammenhang und jede konkrete Verantwortung neutralisiert. Im Gegenteil, es trägt massiv dazu bei, die bloße ‚Veröffentlichung', das *going public* schon als Wirkung und Mitgestaltung der Wirklichkeit einzuschmuggeln, während konkret nichts Anderes erreicht wird als ein kollektiver ‚Freispruch' erster Klasse. Kein Wunder, dass man daraus oft den Eindruck gewinnen muss, es gehe bei solchen Politisierungsversuchen der Kunst, die wortwörtlich verfahren, nämlich durch Abschaffung der Darstellung/der Szene, ‚eher nur um eine Weiterästhetisierung der Politik mit scheinbar nicht-ästhetischen Mitteln.[1] Das ist der Literalismus, den Benjamin bei der Dada- und jenen Avantgarde-Bewegungen sieht: In der Anstrengung, ‚wirklich' wirkend zu werden, wird der ästhetische Raum möglichst auf null gestellt, mit dem einzigen Ergebnis, dass aus diesem überstürzten Abschied von der Ästhetik nur die letzte ewig erlöschende ästhetische Geste entsteht.
Brecht begeht diesen Fehler nicht. Er schafft diesen Raum gar nicht ab, er versucht nur ihn umzufunktionieren. In den Lehrstücken unternimmt er alles sprachlich Mögliche, damit das Publikum-‚Gespenst', das daraus nur eine ‚kulturelle Operation' machen würde, so weit wie möglich abgewehrt wird, damit jener ‚Einbruch' des Textes, von dem in jener oben zitierten *Me-Ti*-Stelle die Rede war, in den Lebenszusammenhang und in die Lebensform der Lesenden stattfinden kann. Zugespitzt formuliert: Nicht die Kunst, nicht der Zuschauer an sich, sondern das ‚Publikum' ist der Feind und soll aufhören. Nicht die Kunst soll ‚ernst' werden, sondern der Leser, der Zuschauer im Umgang damit. Der moderne Leser / Zuschauer kann sich dann nicht mehr an die Literatur halten, wie er es vor einem Jahrhundert noch konnte, als man sie noch wie eine Nebenerscheinung von ethisch-philosophischen und theologischen Schriften lesen konnte. Diese Werke sprechen nicht einfach die Intelligenz, nicht das Gedächtnis, das Wissen oder den Geschmack an, sondern leben unmittelbar wie der Lesende selbst. Ich wäre fast geneigt zu behaupten, die künstlerische Praxis, die diese Lehrstücke in die Tat umsetzen, steht der gewöhnlichen Werk- oder Produktion-orientierten Kunst gegenüber wie die antike und altchristliche Philosophie der modernen Wissenschaft: Auf dem Spiel steht eher der Rückzug des modernen Genusses am bloßen Wissen und am abstrakten Verstehen, auf dem Spiel steht die Abschaffung der uns gewohnten Spaltung zwischen abstraktem Denken und Leben: zwischen der

1 Vgl. dazu: Claire Bishop: *Artificial Hells. Partecipatory Art and the Politics of Spectatorship*. London / New York, 2012.

Art und Weise wie man als ‚Publikum' eines Werkes/eines Medienberichts denkt und der Art und Weise wie man sich in seinen alltäglichen Entscheidungen verhält, nämlich wie man *wirklich* denkt. Darin klingt an, was Nietzsche als die Lebenskrankheit der modernen Wissenschaftler und Gelehrten definierte und was schon bei Kierkegaard ‚Dichterleben' hieß, d.h. ein Leben, dessen vorherrschende Kategorien nicht mit denjenigen seiner dichterischen/wissenschaftlichen Vorstellungen übereinstimmen. Darin besteht im Grunde auch das, was Marx in jenen Jahrzehnten ‚falsches Bewusstsein' nennt: in einem ‚Dichterleben', das jetzt aber sozusagen den Massen unmittelbar zugänglich geworden ist. Diese Kluft, die zwischen Theorie und Praxis in der modernen Wissenschaft entstanden ist, zieht sich alsbald durch die ganze moderne Gesellschaft und wird wesentlich unsere Lebensform.
Wird heute am Lehrstückkonzept angeknüpft, indem man nur auf die Verfremdung der individuellen Verhaltensweisen fokussiert und nicht auch auf die Veränderbarkeit der geschichtlichen Räume, die anderes Verhalten materiell verunmöglichen, wird mit diesen Texten umgegangen, als ob sie geistige Übungen nach Maßgabe der alten Philosophie als Lebenspraxis wären. Man entspräche damit dem herrschenden Denkmuster: Die erste und vielleicht die einzige Revolution, die der Mensch machen kann, ist die innere; oder: eine gesellschaftliche Veränderung kann erst dann stattfinden, wenn zuvor eine persönliche Veränderung stattgefunden hat. Das war dem historischen Marxismus gar nicht fremd, der immer genau so stark auf die lange Zeit der Pädagogie neben der raschen Zeit der politischen Aktion gesetzt hat. Nur machte man sich damals die Sache nicht so undialektisch einfach. Man verzichtete über die ‚kleine Politik': Denn es gibt auch innere Veränderungen, die äußere Veränderungen wirklich veranlassen können. Und die äußere Not kann zu inneren Umwandlungen zwingen, für die man sonst weder das Bedürfnis noch den Mut gehabt hätte. Sie sind es aber so wenig, dass sie einem fast wie deren indirekte, kritische Aktualisierung vorkommen könnten. Die Unentbehrlichkeit der ‚inneren radikalen Veränderung' wird also leicht zu einem Vorwand, um die dazu ebenso unentbehrliche äußere Veränderung als falsch und entbehrlich zu erklären. Allein auf diese ‚Revolution von innen' zu zählen, auf die simultane Verbreitung und auf die lange Dauer eines solchen heroischen Verhaltens, wäre aber utopisch in dem abschätzigen Sinne, in dem das Wort Utopie heute verwendet wird. Eine solche Vorstellung wäre religiös im unverantwortlichen Sinne: Ein bloßes Hoffen auf Wunder, anstatt nachzuprüfen, ob man selbst schon jetzt etwas tun kann, das etwas Mittleres und weniger Anstrengendes als ein Wunder wäre, und es sofort tun.
Die Lehrstücke üben in den Rhythmus dieser doppelten Zeit ein, in die Zeit der ‚kleinen Arbeit', des Studiums, des Lernens, des aufmerksamen Wartens und in die Zeit der plötzlichen, auffälligen Tat, der Straßenaktion. Das eine geht nicht ohne das andere, die radikale Praxis, die ‚Invasion in die Tiefe', von der in der Heiner-Müller-Fassung des *Fatzer*-Textes die Rede ist, geht nicht ohne die Invasion der Oberfläche. Es geht um eine ‚Ausweitung der Kampfzone', wie Michel Houellebecq die Taktik des kapitalistischen unscheinbaren Kämpfens nennt, die dieser Taktik völlig entsprechen kann.

Das hat zur Folge, dass die traditionelle Grundfrage der Ethik, wie soll man leben, jetzt korrigiert wird in mehrere und genauere Fragen: *Wie müssen wir jetzt* leben, trotz dem, was wir *sollen*? *Warum* müssen wir *so* leben, *wie weit* und *wie kann dieses So-Leben-Müssen verändert werden?* Ethik ohne Umgang mit der Zeitvariable, nämlich ohne Politik, kann heute nur falsches Bewusstsein sein und wird weiteres falsches Bewusstsein hervorbringen. Das ist die irreversible Aktualisierung der ethischen Frage, zu der Brecht durch die Lehrstücke auffordert. Irreversibel bleibt diese Aktualisierung, egal wie gern und wie oft man sich vor dieser Aufforderung zurückgehalten hat und immer noch zurückhält.

Die Frage nach der Möglichkeit ist keine Frage

Ob Brechts Versuch möglich ist, ist nicht die wirkliche Frage. Die Frage nach der Möglichkeit wie alle ähnlichen Fragen führen immer zu unmöglichen Antworten, die den einzigen Zweck haben, die praktische Wende zu verschieben. ‚Wir haben keine Chance‘, oder ‚viele genug‘, oder ‚nur eine‘. Solche Bemerkungen sind immer falsch, auch wenn sie zutreffen. Sie versetzen uns in eben diese Publikumshaltung, einem Spiel beizuwohnen, das pro- und contra abwägt. So wird gerade genau von dem praktischen Moment abstrahiert, von der Differenz, die man selbst machen könnte.

Die wahre Frage lautet also eher: ob es notwendig ist. Eine radikale Änderung (*sterben*, wie es in den Lehrstücken heißt, statt nur *helfen*, nämlich eine Lage, so wie sie ist, nur heilen und verbessern) kann nur stattfinden, wenn man keine andere Chance hat. Solange man eine letzte Überlebensmöglichkeit hat, und wenn auch nur in dem Verständnis der Notwendigkeit der Änderung, wird keine Änderung stattfinden. Stattdessen wird darüber unendlich diskutiert – heute nicht einmal mehr geträumt – oder ein bisschen geholfen und verbessert. Unsere ganze Gesellschaft *überlebt* in dieser Möglichkeit. Jede echte Veränderung wird ständig verschoben, während in der Zwischenzeit kleine Verbesserungen den Status quo aufrechterhalten. Jede Ware, jedes Kunstwerk, jede Kur, jedes Buch materialisieren im Kleinen dieses Versprechen, das sie nicht einhalten. Sie brauchen es nicht einzuhalten: Die bloße Vorstellung einer Änderung ist das, was man wirklich will, mehr könnte man einfach nicht verkraften. Man hat noch viel zu sehr den Eindruck, auf etwas wirklich verzichten zu müssen, wenn man diese Verbesserungen aufgeben würde.

Die abendländischen Gesellschaften, denen es heute noch ‚gut‘ geht, sind im Grunde solche maximal verbesserten Orte, wo die Möglichkeit einer Änderung eben darum die kleinsten Chancen hat. Alles ist ihnen gegenüber äußerlich wie innerlich versperrt. Die Optimierung in jedem Bereich neigt zur steigenden Nullstellung des Entscheidungsaugenblicks oder der Verantwortung, der wirklich ausgreifenden Programmierung von Initiativen.

Solche optimierten Gesellschaften können nicht mehr *sterben*, allzu ungeheuer ist die Trägheitskraft, die sie entfaltet haben, und ihre Bürger können es ebenso wenig. Sie können nur ihren Tod, ihre Veränderung in einer unendlichen Kette von Verbesserungen immer wieder verschieben – darin besteht übrigens die Funktionsweise, in ihren größeren und in ihren kleineren Apparaten. Sie sind gegen jede echte Veränderung, die die Fundamente erschüttert, abgeschirmt. In diese gepanzerte Dichte schlägt das Lehrstück seine zugespitzte Aufforderung zum Sterben-Lernen ein. Sie klingt so anachronistisch, nicht nur weil sie in der Tat aus einer anderen Zeit stammt, sondern auch weil sie diese gelernte Unfähigkeit aufspießt, die unsere Zeit sowohl individuell wie auch kollektiv prägt.

„So schlecht, Fatzer, ist eben unsere Lage, dass/Weniger als die ganze Welt uns nicht helfen kann/Also muss ein Plan, uns zu helfen/Der ganzen Welt helfen". Das heißt auch, dass die Lage erst so schlecht ist, wenn wir nichts Anderes können, als das Unmögliche zu versuchen, wenn wir anders nicht einmal bestehen könnten, wenn wir keinen einzigen Tag mehr noch leben können, genau wie Deserteure, wie Fatzer und die Seinigen außerhalb des Kriegs kein Recht auf Leben haben. Wenn es aber nicht so ist, wenn das übertrieben klingt, wenn wir nichts wirklich verändern *müssen*, sowohl individuell wie kollektiv, egal wie möglich oder unmöglich eine Veränderung ist, bedeutet das, dass unsere Lage nicht mehr oder noch nicht so schlecht ist, dass wir mit der Welt einverstanden sind und sie im Grunde genießen. Dann ist die Rede von Revolution und Veränderung ja nur Theater und das Theater macht auch nur Theater, obwohl es niemals nur Theater wäre.

Nachhause gehen soll unmöglich werden

Wenn jene Akzentverschiebung, die die Lehrstücke voraussetzen, nicht stattfindet, wird die Frage auch wichtig, ob es überhaupt Sinn hat, mit ihnen zu arbeiten. Wenn man auf jene Grundherausforderung nicht eingehen will, die sie stellen und die ihre Differenz von all den anderen modernen literarischen und theatralischen Texten markiert, wenn man nicht die Forderung spürt und dazu bereit ist, diese Differenz wirklich zu explorieren, dann muss man einfach andere wichtige Texte aufnehmen, gutes Theater, bis an einen gewissen Punkt innovatives Theater machen und die Lehrstücke noch eine Weile ruhen lassen, anstatt daraus die soundsovielte theatralische, ja ‚literarische Variation' herauszuarbeiten.

Die Lehrstücke Brechts sind in der Tat *auffordernde* Texte. Da liegt ihr Grundunterschied und ihr produktiver Anachronismus im Vergleich zu gewöhnlichen Literatur- und Theatertexten: Sie zielen darauf hin, *Dir* jetzt buchstäblich auf den Nerv zu gehen, *Dich* als Lesenden/Mitspielenden/Zuschauenden, was *Du* bist, was *Du* denkst, direkt anzusprechen, *Dein* Verständnis aus seiner Tiefe hervorlockend, dort wo Ideen und Denkweisen immer schon in Gefühle und ‚Instinkte' übergegangen sind, und das alles auszustellen, jede und jeden und jedes sich selbst gegenüber zu stellen. Die Lehrstücke möchten gern in diesem Sinne als ‚Taschenwerkzeuge' wirken zum chirurgischen Arbeiten an der Mikropolitik, an der Biopolitik, die wir, in uns und in unseren ‚natürlichsten' Zellen und ‚freisten' Gedanken eingeschrieben, mittragen. Sie neigen dazu, den Spielraum kaum zu zulassen (nicht weit genug zu

öffnen), um sich in jenes immaterielle Publikum zurückzuziehen, das weder wirklich handelt noch wirklich denkt, das nur bis zu einem gewissen Punkt denkt und bis zu einem gewissen Punkt auch ‚mitspielt', weil es im Grunde immer gespensthaft unantastbar bleiben möchte.
Wie schaffen diese Texte, dem Lesenden/Vorlesenden die Suspendierung in der Abstraktion so schwer wie möglich zu machen: Indem sie so radikal geschrieben sind, dass jeder Gesichtspunkt ‚von außen' unmöglich wird, d.h. die Möglichkeit selbst einer Perspektive von außen wird in den Lehrstücken in Frage gestellt. Dass es eine Freizone der Überlegung ohne Urteil, der Reflexion ohne unmittelbare Folgen, ein Denken ohne Situation, ohne Zeit gibt, dass letztendlich ein freies denkendes Subjekt ohne Ich besteht, darauf stützt sich sowohl die Möglichkeit eines ‚Publikums', das sich in der *Gemütlichkeit* unserer Lebensform eingerichtet hat, als auch die intellektuelle Betrachtung, wie wir sie für gewöhnlich verstehen.
Nimmt man die Lehrstücke ernst, fordern sie dazu auf, jene Möglichkeit unmöglich zu machen, in der heute unsere Freiheit zumeist besteht: dass jedes Mal, wie in Heiner Müllers Die *Hamletmaschine*, nach allen möglichen Trommeln und Trompeten, Straßenrevolten, aufklärenden Lektüren und erschütternden Theaterabenden gesagt werden kann: „ich gehe nach Hause und schlage die Zeit tot".[2] Ein ‚Nachhause-Gehen' soll unmöglich werden, weil diese Möglichkeit die Zeit, unsere individuelle und kollektive Zeit, totschlägt. Das könnte als konkretes, bescheidenes Signal der kommenden Gesellschaft und Kunst gelten: Ein ‚Zuhause' muss als Begriff und Gefühl ungemütlich werden.

2 Heiner Müller: Die Hamletmaschine. In: H. M.: *Mauser*. Berlin 1997. S. 95.

Gespräche 1: Lehrstück als Selbstverständigung

Fremdheit, Gewaltfrage und politische Perspektive in Text, Spielprozess und Aufführung (mit Musik)

Marianne Streisand

Ein wichtiger Punkt im Kontext des Lehrstücks ist ohne Zweifel der Aspekt der *Selbstverständigung* in Gruppen und bei Einzelnen. Ich bin mir aber nicht sicher, ob das ein integraler Bestandteil von Brechts Lehrstück-Theorie und -Praxis ist oder ob sich dieses Element als zentraler Punkt nicht erst im Prozess der späteren Lehrstück-Arbeit, insbesondere in der Bundesrepublik Deutschland, herauskristallisiert hat. Dazu zwei Anmerkungen: Zum einen, wenn wir eines der Lehrstücke nehmen, die Brecht selber aufgeführt hat, z.B. *Die Maßnahme*, dann gab es 1930 nicht viel Zeit und kaum Möglichkeiten, dass so etwas wie Selbstverständigung in Gruppen oder bei Einzelnen stattfand. Es wird ja berichtet, wie die Chöre erst mal ungeheure Probleme hatten mit dieser schwierigen Musik von Eisler, eben ein Schüler von Schönberg, sie mussten sich vor allem auf die Noten konzentrieren, vorher hatten sie vor allem Volkslieder wie *Ännchen von Tharau* oder Arbeiterlieder gesungen. Auch Ernst Busch als vielbeschäftigter professioneller Schauspieler hatte keine Zeit, sich mit dem Lehrstück im Sinne einer Selbstverständigung auseinanderzusetzen, jedenfalls nach den Berichten von 1930 über die Aufführung, die wir kennen. Zum anderen gibt es Benno Bessons Arbeit mit Lehrstücken in DDR-Betrieben wie Narva sowie in Italien als politischer Bildungsurlaub. Das ist eine völlig andere Praxis als bei den Lehrstück-Spielgruppen seit den 1970er Jahren in der Nachfolge von Reiner Steinweg in der Bundesrepublik. In dem Seminar von Besson, an dem ich teilgenommen habe, ging es vor allem anderen um Politik, also um *politische* Selbstverständigung und nicht um eine Selbstverständigung in der Gruppe.

Hans-Thies Lehmann

Für unsere Diskussion ist es ganz wichtig, dass wir die Existenz der *Maßnahme* als großes chorales Werk mit der Musik von Eisler von dem Text der *Maßnahme* unterscheiden, dieses Lehrstück führt wirklich eine *Doppelexistenz*. Es ist fast nicht möglich, die Eislersche *Maßnahme* als Aufführung von dem ‚Hohelied' der Disziplin zu trennen, das steht aber so nicht im Text; dort findet sich vielmehr eine Spaltung in der Frage nach Disziplin. Und es gibt ja die berühmte Äußerung von Brecht von 1956 kurz vor seinem Tod, eine Aufführung der *Maßnahme* vor Publikum führe erfahrungsgemäß zu bloßen moralischen Affekten minderer Art beim Publikum. Deshalb gebe er das Stück für die Aufführung nicht frei, wie er in einem Brief vom 21. April 1956 schreibt. *Die Maßnahme* ist für die ‚Belehrung' der Aufführenden

gedacht, und deswegen bin ich der Überzeugung, dass wir die Aufführung, diese Chorarbeit von 1930, strikt trennen sollten von dem Text der *Maßnahme.*
Am Ende seines Vortrags spricht Florian Vaßen von Spielen und Denken. Ich denke, da sollten wir noch einen Schritt weitergehen: Es geht nicht darum, dass sowohl gespielt als auch gedacht wird, sondern es geht darum, dass das Spielen als eine Art von Denken von Brecht gedacht wird; dass man nämlich bestimmte Dinge nur lernt und nur versteht, indem man spielt, und nicht, indem man vorher und nachher darüber nachdenkt. Das scheint mir auch insofern besonders wichtig, als wir so die Möglichkeit haben, vom Lehrstück her auch den Brecht des epischen Theaters anders zu denken. Brecht wird ja im Allgemeinen als ein ‚Lehr-Brecht' verstanden. Es geht aber darum, dass Brecht sich auch schon das epische Theater mit der Verfremdung, die Lehrstücke natürlich erst recht, als eine Praxis gedacht hat, bei der man etwas lernt, was man theoretisch nicht lernen kann. Es geht also nicht um spielerisches Illustrieren von Ideen und Theorien, sondern Brechts Überlegungen bestehen darin, dass im Spiel Denken entsteht, körperlich, gestisch, mit Anblicken, mit Kontakt, mit Rollenwechsel. Wir sollten also *keine* Trennung von Spielen und Denken vornehmen.

Gerd Koch
Marianne Streisand hat u.a. dargelegt, dass die Spieler und Sänger trainiert waren in den gewohnten Formen ihrer Darbietungsprofessionalität, dass man dort also diesen Selbstverständigungsprozess nicht erwarten kann und dass er auch nicht geleistet werden konnte. Wenn man dagegen aber Brechts Aussage heranzieht, dass das Publikum auch einbezogen, gebraucht werden könne, wie sieht es dann mit der Selbstverständigung aus? Wenn man das gesamte theatrale Geschehen einschließlich der beteiligten Zuschauer und Zuhörer nimmt, könnte man doch sehr wohl von Selbstverständigung sprechen. Karl August Wittfogel, der damals die Diskussionsrunden, die wenigen, die es gab, moderiert hat, ausgehend von den Fragebögen, die nach der Aufführung verteilt wurden, verwendet den Begriff der *kollektiven Produktionsberatung*. Wenn man diese und Selbstverständigung eng zusammenfügte, dann hätten wir doch eine Art von Selbstverständigungsprozessqualität.

Michael Wehren
In Bezug auf die Figur von *Fremdheit* und Fremdem in Florian Vaßens Beitrag finde ich es sehr wichtig, dass man diese Figuren und diese Erfahrungsmöglichkeiten bei Brecht in die historische Konstellation, also beispielsweise in Relation zu Georg Simmel, setzt. Ich würde in diesem Kontext allerdings noch einen anderen Autor erwähnen wollen, der beachtet werden sollte, wenn es um eine radikale, auch destruktive Fremdheitserfahrung geht: Martin Heidegger. Benjamin und Brecht haben sich ja mit der Zertrümmerung von Heideggers Philosophie intensiv beschäftigt, und es ist sicherlich kein Zufall, dass bei Heidegger radikale Figuren der Fremdheit zu finden sind, allerdings nicht unbedingt unter soziologischen Aspekten. Es ist wichtig, dass diese Verfremdungserfahrungen nicht nur darauf abzielen, das sozio-

logisch Fremde zu benennen, sondern auch eine radikale Fremdheit inszenatorisch ins Spiel bringen, die nicht sofort wieder sozial dekodiert wird. Deshalb wäre eine Diskussion über Heidegger in diesem Kontext sicherlich gewinnbringend.
In Bezug auf Hans-Thies Lehmanns Anmerkungen zur Trennung von Text und Aufführung interessiert mich sozusagen eine *Doppelbewegung*: Einerseits die Texte stark zu machen, andererseits aber zu untersuchen, was an den szenischen Versuchen interessant ist. Und tatsächlich ist ja im Kontext der Schüler-Aufführung des *Jasager* 1930 das, was die SchülerInnen nach dem Spiel diskutiert haben, in den Text der neuen Fassungen eingeflossen. Es gibt also eine kollektive Beratung, wie auch später nach der Aufführung der *Maßnahme*, und das erscheint mir noch eine Herausforderung für den Theaterbetrieb zu sein.
Die Lehrstück-Arbeit beruht auf gemeinsamen Selbstbestimmungsprozessen, aber indem wir den Lernprozessen zusehen, müsste man nicht nur von Selbstverständigung, sondern auch von *Fremdverständigung* sprechen; wir sehen also auch als Fremde diese Prozesse, z.B. die Arbeiter, die in der *Maßnahme*-Inszenierung sitzen und sehen und hören, wie andere Arbeiter spielen, sich verständigen und singen. So wird das Verhältnis von Text und Inszenierung noch mal in anderer Weise produktiv, und auch der Aspekt des Lehrhaften verändert sich.

Hans-Thies Lehmann
Heideggers *Dasein* ist ja der erste große philosophische Entwurf, in dem nicht von Subjekt und Objekt die Rede ist, es ist das erste Mal, dass das Subjekt nicht mehr als Subjekt, sondern als ein Dasein gedacht wird, das man nicht mehr identifizieren kann. Deshalb wollten sich ja Benjamin und Brecht tatsächlich damit auseinandersetzten. Das bleibt zweifelsohne der springende Punkt der Subjektdiskussion, von Heidegger bis Lacan.

Florian Vaßen
Vermutlich hat Marianne Streisand Recht, dass 1930 im Rahmen der Aufführung der *Maßnahme,* über eine politische Selbstverständigung hinaus nur sehr begrenzt so etwas wie Selbstverständigung bei den Spielenden und in der Gruppe stattfand. Aber die gerade erwähnten Aufführungen, Diskussionen und Veränderungen im Kontext des *Jasager* bilden doch, wie ich finde, ein Paradebeispiel für eine andere Möglichkeit von Selbstverständigung, in diesem Fall der SchülerInnen, aber auch des Autors Brecht. Vielleicht bilden diese differenten Ansätze der Selbstverständigung nur unterschiedliche Akzentsetzungen im politischen Kontext.
Hans-Thies Lehmann und Michael Wehren haben die Beziehung von Text und Aufführung schon angesprochen. Es gibt ja eine intensive Diskussion, die bis zu Klaus-Dieter Krabiels Behauptung führt, bei Brechts Lehrstücken stünde eindeutig die Musik im Zentrum und sie gehörten nicht zur Gattung des Theaters, sondern sie seien Teil des Musiktheaters. Gerd Rienäcker wiederum hat gezeigt, wie eng, zum Teil auch kontrastiv, etwa in der *Maßnahme,* Brechts Text und Eislers Musik zusammengehören. Und folglich ist es durchaus eine zentrale Frage, wieweit man die

Musik bei den Lehrstück-Spielprozessen außen vorlassen kann. Vielleicht sind auch die Lehrstück-Fragmente *Der böse Baal der asoziale* und *Fatzer* nicht nur wegen ihres Fragmentcharakters, sondern auch wegen der fehlenden Musik als Textmaterial besonders geeignet für Spielprozesse zur Selbstverständigung.
Dabei geht es ja auch um Verständnis, Verständigung, Einverständnis. Wir haben uns in unserer Praxis immer gehütet, von Selbsterfahrung oder gar von Therapie zu sprechen, und es ging uns immer darum, eine politische Haltung zu finden. Gleichwohl ist es durchaus denkbar, dass sich in Westdeutschland eine andere Traditionslinie entwickelt hat als in der DDR, auch auf Grund eines anderen Politikverständnisses.

Helene Varopoulou
In den platonischen Dialogen wird auch vom Prozess des Selbsterkennens und Selbstverstehens beim Diskutieren und Argumentieren innerhalb einer Gruppe gesprochen. Ich frage mich, was die Differenz zu Brechts Begriff von Selbstverständigung ist, was das Besondere bei Brecht ist.

Joshua Wicke und Florian Vaßen

Florian Vaßen
Zu Helenes Frage: Sicherlich gibt es dialogische Selbstverständigung oder Selbsterkenntnis in der Philosophiegeschichte und auch in anderen Bereichen, etwa in der Theatergeschichte. Ich habe noch keine präzise Antwort auf die Frage, aber ich möchte drei Begriffe zur Diskussion stellen: *sozialer Gestus, Wiederholung und Übung.* Sie stehen eventuell für die Differenz zwischen Brechts Selbstverständigung und dem dialogischen Gespräch der Selbsterkenntnis in der Philosophie. Die Geste ist nicht nur ein körperlicher Ausdruck, sie ermöglicht auch eine Unterbrechung des Geschehens, sie hat Anfang und Ende, so dass sie isoliert werden kann und damit wiederholbar wird, „zitierbar“, wie Benjamin es nennt. In der Wiederho-

lung und den dazu gehörigen Übungen wird sie erlernbar und durch flexible Positionswechsel kritisierbar. Dieser Denkprozess im Spiel, als performative Aneignung einer Haltung, geht über Denkprozesse in Rede und Gegenrede hinaus, hat eine andere sinnlich-ästhetische Qualität, ist sozusagen experimentelles Denken in Aktion in einem offenen sozialen Raum.

Clemens-Carl Härle

Ich glaube, dass ein Widerspruch besteht zwischen der Praxis des Spielens und der Notwendigkeit, ein Resultat zu erspielen, das einem Publikum gezeigt werden kann und das zumindest vorübergehend den Status eines Werkes hat. Das heißt, das Spielen oder die theatrale Praxis im engeren Sinne scheinen mir als Außenstehendem, ich habe keine unmittelbaren Erfahrungen mit dergleichen Dingen, als ein *work in progress*, als ein Prozess, der vielleicht gar nicht notwendigerweise auf ein Resultat, auf ein Produkt, auf ein Werk hin finalisiert ist und infolgedessen eigentlich nur die Spieler betrifft und nicht das Publikum. Die andere Frage ist die, inwiefern dieser Prozess abgetrennt werden kann von der Aufführung. Aufführung bedeutet doch, dass zumindest innerhalb bestimmter Grenzen ein Werk vorliegt, das auch dann, wenn es fragmentarisch ist oder als ein Provisorium gedacht ist, das jederzeit modifiziert werden kann, gleichwohl eine minimale Geschlossenheit aufweist.
Bei Brechts Lehrstücken entsteht eine besondere Spannung, die Spielpraxis entfaltet eine *Selbstbewegung*, die sozusagen exzessiv ist gegenüber der Restriktion, die die Institution Theater vorsieht. Das Problem: Publikum oder kein Publikum, professionelle Schauspieler oder Amateure, Diskussion oder keine Diskussion, entzündet sich letztendlich an der Frage, ist das Werk als Aufführung, ist der ‚autorisierte' Text entscheidend oder geht es darum, in einem eigentlich unabschließbaren Spielprozess Erfahrungen oder Erfindungen oder Veränderungen an sich selbst oder mit anderen festzustellen, die aber in dem Resultat, das präsentiert wird, für das Publikum nicht unbedingt wahrnehmbar sind.
Es gibt im Grunde bei Brecht drei Typen von Texten. Es gibt Texte, die er nicht mehr verändert hat wie *Der gute Mensch von Sezuan* oder *Die heilige Johanna der Schlachthöfe*; es gibt Texte, die er immer wieder verändert hat wie den *Baal*, wie *Mann ist Mann* und *Leben des Galilei*. Und es gibt Texte, die fragmentarisch geblieben sind und die ohne inszenatorische Bearbeitungen nicht ohne Weiteres auf der Bühne gezeigt werden können. Diese Fragmente stehen für eine ganz besondere Haltung der Differenz in der Literatur des zwanzigsten Jahrhunderts.

Helene Varopoulou

Für mich stellt sich die Frage nach der *politischen* Perspektive der Lehrstücke, welche Rolle spielten sie z.B. in der griechischen Linken? Ein wichtiger Aspekt war sicherlich die Möglichkeit, mit den Texten und der Praxis der Lehrstücke die Dissidenz oder das Anders-Denken ins Spiel zu bringen. Eine abweichende Denkweise, eine politische Frage, die man offiziell, z.B. in der Kommunistischen Partei, nicht stellen konnte, konnte man im Spielprozess in der Gruppe diskutieren und erproben. Die politische Funktion der Lehrstücke ist es, im Spielprozess Denkverbote zu überwinden.

Gerd Koch
Ich möchte zum einen anschließen an das, was Marianne Streisand am Anfang gesagt hat. Wenn ich es richtig verstanden habe, hast du den Brechtschen Satz „Wir müssen einen Standpunkt von außen haben" auf die Selbstverständigung in der Lehrstückpraxis in der DDR bezogen.
Außerdem fand ich interessant, dass Helene Varopoulou von Selbstverständigung im Kontext von Rhetorik gesprochen hat, Rhetorik im klassischen, nicht im heutigen verkaufsstrategischen Sinn. Und schließlich, weil Florian Vaßen von Fremdheit gesprochen hat und von Verständnis, Verstand, Standpunkt, stellt sich mir die Frage, ob der Standpunkt des Fremden für uns im Selbstverständigungsprozess von Bedeutung ist.

Marianne Streisand
Den Hinweis auf den Aspekt eines *Standpunkts von außen* finde ich besonders interessant. In der DDR war die politische ‚Not' stärker als die soziale, und eine entsprechende Akzentuierung fand dort auch in der Lehrstück-Praxis statt. Im *Deutschen Archiv für Theaterpädagogik* (Lingen) haben wir sehr viel Material zu der Lehrstück-Praxis der vergangenen Jahrzehnte gesammelt, u.a. haben wir in dem Format *Generationen im Gespräch* Interviews geführt mit den Kolleginnen und Kollegen, die seit Ende der 70er Jahre Lehrstücke gespielt haben. Es gibt da sehr verschiedene Ansätze, Vorgehensweisen und Intentionen: Gerd Koch und Florian Vaßen haben anders gearbeitet als Reiner Steinweg, Ingo Scheller anders als Hans Martin Ritter. Aber ein Punkt hat immer wieder eine große Rolle gespielt in diesen Lehrstück-Wochen und -Wochenenden in Westdeutschland, wenn auch in unterschiedlicher Form und Intensität: die Frage der Gewalt, das Herausfinden, Diskutieren, das Umgehen mit dem existierenden Gewaltpotential und den eigenen Gewaltphantasien. Das spielte in den Lehrstück-Versuchen in der DDR eigentlich keine Rolle.
Und noch eine Besonderheit der Lehrstück-Spielgruppen in der Bundesrepublik möchte ich erwähnen: die flachen Hierarchien sowie das radikal Demokratische, das da diskutiert und trainiert werden konnte.

Florian Vaßen
Wie Marianne Streisand schon gesagt hat, es gibt nicht die eine Lehrstückpraxis, genauso wie es keine konsistente, in sich geschlossene Lehrstück-Theorie gibt. Die Spannbreite der Praxis reicht von Gewaltprävention und Knastarbeit über die Arbeit mit Polizeibeamten und mit Jugendlichen im Deutsch-Französischen Jugendwerk bis zu ästhetisch-politischen Experimenten im und außerhalb des Theaters; entsprechend unterschiedlich sind die Methoden und die Ziele, entsprechend groß ist die Vielfalt in der Praxis.

Auch die alte Diskussion über Prozess und Produkt müssen wir hier nicht noch mal wiederholen. Aufführungen, Präsentationen, Ausstellungen, Installation sind Teil des Arbeitsprozesses und keine isolierten Endprodukte, es gibt unterschiedliche Interessen und Akzentuierungen aber kein Entweder-Oder.
Schließlich: Man muss bedenken, dass wir mit den Lehrstück-Spielwochen etwa um 1977, also im ‚Deutschen Herbst' begonnen haben. In einer politisch besonders brisanten Situation haben wir versucht, in kollektiven theatralen Prozessen eine politische Position zu finden und eine Haltung zur Gewalt zu entwickeln – in Brechts Lehrstücktexten wird ja intensiv Gewalt ausgeübt und Gewalt erlitten. Viele haben sich damals in einem diffusen linken Kontext mit der RAF auseinandergesetzt, vor allem mit der Gewaltfrage; es gab ja diese komplizierte Trennung zwischen Gewalt gegen Sachen und Gewalt gegen Personen. Wir fragten uns: Wie weit kann man gehen, wie weit darf man gehen, was ist richtig, was ist falsch? Anders als für die DDR-nahen Organisationen war sowohl für die spontaneistische Richtung etwa um Cohn-Bendit als auch für die maoistischen Gruppierungen in der Studentenbewegung die Gewalt-Frage von zentraler Bedeutung, aber der Schritt hin zur RAF wurde gerade bei diesen Gruppierungen nur in Ausnahmefällen getan. Die politische Situation in der DDR war damals völlig anders.
Zu jener Zeit war die Lage in Westdeutschland sicherlich besonders extrem, aber wir sind ja auch heute konfrontiert mit der Gewaltförmigkeit des Staates und des Kapitals sowie mit mehr oder weniger verdeckten Kriegssituationen.

Michael Wehren

Ich würde gern noch mal versuchen, die Diskussionslinien zusammenzuführen, denn ich denke, sie haben sehr viel miteinander zu tun. Einerseits muss man darüber sprechen, was die Spezifika der konkreten Lehrstückpraxis in den letzten Jahrzehnten war. Andererseits stellt sich die Frage, wie es sich mit den Aufführungen in Bezug zu den Texten verhält, und last but not least kann man auch den Aspekt von Clemens Härle aufnehmen und untersuchen, was da eigentlich mehr oder weniger unvermittelt nebeneinandersteht. Es scheint mir sehr produktiv, die Lehrstücke erst mal als *Laboratorium*, Versuchsgelände, Testgelände zu begreifen, wo gewisse Setzungen gemacht werden, die jedoch, als These formuliert, selber Versuchscharakter haben. Wir werden also immer wieder unterschiedliche, sich widerstreitende Positionen finden, auch Aussagen von Brecht zum Lehrstück, die wir nicht einfach so übernehmen können. Ich würde die Qualität des Lehrstückmaterials darin sehen, dass es deutliche Differenzen enthält, dass es sich gegenseitig infrage stellt und die Kategorien eben nicht so klar sind.
Unser bisheriger Diskussionsprozess zeigt meiner Ansicht nach mindestens vier Aspekte. Das erste ist die jeweils historische Spielpraxis von Lehrstücken nach Brecht, damit gewinnen wir die *geschichtliche Dimension* und können zugleich einen differenzierten Blick auf die Entwicklung werfen. Das zweite ist der *Schreibprozess* von Brecht & Co., der immer wieder neue Textformen und Überarbeitungen entstehen lässt. Drittens gibt es die öffentlichen Präsentationen und Inszenierungen, die Test-

läufe der Lehrstücke zur Zeit der Weimarer Republik. Und schließlich auch eine *Praxistheorie*, also Brechts Versuche im Schreiben an den Lehrstücken, am *Fatzer* und an deren Rahmungen, eine andere, vielleicht zukünftige Praxis zu entwickeln. Wenn man diese Bereiche zusammendenkt und zugleich ihre Differenz realisiert, ihr gegenseitiges In-Frage-Stellen, dann erkennt man, was für eine riesige ‚Werkzeugkiste' man da zur Verfügung hat.

Hans-Thies Lehmann
Daran anknüpfend will ich nochmals betonen, dass man differenzieren muss zwischen dem *Text* und der *Inszenierung*. Oft krankt unsere Diskussion über das Theater wie über die dramatische Literatur daran, dass wir zu schnell eine Brücke schlagen vom Text zum Theater. Wir müssen uns einfach klarmachen, dass es wirklich zwei ganz verschiedene Kunstformen sind. Das Theater benutzt zwar oft den Text, aber es folgt ganz anderen Gesetzlichkeiten; deswegen haben wir heute auch durchaus Theaterformen, die sich auf den Text beziehen, den Text fragmentieren oder ganz ohne Text auskommen.
Josef Szeiler von *Angelus Novus* hat mal gesagt, dass für ihn Aufführungen Probenarbeit seien, bei denen das Publikum zugelassen ist. Auch bei den Lehrstücken geht es nicht primär um eine spezifische Theaterkonzeption, sondern um eine grundsätzliche Re-Definition des gesamten Theatergeschehens. Ein Theater ohne Publikum heißt ja nicht, dass Theater vor leeren Rängen gespielt werden sollte, es heißt, dass wir Theater anderes denken, eben nicht als Service für ein Publikum, sondern als eine Tätigkeit von Leuten, die sich für Themen interessieren, die sie spielend erarbeiten, und dazu Leute einladen, diese Erfahrung oder diesen Diskussionsprozess mit ihnen zu teilen. Es geht tatsächlich darum, Theater radikal anders zu denken als als Aufführung.
Brechts Lehrstück-Texte haben ja gerade deswegen diese Abstraktheit, diese Allgemeinheit, damit immer wieder andere politische Situationen in sie ‚eingetragen' werden können. Und natürlich war 1930 eine andere Zeit als in den 70er Jahren. Brecht konnte sich von den Aufführungen der Lehrstücke einen politisch-pädagogischen, aber auch einen agitatorischen Effekt versprechen. Ende der 70er Jahre ging es um die Selbstverständigung einer Generation, die plötzlich konfrontiert war mit der Tatsache, dass sie selbst in Gewalt verstrickt war, und die sich zu Gewaltfrage verhalten musste. Und heute haben wir, wenn ich das so plakativ sagen darf, gesamtgesellschaftlich das Problem, dass die Solidarität innerhalb einer Gesellschaft durch die neoliberale Idee des Individuums in Frage gestellt und zerstört wird. Und hier kann Brechts Lehrstück-Konzeption mit seinem spezifischen Subjektbegriff, mit diesem Daseinskonzept eines Individuums, das nicht allein existiert und nicht allein existieren kann, sondern nur im Kontext, wieder anders wichtig werden; das ist der Punkt, an dem wir heute wieder mit den Lehrstücken arbeiten können. In diesen mehr als 85 Jahren hat sich also viel verändert, auch im Theater, es gibt sehr unterschiedliche Arbeitweisen.

Gerd Koch

Zum einen: Ich finde den Hinweis von Hans-Thies Lehmann sehr wichtig, dass sich das gesamte Konzept des Theaters durch die Lehrstücke verändert. Ich möchte dazu ein Beispiel geben aus der Gründungsphase der Schaubühne in Berlin. Da war es wirklich so, dass die Schauspieler und Schauspielerinnen, die frisch und naiv von der Schauspielschule kamen, sich Lehrstückarbeit zur Selbstverständigung ihrer Professionalität verordneten. Sie haben lange über Lehrstücke und mit Hilfe von ihnen diskutiert und dabei auch ihr Rollenverständnis, ihre szenische Prägnanz verändert, so dass für sie die Trennung Bühne und Zuschauerraum geringer wurde. Sie haben als selbst lernende Spielerinnen und Spieler ein neues Theater-Model geschaffen, das möglicherweise dem Publikum eine Chance gab, an diesen Lehr- und Lernprozessen zu partizipieren.
Zum anderen: Zur Erklärung der Lehrstück-Praxis in Westdeutschland möchte ich ein Wortspiel verwenden. Heiner Müller hat davon gesprochen, dass die Lehrstücke Texte sind, die auf Geschichte warten. Ich glaube, wir im Westen haben daraus gemacht: Texte, die auf Lebensgeschichte warten; Leben und Geschichte verbanden sich in einem neuen Politikbegriff. Das war auf keinen Fall Therapie, aber es ging doch auch um den Einzelnen in der Gruppe, um die Dynamik der Gruppe.
Ein Drittes noch als Frage an die italienischen Kollegen und Kolleginnen: Es fiel schon der Begriff Labor, ich möchte von Baustelle, cantiere, sprechen. Sind Lehrstücke *Baustellen* bzw. cantieri, die in den Siebzigerjahren in Italien in der Arbeiterbildung oder der Betriebsrätebewegung benutzt wurden?

Milena Massalongo

Ich hatte mir auch diese Frage gestellt, und ich bin auf die Suche nach Material gegangen, aber eigentlich bin ich auf nichts wirklich Relevantes gestoßen. Ich habe darüber mit einigen Experten der damaligen politischen Kultur gesprochen, insbesondere mit einem Schriftsteller der sogenannten Gruppe 63, der radikal links stand, und ihm die Frage gestellt, ob die Lehrstück-Texte überhaupt bekannt waren, ob es Praxis-Experimente mit der Lehrstückform in den Betrieben gegeben hat; er konnte mir keine Antwort geben. Wenn es überhaupt Theater-Versuche gab, dann handelte es sich zumeist um ein bloßes Agitprop-Theater, also ganz ideologisierend, ganz politisch-inhaltlich überzeugend ...

Gerd Koch

… keine flachen Hierarchien? ...

Milena Massalongo

Nein. Was aber nicht ausschließt, dass es doch eine indirekte Rezeption gegeben hat. Es scheint z. B., dass die Auseinandersetzung mit Brecht und insbesondere mit seinen Lehrstücken gewisse Formen des damaligen Straßen- und Jugendtheaters beeinflusst hat, in welcher Art und wie intensiv lässt sich heute aber nur noch schwer sagen.

Helene Varopoulou
Die Auseinandersetzung mit Brecht und die Arbeit mit seinem Theater war in Italien, Griechenland und anderen Ländern nicht dieselbe wie in Deutschland. Der politische Brecht, der ‚linke' Brecht war dort auch immer ein ideologisierter Brecht, besonders, weil oft nur ein geringer Teil seiner Texte übersetzt war und weil durch schlechte Übersetzungen ganz andere, zum Teil nicht mehr wiederzuerkennende Texte entstanden sind. *Die Maßnahme* z.B. ist ins Griechische nicht übersetzt, d.h. man muss mit dem Text in englischer, französischer oder deutscher Sprache arbeiten. Das erschwert ungeheuer die Rezeption und natürlich vor allem die praktischen Lehrstück-Spielprozesse.

Florian Thamer
Ich möchte noch mal einen Schritt zurückgehen zur Frage der Selbstverständigung, und zwar weniger historisch mit Blick auf die DDR und Westdeutschland, sondern im heutigen Kontext. Ich glaube, die Geschichte ist da, wir brauchen nicht länger zu warten. Clemens Härle hat von der Offenheit der Fragmente gesprochen und Florian Vaßen von der Potentialität der Lehrstücke, von der Leerstelle in den ‚Leerstücken', damit müssen wir arbeiten. Gegen die angebliche Alternativlosigkeit ist es notwendig, dass man sich erst mal wieder Möglichkeiten vorstellbar macht. In der Arbeit mit Fragmenten, z.B. mit *Fatzer*, muss ich ja zunächst entscheiden, welche Textfragmente ich auswähle; damit entscheidet sich auch schon, was will ich und in welche Richtung meine Arbeit geht. In Bezug auf die Frage der Aufführung halte ich es im heutigen Kontext für sehr wichtig, die gemeinsame Arbeit auszustellen, um so diese Vorstellung von Möglichkeitsräumen, die man zusammen erarbeitet hat, in der Öffentlichkeit mit einem Publikum, das zum Diskutieren eingeladen ist, zu verhandeln. Ich wollte eigentlich nur betonen, lasst uns mal schauen, was wir *heute* machen können mit dem Lehrstück.

Tina Wellmann
Ich arbeite in der Gewaltprävention im Bereich Schule, und zwar in der Regel ohne Texte von Brecht, aber durchaus mit Lehrstück-Methoden. Was ist denn das Ziel der Lehrstück-Praxis? Für mich ist das Ziel, einen anderen Blick auf die Gesellschaft zu entwickeln, und zwar über das Spiel, durch die Einnahme verschiedener Haltungen, durch Einfühlung, Distanz und Reflektion. Zumeist gehe ich in meiner Arbeitspraxis an Schulen von einer Situation aus, von einer gewaltvollen Situation, in der z.B. jemand ausgegrenzt oder gemobbt wird. Dabei gebe ich natürlich das Ergebnis nicht vor, sondern die Teilnehmenden, die verschiedene Haltungen einnehmen, Handlungen vollziehen und Sprache verwenden, kommen zu unterschiedlichen spielerischen Lösungen, nicht immer zu Auflösungen, die dann beobachtet, gespiegelt, reflektiert werden, und die dann durchaus auch anders gespielt werden. Meine Beobachtung ist, dass sich nach dem Spielprozess in den Gruppen ein neues Verständnis von Gewalt, vor allem der jeweils speziellen Gewaltsituation ergibt, nämlich ein vollständigeres. Ich will jetzt nicht sagen ein dialektisches, aber sicher

ein in sich widersprüchliches und vielfältiges. Die SchülerInnen blicken jetzt sozusagen mit ‚fremden Augen‘ auf die Situation. Meine vielleicht provokante Frage ist also: Braucht es überhaupt den Lehrstück-Text oder können wir ihn weglassen wie die Musik? Reichen kleine Textfragmente? Geht es vielleicht sogar nur um die Vorgehensweise des *learning play?*

Gerd Koch

Von Brechts *Me-ti* ausgehend

Gedanken zum Produzieren, zur Produktivität

1929 schreibt Bertolt Brecht:

> Die Bühne ist heute der Lehrstuhl für das breite Publikum. Leider wird es in diesem Sinn viel zu wenig ausgenutzt. Mit meinem letzten Werk (Die *Dreigroschenoper*, Anmerkung: gk) glaube ich genug in der Richtung des Song getan zu haben, um mich nun an die Bewältigung der Aufgabe, die ich mir in erster Linie gestellt habe, machen zu können. Sie besteht darin, eine Art Lehrstücke zu geben und von der Bühne herunter zu philosophieren und zu reformieren. Allerdings stelle ich mir diese Aufgabe äußerst schwierig vor, da das Drama an lebendiger Anschaulichkeit ja nichts verlieren darf. (GBA 21, S. 342f.)

> Der Entfaltung großer Kunst stand viel im Wege. Immerhin hatte in unserem Land, das eines der industriell höchst entwickelten Länder der Welt ist, die Dramatik und das Theater, Erben einer großen Vergangenheit, einige Anstrengungen unternommen, an dem Kampf der produktiven Kräfte gegen die gewaltige Fessel der zur Unnatur gewordenen Besitzverhältnisse teilzunehmen. (GBA 21, S. 343)

Lehrstücke sind Texte, die *Lebensgeschichte* stärken und *Geschichte* verändern – jeweils unter Nutzung theatraler Arbeitsformen, die sich methodisch anregen lassen von Bertolt Brechts Vorschlägen zum Produzieren, zur Produktivität. Brecht lässt seinen Me-ti zur „Ethik" sagen: „Ich habe nicht viele Du-sollst-Sätze gefunden, die ich auszusprechen Lust hatte. Ich meine jetzt Sätze allgemeiner Natur, Sätze, die an die Allgemeinheit gerichtet werden können. Ein solcher Satz ist aber: *Du sollst produzieren.*" (GBA 18, S. 179)
Der semantische Raum von ‚produktiv' lässt sich mit folgenden Begriffen füllen: leistungsfähig, wirksam, arbeitsfähig, einfallsreich, nützlich, ideenreich, nutzbringend, ergiebig, voller Einfälle sein, kreativ (schöpferisch); auch konstruktiv, etwas schaffen, was gelingt. Sein Gegenteil, also ‚unproduktiv', würde diese Begriffe füllen: ergebnislos, unwirksam, nicht kreativ, unergiebig, erfolglos, fantasielos, unfruchtbar; auch destruktiv wird genannt. Also: ‚Produktivität', ‚produktiv sein', ‚produzieren' reicht von technologisch-zielstrebig bis zu schöpferisch-spekulativ, von *prodesse et delectare*, von ‚nützen und zugleich erfreuen' und realisiert sich

als ein subjektives Vermögen wie als eine kollektive, nicht nur materiell-technische Unternehmung sowie als Vergnügung.[1]
Bei Brecht umfassen die Begriffe ‚Produktivität' bzw. ‚Produkt/e' sehr unterschiedliche Bereiche (*): „Die Produkte können sein Brot, Lampen, Hüte, Musikstücke, Schachzüge, Wässerung, Teint, Charakter, Spiele usw. usw." (GBA 26, S. 468)[2]
Und weiter: „Produktion muß natürlich im weitesten Sinne genommen werden, und der Kampf gilt der Befreiung der Produktivität aller Menschen von allen Fesseln." (ebd.) „Über die Produktivität der einzelnen" heißt es im *Buch der Wendungen* (herausgebergeschichtlich auch *Me-ti* genannt):

> Die Produktion wird durch die Arbeitsteilung, wie sie bei uns herrscht, zu einem System, das die Produktivität hemmt. Die Menschen behalten sich nichts mehr vor. Sie lassen sich abstempeln. Die Zeit wird ausgenutzt, da bleibt keine Minute für das Unvorhergesehene. Man verlangt viel. Aber das Nichtverlangte bekämpft man. Die Menschen haben so nichts Unbestimmtes, Fruchtbares, Un-

---

1 Vgl. Wolfgang Goldhahn: *Vergnügungen unseres Zeitalters. Bertolt Brecht über Wirkungen künstlerischer Literatur.* Berlin, (o. J.) (= „Brecht-Studien", Hg. Brecht-Zentrum der DDR).

2 Nicht unähnlich Karl Marx' „Abschweifung (über produktive Arbeit)" in seinen *Theorien über den Mehrwert:* „Ein Philosoph produziert Ideen, ein Poet Gedichte, ein Pastor Predigten, ein Professor Kompendien usw. Ein Verbrecher produziert Verbrechen. Betrachtet man näher den Zusammenhang dieses letztren Produktionszweigs mit dem Ganzen der Gesellschaft, so wird man von vielen Vorurteilen zurückkommen. Der Verbrecher produziert nicht nur Verbrechen, sondern auch das Kriminalrecht und damit auch den Professor, der Vorlesungen über das Kriminalrecht hält, und zudem das unvermeidliche Kompendium, worin dieser selbe Professor seine Vorträge als ‚Ware' auf den allgemeinen Markt wirft. Damit tritt Vermehrung des Nationalreichtums ein. Ganz abgesehn von dem Privatgenuß, den, wie uns ein kompetenter Zeuge, Prof. Roscher, [sagt,] das Manuskript des Kompendiums seinem Urheber selbst gewährt. [...] Der Verbrecher produziert einen Eindruck, teils moralisch, teils tragisch, je nachdem, und leistet so der Bewegung der moralischen und ästhetischen Gefühle des Publikums einen ‚Dienst'. Er produziert nicht nur Kompendien über das Kriminalrecht, nicht nur Strafgesetzbücher und damit Strafgesetzgeber, sondern auch Kunst, schöne Literatur, Romane und sogar Tragödien, wie nicht nur Müllners ‚Schuld' und Schillers ‚Räuber', sondern selbst ‚Ödipus' und ‚Richard der Dritte' beweisen. Der Verbrecher unterbricht die Monotonie und Alltagssicherheit des bürgerlichen Lebens. Er bewahrt es damit vor Stagnation und ruft jene unruhige Spannung und Beweglichkeit hervor, ohne die selbst der Stachel der Konkurrenz abstumpfen würde. Er gibt so den produktiven Kräften einen Sporn. Während das Verbrechen einen Teil der überzähligen Bevölkerung dem Arbeitsmarkt entzieht und damit die Konkurrenz unter den Arbeitern vermindert, zu einem gewissen Punkt den Fall des Arbeitslohns unter das Minimum verhindert, absorbiert der Kampf gegen das Verbrechen einen andern Teil derselben Bevölkerung. Der Verbrecher tritt so als eine jener natürlichen ‚Ausgleichungen' ein, die ein richtiges Niveau herstellen und eine ganze Perspektive ‚nützlicher' Beschäftigungszweige auftun." (MEW Bd. 26, S. 363f.).

> beherrschbares mehr an sich. Man macht sie bestimmt, festumrissen, verläßlich, damit sie beherrschbar sein sollen. (GBA 18, S. 138)

Produktivität im Brecht-Me-ti-Verständnis reklamiert eine Kultivation: „Cultur schaffen heisst nicht nur: Anbau, danklose Pionierarbeit an der Scholle, heisst auch: Veredelung, Führen der Menschen zu einander“[3], so dass ich hinzusetzen kann: Es umfasst auch Zivilität, Urbanität, Öffentlichkeit – auch das sind Produktionen, auch das sind Kennzeichen von menschlich-sozialer Produktivität. Solch eine Produktivität ist Teil komplexen öffentlichen Lebens – nicht nur eine isolierte, private Produktivität und auch nicht eine, die nur für wenige Menschen zur Mehrung ihres Reichtums dienen soll.

Produktion ist für Brecht nicht nur ein Fleiß-Vermögen[4], der Begriff ist ihm eine kritisch-gesellschaftlich-systematische Größe, ja ein Struktur- und sozialer Formationsbegriff. In Anlehnung an Henri Lefebvre gesprochen: „der Begriff ‚Produktion‘ und der Akt des Produzierens [besitzen] eine ‚abstrakte Universalität‘.“[5]

In Bezug auf seine Arbeitsschwierigkeiten mit dem Baal-Stoff meinte Brecht, er habe diesen wohl in sozialistischer Weise deshalb nicht bearbeiten können, weil er den Sozialismus immer noch als Große Ordnung statt als Große Produktion (miss-) verstanden habe (vgl. GBA 26, S. 468) – in seiner Auseinandersetzung mit Georg Lukács charakterisierte Brecht Lukács als Feind der Produktion und Freund der Ordnung.

Und: Brecht leitet sein Produktionsverständnis auch ab über den sozial-nahen Begriff der „Liebe“, was gezeigt werden kann an zwei Geschichten aus seinem *Buch der Wendungen (Me-ti)*. In der Geschichte „Kin-jeh (das ist: Brecht, Anmerkung: gk) über die Liebe“ wird die Liebe als „eine Produktion“, ja als „große Produktion“ bezeichnet. Zwei Charakterisierungen nimmt Brecht vor. Die Liebe, heißt es,

> verändert den Liebenden und den Geliebten, ob in guter oder in schlechter Weise. Schon von außen erscheinen Liebende wie Produzierende, und zwar solche einer hohen Ordnung. Sie zeigen die Passion und Unhinderbarkeit, sie sind weich, ohne schwach zu sein, sie sind immer auf der Suche nach freundlichen Handlungen, die sie begehen können (in der Vollendung nicht nur zum Geliebten selber). Sie bauen die Liebe und verleihen ihr etwas Historisches, als rechneten sie mit

3 Programmatisches Manifest. In: *Der Nerv*. Eine Halbmonatsschrift für Kultur. 1 (1.1.1919), S. 1; diese expressionistische Zeitschrift erschien in Czernowitz/Bukowina.

4 Es entspricht nicht einem Denken in ‚Machbarkeiten von Konjunkturverhältnissen‘ (Karl Bertau) und ist eine Variante der Thomas Mannschen „Verneinung des abendländischen Aktivitätskommandos“ (Thomas Mann: *Der Zauberberg*, 7. Aufl. Frankfurt a. M., 2008, S. 886. Den Hinweis verdanke ich Anna Pacholke).

5 Julia Zimmermann: Die Schule von Chicago. Errungenschaften und Grenzen. In: *Perspektivisches Weltverhältnis und Raumhaftigkeit der Denkform. Beiträge zum urbanen Harmoniebegriff*. Hg. Reiner E. Zimmermann. Aachen, 2008, S. 148.

> der Geschichtsschreibung. Für sie ist der Unterschied zwischen keinem und nur einem Fehler ungeheuer. (GBA 18, S. 175f.)

Die zweite Bestimmung dieses produktiven Verhältnisses lautet:

> Es ist das Wesen der Liebe wie anderer großer Produktion, daß die Liebenden vieles ernst nehmen, was andere leichthin behandeln, die kleinsten Berührungen, die unmerklichsten Zwischentöne. Den Besten gelingt es, ihre Liebe in völligen Einklang mit anderen Produktionen zu bringen; dann wird ihre Freundlichkeit zu einer allgemeinen, ihre erfinderische Art zu einer vielen nützlichen und sie unterstützen alles Produktive. (GBA 18, S. 176)

Die andere Geschichte, die Auskunft gibt über Brechts Verständnis von entfalteter, freundlicher, nicht entfremdeter und entfremdender Produktion, ergänzt die obigen Ausführungen um den Begriff der „Großen Ordnung" (gleich der neuen Gesellschaft):

> Jü sagte zu Me-ti: Die Anhänger der Großen Ordnung wollen die Liebe abschaffen. Me-ti sagte: Ich habe nichts davon gehört. Ich weiß nur, daß die Feinde der Großen Ordnung sie schon beinahe abgeschafft haben. Wo es sie noch gibt, stürzt die Große Unordnung die Liebenden in die furchtbarsten Schwierigkeiten, sie ruiniert sie. (GBA 18, S. 105)

Einen speziellen Akzent setzt eine Keuner-Geschichte, die Produktion und Erfolg sowie Sinnlichkeit und Schönheit und Erkenntnis stiftende Verärgerung zusammenbringt: „Herr K. sah eine Schauspielerin vorbeigehen und sagte: „‚Sie ist schön.' Sein Begleiter sagte: ‚Sie hat neulich Erfolg gehabt, weil sie schön ist.' Herr K. ärgerte sich und sagte: ‚Sie ist schön, weil sie Erfolg gehabt hat.'" (GBA 18, S. 24, S. 441)
Extrahiert man aus diesen Geschichten Kategorien zur Bestimmung von Produktivität, so ergibt sich: Produzieren ist in der Lage, Entfremdung aufzuheben; Nähe, Unverstelltheit, verbunden mit dialogischer Geselligkeit, können entstehen. Der „Philosoph" in Brechts *Messingkauf* äußert mehrfach Theaterleuten gegenüber sein Interesse an der „Art und Weise des Zusammenlebens der Menschen" (GBA 22.2, S. 773; auch S. 774, 777 f., S. 784) und legt es ihnen als künstlerisches Handlungsperspektive nahe. Ein soziales Verhalten etabliert sich, das die Qualität einer alltäglich sich andeutenden, sich konkretisierenden Utopie hat. Eine große, neue Ordnung kommt vermittels des produktiven Verhältnisses *Liebe* in den Blick. „Und", schreibt Brecht 1955 zum Philosophen Ernst Bloch, „ich denke bei dem Wort ‚Verhältnis', von Bloch belehrt, nicht an jene blasse Abstraktion der ‚Verhältnisse, die da und da herrschen', sondern an das lustige und fruchtbare Verhältnis, das die Geschlechter

eingehen."[6] Das Für-andere-Sein kann zugleich zu einem Für-sich-Sein werden. In diesem Kontext beschreibt Brecht:

> Eine Produktion Lai-tus (das ist die dänische Schauspielerin und politische Aktivistin Ruth Berlau, Anmerkung: gk). Der Dichter Kin-jeh sagte: Es ist schwer zu sagen, was Lai-tu produzierte. Vielleicht sind es die 22 Zeilen, die ich in mein Stück über die Landschaft einfügte, die ohne sie nie geschrieben worden wären. Natürlich haben wir nie über Landschaft gesprochen. Was sie lustig nennt, hat auch mich beeinflußt. Es ist nicht das, was andere lustig nennen. Natürlich habe ich wohl auch die Art, wie sie sich bewegt, beim Bau meiner Gedichte verwendet. Sie macht ja eine Menge anderer Dinge, aber selbst wenn sie nur produziert hätte, was mich produzieren machte und produzieren ließ, würde sie (also: die Produktion der Lai-tu, Anmerkung: gk) sich doch gut gelohnt haben (Kin-jeh litt nicht an Bescheidenheit.). (GBA 18, S. 192)

Wolfgang Fritz Haug[7] hat in einer Besprechung des *Buchs der Wendungen* Brechts Verständnis von Produktion zunächst mit Selbstverwirklichung übersetzt und angedeutet, dass diese Selbstverwirklichung nicht die idealistische, sozial isolierte Subjektwerdung meint, sondern einen kollektiven, sozialen Vorgang – eine Produktion eben, eine gemeinsame Arbeit. Produktion ist ein soziales Tun und Verhalten (der Weg) und ein Alltagssignal für die Aufhebung von Entfremdung (das Ziel). Dies sind Brechts umfassende Maximen und zugleich Leitkategorien für eingreifendes Denken.

Kleine Hinweise auf Karl Marx' humanistische Sicht des Produzierens

Das Verständnis von Produktion bei einem Autor wie Brecht über eine Kategorie wie „Liebe" abzuleiten, mag einigermaßen ungewohnt sein bei jemandem, der sich nicht selten bei Karl Marx vergewisserte und 1928/29 betonte:

> [...] dieser Marx war der einzige Zuschauer für meine Stücke, den ich je gesehen hatte; denn einen Mann mit solchen Interessen mußten gerade meine Stücke interessieren, nicht wegen ihrer Intelligenz, sondern wegen der seinigen; es war Anschauungsmaterial für ihn. (GBA 21, S. 256 f)

6 Bertolt Brecht: Brief an die Akademie der Künste, Berlin, Frühjahr 1955, zit. nach Erdmut Wizisla: Ernst Bloch und Bertolt Brecht. Neue Dokumente ihrer Beziehung. In: *Bloch-Almanach*, 10. Folge (1990), S. 99f; siehe auch Gerd Koch / Ulrike Erhard: Verhältnisse und Liebesgewohnheiten – brechtisch & blochisch. In: *VorSchein*, Nr. 17 (1999), S.67f.

7 Wolfgang Fritz Haug: Nützliche Lehren aus Brechts Buch der Wendungen. In: *Das Argument* (1968), H. 1, S. 1ff.

Doch so ‚unmarxisch' ist es gar nicht, Liebe und Produktivität zusammenzudenken – rezipiert man einige Aspekte der frühen humanistisch-materialistischen Texte von Marx und Engels. So schreiben Marx und Engels:

> Die Produktion der Ideen, Vorstellungen, des Bewußtseins ist zunächst unmittelbar verflochten in die materielle Tätigkeit und den materiellen Verkehr der Menschen, Sprache des wirklichen Lebens. Das Vorstellen, Denken, der geistige Verkehr der Menschen erscheinen hier noch als direkter Ausfluß ihres materiellen Verhaltens. Von der geistigen Produktion, wie sie in der Sprache der Politik, der Gesetze, der Moral, der Religion, Metaphysik usw. eines Volkes sich darstellt, gilt dasselbe. Die Menschen sind die Produzenten ihrer Vorstellungen, Ideen, pp. aber die wirklichen, wirkenden Menschen, wie sie bedingt sind durch eine bestimmte Entwicklung ihrer Produktivkräfte und des denselben entsprechenden Verkehrs bis zu seinen weitesten Formationen hinauf. (MEW 3, S. 26; vgl. GBA 26, S. 468)

Sichtbar wird auch hier ein umfassender Begriff vom Produzieren, den Marx und Engels zur Verfügung haben (siehe auch Fußnote 2). Der Produktionsprozess ist ein wirkmächtiger Prozess der Aneignung der Natur durch Menschen und eine Veränderung der Natur für Menschen: „die Produktion [ist] sein Lebensgewinnungsprozeß", wie Karl Marx recht vitalistisch sagt (MEW 19, S. 362), und er weiß, Denken und Liebe und Produktion konzeptionell zusammenzuführen:

> Gesetzt, wir hätten als Menschen produziert: Jeder von uns hätte in seiner Produktion sich selbst und den andren doppelt bejaht. Ich hätte 1. in meiner Produktion meine Individualität, ihre Eigentümlichkeit vergegenständlicht und daher sowohl während der Tätigkeit eine individuelle Lebensäußerung genossen, als im Anschauen des Gegenstandes die individuelle Freude, meine Persönlichkeit als gegenständliche, sinnlich anschaubare und darum über alle Zweifel erhabene Macht zu wissen. […] 3. für dich der Mittler zwischen dir und der Gattung gewesen zu sein, also von dir selbst als eine Ergänzung deines eignen Wesens und als ein notwendiger Teil deiner selbst gewußt und empfunden zu werden, also *sowohl in deinem Denken wie in deiner Liebe* (Hv. gk) mich bestätigt zu wissen, 4. in meiner individuellen Lebensäußerung unmittelbar deine Lebensäußerung geschaffen zu haben, also in meiner individuellen Tätigkeit unmittelbar mein wahres Wesen, mein menschliches, mein Gemeinwesen bestätigt und verwirklicht zu haben. (MEW 40, S. 462 f.)

In seinem „Versuch einer Aktualisierung" leitet 2015 Axel Honneth „Die Idee des Sozialismus" prägnant, sich auf Marx beziehend, auch über die Kategorie „Liebe" ab. Marx gibt, wie Honneth schreibt,

> mit aller Deutlichkeit zu erkennen, daß hier auf den anderen nicht erst bei der Ausübung, sondern bereits bei der Setzung der eigenen Absichten positiv Bezug genommen werden muß; denn wie in der Liebe, so müssen auch in der [...] (gesellschaftlichen, Anm. gk) Assoziation meine Aktivitäten von vornherein auf nur solche Zwecke beschränkt sein, die zugleich meiner eigenen Selbstverwirklichung wie auch meines Interaktionspartners dienen, weil ansonsten dessen Freiheit kein bewusster Gegenstand meiner Besorgnis wäre.[8]

Was Marx „im Blick hat, sind ganz offensichtlich Produktionsverhältnisse, in denen die Menschen sich wechselseitig in ihrer je individuellen Bedürftigkeit anerkennen."[9]

Brechts weites Verständnis vom Produzieren: Stichworte, Szenen, Aufmerksamkeitsrichtungen

Es lassen sich im Werk Brechts etwa diese Stichworte bzw. Aufmerksamkeitsrichtungen zu seinem weiten Verständnis von Produktionen / Produktivität finden:

*"Me-ti sagte: Unter sittlichem Verhalten kann ich nur ein produktives Verhalten verstehen. Die Produktionsverhältnisse sind die Quellen aller Sittlichkeit und Unsittlichkeit." (GBA 18, S. 152)
*In seiner Keuner-Geschichte *Mühsal der Besten* heißt es auf die Frage: „‚Woran arbeiten Sie'? [...] Herr K. antwortete: ‚Ich habe viel Mühe, ich bereite meinen nächsten Irrtum vor.'" (GBA 18, S. 451) – eine produktive Haltung; auch zu lesen im Kontext der Keuner-Geschichte zu *Überzeugende Fragen*: „‚Ich habe bemerkt', sagte Herr K., ‚daß wir viele abschrecken von unserer Lehre dadurch, daß wir auf alles eine Antwort wissen. Könnten wir nicht im Interesse der Propaganda eine Liste der Fragen aufstellen, die uns ganz ungelöst erscheinen?'" (GBA 18, S. 451)
*Kritik - auch eine kritische Haltung genannt – ist für Brecht nicht eine Verhaltensweise, die unproduktiv oder gar destruktiv ist, sondern Kritik ist „eingreifendes Denken" – auch das eine Form der Produktivität (vgl. GW 16, S. 567, GBA 23, S. 75)[10]. Auch das sog. plumpe Denken ist ein produktives, wie Walter Benjamin zu *Brechts Dreigroschenroman* schreibt: „Die Hauptsache ist, plump denken lernen.

8 Axel Honneth: *Die Idee des Sozialismus. Versuch einer Aktualisierung*. Frankfurt a. M., 2015, S. 40.

9 Ebd., S. 39.

10 Aufgrund unterschiedlicher Herausgabe-Prinzipien bei der Text-Zusammenstellung werden Passagen aus dem *Messingkauf* teilweise aus der leicht zugänglichen Ausgabe Bertolt Brecht: *Gesammelte Werke in 20 Bänden*. Frankfurt a.M., 1967 (GW), zitiert.

Plumpes Denken, das ist das Denken der Großen.“ (GBA 16, S. 173) Benjamin: Es ist

> „ungemein nützlich, daß Brecht auf das ‚plumpe Denken’ den Finger legt, welches die Dialektik als ihren Gegensatz produziert, in sich einschließt und nötig hat. Plumpe Gedanken gehören gerade in den Haushalt des dialektischen Denkens, weil sie gar nichts anderes darstellen als die Anweisung der Theorie auf die Praxis. *Auf* die Praxis, nicht *an* sie: Handeln kann natürlich so fein ausfallen wie Denken. Aber ein Gedanke muss plump sein, um im *Handeln* (Hervorhebung: gk) zu seinem Recht zu kommen.“[11]

*Es war „Brechts Absicht, Denken zu produzieren, nicht Fertiges“[12]. Anders gesagt in Brechts *Messingkauf*: „Der Begriff des richtigen Wegs ist weniger gut als der des richtigen Gehens“ (GW 16, 567).

*„Wie lerne ich das Lernen?“ fragt Brecht um 1938, „der nicht Produzierende versteht nicht, […] Elemente von anderen, toten, zu trennen. Er versteht nicht, […] Errungenschaften handhabbar zu machen, daß sie umfunktioniert werden können. Sie in eine Technik zu verwandeln.“ (GBA 22.1, S. 487). Es gibt nach Brecht auch ein „Zerstören, welches Lernen ist.“ (GW 12, 457)

*Produktivität meint auch eine produktive Phantasie bzw. eine phantasievolle Produktion und eine genussvolle zugleich, wie es im *Messingkauf* heißt (vgl. GW 16, 645, 670 f., 673; GW 17, 1025 ff.).

*Die allseitige entwickelte und sich entwickelnde Produktion ist ein Kampfbegriff gegenüber der gefesselten und ausbeutenden Produktion, in denen Subjekte stehen in kapitalistischen Verhältnissen. Arbeitsteilung, sagt Brechts Me-ti, „ist zu einem Werkzeug der Unterdrückung geworden“, obgleich sie als Fortschritt begann. (GBA 18, S. 137)

*“Sind [...] die Klassen abgeschafft, dann können die Produzierenden Vertretungen als Produzierende wählen und die Produktion so ordnen, daß sie, statt Profite für die wenigen, Vorteile für alle bringt.“ (GBA 18, S. 109)

---

11 Walter Benjamin: *Versuche über Brecht*. Frankfurt a. M., 1966, S. 90f.

12 Fritz J. Raddatz: Ent-weiblichte Eschatologie. In: *Bertolt Brecht I*, Sonderband Text und Kritik. München, 1973, S. 156. Das Verhalten Brechtscher Figuren (wie der Mutter, der Mutter Courage oder des Galilei) können als Konkretisierungen solcher Dimensionen von Produktion gelten.

*Produktion bedeutet ein wechselseitiges, qualitatives Verhalten in umfassendem Sinne, es schließt die wirtschaftlichen wie die sozialnahen Verhältnisse mit ein. (vgl. GBA 18, S. 192)

*Ein Gemeinwesen kann nur zu einem humanen werden, wenn in ihn keine ‚Apparatschiks' und Kontrolleure (vgl. GBA 21, S. 337) regieren. Denn unter ihnen, sagt Brecht fast anarchistisch, würde auch ein „*Arbeiter*staat" zu einem „*Arbeiterstaat*" (GBA 29, 217) degenerieren, denn seine Staatsführer „sind eben Feinde der Produktion. Die Produktion ist ihnen nicht geheuer. Man kann ihr nicht trauen. Sie ist das Unvorhersehbare. Man weiß nie, was bei ihr herauskommt."[13]

Zusammengefasst …

… kann gesagt werden: „Erst wenn die Produktivität entfesselt ist, kann Lernen in Vergnügen und Vergnügen in Lernen verwandelt werden" – so Bertolt Brecht 1954 in seinen *Nachträgen zum ‚Kleinen Organon'* (GBA 23, S. 289). Eine Passage, die 110 Jahre früher verfasst wurde, zielt in ähnliche Richtung: „In deinem Genuß oder deinem Gebrauch meines Produkts hätte ich unmittelbar den Genuß, sowohl des Bewußtseins, in meiner Arbeit ein menschliches Bedürfnis befriedigt, also das menschliche Wesen vergegenständlicht und daher dem Bedürfnis eines andren menschlichen Wesens seinen entsprechenden Gegenstand verschafft zu haben […] Unsere Produktionen wären ebenso viele Spiegel, woraus unser Wesen sich entgegenleuchtete." (MEW 40, S. 462 f.)

Siglen

GBA = Bertolt Brecht: *Werke. Große kommentierte Berliner und Frankfurter Ausgabe*. Hg. von Werner Hecht u.a. Berlin / Weimar / Frankfurt a. M., 1988-2000.
GW = Bertolt Brecht: *Gesammelte Werke in 20 Bänden*. Frankfurt a. M., 1967. (werkausgabe edition suhrkamp).
MEW = Karl Marx / Friedrich Engels: *Werke*. Berlin, 1956 ff.

(*) Anmerkung

Einen Teil dieser Gedanken habe ich zuerst im Mai 2013 während des „14th International Brecht Society Symposium" in Porto Alegre (Brasilien) vorgetragen.

13 Walter Benjamin, Brecht zitierend. In: W.B.: *Versuche über Brecht*. Frankfurt a.M., 1966, S. 132.

Brecht an der Schreibmaschine, o.A.

Gerd Koch

Über das Ingang-Setzen einer ‚Schreib-Spiel-Maschine'[1]

Kollektive Produktion einer 3-Minuten-Szene, bestehend aus Dialog, Kommentar, Rede, Chor im Rahmen eines wissenschaftlichen Seminars zu Bertolt Brechts Lehrstücken

Lehrstück-Texte sind erfindungsoffen

Ein vom Autor Brecht *fixierter* Lehrstück-Text hält sich zugleich *offen* – für Veränderungen und wird durch Veränderungen erst ‚fertig-gestellt' – also produziert durch die Spieler*innen. Dieser appellative Charakter einer Spiel-Stück-Vorlage ist prädestiniert für das Anwenden von Techniken des szenischen, kreativen Schreibens

1 „Die *Maschinen* sind ebensowenig eine (pure, Anmerkung gk) ökonomische Kategorie wie der Ochse, der den Pflug zieht, sie sind nur eine (unter vielen, Anmerkung gk) *Produktivkraft* (Kursivierung gk)." (Karl Marx: Das Elend der Philosophie. In: MEW, Bd. 4. Berlin, 1972, S. 149). Also: Werkzeuge, technische Vorrichtungen und Kombinationen davon, auch künstlerische Mittel eingebettet in gesellschaftliche Produktionsverhältnisse, sind Maschinen. Für Immanuel Kant ist der Begriff der Maschine auf organische wie unorganische Körper anwendbar. Bekannt ist Heiner Müllers Begriffsfindung *Hamletmaschine* = Hamlet als Produktivkraft, aber auch HM als Abkürzung sowohl für diesen Stücktitel und für Heiner Müller selbst sowie besitzanzeigend für ‚His' bzw. ‚Her Majesty' oder für „herrschende Meinung" (dann: „h. M." geschrieben) im juristischen Sprach- und Schriftgebrauch. In einigen (lockeren und nicht nur abfälligen) Reden übers Theater / unter Theaterleuten wird die ‚altmodische' Produktivkraft-Gewerke-Kombination, die sich Theater nennt, mit all seinen Gewerken auch manchmal als „hölzerne Maschine" bezeichnet – mögliche Abkürzung: „h.M.".In einem umfangreichen text-graphischen und Tafelbild-Zyklus von Nader Ahriman finden wir die Verwendung des Begriffs, des Systems ‚Maschine' wieder – „Hegelmaschine" heißt sein umfangreiches text-graphisches Werk und kann amüsanterweise auch mit den beiden Buchstaben „HM" wie bei *Hamletmaschine* abgekürzt werden (aber nicht als Mode-Label: H & M): Hegel wie Hamlet als Produktivkräfte! Ahrimans Text-Graphik-Zyklus nebst philosophischen Fremd-Kommentaren ist zu finden unter: file:///G:/Nader%20Ahriman.htm

im Felde des Theaters: Spielende versetzen sich in die Autor*innen-Rolle.[2] Es entsteht nun durch das Schreiben und Fixieren von Neu-Text (als Fortsetzung, Korrektur, Gegenstück = alles Methoden, die Brecht in seinem Werk und auf sein Werk selbst anwendet) eine kollektive Autorenschaft. Auch das gemeinsame Erspielen von Lehrstückszenen kann man als kollektive Autorenschaft verstehen. Es wird gespielt, (zu)gesehen und geschrieben und wieder neu gespielt, (zu)geschaut und variiert … also: eine variable Produktion entsteht, die die daran Beteiligten mit neuen Kompetenzen und Performanzen ausstattet. Kriterien werden selbstorganisiert – auto-nom (Selbst-Regeln-Setzend) und auto-didaktisch (selbst-bildnerisch) – entwickelt und angewandt. Brecht schreibt 1938: „Lernen, ein Akt des Aufnehmens und zugleich Abstoßens. Ein Akt der Kritik. Ebenso gut machen und besser machen. Mich ändern und zugleich ein Ich bleiben.“ (GBA 22.1, S. 486)

Ein praktikables Modell einer ‚Schreib-Spiel-Maschine‘

Übungen vorab
Den Spielgruppen-Teilnehmer*innen werden Clownsnasen zur freien Benutzung angeboten bzw. ein Lippenstift, mit dem sie sich einen Clowns-Nasen-Punkt malen können (= Signal: ein Seminar-Verhalten, das abweichend von einem herkömmlichen akademischen, seminaristischen nun temporär, experimentell anzunehmen ist).

Übung 1
Die Gruppenteilnehmer*innen bilden zwei Kreise (Innen- und Außenkreis), bei denen sich jeweils zwei Personen gegenübersitzen. Sie sprechen zugewandt / anteilnehmend / erzählend / interessiert je etwa 1 Minute lang miteinander über ihre beruflichen Tätigkeiten / Studien (gewissermaßen eine Art fachlich-persönlicher Vorstellungsrunde) und ‚rutschen‘ dann weiter, indem sich der innere Kreis um einen Platz dreht, so dass ein anderes Paar sich gegenübersitzt und miteinander spricht (alles wird fragmentarisch bleiben – siehe das später erfolgende Arbeiten mit Brechts *Baal*-Fragmenten).

Übung 2
Alle Seminar-Teilnehmer*innen bilden eine Reihe, seitlich Schulter an Schulter stehend. Die erste Person dreht sich zur zweiten und berichtet ihr deutlich / engagiert von einer (echten oder erfundenen) ‚ganz‘ wichtigen Thematik. Die so adressierte Person zeigt (spielt) kein Interesse daran, macht das körperlich deutlich sichtbar, spricht nicht: Sie ‚zeigt die kalte Schulter‘ und wendet sich ab und der nächsten

2 Vgl. bereits 1983 Gerd Koch: Lehrstück-Übung auch als Schreibwerkstatt verstanden. In: *Assoziales Theater. Spielversuche mit Lehrstücken und Anstiftung zur Praxis*. Hg. Gerd Koch / Reiner Steinweg / Florian Vaßen. Köln, 1984, S. 248-265.

Person, also einer dritten, zu und erzählt dieser etwas bzw. versucht, eine Thematik anzubringen; wieder erfolgt eine Abfuhr. Diese Übung soll schnell vonstattengehen (im Gegensatz zur 1. Übung, die sich gerne etwas mehr Zeit geben darf).

Zusammengefasst
Zwei kommunikative Kontrast-Erfahrungen werden ‚geübt‘: fragmentarisch bleibende Zuneigung und intensive, nicht erwiderte Zuwendung; Zuneigung und Zuwendung sind nicht nur Metaphern, sondern körperliche Haltungen.

Text-Fragmente als Schreib-Spiel-Impuls

Ausgehend von Brechts fragmentarischen Skizzen *Der böse Baal der asoziale* (1930 – 1954) in der Original-Text-Fassung (= nicht normierte Schreibweisen Brechts bleiben erhalten), wie sie Dieter Schmidt 1968 publizierte (Auswahl-Übersetzungen ins Italienische durch Dr. Silvia Mazzini 2015 siehe ANHANG 1), setzen sich Schreib-Spiel-Gruppen zu vier Personen nach dem Zufallsprinzip zusammen.
Die 4 Teilnehmer*innen haben diese Funktionen: 3 Personen erstellen einen Spieltext, 1 Person beobachtet / protokolliert deren Vorgehen.

Materialien
Karteikarten (A-6-Format / Postkartengröße) zum Notieren liegen bereit, ebenso Schreibstifte. Die Clowns-Markierungen bleiben erhalten, Kostümierung soll sparsam (nur zitierend) verwendet werden.
Kopien von Brechts ‚Rollenanweisung‘ zum Typus „Baal“ = „BAAL auftauchen als “ (! – aus welcher Tiefe taucht er auf? – siehe ANHANG 2); Text-Fragmente zur Auswahl eines Fragments als Schreibstimulus für die Gruppe; Gedicht-Vers-Schema (siehe ANHANG 3) als schreib-methodische Anregung für jede/n Teilnehmer*in am Schreibprozess, um einen Kommentar [3] zu schreiben, der Platz finden soll im Spieltext; auch die/ der Beobachter*in nutzt dieses Schema zum Fixieren seiner Beobachtungen (von außen), und zwar zweimal: zum einen fasst er seine Beobachtungen *während* des Schreibprozesses der Gruppe zusammen und zum anderen schreibt er seine Beobachtungen *nach* der Präsentation der von der Gruppe geschriebenen Szene. Auch seine aus der Außenperspektive stammenden Beobachtungen sollen in den Spiel-Text eingefügt werden; dieser erweiterte Text wird in einem zweiten Vor-Spiel-Durchlauf präsentiert.

3 Vgl. zu “Kommentar” die verschiedenen Beiträge im Magazin *Trajekte* Nr. 31 (2016). Hg. Zentrum für Literatur- und Kulturforschung Berlin (ZfL): http://www.zfl-berlin.org/trajekte-detail/items/kommentar-commentary.html

Zeitmaße (ungefähr)
8 min: Einführung durch die Seminar-Leitung unter Berücksichtigung von Brechts Selbstzeugnis zu seinen Schreib-Maximen allgemein im *Lied des Stückeschreibers* und anderen Gedichten (ANHANG 4) und mit Lehrstück-Bezug (ANHANG 5).

10 min: Übungen.
20 min: Schreib-Zeit.
8 min: zweimal etwa 4 min Spiel-Präsentationen.
15 min: Informelles Abschluss-Palaver evtl. mittels Aufnahme der Gesprächsform vom Anfang in zwei Kreisrunden, die jetzt erweitert werden kann durch andere, eventuell zuschauende, nicht direkt in die ‚Schreib-Spiel-Maschine' involvierte Beteiligte, gegenseitiges, freies Berichten. Karl-August Wittfogel, der 1930 die Diskussion nach der Uraufführung des Lehrstücks *Die Maßnahme* von Bertolt Brecht und Hanns Eisler leitete, nennt Lehrstück-Arbeit eine „kollektive Produktionsberatung".

Drei Anregungen

1. Ein zweiter Durchgang des Ganzen in veränderter Gruppenzusammensetzung und eventuell anderen Fragmenten als Impuls – oder auch mit demselben …: Was änderte sich?
2. Alles Geschriebene sollte allen Beteiligten zugestellt werden (also: Abschreiben der Texte).
3. „Veränderungen des Modells […] werden um so ausdrucksvoller sein, da sie eine Negation von Vorhandenem darstellen." (GBA 25, S. 389)

Blicke zurück – nach vorn …
Lehr-Stück-Texte, Menschen, die auf Geschichte *warten*? *Nicht* warten! Sondern? „Und nun?", fragt Franco ‚Bifo' Berardi und antwortet: „Ich habe keine Antworten […] ich denke, dass die Verbreitung selbstorganisierten Wissens ein soziales Rahmenwerk schaffen kann, das eine unendliche Anzahl von autonomen Welten enthält."[4] Es gilt, den *general intellect* (ein Terminus von Karl Marx in seinem *Maschinenfragment*) auch körperlich-sozial in neuer Weise als zivilen Gestus zu entfalten – warum nicht mit Hilfe von Lehr-Stück-Schreib-Spiel-Maschinen?!

> 'Denn', wie Marx sagt, ‚der wirkliche Reichtum ist die entwickelte Produktivkraft aller Individuen.' Der ‚werdende Mensch', wie es Marx im *Maschinenfragment* ausdrückt, ist derjenige Mensch, der sich in seiner freien Zeit, die *nicht* mehr nur

4 Franco Berardi Bifo: *Was heißt Autonomie heute? Rekombinantes Kapital und das Kognitariat*, S. 10; http://eipcp.net/transversal/1203/bifo/de; 22. 5. 2015, vgl. Franco ‚Bifo' Berardi: *Der Aufstand. Über Poesie und Finanzwesen*. Berlin, 2015.

im Gegensatz und im Verhältnis zur notwendigen Arbeitszeit bestimmt ist, in seinen ganzen Anlagen entwickeln kann.'[5]

ANHANG 1: Auswahl von Brechtschen ***Baal***-Fragmenten (deutsch und italienisch)

DER BÖSE BAAL
als paßbeamter. eine frau kämpft um das leben ihres bruders. der beamte erfüllt sämtliche formalitäten. eile ist alles. (kanonendonner, uhr)

*

Baal bei den Verwertern
Sie verwerten alles: die frau, das tischtuch, das essen, sich selber.
die nicht eßbare Pflaume kommt zum Fressen.
Durch vorsichtiges fragen versuchen die Verwerter festzustellen, was an Baal verwertbar sei.
Baal siegt über die Verwerter.

3. Szene
der böse Baal, d. assoziale, verwertet Lyrik, um sich einen Menschen dienstbar zu machen.

*

BAAL wie ist die temperatur?
LUPU die temperatur ist kalt.
BAAL dann ist unterricht. Fenster auf. Jacke aus.

(Bertolt Brecht: Der böse Baal der asoziale. In: B.B.: *Baal. Der böse Baal der asoziale. Texte, Varianten, Materialien*. Kritisch ediert und kommentiert von Dieter Schmidt. Frankfurt a. M., 1968, S. 81, 83f., 88)

***

BAAL IL CATTIVO
nei panni di un funzionario. Una donna lotta per la vita di suo fratello. Il funzionario assolve tutte le formalità. La fretta è tutto (rombo di cannoni, orologio)

5 Christian Lotz: *Karl Marx. Das Maschinenfragment*. Hamburg, 2014, S. 41.

*

Baal dagli Sfruttatori/valutatori/utilizzatori
Sfruttano/utilizzare/riciclare tutto: la donna, la tovaglia, il cibo, se stessi.

la prugna non commestibile viene divorata.
Con domande circospette gli sfruttatori cercano di appurare se ci sia qualcosa di sfruttabile in Baal.

Baal sconfigge gli sfruttatori/valutatori/utilizzatori.

*

Terza scena
Baal il cattivo, l'asociale, sfrutta la lirica per rendere gli uomini servizievoli.

*

BAAL Com'è la temperatura?
LUPU Fa freddo.
BAAL Allora è lezione. Aprire la finestra. Togliere la giubba.

(Mein Dank gilt Silvia Mazzini für die Übersetzung im Jahr 2015)

ANHANG 2: „BAAL /auftauchen als/“ (Bertolt Brecht)

gast
hure
richter
kaufmann (stiere)
ingenieur (will nur das experiment)
hilfsbedürftiger – bittsteller (er beutet das ausgebeutetseinwollen aus)
liebhaber der natur
demagoge
arbeiter (streikbrecher)
mutter
historiker
soldat
liebhaber (bäckergesellenszene aus „brotladen“)

als pfaffe
als beamter
die 2 mäntel

(Brecht: Der böse Baal, S. 78)

ANHANG 3: ‚Versschema'

Zeile 1: Ein Wort
Zeile 2: Zwei Wörter
Zeile 3: Drei Wörter
Zeile 4: Vier Wörter
Zeile 5: Ein Wort

ANHANG 4: Brecht zum Schreiben

„Um zeigen zu können, was ich sehe
Lese ich nach die Darstellungen anderer Völker und anderer Zeitalter.
Ein paar Stücke habe ich nachgeschrieben, genau
Prüfend die jeweilige Technik und mir einprägend
Das, was mir zustatten kommt.
Ich studierte die Darstellungen der großen Feudalen
Durch die Engländer, reicher Figuren
Denen die Welt dazu dient, sich groß zu entfalten.
Ich studierte die moralisierenden Spanier
Die Inder, Meister der schönen Empfindungen
Und die Chinesen, welche die Familien darstellen
Und die bunten Schicksale in den Städten."
„UND ICH STELLTE DIE SÄTZE so, daß ihre Folgen
Sichtbar wurden, so also, daß
Sie gesprochen zu haben, den Sprecher
Froh machen konnte oder auch unfroh. Und auch uns andere
Konnte es unfroh machen oder auch froh, daß der Sprecher so sprach.
(Dies erschwerte das Sehen der Stücke: die erste
Wirkung trat oft erst beim zweiten Sehen ein.)"

„Alles aber übergab ich dem Staunen
Selbst das Vertrauteste"

Bertolt Brecht: „Lied des Stückeschreibers" (GBA 14, S. 299f.), „Und ich stellte die Sätze so" (GBA 14, S. 300), „Und so schnell wechselte zu meiner Zeit" (GBA 14 301).

ANHANG 5: Brecht zum Schreiben von Lehrstücken

„Das Lehrstück lehrt dadurch, daß es gespielt, nicht dadurch, daß es gesehen wird. Prinzipiell ist für das Lehrstück kein Zuschauer nötig, jedoch kann er natürlich verwertet werden. Es liegt dem Lehrstück die Erwartung zugrunde, daß der Spielende durch die Durchführung bestimmter Handlungsweisen, Einnahme bestimmter Haltungen, Wiedergabe bestimmter Reden und so weiter gesellschaftlich beeinflußt werden kann. Die Nachahmung hochqualifizierter Muster spielt dabei eine große Rolle, ebenso die Kritik, die an solchen Mustern durch ein *überlegtes Andersspielen* ausgeübt wird. Es braucht sich keineswegs um die Wiedergabe gesellschaftlich positiv zu bewertender Handlungen und Haltungen zu handeln; auch von der (möglichst großartigen) Wiedergabe asozialer Handlungen und Haltungen kann erzieherische Wirkung erwartet werden – Die Form der Lehrstücke ist streng, jedoch nur, damit Teile eigener Erfindung und aktueller Art leichter eingefügt werden können." (GBA 22.1, S. 351)

Lehrstückarbeit ist interessierte Selbstverständigung arbeitender Kollektive, Kunst für Produzenten, ist „kollektive Kunstübung" (GBA 24, S. 90).
„Es ist nicht einmal ganz fertig gemacht. Das Publikum würde also, *sofern es nicht bei dem Experiment mithilft,* nicht die Rolle des Empfangenden, sondern eines schlicht Anwesenden spielen." (GBA 24, S. 90)

Ein Lehrstück „ist zur Selbstverständigung (für Karl Marx im Brief an Arnold Ruge 1843 ist Selbstverständigung „kritische Philosophie", vgl. Karl Marx / Friedrich Engels: *Briefwechsel bis April 1846*. In: MEGA 1, 3. Abteilung, Berlin, 1975, S. 57) der Autoren und derjenigen, die sich dabei tätig beteiligen, gemacht und nicht dazu, irgendwelchen Leuten ein Erlebnis zu sein." (GBA 24, S. 90) – geschrieben aus Anlass der Aufführung des *Badener Lehrstücks vom Einverständnis* 1929: „Aber die Baden-Badener Aufführung war natürlich lediglich zur Selbstverständigung und einmalig gedacht." (GBA 24, S. 91) Damit wird ein anderes Verständnis von Selbstverständigung – eher als Ausprobieren / Versuch zu verstehen – angesprochen.
Siglen

GBA = Bertolt Brecht: *Werke. Große kommentierte Berliner und Frankfurter Ausgabe*. Hg. Werner Hecht u.a. Berlin /Weimar / Frankfurt a.M., 1988-2000.
MEGA = Karl Marx / Friedrich Engels: *Gesamtausgabe*. Berlin, 1975-1991/2
MEW = Karl Marx / Friedrich Engels: *Werke*. Berlin, 1956-1990.

Bernd Ruping

Das Lehrstück als leibhaftiger Diskurs

Zur praktischen Archäologie der Theaterpädagogik

> Ich hatte schon das Gefühl, dass dieser einzigartigen Theorie eine Praxis entsprechen würde – irgendwann.[1]

> Was in der jungen Disziplin Theaterpädagogik fehlt und ein *Forschungsdesiderat* darstellt, was als Katalysator in diesem Prozess wirken und der Schärfung des methodologischen und theoretischen Arsenals dienen könnte, ist eine Verständigung über die eigene historische Situierung, über die eigene Geschichtlichkeit – im Sinne divergierender Geschichte*n.*[2]

Der Bildschirm des PCs ist schwarz, dann flackert er faserig auf, ein merkwürdig changierender Ton erinnert an das Drehen des Sendersuch-Rades am Radio der Sechzigerjahre, und mit den knisternden Geräuschen erscheint dunkel das Bild eines alten Fernsehapparates. Er zeigt, nur mit Mühe zu entziffern, ein Wandzeitungs-Notat: „Theaterseminar in der Eichenkreuzburg, April 1980“. Dann ein Schnitt, neues Notat: „Gespielt wurde das *Badener Lehrstück vom Einverständnis* von Bert Brecht.“ Bluesartige Klänge überlagern jetzt das Knistern, schattenhaft wird der Umriss mehrerer Menschen erkennbar, die sich im Kreise bewegen und merkwürdige Bewegungen ausführen. Schließlich eine Stimme aus dem Off: „Das ist der Bernd. Und links daneben Sonja.“ Bernd, mit einem Tamburin ausgestattet, beginnt zu singen: „Einer von uns ist über das Meer gefahren und hat einen neuen Kontinent entdeckt…“ Dann wieder die Stimme: „Ziel des Seminars war es zu untersuchen, inwieweit Brechts Lehrstücke heute noch aktuell sind, ob sie etwas mit Jugendlichen und ihren Problemen zu tun haben und ob man mit dieser experimentellen Spielweise daran arbeiten kann.“ Im Hintergrund jetzt *Deodatos* funkige Version von *„Also sprach Zarathustra“*.
Die Stimme gehört Wolfgang Heidefuß, einer der Tänzer ist Peter Petsch, ein anderer bin ich, vor lauter Haar und Vollbart kaum zu erkennen. Die Veranstaltung ist Teil einer Versuchsreihe mit Auszubildenden, die Reiner Steinweg initiiert hat

1 Reiner Steinweg zum Lehrstück; zit. nach: Bernd Ruping: Fundstücke Biografien. In: *Generationen im Gespräch. Archäologie der Theaterpädagogik*, Bd. 1. Hg. Marianne Streisand u.a. Berlin / Milow / Strasburg, 2005, S. 438 (Lingener Beiträge zur Theaterpädagogik Bd. 4).
2 Marianne Streisand: Für eine Archäologie der Theaterpädagogik. In: Ebd., S. 434.

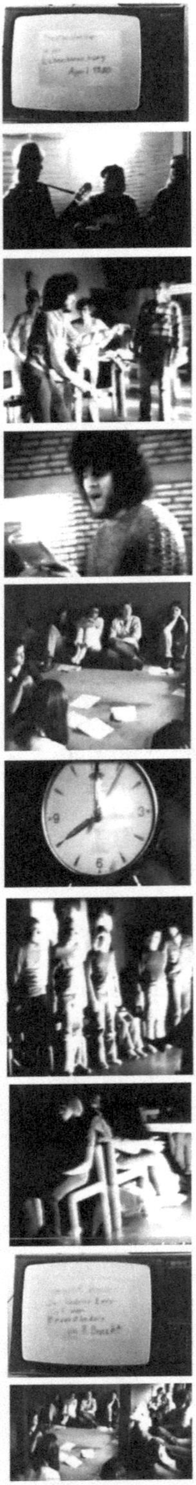

und die schließlich Grundlage der Publikation *Weil wir ohne Waffen sind*[3] wurde. Das uralte Video, das über zweieinhalb Stunden die Stationen dieser Lehrstück-Woche dokumentiert, stammt aus dem Lehrstück-Archiv, Hannover, und wurde von Bernd Oevermann, Mitarbeiter des Deutschen Archivs für Theaterpädagogik in Lingen, auf DVD gezogen. Er wusste, dass ich mich gerade auf einen Lehrstück-Kurs mit Studierenden der Theaterpädagogik vorbereitete, und legte mir das Dokument einen Tag vor Seminar-Beginn auf den Schreibtisch. Ich hatte mich als Text-Grundlage u.a. für eben jenes *Badener Lehrstück* entschieden, insbesondere wegen der darin vorgenommenen „Untersuchungen, ob der Mensch dem Menschen hilft“[4], die mir angesichts der radikalen Hilfsbereitschaft vieler unsrer Studierenden, den Migranten und Geflüchteten gegenüber, von aktuellem Interesse erscheint.

Zwischen den Zeiten
Die archivarische Präsenz des Lehrstücks

Eine knappe Woche lang stöberte ich, parallel zur Lehre, in den alten Aufnahmen, dann wieder hinunter ins Seminar, in den Pausen zurück ans digitalisierte Video. Die Zuspitzung: Unten arbeitete ich – als über 60jähriger und kurz vor der Rente! – an den Provokationen des Textes zu Hilfe und Gewalt, die *ein Ganzes geben*, oben skandierte ich – als Berufseinsteiger Mitte 20: – *Zerreißt das Kissen! Schüttet das Wasser aus!*[5] Ich gebe zu: Das hat mich merkwürdig angefasst, wohl kein „Choc“ im Benjaminschen Sinne, aber doch eine Art Stillstellung im linearen Ablauf der (Lebens) Zeit, darin etwas sichtbar, spürbar wurde, das es möglicherweise wert ist, im Bewusstsein zu halten. Ich habe den Studierenden von

---

3 Reiner Steinweg / Wolfgang Heidefuß / Peter Petsch: *Weil wir ohne Waffen sind. Ein theaterpädagogisches Forschungsprojekt zur Politischen Bildung. Nach einem Vorschlag von Bertolt Brecht*. Frankfurt a.M., 1986.

4 Bertolt Brecht: Das Badener Lehrstück vom Einverständnis. In: B.B.: *Werke, Große kommentierte Berliner und Frankfurter Ausgabe*, Bd. 3/Stücke 3. Hg. Werner Hecht u.a. Berlin / Weimar / Frankfurt a. M., 1997, S. 29ff. - im Folgenden unter der Sigle GBA.

5 Beide Zitate nach Brechts *Badener Lehrstück vom Einverständnis,* ebd. S. 35/36.

diesem Dazwischen-Sein erzählt, und sie waren in der Mehrheit sehr interessiert, insbesondere an dem Alten, an den Projekten und Antrieben, die uns damals, d.h. in *ihrem* Alter, bewegt hat:
„Ich glaube, ihr hattet da was, was uns heute gut tun würde“, sagt eine von ihnen. Der Begriff des „Unabgegoltenen“ hat in diesem Zusammenhang und angesichts meines eher subjektiven Erfasst-Seins wohl entschieden zu viel Gewicht, und doch: Ich habe Witterung aufgenommen, will wieder ran an jene Motive, die mich und mit mir nicht wenige Protagonisten der Theaterpädagogik beruflich geprägt und manchen Lebenslauf nachhaltig beeinflusst haben. Und ich bin, im Rückblick, ziemlich sicher: Da ist vieles vermittelbar ins Heute, etwas, das mehr anrührt und aufrührt, als es die klassische Lehre, auch die der Theaterformen und theaterpädagogischen Methoden vermag.
Natürlich kommt mir, während ich das schreibe, die Abrechnung von Heiner Müller in den Sinn, der glaubt, „daß wir uns vom LEHRSTÜCK bis zum nächsten Erdbeben verabschieden müssen“. Was uns bliebe, seien „einsame Texte, die auf Geschichte warten.“[6] Nun ist das mit Zentnerwörtern wie „Erdbeben“ und „Geschichte“ so eine Sache, sie sind der Interpretation so bedürftig wie der Frierende eines Mantels.[7] Seien wir bescheidener, und richten wir unser Interesse zum einen auf die Interessen der ‚Lernenden‘. Von ihnen erfahren wir, dass sie die Sache mit den Flüchtlingen für ein Erdbeben und die Entscheidungen der Europäer mitsamt den Haltungen der davon betroffenen Menschen für geschichtlich relevant halten.
Zum anderen halten wir es, wie Müller, mit den Texten, deren Einsamkeit mit jedem geselligen Selbstverständigungs- und Vergegenständlichungsprozess im Lehrstück-Spiel ein Ende haben dürfte; die Aufwertung der Texte als möglicherweise ungeduldig wartende, eigensinnig-subjekthafte Qualitäten dieser Vorgänge teile ich. Sie spielen auf eine ganz besondere Weise mit, indem sie sich allen Psychologisierungen verweigern,

6 Heiner Müller: Verabschiedung des Lehrstücks. In: H.M.: *Werke*. Hg. Frank Hörnigk, Bd. 8. Frankfurt a. M., 2005, S. 187.

7 Vgl. Bertolt Brecht: *Der böse Baal der Asoziale. Texte, Varianten, Materialien*. Hg. Dieter Schmidt. Frankfurt a. M., 1969, S. 84-86.

unerbittlich Position und Gegen-Position beziehen und so über ihre Bauform und musterhafte Strenge Auseinandersetzungen provozieren wie ein „dezidierter (also entscheidender, entschiedener) Mitspieler“ (Gerd Koch, Florian Vaßen)[8]. Was also geht? und wie?

Die Resonanz der Texte
Das Lehrstück als Gegenstand der Lehre

Ich entschied mich für folgende Gliederung des Seminars:

1 Grundannahmen zum Lehrstück, praktisch (= das ‚Spielen ohne Zuschauer‘ als analytische Spielweise: Handeln und Betrachten; die Spielweise des Lehrstücks: Suchen, Einfühlen, Zeigen; ‚Lehre‘ als Spielimpuls) – Textgrundlage: *Der böse Baal der Asoziale:* „Straße in der Vorstadt“ (die ‚Groschenszene‘).[9]

2 Implikate des Lehrstück-Spiels: das Lehrstück als „performative research“ (Hanne Seitz); das „Lehrstück als Performance“ (Andrzej Wirth); das Lehrstück als Afformativum (Werner Hamacher) – Textgrundlage: *Die Ausnahme und die Regel*: Kaufmann-Kuli-Szene „Das geteilte Wasser?“[10]

3 Das Lehrstück als ‚materiale Methode‘: die Transformation erfahrener Unterdrückung bzw. Krisen in Text-Muster – Spielgrundlage: zwei Situationen, in denen Studierende Geflüchteten helfen wollen; Textgrundlage: *Das Badener Lehrstück vom Einverständnis*: „Untersuchungen, ob der Mensch dem Menschen hilft“[11] und *Der böse Baal der Asoziale*: die Mantelszene[12]; dazu verschiedene Chor- und Kommentartexte aus sämtlichen Lehrstücken (s.u., „Bruchstücke aus Brecht-Texten“ und „Der Text als Halbfertig-Produkt“ - s.u., S. 111ff.).

8 Gerd Koch / Florian Vaßen: Der lange Weg des Lehrstück-Spiels – Reiner Steinweg hat Anregungen gegeben. Wir haben sie (verändert) aufgegriffen. In: *Friedensforschung und Friedenspraxis. Ermutigung zur Arbeit an der Utopie. Reiner Steinweg zum 70. Geburtstag*. Hg. Marcel M. Baumann u.a., Frankfurt a. M., 2009, S. 168-192.

9 Bertolt Brecht: Der böse Baal der asoziale, GBA, Bd. 10.1, S. 675.

10 Brecht: Die Ausnahme und die Regel, GBA, Bd. 3, S. 250-251

11 Brecht: Das Badener Lehrstück vom Einverständnis, S. 29/30.

12 Brecht: Der böse Baal der asoziale, GBA, Bd. 10.1, S. 671-673.

Da es sich – wie auch sonst! – um ein Theorie-Praxis-Seminar handelt, habe ich zentrale, meine Interessen am Lehrstück gleichsam verkürzt und zugespitzt abbildende Sätze und Regeln sowie Theorie- und Philosophie-Fragmente in Powerpoint-Charts gepackt – ein für mich erprobtes, digitales Format für die Brechtschen Formen des Unterbrechens und Ausstellens, ein In-den-Diskurs-Bringen ohne den Gestus des Besser-Wissenden, wohl aber in der Haltung des interessiert Beteiligten, der sein Nicht-Einverstanden-Sein mit jeder Art von exploitativen Verhältnissen in die Selbstverständigungsprozesse der Studierenden einbringen will. Neben den basalen Annahmen rund um die Form der Lehrstücke und deren Spielweise präsentierte ich deshalb im Vor- und Verlauf der Arbeit die Grundlagen und Fundstücke meiner Vorbereitungen, einschließlich der Aufbereitung der aktuellen politischen Diskurse, auf eine eher rhizomatische Weise, d.h. ohne linear-logische Verknüpfungsversuche, stattdessen Quer- und Queer[13]-Verbindungen ausstellend. Dabei geht es mir weniger darum, ein konsistentes Lehr-/Lern-Programm abzuliefern, als eine Diskurs-Fläche zu eröffnen und Impulse zu geben – als Anregung und Reibungsfläche für die je aktuellen Auseinandersetzungen der Studierenden, deren Beiträge ich am Ende eines jeden Tages in die Präsentation einarbeitete. Bei diesem Verfahren orientiere ich mich an Walter Benjamin, der aus Anlass des proletarischen Kindertheaters einer *afformativen*[14] Pädagogik das Wort redet, deren Methodik sich nicht kraft der führenden Hand des Lehrenden entfaltet, sondern über dessen Kompetenz bei der Abfassung der Materialien, an denen die Lernenden ihre Erfahrungen zu formulieren und zu formieren gefordert sind. Implizit ist ihr die Umwendung der Logik der Intentionalität zur Responsivität.[15] „Was zählt ist einzig die mittelbare Einwirkung des Leiters durch Stoffe, Aufgaben, Veranstaltungen."[16]
Ich möchte zu Beginn das Herzstück der diesjährigen Lehrstückwoche beschreiben, den Wendepunkt gleichsam, als der im Modul „Archäologie der Theaterpädagogik" verankerte Lehrbereich umschlug in eine *Teilnahme am Leben des Stoffes selbst* (Sergej

13 Hier gemeint im Sinne einer dekonstruktivistischen Praxis, die nach dem innerhalb der gesellschaftlichen Bezugs- und Deutungssysteme Ausgeschlossenen fragt, ohne sogleich ein Inklusions-Modell in der Tasche zu haben.

14 Vgl. dazu: Werner Hamacher: Afformativ, Streik. In: *Was heißt ‚Darstellen'?* Hg. Christiaan Hart-Nibbrig. Frankfurt a. M., 1994, S. 340-374: „Das Afformative ist der dialektische Gegenpol zur Intentionalität und Instrumentalität einer performativen Gestaltung, in der ich handelnd eine Situation schaffe. Afformative *lassen* etwas geschehen, ohne dass sie es geschehen *machen*."

15 Vgl. Dieter Mersch: *Was sich zeigt – Materialität, Präsenz, Ereignis*. München, 2002.

16 Walter Benjamin: Programm eines proletarischen Kindertheaters. In: W.B.: *Gesammelte Schriften*, Bd. II,2. Hg. Rolf Tiedemann / Hermann Schweppenhäuser. Frankfurt a. M., 1977, S. 765. Aus der Perspektive der Pädagogik ist diese Programmatik durchaus lesbar als ein früher Vorschlag zur performativen Forschung, die Sachverhalte und Verhältnisse „auf bildliche, tönende oder bewegte Weise zum Sprechen" bringt (Hanne Seitz: *Performative Research*. In: https://www.kubi-online.de/artikel/performative-research (2015).

Tretjakow, s.u. Anm. 18) und sich dabei die Vermittlungsabsicht des Hochschul-Lehrers, sein ‚Plan' eindrucksvoll aufhob in dem Interesse der Studierenden, mit Hilfe des Lehrstücks eigene Erfahrungen zu bearbeiten und neu zu formulieren. Es ist nicht genau zu eruieren, inwieweit die Kraft dieser Auseinandersetzung mit dem ‚Studium des V-Effekts', den Übungen zur gestischen Spielweise, den Provokationen der Lehrstück-Textes oder der Virulenz des Themas zu tun hatte. Deutlich war, dass sich das eine durch das andere aufs Beste befruchtete und sich mit der Ernsthaftigkeit von Fragestellung und Untersuchung die eigentümliche Dynamik der Brechtschen Spielweisen, das Zeigende, das Zuspitzende, sehr gut entfaltete – und umgekehrt! Nichts war auf Effekt, alles auf Forschung und Formung aus, eine Art meta-theatraler Suchbewegung am sozialen Befund, angestoßen durch die Erprobung des „gestische Prinzips"[17] und die Entfaltung der besonderen Ästhetik der Texte: vorbegriffliche Erkenntnis und diskursive Erfahrungsbildung über die „durchführung bestimmter handlungsweisen, einnahme bestimmter haltungen, wiedergabe bestimmter reden"[18]: „ein stetiges preisgeben und sammeln, distanzsuchen und herangehen."[19]

Verkörperungen - die Arbeit an den Stoffen

Ich setze in der Mitte der Woche an, obwohl sich die Erkenntnisse aus den vielen Ereignissen nur schwer voneinander lösen lassen. Die Chronologie einer Übungsfolge gibt vielleicht den besten Eindruck: Wir arbeiten am *BAAL-Fragment „Straße in der Vorstadt"*. Der Auftrag ist:

> *1)* Improvisiert in 4er-Gruppen und mit dem Text in der Hand die Szene, wechselt dabei ständig Rollen und Perspektiven (Baal, Lupu, der Knabe, der Dieb),
> *2)* überprüft die Haltungen und Verhaltensweisen der Figuren kraft eigener Erfahrungen,
> *3)* erarbeitet auf der Basis Eures Diskurses eine für jede Figur typische Haltung und erprobt diese Haltung, indem ihr nach Maßgabe eines „Turn-Around-Images" (Augusto Boal) die Szene viermal durchspielt, wobei ihr bei jedem Durchgang die Rolle = Haltung wechselt, d.h. in die jeweilige, von euch entwickelte Rollen-Schablone schlüpft, und
> *4)* zeigt diese Choreografie der Haltungen den anderen Gruppen.

17 Vgl. Hans-Martin Ritter: *Das gestische Prinzip bei Bertolt Brecht*. Köln, 1986.

18 Bertolt Brecht: Zur Theorie des Lehrstücks. In: *Brechts Modell der Lehrstücke. Zeugnisse, Diskussion, Erfahrungen*. Hg. Reiner Steinweg. Frankfurt a. M, 1976, S. 164.

19 Ebd., S. 171.

So geschah es. In den ersten Improvisations-Versuchen wirkt uns Baal fremd, seine Intentionen sind unklar. Zuschauend erkennt Lisa, dass es eine Verbindung gibt zwischen Baal und dem Dieb. Diesen Impuls nehmen wir ins Spiel auf. Die beiden halten jetzt intensiven Blickkontakt. In der zugespitzten Wiederholung entsteht so eine Art Mafia-Team, das sich gezielt und zugewandt asozial an Schutzlose richtet: routiniertes Abziehen, alles schon 100mal erprobt (vgl. Pulp Fiction - Szene Café Überfall). Allerdings spüre ich in der Rolle des Knaben noch eine andere Verbindung zum Baal. Eine liebevollere, fragende. Ich erlebe mich wie ein Kind, das die Mama bittet, das böse Kind zur Rede zu stellen, das mir mein Spielzeug weggenommen hat. In der Reflexion stoßen wir auf Erfahrungen im pädagogischen Alltag: unterprivilegierte, handlungsunfähige Kinder, die sich nicht selbst aus ihrer Not befreien können (meine Beine sind fest am Boden, ich komme nicht von der Stelle und kann mich auch nicht richtig ausdrücken.) Baals Erziehungsstil ist autoritär-kühl und unerbittlich: Er wendet sich ab und sagt im Subtext: „Wenn du dir nicht selbst helfen kannst, kann ich dir auch nicht helfen: Du gehört zu den Verlierern dieser Gesellschaft.“[20]

Die Studierenden versuchen nun, aus den Beziehungen der Figuren und den darin erkannten Verhaltensweisen aktuelle, gesellschaftlich virulente und ihnen bekannte Strukturen zu identifizieren und zu erörtern:

Wir gehen in die „Fehlerdiskussion“ (Reiner Steinweg)[21]*, also in die kritische Überprüfung der Haltungen und Verhaltensweisen, die im Spiel entstanden sind. Pädagogische Zugewandtheit, Hilfe oder moralische Unterstützung haben sich in der Szene nur als unzufriedenstellende Symptom-Bekämpfung und einverleibte bürgerliche Werte erwiesen: Sie verkleistern die Verhältnisse. Starker Tobak für angehende (Theater)Pädagog_innen, die es gut meinen und gut machen wollen. Was also tun? Wie kann ich trotzdem Fehler vermeiden? In der Enge des Textes entdecken wir uns selbst, unsere eigenen Haltungen und unsere individuellen historischen Erfahrungen: als Kind, als Schülerin und Schüler, als Lehrende.*[22]

---

20 Die kursiv gesetzten Abschnitte sind den Seminar-Mitschriften und Protokollen von Leonie Adam entnommen.

21 Zit. nach Florian Vaßen: *Lehrstückspiel nach Bertolt Brecht*. In: http://gesellschaftfuer-theaterpaedagogik.net/pages/lehrstueck.php

22 Adam, ebd.

Entdeckungen
Die Teilnahme am Leben des Stoffes selbst[23]

„In der Enge des Textes entdecken wir uns selbst“, notiert Leonie Adam. Was die Studierenden bewegt und in Bewegung setzt, ist der in der Groschenszene entdeckte Widerspruch und Zusammenhang von Sozietät und Asozialität, von „altruistischem Verantwortungsgefühl und egoistischem Glücksverlangen“[24]:

> *In den Haltungen des Knaben und des Baals entdecken wir u.a. die immer häufiger werdenden Situationen mit bettelnden Menschen an öffentlichen Plätzen. Dabei kommen wir unserer eigenen Asozialität des ‚Gebens‘ auf die Schliche. Den Menschen, die in der Regel keinen Bürger-Status haben, begegnen wir mit bürgerlichen Werten: „Wenn ich dir schon 2 € gebe, dann erwarte ich, dass du sie für etwas Gutes ausgibst – auf jeden Fall: kein Alkohol!“ – „Ich kaufe dir ein Brötchen.“*[25]

Eine weiterer Untersuchungs-Gegenstand ergab sich aus der Schluss-Replik Baals: „Der gewöhnliche Ausgang aller Appelle der Schwachen“[26]: Wenn es einen solchen Ausgang gibt – vorhersehbar, einplanbar und also beherrschbar – was sind dann die *Mechanismen der Schwachen*? Und wenn das Asoziale in „Zeiten entmenschter Menschlichkeit“ eine erziehliche Qualität entfaltet, wenn also die Verweigerung einer tröstlichen Zugewandtheit dem Knaben möglicherweise einen größeren, wenn auch schmerzlich errungenen Sinn und Nutzen erwirkt – ist Baal dann ein aufklärerischer Pädagoge? Was lehrt er Lupu / den Knaben / den Dieb – uns? Im Prozess der Sozialisierung und Verallgemeinerung dieser Fragen samt der zugrunde liegenden Spiel-Erfahrungen erhalten die Studierenden den Auftrag, einen eigenen Text nach Maßgabe der Lehrstück-Texte und der daraus abgeleiteten Parameter zur Textgestaltung[27] herzustellen.

---

23 Dies ist ein Diktum des russischen Schriftstellers Sergej Tretjakow, der darunter den „operativen Charakter“ seiner Arbeiten, also „ihre unmittelbare praktische Wirksamkeit“ verstand. In: S.T.: *Die Arbeit des Schriftstellers. Aufsätze, Reportagen, Portraits*. Hg. Heiner Boehnke. Reinbek bei Hamburg, 1972. S. 120 u. 196.

24 Vgl. Reiner Steinweg: Die (Wieder-)Entdeckung des Lehrstücks. Geschichte einer Reise. In: *Korrespondenzen. Zeitschrift für Theaterpädagogik* 10 (1994), H. 19/20/21, S. 6.

25 Leonie Adam, vgl. Fußnote 20.

26 Brecht: Der böse Baal der asoziale. In: GBA, Bd. 10.1, S. 675.

27 Jan Weisberg: Einfach, aber zugespitzt. Bericht von der Fachtagung „Szenisches Schreiben/Herstellen von (Lehrstück-)Spielvorlagen“. In: *Zeitschrift für Theaterpädagogik*. 26. Jg./Heft 57. S. 70ff.

Textualisierungen
Vom lebendigen Körper zur fixierten Sprache

Im Gespräch erinnern sich Peter und Klaus an eine Geschichte, in der sie die Widersprüchlichkeit des Helfens und Gebens wiederfinden. Sie erzählen sie der Gruppe. Alle Zuhörenden bekommen den Auftrag, sich Notizen zu den Dialogen, aber auch zum Sprechgestus und zu den mono-dramatischen Elementen des Vortrags zu machen.[28]

Die Geschichte:

Wir sitzen am Kanal, baden und picknicken. Es kommt ein Mann, der Plastikflaschen mit sich trägt, und fragt, ob wir ihn verstehen? Offenbar will er ein Ticket, ein Ticket nach Riga. Sein Deutsch ist kaum verständlich. Wir hören aufmerksam zu und versuchen herauszufinden, was los ist. Der Mann spricht über seine Kinder und fängt an zu weinen, nach innen gekehrt. Der Mann heißt Iwan. Er erzählt, dass er in Lettland keinen Job hat und nach Deutschland gekommen ist, um seine Kinder ernähren zu können. Eine Firma im Ruhrgebiet wies ihn ab. Er will zurück nach Riga und braucht ein Zugticket. Das Zugticket kostet 140 €. Er schreibt die Zahl auf einen Zettel. Der Akku seines Handys ist leer. Er hat kein Kabel. Wir laden ihn zu uns nach Hause ein, um zusammen zu essen und im Internet nach einem günstigen Ticket zu schauen. Der Mann versteckt seine Pfandflaschen im Gebüsch und geht mit. Auf dem Weg zeigt er uns stolz seinen Passport, der in Lettland ausgestellt ist, und seinen Mp3 Player. Es gibt Pilz-Risotto. Der Mann will duschen. Paul bietet ihm Kleidung an, die er nicht mehr braucht. Dann essen wir. Der Mann zeigt uns auf seinem Mp3-Player Tiervideos, die nicht lustig sind. Es läuft dreimal „Somewhere over the rainbow“. (Ist das wirklich sein Mp3- Player?) Wir finden eine Verbindung nach Riga: Von Münster nach Berlin sind es 20€, von Berlin nach Riga 40€. Wir sind bereit, die 60€ für ihn aufzubringen, ein Freund in Berlin wird den Mann in Empfang nehmen und den Bus-Transfer regeln. Sechs Stunden später. Der Mann spricht von seinen Kindern. Aber sie haben jetzt andere Namen. (Sind das wirklich seine Kinder?) Der Mann scheint verwirrt. Angeblich hat er schon eine Verbindung nach Riga. Jetzt will er das Geld haben. Wir wollen wirklich helfen, aber kein Geld geben. Peter fragt: „Was willst du? Willst du nach Riga oder nicht?“ Der Mann wird nervös. Wir trauen ihm nicht. Wir wissen nicht, wie er reagiert, wenn wir ihn bitten zu gehen. Wir bitten ihn zu gehen. Wir geben ihm unsre Pfandflaschen und 5€. Klaus schüttelt ihm die Hand und sagt: „Mach’s gut, Iwan.“ Peter sagt: „Sorry – ja, viel Glück.“ Wir fühlen uns schlecht. Peter vermisst sein Handy.

---

28 Leonie Adam, vgl. Fußnote 20.

Aufgrund der Hinweise von Reiner Steinweg versuchen die Studierenden, die „realen" Personen Peter, Klaus und Iwan „durch anonyme/unpersönliche Außenbeschreibungen", „Funktionen", „abstrakte Namen (Baal, Lupu)" oder „eine (nebensächliche) Eigenschaft"[29] zu benennen. Dabei wird ihnen bewusst, dass die Beschreibung von außen nach einem Untersuchungsgegenstand, „einer Art Plot-Fokus"[30] verlangt. Der aber hatte sich schon mit den Übungen zur „Straße in der Vorstadt" ergeben: Die merkwürdige Zugewandtheit Baals zum Knaben, das tröstende Streicheln, verbunden mit der vollkommen ungerührten Art, ihm, dem offenbar Wehrlosen, auch den letzten Groschen zu nehmen und diesen Diebstahl als angemessen zu deklarieren – dies alles konterkarierte auf eine herausfordernde Weise das „Gut-Menschentum" (Leonie) der Studierenden und provozierte eine engagierte, konfliktreiche Auseinandersetzung:

> *Hier Spenden sammeln und dort Deutschnachhilfe für Flüchtlingskinder. Doch aus welchen Motiven heraus tun wir das? Gehört das zum guten Ton? Ist es sexy zu helfen? Wir erkennen uns in Peter und Klaus wieder und finden heraus, was unsere Gemeinsamkeiten sind: Wir sind Studierende. Und diese Beschreibung enthält auch den Aspekt des ‚materiellen, sozialen und kulturellen Unterschieds' (Steinweg) zum Gegenüber des Iwan: der Bettler, der Fremde, der Hilfsbedürftige. Das Fremde wird zum ‚Uldris' – zunächst ein Scherz in der Gruppe, der sich aber festsetzt und in seinem befremdlichen Klang und seiner abstrakten Bezugslosigkeit als geeignet herausstellt.*[31]

Der Ort sollte möglichst alltagsfern sein, ein Ort mit Lebensbedingungen, die die existentielle Abhängigkeit des Fremden besonders deutlich macht. Die Studierenden assoziieren: „Unterschlupf/Berge/Busch/zwischen den Bergen/an einem Kanal" – hier übernehmen sie den Beginn der Ausgangsgeschichte.

Die Erzählweise der Körper als Textbaustein

Um zu einem Text zu gelangen, in dem nicht Alltagssprache die Erzählweise der Körper (als Bewegung, Geste, Konstellation im Raum) hintertreibt und entschärft, ergeht folgender Auftrag an die Spielenden, die in zwei Gruppen mit jeweils acht Mitgliedern aufgeteilt sind:

29 Sämtliche Zitate aus einem unveröffentlichten Arbeitspapier von Reiner Steinweg. der aus Anlass der Fachtagung „Szenisches Schreiben/Herstellen von (Lehrstück-)Spielvorlagen" im März 2010 einen „kompilierten Merkmalkatalog der Textsorte Lehrstück" vorgelegt hat.

30 Leonie Adam, vgl. Fußnote 20.

31 Ebd.

„Re-improvisiert die Szene,

1. indem ihr sie ohne Sprache mehrfach und in verschiedenen Rollen durchspielt;
zeigt dabei, wie im Stummfilm, was ihr sonst sagen würdet;
2. indem ihr als spect-actors den Spielfluss unterbrecht und den jeweils Spielenden Kernsätze, Gedanken, Subtexte einsagt („Stopp! Uldris sagt: … – Weiter!“) bzw.
3. indem ihr die Spielenden auffordert, auszusprechen, was sie denken oder sagen wollen („Stopp! Peter, was denkst du? … – Weiter!“);
4. indem ihr als ProtokollantInnen alle Äußerungen in Gestus und Sprache notiert.“

Bruchstücke aus Brecht-Texten als Spielmaterial

Im zweiten Durchgang wird der so entstandene Entwurf der anderen Spielgruppe überantwortet mit dem Auftrag, Chor- und Kommentartexte in den Text einzubauen und spielerisch zu erproben. Dazu habe ich während der ersten Arbeits-Phase Textbausteine aus dem *Badener Lehrstück vom Einverständnis*[32], den *Baal*-Fragmenten[33], den *Mahagonny*-Texten[34] sowie aus aktuellen Materialien rund um das Thema Geflüchtete und Hilfe zusammengestellt.[35] Wichtiges Auswahlkriterium war mir dabei die besondere Qualität der Brechtschen Chorpassagen, in denen der Gestus unpersönlicher Verbindlichkeit auf ein allgemein Gültiges zielt, *bevor* es als kollektive Norm überprüft, geschweige denn etabliert ist.[36] Im Mittelpunkt stehen nun die „*Untersuchungen, ob der Mensch dem Menschen hilft*“[37].

In den Improvisationen wird schnell deutlich: Wenn Uldris auftritt, ist der Inhalt seiner Bitte sehr irrelevant. Es geht um das Bitten und Bedürftig-Sein an sich, dem wir uns als Studierende dankbar stellen. Da kommt ein Uldris zu uns, dem wir helfen können und dürfen. „Wer dich braucht, der kennt dich. Wem du

32 Brecht: Das Badener Lehrstück vom Einverständnis. In: GBA, Bd. 3, S. 25-46.
33 Brecht: Der böse Baal der asoziale. In: GBA, Bd. 3, S. 675ff.
34 Brecht: Aufstieg und Fall der Stadt Mahagonny. In: GBA, Bd. 2. S. 391f.
35 U.a. Milo Rau: Flüchtlinge – Betroffenheit reicht nicht. In: *DIE ZEIT* Nr. 2/2016, 7. Januar 2016. Auch in: http://www.zeit.de/2016/02/fluechtlinge-hilfe-mitgefuehl-betroffenheit.
36 Vgl. Clemens-Carl Härle, S. 165ff. in dieser Publikation.
37 Brecht: Das Badener Lehrstück vom Einverständnis. In: GBA, Bd. 3. S. 29-30.

nützlich bist, der vergrößert dich." Die Zuschauenden identifizieren es am Blick der Spielenden: „Seht ihr mich beim Helfen?"- das Selfie auf Facebook: „Ich mit dem Flüchtlingskind! Wie viele Likes bekomme ich?" Auch hier weiß der Chor Bescheid: „Hilfe und Gewalt bilden ein Ganzes." Mit der Erkenntnis der Irrelevanz der Rede Uldris reduzieren wir seinen Sprechtext auf einen Satz, im Vordergrund stehen Gestus und Zeichensprache. Wesentlich erscheint uns die Reaktion der Studierenden in der Ursprungsgeschichte. Als klar wird, dass Uldris auf Geld aus ist, fühlen sie sich als Helfende missbraucht, sind moralisch entrüstet und schaffen ihn aus der Wohnung. „Solange Gewalt herrscht, kann Hilfe verweigert werden"– mit 5 Euro gegen das schlechte Gewissen und einer Plastiktüte voller Pfandflaschen, genau wie zu Beginn.[38]

Der Text als Halbfertig-Produkt
Versuche mit (variablen) Chor-Elementen

An einem toten Kanal vor der Stadt

Der Studierende	*liegt entspannt auf einer Decke.*
Der Chor	Hört her, die ihr's warm habt und trocken Die Meere überquerend ohne Not und in Sicheren Kajüten mit verspiegelten Fenstern, Mitleid im Herzen. Heut zeigen wir euch solche, die es geschafft haben Mit Glück und Gewalt an die Gestaden Griechenlands und Italiens Hinter sich lassend die Rechtlosen und Unsichtbaren, Ohne Namen, ohne Gesicht, ohne Geschichte.[39]

38 Leonie Adam, vgl. Fußnote 20; nicht-kursiv eingearbeitet die adaptierten Chor-Passagen aus Brechts Badener Lehrstück, S. 43.

39 Im schon zitierten ZEIT-Artikel von Milo Rau heißt es: „Entwickeln wir, nachdem wir uns der imperialen Innenpolitik gewidmet haben, einen wahrhaft globalen Realismus. Einen Realismus, der nicht nur die Menschen sichtbar macht, die es bis an die Gestade Griechenlands und Italiens geschafft haben. Sondern auch jene, die außerhalb des Fokus der europäischen Mitleidindustrie leben: jene Rechtlosen und Unsichtbaren, die, um ein schreckliches Wort von Hegel aufzunehmen, *keine Geschichte haben.*"

Der Uldris	*setzt sich in gehöriger Nähe auf den Boden und stellt eine leere Büchse vor sich hin. Er schluchzt.*
Der Chor	Wer sieht dich, wenn du leidest? Wer sieht sich, wenn du zugrunde gehst?[40] Indem wir dich anrufen, entstehst du. Indem wir dich verändern, gibt es dich. Wer dich braucht, der kennt dich. Wem du nützlich bist, der vergrößert dich.[41]
Der Studierende	*geht zu Uldris*: Hallo. Darf ich dir helfen? *Er streichelt ihn.*
Der Uldris	*schluchzt lauter*: Ich habe Hunger. *Er zeigt auf die leere Büchse.*
Der Studierende	Ich kaufe dir ein Sandwich. Da drüben. *Er zeigt auf einen Kiosk.*
Der Uldris	*hält ihn am Arm fest*: Ich habe Hunger. Er nimmt die Büchse hoch.
Der Studierende	Ich werde dir helfen! *Er macht sich los und kauft ein Sandwich.*
Der Chor	Wir wollen, dass es dir gut geht, denn Alle Menschen sind gleich. Wir sammeln das Gute, denn Was wir geben, kommt wieder zurück.
Der Studierende	Hier! *Er überreicht dem Uldris das Sandwich.*
Der Uldris	*schlägt ihm das Sandwich aus der Hand. Er zeigt auf die Büchse:* Ich habe Hunger!
Der rechte Chor	Können einem toten Mann nicht helfen. Punkt. Können ihm zureden. Punkt. Können ihn mitnehmen. Punkt.

40 Aus Milo Raus Inszenierung: *Mitleid. Die Geschichte des Maschinengewehrs*. Zitiert in: http://www.tagesspiegel.de/kultur/milo-rau-an-der-berliner-schaubuehne-gute-menschen-gibt-es-nicht/12842558.html

41 Adaption des *gelernten Chors* Brecht: Das Badener Lehrstück. In: GBA, Bd. 3 S. 43.

	Können ihm Geld in die Hand drücken. Punkt. Können ihm ein Loch graben. Punkt.[42]
(alternativ:)	Was da liegt ohne Amt Ist es nichts Menschliches mehr. Stirb jetzt, du Keinmenschmehr![43]
Der linke Chor	Um Hilfe zu verweigern, ist Gewalt nötig. Um Hilfe zu erlangen, ist auch Gewalt nötig. Hilfe und Gewalt geben ein Ganzes. Und das Ganze muss verändert werden.
(alternativ:)	Ändernd die Welt, verändert euch! Gebt euch auf!

Als kollektiven und kritisch auf sich selbst bezogenen Kern der verschiedenen Spielversuche und Textentwürfe, von denen hier nur einer exemplarisch dokumentiert ist, erkannten die Studierenden die „aktivistische Geste", die Milo Rau in einem ZEIT-Artikel „als Teil des kollektiven westeuropäischen Geltungskonsums" identifiziert hat und die Bestandteil dessen sei, was Rau „zynischen Humanismus" oder die „moralische Innenpolitik Europas" nennt: „'Ich habe mich noch nie so gut gefühlt wie jetzt', war die Losung aller freiwilligen Helfer, die ich bei den Recherchen zu meinem neuen Theaterstück Mitleid auf Kos, auf Lesbos, an der mazedonischen Grenze, auf der Balkanroute und schließlich in Zentralafrika traf. Humanität als narzisstisches Konsumgut und Biografie-Bonus."[44]

> *Unser Drang zur Geltung befriedigt sich z.B. im Lob der Rolle als Helfende über die Likes auf Facebook. Das ist aber ein Wert des Systems und beschreibt keine subversive Haltung. Milo Raus ‚aktivistische Geste' wurde von uns bereits einverleibt, sie ist in der bürgerlichen Mitte angekommen. Ein Lebenslauf ohne Engagement kannst du in die Tonne treten. Deshalb treiben wir das Verhältnis Helfende- und Hilfsbedürftige weiter, anstatt es aufzulösen.*[45]

42 Adaptiert aus: Bertolt Brecht: Aufstieg und Fall der Stadt Mahagonny. In: GBA, Bd. 2, S. 323ff.

43 Adaption des *gelernten Chors* aus Brechts *Badener Lehrstück vom Einverständnis*. In: GBA, Bd. 3, S. 43.

44 Milo Rau, Mitleid.

45 Leonie Adam, vgl. Fußnote 20.

Vor diesem Hintergrund erschloss sich die Asozialität der Figur des Baal als Korrektiv vorschneller Genugtuung und möglicherweise sogar als notwendige Verweigerungshaltung vor dem Zynismus, welcher die Geste des Helfens in Zeiten „(v)erordneter Unordnung, planmäßiger Willkür / entmenschter Menschheit“[46] korrumpiert. Die kollektive, spielerische Auseinandersetzung mit den Zumutungen der Brechtschen Texte führte zu einer Art leibhaftigen Diskurs, der mit jedem Wort die Tragweite der Haltungen und mit jeder Haltung die Bedeutung der Worte auf die Probe stellte: Lernen im Akt des Spielens.
Darin eingebettet war die Arbeit an den eigenen Texten, das Durchmischen der Vorgaben Brechts mit eigenem Material – mitnichten im Sinne einer Konkurrenzanstrengung zu dessen literarischem Vermögen, sondern als Versuche, das probende Ineinander von Handeln, Betrachten und Anders-Handeln auf einen dem Spielprozess und dem Spielvermögen angemessenen Begriff zu bringen. Das erwies sich für alle Beteiligten als eine neben und mit den Spielvorgängen brauchbare Weise der Selbstverständigung – eine gleichermaßen aisthetische (also wahrnehmende) und poietische (also herstellende) Schreibarbeit, in die sich allerlei Textfragmente (in der Regel Chor- und Kommentar-Texte) Brechts, mal störrisch, mal geschmeidig integrieren ließen.[47] Nicht zuletzt ermöglichte sie, die Ansätze eines theoretischen Durchdringens dessen, was sich im Spiele zeigte, in eine sprachliche Form zu gießen – vorläufig, unvollständig, aber doch: lesbar, darstellbar, einprägsam und, mit jedem neuen Anlauf, gezielt änderbar.

Das Wissen der Körper als Gedächtnis des Sozialen

Wenn man so will, eigneten sich die Studierenden ihre Verhaltensroutinen, ihr *atheoretisches,* inkorporiertes Wissen[48] über den leibhaft-habituellen und szenisch-mimetischen Nachvollzug der Lehrstück-Texte an. Im Blickkontakt zwischen Baal und dem Dieb oder im liebevoll-fragenden Gestreichelt-Werden des Knaben durch Baal ereignete sich beim Spielen jene „ahnungsvolle Gewissheit des Spürens“, die Gerd Selle dem Ästhetischen unterstellt[49] und die zu begrifflicher Auseinandersetzung nötigt. Die besondere Struktur der Texte radikalisierte diesen Prozess insofern, als sie die existentielle Dimension der ausgestellten Situationen und Dialoge durch

46 Bertolt Brecht: Die Ausnahme und die Regel. S. 237.

47 Ich habe bereits in meiner Dissertation: *Material und Methode. Zur Theorie und Praxis des Brechtschen Lehrstücks* darauf hingewiesen, das „Materialgewinnung /ein/ Bestandteil der Methode“ sei, einschließlich der Versuche zu „neuer Musterproduktion“ sowie deren Erprobung in sozio-kulturellen Kontexten (Münster, 1984, S. 436ff.).

48 Vgl. Karl Mannheim: *Wissenssoziologie*. Neuwied, 1964, S. 91-154.

49 Gerd Selle: *Über das gestörte Verhältnis der Kunstpädagogik zur aktuellen Kunst.* Hannover, 1990.

ernüchternde Kommentare, verallgemeinernde Lehrsätze und generalisierte Verhaltensoptionen konterkariert. Indem beides über das Spiel in Leib und Stimme und damit in die Haltungen der Spielenden fährt, wächst dem Körper eine Bedeutung als „Gedächtnis des Sozialen"[50] zu. Die qualitative Sozialforschung spricht hier von einem *konjunktiven Wissen,* das uns geistig-seelisch-körperlich als Individuen durchdringt, zugleich aber über uns als Einzelne hinausragt und sich erst im Miteinander vervollständigt.[51] Präziser kann man kaum beschreiben, was in dieser Lehrstück-Woche stattfand. Das Spielen und Wi(e)derspielen, das Diskutieren und Verwerfen, das Schreiben und Ringen um Form, der achtsame Einsatz des Körpers als Speicher sozialen Wissens – das alles erscheint mir wie eine Transformation jenes Gedächtnisses in die bewusste, erfahrungsbezogene und so zugleich vergesellschaftende Auseinandersetzung. In diesem Zusammenhang gilt es meines Erachtens, eine weitere Spur zu verfolgen, eine Spur, die in dieser Woche angelegt, aber lang noch nicht experimentierend erschlossen und begrifflich erfasst werden konnte: das *Lehrstück als Format performativer Prozesse*, und zwar sowohl im Sinne einer Forschung, die Wissen und Erkenntnisse unmittelbar aus den Weisen des Handelns erschließt und damit die Praxis selbst schon *vor* ihrer nachgelagerten Deutung zum Skript erklärt; als auch im Sinne einer ästhetischen Praxis, die sich der Kunst-Griffe enträt und stattdessen die Vorstellungen, die wir uns von unsrer Wirklichkeit und Geschichte gemacht haben, ebenso unmittelbar zu Darstellungen werden lässt.Die Kunst am Performativen ist – hier wie dort! –, dass sie ein Werden vor Augen führt und die Spielenden wie die Zuschauenden in dieses Werden hineinzieht und so einen Raum öffnet – Hanne Seitz spricht von „*Räumen im Dazwischen*": „Aisthesis und Poiesis fallen hier nicht mehr auseinander: Der Zuschauer, Betrachter, Rezipient, Zeuge: Endlich ist *er* oder *sie* im Bild – gefragt vor dem Hintergrund der eigenen Erfahrung und Fähigkeit."[52] Auf diese Weise sei, so Seitz, „das Vollendete in das Fragment, die Form in die Bewegung überführt" und „der Körper – der erzeugende und bezeugende – in das Geschehen zurückgeholt."[53]

50 Christoph Wulf u.a.: *Das Soziale als Ritual. Zur performativen Bildung von Gemeinschaften*. Opladen, 2001. S. 343.

51 Vgl. Aglaja Przyborski u.a. *Qualitative Sozialforschung: Ein Arbeitsbuch*. München 4/2014.

52 Hanne Seitz: Doppelgänger oder Warum Authentizität eigentlich unmöglich ist. In: *Korrespondenzen. Zeitschrift für Theaterpädagogik* 15 (1994), H. 34, S. 64.

53 Ebd.

Das Lehrstück als performativ-ästhetische Forschung

Springen wir, ermutigt von den Resonanzen dieser Formulierungen, zurück in die Lehrstück-Woche. Wir befinden uns im Parcours an der Stelle, wo nach den vielfältigen Formen des Textknetens und Gegen-den-Strich-Spielens, nach Übungen zum gestischen Sprechen (mit Text in der Hand) und zeigendem Spielen nun erstmals eine komplette Szene in Angriff genommen werden soll. Textgrundlage nun: *Die Ausnahme und die Regel*, darin die Szene, in der der Kaufmann den Kuli nach den Wasserlöchern fragt[54]:

DER KAUFMANN:	Wohin läufst du eigentlich? Das ist doch jetzt nach Norden. Osten ist dort. *Der Kuli geht in dieser Richtung weiter.* Halt! Was fällt dir denn ein? *Der Kuli bleibt stehen, schaut aber den Herrn nicht an.* Warum siehst du mir denn nicht in die Augen?
DER KULI:	Ich dachte, dort sei Osten.
DER KAUFMANN:	Du wart einmal, Bursche! Dir werde ich schon zeigen, wie man mich führt. *Er schlägt ihn.* Weißt du jetzt, wo Osten ist?
DER KULI brüllt:	Nicht auf den Arm.
DER KAUFMANN:	Wo ist Osten?
DER KULI:	Dort.
DER KAUFMANN:	Und wo sind die Wasserlöcher?
DER KULI:	Dort.
DER KAUFMANN rasend:	Dort? Aber du gingst dorthin!
DER KULI:	Nein, Herr.
DER KAUFMANN:	So, du gingst nicht dorthin? Gingst du dort hin? *Er schlägt ihn.*
DER KULI:	Ja, Herr.

54 Brecht: Die Ausnahme und die Regel. In: GBA, Bd. 3, S. 671ff.

DER KAUFMANN:	Wo sind die Wasserlöcher? *Der Kuli schweigt. Der Kaufmann, scheinbar ruhig:* Du sagtest doch eben, du weißt, wo die Wasserlöcher sind? Weißt du es? *Der Kuli schweigt. Der Kaufmann schlägt ihn:* Weißt du es?
DER KULI:	Ja.
DER KAUFMANN	Weißt du es? *Er schlägt ihn.*
DER KULI:	Nein.
DER KAUFMANN:	Gib deine Wasserflasche her. *Der Kuli gibt sie ihm.* Ich könnte mich jetzt auf den Standpunkt stellen, daß das ganze Wasser mir gehört, denn du hast mich falsch ge führt. Aber ich tue es nicht: ich teile das Wasser mir dir. Nimm deinen Schluck, dann weiter. *Sie gehen weiter.*

In der „klassischen" Abfolge einer Lehrstück-Erarbeitung soll es nun um die sogenannten *„unabgesprochenen Versionen*" gehen.[55] Diese Phase ist eine gleichsam methodisch verordnete, performative Variante des Umgangs mit dem Text, in der jede Absprache über das szenische Geschehen, jede Intentionalität in Hinblick auf Spiel- oder Gestaltungsweisen verhindert wird. Angestrebt ist eine von den je individuellen Vorstellungen über Situation und Figur angetriebene Improvisation des Textes, und damit eine „Verfassung, aus der die Signale, die signalisierenden Gesten auftauchen"[56] können.

Wenn jemand eine Idee zu einer der beiden Figuren hat, begibt er oder sie sich in den Spielraum: „Ich spiele den Kaufmann." Jemand anderes tritt hinzu: „Ich spiele den Kuli."Beide beginnen nun, sich im Raum zu positionieren. Sie tarieren Nähe und Ferne aus, je nach eigener Vorstellung von Figur und Situation. Schon an dieser Stelle beginnt der performative Akt: Die Bewegungen, das In-Stellung-Gehen, das Sich-Hin- oder Abwenden zeichnet eine erste Skizze der Szene – ohne jede Absprache, gefügt allein durch die Innen- und Außenwahrnehmungen der Akteure, deren Vorstellungen sich dabei unmittelbar in Darstellung materialisieren und

55 Vgl. Reiner Steinweg: *Lehrstück und episches Theater. Brechts Theorie und die theaterpädagogische Praxis*. Frankfurt a.M. 2. Aufl., 2005, S. 23-31.

56 Walter Benjamin: Programm eines proletarischen Kindertheaters, S. 767.

verändern: ein *lebendes Soziogramm*, dass sich über die leiblichen Vorgänge konstituiert und erschließt.[57] In den Varianten der Studierenden fällt der Kaufmann eher hilflos aus und trotz seines höheren Status abhängig vom Wohl und Wehe des Kulis, der über sein besseres Wissen aufrecht und ungebrochen die Situation übersteht. Die Assoziationen reichen über den Dienstleister, von dessen Kompetenzen der Auftraggeber abhängt, sobald der Vertrag abgeschlossen ist, bis hin zur Prostituierten, mit der und ohne die eine sexuelle Erfüllung nicht zu haben ist – die Wasserflasche als ihr Körper, der ohne jede Emotionalität gereicht wird.
Beim Betrachten der Szenen drängte sich Klaus, einem älteren Semester, eine ganz andere Vorstellung vom Kaufmann auf – er sah einen Mann, der die Koordinaten der ‚Wüste' genau kennt und ein Vergnügen daran findet, dieses Wissen als Machtmittel einzusetzen. Also bat er um eine weitere Variante, in der er das zeigen will. Tanja bot sich als Kuli an, und das Spiel beginnt: Klaus geht mitten auf die Spielfläche, nun Kaufmann; Tanja stellt sich in einigen Abstand, von ihm abgewandt, nun Kuli.

> Der Kaufmann tritt auf den Kuli zu, mit einladendem Lächeln. Der wendet sich ihm zu, hält seinem Blick stand, verzieht aber keine Miene. Der Kaufmann nimmt einen Stuhl mit Lehne, setzt sich zum Kuli, den Raum zwischen ihnen deutlich verkleinernd. Der Kaufmann streckt die Beine aus und betrachte den Kuli wohlgefällig von oben bis unten. Dann, mit sanft-belehrendem Ton: „Wohin läufst du eigentlich? Das ist doch jetzt nach Norden. Osten ist dort." Der Kuli zeigt sich unbeeindruckt und wendet sich von ihm ab in die Richtung, in die der Kaufmann zeigt. Der steht sofort auf, jetzt ganz nah am Kuli, sein Atem in dessen Nacken, und sagt ganz sanft, ganz leise: „Halt! Was fällt dir denn ein?" Er fasst das Kinn des Kulis und dreht dessen Kopf zu sich. Dann, mit erziehlich-tadelndem Tonfall: „Warum siehst du mir denn nicht in die Augen?" Usw.

Es bedarf keiner großen Vorstellungskraft, um das Ekelhafte, ganz und gar Übergriffige dieser Situation nachvollziehen zu können. Von den Zuschauenden wird sie in ihrem physisch-sinnfälligen Zynismus mehrfach als Ausdruck eines pädagogisch legitimierten Machtmissbrauchs identifiziert, in dem zugleich ein gewalttätiges Verhältnis zwischen den Geschlechtern aufscheint (der Kuli wird in unserem Beispiel ja von einer Frau gespielt!).

57 Es ist nur ein kleiner Schritt hin zur Performance, wie sie Andrzej Wirth vorstellt: „1994 habe ich […] mit der Choreographin Emma Lew Thomas von der UCLA eine aus dem *Fatzer*-Material gewonnene Studenten-Performance arrangiert. Untersucht wurden die Möglichkeiten der choreographierten Bewegung für eine nach innen (intrinsic) orientierte Kommunikation. *Die Voraussetzung war, daß die Bewegung der Sprache vorangeht* (Hervorhebung B.R)." In: Andrzej Wirth: Lehrstück als Performance. In: *Maßnehmen. Bertolt Brecht / Hanns Eislers Lehrstück Die Maßnahme. Kontroverse Perspektive Praxis*. Hg. Inge Gellert / Gerd Koch / Florian Vaßen. Berlin, 1998 (= Theater der Zeit. Recherchen 1), S. 213.

Für Klaus konkretisierte sich die Rolle des Kaufmanns in dem Moment, als Tanja sich unbeeindruckt von ihm abwendet: „Sie schaut in die Richtung, die ich ihr zeige, zugleich aber entkommt sie mir so, meinem Blick.“ Als Kaufmann reagiert Klaus sofort, sein Subtext: „So nicht, mein Kind!“ In ihm bricht eine Haltung durch, wie er sie „aus dem Internat kennt: ein elitär-humanistischer, autoritärer Kurs auf der einen, und ein privates Sich-Bedienen bei den zumeist männlichen Schülern auf der anderen Seite. „Ich wurde unversehens zum Schulleiter, dessen Berührungen Teil des Unterrichts und Teil der Internierung waren.“ Klaus erlebte die „Lust an dieser Macht“, mit der er nach Laune alles mit allem verschmelzen konnte. Zugleich spürte er die Ungeheuerlichkeit seines Griffs ins Gesicht der Kommilitonin. Als Kuli ließ Tanja diesen Übergriff zu, und ihr Eigensinn war ungebrochen spürbar auch, als der Kaufmann die Wasserflasche von ihr fordert – ein Moment, vor dem sich Klaus fürchtete, „da ich vorhatte, darin die vollkommene Selbstaufgabe zu erzwingen. Tanja aber gab mir die Flasche mit einem klaren, wissenden Blick. Dieser Kuli war ich, mein rehabilitiertes Ich - von heute aus gesehen. Dieser ganze Schluss-Sermon als Kaufmann geriet nun zu einer Art Rückzugsgefecht, nichts war mehr da von der Macht des Anfangs.“ Die ganze Erbärmlichkeit des Schulleiters sprach aus der (Sprech-)Haltung, die Klaus angesichts der Eigensinnigkeit des Kulis einnahm, dem es – so möchte man einfügen – offensichtlich gelang, in der *kleinsten Größe den Sturm zu überwinden* (Brecht).[58] Als Klaus sich nach dem Spiel entschuldigend an Tanja wendet, entgegnet sie: „Es hat mir nichts ausgemacht. Auch als du mich angefasst hast, ließ mich das kalt. Ich hab´s einfach hingenommen. Der Kaufmann konnte mich nicht berühren“. Klaus erkannte in dieser Haltung seine eigene wieder, die er damals ‚wohl aus Not‘ einnahm, ohne dass sie ihm im eigentlichen Sinne zur Verfügung stand. Deren Energie konnte er jetzt, im Wechsel der Perspektiven, spüren, und sie stand im Widerspruch zu der schambesetzten Selbstabwertung ‚von damals‘: In der Niederlage seiner Rolle als Kaufmann artikulierte sich für ihn der Riss im System, durch den er den Übergriff am Ende wahrscheinlich überstand.

Das Lehrstück zwischen performativer Entgrenzung und „strenger Form“ (Brecht)

> Die form der lehrstücke ist streng, jedoch nur, damit teile eigener erfindung und aktueller art desto leichter eingefügt werden können. (Text Nr. 145) Jedoch zeigt gerade die rationellste Form, das *Lehrstück*, die emotionellsten Wirkungen. (Text Nr. 149)[59]

58 Vgl. Brecht: Das Badener Lehrstück. In: GBA, Bd. 3, S. 29ff.

59 Die Nummern der zitierten Texte von Brecht zum Lehrstück beziehen sich auf Reiner Steinwegs kritische Ausgabe *Brechts Modell der Lehrstücke*.

Auch wenn sie eng am szenischen Befund orientiert sind, mögen subjektive Artikulationen über das im Spiel Erfahrene oder Erkannte stark nach Allzu-Persönlichem klingen, nach dem, was viele für „zu privat" oder – in der Öffentlichkeit der Gruppe – für „therapeutisch" halten und vor dem sie sich (und unsere Profession) gerade durch die Etablierung von Rollenfiguren schützen wollen. Der performative Prozess desavouiert diese Art der Sondierung von Handlungen und Haltung, so wie er Konzepte von Persönlichkeit, Authentizität und Originalität hintertreibt. In ihm radikalisiert sich jenes von Richard Schechner der Rolle attestierte *„Nicht-Ich und doch Nicht-Nicht-Ich"* als ein „Weg zur Ent-Deckung": Der „Performer /.../ räumt Widerstände aus dem Weg und schafft Blockaden beiseite, die ihn daran hindern, vollständig dem zu folgen, was als Impuls aus seinem Inneren auf die Handlungen einer Rolle reagiert."[60] Der Griff von Klaus als Kaufmann an Kinn und Gesicht des Kulis, den Tanja spielt, verdankt sich dieser Impulsivität. Im Kontext der Annäherung an die Figur ist sein Gestus Ausdruck jenes Momentes, welches das „Hineinstürzen" in die „Wahrheit der Figur im subjektiven Sinne"[61] markiert - eher eine „Bewegung zur Sichtbarkeit als ein konkret Sichtbarwerdendes. Nichts Sagbares oder Brauchbares, sondern ein liminales /.../ Geschehen, das auf der Schwelle zur sichtbaren Welt steht."[62] Die Konsequenzen daraus sind – insbesondere aus theaterpädagogischer Perspektive! – nicht unerheblich. Denn vor allem Zu-Zeigenden ist dem Sich-Zeigenden ein vielfältig gebrochener, aber doch stets *existentieller Bodensatz* eigen, an dem das performative Geschehen rührt, wenn es seine Formsprache und seine Inhalte *im und aus dem Vollzug von Handlungen* generiert. Selbstverständlich ist auch für diesen Vorgang die Anwesenheit von Zuschauenden unabdingbar, nicht aber in Hinblick auf die Erzeugung eines Schauwerts, sondern im Sinne der Herstellung einer *zeugenschaftlichen Präsenz*.

Die klassischen Positionierungen sind darin aufgehoben. Denn was im performativen Tun Ereignis wird, ist ohne die Artikulation des darin Wahrzunehmenden und, damit eng verbunden: ohne Parteilichkeit vor den sich zeigenden Phänomenen nicht zu heben.

60 Richard Schechner: Environmental Theatre. In: *Seelen mit Methode. Schauspieltheorien vom Barock bis zum postdramatischen Theater*. Hg. Jens Roselt. Berlin, 2005, S. 330.

61 Bertolt Brecht: Stanislawski-Studien (3). In: GBA, Bd. 23, S. 228..

62 Seitz: Doppelgänger.

Kleiner Exkurs: Performance als zeugenschaftliche Präsenz und Parteilichkeit

Als ein eindrucksvolles Beispiel kann die u.a. in Warschau realisierte szenische Lesung des Theaterstücks *Gólgota Picnic* des spanisch-argentinischen Regisseurs Rodrigo García gelten. Fundamentalistische und rechte Gruppen hatten ebenso zu Protesten gegen das Stück aufgerufen wie der Posener Erzbischof Stanislaw Gadecki, der religiöse Gefühle verletzt sah. Das Stück, das 2012 auch im Hamburger Thalia-Theater unter Protesten zur Aufführung gebracht worden war, wurde schließlich in Posen vom Spielplan genommen. „This cancellation created a wave of spontaneous anti-protests and readings of Garcia's play organized all over Poland."[63]

63 In: http://europeanstages.org/2015/06/25/performing-protestprotesting-performance-golgota-picnic-in-warsaw/

Reading of the screenplay, Golgota Picnic, by Rodrigo Garcia, organized by the Studio Theatre with actors from TR Warszawa and Tomasz Karolak in Warsaw, Pałac Kultury, Summer 2014. Photos by Chris Rzonca.

Unter der Überschrift "Performing Protest / Protesting Performance" berichtet Chris Rzonca über eine Lesung des Stückes am Warschauer Plac Defilad am 27. Juni 2014:

> It was a powerful statement against censorship. /.../ Although both the audience and the protestors were bent on cancelling each other out, they actually caused each other's participation in the *camaraderie of performance*. After all, it was the banning of the play in Poznań that led to the reading in Warsaw (as a protest against the banning and censorship) that led to the right-wing protest (counter protest) and ensured a large audience eager to demonstrate their support for open dialogue and contempt for censorship. All three performances were connected in a causal loop. The most important ´performance` in my mind however, was that of the audience. These people were /.../ actually *performing* tolerance. As in a classic Brechtian *Lehrstück*, this group of open-minded, freedom and art-loving people, young and old, rich and poor, Catholic and atheist and everything in between, made a quiet and powerful statement by their presence and behavior.[64]

Hier werden die Zuschauenden – als Demonstranten *und* als Gegen-Demonstranten – zu (Ko)-Produzenten des Ereignisses, sie liefern gleichsam die Energie für den öffentlichen Ausdruck der Rezitierenden. Verbunden sind sie in ihrer „Aufmerksamkeit auf /die/ Situation, in der etwas geschieht", und darin aktiver Teil eines Gesche-

64 Ebd.

hens, „das niemals vollständig kontrolliert werden kann. Nicht um das, was hervorgebracht wird, geht es, sondern um die Effekte, die dieses Tun zeitigt.“[65] Brecht würde das wohl ein *soziologisches Experiment* genannt haben.

Ob im öffentlichen Rahmen einer performativen Demonstration oder im internen einer experimentellen Selbstverständigung – immer treten an die Stelle exakter dramaturgischer Planung und ästhetisch-formaler Gesetzgebung kontingente Phänomene der *Ver*formung: unverstellter Eindruck der Verhältnisse in den Leibern und Haltungen der Beteiligten und *Vorbegriff einer gesellschaftlichen Zuständigkeit*, der wir uns stellen und mit der wir uns auseinandersetzen können.

> Unzweifelhaft, bringen performative Einspielungen das Wahrnehmungs- und Deutungsvermögen des Menschen nicht nur in Bewegung, sondern stellen dieses regelrecht auf den Kopf. […] Da liegt er und: Er sieht sich liegen. Er ist Akteur und Zuschauer, Erzeuger und Zeuge in einem – die beiden Stellungen sind eine und kommen doch niemals zur Deckung. […] Er beginnt die oszillierende Bewegung ins Spiel zu bringen, handelt mit der Differenz, will *wieder*holen und kommt nicht umhin, ein anderes der gerade gefundenen Wirklichkeit einzuspielen und so Variation und Wandel zu provozieren.[66]

Existentielle Turbulenzen

Das Lehrstück als „*Performance generierendes Material*“[67]

Das Lehrstück, so wie es in den verschiedenen Texten als stoffliche Grundlage und den praktischen Anstrengungen zu seiner Realisierung vorliegt, macht darauf stets die Probe, mehr noch: die performativen Entgrenzungen und Verformungen sind die *conditio sine qua non* für dessen Evokationen: Als Kaufmann erkenne ich den Kuli und im Kuli mich als den Anderen, von dem ich bislang wenig wusste.
Jenseits der Restriktivität der uns geläufigen Vorstellungen von unsrer Vergangenheit und unserem Selbst, jenseits also der *Geschichte, die wir für unser Leben halten* (Max Frisch), befinden wir uns unversehens in einer sinnlich-leiblichen, motorisch-visuellen Dynamik, die die eigenen, in Bildern und Begriffen abgelegten Erfahrungen durcheinander bringt und eine veränderte Wahrnehmung, einen fremden Blick auf das aus mir und aus meiner Wirklichkeit Gewordene eröffnete. Wenn man so

65 Annemarie Matzke: *Just Do It! Performativität, Material, Prozess*. Input II der Winterakademie an der Parkaue, 17. April 2010. In: http://www.parkaue.de/media/file/projekte/theaterpaedagogik/Dokumentation _Konferenz_Kunstvermittlung.pdf.

66 Seitz: Doppelgänger.

67 Wirth: Lehrstück als Performance.

will, geraten die performenden Protagonisten in einen Zustand *vor* der Engführung ihrer Selbstreflexionen durch Begriffe, Begründungen und systematische Bezüge – ein eher schwebender Zustand des Handelns und Betrachtens, in dem ein neues Bild von Wirklichkeit aufbricht und die Koordinatensysteme der Deutung perturbiert. Die Besonderheit des Lehrstücks besteht nun darin, dass es für diese Art der sinnlichen Wahrnehmung und performativen Recherche einen streng gefügten Rahmen bietet. Dieser Rahmen konstituiert sich

a) aus der Bauform der Texte selbst, in deren physisch-theatralen Impulse stets auch Denkweisen, ideologische Muster, Theorie-Partikel eingewebt sind – als Chor, als Kommentar, als uneigentliche Redeweise (*Der gewöhnliche Ausgang aller Appelle der Schwachen.*) – und die so, als Besonderheit des „gestischen Prinzips", zugleich eine ästhetisch *und* eine erkenntnistheoretische Valenz entfalten[68];

b) aus den Vorschlägen Brechts zur Spielweise, in der Einfühlung *und* episierende Verfremdung wesentliche Bestandteile sind. Hans-Martin Ritter hat den Kern dieser Arbeitsweise, Brecht zitierend, zu einem Drei-Schritte-Modell zusammengefasst: „Nach einer ersten Phase des Suchens, des Kopfschüttelns, der Irritation kommt die Phase *der Einfühlung, der Suche nach der Wahrheit der Figur im subjektiven Sinn [...], bis du in die endliche Figur hineinstürzt und dich mit ihr vereinigst*. Und nach der dritten Phase, *wo du die Figur, die du nun ‚bist', von außen, von der Gesellschaft aus, zu sehen versuchst*, in Erinnerung an das Misstrauen und die Verwunderung der ersten Phase, *lieferst du die Figur ab an die Gesellschaft.*[69] Einfühlung und epische Spielweise erscheinen hier fast harmonisiert und als Schritte in einem Prozess aufeinander bezogen."[70]

Deutlich wurde in den Prozessen unserer performativen Anverwandlungen und Widersetzungen, dass eine theaterpädagogische Auseinandersetzung mit den Lehrstücken eine *Theoriearbeit als Spiel* generiert, d.h. der theatralen Praxis selbst wuchs theoretische Qualität zu. Darüber hinaus *nötigte*[71] das Wechselspiel von Tun und Be-

68 Martin Ritter: *Das gestische Prinzip*, S. 18.

69 Brecht: Stanislawski-Studien. S. 228.

70 Hans Martin Ritter: Das Lehrstück als Impuls: Brecht auf! Kleine Re-Lektüre der Lehrstück-Theorie. In: *Zeitschrift für Theaterpädagogik. Korrespondenzen* 26 (2010), H. 57, S. 63-69.

71 Vgl. Theodor W. Adorno: „Jenes nicht der Fall Seiende an der Kunst zu denken, ist die Nötigung zur Ästhetik" (als der deutenden Annäherung an das in der künstlerischen Form zum Ausdruck Drängende. Anm. d. Verf.). In: Theodor W. Adorno: Ästhetische Theorie. In: Th.W.A.: *Gesammelte Schriften*, Bd. 7. Frankfurt a. M., 1970, S. 499.

trachten zu einer Re-Formulierung der Erfahrungen, von denen das Spielen seinen Ausgang nahm – und zwar sowohl auf der theatralen Ebene der in den Handlungen sich artikulierenden äußeren und inneren Phänomene als auch auf der Ebene der lebensgeschichtlichen, und – in einem weiten Sinne – politischen Verortungen, die darin aufgehoben sind und die in ihren verschiedenen Farben erst zu leuchten beginnen, wenn sie, wie das Weiß des Lichts, gebrochen werden.„Als Performance generierendes Material, das die existentielle Motivierung junger Leute frei im Rahmen einer strengen transmedialen Spielstruktur artikulieren lässt, sind die Lehrstücke kaum überholt.“[72] Diese Struktur vereine „das Singen, den Sprechgesang, zitierte Dialoge, Musizieren und choreographierte Bewegung“ und generiere so „Werke der ästhetischen und ideologischen (in dieser Reihenfolge!) Dissidenz“.[73] Und doch ist der Begriff „Performance“ (wie auch der opponierende „Werk“-Begriff) im Lehrstück-Kontext mit Vorsicht zu genießen. Aufgrund der absichtsvollen Auflösung von vorab fixierten Formen, Spiel- und Redeweisen, von Rollen-Biografien und traditionellen Genre-Bezügen sowie der damit einhergehenden Prädominanz des Kontingenten haftet der Apostrophierung eines theatralen Vorgangs als *Performance* stets auch ein Beliebiges an, das sich im Vollzug der Entäußerungen der Beteiligten nun einmal so oder so ereignet. Auf die traditionelle Bühne gestellt, läuft ihr Ephemeres, ihr werk*los* Unverfügbares Gefahr, zu einer Zumutung des Bedeutungsvollen zu degenerieren, welche die Zuschauenden dazu verdammt, in den Eruptionen der Protagonisten einen tieferen Sinn zu entdecken oder achselzuckend nach Hause zu gehen. Der Schauraum des Theaters ist eben nicht schon gleich jener Raum für den „*dramatischen Diskurs*“[74], ohne den das Lehrstück nicht auskommt.Sicherlich – es gab viele eindrucksvolle Choreografien, Haltungen, gestische Zuspitzungen während der Woche, und alle umkreisten sie einen performativ-ästhetischer Kern. Versehen mit dem schützenden ‚Performance‘-Etikett und garniert mit den Brechtschen Chören und Kommentaren, hätte daraus durchaus einiger Schauwert gewonnen werden können (und insbesondere während der Text-Arbeit war die Disposition zu einem darstellerischen Nach-außen-Treten durchaus spürbar). Wie aber das, was uns die Körper und Sinne in Auseinandersetzung mit den Lehrstück-Partituren bescherten, über den Diskurs innerhalb der Gruppe hinaus verantwortlich zu kommunizieren ist, es also in eine *Zeige-Form* überführt werden kann, welche die Entdeckungen (als Haltungen, Choreografien, Stimmen, Gesänge) transformiert in eine öffentliche *Spiel*weise – das blieb letztlich unbearbeitet. Zu diesem Zweck müsste der „Erfahrungsraum Lehrstück“ (Wirth) auch für die Außenstehenden theatral-performativ erschlossen werden. Das aber hieße, den Bezug von Spielenden und Zuschauenden in den Gestaltungsprozess zu integrieren: „Als Sprechraum fungiert dann nicht mehr

72 Wirth: Lehrstück als Performance.

73 Ebd.

74 Ebd.

die Bühne, sondern das Theater insgesamt."[75] Bezeichnender Weise sieht Andrzej Wirth „die Zukunft des Lehrstücks nicht auf den professionellen Bühnen, sondern als Performance/Installation an den Schulen und Universitäten".[76] Als Hochschul-Lehrer will ich das nach dieser Woche gern bestätigen. Grad und Intensität der Beteiligung der Studierenden empfand ich als außergewöhnlich, ebenso die Qualität der Diskussionen und die Bereitschaft, neben den Seminarzeiten Texte zu lesen und Umfeld-Recherchen zu machen. Hinzu kam eine zum Semesterende hin eher ungewöhnliche Bereitschaft der Studierenden, sich zu zeigen und sich, trotz oftmals unterschiedlicher politischer Einstellungen und Handlungsweisen, aufeinander einzulassen – wohl ein weiteres Indiz für das, was Andrzej Wirth die *„camaraderie of performance"* nennt – als zeitgemäße Form der „Erziehung zum Kollektiv", welche im Lehrstück ein Modellformat finden könnte.[77]
In jedem Fall realisierte sich hier eine Bildungsarbeit, die wir uns vor 35 Jahren nicht scheuten, *politisch* zu nennen: Bildung als theatrale Form gesellschaftlicher Selbstverständigung und Vergegenständlichung, als Durchdringung der Lebenspraxis mit Ästhetischem und, nicht zuletzt: als Theoriebildung in spielerischem Probehandeln und künstlerischer Formgebung.

75 Andrzej Wirth: Vom Dialog zum Diskurs. Versuch einer Synthese der nach-brechtschen Theaterkonzepte. In: *Theater heute* 35 (1980), H. 1, S. 45.
76 Ebd.
77 Vgl. Wirth: Lehrstück als Performance.

Post Scriptum:

Zu Beginn des Sommersemesters erreichte mich folgende Mail der Studierenden:

> *Lieber Bernd,*
> *ich wende mich mit einem besonderen Anliegen an Dich: Einige Studierende würden gerne dem politischen Aspekt von Theaterpädagogik mehr Raum geben und schon relativ zeitnah (im September vor offiziellem Semesterstart) eine Woche gestalten, zu der wir ehemalige Studierende einladen, die in der politischen Bildungsarbeit gelandet sind, sowie Vorträge und Stücke, Diskussionen und Workshops organisieren. Außerdem würden wir gerne mit lokalen Polit-Gruppen kooperieren: z.B. ‚Grenzenlos Lingen e.V.'- da diese ja praktische anti-rassistische Arbeit machen. Wir möchten dazu auch die Kooperations-Studiengänge einladen (Hildesheim/Gießen/Ottersberg/Berlin). Das wollen wir als studentische Vertretung gerne organisieren (auch so etwas wie eine Bettenbörse für externe Teilnehmer_innen).*
> *Ich würde mir wünschen, dass Du unser Schirmherr wärest.*
>
> *Liebe Grüße*
> *Leonie*

Gespräche 2: Produktion und Reproduktion, Kreativität und Autopoiesis

Lehrstück im Wärme- und Kältestrom, als Tragödie, Zeremonie und Ereignis

Florian Vaßen
Ich möchte zunächst eine Anmerkung zu Gerd Kochs Text über das *Produzieren* bei Brecht machen. Ich entsinne mich noch sehr genau, wie ich vor vielen Jahren schon – vielleicht etwas naiv – Brechts Produktionsbegriff verwendet habe und von Vertretern der damals neuen ökologischen Bewegung heftig kritisiert worden bin: Wie könnte ich denn noch positiv über Produzieren reden angesichts der negativen Folgen der Industrialisierung, angesichts der Klimakatastrophe etc. Brecht sei ja völlig überholt, was sich auch an dem traditionellen sozialistischen Denken im Sinne von Lenins Anmerkungen zeige, Kommunismus sei Sowjetmacht plus Elektrifizierung. Ich habe damals versucht mich zu verteidigen, aber ich finde es ganz wichtig, dass Gerd Koch gezeigt hat, wie vielfältig und umfassend, wie offen, ja fast liebevoll dieser Produktionsbegriff von Brecht gebraucht wird.

Gerd Koch
Bei Brecht finden wir eine Akzentuierung des Produktionsbegriffs, die das Schöpferische mit einbezieht, aber nicht im Sinne des genialischen Schöpfertums, sondern eines autopoietischen, also eines selbstschaffenden Tuns. *Autopoiesis* ist eine selbstschöpferische Tätigkeit, die nicht fremd bestimmt ist. Dass Brecht von Produktion spricht, ist auch ein Versuch, sein künstlerisches Schaffen mit Begriffen aus der materiellen Produktion zu verbinden. So wie Bildende Künstler sich stark an der Natur orientieren, so versucht Brecht, mit Hilfe der rationalen Durchdringung die Rationalität des gesellschaftlichen Produzierens in sein Handwerkstum, sein Stückeschreiben zu übernehmen. Dieses Produzieren hat allerdings nicht das Geringste mit Businessplan oder Weltwirtschaftskommando zu tun.
Das *Schöpferische* war ja mal ein sehr fortschrittlicher Begriff; er wurde eingeführt, weil man Gott als Schöpfer sein Werk streitig machen wollte. Der Mensch wollte selbstschöpferisch sein, sein eigener Gott werden und erklärte dann ja sogar Gott für tot. Das erklärt vielleicht die Schwierigkeiten mit dem Begriff. An die Stelle dieses ewigen Geredes von „Wir-müssen-kreativ-sein", verwende ich dennoch lieber den alten Begriff des Schöpfertums, er ist so schön archaisch, handwerklich, da ist jemand am Wassertrog und schöpft Wasser.
In einem Text von Karl Marx heißt es: „Ein Philosoph produziert Ideen, ein Poet Gedichte, ein Pastor Predigten, ein Professor Kompendien usw. Ein Verbrecher produziert Verbrechen. [...] Der Verbrecher produziert einen Eindruck, teils moralisch, teils tragisch, je nachdem, und leistet so der Bewegung der moralischen

und ästhetischen Gefühle des Publikums einen ‚Dienst'. […] Wären Schlösser je zu ihrer jetzigen Vollkommenheit gediehen, wenn es keine Diebe gäbe." [Karl Marx / Friedrich Engels: Abschweifung (über produktive Arbeit. In: K.M. / F.E.: *Werke*, Bd. 26.1. Berlin, 1974, S. 363f.] Der Dieb also als Produktivkraft, das könnte fast die Folie sein, auf der Brecht gearbeitet hat.

Knut Hirche
Eine kurze Anmerkung zu dem Begriff Produktion. Ich komme aus der DDR, und für mich stand dieser Begriff immer unter Verdacht, und das ist eigentlich bis heute so. Es ist deshalb für mich auch ganz neu, dass Brecht diesen Begriff so differenziert und feingliedrig aufgefächert hat. Ich habe immer gedacht, wenn Theaterdramaturgen mich zur Produktion drängen, dann geht es ums Verkaufen.

Milena Massalongo
Für mich stellt sich die Frage, inwiefern können wir diese Produktivität, dieses Produktiv-Sein bei Brecht von unserer heutigen Idee von *creativity* und Schöpfertum, diesen aktuellen Schlagworten, abgrenzen. Ich könnte mir vorstellen, dass Brecht den Begriff Produktivität verwendet hat in einer polemischen Distanz zu *creativity*, zu diesem romantischen Schaffen. Wichtig wäre also eine klare Grenze zu ziehen.

Florian Vaßen
Der Aspekt der *creativity* ist sehr komplex. Wenn man sich das Silicon Valley oder CERN in Genf ansieht, dann erkennt man ein Kreativitäts-Niveau, das es früher so nicht gab. Die am besten qualifizierten Personen werden dort in Gruppen, organisiert in flachen Hierarchien, zusammengebracht, exzellent bezahlt, man gibt ihnen viel Zeit, macht ihnen kaum Vorschriften, sie sollen vor allem kooperieren und experimentieren. In diesem extrem privilegierten Rahmen entstehen viele innovative Ergebnisse bzw. Produkte, was immer das sein mag. Was ist also der Unterschied zwischen einer derartigen, in den Kapitalismus integrierten Produktivität oder Kreativität und Brechts oder Marx' Produktionsbegriff? Hat sich der Kapitalismus hier im Gegensatz zu seiner gängigen, zumeist bedrückenden und entfremdeten Produktionsweise kapitalismuskritische Produktionsformen angeeignet, wie Brecht sie etwa verwendet hat? Gibt es hier eine gewisse Nähe oder sogar Identität oder kann man deutliche Differenzen finden und klare Grenzen ziehen?

Michael Wehren
Wie sieht die Realität dieser kreativen Produktion heute aus? Wenn man durch ein Software-Unternehmen geht, findet man auf ganzen Etagen Wohlfühl-Lounges. Man kann das ganz schrecklich finden, aber in diesen seltsam verrückten Situationen gibt es auch ein utopisches Einsprengsel. Es geht dabei natürlich um Privilegien, die aber als Position oder Praxis trotzdem interessant sind. Dazu gibt es eine Entsprechung bei Brecht: den Schauspielerberuf, der ein Luxus ist, der aber als Luxus überwunden werden sollte, weil alle Menschen als Schauspieler agieren, also spielen können sollen. Und da stellt sich die Frage nach der gesellschaftlichen Dimension dieser Praktiken und wie wir diese Praktiken gebrauchen können, nicht nur temporär, sondern grundsätzlich und über ihre bisherige Art und Weise des Gebrauchs

hinausgehend. Es geht nicht darum, dass man nichts macht, sondern dass man die alltäglichen, mitunter privilegierten Gesten einem anderen Gebrauch unterzieht. Das wäre ein wichtiger Moment, die seltsame Ambivalenz dieser Praktiken zu verstehen, sie sozusagen in ihrer Doppelköpfigkeit zu sehen, und zu überlegen, inwiefern man sie anders gebrauchen kann. Das hat insofern auch mit dem Lehrstück zu tun, als es sich ja nicht generell vom Theater verabschiedet, sondern seine Elemente anders gebraucht.

Milena Massalongo
Ich habe den Eindruck, dass Produktivität mit dem Begriff von Handhabbarkeit, Praktizierbarkeit zu tun hat und für Brecht auch einen kritischen Akzent im künstlerischen Schaffen beinhaltet. Ihn interessiert weniger ein traditionelles Schaffen, vielmehr versucht er einen Schritt weiterzugehen, um etwas praktikabel zu machen. Die Frage stellt sich natürlich, was genau unter ‚praktikabel' und ‚handhabbar' zu verstehen ist. Es geht Brecht dabei nicht darum, Neues zu schaffen, sondern darum, das, was wir schon vorfinden, produktiv zu machen, also um eine Extra-Aktivität, die wir auch bei Kunstwerken, bei philosophischen oder wissenschaftlichen Werken benötigen. Wenn wir etwas geschafft haben, auch auf der künstlerischen Ebene, ist das noch nicht genug, wir müssen etwas Weiteres tun, um zu dem konkreten Zusammenhang, in dem wir uns bewegen, zu gelangen. Es gilt, den jeweiligen Kontakt zu unseren Kontexten, die so kompliziert geworden sind, dass wir sie nicht mehr durchschauen können, von Neuem zu produzieren. Für mich hat die Produktivität bei Brecht mit eben dieser Extra-Aktivität zu tun.

Hans-Thies Lehmann
Man sollte Folgendes differenzieren: Zum einen – aus historischer Sicht – hat Brechts Begriff der Produktion tatsächlich nichts zu tun hat mit der Kreativität des Individuums. Es ist nie eine Produktion für ein Ich oder nur für zwei Personen, sondern sie geht immer darüber hinaus und steht in einem gesellschaftlichen Zusammenhang. Und zum zweiten hat die Produktion bei Brecht die Eigenheit, dass offen bleibt, was dabei herauskommt. Das heißt, Brechts Begriff der Produktion richtet sich sowohl gegen eine subjektivitätszentrierte Art, die menschliche Tätigkeit zu verstehen, als auch gegen jegliche Teleologie.
Ohne Zweifel besteht ein Zusammenhang mit Marx' Begriff der Produktion. Und deswegen fände ich es interessant, ideologiekritisch zu fragen, wie sich dieser Begriff zu Georges Batailles Begriff *Verausgabung* oder *Verschwendung* verhält. Neben der marxschen Kritik an der kapitalistischen Produktion gibt es auch eine bataillesche Kritik an unserer Gesellschaft, die sich sozusagen am Produktionswahn festmacht und die gerade heute für das Verständnis unserer Politik reaktiviert werden sollte. In diesem Zusammenhang könnte man eine dialektische Lektüre von Brechts Produktionsbegriffs versuchen und zeigen, dass er nicht primitiv in einem produktionistischen Denken verharrt, dass er aber dennoch dazu eine gewisse Filiation besitzt, so dass er bestimmte Vorstellungen von Gewährenlassen, von Geschehenlassen, von Dass-sich-etwas-ereignet, anstatt dass *ich* etwas herstelle, also dass diese Dimension in Brechts theoretischen Überlegungen, nicht in seiner Praxis, seinen literarischen Texten, etwas zu kurz kommt.

Gerd Koch:
Auch das Stoppen einer Produktion, ihre Unterbrechung kann produktiv sein, so wie Walter Benjamin es mit dem Bild der „Notbremse“ ausdrückt in seinen Anmerkungen zu *Über den Begriff der Geschichte*: „Marx sagt, die Revolutionen sind die Lokomotive der Weltgeschichte. Aber vielleicht ist dem gänzlich anders. Vielleicht sind die Revolutionen der Griff des in diesem Zuge reisenden Menschengeschlechts nach der Notbremse.“ [Walter Benjamin: Anmerkungen zu „Über den Begriff der Geschichte“. In: W.B.: *Gesammelte Schriften*. Bd. I.3. Frankfurt a. M., 1974, S. 1232]

Marianne Streisand
Ich wollt darauf hinweisen, dass es historisch vermutlich eine Beziehung gibt von Brechts Produktionsbegriff zur Produktionsästhetik von Boris Arvatov und zum Proletkult, vermittelt über seinen Freund Sergei Tretjakow.

Tina Turnheim
Tretjakow hat 1923 davon gesprochen, das Individuum im Kollektiv aufzulösen. Das kann man auf verschiedene Weise interpretieren: Einerseits als Gefahr in dem Sinne, dass das Individuum in der Masse, durch die Masse vernichtet wird; andererseits aber auch als Utopie kollektiver Arbeitsweisen, wie z.B. beim Lehrstück. In diesen Kontext gehört der marxistische Begriff *general intellect*, d.h. dass ohnehin alle gemeinsam an einer Sache arbeiten. Für die Lehrstück-Praxis hieße das, dass es keine direkte Arbeitsteilung, also keinen Regisseur oder Dramaturgen, aber auch keinen Zuschauer gibt. Eine grundlegend egalitäre Arbeitsweise gäbe allen die Möglichkeit, alles zu erproben und mit allem zu experimentieren. Tretjakow spricht davon, dass es nur noch eine gemeinsame Schöpferklasse gibt, die gemeinsam Wissen produziert, das allen zugänglich sein soll. Im Grunde ist das eine Antizipation von *creative commons*, also ein wirklich gemeinsamer Zugang zu Wissen, der ganz neue gesellschaftliche Möglichkeiten anbieten würde. Da stellt sich dann z.B. auch die Frage, was wohl Brecht zum Internet gesagt hätte.

Florian Tammer
Wir sprechen die ganze Zeit über Produktion, aber es ist noch nicht einmal der Begriff Arbeit erwähnt worden. Sind diese beiden Begriffe soweit voneinander entfernt, haben sie gar nichts miteinander zu tun?

Florian Vaßen
Arbeit und Produktion scheinen mir jedenfalls nicht identisch; Schachspielen ist z.B. keine Arbeit, aber es ist nach Brecht eine Produktion, und so nennt er noch andere Tätigkeiten. Produktion und Reproduktion gehen nach meiner Ansicht über Arbeit hinaus, die sowohl schöpferisch sein kann, aber auch Mühsal bedeutet.

Gerd Koch
Arbeit und Produktion sehe ich durchaus nah beieinander. Produktion ist häufig eine Kombination von verschiedenen Arbeitsvermögen. So wie Brecht ja auch sagt, Arbeitsteilung sei mal was Gutes gewesen, wurde dann aber zu einem

Disziplinierungsmittel, um Menschen gefügig zu machen. Arbeit ist ein schaffender Vorgang, ein Überschussverfahren, eine Übergangsleistung, ein *bridging*.

Florian Vaßen

Gerd Koch hat auch vom *Wärme- und Kältestrom* gesprochen und dass das Lehrstück im Kontext dieser Kombination zu sehen sei; ich würde dem zustimmen. Damit aber erklären sich vermutlich auch einige Schwierigkeiten in der Arbeit mit Lehrstücken. Gerade wegen ihrer Kälte bzw. Leere (nicht Lehre!) ist ja die Lehrstück-Praxis produktiv: zugleich aber findet dadurch eine Verunsicherung statt, man erschrickt als Teilnehmerin oder Teilnehmer – auch vor sich selbst. Um Erfahrungen und Erkenntnisse zu machen, ist offensichtlich Schrecken notwendig, wie Michael Wehren schon gesagt hat. Andererseits aber ist es die Wärme, die die Menschen von der Säuglingszeit an zum Leben brauchen, die Wärme ist das, was ihnen näher ist und was sie lieben. Vielleicht hängt dieser Kältestrom der Lehrstücke auch mit dem zusammen, was Hans-Thies Lehmann gesagt hast, nämlich dass im poetischen Lehrstück-Text und im Lehrstück-Spielen immer schon Theorie-Teile integriert sind. Wir haben in diesem Kontext immer von der *mittleren Abstraktionsebene* der Lehrstücke gesprochen. Wir sollten also noch mal über den Kältebegriff nachdenken und klären was an ihm produktiv und was an ihm hinderlich, eventuell sogar negativ, sein kann.

Hans-Thies Lehmann

Es gibt dieses wunderbare Gedicht von Brecht *Aus dem Lesebuch für Städtebewohner*: „Wenn ich mit dir rede/Kalt und allgemein/mit den trockensten Wörtern/Ohne dich anzublicken/(Ich erkenne dich scheinbar nicht/in deiner besonderen Artung und Schwierigkeit)//So rede ich doch nur/wie die Wirklichkeit selber/(Die nüchterne, durch deine besondere Artung unbestechliche /Deiner Schwierigkeiten überdrüssige)/ Die du mir nicht zu erkennen scheinst."//[GBA 11, S. 165] Ich glaube, hier finden wir eine Erklärung für das, was für Brecht der *Kälte-Gestus* war. Er besagt: Ihr sollt verstehen, dass die Kälte existiert, und ihr sollt euch nicht drum herum ‚mogeln'. Und wenn wir heute so große Schwierigkeiten mit diesem Gestus haben, so deshalb, weil wir uns in einem langsamen Prozess des Wiederaufwachens aus einer sehr wärmenden Gemütlichkeit unserer idyllischen Gesellschaftsselbstbetrachtung befinden. Es ist noch nicht lange her, dass wir begriffen haben, dass wir als Deutsche Bundesrepublik weltweit wahrscheinlich so gesehen werden, wie wir früher die Amerikaner im Vietnamkrieg gesehen haben. Dass wir eine Supermacht sind, die hinter der Maske sehr biederer Figuren, die an der Spitze stehen, in Wirklichkeit eine enorme militärische, ökonomische, psychologische und mentale Macht ausübt und die einen Diskurs führt, der einen Herrschaftsanspruch stellt. Und ich glaube, dass wir jetzt in einer Phase sind, wo mehr und mehr Leute das zu spüren beginnen, und dass wir uns ganz schwer damit tun, aus dieser idyllischen Selbstwahrnehmung wieder herauszukommen. Und deshalb finde ich gerade diesen Kältestrom produktiv, wir brauchen ihn heute ganz besonders.

Gerd Koch
Sich der *Kälte* der Realitäten zu stellen, ist auch das Thema in Fritz Sternbergs Buch *Der Dichter und die Ratio*. Kälte ist dort in Analogie zur Ratio zu verstehen. Sternberg als Soziologe will Brecht in Richtung ‚kalte Rationalität' beeinflussen, so dass er analytisch mit großer Genauigkeit an die Wirklichkeit herangeht und sie sozusagen sichtbar macht. Anfangs habe ich den Titel verstanden im Sinne von Genie gegen Ratio und nicht gesehen, dass es in dem Disput um die rationale Durchdringung von Realität mit theatralen und ästhetisch-poetischen Mitteln geht.

Till Nitschmann
Die Kälte erzeugt auch *Distanz*, vergleichbar vielleicht mit Brechts Schreibweise in unregelmäßigen Rhythmen und reimlosen Versen, die verhindern sollen, dass die Leserinnen und Leser ‚eingelullt' werden. Wärme wäre geradezu ‚gefährlich', weil man sich behaglich fühlt, sozusagen träge wird und seinen distanzierten Blick verliert. Kälte, Distanz und Leerstellen verhindern die Einfühlung.

Tina Turnheim
Ich möchte ergänzend, aber auch kontrastierend zwei Begriffe der Wärme zur Diskussion stellen, die bisher noch nicht erwähnt worden sind und die für die Auseinandersetzung mit dem Lehrstück interessant sein könnten. Der erste Begriff wäre der der *Zeremonie*, über den sich Michael Hardt in einem schmalen Band *Die Verfahren der Liebe* geäußert hat. Ein politischer Liebesbegriff könnte politische Kämpfe nach den Ereignissen sozusagen auf Dauer stellen, Erfahrungen oder gemeinsam Erlebtes über die Zeit hindurch erneuern. Vergleichbar könnte man in der Lehrstückpraxis das gemeinsam Erlebte nach der Selbstverständigung durch die Zeremonie fortsetzen. Und als zweiten Begriff möchte ich den des *Ereignisses* neben den schon häufiger erwähnten Begriffen Erfahrung und Erlebnis zur Diskussion stellen, und zwar nicht den theaterwissenschaftlichen Ereignisbegriff, sondern den von Badiou, der diesen Begriff ja äußerst sparsam einsetzt. Ereignisse lassen sich bei ihm weder planen, noch lassen sie sich unmittelbar erkennen. Viel eher wird retroaktiv festgestellt, dass es sich um ein Ereignis gehandelt hat, insofern sich ein politisches Subjekt dadurch konstituiert hat, dass es sich von nun an diesem Ereignis gegenüber treu verhält, koste es was es wolle. Kurz: ein Weitermachen wie bisher, wäre dann nicht mehr möglich. Beide Begriffe hängen somit auch mit Reproduktion zusammen, womit der Kreis zur Liebe wieder geschlossen wäre.

Michael Wehren
Zum Stichwort *Reproduktion*: Es ist interessant, dass Brecht zu einem bestimmten Zeitpunkt den Begriff Produktion durchbuchstabiert, zumal vieles von dem, was er beschreibt, in klassischen ökonomischen Theorien auch linker Provenienz als Reproduktionsarbeit beschrieben worden ist. Hier wird eine neue Sichtweise entwickelt, die besagt, dass Reproduktion eigentlich Produktion ist, Produktion von Leben, quasi bio-politische Arbeit. Und tatsächlich ist das eine andere Art und Weise des Produzierens als die der Produktionsutopien des neunzehnten und zwanzigsten Jahrhunderts, die Florian Vaßen zuvor erwähnt hat.
Mich interessiert die Frage, was ist das Spezifische an der Haltung in den Lehrstücken.

Ich denke, das hat nicht nur etwas mit Verfremdung und Distanz zu tun, sondern vor allem damit, dass diese Produktion *nicht stellvertretend* geleistet werden kann. Diese Arbeiten, Verrichtungen, Prozesse kann man nicht stellvertretend auf die Bühne stellen, dann würden sie falsch, wären nur noch eine Maske von Humanität. In den Lehrstücken findet man nicht nur die erschreckende Inhumanität, sondern auch das erschreckend Humane, z.B. im „Gesang der Reiskahnschlepper", wo man es wohl am wenigsten erwartet hätte. In diesem „Gesang", gesungen von den Kulis, die eigentlich der Kontrollchor sind, heißt es: „In der Stadt oben am Fluß / Gibt es für uns einen Mundvoll Reis / Aber der Kahn ist schwer, der hinauf soll / Und das Wasser fließt nach unten / Wir werden nie hinaufkommen./" Dann kommt der Refrain. „Zieht rascher, die Mäuler / warten auf das Essen / Zieht gleichmäßig, stoßt nicht /den Nebenmann." [GBA 3, S. 80] Das ist eine Szene, der man schlecht Ideologie vorwerfen kann, sondern die ihr Eigenrecht fordert. Und es gibt weitere derartige Szenen in diesem Lehrstück und auch in anderen. Wir haben vorhin schon kurz darüber gesprochen, dass auch die Tötungsszene seltsame Gesten der Zärtlichkeit aufweist, die man sicherlich nicht verabsolutieren darf. Aber man muss sie wenigstens wahrnehmen, denn sie fordern mit ihrer erschreckenden Humanität ebenso heraus wie das erschreckend Inhumane. Statt einer Produktion des Schönen und Harmonischen auf der Bühne, einer stellvertretenden Humanität als fertiges Produkt, stellt sich tatsächlich die Frage nach einer anderen Art von Produktion.

Marianne Streisand
Diese Geste der Zärtlichkeit, ist sie nicht auch ein bisschen kitschig?

Michael Wehren
Absolut. Das ist das Gute daran.

Florian Vaßen
Kitschig? Wie schon mehrmals erwähnt, wird im Lehrstück-Text und in den Spielversuchen immer sehr stark der Gewaltaspekt betont, gerade auch weil wir ständig mit Gewaltfragen, Gewaltförmigkeiten, Gewaltkonstellationen, verinnerlichter Gewalt in uns selbst und in der Gesellschaft konfrontiert werden. Wir haben aber auch im Lehrstück-Spielen gelegentlich versucht, gewaltfreie Konstellationen zu erproben, und in dem Kontext stellt sich dann wohl die Frage des Kitsches. Also ich entsinne mich an eine Situation mit der Sterbeszene in der *Maßnahme*. Die Spielszene war bedrückend und zugleich ergreifend, wirklich ein Paradoxon. Die Personen, die gespielt haben und die sich recht gut kannten, haben in diesem Spielprozess eine sichtbare Vertrautheit und damit ein unglaubliches Vertrauen entwickeln können; und die Person, die den sterbenden Jungen Genossen gespielt hat, hat hinterher betont, dass sie sich wirklich sicher und aufgehoben gefühlt habe und der Schrecken des Todes weit weg gerückt gewesen sei. Diese Erfahrung der Nähe, des *liebevollen*, des hilfreichen, des solidarischen Umgangs, kann in den Lehrstückspielprozessen auch eine Rolle spielen. Sie wird nur häufig von den Gewaltkonstellationen im Text verdeckt, aber auch von unseren eigenen Gewaltphantasien, die durch diese Texte wachgerufen werden. Es gibt eben auch diese andere Seite, und ob sie kitschig ist, scheint mir dann doch eher unwichtig.

Marianne Streisand
Ich kann ich mir das gut vorstellen. Dennoch wird es uns nicht gelingen, dieses Stück sozusagen als großes, *humanistisches* Werk hinzustellen. *Die Maßnahme* ist doch, wie Fiebach sagt, vor allem Ausdruck der Tragödie des zwanzigsten Jahrhunderts. Die schärfsten Konflikte entstehen in den eigenen Reihen, und die größte Tragik ist es doch, zum Beispiel im Stalinismus, von den eigenen Leuten, hier eben den Genossen, sozusagen liquidiert zu werden.

Gerd Koch und Clemens-Carl Härle

Helene Varopoulou
Gerade der Gestus der Kälte verweist in den Lehrstücken, genauso wie bei Texten von Müller, z.B. *Mauser*, auf den Aspekt der Tragik, vielleicht eine sehr spezielle Tragik, mit dem Hintergrund der Geschichte des zwanzigsten Jahrhunderts. In Euripides' *Hekuba* geht es um Gewalt, Gewalt gegen Gewalt und wie man mit Gewalt umgeht, Fragen im Kontext der Tragödie. Auch Brechts Lehrstücke konzentrieren sich auf Gewalt und gehen doch im Sinne von Tragik darüber hinaus.

Gerd Koch
Wenn wir über Kitsch oder Gefühligkeit und Gemütlichkeit sprechen, müssten wir dann nicht auch über die musikalische Seite der Lehrstücke reden? Aber gerade sie ist ja eigentlich nicht kitschig-süßlich, sondern bietet uns eine besondere Lehr-, Lese-, Hör-, Spiel- und Rezeptionsart an. Zu dem Text der Reiskahnschlepper gehört auch die Musik des Chores. Eisler war ja so geschickt, in der Musik schon zu Beginn das Ende des Stückes anklingen zu lassen.

Marianne Streisand
Gerade bei der *Maßnahme* ist die Eislersche Musik insofern sehr wichtig, als Text und Musik in besonders enger Zusammenarbeit von Brecht und Eisler entstanden sind. Im *Händler-Lied* z.B. karikiert die Musik ja geradezu den Text.

Gerd Koch
Der knödelnde Tenor?

Marianne Streisand
Genau, schon Gerd Rienäcker hat auf diese Art zu singen und auf die schöne Schlagermelodie im scharfen Kontrast zum Text hingewiesen.

Till Nitschmann
Auch auf dem Baden-Badener Musikfest spielte die Musik des Lehrstücks eine große Rolle, gerade auch als Kontrast, etwa in der Clownsnummer bei dem Zersägen von Herrn Schmitt im *Badener Lehrstück vom Einverständnis*. Die Musik thematisiert – gerade im Spiel mit der Publikumserwartung und mit dem Darstellen von Gegensätzen – auch das, was das Lehrstück sagen und tun möchte, und sie hat zugleich etwas Spielerisches, was für Brecht ja immer sehr wichtig war.

Hans-Thies Lehmann
Ob nun Musik oder Text - ohne Einfühlung geht es nicht. Wenn es keine Einfühlung gibt, dann braucht man auch keine Kritik der Einfühlung. Das heißt, die Einfühlung findet nicht etwa nicht statt, sondern sie wird unterbrochen, sie wird dementiert, sie wird demontiert, sie wird kritisiert, sie kommt auf den Prüfstand. Deshalb geht es auf keinen Fall darum, dass hier keine Gefühle oder keine Einfühlung stattfinden sollen.

Helene Varopoulou und Mauro Ponzi

Florian Vaßen
Wir finden bei Brecht ja die von Steinweg 1972 zitierte Feststellung, "als ich für das theater mit der einfühlung mit dem besten willen nichts mehr anfangen konnte, baute ich für die einfühlung noch das lehrstück." – aber eben eine Einfühlung nicht in psychologische Theater-Figuren und Charaktere, sondern in Haltungen.

Clemens-Carl Härle
Zur Musik schreibt Brecht bezüglich der zweiten Szene der *Maßnahme* mit dem Titel „Auslöschung“: „Die Musik zum Teil 2 (Auslöschung) stellt einen Versuch dar, eine gesellschaftliche Umfunktionierung als heroischen Brauch zu konstituieren. Es ist denkbar, dass so etwas gefährlich ist, denn ohne Zweifel wirkt dadurch der Vorgang rituell, d.h. entfernt von seinem jeweiligen praktischen Zweck. Es wird darauf hinauslaufen, ob man in solchen Übungen Glorifizierungen psychischer Akte oder lediglich ihre Ermöglichung sieht. […] Es ist durchaus nötig, dass die Drei ihr ‚ja‘ bewußt außerhalb der Konstruktion der Musik, […], sprechen.“ [GBA 24, 98] Brecht scheint sich über die dramaturgische Funktion der Effekte und Affekte der Musik im Klaren zu sein. *Die Maßnahme* erträgt an dieser Stelle keinen Gesang, jeder Gesang wäre eine Falsifikation der Instanz des gesprochenen Worts, das hier einen Schwur darstellt.

Hans-Thies Lehmann
Dieser Hinweis passt sehr gut zu der verschobenen Dialektik in dieser Szene, eine Szene, die ja ganz anders ist, als es meistens dargestellt wird: Wenn die Gesichter ausgelöscht würden, seien sie „niemand“. Im Text heißt es aber genau umgekehrt: „Dann seid Ihr nicht mehr ihr selber, […]. Dann seid ihr von dieser Stunde an nicht mehr Niemand, sondern […] unbekannte […] Kämpfer“ [GBA 3, S. 78] für die Revolution. Entgegen dem altbekannten Klischee handelt es sich hier also nicht um kollektive Auslöschung des Individuums; vielmehr wird es überhaupt jemand, indem es sich in ein Kollektiv einfügt. Dieser komplexe Sachverhalt sollte nicht übersehen werden.

Werner Waas
Ich denke, dass Texte nur dann wirken, wenn sie frei sind. Also wenn sie nicht intentional benutzt werden von denen, die sie sprechen, oder als Vehikel dienen, um etwas unter die Leute zu bringen. Und deswegen habe ich auch Schwierigkeiten, wenn hier über diese Texte nur auf inhaltlicher Ebene gesprochen wird, also ob sie nun kalt sind oder warm. Es wird alles über den *Inhalt* definiert, während die Texte, wenn ich sie höre oder wenn ich sie spreche, sowohl kalt als auch warm sein können, also eine riesige Bandbreite von Möglichkeiten bieten und vom Ton her überhaupt nicht vorbestimmt sind. Sicherlich gibt es einen Inhalt, es wird über etwas gesprochen, aber ich denke, dass das, was tatsächlich an Denken passiert oder was dieses *denkende Spielen* ist, von dem Hans-Thies Lehmann gesprochen hat, darin zu suchen ist, dass man eben nicht wissen kann, was man denkt oder wie die Haltung aussieht in Bezug auf das, was hier inhaltlich vorgestellt wird. Sonst wird hier wieder eine Indoktrination von irgendjemandem mit Hilfe einer Ideologie vorgenommen, die einem anderen vermittelt werden soll. Sicherlich muss man zu einer Haltung zum inhaltlichen Material kommen, die darf aber vorher nicht feststehen, sonst kommt es ja zu keinem wirklichen Denken. Das macht es ja auch für den, der zusieht, so interessant, weil er an einem Prozess teilnimmt, zu dem er auch selbst gehört. Der Zuschauer sieht in der Jetztzeit, was mit diesem Material, das von Historie behaftet ist, präsentiert von einem Spieler, der in der heutigen Welt lebt, passiert, und er geht damit um. Er geht auch mit dem Inhalt um, sich distanzierend, sich identifizierend,

das Ganze verwerfend, sich dran ‚aufgeilend' oder was immer. Man sieht jemandem zu, einem menschlichen Wesen, das mit diesem Text umgeht und denkt und spielt. Und das ist für mich das große Ereignis im Theater. Und im Grunde denk ich auch, es ist die Art von Theater, die Brecht irgendwie theoretisch zu formulieren versucht hat in dieser Lehrstücktheorie.

Was ich allerdings damit überhaupt nicht zusammenbringe, ist diese pädagogische Schiene, dieses Nach-Außen-Gehen in die Fabriken, diese Bewusstseinsbildung mit Hilfe des Theaters, dieses Üben von dialektischem Denken, was ja versucht worden ist, auch von Brecht. Für mich ist das ein Widerspruch.

Milena Massalongo

Stücke ± Lehre. Übungen zur materiellen Kritik

Wo wir immer noch in derselben Zeit wie Brecht stecken: Die allgemeine Dressur und die Unlust zum Lernen

„Wir wollen nichts lernen“[1], wird in Brechts *Fatzer*-Fragment gesagt. Mit diesem Satz könnte man ein überbelichtetes Bild des ganzen letzten Jahrhunderts bis in unsere Tage beschriften.
Der Satz könnte als eine der Grundgesten unserer Zeit gelten: Keiner lässt sich heute gern ‚Unterricht‘ erteilen, es sei denn, es geht um einen offensichtlich technisch-informativen Unterricht, aber kein Wort mehr jenseits von Information und bloßem Technischen. Die katastrophale Erfahrung mit der Ideologie des letzten Jahrhunderts hat uns jeder Idee gegenüber, die sich nicht einfach um das ‚Wie‘ kümmert, ungeduldig gemacht. Wahrheit reimt sich für uns immer und unmittelbar auf Gewalt, so dass unser Kampf gegen die Gewalt sich im Großen und Ganzen mit einem Kampf gegen jeden Anspruch auf Wahrheit gedeckt hat und im Grunde immer noch deckt. Toleriert werden Lehren und Lernen nur insofern, als sie uns das Erwerben einer rein technischen Kompetenz ermöglichen, und nur bis dahin.
Welche Funktion das Lernen in unserer Gesellschaftsordnung hat, konnte schon Brecht pointiert feststellen: „es funktioniert als Einkauf von materiellen verwertbaren Kenntnissen. Dieser Einkauf hat stattzufinden, bevor das Individuum in den Produktionsprozess eintritt. Seine Sphäre ist also die Unreife.“[2] Wenn man sein Nicht-Wissen gesteht und weiter lernt, dann gesteht man nur seine „Unreife“, seine Inkompetenz und seine soziale Nutzlosigkeit. Deswegen kann Brecht sagen: die Haltung des Lernenden, der Genuss zum Lernen werden diffamiert, und heute können wir hinzufügen: sie sind es auch dann, wenn die neoliberale Propaganda mit „Flexibilität“ und ständiger „Weiterbildung“ zum Lernen ermutigt, denn das Lernen, das damit gemeint ist, ist eben jene fertige Ware, von der Brecht redet, die immer wieder, immer neu zu kaufen ist. Andererseits findet in unserer Gesellschaft ein ständiger, bis in die feinsten Verästelungen des gesellschaftlichen Lebens hinein wirkender, jedoch unscheinbarer Lernprozess statt. Jene „Erziehung ohne Erzieher“, die im Lauf des Jahrhunderts immer mehr zur Richtlinie des aufgeklärtesten

1 Bertolt Brecht: Fatzer. In: *Werke. Große kommentierte Berliner und Frankfurter Ausgabe.* Berlin / Weimar / Frankfurt a. M., 1988-1998, Bd. 10.1, S. 476; im Folgenden wird dafür die Sigle GBA mit Band- und Seitenzahl verwendet.
2 Brecht: Anmerkungen [Zu *Die Mutter*]. In: GBA, 24, S. 134.

pädagogischen Denkens geworden ist, findet in unserem Alltag ihre perverse Verwirklichung in einer restlosen, indirekten, kapillaren ‚Dressur', über die Michel Foucault wichtige Untersuchungen geliefert hat: Während man ständig beeinflusst wird, kann man kaum etwas grundlegend beeinflussen, es sei denn man folgt der schon lange dominierenden Richtung.
Beim Lernen und Lehren zeigt sich heute in der Tat nur besonders klar, wie unsere gesellschaftlichen Verhältnisse allmählich entdialektisiert worden sind: Wer – oder heute besser gesagt – *was* grundsätzlich ‚lehrt' kann seinerseits nicht lernen; umgekehrt, wer lernt, kann kaum auf seinen Lerngegenstand wesentlich zurückwirken. So ‚entartet' waren Lernen und Lehren schon, als Brecht seine pädagogische Frage stellte, deswegen hat er sie ja auch formuliert. Brechts Beharren auf ‚Lernen' ist eigentlich schon eine Aufforderung zum *Umlernen* mit Blick auf diesen Zustand. Als solche verdient sie, heute immer noch zumindest ernst genommen zu werden. Es lohnt sich, dass man sich damit konfrontiert, ohne mit snobistischem/realistischem Lächeln darüber hinaus zu blicken, denn dieses Lächeln gehört auch zu unserer ‚Dressur' oder es kommt ihr zumindest zugute („Das ist ein andrer, der nicht will, dass ihr / lernt" – GBA 10.1, 476). Dieser Snobismus hängt ja auch von unseren entsetzlichen, mehr oder weniger ‚scheinbaren' Schulsystemen ab. Das Schulsystem ist aber nicht der Punkt: „Eure Schulbänke scheinen ja entsetzlich zu sein, wenn sie solchen Hass einflößen. Aber was gehen mich eure schlechten Schulbänke an? Schafft sie ab!"[3] Der Punkt ist, dass jene gehasste, geschichtlich bedingte Form des Lernens und Lehrens abgeschafft werden muss, nicht dass Lernen und Lehren an sich verworfen werden sollten. Wenn unsere Lernsysteme uns also anekeln, sollten wir sie verändern: Erst das wäre ein echter, wirksamer Einwand, weil er recht am Platz wäre. Und es würde uns unmittelbar zu einer intensiven Auseinandersetzung mit den Vorschlägen Brechts zurückbringen. Das ist zumindest solange nötig, als eine wahre, entsprechende Alternative zu seinen Vorschlägen nicht auftaucht, nämlich eine Alternative, die die Schwierigkeit unserer Lage nicht wegdenkt, sondern von ihr ausgeht.

Verstehen kann man nur das, was man selbst erlebt hat. Brechts Kritik am ‚Erlebnis'

Brechts Interesse für Lernen und Lehren kommt aus der Erfahrung eines kollektiven Versagens: Die Tatsache nämlich, dass nicht das moderne Theater und die Kunst, sondern Denk- und Handlungsformen keine brauchbaren Einsichten in unsere moderne Lebensform liefern, keine Bresche in unseren ‚Lauf der Dinge' schlagen können. Und das liegt nicht an einem Mangel an Begabungen und Intelligenzen. Das liegt an einer traditionellen Kunst- und Erkenntnisidee und an einer Praxis,

3 Brecht: Der Messingkauf. In: GBA, 22.2, S. 723.

die eben auf die Begabung, auf das Wahrnehmungsvermögen des empirischen Subjekts, auf seinen persönlichen Mut immer noch zu viel Wert legt, und das unter inzwischen sehr veränderten materiellen Lebensumständen, die sowohl an der Wahrnehmungsfähigkeit wie an Mut und Ethik eher vorbeiziehen.
Trotzdem wurzeln Kunst, Information und Bildung oft immer noch in der Überzeugung: Wirklich gelernt wird etwas erst, wenn es nicht bloß von außen gesehen wird, sondern wenn es Gegenstand eines direkten Erlebnisses ist, gemäß der alten, populären Überzeugung, dass man erst dann etwas wirklich verstehen kann, wenn man es erlebt hat. Man denke nur an den heutigen Trend, mit Hilfe von Technologie Museumsausstellungen in virtuelle Erlebnisse zu verwandeln. Auf den ersten Blick könnte man den Eindruck gewinnen, dass die Lehrstücke in eine ähnliche Richtung gehen. Im Grunde entstehen sie aus der unbestreitbaren Feststellung, dass logisches, intellektuelles Verstehen zur Änderung des konkreten Verhaltens einfach nicht ausreicht. Und sie legen ein Wissen bloß, das nicht nur in den Gedanken, sondern auch schon in den Gefühlen steckt, indem sie sie von einem Standpunkt aus darstellen, von dem aus diese auch Verhaltensweisen sind und konkrete Folgen haben.
Ein solcher erster Eindruck wäre aber irreführend, eher das Gegenteil ist der Fall: Denn auf eine deutliche Kritik des Erlebens als Erkenntnisform kommt Brecht immer wieder zu sprechen, sowohl praktisch wie theoretisch, ebenso wie er das bloße Verstehen und das rein kritische Denken abweist.
Ein Dialog aus dem *Messingkauf* wirft ein kritisches Licht auf dieses Primat des Erlebnisses, das für scheinbar weit voneinander entfernte Bereiche und Interessen wie die Unterhaltungsindustrie und das Bildungswesen immer noch als Voraussetzung dient. Der Dramaturg im *Messingkauf* bemerkt, es gebe kein „besseres Lernen" als dasjenige, das auf dem Theater stattfindet, „denn auf dem Theater sieht man ja nicht nur, sondern man erlebt mit."[4] Der Philosoph wendet darauf ein, das sei voreilig gesagt, denn es gebe „viele Momente" in einem Erlebnis oder in der Darstellung eines Erlebnisses, „die ein Lernen, also ein Klügerwerden beim Erleben, hindern." Und da führt er verschiedene Beispiele an, die auch im Alltag vorfallen,

> Z.B. wenn gewisse Änderungen der Lage zu langsam vorgehen, unmerklich, wie man dann sagt. Oder wenn durch gleichzeitige andere Vorfälle die Aufmerksamkeit abgelenkt wird. Oder wenn die Ursachen in Vorfällen gesucht werden, die nicht die Ursachen waren. Oder wenn der Erlebende starke Vorurteile hat.[5]

Das gewöhnliche Erlebnis, das auf dem Theater geliefert wird, funktioniere nämlich nicht anders als die Experimente des Physiologen Pawlow mit den Hunden: Sie lernen, jedes Mal wenn eine Glocke klingt, Speichel abzusondern, weil sie das

4 Ebd., S. 713.
5 Ebd.

mit dem Erscheinen von Fleisch assoziieren, auch wenn das Fleisch nicht gegeben wird. So wie diese Hunde werden die Zuschauer durch die Erlebnisse trainiert. Das gilt selbstverständlich nicht nur auf dem Theater. Es genügt sich umzusehen, um festzustellen, dass das Erlebnis paradigmatischen Wert hat: „Auch die echten Vorfälle erlebend, unterliegen die Menschen solchen Irreführungen: Sie lernen Falsches."[6] In dem konkreten geschichtlichen Zusammenhang nicht die passenden, eingreifenden Reaktionen entwickeln: Das ist falsches Lernen.
Brecht führt ein weiteres Beispiel an, das uns heute auch nicht unbekannt ist: „Viele Kleinbürger reagieren auf Revolutionen so, als würden dabei nur ihre Ladenfenster zerschlagen."[7] Das ist das einzige, was sie von der Revolution erleben können und deswegen von ihr lernen. Aber sie lernen Falsches. Deshalb sollten, meint Brecht, bei der Aufführen eines „Volkslauf(s)" in seinem „Stück über die Kommune" solche realistischen Züge gestrichen werden.[8] So begeisternd und furchterregend Erlebnisse wie Straßendemonstrationen sein können, es wird dadurch nicht erfahren, worin das Wesentliche einer wirklichen gesellschaftlichen Veränderung besteht, wo und wie sie zu machen ist, eher wird davon abgelenkt.
Auf die Kritik des Erlebens als heute unzulängliche Erkenntnisform kommt Brecht immer wieder in seinen Texten zu sprechen. Im Grunde hängt auch seine Kritik der Einfühlung oder besser: deren kritische, sparsame Anwendung in seinem Theater direkt davon.

Traumata in vitro
Lehrstücke als Baustellen der ‚Erfahrung'

In dieser Hinsicht bieten einige wesentliche Hinweise auf den gesellschaftlich und zeitlich umfangreichen Zusammenhang die Gelegenheit, den ‚Spieleinsatz' der Versuche Brechts und seiner Lehrstücke genauer hervortreten zu lassen. ‚Erlebnis' ist zurzeit ein Modebegriff ebenso wie dessen Kritik. Auf den aber legte Anfang des 20. Jahrhunderts die Jugend-Bewegung viel Wert, und zwar als alternative und vollkommenere Erkenntnisform gegenüber der ‚kalten' Ratio, der die moderne Welt in allen ihren Verhältnissen unterlag. Schon 1919 hatte sich Max Weber in seinen Überlegungen *Wissenschaftler als Beruf* zu dieser naiven Opposition von Erleben-Verstehen sehr kritisch geäußert. Er beobachtet, wie man „an allen Straßenecken und in allen Zeitschriften" von diesem „Kult" für das Erlebnis Kenntnis nahmen und

6 Ebd., S. 714.
7 Ebd.
8 Ebd.

spricht davon als von einer „intellektualistische(n) Romantik des Irrationalen".[9] Wir könnten die Formel so paraphrasieren: Der damalige (heutige?) Drang zum ‚Erleben' ist eine intellektualistische Maßnahme zur Unterbrechung des vorherrschenden Intellektualismus.

Was hier bei Weber „Intellektualismus"[10] heißt, würden wir heute Rationalisierung nennen: Das Wort weist weniger auf eine subjektive Haltung (der Intellektuellen und Wissenschaftler) als auf eine materielle Organisierung unserer Lebensform hin, über jeden persönlichen Intellekt hinaus. Alles ist schon in jedem Bereich so durchprogrammiert, unser Wissen ist so sehr dabei engagiert, ‚die Dinge wie sie liegen' zu bestimmen und so zu verwalten, dass unser Leben höchstens zu einem statistischen Phänomen wird. Darauf reagiert die Jugend – und oft auch die Kunst – mit einer Suche nach dem Unerwarteten, nach dem Einbruch des Unvorstellbaren, was immer das sei, vorausgesetzt, es kommt zu einer ‚Unterbrechung' von Programm und Erwartung, zu einem Einbruch von ‚Leben'. Daher die Sympathie oder auch die unabsichtlich große Nähe zu Skandal und Sensation (bedeutungsvoll bemerkt Weber: „Früher nannte man dies „Erlebnis" auf Deutsch „Sensation"[11]), daher die Verwandtschaft zu all den auffälligen und scheinbaren Unterbrechungen des Laufs der Dinge, die schon lange und dauerhaft zu der *Entertainment & Information Industry* unserer Zeit gehören.

Die Frage lässt uns spontan an Benjamins Unterscheidung zwischen Erlebnis und Erfahrung denken. Einige Überlegungen von ihm könnten in der Tat hilfreich werden, um konkret zu verstehen, warum das Erlebnis zu einer ‚armen' Erkenntnisform, eigentlich zu einer ‚Massenablenkungsfalle' geworden ist, in die im letzten Jahrhundert und heute immer noch oftmals die Kunst nicht anders als die Unterhaltungsindustrie geraten sind und immer noch geraten. Die Frage ist komplex und kann hier nicht in wenigen Zeilen behandelt werden, zumal Benjamin selbst nie eine starre Definition gegeben hat. Es lohnt sich aber trotzdem, einige Hinweise zu geben.[12]

Zwei Grundaspekte kennzeichnen nach Benjamin das moderne Erleben, das durch die heutigen Lebensbedingungen veranlasst wird: Einerseits die Tatsache, dass das Erlebte immer Gegenstand des empirischen Bewusstseins ist. Es hat nämlich immer nur mit unseren bewussten Erinnerungen zu tun. Was wir erinnern können, ist das

9 Max Weber: Wissenschaftlicher als Beruf 1917/1919 – Politik als Beruf 1919. In: Max Weber: *Gesamtausgabe*, Bd. I/17. Hg. W. J. Mommsen / W. Schluchter. Tübingen, 1994, S. 7 und S. 12.

10 Ebd., S. 20.

11 Ebd., S. 7.

12 Nicht zuletzt, weil diese begrifflichen Variationen in verschiedenen Schriften Benjamins mit jeweils verschiedenen Nuancierungen auftreten; sie scheinen sich aber einander nicht wirklich zu widersprechen, sondern kommen eher als Akzentverschiebungen, je nach dem jeweiligen Kontext, nicht als eigentliche Unterschiede vor. Hier wird nur der entscheidende Text Über *einige Motive über Baudelaire* in Anspruch genommen.

Erlebte. Man kann schon ahnen, worauf das hinausläuft: Was uns in Wirklichkeit passiert ist, erstreckt sich weit über das hinaus, worauf wir unsere Aufmerksamkeit gelenkt, was wir bewusst wahrgenommen, was wir davon verstanden haben. Außerhalb des Erlebten liegt also eine ganze Wirklichkeit, die wir übersehen haben oder die in uns gewirkt hat, aber nur indem sie an unserem Bewusstsein vorbeigezogen ist und in unserem Dauergedächtnis andauernde Spuren hinterlassen hat. Bis dahin geht Benjamin in den Fußstampfen der Psychoanalyse, und in der Tat bezieht er sich ausdrücklich auf Freud, besonders dort, wo er die Funktion des empirischen Bewusstseins in Betracht zieht: Unser psychisches System ist ganz auf Bewusstsein aufgebaut, nämlich auf dessen Funktion, als Reizschutz zu wirken. Diese Reizschutzfunktion ist in dem heutigen Menschen exponentiell gesteigert. Sie dient dazu, den potentiellen Schocks der modernen Lebensform entgegenzuwirken, die ihm auf Schritt und Tritt begegnen. Das heißt, dass die Chancen geringer geworden sind, über das zu stolpern, was sich unserem Erlebnis entzieht, was sich nicht so sehr aus Erinnertem als aus oft unbewussten Daten bildet, die im Gedächtnis sedimentieren. Diese Art eines unbewussten Dauergedächtnises nennt Benjamin Erfahrung; er führt sozusagen einen Begriff ein, der auch in Bezug auf Brecht interessant ist. Denn Benjamin meint mit Erfahrung weder das individuelle Unbewusste, von dem Freud spricht, noch das ewige, kollektive Unbewusste, das Jung beschwört. Wo echte Erfahrung in Frage kommt, „treten gewisse Inhalte der individuellen Vergangenheit mit solchen der kollektiven in Konjunktion."[13] Sie hat nämlich historischen Charakter, im Gegenteil zu der „wahren Erfahrung", die die damalige Lebensphilosophie (W. Dilthey, H. Bergson u.a.) gegen das verarmte Erfahren der modernen Massen poetisch evozierte. Sie ist der Ort im Einzelnen, an dem das Private in das Kollektive eingreift und umgekehrt. „In der Tat ist die Erfahrung eine Sache der Tradition, im kollektiven wie im privaten Leben."[14] Zugespitzt könnte man vielleicht den Unterschied so formulieren: Sie ist das, was unser Erleben jeweils unbewusst strukturiert, was unsere Wahrnehmungsweise, was hinter unseren Gedanken unsere grundsätzliche Denkhaltung bestimmt. So was kann kaum Gegentand einer Reflexion, einer Selbstdarstellung werden, weil es eben das ist, was unsere Darstellungsweise und unsere Kritik ermöglicht. Das können wir nur ‚erwischen', indem wir durch es ‚erwischt' werden. Die Armut unserer Erfahrung bestehe also darin, dass unser ständig alarmiertes Bewusstsein uns vor solchen Begegnungen abdichtet. Wir haben weniger Gelegenheit, über uns selbst zu stolpern. Angesichts von ständigem ‚Erleben', so könnte man sagen, erfahren wir heute nichts mehr. Solche Begegnungen mit Gegenständen, in denen unsere Erfahrung ähnlich sedimentiert ist wie jene, von denen Proust erzählt, können nur, wie er selbst

13 Walter Benjamin: Über einige Motive bei Baudelaire. In: W. B.: *Gesammelte Schriften* Bd. I.2. Hg. Rolf Tiedemann und Hermann Schweppenhäuser. Frankfurt a. M., 1991, S. 611; im Folgenden wird dafür die Sigle GS mit Band- und Seitenzahl verwendet.

14 Ebd., S. 608.

sagt, „per Zufall" stattfinden. Nur zufällig könnte man sich also nach Proust seiner Erfahrung bemächtigen. Nach Benjamin ist das beunruhigend: „In dieser Sache von Zufall abzuhängen, hat keineswegs etwas Selbstverständiges", kommentiert er. Das gehört nämlich nicht zur Menschennatur, hat eher mit einer geschichtlichen Konjunktur zu tun, deren Erzeugnis dieser unserer Zustand ist: Der Moment, wo das Private in das Kollektive eingreift und umgekehrt, bleibt jetzt außerhalb unserer Wahrnehmung. Die Tatsache nämlich, dass „die inneren Anliegen der Menschen diesen verzweifelten privaten Charakter"[15] angenommen haben, hängt davon ab, dass für die äußeren Anliegen die Chance sich vermindert hat, erfahren zu werden. Das Wichtigste unseres innerlichen Lebens hat jetzt nur diesen privaten Charakter, es trägt nämlich nicht die Erfahrung der Epoche. Man sieht sich also mit der besonderen Mythologie seines eigenen Lebens konfrontiert, aber nicht mit jener Mythologie der Zeit, die das eigene Leben innerviert. So trifft man auf eine Madeleine, die einem die Struktur des Genießens vor Augen stellt, aber nicht die gesellschaftlichen Bedingungen, die dieses Genießen ermöglichen. Die speichern sich nicht einmal in dem Dauergedächtnis, und sie können auch nicht als unwillkürliches Gedächtnis zurückkommen. Das genau heißt, dass die Chancen geringer geworden sind, dass das, was im Einzelnen kollektiv ist, erfahren werden kann. Genau hier schlägt Benjamin versuchsweise einen anderen Weg ein als die moderne Philosophie, das kritische Denken und der psychoanalytische Diskurs. Diese haben gemeinsam, dass sie für Bewusstsein sorgten, wo es nicht vorhanden war und Reize nicht parieren konnte. Dadurch wird aber, Benjamin folgend, auch die mögliche Erfahrung pariert, die der Reiz mit sich brachte. Die gewöhnliche Wahrnehmungsweise, die übliche Logik werden nämlich dadurch nicht wesentlich berührt, im Gegenteil, sie werden verstärkt. Was so vom Bewusstsein d abgefangen, wird unmittelbar Erlebnis, Gegenstand einer Erinnerung. Dagegen untersucht Benjamin, ob sich ein anderer Weg denken lässt, damit der heute gesteigerte Reizschutz nicht jede Erfahrung verhindert. Es geht darum, Techniken zu entwickeln, die an Erinnerung und Reflexion, letztendlich am Erlebnis-Charakter vorbeiziehen können. Da wird für Benjamin - noch mehr als für Proust - der Fall-Baudelaire exemplarisch. Prousts Werk ist der anstrengende Versuch, diese Fähigkeit zu restaurieren. Die Erfahrung, von der er zu berichten versucht, ist aber durch die Grenzen der privaten Isoliertheit verstellt. Das ist jene Erfahrung, die Proust, in seiner *Recherche* künstlich zu retten versucht: Restauration der Erfahrung „auf synthetischem Wege". Denn „mit ihrem Zustandekommen auf natürlichem Wege wird man weniger und weniger rechnen können."[16] Deshalb entwickelt sich Baudelaires Dichtung wie ein Plan - gerade weil sich ihre Erfahrung schon auf das moderne Schockerlebnis stützt und ihr zugleich entgegenarbeitet. Der Wille zur Dichtung ist in seinem Fall jedem privaten Charakter, jedem persönlichen Erlebnis entzogen: Es handelt sich eher um eine Aufgabe, eine „Staatsräson", wie

15 Ebd., S. 610.
16 Ebd., S. 609.

Valery es formuliert hat: „es haben ihm Leerstellen vorgeschwebt, in die er seine Gedichte eingesetzt hat".[17] Baudelaire habe nämlich die Lücken in der modernen Erfahrung aufgespürt und also geschrieben, um diese auszufüllen. Sein Werk sei, nach Benjamin, nicht „geschichtlich" wie jedes andere Werk es ist, „sondern es wollte und es verstand sich so."[18]

Es lohnt sich an dieser Stelle die Frage, ob sich dasselbe auch von Brechts Gesamtproduktion, insbesondere von seinen Lehrstücken, sagen lässt. Auch Lehrstücke sind zweckmäßig geplant, damit sie als die fehlenden Verbindungen in die Leerstellen der heutigen Gesellschaft eingesetzt werden können: in jene Kluft zwischen Privatem und Gesellschaftlichem, zwischen Basis und Überbau

Deshalb meint Brecht, Kunstwerke beruhten immer noch viel zu viel eben auf einem Erlebnischarakter, von dem man sich dringend verabschieden sollte:

> Die Publikation der Versuche erfolgt zu einem Zeitpunkt, wo gewisse Arbeiten nicht mehr so sehr individuelle Erlebnisse (Werkcharakter) haben sollen, sondern mehr auf die Benutzung (Umgestaltung) bestimmter Institute und Institutionen gerichtet sind (Experimentalcharakter haben) und zu dem Zweck, die einzelnen sehr verzweigten Unternehmungen kontinuierlich aus ihrem Zusammenhang zu erklären.[19]

„Werke" sind noch zu oft auf die Konstruktion von Situationen ausgerichtet, in die man sich einfühlen kann, die nämlich nicht so weit von unserem empirischen Leben entfernt liegen. Solche „Werke" lassen sich deswegen leicht zu unserem schon Erlebten und Bekannten assimilieren, durch unsere Ängste vor dem Unerwarteten parieren. Die Grenzen unserer Erfahrung, unseres Wissens und Verstehens können dadurch kaum verfremdet und eventuell in jene wirkliche Krise gestürzt werden, in die im Leben normalerweise nur persönliche oder kollektive Traumata, sicher nicht intellektuelle Kritik stürzen können: Im besten Fall gewinnt man einen kritischen, von außen hinschauenden Blick auf sich selbst und auf die Zeit, in der man lebt. Aber die eventuelle Erschütterung ist kaum so radikal, dass gewöhnliche Denkhaltungen aufhören müssen, weil sie einfach nicht mehr brauchbar sind. In diese Richtung scheinen sich Benjamin und Brecht zu bewegen. In vielerlei Hinsicht geht es sogar um eine entgegengesetzte Richtung als die der Psychoanalyse und des kritischen und philosophischen Denkens: Nicht geht es um Heilung, sondern um Durchbrechungen des Reizschutzes, gegen die der heutige Mensch spontan so gut gesichert ist. Je mehr gebildet und intellektuell aufgerüstet man ist, desto mehr abgeschirmt ist man, d.h. desto größer wird die Angst sein, diesen Schutz zu verlieren. Deswegen platziert Benjamin die Schockerfahrung im Kern der dichterischen Arbeit, als deren

17 Ebd., S. 615.

18 Ebd.

19 Brecht: *Versuche* 1-4. Berlin, 1963, S. 6.

technischen Schlüssel. Fällt diese Erfahrung weg, kommt es zu keiner Dichtung: Versagen beim Schreiben die Wahrnehmungsweise und das Verständnis des Dichters nicht, versagen seine Fähigkeiten, seine Talente nicht, werden sie keiner Zerreißprobe unterzogen, kommt es zu einer gegen Erfahrung abgesperrten und absperrenden Dichtung.

Stellen Lehrstücke in diesem Sinne einen Versuch dar, in einem heute so überwachten und präventiven Raum traumatische Erfahrungen auszulösen?

Aber anders als bei einem traumatischen Erlebnis, das bisherige Ideen und Gewohnheiten einfach zerplatzen lässt und nur Bruchstücke und Orientierungslosigkeit hinterlässt, gehen diese ‚Traumata in vitro' von ungewöhnlichen, entweder unerhörten oder scheinbar überholten, auf jeden Fall uns fremden Haltungen aus, von denen aus unsere allgemein anerkannten, kaum streitbaren Denkmuster als nicht mehr tragfähig erkennbar werden. Ihr Verlust wird nämlich von einem Standpunkt aus herbeigeschafft, der als Chance erfahrbar ist.

Kunst und Kritik sollten deswegen heute darauf ausgerichtet sein, Traumata zu fabrizieren. Aber solche, die nicht auf private Isoliertheit beschränkt bleiben, sondern auf den kollektiven Zusammenhang zielen. Und genau diese zweite Bedingung fällt heute am schwersten.

Brechts Bemühungen scheinen eben darauf gerichtet zu sein, jenes Moment zu ermöglichen, wo die individuelle Erfahrung eine kollektive Bedeutung abfängt. In seinen Anmerkungen zu der *Mutter* nennt er das den „historischen Blick", den die Regieführung vor allem haben müsse. So wird die kleine Szene als Beispiel angeführt, in der die Wlassowa ihre erste Lektion in Ökonomie empfängt: Sie sei „keineswegs nur ein Ereignis in ihrem eigenen Leben; es ist ein historischer Vorgang: Unter dem ungeheuren Druck des Elends beginnen die Ausgebeuteten zu denken. Sie entdecken die Ursache ihres Elends."[20]

Das Grundsätzliche lernt die Mutter nicht durch Erklärungen, sondern durch Erfahrung: Indem ihre Erwartungen und Bewertungen durch das Geschehen Lügen gestraft werden. Aber die unmittelbar erlebte Katastrophe der eigenen Prinzipien und Gepflogenheiten genügt oft auch nicht, um eine echte Veränderung im Verhalten hervorzubringen. Der Fall der Mutter Courage bringt das gut auf den Punkt. Dem Erlebnis der existentiellen Katastrophe fehlt oft der umfangreichere und zugleich tiefere, der abstrakte Gesichtspunkt, der ihr den privaten, allzu emotionalen, allzu moralischen Charakter nimmt. Es fehlen also die Theorien, die Lehren, die das ‚private' Erlebnis so erzählen können, dass der kollektive Zusammenhang in ihnen plötzlich wieder nah wird und man damit rechnen muss. Zu diesem Übergang vom verzweifelt Privaten zum Kollektiven ist eine Lehre unentbehrlich, und zwar eine Lehre in Sinne einer positiven Theorie, die konkret zu erklären versucht, wie die Dinge *jetzt* genau liegen und wie sie innerhalb ihrer historischen Möglichkeit laufen könnten. Sonst ergibt sich unter den heutigen Lebensbedingungen kaum die Chance,

20 Brecht: Anmerkungen zur „Mutter". In: GBA 24, S. 172.

eine das Gewohnte verfremdende Perspektive zu gewinnen. Unter solchen *lehrlosen* Zuständen wie den heutigen bringt man höchstens die Courage auf, um nach jeder Katastrophe, persönlich oder kollektiv, möglichst bald so weiterzugehen, als ob nichts passiert sei. Das macht den Unterschied zu Wlassowa: Damit sie die Lage wirklich verstehen kann, muss diese in ihre am tiefsten verwurzelten Glaubenssätze eine Bresche einschlagen (sähe sie nicht die Polizei die Arbeiter niederschießen, würde sie ihr Vertrauen auf die staatliche Gerechtigkeit und ihre 'Lehre zur Nicht-Gewalt' nicht in Frage stellen). Aber durch diese Bresche muss sich jeweils die ‚richtige' Lehre einschleichen, diejenige, die jetzt die Lage in Gang setzen kann.
Da beginnen aber unsere Schwierigkeiten. Wie gesagt, die Verkoppelung Gewalt-Ideologie des letzten Jahrhunderts hat uns tendenziell auf einer Kritik der Gewalt beharren lassen, die sich mit einer Kritik der Ideologie (der Wahrheit) allzu schnell begnügt. Aber die Wahrheit hat weitere geschichtliche Formen gehabt als diejenige, unter der wir sie heute tendenziell verstehen können: Sie war nicht immer hauptsächlich als ein Gegenstand der Erkenntnis konzipiert, sie war nicht nur Zweck des Forschens und des Lernens oder ein Urgrund, auf dem jeder weitere logische und praktische Schritt als eine dadurch ‚autorisierte' Folge stattfinden kann. Da uns diese ‚Erfahrung' der Wahrheit abhandengekommen ist, fällt es uns heute schwer, mit der Positivität einer/jeder Lehre nicht erledigend oder bereinigend umzugehen, auch wenn Brecht immer wieder darauf hinweist, dass es sich bei Lehre und Theorie um kein Programm handelt, das verwirklicht werden soll. Es geht eher um einen Hebel, der den praktischen Ansatzpunkt an die Oberfläche bringen muss, wo eine heute mit allen indirekten und direkten Waffen verteidigte ‚Wirklichkeit' aufzusprengen ist.

Hohlformen für beliebigen Gebrauch. „Das gibt es gar nicht!"

Brecht selbst lässt keinen Zweifel daran, wie das Lehren in seinen Texten zu verstehen sei: Der Akzent liegt nicht auf der Übertragung eines Wahrheitsgehalts. Was gelehrt/gelernt wird, ist nicht einfach eine Idee, eine Meinung, eine Lehre, sondern die Denkhaltung als deren Voraussetzung und mit konkreten Folgen. „Nicht eine bestimmte Erkenntnis soll durch die Lehre verbreitet, sondern eine bestimmte Haltung der Menschen soll durch sie durchgeführt werden."[21]
Die Lehre ist immer Lehre von einer Haltung. Was von einer Lehre interessiert, egal wie ideologisch und positiv sie ist, ist die Haltung, in die sie versetzt, die konkrete Verhaltensweise, die sie in einem konkreten Fragenzusammenhang einnehmen lässt, was sie wahrnehmbar, was sie nicht wahrnehmbar macht, wo sie die Gefahr erkennt, wo sie sie einfach übersieht.

21 Brecht: Fatzer. In: GBA 10.1, S. 520f.

Lehren heißt in diesem Sinn in die Fähigkeit einüben, die Haltung zu erkennen und deren gesellschaftliche Wirkungen (was Brecht den „sozialen Gestus" nennt) sichtbar machen zu können. Gerade in dieser ‚Einübung' besteht das pädagogische Moment, auf das Brechts Theater- und Denk-Praxis so viel Wert legt. Es hat nichts mit der gängigen Belehrung etwa wie im Schulunterricht zu tun. In diesem Sinn basiert dieses wahre „Pädagogium" weniger auf der Schule als Institution der Wissensvermittlung als auf elementarer Theaterpraxis, bei der es darum geht, Haltungen erkennen, zitieren und in konkreten Situationen erproben zu können.
Wir wissen, dass Brecht selbst einmal die Tatsache bereut, den etwas unglücklichen Namen Lehrstück für seine kleinen experimentellen Texte gewählt zu haben, da er sie auf den ersten Blick sofort in die Nähe der naivsten Propaganda-Kunst zu verlegen droht. Vielleicht wäre die Bezeichnung *learning play*, die offensichtlich von Brecht selbst stammt, tatsächlich geeigneter gewesen, um von Anfang an die großen Missverständnisse zu vermeiden, die die ‚Lehre'" in diesen Texten von der Zeit ihrer Entstehung bis in unsere Tage hervorgerufen hat. Vielleicht war „die Unterstreichung des Lehrhaften in diesen Stücken und ihrer Darstellungsweise ein schwerer Fehler"[22], schreibt Brecht in *Mißverständnisse über das Lehrstück*, einem kurzen Text, der den Charakter einer Selbstverständigung hat. Der Text beginnt mit einigen Bedenken in Bezug auf die Angemessenheit des Namens und des deutlichen Lehrgestus, untersucht diese Frage genauer und kommt endlich zu einem merkwürdigen, unerwarteten Schluss: „Die Schultafel [...] ist nicht die Hauptsache der Lehre". Der Lehrgestus, die offensichtliche belehrende Haltung ist also nicht die Hauptsache. „Zumindest ist sie (die Schultafel) ohne die Lehre nichts besonders Aufregendes."[23]
Günther Anders berichtet von einem Gespräch mit Brecht, in dem er die Rede auf eine mögliche Selbstsabotage bringt, die im epischen Theater die Absichten Brechts unterminieren könnte. Die Schauspieler ständen nun vor der doppelten Aufgabe, nicht nur etwas zu zeigen, sondern dabei auch ihre Geste des Zeigens zu zeigen. Da diese bewusste, absichtliche Selbstexponierung eine relativ neue Aufgabe darstelle, gehen sie das Risiko ein, darin die Hauptsache zu sehen: dass sie zeigen, würde eigentlich wichtiger, als das, *was* sie zeigen sollten. „Der Lehrgestus wichtiger als der Lehrgehalt."[24] Brecht merkt dazu zunächst an, so was wäre noch immer nützlich. Aber nach einer Pause fügt er hinzu: „Nein. Das gibt es gar nicht. ... Hohlformen ... Epische Gesten für beliebigen Gebrauch; für beliebige Füllung; für auswechselbaren Lehrgehalt. Den richtigen Lehrgestus, den beherrschen die Schauspieler nur dann, und die Lehre übermitteln sie nur dann richtig, wenn sie diese verstehen."[25] Wenn Anders' Hinweis zutrifft, stimmten Lehrgestus und Lehrgehalt nach Brecht nicht

22 Brecht: Missverständnisse über das Lehrstück. In: GBA 22.1, S. 117.
23 Ebd.
24 Günther Anders: *Bertolt Brecht. Erinnerungen und Gespräche*. Zürich, 1976, S. 22.
25 Ebd., S. 23.

miteinander überein. Entgegen dieser Replik bestehe Lernen und Lehren nicht nur darin, jeweils die eigene Haltung vorzumachen und somit eine selbstverfremdende, kritische Haltung einzunehmen. Wenn diese Übereinstimmung gefördert würde, und das passiert jedes Mal, wenn man die Lehre außer Acht lässt, läuft man die Gefahr, bloße „Hohlformen" hervorzubringen. Diese aber sind es, die Brecht Sorgen bereiten, nicht der positive Gehalt, nicht die formulierte Lehre. Sie ist dagegen das, was schon im Wort „Lehrstück" den heutigen Leser in Verlegenheit bringt. Entgegen unserem heutigen Gefühl seien bloß negativ-kritische Formen nämlich gefährlicher als ausgesprochene positive Lehrgehalte.
Das soll gar nicht darauf hinauslaufen zu behaupten, Brechts Lehrstücke wollten eine Weltanschauung vermitteln. Wenn es so wäre, dann wären sie ganz sicher zum Scheitern verurteilt, da ihre genaue Sprache, ihre exponierende Form eine solch arglose Übermittlung auf jeden Schritt und Tritt verunmöglichen. So kann Brecht im Gespräch mit Anders weiter anmerken, diese Selbstvereitelung sei genau das, was jenen Arbeiten passiert, die sich seinen gestischen Stil nur äußerlich aneigneten, ihn aber von seiner Lehre reinigten: „dass die entwendeten und verwendeten Lehrgesten viel zu scharf sind für die angeblichen Lehren, die die Diebe mit Hilfe dieser Gesten an den Mann zu bringen versuchen. Dass Gesten und Gehalt nicht zusammenpassen. Dass der Unterschied in den Augen springt. Und die Falschheit der Verwendung verrät."[26] Die Frage stellt sich, inwieweit, wenn heute der Akzent auf die Haltung des Lehrens, aber nicht auf deren besonderen, ganz spezifischen Zusammenhang mit einem Lehrinhalt gelegt wird - was immer darunter zu verstehen sei -, zu diesem von Brecht negativ gesehenen ‚formalistischen' Trend beigetragen wird. Dem folgend möchte ich die Hypothese aufstellen, dass die Lehre im Lehrstück gar nicht nur Leere ist. Dass die Übermittlung von Wissen, die Überzeugung gemäß einer Ideologie, nicht seine Sache ist, ist genug betont worden und kann nicht genug wiederholt werden[27], da dieses Missverständnis allzu oft entsteht. Wahrscheinlich ist das einer der Gründe, warum Brechts Produktion oft mit einem hysterischen oder selbstgefälligen Widerstand rechnen muss (sicher ist das der Hauptgrund in Italien, trotz aller angeblichen Brecht-Renaissance der letzten Jahrzehnte).
Brecht weiß, dass er aufgrund der herrschenden Stimmung dem Lehrhaften gegenüber „Missverständnisse riskiert" hat und stellt die Frage: „Waren Missverständnisse vermeidbar".[28] Diese Frage sei aber nicht, warnt er, mit einem weiteren Missverständnis zu verwechseln. Sie muss nämlich nicht als ein Vorschlag verstanden werden, „im Interesse der Lehre" zu „verbergen, dass gelehrt werden sollte." Das nennt Brecht „durch die Blume wissen" wollen und bemerkt, dass viele „fortschrittliche Leute" eben das verlangen: wenn überhaupt dann erst auf eine solche

26 Ebd., S. 23.

27 Zunächst bekanntlich von Reiner Steinweg: Das Lehrstück – ein Modell des sozialistischen Theaters. Brechts Lehrstücktheorie. In: *Alternative* 14 (1971), H. 78 / 79, S. 105f.

28 Brecht: Missverständnisse über das Lehrstück, S. 117.

„unterirdisch raffiniert intrigante Art belehrt" zu werden. Denn: „gesellschaftlich betrachtet gilt das Doktrinäre als unfein".[29] Natürlich in einem oberflächlichen Sinne von „gesellschaftlich", wie wir heute wahrscheinlich das „Politische" im ‚politically correct' verstehen. Das ist, meint Brecht, den „fortschrittlichen Leute", die, wenn überhaupt, nur „durch die Blume" wissen wollen, leicht zu erklären. Im Grunde verstehen sie wenigstens unter Lernen etwas ganz Anderes als die „Unbelehrbaren", die es als eine „Aneignung von Bildungsbesitz, den Erwerb einer Ware und das Gelernt-Sein als Fertig-zur-Karriere-Sein"[30] betrachten. Die „fortschrittlichen Leute" verstehen eher unter Lernen einen „lebenslänglichen Prozess der Angleichung an die Verhältnisse".[31] Wobei Brecht dialektischer denkt als unsere Regierungen, wenn sie die Arbeitenden dazu auffordern, sich ständig auf dem Laufenden zu halten, ‚flexibler' zu werden, dem Gang des Arbeitsmarkts zu folgen und so weiter. Bei Brecht handelt es sich eher darum, den Kontakt mit der konkreten Situation ständig zu aktualisieren, ständig umzulernen und zu erkennen, wo darin Breschen eingeschlagen werden können, wo die Veränderungskraft eingesetzt werden kann. Zu diesem Zweck muss man sich auf dem Laufenden halten, ohne Zweifel. Diese „fortschrittlichen Leute", die unter Lernen immer noch etwas Produktives verstehen können, sind also „nicht fertig, bevor sie gestorben sind", sie wissen ganz genau, dass „die Verhältnisse zum großen Teil von den Menschen produziert werden", und dass gerade das die Verhältnisse erst „handhabbar" macht, d.h. konkret veränderbar anstatt sie, wie oft passiert, als „schicksalhafte fetischartige Phänomene"[32] auszugeben.

Nur versprechen sie sich „tatsächlich mehr pädagogische Wirkung von einer ganz konkreten [...] Lehrart", nämlich eine, die „im rein Anschaulichen" bleibt und auf jede „Abstrahierung"[33] verzichtet. Sehr wahrscheinlich müssen wir uns da heute angesprochen fühlen. Und eben da sieht Brecht das eigentliche Problem, das die „fortschrittlichen Leute" womöglich gefährlicher als die „Unbelehrbaren" macht, die jenseits der karrieremäßigen Bedürfnissen gar nicht lernen wollen.

Denn diese progressiven Leute wollen ja lernen, aber sie „wollen es auf dem Weg der Erfahrung wissen, und zwar der sensuellen Erfahrung, auf dem Weg des Erlebnisses. Sie wollen hineingezogen werden, nicht gegenübergestellt."[34] Das bedeutet auch: Sie wollen sich selbst vergessen, sich selbst nicht gegenübergestellt werden.

Unter den gegebenen Umständen ist nach Brecht die Frage: „Soll gelehrt werden?"[35] falsch, die Frage lautet jetzt eher: „Wie soll gelernt und gelehrt werden?"[36] Darauf ist die Antwort Brechts sehr klar: nicht über Blumen und Erlebnisse, nicht über

29 Ebd.
30 Ebd., S. 118.
31 Ebd.
32 Ebd.
33 Ebd., S. 117.
34 Ebd., S. 118.
35 Ebd.
36 Ebd.

die Schultafel, also über eine einfache Vermittlung von Wissen. Der ausdrückliche Lehrgestus soll nicht einen kritischen Sinn hervorrufen gegen die allgemeine, ‚softe Dressur', die wir heute erleben, oder jede Form ideologisierender Autorität. So neigen wir „fortschrittlichen Leute" dazu, ihn zu verstehen. Der unübersehbare Lehrgestus ist einfach darum unentbehrlich, weil eine unübersehbare Abstraktion der Sprachen (der Formen) unentbehrlich geworden ist, will man eine praktikable Einsicht in den heutigen ‚Lauf der Dinge' gewinnen. Von dieser unvermeidlichen Abstraktion hängt der Eindruck von „Schultafel" ab, von dem Brecht in Bezug auf die Lehrstücke spricht, die aber nicht nur seine Lehrstücke im engeren Sinne betrifft. Die Abstraktion in seinen Texten hat unmittelbar mit einer ‚Vereinfachung' zu tun. Die berühmte Einfachheit seines Stils hat für Brecht immer nur darin bestanden, den Gestus, also die gesellschaftliche Tragweite von Handlungen und Situationen, also den gesellschaftlichen Erfahrungswert individueller Erlebnisse, in der Sprache herauszuarbeiten, damit sie „dem Gedächtnis (besser) einverleibt"[37] werden können. Brechts Einfachheit wurde aber oft kurz und bündig als „Primitivität" bezeichnet. Solche Vorwürfe blieben z. B. anlässlich der *Mutter* weder bei deren New Yorker noch bei der Berliner Inszenierung aus. „Ein Stück für primitive Hörer" besser noch: „das Stück eines primitiven Autors", wobei „the intelligence of their audience„ unterschätzt wird: „Their method is as naive as blackboard, as childish as a set of nursery building blocks."[38] So lauteten die Beschwerden der „bürgerlichen Zuschauer", die „um das gewohnte Theatererlebnis gebracht"[39] worden waren.
Hinter unserer Ungeduld dem unübersehbaren Lehrhaften gegenüber scheint also, Brecht folgend, eine weitere, gravierende Frage zu stecken: unsere gesellschaftlich bedingte Schwierigkeit, oder sogar Unfähigkeit, sozusagen das Konkrete des Abstrakten wahrzunehmen und Abstraktionen zu entwickeln, die unser Konkretes abfangen können. Das ist, wo jene „fortschrittlichen Leute" nicht mehr so fortschrittlich und Brecht sogar gefährlicher als die „Unbelehrbaren" zu sein scheinen. Wer nicht lernen will, scheidet nach Brecht einfach aus. Die Tatsache aber, dass die ersten immer noch unter den heutigen Lebensumständen, vor diesen der individuellen Wahrnehmung und Erkenntnis nicht mehr zulänglichen „wirklichen Verhältnissen", so sehr auf das Erlebnis als Weg des Erkennens stehen, macht sie gefährlich, so gefährlich wie es naive Blumenlösungen auf komplizierte Fragen sind. Deswegen ist es nach Brecht „ihnen gegenüber … nötig, den Begriff des Lehrstücks, der erkennbar pädagogischen Dramatik, zu verteidigen." Und dieser Begriff „wird verteidigt, indem er vertieft wird." Radikalisiert, intensiviert also, nicht verdünnt.[40]

37 Brecht: Anmerkungen zur „Mutter". In: GBA 24, S. 172.
38 Von Brecht zitierte Berichte des Berliner Tagblatts vom 18.1.1932 und des New York Evening Journal vom 20.11.1935. Ebd., S. 179.
39 Ebd., S. 177.
40 Brecht: Missverständnisse über das Lehrstück, S. 118.

Lehren sind auch Kunstgriffe. Aber welche Lehre und wozu?

„Das Erlebnis, das vom Theater vermittelt wird, ist kein Selbstmachen. Man tut falsch, wenn man jedes Erlebnis für ein Experiment hält und alle Vorteile daraus ziehen will, welches ein Experiment ergeben kann. Es ist ein riesiger Unterschied zwischen einem Erlebnis und einem Experiment.“[41] Aber um solche Experimente aufzustellen, kann man „nicht einfach ins Blaue hinein veranstalten [...]. Irgendeine Richtung muss man haben, nach irgendwelchen Gesichtspunkten muss man die Vorfälle auswählen, zumindest Vermutungen müssen da sein.“[42] Da ist es, wo eine Lehre nötig wird. Keine von oben gefallene Offenbarung über die wirklichen Verhältnisse, keine ideelle Vorstellung, an die die Wirklichkeit anzupassen wäre, aber ein kritischer Hebel, der möglichst außerhalb der gewöhnlichen Erfahrungs- und Denkweise liegt. Darin besteht die Funktion der „Lehre der Klassiker“, wie Brecht Marx and company oftmals nennt. Um sie genau zu verstehen, muss man prüfen, wo ihre Lehre im Text eingesetzt wird, in der *Maßnahme* etwa entsteht sie im Augenblick des dringenden Elends. Aber sie leistet nicht sofort Hilfe bei der Frage, wie der junge Genosse handeln soll und endlich agiert hat, im Gegenteil. „(D)ulden die Klassiker, daß das Elend wartet?“ [...]„Sie sprechen von Methoden, welche das Elend in seiner Gänze erfassen.“[43] Sie versuchen nämlich nicht nur Symptome zu heilen, sie sorgen für den weiten Blick, denjenigen, der heute so gern vergessen wird. Jede Politik der Hilfe und der Verbesserung (was anders denn ist die Politik heute?) muss aus dieser Perspektive als eine Notlösung erscheinen, damit das Bestehende noch eine Weile (wie lange?) überleben kann. Gegen diese Haltung, die heute vorherrschend ist, zeigen die Klassiker eine uns unerhörte, unbequeme Position: Sie beharren selbst dort auf der Zeit, wo es keine Zeit gibt, wo es wirklich drängt. Sie stellen in Frage, ob die schnelle, auffällige Lösung wirklich etwas löst. Sie präsentieren uns eine Erfahrung, zu der wir unfähig geworden sind. Gemäß dieser Art von Erfahrung stehen die zwei Schlüsselworte in den Lehrstücken, ‚Helfen‘ und ‚Aufgeben‘, jeweils für ‚Verbessern‘ und ‚Verändern‘: Wer wirklich etwas verändern will, der muss im Wesentlichen aufgeben können und nicht heilen, verbessern wollen. In diesem Fall, dem Fall des jungen Genossen, der der Fall eines ganzen Jahrhunderts ist, funktioniert die Lehre wie „Dämme“[44], so wird sie von dem jungen Genossen jedenfalls definiert, als er sie zerreißt: Sie ist das genaue Gegenteil eines Dogmas, wie es normalerweise verstanden wird. Sie fordert nämlich dazu auf, die jeweilige Situation angesichts der impulsivsten Ideen und selbstverständlichsten Prinzipien nicht auszublenden, d.h. sie fordert dazu auf, unsere edelsten Impulse und Gefühle nicht dogmatisch zu machen.

41 Ebd.

42 Ebd.

43 Bertolt Brecht: Die Maßnahme. In: GBA 3, S. 118.

44 Ebd., S. 119.

Der Marxismus wird also unter den vielen möglichen ‚Philosophien' gewählt, nicht weil er uns mit der ‚richtigen' Weltanschauung versieht. Das wäre eher für Brecht ein hinreichender Grund, um ihn auf der Stelle abzuweisen, da wir mit solchen mehr oder weniger scheinbaren Ideologien überfüllt sind, die uns den Lauf der Dinge wegerklären, sodass wir nicht mehr weitere fünf Minuten daran denken müssen.
Nicht also einfach eine Theorie, eine Sicht der Dinge, die wir nur zu verstehen brauchen, um alle Vorfälle dadurch zu erklären. Sondern eine Lehre, die *gelehrt* werden muss, die man nämlich so lernen muss, wie man fremde Sprachen im Grunde immer noch lernt, wie einmal die Klassiker studiert wurden: Nicht indem man das Fremde assimiliert, sondern indem man sich des Eigenen möglichst enteignet, indem man die ‚fremde Haltung' einnimmt. Da gilt praktisch eine Haltung den ‚Lehren' gegenüber, die in den alten philosophischen Schulen und in der theologischen Erfahrungsweise Praxis war, die aber in dem heutigen Lernen/Lehren fast völlig abhandengekommen ist: Man versteht nicht, um nachzuprüfen, ob ein Einverständnis zu geben sei, sondern man muss mit der Lehre erst einverstanden sein, nämlich ihre Perspektive einnehmen, um überhaupt verstehen zu können. Und was es dabei zu verstehen gilt, ist nicht die Lehre an sich, sondern was sie in unserem Gebrauchszusammenhang erkenntlich und unkenntlich, was sie denkbar und was sie undenkbar macht. Es handelt sich also nicht darum, den inneren Zusammenhang einer Theorie zu durchschauen, vielmehr ihren Einsatzpunkt in unserem Zusammenhang zu ‚erleben'.
Die marxistische Lehre ist in diesem Sinne die erste und wesentlichste Verfremdungstechnik bei Brecht. Dass sie in seiner Produktion ein technisches Mittel, und zwar ein Grundmittel, aber kein Zweck ist, bedeutet noch nicht, dass sie durch jedes beliebige Mittel ersetzt werden kann. Das muss erst untersucht werden. Diese Lehre wirkt als ein Aufmerksamkeitssignal, sie stellt die Gelegenheit dar, sich mit den konkreten Grenzen der eigenen Denkhaltung auseinanderzusetzen, aber sie kann das nicht erzwingen. Sie hat nämlich nur die Autorität, die die Klassiker hatten, sie hat nicht die Macht der Mächtigen. Es wird nicht diktiert, was zu tun ist, eher wird das in Frage gestellt, was getan worden ist (und das gilt auch für die vier Agitatoren, denen die Darstellung/Ermittlung gilt). Wenn der junge Genosse das Verhältnis zur Lehre zerreißt, bricht keineswegs ein Machtverhältnis durch, sondern eine Bindung wird aufgelöst, ein konkreter kritischer Zusammenhang wird verlassen, eine mögliche Nachprüfung wird aufgegeben. Er gibt nämlich eine Chance zur Selbstverfremdung auf. Nicht zufällig zerreißt er die Schriften der Klassiker in derselben Situation, in der er seine Maske zerstört, ihre Schriften funktionieren genau wie jene Maske. Sie sind nicht da, um das Gesicht und die eigene Sicht einfach auszulöschen, sondern um sie komplexer zu machen, sie wirken wie Extra-Wahrnehmungsorgane, nicht wie eine neue Identität. Die Lehre ist also nicht dazu da, um uns zu belehren, wenn wir nicht wissen, was zu tun ist. Am Nötigsten tritt sie auf, wenn wir mit uns selbst allzu einverstanden sind. Eine solche Verfremdung kann über die bloße Selbstreflektion einfach nicht stattfinden. Da liegt die unüberwindbare Schwäche des kritischen Denkens, der negativen, anti-ideologischen Kritik, unter dessen Stern unser Zeitalter steht. Eine Denkhaltung kann ihren blinden Fleck nicht sehen, weil er genau das

ist, was sie so sehen lässt. Es ist eine andere Denkhaltung nötig, um ihn sichtbar zu machen.

„Wer aber ist die Partei?“

So fragt der Junge Genosse[45], und mit ihm fragen wir nach dem Gesehenen auch. Aber die Partei im Text entzieht sich jeder Identifizierbarkeit mit dem, was wir darunter empirisch verstehen. Sie ist keine Machtinstanz, sie trägt also keine Spur von dem, was sie historisch gewesen und geworden ist, sie stellt eher auch ihre historische Konkretion in Frage. Sie ist nicht irgendeine höhere Macht, die über die Lage und den Lauf der Dinge von oben entscheidet und bestimmt, was falsch und was richtig ist. Diese höhere Ebene, egal ob menschlicher (Recht) oder unmenschlicher Herkunft, wird in den Lehrstücken ganz und gar zurückgenommen.

„In deinem Anzug steckt sie […], und denkt in deinem Kopf / Wo ich wohne, ist ihr Haus, und wo du angegriffen wirst, da kämpft sie.“[46] Aber sie stimmt mit keinem einzelnen überein und ebenso wenig mit einer Gruppe, einer irgendwo waltenden Macht; sie vertritt weder eine Gruppe noch die ganze Menschheit. Sie ist nämlich keine fingierte obere Instanz, kein Als-Ob, keine Institution, nämlich: keine Veräußerlichung oder Delegierung der eigenen Verantwortung. Sie wird keineswegs vergegenständlicht. In diesem Sinne ist die Partei durch die vier Agitatoren nicht besser vertreten als sie es durch den jungen Genossen ist.

Die Partei ist hier eher eine praktische Maßnahme, die unsere Zahlen-Logik, jedes Räsonieren nach den Kategorien von Minderheit und Mehrheit sprengt. Und sie ist auch das, was die Täuschung des Universalismus auflöst, jene Projektion einer unparteilichen Perspektive, die die ganze Menschheit oder das Menschliche an sich umschließen kann.

Man könnte sagen, sie benennt das Prinzip der Nicht-Übereinstimmung des Subjekts mit sich selbst, sie ist ein mitzunehmender Verfremdungsfaktor. Der Einzelne sieht nur mit „zwei Augen“, aber „die Partei hat Tausend Augen“ und „viele Stunden“, also viele richtige Augenblicke und kann deswegen wie das Individuum „ nicht vernichtet werden“[47]. Kleiner als der Einzelne, kleiner als die Menschheit, vielleicht jene „kleinste Große“[48] von der Herr Keuner spricht, jenes Moment wo der einzelne Mensch sich nicht einmal mit sich selbst identifiziert, wo er weder durch fremde noch durch eigene Positionen vertreten lässt, wo er sich niemals zu solchen

45 Ebd., S. 119.

46 Ebd.

47 Ebd., S. 120.

48 Bertolt Brecht: [Zu den „Geschichten vom Herrn Keuner“ gehörende Texte]. In: GBA 18, S. 28.

halsbrecherischen abstrakten, allgemeingültigen Aussagen verführen ließe wie der junge Genosse, wenn er behauptet: ich tue „nur das allein Menschliche“.[49]
Die Partei im Lehrstück ist eben dazu da, unsere Unparteilichkeit und Neutralität, unsere allgemeinmenschliche Perspektive unmöglich zu machen.
Die Partei ist immer nur die Partei des sprachlichen Ausdrucks, die Partei die man jeweils nehmen muss, die also nirgendwo endgültig zu lokalisieren ist, aber sich in der jeweiligen Lage bestimmen lässt. Im Grunde tritt sie hier an die Stelle des Geistes, der Vernunft, der alten, höheren Instanzen wie Staat, Menschheit oder Menschlichkeit, die den Despotismus des Triebs kritisierten. Aber im Unterschied zu Geist, Vernunft, universellem Subjekt, Menschheit etc. erhebt sie keinen Anspruch auf Absolutheit und Universalismus. Sie erinnert eher daran, dass diese universalistische Nicht-Positionen mit ihrem Anspruch auf Unparteilichkeit und Neutralität ebenso unmöglich wie gefährlich sind. Jedes Denken ist historisch bedingt, und die antiideologische Kritik kann praktisch nur der Ideologie dienen, die sie nicht gerade bekämpft.
Dies ist der Punkt, an dem die Lehrstücke eine weitere Grundhaltung unserer Zeit herausfordern. Kapital und ‚Große Politik‘ und Philosophie, Wissenschaft, Kunst und kapitalistisch-kritische Bewegungen stimmen mindestens darin überein, dass Freiheit das absolute Gut ist und dass sie in ihrer besten Form in der Freiheit von jedem erhobenen oder erlittenen Anspruch auf Wahrheit besteht; die rein negative Haltung der modernen Kritik, die die Ausmerzung jedes ideologischen Rests und die Freiheit von jeder positiven Bedingung beansprucht. Es handelt sich nicht darum, den ideologischen und politischen Charakter, der jedem Denken und Tun immer anhaftet auszurotten, einfach weil so etwas im Leben nicht möglich ist: Haltungen und deren soziale Wirkungen können nicht einfach suspendiert werden. Damit eine Haltung aufhört, muss sie durch eine andere ersetzt werden. Ein Sprechton ist nur durch einen anderen Ton in Mund zu ersetzen, eine körperliche Haltung ist nur durch eine bestimmte andere zu unterbrechen. Schweigen und Stillbleiben, Sich-Abhalten sind auch mitwirkende, irgendwie mitarbeitende Haltungen; woran sie arbeiten, ist in dem jeweiligen konkreten Zusammenhang zu überprüfen. Schließlich: ein Denken ohne Lehre ist nicht einfach unmöglich, in dem Sinne, dass es stets schon eine unbewusste Stellungnahme und eine unbewachte Wirkung voraussetzt, sondern ein Denken ohne Lehre, dessen größter Anspruch darin besteht, sich von jedem ideologischen Rest rein zu halten, schafft es einfach nicht, das zu tun, was es am intensivsten anstrebt: Die unscheinbaren Ideologien, die unseren Lauf der Dinge unterstützen, wirklich zu kritisieren, d.h. materiell in die Krise zu stürzen.
Die wirkliche Gefahr ist nicht die Ideologie, denn ‚ideologisch‘ ist man immer, insofern man schon immer Partei ergriffen hat und ergreifen muss. Die echte Gefahr ist, angesichts bewusster oder unbewusster Parteinahme, den Kontakt zum jeweiligen Zusammenhang zu verlieren, die Situation zu neutralisieren, indem die

49 Ebd., S. 118.

Lage durch das eigene Denken und Wissen (das philosophische Denken, aber auch Instinkte und Gefühle, denn darin steckt, wie gesagt, auch viel unausgesprochenes, aber sehr wirksames „Wissen“, wie der Philosoph im Messingkauf bemerkt) nicht herausgefordert, getestet, sondern bevormundet wird.
So betrachtet heißt Lernen nicht einfach, die Voraussetzungen im eigenen und fremden Denken zu erkennen, und sicher nicht, sie nur loszuwerden, um voraussetzungslos frei denken zu können. Man lernt eher, wenn man die unentbehrliche Parteilichkeit seines Denkens und Erkennens zu verantworten versteht, wenn man noch einmal lernt, Partei zu nehmen, wo man immer schon Partei genommen hat.
Die Lehrstückform unterscheidet sich also sowohl von dem wissenschaftlichen Experiment im engen Sinne als auch von der Gerichtsprozedur darin, dass sie auch die kritische Distanz als ‚Gegenständlichkeit‘ in Frage stellt, ebenso wie sie das Erlebnis als Erkenntnisform in Frage stellt.

Wie das heutige Primat der ‚zwecklosen Mittel‘ verfremdet wird

Das ist es vermutlich, was heute am meisten einen inneren Widerstand gegen die Lehrstück-Texte verursacht: dass sie noch die ‚alte‘ Sprache des Sinnes und des Zwecks zu reden scheinen. Das ist aber nur ein Schein. Brecht kann gar nicht auf jene Schriftsteller zurückgeführt werden, die einfach etwas auszudrücken haben, egal ob es sich um eine Botschaft oder um den ‚reinen Ausdruck‘ handelt. Das ist eben der Sprachgebrauch, den er vom Anfang an bekämpft hat. Diese Verwechslung entsteht nur aus der Tatsache, dass Brecht auf Sinn, Inhalt, Lehre und Lehrgestus nicht verzichtet. Nur liegt bei ihm das Form-Inhalt-Verhältnis, das in all seinen Varianten die ästhetische Tradition durchläuft, nicht mehr im Mittelpunkt: Was jetzt zählen muss, kann nicht mehr sein, was die Formen sagen wollen oder überhaupt nicht sagen können. Dringend ist nach Brecht jeweils zu erkennen, erstens wie die Formen, die Mitteln in den jeweiligen Zeitraum eingreifen und umgekehrt, ob die Zeit in sie eingreift oder nicht; zweitens, daran zu arbeiten, dass dieser Kontakt stattfinden kann, denn das ist genau das, was heute am meisten, am peinlichsten ausbleibt. Das ist, was sogar systematisch, technisch verhindert wird. Brechts Lehrstücke (aber Brechts Schreiben im allgemeinen nicht weniger) sind heute in dieser Hinsicht nicht zuletzt interessant, weil sie u.a. die Kraft haben, die ‚mediale‘ Tendenz, die heute unser Denken und unser Tun innerviert, fast *ante literam* in Frage zu stellen. Im *Badener Lehrstück vom Einverständnis* wird u. a. gerade diese heute weit verbreitete Haltung zu den Mitteln und den Zwecken verfremdet. Zuerst wird uns ein traditionelles Bild vom Menschen vorgeschlagen als Lebewesen, das viel unternimmt, was über seine jeweiligen Fähigkeiten hinausgeht: Entdeckungen, Erfindungen, Konstruktionen, die bis zu unseren Tagen Geschichte gemacht haben, als Beweis der Macht des Menschen über die Grenzen des Vorhandenen (sei

damit die Natur oder die bisherige Geschichte, das bisherige ‚Erreichte' gemeint) hinauszugehen. Nichts Anderes als was wir uns gewöhnlich vorstellen, wenn wir von Fortschritt und Technik reden.
Unmittelbar darauf wird aber die Aufnahme plötzlich erweitert und in unmittelbarem Anschluss an die technische Überlegenheit erscheint jetzt die schwache Stelle, der Fehler oder das Unberechenbare, der Sturz. Von neuem berichten die Flieger diesmal als Gestürzte, wer sie sind, was sie gemacht haben, und dieses Mal kommt zu Wort, was früher in das übliche, allzu enge und zelebrierende Bild von Technik und menschlicher Macht nicht passte: Dass ihre Leistung keine singuläre Ausnahme, sondern eine Beteiligung an der Arbeit von anderen war, dass bei allem Erfolg sie „das Fieber des Städtebaus und des Öls erfasst" hat, dass ihre Gedanken zu „Maschinen" geworden sind, ihr Denken hat nämlich angefangen mechanisch zu funktionieren, über jeden Zusammenhang mit der jeweiligen Situation und Not hinweg, und dass ihre Kämpfe „ Kämpfe um Geschwindigkeit" wurden, sie haben nämlich „über dem geschwinderen Aufbruch" das Ziel ihres „Aufbruchs"[50] vergessen. Derart ist die Sprache, mit der unsere Technik, unsere Produktion, selbst unsere wissenschaftliche und philosophische Denkweise reden würden. Über das Mittel, über den Prozess, über die Bewegung Ziel und Sache zu vergessen, ist nicht nur die Art und Weise, in der unsere Produktion funktioniert, es ist auch das Mantra, in dem unser schlafloses Bewusstsein über das *Medium* laut wird: Unsere ständige Fokussierung auf die Medialität ist uns eine *pass-par-tout* kritische Maßnahme gegen die Gewalt jeder Ziel- und Sinnsetzung geworden, bis dahin dass der Eindruck entstehen kann, die Frage der Gewalt sei durch die Suspension oder Dekonstruktion von Sinn und Zweck, von Wahrheit und Intention ‚gelöst'.
Brechts Schreiben kann jeden postmodernen Logozentrismus eben dadurch in die Krise stürzen, dass bei ihm das Verhältnis zwischen Sprache und so etwas wie einer Wirklichkeit, oder zwischen Denken und Materie, immer noch ein dialektisches ist. Und zwar ein echt dialektisches, das in beide Richtungen zu begehen ist: Wenn alle Wirklichkeit auf eine sprachliche Wurzel zurückgeführt werden kann (auf die Tatsache nämlich, dass man sie so beschreibt, und dass man mit dieser oder jener Beschreibung *einverstanden* ist, um ein Schlüsselwort der Lehrstücke zu benutzen), soll auch die sprachliche Formulierung bis in ihre materiellen Folgen verantwortet werden.

Eine Kraft im Spiel sein

Es bleibt die Tatsache, von der wir ausgegangen sind: dass wir nicht lernen wollen. Und auch das Wissen davon, dass jemand und etwas da ist, wie Fatzer sagt, dem diese unsere Abneigung sicher zugutekommt, kann diese Lage nicht wesentlich ändern.

50 Bertolt Brecht: Das Badener Lehrstück vom Einverständnis. In: GBA 3, S. 28.

Die Unlust zum Lernen besagt aber nicht einfach eine schlechte Gewohnheit, eine unpassende Haltung, die es zu korrigieren gilt. Sie soll ernstgenommen und untersucht werden, denn in ihr steckt auch ein unausgesprochenes Wissen, eine moderne, aktuelle Erfahrung, wenn auch eine arme. Sie verrät indirekt die Ohnmacht, die wir alle mehr oder weniger bewusst verspüren, jene allgemeine präventive ‚Vereitelung', von der Brecht einmal in Bezug auf eine bald zum Vorbild werdende amerikanische Gesellschaft schreibt[51], dass sie jeder Handlung, jeder Produktion, jedem Verhältnis, Menschen, Gegenstand, Kunstwerk anhaftet. Aber unsere Ohnmacht ist uns ein Genuss geworden. Da liegt ein Hauptmerkmal der modernen Lebensform, was sie von der Vergangenheit durch eine saubere Zäsur trennt. Was einmal wenigstens unbeirrbar als Unterdrückung, Gewalt und Ausnutzung zu verspüren war, lässt sich jetzt als etwas relativ Angenehmes und Bequemes erleben. Das verwirrt zuerst die Sinne und dann die Gedanken und Taten. Unsere allgemeine ‚Gemütlichkeit', die technische, totalitäre Reproduktion von Komfortzonen ermöglicht, dass das Mitgerissen-Werden als ein Transportiert-Werden erfolgt und dass die vollkommenste Passivität auch in der scheinbaren Aktivität herrscht und eben als solche genossen wird. Der ‚Ekel', der in *Die Hamletmaschine*[52] gegen die Gemütlichkeit sozusagen noch Position beziehen kann, ist heute schon eine anachronistische Erfahrung.

Angesichts dieses Zustands lässt sich Brechts Kampf, der Kampf, in den seine Kunst übergeht, vielleicht in folgendem Satz zusammenfassen: Es gilt, eine andere Genusserfahrung wachzuhalten, den Genuss zu üben, eine Kraft im Spiel zu sein, eine die nicht einfach mitspielt, sondern den Spielboden und die Spielregeln verändern kann. Und das, während alles rund herum lehrt und dazu direkt und indirekt zwingt, einfach mitzuspielen und eine bloß exekutive Kraft zu sein, nämlich die eigene angestellte oder arbeitslose Ohnmacht gemütlich zu genießen. Lernen hat bei Brecht also vor allem mit der Not (und dem Genuss) zu tun, unser Genießen zu verändern.

Diesbezüglich stellt sich aber die legitime Frage: Ist das nicht ein anachronistischer Versuch? Als ob man etwa eine gesellschaftliche oder sogar anthropologische Veränderung mit Kunstgriffen aufhalten möchte? Erstaunlich romantisch im Grunde und moralisierend genug seitens eines, der gesagt haben soll: „Nicht an das *Gute Alte anknüpfen*, sondern an das *schlechte Neue*".[53] Ist das nicht der Versuch, ein gutes, altes Menschliches, einen noch menschlichen Gang retten zu wollen in einem Raum, der durch Schienen und Verschaltungen fein durchdrungen und nicht mehr zu Fuß zu begehen ist? wo also der Schritt, Heiner Müller paraphrasierend, nicht mehr den Weg machen kann?

Benjamin hat damals Brecht zu den destruktiven Charakteren seiner Zeit gezählt, die verstanden haben, dass die traditionelle humanistische Idee nicht einfach in die

51 Brecht: Briefe an einen Erwachsenen Amerikaner. In: GBA 23, S. 46f.

52 Heiner Müller: Die Hamletmaschine. In: H. M.: *Mauser*. Berlin, 1996, S. 95.

53 Benjamin: *Versuche über Brecht*. Frankfurt a. M., 1966, S. 135.

neue Zeit hinübergerettet werden kann.[54] Der Mensch als schaffendes, handelndes Wesen, das etwas tut oder einführt, das früher nicht da war, ist zum Ornament geworden, das einfach von der kapitalistischen Produktionsweise völlig absorbiert wird. Der Kapitalismus selbst hält sich also an das ‚gute Alte', er braucht wie eine unerschöpfliche Naturquelle diesen Menschen der humanistischen Tradition voll Initiative, Ideen, Plänen, vorausgesetzt, dass er nur ständig kreativ ist, dass er nur Neues einbringt, aber Nichts zerstört. Im Grunde kann er nicht einmal zerstören, oder nur in einem buchstäblichen, zeitlich und räumlich sehr beschränkten Sinne von Zerstörung, die deswegen nur symbolisch bleibt, auch wenn sie gewalttätig ist. Es ist also nicht so, dass der Kapitalismus den Humanismus abschafft, vielmehr entspricht es unserer Wirklichkeit, dass er davon eine streng durchgefilterte Fassung ausnützt. Kreativität minus destruktive Kraft, das ist die Formel der schönen Kastration. Schaffen kann und darf man hier allerdings allerlei und überall, und ein Individuum dient und genügt noch dazu. Aber „räumen"[55], um Benjamins Schlüsselwort zu benutzen, *Raum* schaffen, einen neuen Raum, ein anderes Kraftfeld und nicht einfach Dinge/Werke/Ideen schaffen, kann man kaum oder benötigt auf jeden Fall eine titanische, ja eine kollektive Kraft, die ausbleibt. Das Vorhandene aufzuräumen, ist undenkbar geworden. Es ist jedoch zugleich das, was die kapitalistische Gesellschaft auch getan hat und immer wieder tut, wenn sie irgendwo in der Welt noch überlebende andersartige Ordnungen ersetzt. Das war gerade das ‚schlechte Neue' an ihr, diese materiell und immateriell destruktive Kraft, die Raum schafft, die nicht einfach neue Spielfiguren und einige neue Regel ins Spiel einführt, sondern im Handumdrehen Spielboden und Spielart völlig umwandelt.

Jetzt ist diese aufräumende Kraft monopolisiert, unsere Produktions- und Reproduktionsordnung hält sie im Schach. Dem Kapital ist die perfekte Spaltung des Menschen gelungen, es hat seine kreativen Kräfte von seinen zerstörenden Kräften völlig getrennt und abgesondert, es nutzt die ersten aus, während es allein die letzteren einsetzt. Darin besteht im Grunde jene Ausnutzung, von der man heute mit einem realistischen Lächeln redet, als wäre sie ein Wort, das sein Phänomen überlebt hat, oder eine inzwischen etablierte, ja naturalisierte Wirklichkeit, die man einfach wie Luftvergiftung hinnehmen soll, nämlich als eine Ausweitung der Wetterphänomene. Ausgenutzt werden wir, indem allem, was wir denken, schaffen, tun, der destruktive Stachel entnommen wird, oder besser, indem wir schon von vornherein nur destruktionsfrei denken und schaffen können. Wir können nämlich

54 Der Bezug gilt indirekt für Benjamins Schrift *Der destruktive Charakter*, obwohl sie sich nicht explizit mit Brecht beschäftigt. Er gilt aber direkt für einige Notizen Benjamins (GS II.3, S. 1111f), die anscheinend im Rahmen des Aufsatzes zu Karl Kraus entstanden sind und die eben die humanistisch zerstörerische Aktion einer Gruppe von Avantgarde-Denkern und Künstlern, (Brecht, Paul Klee, Karl Kraus und Alfred Loos sind darunter) genauer untersucht.

55 Benjamin: Der Destruktive Charakter. In: GS IV.1, S. 396.

das Vorhandene nur verbessern und heilen, ihm ‚helfen', um die Sprache der Lehrstücke zu benutzen, aber nicht ‚aufgeben', das heißt, nicht wirklich verändern. Daher die solide Identität und strenge Konservierung dieser Gesellschaft trotz aller Eindrücke von ‚Flüssigkeit' und Instabilität an der Oberfläche. Die ‚Flüssigkeit' und die Instabilität gelten nur jenen Berichtigungen, die der Einzelne (der jetzt eigentlich nur als ein Vereinzelter vorkommt) vornehmen muss, damit auf der vorgefahrenen Route ungestört weitergefahren werden kann.
Brechts Arbeit setzt gerade hier ein. Seine Lehrstücke versuchen jene aufräumende Kraft, jenes ‚schlechte Neue' kollektiv disponibel zu machen, das unsere Ordnung beschlagnahmt hat. Er versucht, Raum zu schaffen, an der Zerstörung von Gewohnheiten, Haltungen, Denkweisen, aber auch materiellen Räumen zu arbeiten, so viel wie möglich alles aufräumen, was diese Spaltung des menschlichen Kraft zu stabilisieren *hilft*.

Als Unterbrechung, kein Schluss, eine Notiz Benjamins: „Die Erfahrung unserer Generation: dass der Kapitalismus keines natürlichen Tods sterben wird."[56] Das erreicht uns heute höchstens als eine alte Lehre, die uns nichts mehr angeht. Die Lehrstücke möchten sie uns noch *erfahren* lassen.

56 Benjamin: Passagenwerk, In: GS V.2, S. 819.

Clemens-Carl Härle

Arbeit und Einverständnis

Zur Form des Lehrstücks

1

Im Brief an Steinweg vom Januar 1977 begründet Heiner Müller, der ein knappes Jahrzehnt zuvor mit *Der Horatier* und *Mauser* seinerseits die Wiederaufnahme des von Brecht erfundenen Genres erprobt hatte, den Abschied vom Lehrstück doppelt, zum einen im Hinblick auf die Situation der Dramatik – „Stücke werden heute [...] für das Theater geschrieben statt für ein Publikum" –, zum andern im Hinblick auf die geschichtliche Situation – „Ich werde nicht die Daumen drehn, bis eine (revolutionäre) Situation vorbeikommt".[1] Offenbar sind die beiden Thesen nicht voneinander unabhängig: Die Form des Dramas reflektiert die geschichtliche Situation, in der es geschaffen wird. Besteht das Urteil über letztere darin, dass die Revolution – aus welchen Gründen auch immer – auf absehbare Zeit ausfällt, ist die Art des Kontakts zum Publikum, den das Lehrstück postuliert, unterbrochen und die Dramatik zu einer aporetischen Reflexion ihrer selbst verurteilt; man muss „den Kopf in den Sand (Schlamm, Stein) stecken, um weiterzusehn."[2] Die Sequenz „Sand (Schlamm Stein)" nimmt den Schlusssatz von Kafkas Prosastück *Prometheus* auf: Nach der Erschöpfung des Mythos – der Sage, die „das Unerklärliche zu erklären" versucht – „blieb das unerklärliche Felsgebirge".[3] Wenig später präzisiert Müller: „Was bleibt: einsame Texte, die auf Geschichte warten" (M 85). Wenigstens fürs erste, so scheint es, hat sich das Lehrstück ähnlich erschöpft wie in Kafkas Text die Figur und Qual des Prometheus, auch wenn dieses keineswegs eine Gestalt des Mythos und der Grund seiner Erschöpfung mithin ein anderer ist. Das Warten auf Geschichte übrigens wird von Müller bereits in dem Prosagedicht *Der glücklose Engel* von 1958 angesprochen, wo es im Hinblick auf die Titelfigur heißt, sie warte „auf Geschichte in der Versteinerung von Flug Blick Atem. Bis das erneute Rauschen mächtiger Flügelschläge sich in Wellen durch den Stein fortpflanzt und seinen Flug

1 Heiner Müller: Verabschiedung des Lehrstücks. In: H.M.: *Mauser.* Berlin, 1978, S. 85. Hinfort zitiert mit der Sigle M. Die weiter unten erörterten Texte *Der Horatier* und *Mauser* sind in diesem Band abgedruckt.

2 Ebd.

3 Franz Kafka: *Beim Bau der chinesischen Mauer.* Frankfurt a. M., 1994, S. 192.

anzeigt."[4] Von diesem Flug, der den Stein erzittern und damit zum Zeugen des Flugs des glücklosen Engels werden lässt, ist im Brief an Steinweg nicht mehr die Rede. Wenig später wird Müller für sich die Einsamkeit des Kommunisten – der Ausdruck ist fast ein Oxymoron – in Anspruch nehmen.
Müllers Beobachtung über den politischen Kontext als Bedingung des Lehrstücks gilt mutatis mutandis auch für seinen Erfinder. Denn Brechts Lehrstücktheorie und Praxis lag die strukturell identische, de facto jedoch entgegengesetzte Hypothese zugrunde. Sie unterstellt – bezogen auf das Ende der 1920er Jahre – eine Situation, die die Erfindung einer neuen, unerhörten Theaterform ermöglicht und verlangt. Es handelt sich für Brecht um eine singuläre, aber nicht um eine exklusive Form, denn mehr oder wenig zur selben Zeit arbeitet er an Stücken wie *Aufstieg und Fall der Stadt Mahagonny, Die heilige Johanna der Schlachthöfe* und *Die Mutter* – an Stücken also, denen gewiss dasselbe Urteil über die historische Situation zugrunde liegt, aber mit der Theorie und Praxis des Lehrstücks nur wenig Gemeinsamkeiten aufweisen.
Aus Müllers Urteil über die Unmöglichkeit, unter den augenblicklichen Bedingungen wenigstens in Westeuropa die ‚Tradition' des Lehrstücks fortzuführen, folgt jedoch nicht, dass das Lehrstück kein Interesse mehr verdient oder der von Nietzsche als antiquarisch bezeichneten Spielart der Literaturgeschichtsschreibung überlassen werden müsste. Das Gegenteil trifft zu. Die Rücksicht auf ihren Entstehungszusammenhang mag die Geburt einer künstlerischen Form erklären, ist jedoch keineswegs zu verwechseln mit dem ästhetischen Urteil über deren Kraft und Bedeutung. Im Falle des Lehrstücks liegt die ästhetische Kraft – dies gilt wenigstens für *Die Maßnahme* und für *Mauser,* in denen das Genre gleichsam kulminiert – in der unbarmherzigen Darstellung der Logik der Revolution. Die sprachliche Reduktion und der dramaturgische Essentialismus des Lehrstücks, die ‚Armut des Apparats' in den Worten Benjamins, ist nicht nur didaktisch motiviert, will sagen dem Umstand geschuldet, dass es auch von nicht-professionellen Schauspielern aufgeführt werden kann. Sie dient nicht weniger der Absicht, die Logik der Revolution in ihrer Konsequenzialität und Aporetik darzustellen, was die Form über die bloße Fiktion hinausführt und ihr den Charakter eines szenischen Traktats verleiht.
Die Freilegung der Form des Lehrspiels verlangt, scheint mir, eine doppelte Lektüre, d.h. ein Verfahren, das einerseits genealogisch, andererseits gleichsam axiomatisch ist. Die Genealogie verfährt regressiv und induktiv: Sie versucht die Etappen des Wegs nachzuzeichnen, der zum Lehrstück führt. Die Axiomatik dagegen – ich will mich nicht auf das Wort versteifen – verfährt formalisierend. Denn der Lehrstückdramaturgie – dies ist eine der Thesen der nachfolgenden Überlegungen – liegen eine Reihe von Regeln zugrunde, die bei der Konstruktion des Texts zu berücksichtigen sind, aber auch Variationen, singuläre Abweichungen

4 Heiner Müller: *Die Gedichte*. Werke Bd. 1. Hg. von Frank Hörnigk. Frankfurt a.M., 1998, S. 53.

oder Grenzfälle erlauben. Gewiss haben weder Brecht noch Müller diese Prinzipien ausdrücklich formuliert. Aber in der Analyse der Texte können sie in einem gleichsam rückläufigen Verfahren herausgearbeitet werden, und zwar nicht nur der Lehrstücke selbst, sondern nicht weniger – besonders im Fall Brechts – in der Untersuchung der Stücke, die ihnen unmittelbar vorausgehen, vor allem von *Mann ist Mann* und des *Fatzer*-Fragments. Die Lehrstückdramaturgie, die die Logik der Revolution exponiert, kann als Kondensat der aus *Mann ist Mann* und dem *Fatzer*-Fragment gewonnenen ‚Einsichten' verstanden werden, genauer: Als Radikalisierung der Demontage der Subjektivität, die in Mann ist Mann durchgespielt wird, und als Aussparung all der Faktoren, die für die Nichtvollendung des Fatzer-Projekts verantwortlich sind.

2

Was das Lehrstück auszeichnet, ist die Setzung oder Präexistenz eines Kollektivs. Die gilt auch dann, wenn das Kollektiv keine unmittelbar physische, sozusagen verkörperte Gestalt aufweist, sondern sich lediglich als imperativische Stimme kundtut – „Das Gemeinwesen bittet euch" – wie im Incipit des *Lindberghflugs*.[5] Ein Lehrstück hat weniger die Form der Wechselrede oder Interaktion zwischen Einzelmenschen als die Form einer Wechselrede zwischen dem Kollektiv bzw. seinem Vertreter und dem Protagonisten, der als Einzelperson figuriert wird – wie der Knabe im *Jasager* und im *Neinsager* oder der junge Genosse in der *Maßnahme* –, der aber auch als Gruppe auftreten kann, als ein Wir, aus dem ein Ich hervortritt – wie im *Badener Lehrstück* –, wo der gestürzte Flieger als Einzelperson aus der Gruppe der Monteure ausschert. Das Lehrstück wiederholt damit gleichsam die Urform der Tragödie, die Konfrontation zwischen dem Chor und dem einen Gegenspieler. Bedeutsamer jedoch ist, dass es im Lehrstück nicht darum geht, im Gang der Handlung die Entstehung oder Geburt eines Kollektivs aufzuzeigen, sondern seine faktische Existenz und die Stellung des Einzelnen gegenüber diesem je schon bestehenden Kollektiv. Anders gesagt, das Kollektiv ist keine Assoziation oder kein freier Zusammenschluss von Handelnden, sondern präsentiert sich als ein

5 Bertolt Brecht: *Werke. Große kommentierte Berliner und Frankfurter Ausgabe*, Bd. 2. Frankfurt a. M. / Berlin / Weimar, 1988, S. 9. Hinfort zitiert durch die Sigle GBA, die Bandnummer und die Seitenzahl. – Dass die Lehrstückproduktion mit der Darstellung einer technischen Heldentat einsetzt, mag überraschen. Brecht rechtfertigt diese Wahl nachträglich in der dritten Strophe des Gedichts *Keinen Gedanken verschwendet an* von 1932, wo es heißt: „Jenes Gefühl der Zustimmung und des Triumphes / Das uns bewegt vor den Bildern des Aufruhrs auf dem Panzerkreuzer Potemkin / Im Augenblick, wo die Matrosen ihre Peiniger ins Wasser stürzen / Ist das gleiche Gefühl der Zustimmung und des Triumphes wie vor den Bildern, welche das Überfliegen des Südpols berichten." (GBA 14, 155).

Verband oder eine Organisation, die als Träger einer verbindlichen, präexistenten Norm auftritt, deren Verwirklichung dem Protagonisten oder Gegenüber obliegt. Das Kollektiv – die chorale Rede oder der chorale Gesang – agiert als Instanz einer unpersönlichen und eben darum unmittelbar verbindlichen Rede, eine Form, die in der modernen Dramatik ungewöhnlich, aber für die Dramaturgie des Lehrstücks entscheidend ist. In der Regel fällt ihm das erste und das letzte Wort zu, was den Einzelwerken eine – oder den Schein einer – gerundete(n) Geschlossenheit verleiht. Aufschlussreich im Hinblick auf den Status des Kollektivs im Lehrstück ist der Vergleich mit *Mann ist Mann* und dem *Fatzer*-Fragment. In *Mann ist Mann* tritt das Kollektiv – zwar noch nicht als kompakte chorale Instanz auf, sondern als Peloton, verkörpert in den „vier Soldaten einer Maschinengewehrabteilung der britischen Armee in Indien" (GBA 2, 94). Aber es weist bereits die Form auf, die für das Lehrstück – auch bei Müller – verbindlich sein wird: Es stellt ein Gefüge von Stellen oder Posten dar, die mit beliebigen, auswechselbaren Elementen – Einzelpersonen – besetzt werden können.[6] Die Handlung dreht sich in *Mann ist Mann* anfangs denn auch reichlich umständlich darum, die Vakanz der Stelle zu motivieren und den Mann zu finden – Galy Gay, den Packer und Protagonisten – , der die vakante Stelle zu besetzen hat. Das Zentrum der Handlung dagegen bilden die Intrigen, die die Soldateska erfindet, um Galy Gay anzuwerben und in einen strammen Kämpfer, d.h. die Nicht-Zugehörigkeit in eine Zugehörigkeit zum Kollektiv, zu verwandeln. Im *Jasager* und im *Neinsager* dagegen wird die Aufnahme in die Gruppe der Forschungsreisenden vom Protagonisten selbst erbeten, während in der *Maßnahme* die Zugehörigkeit des Protagonisten zur Gruppe der Agitatoren in der Szene „Die Auslöschung" ausdrücklich ratifiziert wird. Ganz anders dagegen stellt sich die Situation im Fatzer dar: Hier ist kein Kollektiv vorausgesetzt, und wenn das Stück Fragment geblieben ist, so nicht zuletzt darum, weil die Gründung eines Kollektivs misslingt. Fatzers transgressive Anstachelung zur Fahnenflucht produziert einen Schwarm von Kumpanen, aber der Versuch der Deserteure – der „ihrer eigenen Bestimmung Entzogenen, auf dem Marsch Befindlichen" (GBA 10, 387) –, eine gemeinsame Überlebensstrategie zu finden oder sich gar zu einem Verband zusammenzuschließen – „Sie werden sich einzeln selber heraushauen", heißt in einer frühen Notiz (GBA 10, 390) –, endet in Selbstzerstörung der Gruppe.[7]

6 In einer Notiz hat Brecht 1930 zu dieser Stellenstruktur des Kollektivs, die von ihm zuweilen mit der Struktur von Gesellschaft überhaupt identifiziert wird, lakonisch bemerkt: „Ein Kollektiv ist nur lebensfähig von dem Moment an und so lang, als es auf die Einzelleben der in ihm zusammengeschlossenen Individuen nicht ankommt [...] Leute sind wertlos für die Gesellschaft [...]." (GBA 21, 401).

7 Soweit die Fragmente eine Interpretation erlauben, experimentiert Brecht im *Fatzer*-Fragment mit verschiedenen, einander entgegengesetzten choralen Instanzen, Chor, Zwischenchor und Gegenchor, und fragt überdies „Wer ist der Chor?" (GBA 10, 439). Der Chor referiert, kommentiert und adressiert den Zuschauer (vgl. GBA 10, 479), interagiert aber – anders als im Lehrstück – eher nur ausnahmsweise mit den Personen. Chortexte finden

Es scheint, dass Brecht aus dieser Erfahrung die Konsequenz gezogen hat, dass die Geburt des Kollektivs, der Erwerb des Wissens, über das es verfügt, und die Stiftung der Norm, als deren Vertreter es auftritt, im Lehrstück nicht gezeigt werden können. Im *Badener Lehrstück* tritt der gelernte Chor ohne weitere Motivation den gestürzten Fliegern als eine autoritative Instanz gegenüber, in der *Maßnahme als Kontrollchor* – als „Parteigericht“ in den Worten Brechts (GBA 24, 96) –, der über den Fall, den ihm die überlebenden Agitatoren durch ihr Spiel vortragen, zu befinden hat und das Gesetz formuliert, das die Tötung des jungen Genossen als gerechtfertigt erscheinen lässt. Nicht gezeigt wird, wie der gelernte Chor des *Badener Lehrstücks* das gelernt hat, was er weiß, oder wie das Parteigericht eingerichtet worden ist. Wir werden zu fragen haben, warum die Bildung eines Kollektivs – gleichsam der blinde Fleck des Lehrstücks – nicht Gegenstand des Lehrstücks ist.[8]

---

sich, anfangs in deutlicher Anspielung auf antike Vorbilder – „Unrecht ist menschlich / Menschlicher aber / Kampf gegen Unrecht!“ (GBA 10, 400) –, vereinzelt in der zweiten (B 11, B 12) und dritten (A 20, A 24, B 20, B 21) Arbeitsphase und in dichter Folge dann in der abschließenden vierten Arbeitsphase (B 55 - B 66, B 72, B 73, B 77 - B 83).

8 Angedeutet sei hierzu die folgende Hypothese: Das Problem ist die Überführung willkürlicher Gewalt in rechtsförmige Gewalt. Freud beschreibt diesen Vorgang im Briefwechsel mit Einstein wie folgt: “[Wir wissen, daß] der ursprüngliche Zustand, die Herrschaft der größeren Macht, der rohen oder intellektuell gestützten Gewalt […] im Laufe der Entwicklung abgeändert worden [ist], es führte ein Weg von der Gewalt zum Recht, aber welcher? Nur ein einziger, meine ich. Er führte über die Tatsache, daß die größere Stärke des einen wettgemacht werden konnte durch die Vereinigung mehrerer Schwachen. L‘union fait la force. Gewalt wird gebrochen durch Einigung, die Macht dieser Geeinigten stellt nun das Recht dar im Gegensatz zur Gewalt des Einzelnen. Wir sehen, das Recht ist die Macht einer Gemeinschaft. Es ist immer noch Gewalt, bereit, sich gegen jeden Einzelnen zu wenden, der sich ihr widersetzt, arbeitet mit denselben Mitteln, verfolgt dieselben Zwecke; der Unterschied liegt wirklich nur darin, daß es nicht mehr die Gewalt des Einzelnen ist, die sich durchsetzt, sondern die der Gemeinschaft. Aber damit sich dieser Übergang von der Gewalt zum neuen Recht vollziehe, muß eine psychologische Bedingung erfüllt werden. Die Einigung der mehreren muß eine beständige, dauerhafte sein. Stellte sie sich nur zum Zweck der Bekämpfung des einen Übermächtigen her und zerfiele nach seiner Überwältigung, so wäre nichts erreicht. Der nächste, der sich für stärker hält, würde wiederum eine Gewaltherrschaft anstreben, und das Spiel würde sich endlos wiederholen. Die Gemeinschaft muß permanent erhalten werden, sich organisieren, Vorschriften schaffen, die den gefürchteten Auflehnungen vorbeugen, Organe bestimmen, die über die Einhaltung der Vorschriften – Gesetze – wachen und die Ausführung der rechtmäßigen Gewalt besorgen”; vgl. Siegmund Freud: Warum Krieg? In: S.F.: *Werke* (Studienausgabe), Bd. IX. Frankfurt a. M., 1974, S. 277. – Ähnlich Kant: er unterschlägt den illegitimen Grund von Rechtsordnungen nicht, auch wenn er an die Rechtsgewalt appelliert, die Offenlegung dieses Arcanums strikt zu verhindern: „Der Ursprung der obersten Gewalt ist für das Volk, das unter derselben steht, in praktischer Absicht *unerforschlich*, d.i. der Untertan *soll nicht* über diesen Ursprung, als ein noch in Ansehung des ihr schuldigen Gehorsams zu bezweifeln-

3

Man weiß: Die Darstellung des ungehemmten sexuellen Begehrens – „das lustige und fruchtbare Verhältnis der Geschlechter“, wie Brecht es nennt[9], – markiert den Einstand seiner Dramatik, seine schiere Suspension ihre Zukunft. Auch hier fungiert *Mann ist Mann* als ein Angelpunkt: Mit dem Packer Galy Gay, „der nicht nein sagen kann“ (GBA 2, 121), sozusagen ein Jasager *avant la lettre*, tritt ein Eunuch als Kandidat für den vakanten Posten in der Heeresformation auf, während die Kontrastfigur Fairbanks sich dem Ansturm der Lust nur dadurch erwehren kann, dass er sich entmannt. Und während in der *Dreigroschenoper* und in *Mahagonny* im Wechselspiel von Prostitution und Bordell das ebenso unstillbare wie anarchische Begehren seine handlungstragende Funktion entfaltet, erweist es sich im *Fatzer*-Fragment als asoziale Gegenkraft, als die Kraft, die sich der Vergemeinschaftung widersetzt. Der Sexus spaltet. Die Poetik des Lehrstücks dagegen verlangt, dass das Kollektiv nicht nur in seiner wie auch immer gefährdeten Geschlossenheit dargestellt wird, sondern vor allem, dass die Bedrohung seiner Geschlossenheit nicht durch die Geschlechtsliebe, sondern anderweitig provoziert wird. Eben um diese andere Bedrohung zu zeigen, muss der Körper als der Ort des Appetits, der Geschlechtlichkeit ebenso wie des Hungers, eingeklammert werden. Die Charakteristik der Spieler in Ansehung ihres Geschlechtsunterschieds ist irrelevant – einer der auszulöschenden Namen der Agitatoren in der *Maßnahme* ist ein weiblicher Name –, obschon es andererseits vielleicht kein Zufall ist, dass die Protagonisten im Lehrstück ausnahmslos männlichen Geschlechts sind. Die Epoche der Geschlechtslust ist im Übrigen nicht auf die Lehrstücke beschränkt. Sie kennzeichnet die Prosopopoie, die Konstruktion der Männer- und Frauengestalten, von der *Mutter* bis zu *Mutter*

---

des Recht (ius controversum), werktätig *vernünftlen*. Denn, da das Volk, um rechtskräftig über die oberste Staatsgewalt (summum imperium) zu urteilen, als schon unter einem allgemein gesetzgebenden Willen vereint angesehen werden muß, so kann und darf es nicht anders urteilen, als das gegenwärtige Staatsoberhaupt (summum imperans) es will. – Ob ursprünglich ein wirklicher Vertrag der Unterwerfung unter denselben (pactum subiectionis civilis) als ein Faktum vorhergegangen, oder ob die Gewalt vorherging, und das Gesetz nur hintennach gekommen sei, oder auch in dieser Ordnung sich habe folgen sollen: das sind für das Volk, das nun schon unter dem bürgerlichen Gesetze steht, ganz zweckleere, und doch den Staat mit Gefahr bedrohende Vernünfteleien; denn, wollte der Untertan, der den letzteren Ursprung nun ergrübelt hätte, sich jener jetzt herrschenden Autorität widersetzen, so würde er nach den Gesetzen derselben, d.i. mit allem Recht, bestraft, vertilgt oder (als vogelfrei, exlex) ausgestoßen werden.“ Vgl. Immanuel Kant: *Metaphysik der Sitten*. Hg. Wilhelm Weischedel. Frankfurt a. M., 1977, S. 437.

9 Bertolt Brecht: Brief an die Akademie der Künste, Berlin, Frühjahr 1955, zit. nach Erdmut Wizisla: Ernst Bloch und Bertolt Brecht. Neue Dokumente ihrer Beziehung. In: *Bloch-Almanach*, 10. Folge (1990), S. 100; dieses Zitat verdanke ich Gerd Koch (siehe Koch in diesem Band, S. 83ff.).

Courage und darüber hinaus, und ist noch in der Figur des Galilei gegenwärtig, die durch die großartige Koinzidenz von unstillbarer Sinnes- und Denk-Lust umrissen wird.
Müllers *Der Horatier* liefert eine partielle Erklärung für diese Epoche der Lust, wenn er den Protagonisten sagen lässt „Meine Braut heißt Rom“ (M 45). Die Intensität der Aktion im Namen des Kollektivs wird als Resultat der alle anderen Besetzungen ausschließenden libidinösen Besetzung des Ideals des Kollektivs entziffert, die Tötung der Schwester jedoch, die sich die Tötung ihres Verlobten widersetzt, im Unterschied zur Tötung des politischen Gegners als Mord bezeichnet. Indes unterdrückt das Stück die fast aporetische Individuation des Protagonisten nicht, wenn es ihn als den „unteilbaren einen Täter der verschiedenen Taten“ (M 49) bezeichnet. Sätze wie „Viele Männer sind in einem Mann“ (M 49), „Kein Mann ist ein andrer Mann“ (M 51) können als unverhohlene Kritik des Wortspiels „Mann ist Mann“ oder „Einer ist keiner“ gelesen werden. Die Koinzidenz von Mörder und Sieger in einer Gestalt beraubt die Figur zwar ihres Namens: „Der Sieger / Mörder heißt Niemand“ (M 49), gleich als ob das Vermögen der Benennung angesichts dieser Doppelung versagt und die Individuation die Univozität eines Namens verlangt. Aber zugleich löscht die Namenlosigkeit die Einzigkeit desjenigen nicht aus, der nicht benannt werden kann oder dessen Name für unvereinbare Handlungen steht – „Da ist der Sieger. Sein Name: Horatius. / Da ist der Mörder. Sein Name: Horatius“ (M 49). Nicht weniger bemerkenswert ist, dass derjenige, der Niemand genannt wird, zugleich ein Bestimmter ist in dem Sinne, dass er nicht gegen einen anderen vertauscht werden kann. Denn das Angebot des Vaters, sein Leben für das des Sohns hinzugeben, wird ausgeschlagen eben unter Berufung auf „Kein Mann ist ein andrer Mann“ (M 51).

4

Der Hinweis auf Müllers *Der Horatier* führt auf einen dritten Aspekt der Lehrspielpoetik, die Auslöschung des Namens. Die phonetische Reduktion des Namens ist bereits in Mann ist Mann präsent, in der tautologischen Verdoppelung von Galy Gay, die ihrerseits auf Entwürfe von 1918 zurückweist, in denen Brecht an einer Figur namens Galgei arbeitet. In einem Dialogfragment heißt es:

> „GALGEI [...] Ich denke, daß ich Galgei bin, ich denke, ich weiß ich bin nicht Pick. Aber dann weiß ich nicht mehr sicher, daß ich Galgei bin. Was meinst du? LUKAS Bilde dir nicht ein, du seist Galgei der Tischler, noch Pick, der Butterhändler. Sondern du bist nichts. Ängstige dich nicht, denn du bist kein Wolf, überhebe dich nicht, denn ein Lamm bist du nicht: du bist nichts. Das Gras hat keinen Namen, es gibt zuviel und verdorrt am Abend und ist nicht gewesen.“ (GBA 10, 27).

In den Lehrstücken wird die Reduktion des Namens noch weitergetrieben. Im *Lindberghflug* wird der Protagonist auf der Ebene seiner Rede als Einzelperson, die sich durch „ich" als Aussagesubjekt konstituiert, eingeführt, obschon die Rolle mit dem Plural „Die Lindberghs" (GBA 2, 8) benannt wird. Anders gesagt, der Ich-Sagende wird als kontingentes Element eines Ensembles betrachtet.[10] Im *Badener Lehrstück* erfolgt der Namensverlust gleichsam von selbst – „Wir vergaßen über den Kämpfen / Unsere Namen und unser Gesicht", berichten die gestürzten Monteure (GBA 3, 28) – und einzig derjenige, der wenig später auf seine Existenz pocht – „DER FÜHRER DES GELERNTEN CHORS [...] Sie sind niemand. / DER GESTÜRZTE FLIEGER Ich bin Charles Nungesser" (GBA 3, 40) – reklamiert für sich einen bürgerlichen Namen. Anders gesagt, im Namen drückt sich der Widerstand gegen das Kollektiv aus.
In der *Maßnahme* schließlich koinzidiert in der Szene „Die Auslöschung" die Ausstreichung der Namen der Agitatoren mit der Erklärung des Einverständnisses mit den Zielen des Kollektivs durch die, deren Namen ausgelöscht werden:

> „DER LEITER DES PARTEIHAUSES Wenn einer verletzt wird, darf er nicht gefunden werden.
> DIE ZWEI AGITATOREN Er wird nicht gefunden
> DER LEITER DES PARTEIHAUSES So seid ihr bereit, zu sterben und zu verstecken den Toten?
> DIE ZWEI AGITATOREN Ja.
> DER LEITER DES PARTEIHAUSES Dann seid ihr nicht mehr ihr selber, du nicht mehr Karl Schmitt aus Berlin, du nicht mehr Anna Kjersk aus Kasan und du nicht mehr Peter Sawitsch aus Moskau, sondern allesamt ohne Namen und Mutter, leere Blätter, auf welche die Revolution ihre Anweisung schreibt.
> DIE ZWEI AGITATOREN Ja.
> DER LEITER DES PARTEIHAUSES *gibt ihnen Masken, sie setzen sie auf*: Dann seid ihr von dieser Stunde an nicht mehr Niemand, sondern von dieser Stunde an und wahrscheinlich bis zu eurem Verschwinden unbekannte Arbeiter, Kämpfer, Chinesen, geboren von chinesischen Müttern, gelber Haut, sprechend in Schlaf und Fieber Chinesisch." (GBA 3, 78)[11]

---

10 In einer Bemerkung zur Aufführung des Stücks bemerkt denn auch Brecht: „In einer konzertanten, also falschen Aufführung muß wenigstens, damit der Sinn des Ganzen nicht völlig zerstört werde, der Lindberghpart von einem Chor gesungen werden. Nur durch *das gemeinsame Ich-Singen* [...] kann ein Weniges von der pädagogischen Wirkung gerettet werden." (GBA 24, 89)

11 Aus Brechts Bemerkungen zum Stück geht hervor, dass es sich um eine Schlüsselszene handelt: „Die Musik zum Teil 2 (Auslöschung) stellt einen Versuch dar, eine gesellschaftliche Umfunktionierung als heroischen Brauch zu konstituieren. Es ist denkbar, daß so etwas gefährlich ist, denn ohne Zweifel wirkt dadurch der Vorgang rituell, d.h. entfernt von seinem jeweiligen praktischen Zweck. Es wird darauf hinauslaufen, ob man in solchen

Gegenüber dem *Badener Lehrstück* nimmt *Die Maßnahme* also eine bedeutsame Korrektur vor. Die Auslöschung des Namens wird von einem Versprechen abhängig gemacht, dem Versprechen, für die Sache der Revolution zu sterben. Aus dem Ja zum Tod resultiert die Tilgung des Namens.[12] Sie stürzt die Namenlosen jedoch nicht in die Anonymität des Niemand, sondern bildet die Voraussetzung für ihre Maskierung. Der Klassenkampf verlangt das *larvatus prodeo,* die Auslöschung des Gesichts, d.h. der Spur der Individualität, desjenigen, was Jean-Luc Nancy die apriorische, weil vom Selbst schlechthin unabhängige Exposition des Selbst nennt, die Verwandlung des Individuums in die Passivität eines materiellen Substrats, einer Wachstafel oder Aufzeichnungsoberfläche. Es handelt sich für den Agitator nicht nur darum, gegen Entfremdung und Verfolgung zu kämpfen, sondern unter der Verfolgung, in der Illegalität. Nicht von ungefähr reißt der junge Genosse im Augenblick seines Protests die Maske ab. Im ersten Gedicht aus dem *Lesebuch für Städtebewohner – Verwisch die Spuren!* (GBA 11, 157) – wird ein ähnliches Szenarium entworfen.

5

Die Problematik des Namens bzw. der Namenlosigkeit ist ein Zeichen dafür, dass der Protagonist weniger eine Person ist als ein „grammatisches Subjekt“[13], eine zwar nicht körperlose, aber gleichwohl minimal individuierte Redeinstanz. In der Pantomime des „Nachtstücks“ in *Germania Tod in Berlin* – der auf ein bloßes Aggregat von Gliedmaßen reduzierte, zerstückelte Körper ist nicht ohne Ähnlichkeit mit dem demontierten Clown im *Badener Lehrstück,* während die Kriechbewegung Gregor Samsa zitiert – hat Müller suggeriert, dass „der Mund durch den Schrei

Übungen Glorifizierung psychischer Akte oder lediglich ihre Ermöglichung sieht. Jedenfalls wird hier (nur der Leiter des Parteihauses singt!) ein emotionelles Feld geschaffen. Es ist durchaus nötig, daß die drei ihr ‚ja' bewußt außerhalb der Konstruktion der Musik, also feldfrei sprechen.“ (GBA 24, 99). – Der Leiter des Parteihauses nennt drei Namen, aber nur zwei Agitatoren bejahen die von ihm beschworenen Maximen. Vermutlich ist der junge Genossen nicht einer dieser zwei Agitatoren, die Ja sagen, sondern in der Szene stumm bleiben. Er ist derjenige, über den gesprochen oder berichtet wird, wenn die zwei Agitatoren kurz nach ihrem Ja bemerken: „So zeigte der junge Genosse sein Einverständnis mit der Auslöschung seines Gesichtes.“ (GBA 3, 78). Offenbar übersehen die zwei Agitatoren, dass der junge Genosse nicht Ja gesagt hat.

12 Im Fatzer-Fragment hieß es noch: “Machet aber doch halt auch hier/Vor dem Menschen, laßt ihn/Unversehrt, den Getöteten/Belehrt nichts mehr!/Schabe nicht, Messer, ab/Die Schrift mit der Unreinheit/Du behältst/Einzig ein leeres Blatt sonst/Mit Narben bedeckt!” (GBA 10.1, 400).

13 So Hegel über die Subjektform der Allegorie; vgl. Georg Wilhelm Friedrich Hegel: *Ästhetik*, Bd. 1. Berlin/Weimar, 1976, S. 387.

entsteht"[14]. Der Ausdruck des Schmerzes erschafft das Organ, das den Ausdruck ermöglicht. Im *Badener Lehrstück* verhält es sich umgekehrt: das grammatische Subjekt, die Redeinstanz existiert einzig dadurch, dass sie angerufen wird. Wie Adam im Schöpfungsbericht – aber wie weit war sich Brecht über die Implikationen dieser Affinität im Klaren? – entsteht der Mensch dadurch, dass eine übergeordnete Instanz ihn ins Dasein zitiert. In der Neunten Szene erklärt *der gelernte Chor*:

> „Indem man ihn (den Menschen – C.H.) anruft, entsteht er.
> Wenn man ihn verändert gibt es ihn
> Wer ihn braucht, der kennt ihn.
> Wem er nützlich ist, der vergrößert ihn
> [...]
> Was da liegt ohne Amt
> Ist es nichts Menschliches mehr.
> Stirb jetzt, du Keinmenschmehr!" (GBA 3, 43f.)[15]

Wie schon das Beispiel der Figur Galgei gezeigt hat, hat diese Idee der Subjekt- und Charakterlosigkeit, ja der schieren Existenzlosigkeit des Menschen in Brechts Reflexion über Individuation, Indistinktion und Gesichtung – um einen Begriff von Deleuze aufzugreifen – eine Vorgeschichte. Die Prosopopoie in den Lehrstücken baut auf sie auf und zieht aus ihr die Konsequenz. In seinen Bemerkungen zu *Mann ist Mann* pointiert Brecht ihren soziologischen Aspekt: es handelt sich um einen „neuen Typus von Mensch, auf dessen Entwicklung das gesamte Interesse der Welt gerichtet" ist. Und etwas deutlicher:

> Ich denke auch, Sie sind gewohnt, einen Menschen, der nicht nein sagen kann, als einen Schwächling zu betrachten, aber dieser Galy Gay ist gar kein Schwächling, im Gegenteil er ist der Stärkste: Er ist allerdings erst der Stärkste, nachdem er aufgehört hat, eine Privatperson zu sein, er wird erst in der Masse stark. (GBA 24, 41)

Die Austreibung des primären Narzissmus, die Galy Gay in der Leichenrede auf sich selbst unternimmt und die gleichsam die Voraussetzung dafür abgibt, dass er in den Reihen der Soldateska zu einer „menschlichen Kampfmaschine" (GBA 2, 157) wird, liefert denn auch das logisch-rhetorische Bravourstück des Lustspiels, dessen sadistisches Komplement die Clownsnummer im *Badener Lehrstück* bildet. Der alte Mensch muss abgebaut und „wie ein Auto ummontiert" (GBA 2, 123) werden,

14 Heiner Müller: *Germania Tod in Berlin*. Frankfurt a.M., 2004, S. 53.

15 Im *Fatzer* wird die Anrufbarkeit an die Existenz des Namens des Anzurufenden geknüpft, Anonymität fungiert als Grenze der Wechselrede und Interaktion: „Aber so/Stehen wir unkäuflich/Ganz ohne Namen, bei dem/Man uns anrufen könnte" (GBA 10.1, 488).

wie *Mann ist Mann* programmatisch formuliert, bevor der neue Mensch aufgebaut werden kann. Die Maßnahme wiederholt die Demontage in der Auslöschung des Namens und den Umbau im *larvatus prodeo.*

6

Die genannten Aspekte: Präexistenz des Kollektivs, Einklammerung der Sexualität, Auslöschung des Namens und grammatisches Subjekt bilden die Prämissen für das Handlungsschema, das in allen Lehrstücken nahezu identisch ist, die Tötung eines Angehörigen des Kollektivs durch das Kollektiv. Dieses Schema, in dem unauflöslich Sprechen und Handeln, Lexik und Praxis, miteinander verschweißt sind, kann verstanden werden als Engführung oder Umkehrung des griechischen Genres des *logos epitaphios,* der Totenrede, mit der die Polis die Bürger ehrt, die im Krieg ihr Leben für die Stadt geopfert haben. Die Grabrede verwandelt das sprachlose Ereignis des Todes nicht nur in eine sprachliche Wirklichkeit, die Abwesenheit des Gefallenen in eine Anwesenheit für die Überlebenden, sondern feiert den Tod der im Krieg gestorbenen Bürger-Soldaten überdies als einen ‚schönen Tod' *(thanatos kalos).* Sie rühmt, aus Anlass der Bestattung der Gefallenen, die Entschlossenheit jener, die statt schmachvoll zu überleben, es vorgezogen haben, im Augenblick der Bedrohung der Stadt für die Stadt zu sterben, und affirmiert so den *patrios nomos,* das vaterländische Gesetz, wie Thukydides schreibt, dessen Bericht von der Leichenrede Perikles' auf die ersten Gefallenen des peloponnesischen Kriegs das wohl berühmteste Beispiels des Genres liefert.[16] Galy Gays Grabrede auf sich selbst zitiert das griechische Vorbild ironisch, und auch das Lied *Lob der illegalen Arbeit* in der *Maßnahme* nimmt darauf Bezug. Dort heißt es:

> Schön ist es
> Das Wort zu ergreifen im Klassenkampf
> Laut und schallend aufzurufen zum Kampf die Massen
> Zu zerstampfen die Unterdrücker, zu befreien die Unterdrückten
> Schwer ist und nützlich die tägliche Kleinarbeit
> Zähes und heimliches Knüpfen
> Des großen Netzes der Partei vor den
> Gewehrläufen der Unternehmer:
> Reden, aber
> Zu verbergen den Redner.
> Siegen, aber
> Zu verbergen den Sieger.

16 Zur attischen Leichenrede vgl. Nicole Loraux: *L'Invention d'Athènes. Histoire de l'oraison funèbre dans la "cité classique".* Paris, 1993.

Sterben, aber
Zu verstecken den Tod.
Wär täte nicht viel für den Ruhm, aber wer
Tut's für das Schweigen? (GBA 3, 79)

Der Text zitiert die Topoi der griechischen Grabrede und kehrt sie zugleich um: Das Kollektiv lohnt die Tötung des Gegners nicht durch die Einschreibung des Namens derer, die sich für seine Sache geopfert haben, in das kollektive Gedächtnis. Ja, vielleicht ist das Kollektiv ohne Gedächtnis, denn nach der Tötung des jungen Genossen kehren die Agitatoren unversehens zurück zu ihrer Arbeit. Wie immer dem sei: Der Tod des Agitators ratifiziert die Auslöschung seines Namens durch die Zerstörung oder Verbrennung seines Körpers in der Kalkgrube. Ohne Namen aber gibt es kein Gedächtnis dessen, den der Name nennt. Einschneidender gegenüber dem griechischen Vorbild jedoch ist das Handlungsschema des Lehrstücks selbst, die Elimination eines Angehörigen des Kollektivs durch das Kollektiv. Die Eventualität dieser Tötung ist in der Inkommensurabilität beschlossen, die zwischen dem Ideal des Kollektivs waltet: Die Beseitigung, dessen, was Marx „Unrecht schlechthin nennt, Auflösung der bisherigen Weltordnung", Annullierung des „völligen Verlusts des Menschen" durch „völlige Wiedergewinnung des Menschen", einerseits und den faktischen Bedingungen, unter denen dieses Ideal verwirklicht werden soll, andererseits.[17] Das Ideal hat im Realen keinen unmittelbaren Widerpart, kein Gegenbild, mit der Folge, dass seine Einschreibung in die Wirklichkeit der Körper alles andere als offensichtlich ist. Es ist nicht verwunderlich, dass sich der Konflikt des Lehrstücks – in der *Maßnahme* ebenso wie in *Mauser* – im Streit und der Uneinigkeit der Agitatoren über die Art der Verwirklichung des Ideals entzündet. Kontrovers ist diese Einschreibung darum, weil weder Brecht – trotz des Lobs der Dialektik – noch Müller sich auf eine objektive Geschichtsdialektik im Sinne Hegels berufen, die als eine dritte Instanz den Konflikt zu schlichten vermöchte, oder auf eine Art Beistand durch eine ‚Natur' wie noch Eisenstein, der in der Vorstellung einer nicht-indifferenten Natur die Möglichkeit einer übergreifenden Beziehung von Mensch und Welt, Natur und Denken vorsah.[18] Es ist eben diese Möglichkeit, die von Müller zurückgewiesen wird, wenn es in Mauser heißt: „[...] das Gras noch/ müssen wir ausreißen, damit es grün bleibt" (M 55) – jenes Gras, von dem es im *Galgei*-Fragment hieß, es „hat keinen Namen, es gibt zuviel und verdorrt am Abend und ist nicht gewesen." (GBA 10.1, 27) Die Regeneration der Natur, die Rettung des namenlosen Grases ist ihrerseits abhängig vom revolutionären Akt. Es ist ähnlich inert wie der Mensch, der vom Gelernten Chor ins Leben zitiert wird.[19]

17 Vgl. Karl Marx: Zur Kritik der Hegelschen Rechtsphilosophie. In: K.M.: *Die Frühschriften*. Stuttgart, 1964, S. 222.

18 Zu Eisenstein vgl. Gilles Deleuze: *Das Zeit-Bild.* Frankfurt a.M., 1997, S. 214.

19 In dem wenig später entstandenen Stück *Der Auftrag* scheint Müller die Gültigkeit der Formel „Das Gras noch / müssen wir ausreißen, damit es grün bleibt" (M 55) einzuschrän-

7

Die entscheidende Umkehrung und Engführung des Schemas der attischen Grabrede durch das Lehrstück besteht jedoch darin, dass es darin nicht länger um den freiwilligen Tod des Bürgers im Kampf gegen den äußeren Feind und um die Rühmung dieses Todes geht, sondern um das Recht des Kollektivs, über das Verhalten, mehr noch: über das Leben und die physische Existenz des Revolutionärs, zu befinden, wenn dieses – aus welchen Gründen auch immer – nicht mehr der Norm entspricht, der gegenüber er zuvor sein Einverständnis erklärt hat. Ja man kann sagen, dass einzig durch diese Erklärung, mit der der Revolutionär der Revolution nicht nur sein Leben zur Verfügung stellt, sondern dem Kollektiv das Urteil über die Form seiner individuellen revolutionären Existenz überlässt, der Revolutionär überhaupt erst zum Revolutionär wird. Es genügt nicht, dass das Kollektiv Träger eines revolutionären Ideals ist. Es wird als Träger des Ideals auch zur Instanz einer Norm und als Instanz der Norm zur Urteilsinstanz über die Auslegung des Ideals durch den Revolutionär, zum ‚Parteigericht' oder – so Benjamin – zum „Parteitribunal"[20].
Im Incipit der *Maßnahme* erbitten demgemäß die vier Agitatoren vom Kontrollchor ein Urteil über die Tötung des jungen Genossen – die im Excipit als *glücklich* bezeichnet wird – und versprechen, dieses anzuerkennen ähnlich wie der junge Genosse das Urteil seiner Mitgenossen über seine Verfehlung und Tötung anerkennt. Die Revolution verlangt jedoch nicht nur die rückhaltlose Inkorporation des Körpers des Revolutionärs in den Körper des Kollektivs, sondern im Falle seiner ‚Abweichung' nicht weniger die vollständige Ausstoßung dieses Körpers aus dem kollektiven Körper. Der ‚schöne Tod' – der *thanatos kalos* des *logos epitaphios* – ist mithin nicht mehr nur der Tod für eine Sache, sondern schön ist das Eingeständnis der Verfehlung und der Schrecken, den Tod nicht durch den Feind, sondern durch die Hand der Genossen zu erleiden. Gleichwohl wird in der *Maßnahme* die unsägliche Gewalt des Tötens nicht verschwiegen und der Akt der Tötung als eine Art Hilfeleistung dargestellt. Die Tötung des jungen Genossen – die ‚Maßnahme' – ist zugleich eine Selbstverstümmelung des Kollektivs, das sich „den eigenen Fuß vom Körper" (GBA 3, 97) abschneidet. Das Bekenntnis der Selbstverstümmlung tritt so an die Stelle der antiken Leichenrede:

---

ken, wenn er Sasportas in gleichsam testamentarischer Rede sagen lässt: „Wenn die Lebenden nicht mehr kämpfen können, werden die Toten kämpfen. Mit jedem Herzschlag der Revolution wächst Fleisch zurück auf ihre Knochen, Blut in ihre Adern, Leben in ihren Tod. Der Aufstand der Toten wird der Krieg der Landschaften sein, unsere Waffen die Wälder, die Berge, die Meere, die Wüsten der Welt. Ich werde Wald sein, Berg, Meer, Wüste." Heiner Müller: Der Auftrag. In: H.M.: *Herzstück.* Berlin, 1983, S. 69. Die Möglichkeit der Revolution wird in einer Art von kosmischem Gedächtnis verankert.

20 Walter Benjamin: *Versuche über Brecht.* Frankfurt a. M., 1978, S. 36.

F u r c h t b a r   i s t   e s ,   z u   t ö t e n .
Aber nicht andere nur, auch uns töten wir, wenn es nottut
Da doch nur mit Gewalt diese tötende
Welt zu ändern ist, wie
Jeder Lebende weiß.
Noch ist es uns, sagten wir
Nicht vergönnt, nicht zu töten […] (GBA 3, 97)

Der Kampf gegen den Klassenfeind droht, zwar nicht zu der von Adorno beobachteten Identifikation mit dem Angreifer zu werden, aber gleichwohl zu einer Art von unfreiwilliger Mimesis des Feindes. Ähnliches gilt für den „unbeugbaren Willen, die Welt zu verändern“ (GBA 3, 97), der den Voluntarismus der abendländischen Metaphysik wiederholt. Mauser anerkennt ausdrücklich diese Mimesis, die die Idee der Revolution zu zersetzen droht: „Die Revolution selbst/Ist nicht eins mit sich selber, sondern der Feind mit/Klaue und Zahn, Bajonett und Maschinengewehr/ Schreibt in ihr Bild seine schrecklichen Züge (M 59). Nicht länger ist der Agitator das leere Blatt, „auf welche(s) die Revolution ihre Anweisung schreibt.“ (GBA 3, 78), sondern die Revolution ist das Bild, in das der Feind seine Grimasse kratzt. Gegenüber dem Szenario der *Maßnahme* betreibt Mauser eine Zuspitzung. In der *Maßnahme* geht es um die Möglichkeit der Agitation unter der Bedingung der Verfolgung, in *Mauser* geht es nicht länger um Belehrung oder Agitation, sondern um die unmittelbare Elimination des Feinds, des äußeren und des inneren: „Vor meinem Revolver drei Bauern/Feinde der Revolution aus Unwissenheit [...] ich [...] habe keine andre Belehrung für ihre Unwissenheit/Als die Kugel.“ (M 58). Dem Kollektiv des Kontrollchors steht in der Maßnahme das der unbewaffneten Agitatoren gegenüber, es ist gleichsam ‚aufgelockert‘, während in *Mauser* dem Chor ein einsamer, austauschbarer, seine Mauser zückender Protagonist konfrontiert wird. Das Geschehen der *Maßnahme* steht im Horizont der Erwartung einer kommenden, aber jetzt noch nicht möglichen Revolution, seine Darstellung ist narrativ, retardierend und insofern episch.[21] Die Handlung in *Mauser* erfolgt im Paroxysmus des Akut der Revolution, die „getan werden muß hier und heute“ (M 67), ihre Darstellung ist nicht linear, sondern virtuell zirkulär und überschlägt sich von Augenblick zu

21 Nicht nur die Songs bilden eine Unterbrechung des Vorgangs, sondern vor allem der Akt der Tötung des jungen Genossen, der zuviel sah. Der revolutionären Ungeduld des Kontrollchors setzen die Agitatoren das vierfach wiederholte „Wartet ab!“ entgegen, und zuletzt, in der nachfolgenden Szene, wird die Tötung – mit einem Seitenblick auf Leibniz – nur als die bestmögliche Maßnahme bezeichnet: „Bei der Kürze der Zeit fanden wir keinen Ausweg/Fünf Minuten im Angesicht der Verfolger/Dachten wir nach über eine / Bessere Möglichkeit./Auch ihr jetzt denkt nach über/Eine bessere Möglichkeit./*Pause.*/Klagend zerschlugen wir unsere Köpfe mit unseren Fäusten“ (GBA 3, 97). Weniger noch als ein „Ausweg“ ist „die Maßnahme“, die der „furchtbare() Rat“ (GBA 3, 97) gebiert, lediglich das ‚geringere Übel‘.

Augenblick. Das Schema des Lehrstücks, die Tötung eines Angehörigen des Kollektivs, wird beibehalten, desgleichen die Deklaration des Tötens als Arbeit und die Forderung, dass der Zu-Tötende mit seiner Tötung einverstanden ist. „[…] Eh du nicht Ja sagst/Zu dem Nein, das über dich gesprochen ist / Hast du deine Arbeit nicht getan.“ (M 56) Aber die Zeit des Protagonisten, der tötet und getötet wird, ist auf ein ausdehnungsloses Jetzt zusammengeschrumpft: „Zwischen Finger und Abzug der Augenblick/War deine Zeit und unsre. Zwischen Hand und Revolver die Spanne/War dein Platz in der Front der Revolution“ (M 67). Versetzt in dieses unlokalisierbare Zwischen, den Abgrund dieser ‚Jetztzeit‘, zerbricht die Ich-Identität des Protagonisten. „Ich zwischen Hand und Revolver, Finger und Abzug/Ich Lücke in meinem Bewußtsein“ (M 63). An anderer Stelle heißt es: „Der ich sagt mit deinem Mund, ist ein andrer als du.“ (M 62) Nicht nur wird die Grenze porös zwischen Chor und Protagonist, dieser selbst ist aufgespalten in eine namenlose Doppelfigur, ist A und B zugleich. Seiner Identität beraubt, ist der Protagonist Ort des rückhaltlosen Zweifels – „Wissend, mit meiner Hand tötet die Revolution./Ich weiß es nicht mehr, ich kann nicht mehr töten./Ich nehme meine Hand aus dem Auftrag/Den die Revolution mir erteilt hat (M 58) – und Agent des enthemmten, subjektlosen Automatismus: „[...] ich sah/Ihn der ich war töten ein Etwas aus Fleisch Blut/ Und andrer Materie, nicht fragend nach Schuld oder Unschuld/nach dem Namen nicht und ob es ein Feind war/Oder kein Feind, und es bewegte sich nicht mehr/ Aber er der ich war hörte nicht auf es zu töten.“ (M 64) Der pochende, zerfetzte Rhythmus der Diktion, die Schachtelung Rede und Gegenrede, die nur sehr partielle Attribuierbarkeit der Sätze an identifizierbare Sprechinstanzen, die fortwährende Iteration, Verschiebung und Permutation des Idioms, von Affirmation und Negation des Gesagten, verleiht der Sprachgebärde des Stücks die Form einer permanenten Übertretung der dramatisch-repräsentativen Form, einer Allokution oder Exlokution, eines para-logischen Hinaussprechens vor dem Publikum.

Festzuhalten ist indes, dass auch *Mauser* die von Brecht entworfene Logik des Einverständnisses nicht infrage stellt.[22] Das Erfordernis des Einverständnisses, seit dem *Badener Lehrstück* eine Konstante des Genres, kann zunächst als Übernahme des modernen, republikanischen Prinzips der Legitimation der Norm verstanden werden, in dem Sinne, dass eine Norm nur dann verbindlich ist, wenn alle, Adressat und Sender, gleichermaßen sich der Verpflichtung, die in der Norm enthalten ist, unterwerfen und eben dadurch ihr Einverständnis mit dem Inhalt und der verbindenden Kraft der Norm bekunden.[23] Der Empfänger der Norm wird

22 Im *Horatier* fehlt das Motiv des Einverständnisses, vermutlich infolge des narrativen Charakters des Texts, in dem die singulären Sprechakte gleichsam als ebenso viele Zitate eingebettet sind.

23 Vgl. Jean-François Lyotard: *Le différend*. Paris, 1982, S. 146 ff. Im *Badener Lehrstück* wird der Begriff des Einverständnisses zunächst auf den Lauf der Welt insgesamt bezogen: „Ihr aber, die ihr einverstanden seid mit dem Fluß der Dinge/Sinkt nicht zurück in

so seinerseits zum Autor der Norm, und derjenige, der sich der Norm unterwirft, bestätigt durch seine Unterwerfung rückwirkend ihre Geltung. Das Wir des Kollektivs und seine Autorität verdanken sich dieser Verknüpfung von Autorschaft und Wechselseitigkeit. Aber diese republikanische Fassade kann nicht darüber hinweg täuschen, dass dieses Wir im Lehrstück von einem Riss durchfurcht wird, der die Wechselseitigkeit und damit das Einverständnis bedroht und außer Kraft setzt: „Aber auch, wenn er nicht einverstanden ist, muß er doch verschwinden, und zwar ganz.“ (GBA 3,96), heißt es zynisch in der *Maßnahme.* In *Mauser* setzt sich das Kollektiv nicht weniger zynisch über den Protagonisten hinweg, wenn dieser Einspruch gegen die Norm der Revolution erhebt: „Ich will nicht sterben [...] Wir fragen dich nicht, ob du sterben willst. [...] Die Revolution braucht dich nicht mehr/ Sie braucht deinen Tod [...].“ (M 56) Anders gesagt: Das Kollektiv hat sich unter der Hand in ein Tribunal über ein Mitglied des Kollektivs verwandelt, in dem keine Wechselseitigkeit mehr besteht, sondern ausschließlich der unversöhnliche Gegensatz von Richter und Angeklagtem waltet, und zwar darum, weil es Recht im Namen der Revolution spricht.[24] Und damit ändert sich auch die Funktion des

das Nichts“ und erst später auf den revolutionären Eingriff: „[...] Einverstanden, daß alles verändert wird/Die Welt und die Menschheit/Vor allem die Unordnung/Der Menschenklassen, weil es zweierlei Menschen gibt/Ausbeutung und Unkenntnis.“ (GBA 3, 45) Nicht von der Hand zu weisen ist die Bemerkung der Herausgeber der GBA, der Begriff des Einverständnisses sei aus Francis Bacons *Novum Organum* hergeleitet (Natura enim non nisi parendo vincitur/Die Natur nämlich kann nur besiegt werden, wenn man ihr gehorcht) (GBA 3, 412). Die Prämisse der technischen Naturbeherrschung – wenn denn die Erkenntnis der Naturgesetzlichkeiten nach dem Vorbild der Geltung einer Norm, die sich auf die Praxis und nicht auf die Erkenntnis bezieht, als Einverständnis mit dem Erkannten bezeichnet werden kann – wird dergestalt – in einer *metabasis eios allo genos* – zur Prämisse des revolutionären Handelns erhoben. Anders gesagt, die Geltung der Normen des gesellschaftlichen Handelns wird in Analogie zum Sein der Naturgesetze bzw. Naturgegenstände vorgestellt.

24 Bemerkenswert ist die Beobachtung von Maurice Merleau-Ponty über den besonderen Status der Revolutionsgerichtsbarkeit. Obschon auf die Moskauer Prozesse bezogen, ist sie auch für die Thematik des Lehrstücks instruktiv: „Stil und Form der Moskauer Prozesse sind revolutionär. Revolutionär sein heißt, über das was ist, im Namen dessen, was noch nicht ist, urteilen, in der Annahme, daß das, was noch nicht ist, realer ist als das Reale. Der revolutionäre Akt präsentiert sich als ein Geschichte schaffender Akt und als ein im Hinblick auf den Gesamtsinn dieser Geschichte wahrer Akt. Für ihn ist wesentlich, daß niemand sich von der Kenntnis der Wahrheit dispensieren kann [...], ähnlich wie die bürgerlichen Gerichte voraussetzen, daß niemand von der Kenntnis des geltenden Rechts dispensiert werden kann. Die bürgerliche Justiz anerkennt als letztgültige Instanz die Vergangenheit, die revolutionäre Justiz dagegen die Zukunft. Sie urteilt im Namen einer Wahrheit, die die Revolution zu verifizieren eben erst im Begriffe ist [...] Eben darum interessiert sie sich nicht für die edlen oder niederträchtigen Motive oder Intentionen des Angeklagten: Es kommt vielmehr einzig darauf an, ob im Hinblick auf die kollektive Pra-

Einverständnisses: Es wird zu einer bloßen Attrappe, einem Köder, denn es bezieht sich nicht länger auf die wechselseitige Anerkennung der Norm, sondern lediglich auf die Anerkennung des Urteils, welches das gespaltene Kollektiv über ein Mitglied des Kollektivs spricht, auch wenn der Kontrollchor die unmittelbare Verantwortung der Urteilenden für das Urteil leugnet: „Nicht ihr spracht ihm sein Urteil, sondern/ Die Wirklichkeit." (GBA 3, 124) Die Sterbehilfe, die das Kollektiv dem Verurteilten in der *Maßnahme* gewährt, ist der Dank des Kollektivs für das Einverständnis des Verurteilten mit dem Urteil, die Entschuldigung dafür, dass die Wirklichkeit ihm sein Urteil gesprochen hat. In *Mauser* entfällt dieser Dank. Mit der Replik „Deine Angst gehört dir" (M 68) wird der Protagonist im Angesicht des Revolvers, der auf ihn gerichtet ist, schlechthin auf sich selbst zurückgeworfen, was nicht hindert, dass dieser zuletzt sich selbst den Todesbefehl erteilt. „[...] Und er fragte nicht mehr/ Sondern ging zur Wand und sprach das Kommando" (M 68).

8

„Und als der Kalk ihn verschlungen hatte/Kehrten wir zurück zu unserer Arbeit." (GBA 3, 98), lautet der abschließende Bericht der drei Agitatoren über die Tötung des jungen Genossen.[25] Der Kontrollchor greift in seiner Erwiderung den Begriff der Arbeit auf: „Und Eure Arbeit war glücklich/Ihr habt verbreitet/Die Lehre der Klassiker" (GBA 3, 98). Schließt die Rede der Agitatoren aus, dass *Arbeit* sich auf die Tötung des jungen Genossen bezieht, so ist die Referenz des Ausdrucks in der Replik unbestimmt: er kann, muss aber nicht auf den Tötungsakt bezogen werden. Der Gebrauch von Arbeit im Bericht schließt an das für die *Maßnahme* fundamentale Syntagma illegale Arbeit an. Dem kontrastiert der nachgerade inflationäre Gebrauch des Ausdrucks in *Mauser,* der andeutet, dass Arbeit mit Töten fast synonym geworden ist. Aber was bedeutet Arbeit in dem einen und anderen Zusammenhang? Bedeutet dieser Gebrauch, dass in einer Arbeitsgesellschaft, als welche der Marxismus die

xis seine Haltung revolutionär ist oder nicht." Oder allgemeiner: "Gewalt ist unser Los, insofern wir einen Körper haben [...] Gewalt ist die Ausgangssituation, die allen Regimen gemeinsam ist. Leben, Diskussion und politische Wahl geschehen einzig auf diesem Grund. Worauf es ankommt und worüber diskutiert werden muß, ist nicht die Gewalt, sondern ihr Sinn oder ihre Zukunft. [...] Es ist unvermeidlich, daß man zwischen Menschen wählt, wenn sie in Situationen stehen, die zusammen eine einzige gemeinsame Situation bilden. Dann ist es erlaubt, diejenigen zu opfern, die gemäß der Logik ihrer Situation eine Bedrohung bilden, und diejenigen vorzuziehen, die für die Menschheit ein Versprechen sind." Maurice Merleau-Ponty: *Humanisme et Terreur, Essai sur le problème communiste.* Paris, 1947, S. 118.

25 Im *Horatier* zitiert Müller die Formel: "Und gingen jeder an seine Arbeit wieder, im Griff / Neben Pflug, Hammer, Ahle, Schreibgriffel das Schwert" (M 53). Die Erwähnung der Werkzeuge hebt ab auf die Differenz von körperlicher Arbeit und Krieg.

gegenwärtige vorstellt, auch Tätigkeiten, die an sich mit Arbeit nichts oder wenig zu tun haben – wie etwa die politische Agitation – als Arbeit erfahren werden? Drückt nicht schon das Syntagma ‚illegale Arbeit' eine Verlegenheit aus, insofern letztere ja eine Handlung ist, die einem Gegenüber gilt, der angeredet werden kann und wird – eine Handlung, die ihn ‚agitiert' –, und nicht bloß eine Bewegung, die auf eine inerte Stofflichkeit gerichtet ist, um diese zu bearbeiten, d.h. einem Formwandel zu unterziehen? Dagegen ist die Tötungshandlung insofern paradoxal, als ihr Vollzug – im Unterschied zu jeglicher anderen Handlung – für immer die Möglichkeit die Weiterführung von Handlungen mit diesem bestimmten Gegenüber verunmöglicht. Sie setzt die Wirklichkeit einer Unmöglichkeit.
Ohne auf die Einzelheiten der detaillierten Analysen des Arbeitsbegriffs in Hannah Arendts *Vita activa* einzugehen, ist festzuhalten, dass Arbeit von Herstellung, Produktion oder Poiesis insofern verschieden ist, als sie sich nicht in einem vom Produktionsprozess abgetrennten und diesen überdauernden Produkt oder Werk vergegenständlicht.[26] Das Töten veranlasst zwar einen Formwandel, aber es schafft kein Werk, das den Akt der Tötung überdauert, sondern bringt einzig das Nichts des Kadavers hervor. Allenfalls ist es mit der gleichsam vorgeschichtlichen Gewalt des Holzfällens, die übrigens wie ein Gespenst durch *Baal* und *Mahagonny* geistert, vergleichbar, dass die Materie, die *hyle,* für die Produktion, für den Tischler, bereitstellt. Vielleicht wäre die Stelle in Mauser, wo es heißt, dass durch das revolutionäre Töten „für die Kommenden ein reiner Tisch" (M 64) geschaffen werde, in diesem Sinne zu interpretieren. Wohl eher jedoch bedeutet Arbeit im Lehrstück die Mühe, die mit der Verausgabung von Arbeitskraft schlechthin verbunden ist, die der Reproduktion des menschlichen Lebens und gegebenenfalls, als Quelle des Reichtums, der Produktion von Mehrwert dient. Der Agitator oder Revolutionär in *Mauser* ist ein *animal laborans*, das den biblischen Fluch der Arbeit nicht in der Form der Feldarbeit wie das Geschlecht Adams, sondern in Gestalt der Arbeit des Tötens übernimmt und seine Menschlichkeit gerade dadurch unter Beweis stellt, dass er den Auftrag übernimmt, der ihn zuletzt mit dem Akt des Tötens konfrontiert. Die Notwendigkeit des Tötens ist freilich nicht faktischer Natur wie die Notwendigkeit der Arbeit für das *animal laborans,* sondern ist einer Gewissheit oder einem Wissen geschuldet – seine Hand tötet „wissend, das tägliche Brot der Revolution / Ist der Tod ihrer Feinde, [...]." (M 58) Gleichwohl versucht Müller in die virtuelle Unendlichkeit des Tötungsauftrags eine Grenze einzuschreiben, und zwar in Gestalt des Verbots der Verunstaltung des Leichnams – nicht das Leben ist heilig, sondern das Antlitz des Kadavers –, eine Grenze, die in gewisser Hinsicht der von Brecht geforderten Sterbehilfe entspricht, die die drei Agitatoren dem jungen Genossen gewähren, wenn sie ihn stützen: „[...] Lehne deinen Kopf an unsern Arm/Schließ die Augen/Wir tragen dich." (GBA 3, 97), lautet der letzte Satz, der vor seiner Erschießung an ihn gerichtet wird. Obschon das Töten in jedem Augenblick droht zur Regel zu werden –

26 Vgl. Hannah Arendt: *Vita activa oder Vom tätigen Leben.* München, 1985, S. 76 ff.

und zwar eben darum, weil der Ort und die Zeit des Revolutionärs „zwischen Finger und Abzug“ ist –, muss es eine Ausnahme bleiben, denn das Töten ist zugleich „eine Arbeit wie jede andere“ und „eine Arbeit wie keine andere“ (M 60), aber gleichwohl, in beiden Fällen, eine Arbeit. Müller folgt Carl Schmitts Logik der Ausnahme eben darin, dass er die Eliminierung des Feinds als eine Notwendigkeit betrachtet, und das Töten doch zugleich zu begrenzen, d.h. das Politische zu retten sucht, das andernfalls in der schlechten Unendlichkeit des organisierten Massakers zerginge. Denn in *Mauser* heißt es nicht weniger kategorisch: „Der Mensch ist mehr als seine Arbeit/Oder er wird nicht sein. […]“ (M 66). Das Dilemma ist freilich, dass der Mensch hier und jetzt weniger sein muss, als er ist, um das sein zu können, was er ist. Oder anders gesagt, der Mensch kann nur durch die Arbeit des Nichtmenschen oder Nochnichtmenschen verwirklicht, das Reich der Freiheit nur mit den Mitteln des Reichs der Notwendigkeit geschaffen werden.

Aber vielleicht muss man die Bezeichnung des Tötens als Arbeit ganz anders lesen, und zwar als Ausdruck dessen, was Brecht im *Dreigroschenroman* als „plumpes Denken“ bezeichnet. Dort heißt es zum Beispiel: *„Die Hauptsache ist, plump denken lernen. Plump Denken, das ist das Denken der Großen.“ „[..], aber der Wirklichkeit ist dieses Denken sehr nahe.“* (GBA 16, 173) Brecht folgend erläutert Benjamin in seiner Rezension des Romans das plumpe Denken am Sprichwort: „Die Formen des plumpen Denkens wechseln langsam, denn sie sind von den Massen geschaffen worden: aus dem Abgestorbenen läßt sich noch lernen. Eine von diesen hat man im Sprichwort, und das Sprichwort ist eine Schule plumpen Denkens.“[27] In der Tat haben viele Fügungen in den Lehrstücken Brechts und Müllers eine Tendenz zum Sprichwort, zur Gnome oder Sentenz. Benjamin geht indes noch einen Schritt weiter und über Brechts Bemerkung im Roman hinaus, wenn er ergänzt, dass die Dialektik das plumpe Denken

> als ihren Gegensatz produziert, in sich einschließt und nötig hat. Plumpe Gedanken gehören gerade in den Haushalt des dialektischen Denkens, weil sie gar nichts anderes darstellen als die Anweisung der Theorie auf die Praxis. *Auf* die Praxis, nicht *an* sie: Handeln kann natürlich so fein ausfallen wie Denken. Aber ein Gedanke muß plump sein, um im Handeln zu seinem Recht zu kommen.[28]

Entscheidend ist, so kann man die Stelle vielleicht interpretieren, dass plumpes Denken kein plumpes Handeln produziert, mithin zwischen der Form des Denkens und der Form des Handelns keine Analogie, keine Mimesis waltet. Heißt das, dass das Handeln so vom Denken verschieden ist, dass es dieses *nicht* zitieren kann? Aber was bedeutet dann die Rede von der Zitierbarkeit des Gestus, die in Benjamins Brecht-Texten immer wieder vorkommt? Oder hat man, der Textstelle von dem

27 Benjamin: *Versuche über Brecht*, S. 60.
28 Ebd.

„dialektischen Urverhältnis, dem Verhältnis von Theorie und Praxis“[29] folgend, den von Benjamin ausdrücklich hervorgehobenen, aber nicht als Begriff fixierten terminologischen Unterschied zwischen *auf* und *an,* so zu deuten, dass er besagt, es komme darauf, dass gehandelt wird, das Denken aber nicht sage, wie gehandelt werden soll?

29 Ebd., S. 27.

Gespräche 3: Lehre oder Erfahrung im Lehrstück

Lehrstück als Text, Methode und Theaterpraxis, Theater als gemeinsame Aktivität und als ‚Gabe'

Florian Vaßen
Es stellt sich die Frage, ob die Themen, die in den Lehrstücken angesprochen werden, und das sind eben in der Regel Gewalt, eine Sterbenssituation oder sogar ein ‚Opferritual', wirklich eine Lehre beinhalten oder ob es eher um Erfahrungen geht, die die Agierenden im Spielprozess machen können. In der *Maßnahme* z.B. berichten die Agitatoren dem Kontrollchor von ihrer ‚Maßnahme' gegenüber dem jungen Genossen. Als der Kontrollchor sie dafür lobt, unterbrechen sie ihn sofort, äußern ihre Unsicherheit angesichts ihrer Handlungen und schlagen als Entscheidungshilfe vor, dass sie die Situation mit dem jungen Genossen nochmals „zeigen", also performativ präsentieren. Auf die Suche nach einem ‚Ausweg' folgt eine Denkpause – sowohl auf der Handlungsebene und der Ebene des Zeigens in der Kommunikation mit dem Kontrollchor als auch auf der Ebene der Spielenden in der Lehrstück-Praxis. Zugleich ist es eine Pause der Trauer; die Zäsur im Text verweist auf Unsicherheit und Ambivalenz. Die Figuren verkörpern demnach meiner Ansicht nach keine Lehre, vielmehr wird den Spielenden ermöglicht, Erfahrungen zu machen, indem sie bestimmte Haltungen einnehmen, auch die der „kleinsten Größe" in der Sterbeszene oder im Tod. So können sie in der Auseinandersetzung mit dem Text, anders als die Zuschauer im epischen Theater bei den sog. Schaustücken, performativ lernen.

Hans-Thies Lehmann
Zur Ergänzung – im Text heißt es: „Fünf Minuten im Angesicht der Verfolger/ Dachten wir nach über eine/Bessere Möglichkeit", und dann findet ein Wechsel statt vom Bericht in die Theatersituation. Und auch dort heißt es: „'Auch ihr jetzt denkt nach über/Eine bessere Möglichkeit.' Pause." Und dann geht der Bericht weiter, dass sie beschlossen, das und jenes zu tun. Es ist eine vollkommen ‚verrückte' Logik. Wenn man den *Maßnahme*-Text nur oberflächlich liest, merkt man nicht, dass viele Textstellen eine in sich widersprüchliche Struktur haben, die nicht funktionieren kann. Zum Beispiel: „Einzig mit dem/Unbeugbaren Willen, die Welt zu verändern, begründeten wir/Die Maßnahme." [GBA 2, 96f.] Mit einem Willen kann man nichts begründen. Brecht wusste, dass das eine unmögliche Argumentation war, dass also letztlich der Abgrund des Unbegründbaren da immer wieder auftaucht. Und so geht es durch den ganzen Text. Der Kontrollchor sagt: „Und eure Arbeit war glücklich". Aber im Stück selber wird nichts von dieser glücklichen Arbeit gezeigt, das bleibt

eine pure Behauptung, und das ist kein Zufall. Genau wie der junge Genosse, der geopfert wird, ja nie auftaucht. Von ihm wird nur berichtet, und er wird dargestellt – von den anderen. Es gibt noch eine Textstelle in der *Maßnahme*, die man nicht vergessen darf, allerdings nur in der Moskauer Fassung. Da fragt der Chor die Agitatoren nach ihrem Verhalten gegenüber dem jungen Genossen; die Frage, auch ans Publikum, ist, ob es ein Urteil über das falsche Verhalten des jungen Genossen war. Der Chor fragt direkt: „So war es kein Urteil?" „Nein", antworten die Agitatoren da sehr laut: „Eine Maßnahme". Es wird also explizit in dem Text verneint, dass sie ein Urteil zu Gunsten der richtigen Haltung und zu Ungunsten der falschen Haltung des jungen Genossen gefällt haben. Das heißt, wenn man in den Text eine Doktrin hineinlesen will, muss man sich schon sehr viel Mühe geben.
Das Stück hat demnach so viele dramaturgische Raffinessen und so viele poetische Zweideutigkeiten in sich, dass es unsere Aufgabe ist, das Stück wirklich aus der Umklammerung einer traditionalistischen philologischen Lektüre, die immer auf eine ganz bestimmte Doktrin hinausläuft, zu befreien.

Florian Vaßen
Dazu noch der Hinweis: Die Begriffe „Maßnahme" bzw. „Maß" sind sehr vielschichtig. Da geht es zunächst einmal auch um „Maß nehmen" oder um eine „angemessene" Reaktion auf eine Situation; und es gibt noch viele weitere Bedeutungsebenen wie „Messen", „Vermessen" und „Ausmessen", „maßvolles" Verhalten und „Mäßigung". Die Semantik dieses Begriffs geht jedenfalls in eine ganz andere Richtung als bei „Urteil" oder „Verurteilung".

Michael Wehren
Walter Benjamin, ein Freund und kritischer Gesprächspartner von Brecht, hat schon in den zwanziger Jahren festgestellt, dass es in den Lehrstücken weniger um ein Erlebnis geht als um Erfahrungen. Das muss man nicht einfach so akzeptieren, aber es kann doch dafür sensibilisieren, was in den Lehrstückprozessen passiert: Nämlich, dass da immer wieder auch dem Prozess selber der Prozess gemacht wird, mit hohem Risiko. Ein gutes Beispiel dafür ist der Kontrollchor, der ja in den meisten Interpretationen für die Wahrheit der Partei, ja die überzeitliche Wahrheit oder die Wahrheit der Ideologie steht. Man könnte denken, der Chor dominiert absolut, weiß alles, ist unantastbar. Aber bei genauer Lektüre merkt man, das lässt sich so nicht belegen, die Textlogik sagt etwas anderes. Zum Beispiel gibt es wenige Positionen in den Lehrstücken, in denen man mehr Affekt und Affektbewegung, mehr Furcht, Angst und Schaudern spürt als in den Szenen, in denen der Kontrollchor agierend auftritt. Und diese Positionen haben auch keinen letztgültigen Rahmen, sondern befinden sich in einem Ausstellungsraum. Das heißt, sie sind exponiert und auch jede einzelne Geste, jede argumentative Geste, jede Begründung ist auf einer exponierten Position platziert, die immer gleichzeitig auch ihre Infragestellung mit impliziert. Und wenn man diesen Verwerfungen nachgeht, dann kommt man weniger dahin festzustellen, das sei alles generell lehrhaft gemeint. Stattdessen bemerkt man

doch relativ schnell, dass das Schreiben von Brecht und auch die Theaterversuche in Bezug auf ihre Struktur und ästhetische Praxis in die Richtung gehen, dass all diese Ideologeme, also das Kollektiv, das Individuum, das Opfer, die natürlich auch zum Kontext der Zeit gehörten, tatsächlich auf eine ganz bestimmte Art und Weise ins Spiel gebracht und zugleich aufs Spiel gesetzt werden. Das ist es auch, was so erschreckend ist, denn es braucht mitunter den Schrecken zum Erleben, Erfahren und auch zum Erkennen.

Florian Vaßen

Es stellte sich die Frage, warum Brecht eigentlich die Lehrstückproduktion eingestellt bzw. abgebrochen hat. Da gibt es sicherlich vielfältige Gründe: den Faschismus, das Exil, dann die USA, speziell Hollywood, und nach seiner Rückkehr hatte er die Schubladen voll mit Theatertexten, die noch nicht aufgeführt waren oder nur unter ungünstigen Bedingungen in den USA oder der Schweiz und die er nun unbedingt selbst inszenieren wollte, zunächst im Deutschen Theater Berlin und dann in seinem eigenen Theater am Schiffbauerdamm; ergänzend dazu entwickelte er mit den Modellbüchern seine Theaterkonzeption weiter. Brecht konzentrierte sich also völlig auf die Realisierung des epischen Theaters. Hinzu kommt, dass die DDR trotz einiger Versuche, die Marianne Streisand schon erwähnt hat, keine Gesellschaft war, die Lehrstück-Praxis von Theaterkollektiven, Theaterarbeit mit offenem Ausgang, mit Möglichkeitssinn, zugelassen hätte; das war in der autoritären Struktur des sogenannten realen Sozialismus völlig undenkbar. Immerhin hat Brecht gefordert, abgesehen von dem von Wekwerth erwähnten Diktum von der *Maßnahme* als dem Theater der Zukunft, „kleine wendige Truppen“ „auf Lastwagen“ ins Land zu schicken.

Hans-Thies Lehmann

Brecht spricht 1956 von den „kleinen wendigen Kampfformen“, eine Formulierung, die sich nicht nur auf das Agitprop-Theater der Weimarer Republik bezieht. Diese kleinen Theatergruppen sollten in den Theaterhäusern sozusagen durch „Selbstzündung“ entstehen und sich in ihrer Arbeit auch mit Laien vor allem mit „Alltagsfragen befassen“. Als Wekwerth Brecht fragte: „Brecht, welches Stück würden Sie nennen von Ihren Stücken, was ein Theater der Zukunft sein könnte?“ antwortet er, so Wekwerth, wie aus der Pistole geschossen: „*Die Maßnahme.*“ Dasselbe Stück, das er nicht aufgeführt wissen wollte. Ich finde, das gibt einen guten Ansatzpunkt, um Brechts Theaterdenken zu fixieren.

Marianne Streisand

Brecht hat gesagt, es gebe so viele lokale Konflikte und die müssten aufgegriffen werden. Bei den Versuchen mit Büsching, also dem Hans-Garbe-Stoff, nach dem 17. Juni, hat er gesagt, er wolle das im Stil der Lehrstücke machen, mit einem ganzen Akt über den 17. Juni. Also, Brecht hat schon an die Lehrstücke gedacht, es ist aber eben nicht realisiert worden.

Till Nitschmann
Neben der Arbeit an den Texten ist es auch wichtig, die Lehrstücke aus dem Zusammenhang der Rezeptionsgeschichte zu lösen und sie als *Strategie* oder als *Methode* neu fruchtbar zu machen. Am Ende des 20. Jahrhunderts gab es viele Lehrstückversuche in kleinen Gruppen, die sich später jedoch zunehmend in einen geschützten, fast privaten Raum zurückgezogen haben. Heute wird offensichtlich nicht mehr so häufig mit den Lehrstück-Texten im pädagogischen Kontext praktisch gearbeitet. Und da stellt sich die Frage, ob man nicht eine kulturkritische Strategie entwickeln könnte, indem man die Lehrstücke wieder ins Theater bringen, in die Institution ‚einschleusen' kann. Es wäre also wichtig, dass man die Lehrstücke als Strategie fruchtbar macht und damit den Kulturapparat subversiv unterläuft, denn in der Lehrstück-Methode steckt ungeheuer viel Potential.
Dabei kann man die Texte von Brecht verwenden, man muss es aber nicht. Es gibt auch Versuche mit neuen Lehrstücktexten. Man müsste junge Autorinnen und Autoren gewinnen, die entsprechende Texte mit radikalen Konflikten und in gestischer Sprache etc. schreiben. Theaterabende könnten in der Art und Weise gestaltet werden, dass es eine Aufführung gibt, das Publikum ins Theater kommt, dann aber alles ‚zusammenbricht', was unter institutionellen Bedingungen normalerweise abläuft: Es gibt keine Trennung zwischen Bühne und Publikum und man spielt als ‚Zuschauer_in' im Rahmen der Lehrstück-Methode selber. Damit verändert sich der Blick auf die Produktion, auf die Institutionen, es entsteht die Möglichkeit, die Dinge anders zu sehen, die traditionellen Sehgewohnheiten lösen sich auf, was in der Folge auch politische Konsequenzen hat. Die Zukunft der Lehrstück-Konzeption könnte in einer derartigen politischen Strategie liegen; dazu könnten selbstverständlich auch Texte von Brecht verwendet werden, aber es müssten nicht nur seine Texte sein.

Florian Thamer und Tina Turnheim

Marianne Streisand
Dadurch, dass Zuschauer ins Theater kommen und selber spielen, haben wir noch keine Lehrstück-Konzeption. Theater spielen mit allen Anwesenden, Rollentausch, diese Vorgehensweisen findet man auch im Zusammenhang mit anderen Theatertechniken. Der Lehrstück-Text scheint mir, anders als Tina Wellmann gesagt hat, unabdingbar, Lehrstück-Spielen reibt sich immer am Text.

Till Nitschmann
Ja, deshalb habe ich ja davon gesprochen, dass neue Texte geschrieben werden müssten, aber nicht irgendwelche, ganz beliebige, sie müssten nicht nur ein bestimmtes Konfliktpotential beinhalten, sondern auch eine spezifische Sprache verwenden. Heiner Müllers *Philoktet* wäre da sicherlich geeignet.

Helene Varopoulou
Oder *Der Horatier* von Heiner Müller.

Hans-Thies Lehmann
Was spricht denn dagegen, dass man auch Texte anderer Autoren in brechtscher Weise bearbeitet und sie zu brechtschen Inszenierungsformen bringt mit Hilfe des Lehrstücks? In unserem Vortrag [vgl. S. 410f.] zeigen wir ein solches Beispiel von der Ägypterin Laila Soliman. Es gibt ganz verschiedene Vorgehensweisen. Brecht bearbeiten muss nicht unbedingt heißen, mit seinen Texten zu arbeiten, sondern dass man seine Arbeitsweise praktiziert. Ein besonders wichtiger Punkt ist dabei, dass das Theater wieder den Widerstand starker Texte braucht, eine intensive Setzung von Texten als Gegengewicht oder als Mitspieler ist notwendig. Aber das bedeutet eben nicht, dass man die Texte von Brecht texttreu verwenden muss und sie so inszeniert, wie sie unserer Vermutung nach konzipiert wurden, sondern dass man überhaupt ein widerständiges Textmaterial verwendet.

Marianne Streisand
Ich meinte nicht, dass man nur mit Brecht-Texte arbeiten kann. Aber Lehrstückarbeit, egal ob man mit Texten von Heiner Müller oder von anderen Autoren arbeitet, beinhaltet im Gegensatz zu anderen Theaterformen immer die Einbeziehung von Texten.

Michael Wehren
Das müsste man ausprobieren. Ich bin optimistisch, was die Produktivität des Theater-Machens angeht. Ich denke, dass es problematisch ist, einen Kriterienkatalog zu erstellen, er wird leicht zu einer Art Korsett. Die Lehrstücke sind untereinander schon so extrem unterschiedlich, und es gibt und gab zu verschiedenen Zeiten so verschiedene Ansätze, mit ihnen zu arbeiten, dass man nicht davon ausgehen kann, dass der Lehrstück-Prozess sozusagen an sein Ende gelangt ist oder überhaupt gelangen kann. Vielmehr reißt er immer wieder irgendwann mehr oder weniger ab;

und wie das so oft ist, wenn etwas abgebrochen wird, bleiben lose Enden übrig: Das scheint mir die produktivere Perspektive. Man muss sehen, was jede einzelne Arbeit, die auf das Material zurückgreift, letztlich hervorbringt. Im besten Fall produzieren das Stück, die Inszenierung, die Performance, seine bzw. ihre eigenen Kriterien. Von da aus stellt sich vielleicht weniger die Frage, ob wir sagen können: Das ist ein Lehrstück. Vielleicht stellt sich eher die Frage: Ist die Arbeit für uns produktiv, und was haben wir davon, das jetzt als Lehrstück zu bezeichnen. Es ist also ein Prozess der Selbstbestimmung, der mit heterogenem Material arbeitet und dabei Texte, die quer zum Theater stehen, als Widerstand verwendet.

Knut Hirche
Ich würde gerne darauf zurückkommen, dass dieses Lehrstück-Konzept das Theater generell angreift und welche Aspekte dabei besonders wichtig sind. Eine zentrale Frage ist sicherlich die Einwirkung des Publikums auf das Geschehen auf der Bühne. Also wir haben am Theater in Neubrandenburg z.B. Versuche gemacht mit dem Unterschied von Diskurs und Dialog; im Diskurs hört eine Gruppe jemandem länger zu. Wir haben in der Runde gestanden, und wenn einer anfing länger zu sprechen, zogen die anderen sich als Publikum zusammen, und der Redner wurde sozusagen frei; d.h. die Energie und die Aufmerksamkeit der Leute ist ein ganz wichtiger Faktor. An dem Lehrstückkonzept hat mich natürlich auch der Gedanke interessiert, das Publikum erst mal auszuschließen, damit man selber weiß, was überhaupt geschieht. Bei uns gab es sozusagen drei Stufen des Theatermachens: Die Erste ist die sehr intime, geschlossene Auseinandersetzung, die fast singulär stattfindet, gewissermaßen eine private Ebene. Dann gibt es die halb öffentliche Ebene der Probe, bei der alle Beteiligten anwesend sind. Und dann gibt es eben die ganz öffentliche, bei der es ein deutlicher Unterschied ist, ob die Zuschauer wissen, dass ihre Art der Aufmerksamkeit das Spiel beeinflusst oder ob sie einfach nur so dasitzen, unschuldig gewissermaßen für das, was geschieht.

Hans-Thies Lehmann
Es ist eine fundamental andere Konzeption, ob wir etwas für ein Publikum machen, also wie ein Service-Unternehmen, oder ob wir das Theater als eine gemeinsame Veranstaltung aller, die da sind, denken. Es ist eine wichtige Verschiebung in der Idee vom Theater, wenn ich sage, das Theater ist eine Situation, es ist eine gemeinsame Aktivität, oder wenn ich sage, es ist eine Art Repräsentation der Aufführung vor und für ein Publikum. So entsteht auch bei Pollesch der Gedanke, dass wir uns erst mal selber für das interessieren sollen und wollen, was wir spielen, und dann erst fragen, ob es das Publikum interessiert. Wir spielen also nicht etwas, weil das Publikum es will, wir spielen, weil es uns interessiert. In Polleschs *Kill your Darlings!* wird gerufen: „Wir machen das hier nicht für euch. Wir machen das für uns. Wir machen das hier nicht für euch. Wir machen das für uns. Macht ihr es doch für euch." Ich finde, das ist ein wunderbares Modell dafür, wie man versuchen kann, das Theatermachen selber erst mal anders zu denken. Hinzu kommen dann Unterscheidungen von nicht

öffentlicher, halböffentlicher und ganz öffentlicher Probe, also eine Aufführung als Probenprozess mit Öffentlichkeit.

Gerd Koch
Ich möchte in diesem Zusammenhang an den Begriff der *Gabe* erinnern, ein derartiges Theater-Modell wäre auch ein Gaben-Austausch, ein Gabe-Verhalten oder eine Gastfreundschaft. In Berlin gibt es das „Theater Vierte Welt" am Kottbusser Tor, das 2015 eine Reihe veranstaltet mit dem Titel *Ausnahmenzustand oder sechs Versuche in der Kunst der Gastfreundschaft*. Das Motto dieser Veranstaltungsreihe ist ein Zitat von Jacques Derrida: „Der Akt der Gastfreundschaft kann nur poetisch sein." Zu jeder Veranstaltung wird jeweils ein Gast aus einem anderen Land eingeladen.

Hans-Thies Lehmann
Der Aspekt der Gabe ist sehr wichtig, weil Derrida damit auch meint, dass es einen bestimmten Prozess gibt, der nicht einfach über den theoretischen Diskurs laufen kann. Wir können uns z.B. nicht einfach vornehmen oder theoretisch überlegen, dass wir jetzt mal gastfreundlich sind, sondern Gastfreundschaft hat eine poetische Dimension, die nicht vollständig von der rationalen Begrifflichkeit zu fassen ist.

Gerd Koch
Gastfreundschaft ist also kein technologischer Vorgang.

Milena Massalongo

Marianne Streisand

Lehrstückprozess bei Brecht und Reformpädagogik

Mit den Lehrstücken, die sämtlich im Umkreis des Jahres 1930 entstanden sind, hat Brecht bekanntlich eine gänzlich neue Ästhetik für sein Theater entworfen; eine theatrale Form gefunden, die er bis dato so noch nicht praktiziert hatte. Die beiden Kernsätze oder ‚Basisregeln', wie Reiner Steinweg es nannte, für dieses neue ästhetische Arrangement der Lehrstücke lauten:

> 1. Die Große Pädagogik verändert die Rolle des Spielers vollständig. Sie hebt das System Spieler und Zuschauer auf. Sie kennt nur mehr Spieler, die zugleich Studierende sind. (1930/31)[1]
>
> 2. Das Lehrstück lehrt dadurch, dass es gespielt, nicht dadurch, dass es gesehen wird. Prinzipiell ist für das Lehrstück kein Zuschauer nötig, jedoch kann er natürlich verwertet werden. (1937)[2]

Meine Forschungsfrage in diesem Kontext ist nun: Wie kommt es, dass Brecht um das Jahr 1930 plötzlich auf eine völlig neue Form von Teilhabe aller am Theaterprozess insistierte? Was mochte ihn dazu angeregt haben, das traditionelle Gefüge des bürgerlichen Theaters, das seit über 150 Jahren auf der Teilung von Zuschauerraum und Bühne, von Publikum und Spielern aufbaute, mit einem Mal über Bord zu werfen? Was könnte ihn dazu gebracht haben, gerade zu diesem Zeitraum innerhalb seines Theaterexperiments die dichotomische Struktur aktiv – passiv, bewegt – stillhaltend, laut – leise, hell – dunkel aufzugeben, welche sämtlich in einem langen Disziplinierungsprozess des bürgerlichen Publikums wie der Schauspieler mühsam durchgesetzt worden waren? Schließlich hatte er selbst gerade in den Jahren vor 1930 noch sehr erfolgreich – etwa bei der *Dreigroschenoper* – mit dieser Struktur gearbeitet und sie nur reformiert, nicht revolutioniert[3], wie er selbst schrieb; später im Gegensatz zu der oben erwähnten „Großen" den Begriff der „Kleinen Pädagogik" (GBA, 21, S. 396) für das epische Theater generell geprägt. Was oder

1 Bertolt Brecht: [Die Große und die Kleine Pädagogik]. In: B.B.: *Werke. Große Berliner und Frankfurter Ausgabe*, Bd. 21. Hg. Werner Hecht u.a. Berlin / Weimar / Frankfurt a. M., 1992, S. 396; im Folgenden werden die Sigle GBA sowie Band- und Seitenzahl verwendet.

2 Bertolt Brecht: [Zur Theorie des Lehrstücks] In: B.B.: *Lehrstücke*. Hg. B. K. Tragelehn. Leipzig, 1978, S. 177.

3 Vgl. [Bertolt] Brecht. [Peter] Suhrkamp: Anmerkungen zur Oper „Aufstieg und Fall der Stadt Mahagonny". In: Bertolt Brecht: *Versuche*. H. 2. Berlin, 1963 (Reprint), S. 103.

wer kann ihn dazu angeregt haben, hier Theater als eine neue Form von spielender, experimentierender oder ‚übender' Gemeinschaft mit relativ gleichberechtigten Mitgliedern zu etablieren?
Mit anderen Worten: Mich interessieren das Aufkeimen oder das Wieder-Vergehen, die Geschichte, das Umfeld oder die Umgebung bestimmter ästhetischer Methoden, Settings und Theaterverfahren, zumal es sich bei den Lehrstückversuchen Brechts nicht um ein temporäres Verfahren handelte. Es war dies ein Theaterentwurf, von dem wir wissen, dass er lebenslang für Brecht aktuell geblieben ist, wenngleich er in den späteren Jahrzehnten von Brecht nur mehr in Fragment gebliebenen Entwürfen (etwa dem *Büsching* aus den beginnenden 1950er Jahren) praktiziert wurde.
Meine Überlegungen, woher in den Jahren vor und nach 1930 eventuell (und unter anderem!) Anregungen für Brecht gekommen sein könnten, sollen hier in eine Richtung gehen, mit der Brecht eher selten in Verbindung gebracht wird: die zu jener Zeit in Deutschland recht entfalteten und gerade in intellektuellen Kreisen überaus populären Reformpädagogik, mit der auch Brecht zahlreich in Kontakt gekommen ist. Es geht dabei keinesfalls darum etwa nachzuweisen, dass Brecht ‚eigentlich' Reformpädagoge gewesen sei. Sondern es geht um wechselseitige Beeinflussung, um zeitweise Kommunikationen.
Ein Beispiel für diesen Kontakt ist die reformpädagogische Schule in Berlin-Neukölln, ab 1930 genannt Karl-Marx-Schule, an der im November dieses Jahres Brecht / Weills Schuloper *Der Jasager* von Schülern und Schülerinnen aufgeführt und diskutiert wurde. Über die Diskussionen wurde von den Spielenden Protokoll geführt. Diese Protokolle wurden von dem beteiligten Kunsterzieher wiederum an Brecht geschickt, der sie später auszugsweise im Heft 4 der *Versuche* gemeinsam mit den Lehrstücken *Der Jasager* und *Der Neinsager* abdruckte.[4] Welche Bedeutung diesem Reflexions- und Diskussionsprozess durch die Spielenden für Brecht zukam, zeigt eine Vorbemerkung zu diesem Abdruck an: „Die beiden in den ‚Versuchen' abgedruckten Fassungen sind unter Berücksichtigung dieser Protokolle hergestellt worden. Die berücksichtigten Einwände und Vorschläge sind durch Sperrdruck hervorgehoben."[5]
Die Karl-Marx-Schule ist für den hier behandelten Zusammenhang auch darüber hinaus ein anschauliches Beispiel für die neuen reformpädagogischen Lehr-Lern-Methoden und den neuen Umgang zwischen Lehrenden und Lernenden, weil Schilderungen einer Schülerin überliefert sind. Ich möchte hier zunächst Sonja Karsen, die Tochter des Schulleiters, Fritz Karsen, etwas ausführlicher zitieren. Sonja Karsen erzählt von dem damaligen Schulalltag an einer reformpädagogischen Schule um 1930 und stellt zunächst fest, dass in ihrer Schule schon die Aufstellung der Tische von der traditionellen Ordnung abwich. Je nach Bedarf stellte man sie rechtwinklig, im Kreis oder in kleinen Gruppen auf, so dass sich der Lehrer stets

4 Vgl. Brecht: *Versuche* 1-12, H. 1-4. Berlin, 1963 (Reprint), S. 319.
5 Ebd.

inmitten der Schüler befand. Das erleichterte, wie Karsen schreibt, die Arbeit an den jeweiligen Projekten, nach denen in beinahe allen zentralen Fächern gearbeitet wurde. Karsen nennt die Fächer Deutsch, Geschichte, Erdkunde, Mathematik, Physik, Chemie, Biologie, Zeichnen, Musik und Fremdsprachen für die Projektarbeiten[6]:

> Für die Erarbeitung dieser Projekte, die unter Leitung des Lehrers erfolgte, wurden die Schüler in Gruppen eingeteilt, und jede Gruppe beschäftigte sich mit einem Teil des Gesamtthemas. Die Schüler beschäftigten sich je nach ihren Interessen für die speziellen Themen. *Wichtig war, dass sie die Probleme selber lösten.* Hatten wir zum Beispiel eine Aufgabe in Mathematik erhalten, lösten wir sie in der Klasse und nicht, wie es üblich war, zu Hause. So wurden die meisten Schulaufgaben in der Schule erledigt. Gab es Schwierigkeiten, konnte man den Lehrer fragen, und er half individuell. […] Bei allen Arbeiten war es wichtig, *den vorgegebenen Abgabetermin genau einzuhalten*, den der Lehrer bestimmte; die Gruppen musste ihre Arbeit am festgesetzten Tag abgeschlossen haben, Zeichnungen und andere Illustrationen sollten eingearbeitet und die Informationen mussten korrekt sein. Das heißt, es wurde von Anfang an Wert auf Präzision und klares Denken gelegt. Durch diesen Unterricht ohne Lehrbücher lernten wir Schüler, selbständig zu denken und das notwendige Material für die Themen bzw. Projekte zu sammeln.[7]

Weiter erzählt sie, dass der Lehrer natürlich den Verlauf des Unterrichts genau beobachtete, und bei Fragen, die die Schüler nicht beantworten konnten, eingriff. Zum Unterricht gehörte auch, dass täglich ein Schüler ein Protokoll über den Unterrichtsverlauf zu schreiben hatte.[8] Über die Aufführung des Lehrstücks an ihrer Schule schreibt Karsen schließlich:

> Die Aufführungen von Theaterstücken wie die von Bertolt Brecht, mit Musik von Kurt Weill, fanden in der Aula abends statt und wurden so der Öffentlichkeit vorgeführt. Die Schule hatte ein gutes Orchester, Bühnenbilder und Kostüme entstanden unter Anleitung des Zeichenlehrers Freese. Brecht kam in die Schule und diskutierte mit den Schülern seine Oper *Der Jasager*, die dort 1931 in einer neuen Fassung aufgeführt wurde. In dieser Oper sagte ich nur einen Satz: 'Er hat ‚Ja' gesagt.'[9]

---

6 Vgl. Sonja Karsen: Die fortschrittliche Pädagogik meines Vaters Fritz Karsen an seiner Reformschule in Berlin-Neukölln, seine Entlassung und seine Flucht aus Deutschland. In: *Reformpädagogik in Berlin – Tradition und Wiederentdeckung*. Hg. Wolfgang Keim / Norbert H. Weber. Frankfurt a. M., 1998, S.135-142.

7 Karsen: Pädagogik, S. 135f. (Hervorhebung von – M.S.).

8 Ebd.

9 Ebd., S. 136.

Manches von dem, was hier an Lehr- und Lernmethoden beschrieben wird, scheint sich in den theoretischen und praktischen Äußerungen von und über die Lehrstücke Brechts wieder zu finden. Um hier nur einige Schlaglichter zu werfen:

- Die Utopie der flachen Hierarchien, der Gemeinschaft von Lehrenden und Lernenden;
- Das Insistieren darauf, dass die Dinge selbstständig und durch Erfahrung gelernt / erkannt / geübt werden;
- Die Beteiligung aller am Experiment oder am Laborversuch, so dass das Experiment zu einer wirklichen Erfahrung werden kann;
- Die Arbeit an Projekten (im Sinne John Deweys) innerhalb kleiner, gleichberechtigter Gruppen und die Themenwahl nach Interessen, nicht nach Schulstoff;
- Das Protokoll im Anschluss an das Experiment, wie es sich beispielsweise im Fall der Aufführung des *Jasager* in dieser Schule, aber auch in vielen Lehrstückseminaren seit den endsiebziger Jahren des 20. Jahrhunderts, die zum Teil unter Reiner Steinwegs Leitung stattfanden, eingebürgert hat. Das Deutsche Archiv für Theaterpädagogik (DATP) verfügt über einen großen Bestand solcher Protokolle[10];
- Und – last but not least – die Tatsache, dass es sich bei der Aufführung des Lehrstücks um nicht-professionelle Spielerinnen und Spieler, Musiker und Musikerinnen, ‚Bühnenbauer' und Kostümbildner handelte.

Solche und ähnliche *Korrespondenzen* verführen dazu darüber nachzudenken, welche *Beziehungen zwischen Lehrstückprozess bei Brecht und der Reformpädagogik* generell existieren können. Bei beiden Lehr- und Lernmethoden hatte die experimentelle Erprobung zeitgleich vor und um 1930 ihren Höhepunkt erreicht und wurde in beiden Fällen durch die Machtergreifung des Nationalsozialismus 1933 jäh unterbrochen. Abgesehen von der generell hohen diskursiven Verfügbarkeit der widersprüchlichen Ideen zur Reformpädagogik in jenen Jahren will ich hier (literaturwissenschaftlich höchst traditionell) nach *ganz konkreten Kontaktpersonen* in Brechts Umfeld fragen. Nähe zur Reformpädagogik hatten zahlreiche Menschen, mit denen Brecht eng zusammenarbeitete (insbesondere auch Paul Hindemith, Hanns Eisler, Paul Dessau im Zusammenhang mit der Schulmusikbewegung).[11] Ich möchte mich hier aber auf *drei* Personen im engsten Umfeld Brechts beschränken: Helene Weigel, Peter Suhrkamp und Walter Benjamin.

10 Vgl. www.archiv-datp.de bzw. www.datp.findbuch.net, Sammlung Lehrstückarchiv.

11 Vgl. hierzu u.a. Dorothea Kolland: Jugendmusikbewegung. In: *Handbuch der Reformbewegungen 1880 – 1930*. Hg. Diethart Krebs / Jürgen Reulicke. Wuppertal, 1998, S. 379-394.

Helene Weigel (1900-1971)

Helene Weigel, Brechts Kollegin, Geliebte und ab 1929 Ehefrau, besuchte im Alter von 15 Jahren das Realgymnasium von Eugenie Schwarzwalds, der ‚Pionierin' der Reformpädagogik in Österreich, im ersten Bezirk Wiens, Wallnerstraße 9.[12] Die überaus aktive, emanzipierte und sozial engagierte ‚Fraudoktor' (wie sie genannt wurde) Eugenie (bzw. ‚Genia') Schwarzwald hatte in Zürich studiert und promoviert zu einer Zeit, als dies in anderen Ländern Frauen noch nicht gestattet war. Schwarzwald war es gelungen, im Laufe der Zeit bis zum Ersten Weltkrieg in Wien einen ganzen Schulkomplex aufzubauen. Dazu gehörten eine koedukativ geführte Volksschule ab 1903/04, eine Kleinkinderschule für Drei- bis Sechsjährige, ein Mädchen-Realgymnasium ab 1911, an dem auch Abendkurse gegeben wurden. Ab 1914/15 kamen ein einjähriger Hausfrauenkurs sowie chemische Fachkurse für Frauen hinzu. Die Kurse waren kostenpflichtig, doch gab es für mittellose Schüler und Schülerinnen einige Freiplätze.[13]
Bei dem Mädchengymnasium, das Helene Weigel ab 1915 besuchte, handelte es sich um die erste Schule in Österreich, in der Mädchen ‚maturieren', also das Abitur machen, konnten. Hier fanden auch Weigels erste Theaterauftritte statt, denn Schwarzwald führte – sowohl zur musischen Erziehungen als auch zur Mittelbeschaffung für die zahlreichen sozialen und reformpädagogischen Projekte – Schulkonzerte und Schauspielaufführungen auf, in denen neben Weigel auch die späteren Schauspielerinnen Elisabeth Neumann und Alice Herdan auftraten.[14]

Turnstunde auf dem Dach

12 http://www-gewi.uni-graz.at/piluwe, S. 6 (abgerufen am 1.2.2015). Das Gymnasium befand sich ursprünglich am Franziskanerplatz 5, ab 1913 – also zu Helene Weigels Zeiten – in der Wallnerstraße 9, identisch mit der Herrengasse 10.

13 Vgl. ebd.

14 Deborah Holmes: *Langeweile ist Gift. Das Leben der Eugenie Schwarzwald.* St. Pölten, 2012, S.155.

Eugenie Schwarzwald, die selbst traumatisierende Schulerlebnisse gehabt haben muss, wollte eine Schule entwickeln, in der mit Lust, Spaß, Lebendigkeit und Kreativität gelernt wurde. Sie schreibt: „Ich wollte nie Schule, die ich mir gewünscht hatte, wenigstens andern verschaffen.“[15] Die Kinder sollten den „Sonntag als Fehleinrichtung und den letzten Schultag als traurigsten Tag im Jahr bezeichnen“.[16] Ähnlich wie Ellen Key, mit der sie ebenso wie mit Maria Montessori in Kontakt stand, hielt sie das Kind für ein „geniales, liebens- und lebenswertes Wesen“, dem die „Verknöcherung und Bewegungsarmut der Erwachsenen“ gegenüber steht. Schwarzwald zufolge müsse man das schöpferische Kind erhalten. „Wer aber bleibt Kind? Der schöpferische Geist, der Künstler.“[17] Darum legte sie besonderen Wert auf die musische Erziehung in ihrer Schule. Herausragende Künstler und Intellektuelle waren unter den Lehrern: Oskar Kokoschka als Lehrer für Malen und Zeichnen, Arnold Schönberg und Egon Wellesz für Musik, Hans Kelsen für Soziologie und Volkswirtschaftslehre, Otto Rommel für Literatur, und auch Adolf Loos unterrichtete dort. Dabei wurde offensichtlich Wert auf einen künstlerischen Ausdruck, auf eine Entfaltung der kindlichen Phantasie und Kreativität gelegt und sich weniger auf den vorgegebenen Lehrplan konzentriert. Wie unorthodox etwa der Zeichenunterricht durch Kokoschka ab September 1911 abgelaufen sein muss, geht hervor aus der Einschätzung des Wiener Fachinspektors für Kunst, Herrn Langl, den der Landesschulrat zur Inspektion an Schwarzwalds Schule geschickt hatte. Dieser meldete seinem Vorgesetzten: Alles, was die Schüler seit September „nach der Methode der ‚Uebermodernen‘“ gemalt hatten, sei „ein Chaos von kindlichen Patzereien, zumindest nur halbfertigen Schmieragen, ganz im Stil der Kunst, welche er [d.h. Kokoschka – M.S.] selbst sinn- und gedankenlos zur Zeit in der Kunstschau ausgestellt hatte.“ Herr Langl hielt diese Kunstübungen bei Kokoschka rundweg für „unsinnigen Unterricht“.[18]

Es mag auch an den Orientierungen dieser reformpädagogischen Schule gelegen haben – wie später in den Bemühungen Piscators für das Proletarische Theater und die Volksbühne, den Massenmobilisierungen innerhalb der Arbeitertheater- und Agit-Prop-Theater-Bewegung der 1920er Jahre –, dass weder Weigel noch Brecht jemals eine feste Grenze zwischen Berufs- und Laienschauspielkunst gezogen haben. Sie betrachteten es als nicht zwingend notwendig, dass Schauspieler traditionell professionell ausgebildet sein müssen, um großartige epische Darsteller zu sein. Erinnert sei nur an zentrale Schauspielerpersönlichkeiten des Berliner Ensembles wie Ernst Busch (witzigerweise trägt gerade eine Schauspiel*schule* in Berlin seinen

15 http://www-gewi.uni-graz.at/piluwe, S. 5 (abgerufen am 1.2.2015).

16 Ebd.

17 Ebd., S. 7.

18 Josef Langl im Februar 1912 im Bericht über den Zustand des Zeichenunterrichts am Mädchenlyzeum der Frau Dr. Eugenie Schwarzwald“, zit. nach Holmes: *Schwarzwald*, S. 139.

Namen), Angelika Hurwitz, Käthe Reichel und viele andere, nicht zu vergessen Helene Weigel selbst, die keine übliche Schauspielausbildung durchlaufen hatte. ‚Die Weigel' sagt noch 1969 in einem Gespräch mit Werner Hecht:

> Die Schauspielkunst sollte keine Angelegenheit sein, die man mit so einem mystischen Schleier umgibt. Theaterspielen kann eigentlich mit ziemlich allgemeinem Talent jeder Mensch. Ich habe da nie große Unterschiede gemacht zwischen Berufsschauspielern und Laien. Wenn man das macht, steckt, glaube ich, mehr Hochmut dahinter als etwas anderes.[19]

Darüber hinaus betrieb Eugenie Schwarzwald während des Ersten Weltkrieges zahlreiche Suppenküchen in Wien und organisierte ab 1915 die Aktion „Wiener Kinder aufs Land", nach 1933 engagierte sie sich sehr für jüdische und sozialdemokratische Flüchtlinge aus Deutschland. Aber sie unterhielt auch in ihrer – selbstredend von Adolf Loos gestalteten – Privatwohnung in Wien 8, Josefstädterstraße 68, einen berühmten Salon, in dem sich die wichtigen Intellektuelle und Künstler der Zeit trafen, darunter Elias Canetti, Egon Fridell, Robert Musil, Rainer Maria Rilke, Alexander Moissi, Karl Frank, Peter Altenberg, Alma Mahler-Werfel u.v.a., in den 1920er Jahren übrigens auch Gustav Wyneken, über den noch zu sprechen sein wird. Unter ihnen war ebenfalls die enge Freundin von Eugenie Schwarzwald, die dänische Journalistin und feministisch engagierte Schriftstellerin Karin Michaelis. Mit ihr blieb Schwarzwald bis zu ihrem Tod 1940 in Zürich, wohin die Jüdin geflohen war, in engstem freundschaftlichem Kontakt.

Karin Michaelis war es, die Helene Weigel in Schwarzwalds Salon kennen lernte und die ihr im Alter von 17 Jahren ein Vorsprechen beim Direktor der Wiener Volksbühne, Arthur Rundt, ermöglichte. Damit ging Weigels sehnlichster Wunsch in Erfüllung, den sie gegen ihren Vater durchsetzte. Rundt soll sich die Weigel fasziniert angehört haben und gesagt haben, dass sie „eines der größten dramatischen Genies, die jemals geboren wurden" sei; „Unterricht brauchen Sie nicht zu nehmen."[20] Bereits 1919 wurde die Debütantin von Arthur Hellmer an das Neue Theater Frankfurt am Main engagiert.

19 Sabine Kebir: *Helene Weigel. Abstieg in den Ruhm*. Berlin, 2002. S. 73.
20 Ebd., S. 17.

Helene Weigel 1938 in Kopenhagen

Sabine Kebir vermutet, dass es auch auf die reformpädagogische, emanzipierte und freie Erziehung in der Schule von Eugenie Schwarzwald, eine „beginnende Bewegung sexueller Liberalisierung“[21], zurückzuführen sei, dass Helene Weigel zumindest in den ersten Ehejahren bzw. Ehejahrzehnten relativ tolerant auf Brechts immer neue Frauenaffären und Liebeskatastrophen reagierte.
Karin Michaelis war es schließlich, die später im Exil die Familie Brecht und andere Emigranten aus Deutschland auf ihrem Gut in Thurö in Dänemark beheimatete.

Peter Suhrkamp (1891 – 1959)

Eine zweite wichtige personale Verbindung Brechts zur Reformpädagogik war über Peter Suhrkamp gegeben. Brecht und Suhrkamp kannten einander seit den beginnenden 1920er Jahren. Belegt ist ihre Zusammenarbeit zum ersten Mal im 2. Heft der Versuche im Herbst 1930, wo sie ihre gemeinsam verfassten *Anmerkungen zur Oper „Aufstieg und Fall der Stadt Mahagonny“* publizierten. Unterschrieben war der Text mit „Brecht. Suhrkamp“.[22] Es ist dies bekanntermaßen die erste Grundlegung einer Theorie des epischen Theaters; Kernstück dieses populären Textes ist die Gegenüberstellung von epischer und dramatischer Form des Theaters. Darin wird unter anderem – ganz im Stil der Lehrstücke – der „Mensch“ als „Gegenstand der Untersuchung“ im epischen Theater generell bezeichnet, entgegen

21 Ebd., S. 46.
22 Brecht. Suhrkamp: Anmerkungen, S. 107. In Bd. I von Bertolt Brecht: *Gesammelte Werke.* London, 1938, ist der überarbeitet Text nur mit „Brecht“ gezeichnet, der in Deutschland lebende Suhrkamp sollte offensichtlich nicht gefährdet werden; vgl. GBA 24, S. 476.

dem „als bekannt“ vorausgesetzten Menschen in der dramatischen Form. Brecht und Suhrkamp schreiben:

> Die Oper ‚Mahagonny‘ ist vor drei Jahren, 1927, geschrieben. In den anschließenden Arbeiten wurden Versuche unternommen, das Lehrhafte auf Kosten des Kulinarischen immer stärker zu betonen. Also aus dem Genußmittel den Lehrgegenstand zu entwickeln und gewisse Institute aus Vergnügungsstätten in Publikationsorgane umzubauen.[23]

Die *Anmerkungen* enthalten aber daneben auch die Grundlegung einer anderen wichtigen Stilform des Theaters der Avantgarde durch Brecht, das weit in die Gegenwart des postmodernen Theaters hineinreicht und gewöhnlich nicht gleichermaßen im Zusammenhang mit den *Anmerkungen* erinnert wird: die erste systematische Formulierung von der Theorie der Trennung der Elemente. Und der Text verweist drittens auf die Rolle der „Apparate“, also der Institution Theater bzw. Oper als Basis der Kunstproduktion – entgegen dem „Usus, jedes Kunstwerk auf seine Eignung für den Apparat, niemals aber den Apparat auf seine Eignung für das Kunstwerk hin zu überprüfen.“[24] Hier geschah also auch die Grundlegung dafür, die Kunstwerke aus den Verwertungszusammenhängen der Apparate (der Opern und Theater) herauszunehmen und den nicht-professionellen Spielern zu übergeben, wie wir es im Fall der Lehrstücke vorliegen haben. Bei Walter Benjamin, der diese Anmerkungen 1934 als Grundlage seines Vortrags in Paris *Der Autor als Produzent* nimmt, wird es heißen:

> Anstatt nämlich zu fragen: wie steht ein Werk zu den Produktionsverhältnissen der Epoche? ist es mit ihnen einverstanden, ist es reaktionär oder strebt es ihre Umwälzung an, ist es revolutionär? – anstelle dieser Frage oder jedenfalls vor dieser Frage möchte ich eine andere Ihnen vorschlagen. Also ehe ich frage: wie steht eine Dichtung *zu* den Produktionsverhältnissen der Epoche? möchte ich fragen: wie steht sie *in* ihnen? [25]

Bekanntermaßen wurde Suhrkamp später lebenslang Brechts wichtigster Verleger. Peter Suhrkamp hatte nach dem Ersten Weltkrieg noch während seines Germanistik-Studiums in der reformpädagogischen Odenwaldschule und in der *Freien Schulgemeinde Wickersdorf* in Thüringen[26] unterrichtet. Dabei wurde ihm in einem Zeugnis bescheinigt, dass er „sehr erfolgreichen Unterricht zu geben und in den Beratungen des Lehrerkollegiums über pädagogische Fragen äußerst anregend zu

23 Brecht. Suhrkamp: Anmerkungen. S. 107.

24 Ebd., S. 101.

25 Walter Benjamin: Der Autor als Produzent. In: W.B.: *Versuche über Brecht*. 2. Auflage. Frankfurt a. M., 1967, S. 98.

26 Vgl. Siegfried Unseld: *Peter Suhrkamp. Eine Biographie*. Frankfurt a. M. 1975/1991, S. 66.

wirken"[27] vermochte. Wickersdorf war 1906 als Landerziehungsheim von Gustav Wyneken (1875-1964) und Paul Geheeb (1870-1961) gegründet worden und hatte sich das folgende Programm gegeben, wie es im Ersten Jahresbericht der Freien Schulgemeinde festgehalten war:

> Aus dem Ziel unserer Schule folgt als Ziel unseres Unterrichts, die Schüler zu selbständiger, ausdauernder, zielbewusster Arbeit zu erziehen, indem sie sich die Grundlagen unsers Wissens aneignen. Man könnte auch sagen: der Unterricht muss dahin streben, sich überflüssig zu machen.[28]

Auch hier wird wiederum der Topos vom „sich überflüssig machen" angeführt, der ein noch heute gern zelebriertes Motiv alternativer Pädagogik darstellt.
Peter Suhrkamp war in Wickersdorf seit 1925 offizieller Lehrer und ab 1926 bis zu seinem Ausscheiden und seinem Umzug nach Berlin, 1929, wo dann die *Anmerkungen* in Zusammenarbeit mit Brecht entstanden, sogar pädagogischer Leiter.

Peter und Irmgard Suhrkamp im Kreis ihrer sog. „Kameradschaft" in der Freien Schulgemeinde Wickersdorf

In der Freien Schulgemeinde wurde – neben anderen reformpädagogischen Erziehungsprinzipien wie dem Zusammenschluss zu familienähnlichen „Kameradschaften" um einen Lehrer[29], dem Turnen im Freien, dem selbständigen

27 Zit. nach Unseld: *Suhrkamp*, S. 63.

28 Erster Jahresbericht der Freien Schulgemeinde Wickersdorf, 1908; zit. nach Unseld: *Suhrkamp*, S.71.

29 Das sind „altershomogene Kreise von Schülern, die sich um einen Lehrer gruppierten und gemeinsam die Freizeit verbrachten, Exkursionen und Fahrten unternahmen, z.T. auch

Lernen durch Erfahrungen und der Stärkung aller Formen des informellen Lernens – insbesondere auf die Idee der Formung des so genannten Neuen Menschen im Sinne einer Weltanschauung großes Gewicht gelegt. Mittel dazu sollte auch die musische Erziehung der Schüler und Schülerinnen sowohl im Unterricht als auch in der Freizeit sein. Wesentlich daran beteiligt waren die dortigen Lehrer für Musik, der bedeutende Musikerzieher und Vertreter der Musikalischen Jugendbewegung August Halm[30]; der Lehrer für Malerei und Bildende Kunst, Fritz Hafner, der berühmte Reformpädagoge Alfred Ehrentreich als Lehrer für Deutsch und Fremdsprachen sowie der Lehrer für Laienspiel bzw. Theater, Martin Luserke (1880-1968).
Es war dabei selbstredend nicht Vorhaben der musischen Bildung in Wickersdorf, aus den Kindern und Jugendlichen Künstler zu machen. Vielmehr war es Ziel der musischen Erziehung, wie es Wyneken 1919 formulierte, ein Publikum zu erziehen, „das wirklich unablässig nach Großem und Größtem ausschaut und sein Richteramt ausübt in dem Bewusstsein, dass es mit seinen Entscheidungen vor der Geschichte und vor der Ewigkeit bestehen muss."[31]
Bemerkenswert ist hier, dass der Focus auf die Erziehung des *Publikums* gelegt und von ihm das „Richteramt" erwartet wird, als handle es sich um die Form eines Gerichtsprozesses, wie wir ihn aus vielen der Lehrstücke sowohl als Haltung als auch als Handlung kennen. Es erinnert daran, dass Brecht und Suhrkamp sich in den *Anmerkungen* unter anderem gegen die Idee des Gesamtkunstwerks aussprechen, weil es einerseits die schon erwähnte Trennung der Elemente nicht zulässt und andererseits im „Schmelzprozess den Zuschauer (erfasst), der ebenfalls eingeschmolzen wird"[32], damit also unter Hypnotisier- und Rauschverdacht fällt und dem Geschehen nicht mehr als Richter „gegenüber" stehen kann.[33]

In Wickersdorf ist Suhrkamp auch dem reformpädagogischen Theaterlehrer Martin Luserke begegnet, dessen Bedeutung (im Gegensatz zu den Schulmusikern) wenig beachtet ist. Luserke hat in Wickersdorf und später in seiner „Schule am Meer" auf der Insel Juist eine neue Form des Laien- bzw. Schultheaters entwickelt, das sich nicht auf die Dominanz des Wortes stützte und nicht versuchte, das professionelle Theater

zusammen wohnten." Ulrich Schwerdt: Landerziehungsheimbewegung. In: *Handbuch der Reformbewegungen,* S. 402.

30 August Halm (1869 bis 1929) war der Schwager von Gustav Wyneken. Er installierte sein musikalisches Wertesystem in Wickersdorf, das „wiederum auf Gustav Wynekens Hegel-Derivat des ‚objektiven Geistes' fußte. Halms musikalische Götter Bach, Beethoven und Bruckner wurden inthronisiert, die Funktion der Musikpflege war ‚gemeinsamer, tätiger Dienst an der Musik als an einer über den Menschen stehenden geistigen Macht'." Kolland: Jugendmusikbewegung. In: *Handbuch der Reformbewegungen,* S. 382f.

31 Ulrich Schwerdt: *Martin Luserke. Reformpädagogik im Spannungsfeld von pädagogischer Innovation und kulturkritischer Ideologie*. Frankfurt a. M., 1993, S.91.

32 Brecht. Suhrkamp: Anmerkungen, S.104.

33 Ebd.

bzw. das traditionelle Vereinstheater nachzuahmen. Luserkes Versuche zielten auch nicht – wie es bei anderen theaterpädagogischen bzw. Laienspiel-Ansätzen dieser Zeit durchaus üblich war – vorrangig nur auf die Erzeugung einer ‚Gemeinschaft' der Spielenden ab, bei denen jeder künstlerische Anspruch und Interesse sekundär blieb und also Theaterspielen ausschließlich als Medium zum Erreichen von heute so genannten *Soft Skills* diente. Luserke kreierte eine durchaus eigene, künstlerisch nicht uninteressante Form des ‚Bewegungstheaters' gerade im Zusammenhang mit Shakespeare-Stücken. Er inszenierte sie auf einer Längs- und einer Querachse im gesamten großen Turnsaal unter dem Dach in Wickersdorf mit Podesten ‚inmitten des Publikums' mit den Schülern. Der bedeutende Tanztheoretiker Hans Brandenburg, der in Wickersdorf eine der zahlreichen Shakespeare-Aufführungen (*Der Sturm*) der Freien Schulgemeinde unter Luserkes Anleitung sah, urteilte 1921: „Diese Bühne mit ihren Spielen ist meines Wissens die erste vollgültige Kunstleistung der bisher künstlerisch meist unfruchtbaren Jugendbewegung und ‚Jugendkultur'."[34] Auf den Terminus „Jugendkultur" wird noch im dritten Abschnitt einzugehen sein.

Schon 1912 hatte Luserke ein Buch mit dem Titel *Über die Tanzkunst* publiziert, das aus den Wickersdorfer Versuchen um eine neue Tanzkunst hervorgegangen ist. Hier interessierte sich Luserke dafür, Tanz ohne Musik zu entwickeln – gerade im Gegensatz etwa zu der anderen renommierten reformpädagogischen Schule, der „Schule für rhythmische Gymnastik" in Dresden- Hellerau. Dort unterrichtete zur gleichen Zeit der Musikpädagoge Emile Jaques-Dalcroze in dem nach den Entwürfen von Adolphe Appias gestalteten traumhaften Festsaal die Schülerinnen und Schüler darin, wie man konkrete Entsprechungen zwischen den Notenwerten und bestimmten Körper- und Nervenpartien herstellen konnte und so quasi zu einem System von Verkörperung, von körperlicher Visualisierung von Musik gelangte. Dalcroze entwickelte ein Bewegungsalphabet, in dem Tanz ohne Musik nicht vorkam, was die Schülerin Mary Wigman sehr bedauerte.

1921 publizierte Luserke ein Buch mit dem Titel *Shakespeare-Aufführungen als Bewegungsspiele*. Darin entwarf er eine – sich allerdings akademischen Standards strikt verweigernde – Grundlegung der ‚Bewegungsspiele'. Noch einmal Hans Brandenburg, der in Wickersdorf die Shakespeare-Aufführung gesehen hatte:

> Shakespeares Sturm in der Wickersdorfer Aufführung hat wohl jeden Zuschauer überzeugt, welche Bedeutung der Bewegung im Drama, der Bühne als fester, durch keine Wechseldekoration geschwächter Architektur und durch keinen Vorhang zerschnittenen Einheit von Spiel- und Schauraum zukommt.[35]

---

34 Hans Brandenburg: Nachwort. In: Martin Luserke: *Shakespeare –Aufführungen als Bewegungsspiele*. Stuttgart-Heilbronn, 1921, S. 160f.

35 Brandenburg: Nachwort. S. 167f.

Wichtige Stichworte für das Luserkesche Verständnis von Laienspiel sind damit gefallen, die auch Peter Suhrkamp beeindruckt haben könnten:
- die Möglichkeit, anspruchsvolle Inszenierungen mit Amateuren zu produzieren, wenn man eine entsprechende Form und Struktur für die Inszenierung wie für den künstlerischen und pädagogischen Prozess findet;
- die Aufgabe jeder Form von Guckkastenbühne und klarer Trennung von Oben und Unten, Bühne- und Zuschauerraum;
- der Verzicht auf jede Art von Bühnenvorhang, der Spieler und Zuschauer voneinander trennt;
- die ‚entrümpelte' leere Bühne, die Vermeidung jeglicher Bühnenillusion;
- die Arbeit mit Podesten für herausgehobene Spielaktionen sowie das durch (zum Teil gegenläufige) Bewegungschöre hauptsächlich strukturierte Bühnengeschehen.

Luserke selbst schrieb zu seiner Theaterkonzeption im Jahr 1930:

> Die Bühne ist nicht mehr Schauplatz, sondern neutraler Spielplatz, auf dem die Bewegungsströme des Stücks 'ins Helle treten'. So kann der Rhythmus des Stücks in der ununterbrochenen Aufeinanderfolge der Szenen in Erscheinung treten.[36]

Hier sind natürlich auch die *Grenzen von Korrespondenzen* zwischen Lehrstückprozess und Reformpädagogik a là Luserke markiert. Ganz im Topos der Rhythmus-Euphorie der Jahre vor und nach dem Ersten Weltkrieg wird auch hier Rhythmus verstanden als ein intermediales Phänomen per se, das Grundtatsachen des Lebens mit ästhetischen Phänomenen zu verbinden vermag. Sowohl in der Natur als auch in der Kunst wird ein und dasselbe Prinzip, das ‚rhythmische' wahrgenommen. Das Konzept des Rhythmus wird nun zum Erklärungsmodell von Kommunikations-, Rezeptions- und Wahrnehmungsprozessen, die eine innere Verbundenheit der Seele des Künstlers und Rezipienten, der natürlichen Dinge und Gegenstände (die selbst ihren eigenen Rhythmus hätten) und der gesellschaftlichen wie der kosmisch-philosophischen Dimensionen garantierte. Der Rhythmus sollte hier tatsächlich als ‚Erzieher' wirken. Insofern erlangt gerade das Phänomen Rhythmus in jenen Jahren quasi religiöse Dimensionen – und hier enden selbstredend die Korrespondenzen.[37]

36 Zit. nach Schwerdt: *Luserke*, S. 208.

37 Vgl. Marianne Streisand: Rhythmische Räume. In: *TopoGraphien der Moderne. Medien zur Repräsentation und Konstruktion von Räumen*. Hg. Robert Stockhammer. München, 2005, S. 229-262.

Walter Benjamin (1892-1940)

Wickersdorf war 1906 von Gustav Wyneken und Paul Geheeb gegründet worden, nachdem beide die reformpädagogische Hermann Lietz Schule in Haubinda (gegründet 1901) verlassen hatte. Dort war Wyneken – und hier kommt die dritte Person in Brechts engstem Umfeld ins Spiel – wichtiger und einflussreicher Lehrer von Walter Benjamin, der in den Jahren 1905/06 für rund eineinhalb Jahre im thüringischen Landerziehungsheim Haubinda unterrichtet wurde. Benjamin hat diese Zeit in Haubinda, wo er sich in dem wichtigen Alter von 13 bzw. 14 Jahren aufhielt, stets als glückliche und angenehme Zeit des Lernens und Lebens auch mit etwas Wehmut beschrieben.[38] In einem für das Abitur verfassten Lebenslauf heißt es, Haubinda sei vor allem darum für ihn bedeutend gewesen, weil

> [...] ich dort, vor allem im deutschen Unterricht diejenigen Anregungen empfing, die seitdem mein Streben und meine Interessen geleitet haben. Meine Neigung zur Literatur, die ich bis dahin in einem ziemlich ungeregelten Lesen befriedigt hatte, wurde durch kritische ästhetische Normen, die der Unterricht mir entwickelte, vertieft und in gewisse Richtung bestimmt; daneben rief dieser Unterricht das Interesse für Philosophie in mir wach.[39]

Diese Interessenleitung fand insbesondere durch seinen Lehrer in den Fächern Deutsch und Philosophie, den umstrittenen Reformpädagogen Gustav Wyneken, statt, durch ihn wurde auch der Kontakt zur Jugendbewegung für Benjamin hergestellt.

Das Internat Haubinda in Thüringen existierte ab 1901, es war die Fortsetzung des ersten Lietzschen Landerziehungsheims, das gerade im Geburtsjahr Brechts, 1898, in Ilsenburg im Harz gegründet wurde. Die schnell wachsende Schülerzahl führte schon drei Jahre später zur Etablierung eines zweiten Heims in Haubinda. Schon der Name „Landerziehungsheim" war Programm. Benjamin lernte hier eine ganz andere Art des Unterrichts und des Zusammenseins kennen. Die Internate sollten keine einfachen Schulen, sondern Erziehungsgemeinschaften darstellen, die bewusst in der Abgeschiedenheit des Landes fernab der als ‚dekadent' und ‚verderblich' apostrophierten Stadt angesiedelt waren. Nicht selten wurden die Schüler und Schülerinnen hier auch zu Garten- und Feldarbeit zum Zweck der Selbstversorgung der Internatsinsassen mit herangezogen. Naturverbundenheit, Wandern, Sport und Spiel im Freien waren ebenso Programm im Landeserziehungsheim (L.E.H.) wie Musizieren, Theater, Kunst. Die Landerziehungsheime sollten – so zumindest

38 Vgl. Momme Brodersen: *Walter Benjamin*. Frankfurt a. M., 2005, S. 15.

39 Walter Benjamin, zit. nach Willem von Reijen/Herman van Doorn: *Aufenthalte und Passagen. Leben und Werk Walter Benjamins. Eine Chronik*. Frankfurt a. M., 2001, S. 20.

der Anspruch[40] – einen freundschaftlichen, nicht autoritären und gegenseitig inspirierenden Umgang zwischen Lehrenden und Lernenden ermöglichen, die in Lebensgemeinschaften – in Haubinda hießen sie ‚Familien‘, in Wickersdorf ‚Kameradschaften‘ – zusammengefasst waren.[41]
Zentrales pädagogisches Werkzeug und Mittel war die Etablierung und Pflege von Gemeinschaften, die als Heilsbringer gegen Vereinzelung und Fremdheit in der Gesellschaft angesehen wurden. Paul Geheeb, seit 1902 Lehrer in Haubinda und seit 1904 von Lietz als Leiter der Internatsschule eingesetzt, beschrieb die Bedeutung der Gemeinschaft wie folgt:

> Alle Erziehung, ja alle kulturelle Entwicklung vollzieht sich in der Spannung einer Ellipse, deren einer Brennpunkt das Individuum, der andere die Gemeinschaft ist. Um also als Mensch zu gedeihen, um sich zum religiös-sittlichen Charakter zu entfalten, muss das Kind in einer Gemeinschaft aufwachsen, in der Menschen verschiedener Altersstufen, vom Säugling bis zum Greise, in einer von Reinheit, Liebe und gegenseitigem Verstehen erfüllten Atmosphäre natürlich und unbefangen miteinander leben.[42]

40 Ob dieser Wunsch nach Partnerschaften zwischen Lehrenden und Lernenden reines Wunschdenken blieb oder in den Landerziehungsheimen tatsächlich Realität werden konnte, ist eine heute viel diskutierte Frage. Die Realität hinter den euphorischen Selbstdarstelllungen der Gründer des Landeserziehungsheims und der anderen reformpädagogischen Internate in Wickersdorf und im Odenwald sah offensichtlich anders aus: Gewalt, Missbrauch und Herrschaft sind vielfach nachgewiesen. So gab es gerade um Gustav Wyneken mehrere Verfahren wegen Missbrauchs von Abhängigen und wegen Pädophilie; er wurde 1922/23 sogar zu einem Jahr Gefängnis verurteilt (das er allerdings nicht vollständig absitzen musste) und er wurde der Leitung der Freien Schulgemeinde Wickersdorf enthoben. Vgl. hierzu insbesondere Jürgen Oelkers: *Eros und Herrschaft. Die dunklen Seiten der Reformpädagogik*. Weinheim / Basel, 2011.

41 Hermann Lietz führte zunächst im ersten Landerziehungsheim in Ilsenburg im Harz ab 1898, das übrigens noch „Deutsches Land-Erziehungs-Heim“ hieß, das so genannte Präfektensystem ein. Nach ihm überwachten ältere Schüler die jüngeren, sie führten im Auftrag der Lehrer und des Heimleiters die Erziehungsaufgaben durch, leiteten sie in sozialen Fragen und achteten auf die Einhaltung der Regeln. Bei Lietz fungierten die Lehrer nach dem Vorbild der New School of Abbotsholme offensichtlich zunächst ausschließlich als Lehrer. Erst nach einigen Jahren wurde das Präfektensystem durch das ‚Familien-System‘ ersetzt, erst damit gewannen die Lehrer die absolute Oberhand in allen Fragen der Jugendbildung, zumal in der ländlichen Abgeschiedenheit ein Ausweichen beinahe unmöglich war. (Vgl. hierzu Jürgen Oelkers: *Eros und Herrschaft: Ein anderer Blick auf die Reformpädagogik*. PDF unter www.Bielefeldef.pdf. Abgerufen am 22.02.2016, S. 8.

42 Paul Geheeb, zit. nach Schwerdt: *Luserke*, S. 76.

Deutlich wird an diesem Zitat, dass es in den Landeserziehungsheimen nicht einzig um die pure Etablierung der Gemeinschaft ging, sondern um die Individuation inmitten der Gemeinschaft. Der Unterricht legte Wert darauf, sowohl die traditionell intellektuell- kognitiven als auch die körperlichen und sinnlichen Fähigkeiten der Lernenden zu entwickeln und zu schulen.[43] Dazu gehörten auch das Theaterspiel und der Theaterbesuch, beides wurde in Haubinda gepflegt.

Walter Benjamin machte in Haubinda vermutlich nicht nur Erfahrungen mit Theaterbesuchen im nahe gelegenen berühmten Herzoglichen Hoftheater Meinigen, wo seit 1866 Herzog Georg II Intendant und erster Spielleiter war und man sich erstmals in Europa um historisch getreue Aufführungen von klassischen Theaterstücken bemühte. Im Grunde wurde schon im Meininger Theater die Institution des modernen Regisseurs etabliert, nicht erst – wie es gemeinhin heißt – mit Max Reinhardt. Theaterbesuche gehörten zum Programm des Landeserziehungsheims.[44]

Aber Benjamin ist wahrscheinlich auch selbst in Haubinda spielerisch aktiv geworden. Seit der Gründung 1901 wurden in Haubinda regelmäßig am Schuljahresende Musik- und Theater-Aufführungen der Schüler sowohl in einem größeren Saal im unweit gelegenen Hildburghausen als auch im Schulgebäude von Haubinda selbst öffentlich gezeigt; Weihnachtsfeiern und Elternversammlungen wurden durchgehend theatral und musikalisch gerahmt.[45] Halbjährlich soll in Haubinda darüber hinaus seit Beginn 1901 Theater gespielt worden sein, und zwar zunächst hauptsächlich Szenen aus den Klassikern mit einer Vorliebe für historische und nationalgeschichtliche Stoffe.[46] Es gab in Haubinda also kaum eine Chance, dem Theaterspielen zu entkommen.

Hermann Lietz sah es als seine persönliche Aufgabe an, wie Heike Heckelmann feststellt, „eine Anbindung der Theaterspiele an […] soziale Anliegen"[47] zu gewährleisten. Die Aufführungen der Haubindener Schüler wurden von Lietz offensichtlich zunächst als eine Art „Volksbildung" für die ärmere Landbevölkerung der Thüringer Umgebung verstanden, die nun regelmäßig zu den Theatervorführungen

---

43 Im Zuge dieser Schulgründungen entstand, wie Heike Heckelmann schreibt, auch eine neue Form schulischen Theaterspiels, das ‚schulische Laienspiel', welches in reflektiertem Gegensatz zu Anlehnungen des Schulspiels an das literarische Schultheater und das professionelle Theater stand und gleichzeitig Verbindungen zu anderen reformpädagogischen Bestrebungen wie der Kunsterziehungsbewegung, der rhythmischen Musik- und Tanzerziehung sowie der Jugendbewegung herstellte." (Heike Heckelmann: *Schultheater und Reformpädagogik. Eine Quellenstudie zur reformpädagogischen Internatserziehung seit dem 18. Jahrhundert*. Tübingen, 2005, S. 238).

44 Vgl. Heckelmann: Schultheater durch ebd.: *Schultheater*, S. 263-274.

45 Ebd., S. 268.

46 Heckelmann weist nach, dass insbesondere Szenen aus *Die Räuber* (hier insbesondere die Apfelschussszene), *Wallenstein*, *Götz von Berlichingen*, *Minna von Bernhelm* etc. gespielt wurden. Vgl.: ebd., S. 266.

47 Ebd., S. 264.

eingeladen wurde und dies offensichtlich auch lebhaft wahrnahm.[48] Im Jahr 1905, zu der Zeit von Walter Benjamin im L.E.H., wurde unter Paul Geheebs Leitung ein Theaterverein in Haubinda gegründet, der sich nun auch anderen moderneren Stücken und später selbst geschriebenen Szenarien zuwandte.

Generell gab es in Haubinda unter der Lehrerschaft unterschiedliche Auffassungen zu politischen Fragen, zur Rolle der Pädagogik wie auch zur der der Kunst und des Theaters im Rahmen der Reformpädagogik. Die Fronten verliefen in den ersten Jahren zwischen Hermann Lietz einerseits und Wyneken / Geheeb und anderen jüngeren Kollegen andererseits. Lietz war politisch eher konservativ und legte Wert auf – wie in der Kaiserzeit häufig – obrigkeitsstaatliches Denken und die Struktur von Führung und Gefolgschaft an seinen Schulen, wobei er selbst den obersten Patriarchen darstellte. Dieses Denken stand im offenen Gegensatz zu dem seiner jüngeren Kollegen Geheeb, Wyneken, Luserke, Hafner, Hahn und anderen. Da aber Lietz 1904 die Leitung der Internatsschule an den liberaleren Paul Geheeb abtrat, konnte Haubinda für kurze Zeit auch zu einer Übungsgemeinschaft im demokratischen Umgang werden. In Haubinda wurde unter der neuen Leitung von Paul Geheeb ab 1904 (bis 1906) – also gerade in der Zeit, da Benjamin dort Schüler war – zum Beispiel die „Generalversammlung" neu eingeführt, in der Lehrer und Schüler in parlamentarischer Form Fragen, Probleme und Konflikte des Zusammenlebens diskutierten.[49]

Dennoch bleibt das Bild zwiespältig: Es gab 1906 auch Proteste des jungen, sozialreformerischen eingestellten Doktors der Philosophie und Aushilfslehrers in Haubinda, Theodor Lessing, gegen verschiedene Lektüreangebote in der Schule.[50] Es handelte sich dabei um völkische und antisemitistische Magazine und Bücher, die auslagen, und gegen die Lessing einen Protestzug der zahlreichen jüdischen Schüler organisierte. Inwieweit Benjamin hier beteiligt war, ist nicht bekannt. Zudem fand Theodor Lessing im neu gedruckten Schulprospekt eine Bemerkung, in der es hieß, Juden würden künftig „nur in Ausnahmefällen aufgenommen".[51] Der Paragraph musste schließlich getilgt werden, aber das Vertrauensverhältnis zwischen Lietz und dem Lehrerkollegium war nachhaltig gestört. Als Lietz das L.E.H. Haubinda und andere Heime aus finanziellen Problemen ohne Wissen der anderen Lehrer veräußerte, zogen 1906 unter Protest eine Schar von jüngeren Lehrern (Paul Geheeb, Gustav Wyneken, August Halm, Martin Luserke, Fritz Hafner und Rudolf Aeschlimann) mit einem Teil der Schüler aus und gründeten in Wickersdorf in Thüringen die erste Freie Schulgemeinde.[52] In diesem Jahr verließ auch Benjamin Haubinda und ging an seine Berliner Kaiser-Friedrich-Schule zurück, um dort 1912 das Abitur abzulegen.

48 Vgl. ebd., S. 265-267.
49 Vgl. ebd., S. 263.
50 Vgl. Schwerdt: *Luserke*. S. 76-78.
51 Marwedel, 1987, zit. nach ebd., S. 77.
52 Heckelmann: *Schultheater*, S. 263

Walter Benjamin blieb zunächst seinem Lehrer Gustav Wyneken weiterhin eng verbunden. Der für Benjamin wichtige Wyneken ist in diesem Zusammenhang sicherlich eine der schillernden und problematischsten Figuren der Reformpädagogik. „Mich haben zwei Lehrer auferzogen, deren einer sind Sie“, schrieb Walter Benjamin später an Wyneken.[53] Als 16 Jähriger schloss sich Benjamin auch noch nach seiner Zeit in Haubinda der Jugendkulturbewegung[54] an, deren Zentralgestalt der Reformpädagoge war. Wyneken reklamierte für sich, Erfinder des Begriffs „Jugendkultur“ zu sein. Was er darunter verstand, geht aus der knappen Formel hervor, die Gustav Wyneken bei seiner Rede auf dem Freideutschen Jugendtag auf dem Hohen Meißner im Oktober 1913 – an dem Benjamin vermutlich teilgenommen hat – prägte: „Die freideutsche Jugend will aus eigener Bestimmung, vor eigener Verantwortung, mit innerer Wahrhaftigkeit ihr Leben gestalten. Für diese innere Freiheit tritt sie unter allen Umständen geschlossen ein.“[55]
Welchen Wert dabei wiederum insbesondere den Gemeinschaften beigemessen wurde, geht aus der folgenden programmatischen Äußerungen Wynekens hervor:

> Erziehung muß durch die gesamte Umwelt, insonderheit durch die gesellschaftliche erfolgen […] Darum kann es keine andere Erziehung geben als die Gemeinschaftserziehung. Erziehung in der sich selbst erziehenden Gemeinschaft.[56]

Deutlich wird die gegenüber der ersten Generation von Reformpädagogen abgehobene neue Forderung, dass Erziehung nicht im Sinne von Fremderziehung durch einen älteren Lehrer oder Wissenden geschehen soll, sondern in Form von Selbsterziehung innerhalb von *autonomen* Gemeinschaften. Darauf beruhte Wynekens Konzept der Jugendkultur im Kern: Streben um Autonomie, Forderung zur Selbsterziehung. Die Jugend sollte aus der Umklammerung von Schule, Familie, väterlichem Zugriff und väterlichem Erbe befreit werden und sich selbst unabhängig und ‚frei‘, aber in Gruppen bilden. Für Wyneken war der ideale Begriff

---

53 Walter Benjamin: Brief vom 9.3.15 an Gustav Wyneken. Brief Nr. 39 in: Walter Benjamin: *Briefe*, Bd. 1. Hg. Gershom Scholem / Theodor W. Adorno. Frankfurt a. M., 1966, S. 120.

54 Im Gegensatz zu anderen Jugendbewegungen wie der Wandervogelbewegung etc. war die Jugendkulturbewegung geistig anders ausgerichtet und sozial anders zusammengesetzt. Diese Minderheit rekrutierte sich aus wohlhabenden, oft jüdischen Familien. In Berlin waren neben Benjamin dabei Martin Gumpert, Ernst Joel, Wieland Herzfelde, Hans und Bernhard Reichenbach; in Wien Siegfried Berndfeld, Norbert Elias, Otto Fenichel sowie Elfriede, Hanns und Gerhart Eisler, in Stuttgart Carlo Schmid u.a.. Vgl. Johannes Steizinger: *Revolte, Eros und Sprache. Walter Benjamins ‚Metaphysik der Jugend'*, Berlin, 2013, S. 26f..

55 Gustav Wyneken, zit. nach Steizinger: *Revolte, Eros und Sprache*, S.23.

56 Gustav Wyneken: *Der Gedankenkreis der Freien Schulgemeinde*. Jena 1913, zit. nach Schwerdt: Landerziehungsheimbewegung, S. 403.

von ‚Jugend' dabei der zentrale Hoffnungsträger der Erneuerung, der individuellen wie auch der gesellschaftlichen. Jugend sollte die künftige Gestalt der Gesellschaft bestimmen. Wyneken folgte dem Anspruch, „durch die Erziehung [...] den Quell einer besseren Zeit zu erschließen".[57] Er betont in dem Aufsatz *Fichte als Erzieher* (1915) dabei den Bruch, die Zäsur zwischen den Generationen: „Zum ersten Mal bekommt die Erziehung eine weltgeschichtliche Aufgabe. Sie soll nicht den Geist der alten Generation fortpflanzen und fortsetzen, sondern mit ihm brechen und einen neuen schaffen." [58] Dem folgte auch Wynekens Forderung, nach der „jugendliches Empfinden und Denken ein starkes Ingrediens der öffentlichen Meinung sein sollte".[59] Das meinte konkret, dass eine unabhängige Jugendkulturbewegung sich auch öffentliche Medien in eigener Regie und Verantwortung schaffen sollte, um eine Gegenöffentlichkeit zu kreieren.

Die Umsetzung dieses Ansinnens erfolgte mit der Zeitschrift *Anfang*, in der Benjamin 1913/14 unter dem Pseudonym Ardor mehrere Artikel publizierte und die seinerzeit für Aufsehen sorgte.[60] Wyneken selbst gab diese Zeitschrift heraus und zeichnete redaktionell verantwortlich, da die meisten jungen Autoren noch nicht 21 Jahre alt, also volljährig im Sinne des Gesetzes waren. Auch gründete dieser Kreis von Wynekenschülern und -verehrern, zu denen Benjamin gehörte, 1912 die sog. ‚Sprechsaal'-Bewegung, zu der Adorno und Scholem als Herausgeber der Briefe Benjamins schrieben, es handle sich um eine „von Walter Benjamin und seinen Freunden gegründete Veranstaltung zur Aussprache über Probleme der Jugend im Geiste Wynekens, der vor allem 1913 und 1914 viele Schüler und Studenten anzog".[61] Zum dritten war Benjamin bis 1915 Mitglied des „Akademischen Comités für Schulreform" (A.C.S.)[62] und des Bundes für Freie Schulgemeinden, hier engagierte er sich für die Durchsetzung reformpädagogischer Prinzipien im Sinne Wynekens.[63] Innerhalb dieser Kreise oder autonomen Gemeinschaften der Jugendkulturbewegung galt aber laut Wyneken auch das Prinzip der ‚Kameradschaft' und des ‚*Führertums*', wie es damals hieß. Zu diesem Führer fühlte sich zweifelsfrei Gustav Wyneken berufen und er wurde von den Jüngern dazu gemacht. „Wir durften erfahren, was

57 Gustav Wyneken, zit. nach Steizinger: *Revolte, Eros und Sprache*, S. 29.

58 Ebd.

59 Ebd., S. 35.

60 Vgl. Klaus Laermann: Der Skandal um den „Anfang". Versuch einer jugendlichen Gegenöffentlichkeit im Kaiserreich. In: *„Mit uns zieht die neue Zeit". Der Mythos Jugend.* Hg. Thomas Koebner u.a. Frankfurt a.M., 1985, S. 360.

61 Gershom Scholem und Theodor W. Adorno: Anmerkung. In: Walter Benjamin: *Briefe*. Bd. 1. Hg. Gershom Scholem / Theodor W. Adorno. Frankfurt a.M., 1966, S. 55.

62 Vgl. zum Akademisches Comité für Schulreform: Ulrich Hermann: Die Jugendkulturbewegung. Der Kampf um die höhere Schule. In: *„Mit uns zieht die neue Zeit"*, S. 224, sowie Johannes Steizinger: *Revolte, Eros und Sprache*, S. 35.

63 Vgl. auch Broderson: *Walter Benjamin*. S. 19.

Führung ist“, schrieb Benjamin in dem schon erwähnten Brief an Wyneken.[64] Zweifelsfrei hatte Wyneken dieses ‚Führertum‘ mehrfach missbraucht – sexuell und militaristisch.

Der jugendbewegte 23jährige Walter Benjamin distanzierte sich 1915 unter dem Eindruck von Gustav Wynekens Kriegsbegeisterung von seinem Lehrer. Ein mehrseitiger Abschiedsbrief Benjamins an den einstigen ‚Führer‘ von 9.März 1915 beginnt mit den schier unfassbaren Worten: „Lieber Herr Doktor Wyneken, ich bitte Sie diese folgenden Zeilen mit denen ich mich gänzlich und ohne Vorbehalt von Ihnen lossage als den letzten Beweis der Treue, und nur als den, aufzunehmen.“[65] Diese dialektische Formulierung ist vermutlich so zu interpretieren, dass es Benjamin darum ging, den Geist des vormaligen gemeinsamen Denkens im Rahmen der Jugendkultur nur in der *Kritik* der neuen Positionen Wynekens bewahren zu können, also Wyneken quasi vor sich selbst zu erretten.

Walter Benjamin 1917

64 Walter Benjamin: Brief vom 9.3.15 an Wyneken, S. 121.

65 Ebd., S. 120.

Dennoch war Verschiedenes in Wynekens Denken, insbesondere das Ideal der Selbsterziehung der Jugend in autonomen Gemeinschaften, für Benjamin entscheidend und wurde bis in sein spätes Denken und Schreiben über Jugend und Kinder übernommen. Es gehört unter anderem auch zu den zentralen pädagogischen Ideen und Grundsätzen des *Programms für ein proletarisches Kindertheater*[66], das Benjamin in den Jahren 1928/29 notierte. Dieses Denken traf sich wiederum gerade in dem Punkt der Selbstorganisation von Erziehung mit einer weiteren, überaus wichtigen Einflussquelle auf Benjamin ab 1924 – mit den Erfahrungen und Berichten von Asja Lacis.

Vom Beginn ihrer Bekanntschaft an hatte Lacis Walter Benjamin von ihrer eigenen Theaterarbeit in den Jahren 1918/19 nach Oktoberrevolution und Bürgerkrieg im jungen Sowjetrussland erzählt. Lacis hatte mit den wichtigsten Theatermachern der russischen Avantgarde, des ‚Theateroktober', wie Meyerhold, Evreinov, später Tretjakow zusammengearbeitet, war exzellente Kennerin von Majakowskis Theaterarbeiten und hatte in St. Petersburg unter anderem zu Zeiten des Proletkult die Masseninszenierungen auf den Straßen zum Jahrestag der Erstürmung des Winterpalais erlebt, die als – heute würde man sagen – *reenactment* gefeiert wurden. Obgleich Lacis ursprünglich Schauspielschülerin von Theodor Kommissarschewski war, lag ihr Interesse gerade *nicht* in einer psychologischen Theaterästhetik. Sie hatte Benjamin erzählt, wie sie in der zentralrussischen Stadt Orel mit Kindern Theater machte; später berichtet sie über ihre Arbeit in Orel 1918:

> Auf den Straßen von Orel, auf den Marktplätzen, auf den Friedhöfen in Kellern, in zerstörten Häusern sah ich Scharen verwahrloster Kinder [...] Sie gingen immer in Gruppen, hatten einen Häuptling, stahlen, raubten, schlugen nieder. Kurz gesagt, es waren Räuberbanden [...] Die sowjetische Regierung bemühte sich, die streunenden Kindern in Erziehungshäusern und Werkstätten seßhaft zu machen. Aber sie brachen immer wieder aus.[67]

Zugleich gab es auch in städtischen Heimen untergebrachte Kriegswaisen, die zwar sauber gekleidet waren, „aber sie blickten drein wie Greise: müde, traurige Augen, nichts interessierte sie."[68] Mit diesen Kindergruppen arbeitete Asja Lacis und entwickelte ihre Form eines autonomen Kindertheaters – und zwar nicht, indem sie ein fertiges Kinderstück heraussuchte, Rollen verteilte und als Regisseurin auf

66 Vgl. zu Benjamins *Programm* auch Broderson: *Benjamin*, S. 17, sowie Hans-Thies Lehmann: Eine unterbrochene Darstellung. Zu Walter Benjamins Idee des Kindertheaters. In: H.-T.L. / Christel Weiler (Hg.): *Szenarien von Theater und Wissenschaft*. Berlin, 2003, S. 181-203.

67 Asja Lacis: *Revolutionär im Beruf. Bericht über proletarisches Theater, über Meyerhold, Brecht, Benjamin und Piscator*. Hg. Hildegard Brenner. 2. durchgesehene und erweiterte Auflage. München, 1976, S. 25.

68 Ebd., S. 25.

eine Premiere hin inszenierte. Lacis' Konzept sah vor, dass die Sinne der Kinder auf den verschiedenen Gebieten geschult wurden. Sie zeichneten unter Leitung eines Bildenden Künstlers (des Meyerhold-Bühnenbildners Viktor Schestakow), und ein Pianist leitet die musikalische Erziehung, zugleich gab es technisches Training. Die Kinder bauen Requisiten, Gebäude, Tiere, Figuren etc. All das wurde dann „durch Improvisation" vereinigt. „So entstand das Spiel. Kinder spielten für Kinder. Das System von Beschäftigungen wurde in eine anspruchsvollere, zugleich kollektive ästhetische Form überführt."[69] Dabei war der Ausgangspunkt aller Betätigungen für die Kinder wie für die Pädagogen „die Beobachtung."[70] Zentrales Medium dabei war die Improvisation. Lacis berichtete, wie es ihr gelang an die Kinder heran zu kommen, indem sie sie improvisieren und spielen ließ, was und wie sie es wollten, also dass sie gerade *nicht* pädagogisch tätig wurde. Sie ließ die Kinder sich selbst organisieren und knüpfte an deren Erfahrungen an. So erzählt sie, wie sie den Kindern die Improvisationsaufgabe gab, die Szene „Räuber sitzen im Wald"[71] zu spielen. Hier konnten die obdachlosen Kinder, die sich Lacis durch die Distanz, die sie zu ihnen wahrte, angenähert hatten, spontan ihr eigenes Erleben vorzeigen:

> Nach einer Weile trat Wanjka, ihr Häuptling, in den Kreis der Spielenden, gab seiner Gruppe einen Wink – sie drängten die Kinder beiseite und begannen, selber die Szene zu spielen. Sie renommierten mit Mordtaten, Brandstiftungen, Beraubungen, wobei sie sich gegenseitig an Grausamkeiten zu übertrumpfen suchten. Dann standen sie auf und schauten mit höhnischer Verachtung unsere Kinder an: ‚So sind Räuber'.[72]

Diese Szene ist symptomatisch dafür, wie Lacis ihre Kindertheaterarbeit beschrieb und wie sie Benjamin fasziniert haben dürfte: Improvisation und Beobachtung: „Kinder spielten für Kinder"[73], Anknüpfen an die eigene Erfahrung der Kinder, die Kinder sind selbst ihre eigenen Lehrmeister, kollektives Tun, Selbstorganisation in autonomen Kindergruppen, Unabhängigkeit vom Erzieher, der sich moralisch und

69 Ebd., S. 26f.

70 Ebd., S. 27. Die Bedeutung, die Asja Lacis generell der „Beobachtung" und Wahrnehmung bei ihrer Arbeit zumaß, dürfte ihre Anregungen auch in der Tatsache gehabt haben, dass Lacis ab 1912 für einige Semester am Psychoneurologischen Institut in St. Petersburg bei Wladimir Michailowitsch Bechterew studiert hatte, dem Hirnforscher und neben Pavlow bekanntestes Vertreter der Reflexologie seiner Zeit. Zu Bechterew siehe auch Margarete Vöhringer: *Avantgarde und Psychotechnik. Wissenschaft, Kunst und Technik der Wahrnehmungsexperimente in der frühen Sowjetunion*. Göttingen, 2007.

71 Lacis: *Revolutionär im Beruf*, S. 28.

72 Ebd.

73 Ebd., S. 27.

pädagogisch zurückhält.[74] Der Erzieher oder die Erzieherin tritt gleichsam nur mehr als Organisator und Ermöglicher von Erfahrungen auf.
In Orel kam es schließlich zu einem großen, phantasievollen Fest mit all den selbst gebauten Masken, Tieren, Requisiten, Dekorationsteilen, "in einer Art Karnevalsumzug"[75], bei dem gesungen und getanzt wurde, zog man durch die ganze Stadt zur Freilichtbühne. Es war die karnevaleske Verkehrung der Welt, alle waren daran beteiligt.[76] Integriert in den Karnevalsumzug war wie nebenbei auch die Theateraufführung. Sie war nicht Zentrum und Zielpunkt aller Aktivitäten, sondern integrativer Bestandteil eines großen Festes – so, wie wir es übrigens auch aus der griechischen Antike kennen, wo beispielsweise im Stadtstaat Athen die Theateraufführungen Bestandteile des gewaltigen und wichtigen Festes zu Ehren des Gottes Dionysos waren. Lacis resümiert: „Unsere Methode hatte sich bewährt. Wir erhielten den Beweis, dass es richtig war, die Leiter gänzlich zurücktreten zu lassen. Die Kinder glaubten, dass sie alles selber machten – und spielend schafften sie es."[77]
Asja Lacis hatte nach eigenen Angaben bereits 1924 auf Capri Benjamin von dieser Theaterarbeit erzählt. 1928 erging dann die Bitte durch Edwin Hoernle und Hanns Eisler im Liebknechthaus, denen Lacis ebenfalls von ihren Erfahrungen erzählt hatte, an Benjamin, ein *Programm für ein proletarisches Kindertheater* zu schreiben. Anstatt eines pädagogischen Programms für die KPD-Politik aber beschrieb Benjamin eher ein mögliches Modell, das – wie Karin Burk ausführt – „in der von Anarchie geprägten Selbstorganisation der Kinder seiner Bezugspunkt hat".[78] Wesentliche Punkte des Kindertheaterversuchs von Asja Lacis' Theaterarbeit in Orel sind darin enthalten.[79] Die Aufführungen dieses Theaters kommen gewissermaßen

74 Lacis beschrieb, dass sie „ihre wilden und schamlosen Reden" entgegen allen pädagogischen Gepflogenheiten gerade nicht unterbrach. Vgl. ebd., S. 28.

75 Ebd., S. 29.

76 Zum Motiv des Karnevals vgl. Michail Bachtin: *Literatur und Karneval. Zur Romantheorie und Lachkultur*. München, 1969.

77 Lacis: *Revolutionär im Beruf*, S. 29.

78 Karin Burk: *Kindertheater als Möglichkeitsraum. Untersuchungen zu Walter Benjamins „Programm für ein proletarisches Kindertheater"*. Bielefeld, 2015, S. 129.

79 Wobei man natürlich nur noch schwer rekonstruieren kann, in welcher Relation beide Texte zueinander stehen, da Asja Lacis ihre Erinnerungen erst 1968/ 69 und 1971 für die berühmte Publikationen in der Zeitschrift *alternative* Heft 59/69 (1968) bzw. für den von Hildegard Brenner herausgegebene Band *Asja Lacis. Revolutionär im Beruf* (1971) aufgeschrieben hat, also *nachdem* ihr Benjamins *Programm für ein proletarisches Kindertheater* bekannt gewesen ist. Zugleich muss man auch beachten, wo beide Texte voneinander abweichen. So wird bei Lacis etwa die soziale Dimension der obdachlosen, von Krieg und Bürgerkrieg in Russland traumatisierten Kinder sehr betont, während dies in dem für die Situation am Ende der 1920er Jahre in Deutschland geschriebenen Programm von Benjamin kaum eine Rolle spielt. Bei Benjamin sind dafür verschiedene

„nebenbei“ zustande, „man könnte sagen aus Versehen, beinahe als Schabernack der Kinder“,[80] wie es bei Benjamin heißt. Sie sind nicht der Ausgangs- und Zielpunkt aller Bemühungen. Die Aufführung ist – so schreibt Benjamin – „die große Pause im Erziehungswerk“.[81] Die Kinder arbeiten in verschiedenen „Kinderklubs“ unter sich zusammen:

> Moralische Einwirkung gibt es hier nicht. Unmittelbare Einwirkung gibt es hier nicht [...] Die unvermeidlichen moralischen Ausgleichungen und Korrekturen nimmt das Kollektivum der Kinder selbst an sich vor. [...] Es gibt keinen möglichen Standort für überlegenes Publikum vorm Kindertheater. [...] Das Kaltstellen der ‚moralischen Persönlichkeit‘ im Leiter macht ungeheure Kräfte frei für das eigentliche Genie der Erziehung: die Beobachtung. Sie allein ist das Herz der unsentimentalen Liebe. Jede erzieherische Liebe [...] taugt nichts.[82]

In dem von Benjamin aufgeschriebenen Programmtext heißt es weiter – und greift hier strukturell nicht weniger radikal in die Gepflogenheiten des traditionellen Theaters wie des Lehrstückprozesses ein –, Konzeption dieser Theaterästhetik sei die „wilde Entbindung der kindlichen Phantasie“[83] dadurch, dass Kinder selbst für Kinder Theater spielen: „Dieses Theater ist zugleich für den kindlichen Zuschauer das einzig brauchbare. Wenn Erwachsene für Kinder spielen, kommt Lafferei heraus“.[84]

Es ist unverkennbar, wie *nahe* sich hier in diesem Punkt die Ideen der Jugendkulturbewegung, auf die Benjamin durch Wyneken aufmerksam wurde, und die Kindertheaterarbeiten im so genannten Theateroktober sind, die ihm durch Asja Lacis bekannt wurden. Das Frappierende ist, dass beide Linien sich wiederum in einem Dritten treffen, nämlich in der Brechtschen Lehrstück-Konzeption und -Praxis.[85] Die Lehrstücke sind nicht weniger ein Theater für Laien, ein Mitmachtheater, das keinen auszuschließen sucht. Auch hier soll die Emanzipation des Einzelnen im

Zusammenhänge wichtig, die Produkt der Auseinandersetzung mit Brechts epischen Theater sein dürften, etwa die Erörterung der „Geste“, das „Schema der Spannung“ und „Schema der Lösung“ und anderes. Vgl. hierzu auch Burk: *Kindertheater*. Karin Burk stellt fest, dass sich Benjamins Programm zunehmend an Brechts epischem Theater ausrichtet (vgl. ebd., S. 155).

80 Walter Benjamin: Programm für ein proletarisches Kindertheater. In: W.B.: *Gesammelte Schriften.* Bd. II.2. Hg. Rolf Tiedemann / Hermann Schweppenhäuser. Frankfurt a. M., 1991, S. 768.

81 Ebd.

82 Benjamin: Programm, S. 765f.

83 Ebd., S. 768.

84 Ebd., S. 768f.

85 Vgl. auch Burk: *Kindertheater*. Teil III, S. 125ff.

Kollektiv erfolgen und das Kollektiv soll sich selbst organisieren – ohne moralische Instanz und ohne Lehrer. Auch hier ist die Aufführung – wenn sie überhaupt zustande kommt – die „Pause" in der eigentlichen Theaterarbeit der Kollektive.

Slatan Dudow, Kirsanow, Sergej Tretjakow, Asja Lacis, Erwin Piscator, Daga Lacis, Bertolt Brecht, Bernhard Reich, Deitsch, Frau Kirsanow (v.l.) anlässlich der Premiere von „Kuhle Wampe" im Mai 1932 in Moskau

Dabei kulminieren verschiedene dialektische Formulierungen in den drei Theorien hinsichtlich der Rolle von „Gemeinschaften" und „Kollektiven" in Brechts Lehrstück-Theorien, -Entwürfen und -Kommentaren offensichtlich in dem Begriff und der Rolle, die hier einem so benannten „Staat" zugewiesen wurde. Dabei kann es sich nur um einen utopisch anvisierten sozialistischen Staat, um ein erträumtes – wie es bei Benjamin heißt – „vollendetes Gemeinwesen"[86] handeln, dessen „Vorschein" (um mit Ernst Bloch zu reden) gewissermaßen die Lehrstückarbeit sein könnte. So heißt es etwa in *Theorie der Pädagogien* von Brecht 1930:

> Über den Wert eines Satzes oder einer Geste oder einer Handlung entscheidet also nicht die Schönheit, sondern: ob der Staat Nutzen davon hat, wenn die Spielenden den Satz sprechen, die Geste ausführen oder sich in die Handlung begeben.[87]

Oder der Entwurf von 1931 für ein *Lehrstück für Beamte*:

> Es ist Sache der Beamten, das Beamtentum abzubauen. Der beste Satz des besten Beamten lautet: Ich bin überflüssig geworden. Deshalb ist es Sache der

86 Benjamin: Der Autor als Produzent, S. 95.

87 Bertolt Brecht: Theorie der Pädagogien. In: B.B.: *Lehrstücke*, S. 169.

Beamten, überall, wo eine Masse vor Aufgaben steht, in ihr Beamte zu erzeugen, welche die Aufgaben zu bewältigen helfen, aber am Ende von der bewältigten Aufgabe selber bewältigt werden können. [...] Es ist ein Lehrstück für Beamte nötig, in dem sie die Disziplinlosigkeit des ‚Publikums' unterstützen, Akten verbrennen und die Wahrheit anhören müssen.[88]

Schlussbemerkung

Brecht hat 1942 rückblickend auf die Stückproduktionen um das Jahr 1930 im *Arbeitsjournal* notiert: Ein großer Teil seiner um 1930 verfassten Stücke sei „geschrieben in dem Gefühl des Beginns einer neuen Zeit, als kleine Proben einer fröhlichen Wissenschaft, in der Lust des Lernens und Probierens".[89] Es handle sich insgesamt um eine „Ästhetik des Theaters, die nicht geschrieben ist. In einer Zeit wie der heutigen lesen sie sich besonders willkürlich, pseudowissenschaftlich, doktrinär, dürr. Die Schule scheint zerstört, sie hat es nur zu einer einzigen Klasse gebracht."[90]

Vielleicht ist die heute in der Theaterpädagogik virulente Lehrstückpraxis zumindest als eine zweite Klasse innerhalb dieser Schule zu sehen?

---

88 Bertolt Brecht: Lehrstück für Beamte. In: B.B.: *Lehrstücke*, S. 170f.

89 Bertolt Brecht: *Arbeitsjournal* 1938 – 1955. Berlin / Weimar, 1977. Notiz vom 11.5.42, S. 265.

90 Ebd.

Finn Iunker

„Man hätte wohl das Recht, einen alten Menschen zu töten."

Die *Jasager*-Protokolle

Bertolt Brecht und Kurt Weills Schuloper *Der Jasager*, die im Juni 1930 uraufgeführt wurde, war, trotz ihren großen Erfolgs, sowohl vor der Premiere[1] als auch in der Folgezeit sehr umstritten. Es gab beispielsweise im Juli 1930 in der *Vossischen Zeitung* einen „Protest gegen Brecht", später einen „Protest für Brecht" und schließlich „Und doch Protest gegen Brecht!"[2] Unter dem Titel „Nein dem Jasager!" veröffentlichte Frank Warschauer, ein Bekannter von Brecht, in der *Weltbühne* die vermutlich schärfste Kritik, jedenfalls von der ‚richtigen' Seite.[3] Kaum überraschend kam auch von der ‚falschen', völkischen Seite scharfe Kritik.[4] Wie Brecht auf die negativen Kritiken reagiert hat, ist nicht bekannt; wütend war er, Hanns Eisler zufolge, vor allem wegen des „grässlichen" Erfolgs der Schuloper.[5]
Gleichzeitig planten Schüler und Schülerinnen der Karl-Marx-Schule in Berlin-Neukölln, die Schuloper zu inszenieren, fanden aber den Text problematisch und wandten sich an Brecht, der sich zu einer Diskussion bereit erklärte. „Da Frank Warschauer," so Albrecht Dümling, „dem Stück eine konservative Tendenz vorgeworfen hatte, interessierten den vielbeschäftigten Autor die Reaktionen an einer Schule im ‚roten' Neukölln."[6]

---

1 Alfred Heuß: Bert Brechts „Schulstück vom Jasager". In: *Zeitschrift für Musik* 97 (1930), H. 6, S. 449–454.

2 M. Elsner: Protest gegen Bert Brecht. In: *Vossische Zeitung* vom 6. Juli 1930, Beilage „Literarische Umschau", Nr. 27; Ernst Wildangel: Protest für Bert Brecht. In: *Vossische Zeitung* vom 13. Juli 1930, Beilage „Literarische Umschau", Nr. 28; Harald Landry: Und doch Protest gegen Brecht! In: *Vossische Zeitung* vom 20. Juli 1930, Beilage „Literarische Umschau", Nr. 29.

3 Frank Warschauer: Nein dem Jasager! In: *Die Weltbühne* 26 (1930), Nr. 28 vom 8. Juli, S. 70–71.

4 Vgl. z.B. Tr.-Sch. [Walter Trienes]: Neue Opern„kultur". In: *Nationalsozialistische Monatshefte* 2 (1931), H. 12, S. 120–126.

5 Nathan Notowicz: *Wir reden hier nicht von Napoleon. Wir reden von Ihnen! Gespräche mit Hanns Eisler und Gerhart Eisler.* Hg. Jürgen Elsner. Berlin, 1971, S. 191.

6 Albrecht Dümling: Der Jasager und der Neinsager. In: Dorothea Kolland (Hg.): *Rixdorfer Musen, Neinsager und Caprifischer. Musik- und Theatergeschichte aus Rixdorf und Neukölln.* Berlin, 1990, S. 125.

Im Kontakt mit dieser Schule entstanden nicht nur zwei neue Texte, *Der Jasager* (zweite Fassung) sowie *Der Neinsager*, die eine ‚Stückkombination' bilden sollten, sondern auch Schülerprotokolle, die damals auszugsweise als Anhang zusammen mit den Texten veröffentlicht wurden[7], aber keine große Beachtung fanden. Erst 2014 wurden die Protokolle in meiner Dissertation vollständig transkribiert und publiziert.[8] In ihrer Härte, vor allem in Bezug auf die damalige Diskussion über Euthanasie und Sterbehilfe, überraschen einige Äußerungen der Schüler und Schülerinnen, aber dazu später mehr.

Die Lehrstück-Texte

Im *Jasager* besucht ein Lehrer einen seiner Schüler, den Knaben, wie es im Text heißt, der einige Zeit nicht zur Schule gegangen ist, weil er seine kranke Mutter pflegen musste. Der Lehrer plant eine Reise, um in der Stadt jenseits der Berge Medizin und, wie es heißt, „Unterweisung"[9] zu holen. Der Knabe will den Lehrer begleiten, was ihm aber von Lehrer und Mutter verboten wird, weil sie es für zu gefährlich halten; am Ende geben sie jedoch nach, und der Schüler geht mit dem

7 Bertolt Brecht (Hg.): Protokolle von Diskussionen über den „Jasager" (auszugsweise) in der Karl Marx-Schule, Neukölln. In: [Bertolt] Brecht: *Versuche 11–12. [Heft] 4.* Berlin, 1931 [erschienen 1932], S. 326–328. Die Protokolle sind in diesem Druck der neuen Stückkombination direkt nachgestellt und so auch in der Malik-Ausgabe (1938), in den *Stücken IV* (1955) sowie im Reprint der *Versuche*-Hefte 1–4 (1959). Außerdem, obwohl formal getrennt, sind die Protokolle in dem von Peter Szondi herausgegebenen Band: B.B.: *Der Jasager und Der Neinsager. Vorlagen, Fassungen und Materialien.* Frankfurt a. M., 1966 veröffentlicht worden. In den *Gesammelten Werken* (1967) sind sie nicht abgedruckt, während sie in den *Werken. Große Berliner und Frankfurter Ausgabe* (1988–2000) von den Lehrstück-Texten getrennt in Band 24, „Schriften 4. Texte zu Stücken" zu finden sind. Betreffend die Datierung der *Versuche 11–12* sind sie mit einem Copyright-Vermerk von 1931 versehen. Werner Hecht zufolge ist das Heft erst im Dezember 1932 erschienen; vgl. Werner Hecht: *Brecht Chronik.* Frankfurt a. M., 1997, S. 339. Einem Brief Hans Heinsheimer in der Universal Edition an Kurt Weill ist aber eindeutig zu entnehmen, dass das Heft schon Ende Januar oder Anfang Februar 1932 vorlag; vgl. Brief vom 4. Februar 1932 in: Kurt Weill: *Briefwechsel mit der Universal Edition.* Hg. Nils Grosch. Stuttgart / Weimar, 2002, S. 365.

8 Finn Iunker: *Bertolt Brechts „Der Jasager" (erste Fassung). Text, frühe Rezeption und Einverständnis als Einwilligung.* Berlin, 2016 (forthcoming). Das vorliegende Kapitel stützt sich im Wesentlichen auf die Dissertation, erweitert an einigen Stellen aber auch die Fragestellung.

9 Bertolt Brecht: Der Jasager. In: B.B.: *Werke. Große Berliner und Frankfurter Ausgabe*, Bd. 3. Hg. Werner Hecht u.a. Berlin / Weimar / Frankfurt a. M., 1988, S. 50; zitiert im Folgenden als GBA mit Band- und Seitenangaben.

Lehrer auf die Reise. Im zweiten Akt sind der Lehrer, der Knabe und drei Studenten in den Bergen unterwegs. Als der Knabe erkrankt, wird er mit einem alten „Brauch"[10] konfrontiert, der besagt, dass Kranke, die nicht mehr weitergehen können, vom Felsen ins Tal geworfen werden müssen. Der Knabe ist damit einverstanden: Er sagt „Ja". Im *Neinsager* dagegen widerspricht er und sagt „Nein": Anstatt einem alten Brauch zu folgen, sollte seiner Ansicht nach ein neuer Brauch eingeführt werden, nämlich: „in jeder neuen Lage neu nachzudenken."[11]
Im Herbst 1930 sollten diese beiden Varianten zusammen gespielt und aufgeführt werden, erst *Der Jasager*, dann *Der Neinsager*. Da die Karl-Marx-Schüler und -Schülerinnen dieser Kombination jedoch kritisch gegenüberstanden, schrieb Brecht eine neue Fassung des *Jasager*, in dem die Reise in die Berge klarer motiviert war. Außerdem wird hier dem Knaben eine völlig andere Frage gestellt, nämlich ob er einwilligt, in dem Gebirge zurückgelassen zu werden, was er zunächst bejaht. Im weiteren Verlauf der Handlung bittet er aber in dieser Fassung die Studenten ihn ins Tal zu werfen; die Studenten sind, so das Signalwort in den drei Texten, *einverstanden*; sie sagen: „Ja."[12] Trotz der Einwände der Schüler und Schülerinnen bevorzugte Brecht später die Stückkombination mit der zweiten Fassung des *Jasager* und dem *Neinsager*.

Die Karl-Marx-Schule

Der Reformpädagoge Fritz Karsen (1885–1951) übernahm im Winterhalbjahr 1921/1922 das Kaiser-Friedrich-Realgymnasium in Berlin-Neukölln, das in der Kaiser-Friedrich-Straße (heute: Sonnenallee) lag und 1921 zwanzig Klassen hatte. Auch wenn Karstens Programm auf eine Aufbauschule ausgerichtet war, bestand weiterhin das Realgymnasium, und ab 1923 gab es auch die sogenannten „Arbeiter-Abiturenten-Kurse", die den erwachsenen Arbeitern einen zweiten Bildungsweg eröffneten. Im Schuljahr 1930/1931 gab es in der Aufbauschule 419 und am Realgymnasium 707 Schüler und Schülerinnen. Dazu liefen im Herbst 1930 drei parallele Arbeiter-Abiturentenkurse mit insgesamt etwa 100 Teilnehmern und Teilnehmerinnen.[13] Die Schule, im Mai 1930 in Karl-Marx-Schule umbenannt, war ein Komplex aus verschiedenen Schulformen; besonders die Aufbauschule

10 GBA 3, 53.

11 GBA 3, 71.

12 GBA 3, 64.

13 Gerd Radde: *Fritz Karsen. Ein Berliner Schulreformer der Weimarer Zeit.* Berlin, 1973, S. 357. Kurs IV (begonnen im Mai 1928) hatte 37 Teilnehmer und Teilnehmerinnen, Kurs V (begonnen im Mai 1929) hatte 28. Für Kurs VI (begonnen im Mai 1930) sind keine Zahlen bekannt.

war auf die „werdende Gesellschaft“[14] ausgerichtet und demokratisch-sozialistisch orientiert. Über die Elternschaft ist wenig bekannt, aber in der Bezirksversammlung Berlin-Neukölln hatten SPD und KPD zusammen eine klare Mehrheit.[15]
Es wurde koedukativ unterrichtet, und die „Anordnung der Sitze an Tischen in einem Viereck, an dem der Lehrer wie die andern Platz nahm, erleichterte die Aussprache Auge in Auge“.[16] Die Pädagogik an der Aufbauschule war deutlich von der amerikanischen Projektmethode beeinflusst, aber auch von dem sowjetrussischen ‚Komplex-Plan‘, der seinerseits ebenfalls von der amerikanischen Methode ausging. Zu den verschiedenen Projekten, etwa „Vergleich des Lebens auf dem Land mit dem in der Großstadt“, gehörten auch Studienfahrten von mindestens dreiwöchiger Dauer, finanziell unterstützt vom Bezirksamt. Am Ende jedes Schuljahres musste eine Jahresarbeit über aktuelle Themen verfasst werden, beispielsweise über das Thema „Recht und Gerechtigkeit, der Kampf ums Recht“ oder „Ethischer Idealismus Kants und ästhetischer Idealismus Schillers, in ihrer heutigen allgemeinen Bedeutung“.[17] Mindestens sechs der Arbeiter-Abiturienten machten später eine akademische Karriere; ein Werkzeugschlosser gelangte beispielsweise zur Promotion in der Wirtschaftsgeographie, und ein Hilfsschleifer wurde später Dozent für Staatsbürgerkunde.[18]

Theaterarbeit an der Karl-Marx-Schule

Es verwundert nicht, dass Theateraufführungen innerhalb von Karsens Reformkonzept der, wie er sie nannte, „sozialen Arbeitsschule“[19] einen natürlichen Platz einnahmen. Projekte wie „Verkehr in der Großstadt“ konnten hier szenisch weiterentwickelt werden, und zu den Inszenierungen mussten auch Bühnenbild, Kostüme, Theaterplakate selber gemacht werden. Der Stoff der Bücher, die für den Unterricht benutzt wurden, konnte in Szenen konkretisieren werden, oder man folgte Textbüchern, „die von befähigten Schülern verfasst worden waren“.[20] Dabei wurde vor allem auf jeglichen ‚Starkult‘ verzichtet, so dass „die an Karsens Schule grundsätzlich intendierte Kollektivpädagogik auch im Bereich der Schulaufführung

14 Vgl. Dorothea Kollands Aufsatz über den Pädagogen Kurt Löwenstein (1885–1939), 1921 bis 1933 Stadtrat für Volksbildung in Berlin-Neukölln; Dorothea Kolland: *Eine Schule für die werdende Gesellschaft;* publiziert am 18. November 2015 auf www.neukoellner.net.

15 Radde: *Fritz Karsen*, S. 355. Die SPD hatte 16 Sitze, die KPD 15, die Fraktionen der Mitte (DDP/DVP/Z) 7, die DNVP 6 und die NSDAP 1.

16 Alfred Ehrentreich: *Pädagogische Odyssee.* Weinheim / Ratingen, 1967, S. 126.

17 Radde: *Fritz Karsen*, S. 270 f., Anm. 147.

18 Ebd., S. 338–341.

19 Ebd., S. 187.

20 Ebd., S. 135.

zum Tragen" kam.[21] Wie eine Aufführung mit Spontaneität und Begeisterung entstand, berichtet etwa der Lehrer Bernhard Schulz:

> Im Unterricht gleich der ersten Woche wurde ein Schüler von seinen Mitschülern entdeckt, der unter dem Tisch Karl May las. Solchen Schund, wie ihm einige noch dazu vorwarfen. Der Geschädigte wandte sich an den Lehrer mit der Frage, ob denn Karl May Schund sei, und die ganze Klasse war an dieser Frage plötzlich interessiert. In erregten Debatten und Vorlesungen aus seinen Werken wurde Karl May vor das Forum der Jugend gezogen. Die Anschuldigung, die immer wiederkehrte, war, dass er das Leben, der Indianer z.B., nicht nach der Wirklichkeit schilderte. Der Lehrer verfiel auf den Vorschlag, gemeinsam ein Buch zu lesen, welches, von einem Indianer über Indianer geschrieben, hier wohl zuständig sei: *Ohijesa*, die bekannte Biographie des Charles Eastman. In einem fast halbjährigen Unterricht als Deutsch, Geschichte und Erdkunde wich nun die Indianerphantastik der Erkenntnis über die wirklichen heutigen Bevölkerungsverhältnisse in Nordamerika. Wir lernten Statistiken und Zeitungsberichte kennen, wir besuchten die Nordamerika-Abteilung des Völkerkundemuseums. Der Lehrer registrierte Unterrichtserfolge in dem geteilten Gefühl, eine jugendliche Erlebniswelt rationalisiert zu haben, und siehe da, am Schluss des halben Jahres meldeten sich zwei Jungen mit dem Vorschlag, die Ohijesa-Geschichte in ein Szenenspiel zu verwandeln. [...] Der Vorschlag wurde Anlass, dass eine ganze Reihe Jungen und Mädchen Szenen aus dem Buch in Handlung und Gespräch verwandelten. Jungen schufen Überfälle, Geisteranrufung und Häuptlingsrat, Mädchen Unterrichts- und Lagerszenen. [...] Die ganze Klasse spielte mit. Jungen und Mädchen handelten auf der Bühne wie ein Volksstamm. Die lose Aneinanderreihung der Szenen bewirkte, dass jeder einzelne nur wenig zu sagen hatte. Die Klasse war der Held.[22]

Auch Alfred Ehrentreich, ein anderer Lehrer, schildert in seinen Erinnerungen, dass Schüler und Schülerinnen verschiedener Jahrgänge sehr unterschiedliche Formen, Kompositionen und theatrale Techniken benutzten:

> In der Quinta schrieben die Jungen ein eigenes Weihnachtsstück [...]. In der Obertertia wollte man es endlich den Größeren gleichtun und erfand eine altersgemäße Revue, übrigens angeregt durch eine solche im Berliner Mercedespalast. Ursprünglich dachte man an die Stationen einer Weltreise, aber dann wurden zehn typische Szenen ausgearbeitet, z.B. Moderne Schule, Boxkampf, Frank Allan, Putzsalon, Krähwinkler Feuerwehr, Filmaufnahme, Sparverein. [...] In der Untersekunda [...] fiel die Wahl erstaunlicherweise auf

21 Ebd., S. 136.

22 Bernhard Schulz: Theater im Anfang. In: *Pädagogische Beilage zur Leipziger Lehrer-Zeitung* Nr. 36 (1928), S. 315 f.

> Tiecks *Gestiefelten Kater*. [...] [Im] Obersekundajahr [machten] wir nun einen sogenannten ‚Theatersalat' [...]. Das mixtum compositum wurde von einer Gruppe Bonzendorfer Spießbürger, die mit hohen Zylinderhüten hinter der Vorbühne, dem eigentlichen Schauplatz, saßen, kommentiert. Geboten wurden durchaus gegensätzliche Ausschnitte aus Büchners *Leonce und Lena*, Upton Sinclairs *Hölle*, Courths-Mahlers *Export in Blond* und Zuckmayers *Hauptmann von Köpenick*.[23]

Diese und andere Berichte von Lehrern zeigen, dass sich die Schüler und Schülerinnen aller Altersstufen mit Literatur und Theater selbständig, innovativ und kritisch auseinander setzten; eben dies geschah auch, als der Musiklehrer Paul Hermann seinen Schülern und Schülerinnen der Oberklassen ein neues Stück für das Winterhalbjahr 1930/1931 vorschlug, eine Schuloper von Bertolt Brecht und Kurt Weill: *Der Jasager*.

Schüler und Schülerinnen zu Besuch bei Brecht

Die Schüler und Schülerinnen standen zunächst fast allen Aspekten des Textes skeptisch gegenüber: dem japanischen Hintergrund, dem Jasagen, der Aufopferung und selbst der Musik. Dennoch entschlossen sie sich für die Inszenierung dieser Schuloper. Aber beim Lesen gab es doch immer wieder, wie Hermann schreibt, „Widerspruch und Unklarheiten, die ich offenbar nicht restlos zu beseitigen wusste."[24] Hermann bat deshalb Brecht um Hilfe, und dieser lud die Schüler und Schülerinnen ein, ihn in die Hardenbergstraße zu besuchen. Sie hatten viele Fragen:

> Was das für ein Lehrer wäre, der gefährliche Forschungsreisen unternimmt, was das für ein Knabe sei, der ‚nicht einverstanden mit der Krankheit' der Mutter sei, warum ein Chor die Handlung kommentieren müsse. Was das für ein ‚Brauch' sei, der vorschriebe, dass man den, welcher krank wird, befragt, ‚ob man umkehren solle seinetwegen', und dass die ‚Sitte' verlangt, dass er antwortet: ‚Ihr sollt nicht umkehren' und mit seinem Tode einverstanden ist.[25]

Brecht erklärte und verteidigte seine Konzeption: „Leise und eindringlich beantwortete er unsere Fragen, begriff unsere Zweifel, wies auf die Härte dieser

23 Ehrentreich: *Pädagogische Odyssee*, S. 158–161.

24 Paul Hermann: *Brecht und die Jasager. Erinnerungen an die Berliner Zeit des Dichters anlässlich seines 10. Todestags.* Unveröffentlichtes Manuskript im Besitz des Bezirksamtes Neukölln von Berlin, (o.J.) [1966], 4 S.

25 Hermann: *Brecht und die Jasager*.

Begebenheit und auf die Grausamkeit der Märchen im allgemeinen hin."[26] Der Knabe habe die Bedingungen der Reise freiwillig akzeptiert, und am Wichtigste sei doch, dass die Reisegruppe erfolgreich – mit Medizin für die Mutter – zurückkehren würde. Die Schüler und Schülerinnen widersprachen ihm und betonten unter anderem, dass der Knabe nicht freiwillig, sondern gezwungener Maßen dem „Brauch" folge. Brecht fand ihre Anmerkungen offensichtlich so interessant, dass er sie um Protokolle[27] mit Änderungsvorschlägen bat. So entstanden in der folgenden Zeit – etwa zwischen Anfang November und Anfang Dezember 1930 – die Schülerprotokolle.

Brecht zu Besuch in der Schule

Nachdem Brecht die Protokolle gelesen hatte, schrieb er den *Neinsager* und ging mit dem neuen Text Ende Dezember 1930 oder Anfang Januar 1931 in die Karl-Marx-Schule. Er wollte aber nicht auf den *Jasager* verzichten: „Beide Stücke sollten nun nach Brechts Wunsch hintereinander gespielt werden, um den Zuschauern zwei verschiedene Standpunkte des Betrachtens zu vermitteln."[28] Aber diese Kombination wurde abgelehnt: „Das Stück dürfe nur einen Standpunkt vertreten, den der Wahrheit (von deren Relativität die jungen Menschen nichts wissen wollten)."[29] Angeregt durch diese Haltung soll dann Brecht spontan auf die Idee gekommen sein, dass der Knabe zwar mit „Ja" antworten sollte, aber jetzt mit der Begründung, er unterwerfe sich keinem „Brauch", sondern der „Notwendigkeit"[30], und um die Opfer-Haltung stärker zu motivieren, „solle nicht nur die Mutter daheim, sondern die ganze Stadt

26 Ebd.

27 Protokolle zu schreiben gehörten für die Schüler und Schülerinnen zum Alltag; vgl. z.B. Erna Nelki: Autobiographie einer politischen Emigrantin. In: *Eine stumme Generation berichtet. Frauen der dreißiger und vierziger Jahre.* Hg. Gisela Dischner. Frankfurt a. M., 1982, S. 29–62. Nelki unterscheidet zwischen Referat und Protokoll: „Über Referat und Diskussion wurde Protokoll geführt." (S. 33.)

28 Hermann: *Brecht und die Jasager*.

29 Ebd.

30 GBA 3, 64; die Korrektur in Bezug auf die Notwendigkeit im *Jasager* (zweiter Fassung) – „Er hat der Notwendigkeit gemäß geantwortet" – ist möglicherweise einem Schüler-Kommentar zu verdanken. Der damalige Schüler Gerd Klaass berichtete 1956 anlässlich des Todes Brechts: „[D]as Wort ‚Brauch' störte uns in unserer respektlosen Vorstellung von der Tradition, die wir damals hatten. Wir sagten das auch Bert Brecht. Er war sofort einer Meinung mit uns, verlangte aber, dass wir selber ein besseres Wort fänden. Wir wussten eines, aber es passte nicht in den Rhythmus. Es war das Wort ‚Notwendigkeit'. Zu unserem Erstaunen griff Brecht mit beiden Händen zu. Der gestörte Rhythmus störte den Dichter nicht, denn gerade dadurch würde ja ‚die Notwendigkeit dieser Notwendigkeit' nur noch unterstrichen." Gerd Klaass: Der Dichter hat gern Ja gesagt. In: *Der Kurier* (Berlin) Nr. 191 vom 16. August 1956, S. 3 [?].

von einer Krankheit ergriffen sein, deren Heilung allein von dem Gelingen des Medizintransports abhinge."[31] Jetzt endlich stimmten die Schüler und Schülerinnen zu. Einige Wochen später schickte Brecht ihnen die neue Fassung des *Jasager*, die während des Frühlings geprobt wurde und zu der Kurt Weill einige Korrekturen in der Musik vornahm. Die Inszenierung erlebte wahrscheinlich nur eine öffentliche Aufführung, und zwar am 18. Mai 1931.

Die Schülerprotokolle

Überliefert sind elf Protokolle[32] auf 23 Blättern. Außerdem gibt es ein Blatt, das nur mit der Überschrift „Jasagerprotokolle" beschrieben ist, sowie einen Brief vom Zeichenlehrer[33] Hans Freese; im Bertolt-Brecht-Archiv tragen die Protokolle die Signatur BBA 407/01–25.[34] Neun Klassenjahrgänge sind vertreten, mitgerechnet ein Protokoll, auf dem kein Jahrgang verzeichnet ist, sowie eins, das kein Schüler im eigentlichen Sinne verfasst hat, sondern ein Teilnehmer eines Arbeiter-Abiturienten-Kurses.[35] Folgende Klassen haben Protokoll geschrieben: VI b (13–14), V a (07–08), IV a (18–19), U III a (11–12), O III $_1$ (zwei Protokolle; 03 und 04–06) sowie O III a (09–10), [Klassenangabe fehlt] (22–23), U I b (24–25), O I 1 (15–17) und der Arbeiter-Abiturientenkurs (20–21).

31 Hermann: *Brecht und die Jasager*.

32 Krabiel spricht irrtümlicherweise nur von acht Klassen, die den *Jasager* diskutiert hätten; siehe Klaus-Dieter Krabiel: *Brechts Lehrstücke. Entstehung und Entwicklung eines Spieltyps*. Stuttgart / Weimar, 1993, S. 151. Möglicherweise stützt er sich auf den Abdruck der Protokolle in dem von Szondi herausgegeben Band, wo zwei Protokolle so nah zusammengestellt sind, dass es aussieht, als ob sie zu demselben Protokoll gehören; vgl. B.B.: *Der Jasager und der Neinsager*, S. 60. Zwei Protokolle sind mit „O III $_1$" verzeichnet, was möglicherweise bedeutet, dass zehn verschiedene Klassen die elf Protokolle verfasst haben.

33 Radde: *Fritz Karsen*, S. 73.

34 Im weiteren Verlauf werden nur die letzten Ziffern benannt, so dass beispielsweise die Nummer 04–06 auf die Blätter unter der Archiv-Signatur BBA 407/04–06 verweist.

35 Dieses Protokoll wurde von einem Gerhard Krieger verfasst; vgl. BBA 407/20–21. Die Verfasserin des Protokolls BBA 407/13–14 war Barbara Korsch, Tochter von Hedda Korsch, Lehrerin an der Karl-Marx-Schule, und dem später mit Brecht befreundeten Philosophen Karl Korsch. Ansonsten sind keine Protokolle mit Vornamen versehen, so dass man nicht mit Sicherheit sagen kann, ob die übrigen Protokolle von Mädchen oder Jungen verfasst sind, aber von der Handschrift her könnte man den Eindruck gewinnen, ungefähr die Hälfte der Protokolle seien von Mädchen bzw. Jungen geschrieben, so dass es ein Gleichgewicht geben würde.

VI 6.

d 5. 12. 30.

Protokoll der Diskusionüber

die Oper"der Jasager" 407/13

Ich schreibe nur was die Schüler sagen."Die Oper ist sehr traurig" "Sie klingt nicht gut"."In der Oper wird doch gesungen".Es ist komische Satzstellung und der Vers gehört nicht dazu".Das Stück gefällt mir sehr gut nur das mit dem Brauch ist glaube ich nicht richtig".Es ist gut das man die Krankenrunter wirft denn sonst quält er sich mehr ".Das ist ja Mord"."Ich war auch in den Alpen in Hütten da haben wir aber immer was zu Essen gefunden da kommt jeden Abend jemandhin dem das Geschirr gehört".Ich verstehe nicht den Sinnmit dem Jasager".Das mit dem Jasager ist so er sagt ja ohne es zu wissen und genau so ist es mit der Mutter"Aber sie haben ihn doch so viel man hort hinauf getragen und ich denke man kann da niemanden tragen"."Nur bis zum Abgrund".D as Stück ist ener für Erwachsene".Wir sind doch keine Trauerklösse".Ich meine er soll verständlicher schreiben".Ich finde das mit dem Chor ist nur für Primaner".Ich glaube dass er ja gesagt hat weil seine Mutter gesund haben wollte und wenn er nein gesagt hätte wären die anderen auch nicht zu den Ärzten gekommen ".Was wollen die eigentlich da das ist unklar".Ich möch te sagen wenn seine Mutter von seinem Tode erfährt sie doch noch kränker wird".Wie werfen sie

ihn denn runter?Das ist doch grausam"."Villeicht ist einer zäh und lebt noch".Ich meine eine junges Leben ist mehr wert als ein altes"."Es wäre schöner wenn er sagte ich will es mir überlegenund man hört ein Selbstgespräch vom Jungen da werden einem die Grunde klar. 407/14

B.KORSCH

Musikprotokoll vom 19. 11. 1956 407/22

Wir hören uns eine Oper von Bertold Brecht an. Sie ist betitelt: Der Jasager. Die Handlung in der Oper folgt kurz. Der Lehrer erscheint auf der Bühne und sagt einem seiner Schüler, und dessen kranken Mutter, daß über's Gebirge in eine Stadt gehen will, um dort weiter zu studieren. Der Knabe will die Reise mitmachen; denn er will in die Stadt, Medizin für seine kranke Mutter zu holen. Nach etlichem Zögern willigen der Lehrer und die Mutter auch ein. – Dann gehen sie in Begleitung von einigen Studenten. Auf dem Gebirge wird der Knabe krank. Es ist Sitte, daß jeder, der auf dem Gebirge krank wird, hinunter gestürzt wird. Aber es ist auch Brauch, daß man ihn erst fragt. Man fragt auch den Knaben, der auch kurz und widerstandslos einwilligt. Er stirbt für die Gemeinschaft —

Völlig neu ist uns, daß in diesem Stück die Musik nicht mit dem Takt gleichläuft. Zum Schluß, als der Knabe tot ist, würde ein ander Komponist wahrscheinlich einige feierliche, langanhaltende Akkorde als Begleitung des Chors laufen lassen. Dadurch ist man von dieser Szene so erschüttert, daß man nur diesen Teil im Kopf behält und sich über andere Teile garnicht im Klaren ist. Dieses wird durch Bertold Brechts flotte Art beseitigt ~~wird~~. Die Musik ist in Bertold Brechts Oper immer gleich bleibend flott. Als nun der Knabe tot ist, ist die Musik zum Gesange des Chors „... und er war tot." sehr stark an einem jetzigen Tanz angelehnt. Man hat durch die leichte flotte Art Bertold Brechts einen Überblick über die Oper, der sehr vorteilhaft ist.

Denn sie ist an keiner Stelle so ergreifend, daß einem direkt Tränen ausgepreßt werden und auch nicht so abstoßend, daß man sagen kann, man hätte über einzelne Stellen gar keinen Überblick, sondern man könne sich nur die Oper als ganzes vorstellen. Der Jasager will auf einfache Art zeigen, was für Treue auch jetzt noch in der Welt ist. Leider ist der Inhalt in der Oper an einer Stelle nicht sehr überzeugend. Der Knabe wird fast zu einem Märtyrer verklärt, denn er ergibt sich freiwillig, ohne Widerstand in den Tod. Man könnte fast meinen, der Knabe geht auf die Wünsche der Kameraden ein, weil es auch seine Wünsche sind, die er allerdings nicht ausspricht. Wie wäre es, wenn der Knabe erst ein wenig zaudert? Nach unserer Meinung hätte die Oper dadurch auch eine Hauptwirkung, wenn der Knabe erst ein wenig zaudert und man merkt, er denkt in der Stunde an seine Mutter. Er denkt in der Oper zwar auch an die Mutter, aber er denkt nur daran, daß sie die Medizin bekommt, er denkt nicht daran, daß er ihr durch sein Weiterleben noch mehr nützen kann. Dieser Meinung gegenüber tritt eine andere, nach der Verfasser Brecht durch den widerstandslosen Tod zeigen will, [illegible] einmal: es gibt auch Leute, die freiwillig und ohne Klagen sterben, weil sie sonst der Gemeinschaft schaden.“ Im ganzen ist unsere Meinung, daß das Stück zu den wenigen gehört, die auch Schüler ohne große Anstrengung aufführen können, ohne daß es ihnen besondere Schwierigkeiten bereitet. Dann verteilen wir die Themen für die nächsten Stunden und lernen ein Lied.

2

Transkription des Musikprotokolls vom 12.11.1930

[BBA 407/22–23]
Wir hören uns eine Oper von Bertolt Brecht an. Sie ist betitelt: „Der Jasager." Die Handlung in der Oper folgt kurz. Der Lehrer erscheint auf der Bühne und sagt einem seiner Schüler, und dessen kranken Mutter, daß er über's Gebirge in eine Stadt gehen will, um dort weiter zu studieren. Der Knabe will die Reise mitmachen; denn er will in die Stadt, Medizin für seine kranke Mutter zu holen. Nach etlichem Zögern willigen der Lehrer und die Mutter auch ein. Dann gehen sie in Begleitung von einigen Studenten. Auf dem Gebirge wird der Knabe krank.
Es ist Sitte, daß jeder, der auf dem Gebirge krank wird, hinunter gestürzt wird. Aber es ist auch Brauch, daß man ihn erst fragt. Man fragt auch den Knaben, der auch kurz und widerstandslos einwilligt. Er stirbt für die Gemeinschaft –
{Völlig neu ist uns, daß in diesem Stück die Musik nicht mit dem Text gleichläuft. Zum Schluß, als der Knabe tot ist, würde ein anderer Komponist wahrscheinlich einige feierliche, langanhaltende Akkorde als Begleitung des Chors laufen lassen. Dadurch ist man von dieser Szene so erschüttert, daß man nur diesen Teil im Kopf behält, und sich über andere Teile garnicht im klaren ist. Dieses wird durch Bertold Brechts flotte Art beseitigt wird. Die Musik ist in Bertold Brechts Oper immer gleich bleibend flott. Als nun der Knabe tot ist, ist die Musik zum Gesang des Chors „- - und er war tot." sehr stark an einen jetzigen Tanz angelehnt. Man hat durch die leichte, flotte Art Bertold Brechts einen Überblick über die Oper, der sehr vorteilhaft ist; denn sie ist an keiner Stelle so ergreifend, daß einem direkt Tränen ausgepreßt werden und auch nicht so ablehnend, daß man sagen kann, man hätte über einzelne Stellen gar keinen Überblick, sondern man könne sich nur die Oper als Ganzes vorstellen.}
Der Komponist will auf einfache Art zeigen, was für Treue auch jetzt noch in der Welt ist. {Leider ist der Text in der Oper an einer Stelle nicht sehr überzeugend. Der Knabe wir fast zu einem Märtyrer erklärt, denn er zieht freiwillig, ohne Widerstand in den Tod.> Man könnte fast meinen, der Knabe geht auf die Wünsche der Kameraden ein, weil es auch seine Wünsche sind die er allerdings nicht ausspricht. Wie wäre es, wenn der Knabe erst ein wenig zaudert? Nach unserer Meinung hätte die Oper dadurch auch <eine Hauptwirkung; wenn der Knabe erst ein wenig zaudert>} und man merkt, er denkt in der Stunde an seine Mutter. Er denkt in der Oper zwar auch an die Mutter, aber er denkt nur daran, daß sie die Medizin bekommt, er denkt nicht daran, daß er ihr durch sein Weiterleben noch mehr nützen kann. Dieser Meinung gegenüber tritt eine andere, nach der Bertold Brecht durch den widerstandslosen Tod zeigen will; „seht einmal, es gibt auch Leute, die freiwillig und ohne Klagen sterben, weil sie sonst der Gemeinschaft schaden." {Im ganzen ist unsere Meinung, daß das Stück zu den wenigen gehört, die auch Schüler ohne große Anstrengung aufführen können}, ohne daß es ihnen besondere Schwierigkeiten bereitet. Dann verteilen wir die Themen für die nächsten Stunden und lernen ein Lied.

Transkription des Musikprotokolls vom 26.11.1930

[BBA 407/24–25]
Wir sangen zuerst das russische Wolgalied: „Über der Wolga breiten Wassern ... Im Anschluß hieran kamen wir dann auch noch auf andere russische Lieder zu sprechen, wie z. B. das Lied: „Der rote Sarafan. Brieske erzählte dann kurz den Inhalt des 3. Aktes der Mozart'schen Oper: „Die Entführung aus dem Serail.“ Der 3. Akt bringt die eigentliche Entführung. Pedrillo bringt, zum Zeichen, das alles in Ordnung sei, Konstanze ein mandolinenbegleitetes Ständchen dar und Belmonte klettert auf einer Leiter in ihr Gemach. Osmin entdeckt jedoch noch im letzten Augenblick die beinahe geglückte Entführung. Triumphierend führt er die beiden Liebespaare dem Bassa zur Bestrafung vor. Aber dieser gewährt allen vier zum Schluß die Freiheit. Herr Hermann spielte dann einige Stücke aus der Oper, oder vielmehr diesem deutschen Singspiel, vor. Wir kamen dann zur Besprechung der Brecht- und Weill'schen Oper: „Der Jasager.“ Nachdem uns Herr Hermann den Text der Oper vorgelesen hatte, bat er uns, zur Oper Stellung zu nehmen. Was sei der Sinn der ganzen Geschichte, und was wollte Brecht damit sagen? Hesse meinte, jeder Mensch müsse den einmal beschrittenen Weg konsequent durchgehen. Diese ganze Geschichte mute uns etwas phantastisch an, sei jedoch nicht moralisch, wie nd man auf reaktionären Schulen behauptet hat. Elternliebe, u.s.w.). Wir hörten einige, von Sextanern stammende, Änderungsvorschläge des Stückes. Brecht möchte ist bereit das Stück gern ändern; jedoch nicht um des Publikums, sondern um
unserer Schule Willen. Er möchte nämlich gerne Mißverständnisse vermeiden. {Der größte Teil der Klasse ist der Meinung, daß das Stück unbedingt so bleiben müsse.} Man wünscht keinerlei Änderungen. {Bei der Aufführung sei höchstens das Programm mit einer Erklärung zu versehen}, in der der Sinn der ganzen Geschichte klargelegt wird. {Es muß in dieser Einleitung versucht werden, den Zuschauer von der Notwendigkeit dieser brutalen, jedoch nicht Lebensunwahren Sache, zu überzeugen.} Zum Schluß der Stunde spielte Herr Hermann dann noch einige Stellen aus der Oper vor.
H. Zeschel
UI.b.

17 J.

Musik. 407/24

Protokoll vom 26. 11. 1931.

Wir sangen zuerst das russische Wolgalied: „Über der Wolga breiten Wassern…" Im Anschluß hieran kamen wir dann auch noch auf andere russische Lieder zu sprechen, wie z. B. das Lied: „Der rote Sarafan."

Brückner erzählte dann kurz den Inhalt des 3. Aktes der Mozart'schen Oper: „Die Entführung aus dem Serail." Der 3. Akt bringt die eigentliche Entführung. Pedrillo bringt, zum Zeichen, daß alles in Ordnung sei, Konstanze ein mandolinenbegleitetes Ständchen dar und Belmonte klettert auf einer Leiter in ihr Gemach. Osmin entdeckt jedoch noch im letzten Augenblick die beinahe geglückte Entführung. Triumphierend führt er die beiden Liebespaare dem Bassa zur Bestrafung vor. Aber dieser gewährt allen sogar (?) zum Schluß die Freiheit. Herr Herrmann (?) spielte dann einige Stücken aus der Oper, oder vielmehr diesem deutschen Singspiel, vor. Wir kamen dann zur Besprechung der Brecht- und Weill'schen Oper: „Der Jasager". Nachdem uns Herr Herrmann (?) den Text der Oper vorgelesen hatte, bat er uns, zur Oper Stellung zu nehmen. Was sei der Sinn der ganzen Geschichte, und was wolle Brecht damit sagen? Gasse (?) meinte, jeder Mensch müsse den einmal beschrittenen Weg konsequent durchgehen. Diese ganze Geschichte mutet uns etwas phantastisch an, sie ist jedoch nicht moralisch (?), wie man auf reaktionären Schulen behauptet hat. (Elternbriefe (?), u.s.w.). Wir hörten einige, von Septanern stammende Änderungsvorschläge des Stückes. Brecht ~~möchte~~ ist bereit das Stück gern

407/25

ändern; jedoch nicht um des Publikums, sondern um unserer Schule willen. Er möchte nämlich gern Missverständnisse vermeiden. Der größte Teil der Klasse ist der Meinung, daß das Stück unbedingt so bleiben müsse. Man wünscht keinerlei Änderungen. Bei der Aufführung sei höchstens das Programm mit einer Erklärung zu versehen, in der der Sinn der ganzen Geschichte klargelegt wird. Es muß in dieser Einleitung versucht werden, den Zuschauer von der Notwendigkeit dieser brutalen, jedoch nicht lebensunwahren Sache, zu überzeugen.

Zum Schluß der Stunde spielte Herr Hermann dann noch einige Stellen auf der Orgel vor.

gez. [illegible]

U I b.

17 J.

Das Protokoll, auf dem kein Jahrgang eingetragen ist, habe ich zwischen die drei Protokolle aus der Obertertia und das aus der Unterprima eingeordnet, weil ich vermute, dass sämtliche Jahrgänge vertreten waren; es stammt also möglicherweise von einer Unter- oder Obersekunda. Es ist denkbar, dass noch weitere Klassen das Stück diskutiert und Protokolle geschrieben haben, aus denen Brecht dann eine Auswahl derart getroffen haben könnte, dass alle Jahrgänge vertreten sind.[36] Abgesehen von den Texten der Klasse O III 1 hat Brecht alle Protokolle in den Text „Protokolle von den Diskussionen über den Jasager (auszugsweise) in der Karl-Marx-Schule, Neukölln" aufgenommen.[37]

Brecht als Herausgeber

Brecht hat das Material mehrmals redigiert und dabei einige Sätze und Satzteile unterstrichen. In der Einleitung zu seiner Auswahl meint Brecht, die „berücksichtigten Einwände und Vorschläge sind durch Sperrdruck hervorgehoben".[38] Was Brecht zu dieser besonderen Auswahl veranlasste, ist heute nicht mehr zu klären; eine besondere Intention oder Konzeption ist nicht zu erkennen.
Als Beispiel könnte das Protokoll 11–12 dienen, das transkribiert folgendes Aussehen hat:

> [11]
> Besprechung des „Jasagers" in der U III a. 10.12.30
> Es wird bemerkt, daß[39] der Text ohne die Musik nicht so wirken könne wie mit ihr, und daß dies die Kritik beeinflusse. Grundsätzlich wird gesagt, der Knabe spreche auffallend weise, dafür die Erwachsenen recht kindlich. Man könnte das Stück gerade dazu benutzen, die Schädlichkeit des Aberglaubens zu zeigen. Es wäre vielleicht aus seiner japanischer Heimat verständlich, uns aber fremd, höchstens etwas für künstlerische Feinschmecker. Wird der Schluß radikal geändert, so verliert das ganze Stück seinen Sinn. Einzelne Änderungsvorschläge: Die Studenten sollen (von einer Gottheit) für ihre Tat be-

36 Es ist heute nicht mehr eindeutig zu klären, wie viele Klassen das Stück diskutiert und Protokoll darüber geschrieben haben, aber es muss mehr Protokolle als die elf überlieferte gegeben haben. „Wir hörten einige, von Sextanern stammende, | Änderungsvorschläge des Stückes," heißt es im Protokoll BBA 407/24–25, datiert vom 26. November 1930. Das einzige überlieferte Protokoll von einer Sexta ist das von Barbara Korsch (BBA 407/13–14), datiert vom 5. Dezember, also eineinhalb Woche später.

37 GBA 24, 92–95.

38 GBA 24, 92.

39 Es wurde so getreu wie möglich transkribiert, ohne Modernisierungen wie „dass" für „daß" vorzunehmen und ohne Schreibfehler wie „Martÿrer" und „Hemnis" zu korrigieren.

straft werden. Es soll ein deus ex machina erscheinen (wie bei Iphigenie und Isaak). Man soll den Brauch brechen, entweder für diesen besonderen Fall oder für immer: der mutige Knabe als Vorkämpfer gegen den Aberglauben. Die Mutter soll hingehen, junges Leben ist wichtiger als altes.

[12]
Die Studenten sollen im weiteren Verlauf umkommen, nur der Lehrer am Leben bleiben und eventuell die Mutter heiraten.

M. Tautz 14 J.[40]

Publiziert hat Brecht jedoch lediglich folgenden Ausschnitt:

> *Man könnte das Stück gerade dazu benutzen, die Schädlichkeit des Aberglauben zu zeigen.* Es wäre vielleicht aus seiner japanischer Heimat heraus verständlich, uns aber fremd, höchstens etwas für künstlerische Feinschmecker ...
>
> M. Tautz, U IIIa, 14 Jahre.[41]

Ein weiteres Beispiel, die zweite und letzte Seite des Protokolls 20–21:

> In der anschließenden Diskussion über den Text und die darin enthaltenen Gedankengänge kamen folgende Meinungen zum Ausdruck:
> {Die Gesellschaft muß solidarisch handeln, den unfähigen Kranken zurückführen}und ihm von dem Erlebten mitteilen. Es darf nicht zum Ausdruck kommen, daß die Jugend unfähig ist, hohe Ziele zu erreichen.
> {Die übrige Gesellschaft darf auf keinen Fall einen moralischen Druck auf den Knaben aus-üben um seine Einwilligung zu erlangen.}
> {<Die Frage ist zu prüfen ob der Vorteil des Gewonnenen so groß ist, daß der Opfertod des Knaben notwendig ist.>}
> Darf ein junges ~~Le~~ für ein altes, ohnehin krankes Leben geopfert werden?[42]
>
> 20 Jahre (Arbeiter-Kurs) Gerhard Krieger. A K 6.

Zentral in diesem Abschnitt ist die Frage, ob nicht ein junges Leben wertvoller sei

40 Die Eintragungen des Alters der Schüler und Schülerinnen sind von fremder Hand.

41 GBA 24, 94; hier in Kursiv statt gesperrt gesetzt.

42 Vgl. GBA 24, 95; in geschweiften Klammern steht der Text, der publiziert wurde, in spitzen Klammern steht der Satz, der gesperrt gedruckt worden ist bzw. in der GBA kursiv. Zwei Zeilen wurden von Brecht zunächst unterstrichen, danach durchgestrichen und schließlich nicht publiziert: „Es darf nicht zum Ausdruck kommen, daß die | Jugend unfähig ist, hohe Ziele zu erreichen.“ In Brechts redigierter Fassung von diesem Protokoll gibt es außerdem Auslassungspunkte, ohne dass etwas ausgelassen worden ist (vgl. oben): „Die übrige Gesellschaft darf auf keinen Fall einen moralischen Druck auf den Knaben ausüben, um seine Einwilligung zu erlangen ... *Die Frage ist zu prüfen, ob der Vorteil des Gewonnenen so groß ist, dass der Opfertod des Knaben notwendig ist.*“ (GBA 24, 95.)

als ein altes und „ohnehin krankes“. Daran schließt sich die Frage an, ob die Rettung der alten und kranken Mutter es rechtfertigt, ein junges Leben zu opfern.

„Jedes Hemnis [...] muß vernichtet werden“[43]

Die Lektüre der Schülerprotokolle ist auch heute noch insofern besonders aufschlussreich, als man die Gedanken der Schüler und Schülerinnen sehr gut nachvollziehen kann; wichtig sind dabei vor allem ihre Vorschläge zur Änderung der Fabel, beispielsweise: Es sollte ein gerichtliches Nachspiel folgen (09–10), oder der Lehrer könnte die Mutter heiraten (11–12). Selbst Bemerkungen, die heute eher naiv klingen, sind eigentlich interessant, etwa der Rat, von Brecht auch publiziert[44], dem Knaben Biomalz zu geben.[45] Viele Überlegungen und Anmerkungen der Schüler und Schülerinnen hätten eine umfassende Analyse verdient, hier soll aber nur der Aspekt im Zentrum stehen, der auch in den Protokollen in ihrer vollständigen Fassung besonders auffällt: Immer wieder und auf verschiedene Weise wird formuliert, dass ältere und kranke Leute geopfert werden können:

[11–12] [...] Die Mutter soll hingehen, junges Leben ist wichtiger als altes.[...]

[13–14] [...] Es ist gut daß man die Kranken runter wirft denn sonst quält er sich mehr. [...] Ich meine ein junges Leben ist mehr wert als ein altes.“ [...]

[15–17] [...] Man hätte wohl das Recht einen alten Menschen, der eine Gesellschaft in der Arbeit hindert, zu töten, den jungen Jasager hätte man retten müssen. [...] Jedes Hemmnis, daß die Gesellschaft aufzuhalten droht, junges oder altes Leben, muß vernichtet werden. [...]

[20–21] [...] Die Frage ist zu prüfen ob der Vorteil des Gewonnenen so groß ist, daß der Opfertod des Knaben notwendig ist. Darf ein junges Leben für ein altes, krankes Leben geopfert werden? [...]

[22–23] [...] Dieser Meinung gegenüber tritt eine andere, nach der Bertolt Brecht

43 BBA 407/16.

44 GBA 24, 94.

45 Biomalz war damals „nicht nur den Berlinern zu einem Begriff geworden; alle Länder kannten das Produkt“; C. Ph. Melms: Jubiläum eines Weltunternehmers. In: *Steglitzer Lokalanzeiger* Nr. 12 vom 16. März 1957, Beilage „Der neue Westen“. Ein damaliges Schlagwort lautete: „Mein Kind, ich rate dir gut: Nimm Biomalz!“ Zit. nach E. F.: Die Geschichte eines Markenunternehmens. Aus dem Archiv der ehemaligen Steglitzer Firma Biomalz. In: *Steglitzer Lokalanzeiger* Nr. 42 vom 12. Oktober 1957; Fortsetzung in: Nr. 45 vom 2. November 1957.

durch den widerstandslosen Tod zeigen will; „seht einmal, es gibt auch Leute, die freiwillig und ohne Klagen sterben, weil sie sonst der Gemeinschaft schaden.“ [...]

Andrzej Wirth zufolge wäre es völlig unsinnig, „*Die Maßnahme* als Vorwegnahme der Moskauer Prozesse [zu] lesen und den *Jasager* als Vorwegnahme der nazistischen Euthanasie“.[46] Mir ist nicht bekannt, dass jemand einen derartigen Vorwurf gegen den *Jasager* erhoben hat, aber in der zweiten Fassung ist zweifellos von einer Art ‚Sterbehilfe‘ die Rede:

> DER KNABE
> Ich will etwas sagen: Ich bitte euch, mich nicht hier liegenzulassen, sondern mich ins Tal hinabzuwerfen, denn ich fürchte mich, allein zu sterben.[47]

„Ich kenne nur seinen Preis“[48] – der Wert des Menschen

Im deutschsprachigen Raum war bis Ende des 19. Jahrhunderts Euthanasie die Kunst, „dem Sterbenden den Austritt aus dem Leben zu erleichtern“[49], ihm also, wie die Etymologie des Begriffs andeutet, zu einem ‚schönen Tod‘ zu verhelfen. Gleichzeitig sollte man nicht „das Geringste [...] tun, was zur Verkürzung des Lebens beitragen kann“.[50] Dieses Verhalten stieß – und stößt – auf ein gesetzliches Problem, jedenfalls in Deutschland, nämlich den § 216 des Strafgesetzbuches über die verbotene „Tötung auf Verlangen“. Mit wenigen Änderungen gilt diese Regel in Deutschland seit 1872.
Wichtig für die deutschsprachige Debatte war das 1895 erschienene Buch *Das Recht auf den Tod* des österreichischen Studenten und späteren Psychologen Adolf Jost (1874–1908). Er fragte sich, ob es Fälle gebe, „in welchen der Tod eines Individuums sowohl für dieses selbst als auch für die menschliche Gesellschaft überhaupt wünschenswerth ist.“[51] Weiter meinte er, den Wert eines Individuums messen zu können, wenn man zwei Faktoren studiere:

> Der erste Factor ist der Werth des Lebens für den betreffenden Menschen selbst,

46 Andrzej Wirth: The Lehrstück As Performance. In: *The Drama Review* 43 (1999), H. 4, S. 113–121. Die deutsche Fassung mit dem Titel „Lehrstück als Performance“ findet sich unter www.club.it.

47 GBA 3, 64.

48 Aus dem „Song von Angebot und Nachfrage“ in der *Maßnahme* (1930); GBA 3, 89.

49 Zit. nach Gerhard Fichtner: Die Euthanasiediskussion in der Zeit der Weimarer Republik. In: *Suizid und Euthanasie als human- und sozialwissenschaftliches Problem.* Hg. Albin Eser. Stuttgart, 1976, S. 26.

50 Ebd.

51 Adolf Jost: *Das Recht auf den Tod. Sociale Studie*. Göttingen, 1895, S. 1.

also die Summe von Freude und Schmerz, die er zu erleben hat. Der zweite Factor ist die Summe von Nutzen oder Schaden, die das Individuum für seine Mitmenschen darstellt."[52]

Er unterscheidet also zwischen einem subjektiven (oder privaten) und einem objektiven (oder öffentlichen) Wert eines Menschen. Hinzu kam noch die Frage des Mitleids: „Dem Hunde einen Gnadenschuss, dem Menschen keinen", wie es um 1901 hieß.[53]
Die Frage war auch damals schon, ob der Begriff der Euthanasie derart erweitert werden sollte, dass er ebenfalls die Tötung auf Verlangen bei unheilbar Kranken umfasste. 1914 aber brach der Erste Weltkrieg aus und mit ihm kam, sozialdarwinistisch gesprochen, die ‚Kontraselektion', in der erschreckend viele gesunde Männer auf den Schlachtfeldern das Leben verloren, während unheilbar Kranke und ‚Blödsinnige' – wie man sie damals nannte – in Anstalten gepflegt wurden. Nicht zuletzt war es diese als ein Missverhältnis empfundene Situation, die den Juristen Karl Binding und den Psychiater Alfred Hoche veranlasste, das Pamphlet *Die Freigabe der Vernichtung lebensunwerten Lebens*[54] zu verfassen, das zwei Jahre nach dem Krieg herauskam. Die schrecklichen Folgen dieser ‚Freigabe' im Nationalsozialismus sind bekannt.[55]
Wir haben der Beschreibung der Karl-Marx-Schule, ihrer Pädagogik und ihres Theaterprogramms weiter oben viel Platz eingeräumt, damit sich die Äußerungen der Schüler und Schülerinnen vor einem breiteren Hintergrund entfalten konnten. Dabei wurde sichtbar, dass fast die Hälfte der überlieferten Protokolle (fünf von elf) Auffassungen enthalten, die auf verschiedene Weise den Wert des Menschen relativieren. Die Argumentation reicht von sogenannten objektiven Werten („Ich meine ein junges Leben ist mehr | wert als ein altes"), über Mitleid („Es ist gut | daß man die Kranken runter wirft denn sonst quält er sich | mehr"), bis hin zu einer aus heutiger Sicht sehr brutalen Ansicht („Jedes Hemnis, daß die Gesellschaft aufzuhalten | droht, junges oder altes Leben, muß vernichtet | werden"). Allerdings gibt es auch entgegengesetzte Positionen vor allem in Bezug auf das Hinabwerfen des

52 Ebd., S. 13.

53 Zit. nach Fichtner: Die Euthanasiediskussion, S. 31.

54 Karl Binding / Alfred Hoche: *Die Freigabe der Vernichtung lebensunwerten Lebens. Ihr Maß und Form* (1920). Mit einer Einführung von Wolfgang Naucke. Berlin, 2006.

55 In der Forschungsliteratur wird selten diskutiert, inwieweit die ‚Euthanasie'-Programme des Nationalsozialismus als eine direkte oder indirekte *Konsequenz* der Diskussion in Weimarer Zeit verstanden werden könnten, so jedenfalls bei Fichtner, Klee, Naucke und Benzenhöfer; vgl. Fitchner: Die Euthanasiediskussion; Ernst Klee: *„Euthanasie" im Dritten Reich*. Neufassung von: *„Euthanasie" im NS-Staat* (1983). Frankfurt a. M., 2010; Wolfgang Naucke: Einführung: Rechtstheorie und Staatsverbrechen. In: Binding / Hoche: *Die Freigabe*, S. [V]–LXXI; Udo Benzenhöfer: *Der gute Tod? Geschichte der Euthanasie und Sterbehilfe*. Göttingen, 2009.

Knaben: „Das ist ja Mord" (13–14), und „Es soll noch | ein gerichtliches Nachspiel folgen [...] Sie [der Lehrer und die drei Studenten – F.I.] kommen | vor Gericht und werden verurteilt" (09–10).

Die *Jasager*

Es ist zunächst überraschend, derartige Auffassungen zum Wert eines Menschen bei Schülern und Schülerinnen einer ganz deutlich sozialistisch-demokratisch geprägten Schule zu finden, deren Eltern in ihrer großen Mehrheit politisch links standen. Eine Erklärung ist vermutlich darin zu finden, dass sich „[d]ie Euthanasie-Diskussion in der Weimarer Zeit [...] außerordentlich breit entfaltet" hat.[56] Fichtner schlussfolgert, dass „wir annehmen dürfen, dass sie ins allgemeine Bewusstsein zumindest der akademisch geprägten Bevölkerung gedrungen ist."[57] Nach der Lektüre der Protokolle ist zu vermuten, dass die Diskussion noch verbreiteter war und auch andere Schichten[58] daran interessiert waren, die ihre Kinder demgemäß beeinflusst haben. Die Schülerprotokolle sind deshalb wichtige Dokumente auch für Studien zur Euthanasie-Debatte in der Weimarer Republik.

Weiterhin wird sichtbar, dass Brechts Lehrstück-Texte nicht nur zeigen, dass der Junge im Stück bereit ist, wie es Kurt Weill ausdrückt, „den Weg der Gemeinschaft zu Ende [zu gehen], wenn er Ja zu dem Wurf in das Tal sagt"[59], sondern dass sie auch im Zusammenhang mit der damals aktuellen gesellschaftlichen Auseinandersetzung über Euthanasie und Sterbehilfe stehen.[60]

56 Fichtner: Die Euthanasiediskussion, S. 35.

57 Ebd.

58 In seiner großen Studie über Fritz Karsen und die Karl-Marx-Schule gibt Gerd Radde keine Informationen zu den Berufen der Eltern, verwendet aber eine Tabelle, in der die „[s] oziale Zusammensetzung der Elternschaft an der Aufbauschule des Lessinggymnasiums" sichtbar wird. Für Radde war offenbar die Karl-Marx-Schule in Berlin-Neukölln mit dem Lessing-Gymnasium in Berlin-Mitte vergleichbar. Raddes Tabelle zeigt, dass 29 Prozent der Elternschaft Arbeiter und angestellte Handwerker waren, 20 Prozent untere und mittlere Beamte, 14,2 Witwen und 11 selbständige Handwerker; ganz am Schluss der Statistik stehen mit 3,7 Prozent höhere Beamte und Akademiker. Radde: *Fritz Karsen*, S. 351.

59 Hans Fischer / Kurt Weill: Aktuelles Zwiegespräch über die Schuloper. In: *Die Musikpflege* 1 (1930), H. 1, S. S. 52.

60 Die Sterbehilfe wird in den meisten westlichen Ländern immer wieder diskutiert, so auch in Deutschland. Siehe hierzu z.B. Leonie Feuerbach: „Selbstbestimmung bis zum Tod." (Gespräch mit Johanna Allmann). In: *FAZ* vom 29. November 2015 (faz.net). Die Ärztin Johanna Allmann hat für ihre Dissertation über 1000 Krankenhauspatienten und -patientinnen gefragt, wie sie zu lebenserhaltenden Maßnahmen stehen. Die Diskussion in Deutschland hat schließlich am 6. November 2015 zu dem umstrittenen Beschluss geführt, die „geschäftsmäßig organisierte Sterbehilfe" zu verbieten (Feuerbach: „Selbstbestimmung bis zum Tod"). Terminologisch ist umstritten, ob die Sterbehilfe eine Hilfe *im*

Schließlich dürften jetzt auch die Titel – *Der Jasager* und *Der Neinsager* – eine bessere Erklärung finden. Von Terenz über Carl von Ossietzky[61] bis in die Gegenwart sind „Jasager" Schmeichler und Personen, die, nach der Definition des *Duden*, den Plänen und Ansichten eines Vorgesetzten oder Stärkeren immer sofort zustimmen.[62] So verstanden kann ein Knabe insofern kein „Jasager" sein, als man – jedenfalls damals – von einem Kind erwarten konnte, dass es den Ansichten seiner Eltern oder anderer Erwachsener ohne Zögern folgt; der Knabe aber trifft selbst eine Entscheidung gemäß dem „Brauch" oder der „Notwendigkeit" – oder auch gegen ihn beziehungsweise sie. Jasager im Sinne des *Duden* können demnach eigentlich nur Erwachsene sein.

Es finden sich aber auch Parallelen zwischen dem Titel *Der Jasager* und der damaligen Euthanasie-Debatte. Der Arzt Ewald Meltzer (1869–1939) veröffentlichte 1925 sein Buch *Das Problem der Abkürzung „lebensunwerten" Lebens*, in dem er auf eine eigene Umfrage hinwies, die er 1920 durchgeführt hatte. Eltern wurden gefragt, ob sie bereit seien, in „eine schmerzlose Abkürzung des Lebens Ihres Kindes einzuwilligen, nachdem durch Sachverständige festgestellt ist, dass es unheilbar blöd ist."[63] Von den 162 Antworten, die er bekommen hat, antworteten 119 (73 %) mit Ja, 43 (27 %) mit Nein. Meltzer hat jedoch nicht einfach das statistische Ergebnis akzeptiert, sondern hat die Stimmen unterschiedlich gewichtet: Für ihn war das „Gewicht der 43 Neinsagerstimmen [...] größer als das der 119 Jasager".[64]

---

oder *zum* Sterben sei, ob ‚Sterbebegleitung' der bessere Begriff sei, sowie wo die Grenze gezogen werden solle zwischen der Sterbehilfe bzw. Sterbebegleitung und dem assistierten Suizid. Für eine nüchterne Einführung in die moderne Diskussion, siehe z.B. Marcus Düwell: *Bioethik. Methoden, Theorien und Bereiche*. Stuttgart / Weimar, 2008, insb. das Kapitel „Sterbehilfe und Behandlungsabbruch", S. 181–193.

61 Vgl. dessen Nachruf auf den linkssozialistischen Politiker Paul Levi (1883–1930); Carl von Ossietzky: Paul Levi. In: *Die Weltbühne* 26 (1930), Nr. 8 vom 18. Februar, S. 281: „[...] er glaubte nicht an Demokratie, nicht an Pazifismus, nicht an den Völkerbund, er setzte ein Fragezeichen sogar hinter die Erfüllungspolitik – er war die verkörperte Negation, die rasante Skepsis zwischen behaglichen Jasagern."

62 Die Definition im *Duden* (duden.de) lautet: „jemand, der den Plänen, Ansichten o. Ä. (eines Vorgesetzten, Stärkeren) immer sofort zustimmt."

63 Zit. nach Benzenhöfer: *Der gute Tod?*, S. 95.

64 Zit. nach ebd., S. 96.

Die Protokolle als Lehrstück-Material

Bei Betrachtung der Stückkombination *Der Jasager* (zweite Fassung) und *Der Neinsager* sowie der von Brecht verworfenen ersten Fassung des *Jasagers* kann man durchaus von einem *Jasager*-Komplex sprechen, den man mit Krabiel noch um die Musik erweitern könnte[65] und zu dem ohne Zweifel auch die Protokolle gehören. Sie sind nicht nur zufällige Kommentare, sondern bilden eine Basis für Diskussionen, die mit der heutigen Euthanasie-Debatte wieder aktuell sind und die auch als Übungsmaterial von den Lehrstück-Texten nicht getrennt werden sollten. Für die Lehrstück-Konzeption scheint es mir wichtig, weiter mit den Originaldokumenten der Protokolle zu arbeiten, von denen ich hier nur einige Aspekte vorstellen konnte, und insbesondere Brechts *Auswahl* genauer zu analysieren.

65 Klaus-Dieter Krabiel: Spieltypus Lehrstück. Zum aktuellen Stand der Diskussion. In: *TEXT + KRITIK*. Sonderband, Bertolt Brecht I (Neufassung). Hg. Heinz Ludwig Arnold. München, 2006, S. 44: „[D]as Lehrstück [ist] ein eigenständiger, aus Text *und* Vertonung bestehender Spieltypus neben dem Theater, ein Genre *sui generis*."

Gespräche 4: Reformpädagogik, Erlebnis, Erfahrung und Trauma

Kritik und Zweifel, Apparat und Institution, Lehren und Lernen, politisch Theater machen versus politisches Theater machen, theatrale Technik und Spielmodell

Michael Wehren
Der Tanzreformer Rudolf von Laben hatte in den frühen zwanziger Jahren Kontakt zur Reformpädagogik und zur Freien Schulgemeinde Wickersdorf. Die Bewegungschor-Arbeit in den zwanziger und dreißiger Jahren, die auch im Rahmen der Arbeiterbewegung verbreitet war, weist Dimensionen auf, die mit dem Lehrstück zu tun haben: Auch die Gemeinschaft der Tanzenden verständigt sich über ihr Gemeinsam-Sein, über ihren Grad von Gemeinschaft, das Verhältnis der Einzelnen in und zu der Gemeinschaft sowie der Gemeinschaft zu den Einzelnen, und zwar sehr oft ohne Sprache.
Ich halte diesen Aspekt deshalb für so wichtig, weil gerade in den letzten Jahren das Lehrstück als Medienexperiment verstanden und als Inspiration entdeckt wurde; die Gruppe LIGNA z.B. knüpft an Brechts *Lindberghflug* an und inszeniert Performances, die im Anschluss an Brecht als Radio-Lehrstücke verstanden werden können. Dabei empfangen die teilnehmenden Personen über einen Sender Instruktionen und setzten diese dann in ein gemeinsames Spiel um, indem sie den Anweisungen folgen, sie durchspielen und variieren. Dieses Vorgehen ist von Brechts Beschäftigung mit dem Rundfunk und dem Radio als Kommunikationsapparat inspiriert. Auch in der Produktion *Der neue Mensch* hat sich LIGNA ohne Zweifel mit Brecht beschäftigt. Gleichzeitig haben sie aber in einer ihrer letzten Produktionen auch Interesse an Labans Tanzformen entwickelt, wie man auf dem letzten Tanzkongress sehen konnte. Die tänzerische, gestische Arbeit wurde mit der Logik des Apparats und des Radios zusammengebracht, die stark durch Brechts Lehrstück beeinflusst ist und die sozusagen das Mechanische einbringt. Es ist interessant, dieser Konstellation weiter nachzugehen und zu untersuchen, ob diese Impulse neue Inspirationen geben, wie das Verhältnis von Körper, Text und Apparat zu lesen ist.

Marianne Streisand
Die einzelnen Aspekte fügen sich wie bei einem Mosaik zusammen. In einer anderen reformpädagogischen Schule nicht weit von Leipzig, nämlich Hellerau bei Dresden, arbeiteten zu jener Zeit Emil Jaques-Dalcroze und Adolphe Appia; dieses Experiment endete 1914 mit dem Ersten Weltkrieg, weil die internationale Schülerschaft in ihre Länder zurückgekehrt ist. Jaques-Dalcroze entwickelte – sozusagen als Gegenbild –

Bewegung und Tanz ohne Musik, was zum Beispiel Marie Wiegmann, spätere Laban-Schülerin, sehr interessiert hat. Er versuchte, Korrelationen zu finden zwischen bestimmten musikalischen Werten, Notenwerten und Nervenbahnen. Die Schüler und Schülerinnen sollten ihre Füße in unterschiedlichem Takt, einem anschwellenden und einem abschwellenden, bewegen und ebenso die Arme, den Kopf, den Rumpf – sie müssen wirklich durchtrainierte ‚Bewegungsgenies' gewesen sein. Ich würde gern noch auf einen anderen Aspekt hinweisen. Walter Benjamin schreibt in *Erfahrung und Armut*, man müsse zunächst Tabula rasa machen, erst dann könne man neu anfangen, eine Denkfigur, die wir sowohl in der Reformpädagogik finden als auch bei den künstlerischen Avantgarden.

Florian Vaßen
Konkret gefragt: Wie und wann löste sich Brecht aus dem Kontext der Reformpädagogik, was kommt neu hinzu und wodurch entsteht eine andere Qualität? Durch die Arbeiterbewegung, inklusive der Arbeiterchöre und der Marxistischen Arbeiterschule, sowie die marxsche Theorie, vermittelt vor allem von Karl Korsch? Bilden die Trennung von Paul Hindemith und die verstärkte Zusammenarbeit mit Hanns Eisler einen entscheidenden Punkt? Wird der Erlebnisbegriff vom Erfahrungsbegriff aufgrund des Einflusses von Walter Benjamin verdrängt? Lebt die Jugendbewegung und Reformpädagogik als Substrat bei Brecht weiter, so wie in ganz anderer Weise Friedrich Nietzsche verdeckt immer präsent ist? Was wird verändert, was radikalisiert, was negiert, wie z.B. die Kriegsbegeisterung in Teilen der Jugendbewegung?

Marianne Streisand
Ich sehe nicht, dass Brecht sich grundsätzlich von der Reformpädagogik distanziert hat; ich denke vielmehr, dass dieses Gedankengut weiterhin im Diskurs der Gesellschaft vorhanden war. Die Entwicklung verlief jedoch sehr heterogen: Viele Reformpädagogen, wie z.B. Martin Luserke, haben am Anfang des Nationalsozialismus gehofft, dass ihre Arbeit positiv gesehen, akzeptiert und integriert würde; für andere waren 1933, eben mit der Emigration, diese reformpädagogischen Experimente vorbei. Bei Walter Benjamin z.B. scheint mir die Nähe zur Jugendbewegung selbst in dem neuen Benjamin-Handbuch zu wenig Beachtung zu finden, denn dieses Denken des Aufbruchs, dieser ständige Rückbezug auf den Aufbruch, wie ja auch die Zeitschrift *Der Anfang* hieß, war für ihn schon besonders wichtig. Zugleich muss man aber überprüfen, inwiefern man heute nicht Theorie und Praxis der Reformpädagogik auf Brechts Lehrstück-Konzeption projiziert und so Lehrstück-Praxis mit Erlebnis-Pädagogik unhistorisch verbindet.

Gerd Koch
Wichtig find ich die Unterscheidung zwischen Erlebnis und Erfahrung. Beides sollten wir uns als Aufgabe, nicht als Lösung vorstellen.

Milena Massalongo

Brecht selbst hat mehrmals betont, dass die traditionelle Kunst einen Erlebnischarakter hat. Es ist auch für heute von Bedeutung, dass damals dieser Erlebnis-Begriff kritisch verwendet wurde. Und da von den Lehrstücken als Konstruktionen von Erfahrung gesprochen wird, gerade in einem Jahrhundert, in dem es immer schwieriger ist, wirklich Erfahrungen zu machen, scheint es mir wichtig, die beiden Aspekte Erlebnis und Erfahrung gemeinsam zu reflektieren.

Erlebnis wird von Walter Benjamin im ganz gewöhnlichen Sinn verstanden, es bezeichnet etwas, das alltäglich erlebt wird, das passiert, das mit uns geschieht und nur oberflächliche Spuren hinterlässt. Oft wird allerdings im gewöhnlichen Sprachgebrauch Erfahrung als Synonym für Erlebnis benutzt oder als Synonym für eine Lehre, die wir aus einem Erlebnis ziehen können. Benjamin versteht dagegen unter Erfahrung, ohne dass es eine genaue Definition bei ihm gibt, nicht das, was unmittelbar erlebt worden ist, sondern Denkhaltungen, Verhaltensweisen, die einem Zeitalter, einer Kultur zugrunde liegen; sie sind also kulturell vermittelt und müssen nicht unbedingt Frucht eines unmittelbaren, persönlichen Erlebnisses sein. In seinem frühen Aufsatz *Über das Programm der kommenden Philosophie* beschreibt Benjamin die Erfahrung als etwas Grundverschiedenes vom Erlebnis des empirischen Bewusstseins. Erfahrung ist insofern unentbehrlich, als ein Denkakt nicht stattfinden kann, ohne dass er eine Erfahrung voraussetzt. Wenn Benjamin meint, es müsse immer von einer Erfahrung ausgegangen werden, dann scheint mir das in dieselbe Richtung zu gehen wie der Haltungsbegriff Brechts. Auch die Haltung scheint für ihn mit dieser Voraussetzung von Denken und Tun zu tun zu haben, was aber weder nur mit der Ebene des Inhalts, des Mitgeteilten, zu tun hat, noch allein mit der reinen Form, dem Ausdruck, sondern mit dem kulturellen, kollektiven Substrat.

Hans-Thies Lehmann

Benjamin, der als Neokantianer den Erfahrungsbegriff natürlich nie ohne Kant denken kann, hat spezifische Aspekte markiert. Zum einen: Erfahrung findet nur dort statt, wo laut Freud unser Reizschutz durchbrochen wird, also wo wir etwas erfahren, was wir nicht verarbeiten können. Alles, was wir verarbeiten können, hinterlässt eine Gedächtnisspur; Erfahrung aber entsteht anstelle der Gedächtnisspur, denn die Erfahrung ist etwas, das uns überwältigt. Und zum anderen: Laut Benjamin gibt es Erfahrung letztlich nur dort, wo Inhalte des Individuellen und des Kollektiven in Konjunktion treten; das ist der große Unterschied zum Erlebnisbegriff. Der Erlebnisbegriff steht für ein individuelles Verarbeiten von Wirklichkeit, z.B. ein schönes Urlaubserlebnis; Erfahrung ist etwas Inkommensurables.

Milena Massalongo

Muss man Erfahrung und Trauma bei Benjamin sehr nah beieinander sehen?

Hans-Thies Lehmann
Das ist eine schwierige Frage, aber ich denke schon. Es gibt dieses Baudelaire-Gedicht *Le soleil*[1], in dem er das Bild eines Fechters benutzt, der getroffen wird und aufschreit. Es passiert etwas, was er nicht verarbeiten kann, in diesem Moment ist die Erfahrung angesiedelt. Das Trauma ist die Bedingung dafür, dass überhaupt ein anderes Denken passiert, aber nicht nur ein neuer Gedanke in der alten Art und Weise, sondern eine andere Art zu denken. Das kann nur durch solch eine traumatisch ‚scharfe' Erfahrung geschehen, und das heißt, dass die Wahrnehmung jetzt plötzlich anders als vorher funktioniert. Das muss aber natürlich nicht passieren, es kann auch beim Trauma stehen bleiben, so wie das beim Psychotischen geschildert wird. Der Psychotiker lässt vieles zu in seiner Psyche, was ihn dann überrollt, aber es bleibt dann auch dabei. Dem Künstler dagegen gelingt, woran der Psychotiker scheitert; er kann das Trauma soweit bändigen, dass er ihm eine Form, eine Sprache, eine Formulierung geben kann, so dass es zu etwas anderem wird.

Milena Massalongo
Erfahrung wäre also das, was die Macht hat, in unsere Wahrnehmungsweise einzugreifen und sie so zu verändern: dass wir einen anderen Wahrnehmungshorizont bekommen. In diesem Sinne stellt für Benjamin die alte theologische Erfahrungsweise, die für uns nicht mehr Erlebnis sein kann, die nicht mehr aktuell ist, so etwas wie ein künstliches Wahrnehmungsorgan dar. Das muss also nicht unbedingt mit einem traumatischen Erlebnis zu tun haben. Aber die so verstandene Erfahrung hat die Kraft, die wir vielleicht in diesem Sinn als traumatisch definieren können, die gewöhnliche Wahrnehmungs- und Denkweise zu verfremden, ja, ihre blinden Flecke, ihre historischen Insuffizienzen aufzudecken. Man könnte fast sagen, die Erfahrung ist, so verstanden, also nicht einfach das Wissenserbe, das man durch Erlebnis oder Kultur sammelt und das einem ermöglicht, sich Traumata zu ersparen, eine Art Kompetenz, sondern eher das Gegenteil: die Fähigkeit, den ‚Schock' bisherigen Wissens und Denkens zu organisieren und daraus eine neue Denkweise zu gewinnen.

Florian Vaßen
In Benjamins Aufsatz *Der Erzähler* gibt es aber auch einen anderen Kontext von Erfahrung. Benjamin spricht da von dem Erfahrungsverlust, weil das Tradierte der Eltern und Großeltern, zum Beispiel im Handwerk, wegen der Industrialisierung und der veränderten gesellschaftlichen Situation keinen Wert mehr hat und deshalb nicht mehr sinnvoll weitergegeben werden kann an die Kinder und Enkel. Es finden nur noch Erlebnisse statt, und es stellt sich die grundsätzliche Frage, inwiefern man überhaupt noch Erfahrungen machen kann. Bei diesem Übergang

1 Vgl. Walter Benjamin: bei Benjamin: Walter Benjamin: Über einige Motive bei Baudelaire. In: W.B.: *Gesammelte Schriften* I.2, S. 616f.

von der vorindustriellen zur hochindustrialisierten Gesellschaft spielt der Aspekt des Kollektiven eine sehr große Rolle. Offensichtlich gibt es bei Benjamin verschiedene Akzentuierungen von Erfahrung.

Clemens-Carl Härle

Der Erfahrungsbegriff bei Benjamin ist außerordentlich kompliziert und man findet ihn an den verschiedensten Stellen seines Werks. Ich möchte nur drei nennen: Der erste wichtige Text ist der über Goethes *Wahlverwandtschaften*, in dem Benjamin der Aufklärung aus einer vielleicht noch etwas romantisierenden Perspektive Erfahrungsverlust vorwirft. Kritisiert wird dort zum Beispiel Kants Definition der Ehe als wechselseitiger Gebrauch der Geschlechtsorgane, etwa in der *Metaphysik der Sitten*. Das ist, nach Benjamin, das erste Beispiel für den Erfahrungsverlust bei Kant. Zwischen dem Text über den *Erzähler* von 1936 und den Ausführungen im zweiten Text zu *Baudelaire* ist es meines Erachtens außerordentlich schwierig, eine unmittelbare Verbindung herzustellen. Im *Erzähler*-Text geht es eigentlich darum, dass die Erzählung eine sprachliche Form darstellt, die einerseits ein Geheimnis artikuliert, andererseits aufgrund ihrer Form die Wiederholung, das heißt die Weitergabe, die Tradierbarkeit der Form in sich einschließt. Und aufgrund dieser Tradierbarkeit der Form, kann der Hörer selber wieder zu einem Sprecher oder zu einem Erzähler werden. In dieser merkwürdigen Zirkularität stellt sich dann eigentlich das her, was man ein kollektives Gedächtnis nennen könnte, bei dem der Begriff der Erfahrung grundlegend ist. Dieses wird zudem unterschieden von der Form des Romans, vor allem im Hinblick auf die Kurzlebigkeit der Information in der Zeitung ab Mitte des neunzehnten Jahrhunderts. In den einleitenden Abschnitten zum zweiten *Baudelaire*-Aufsatz stülpt Benjamin den Begriff der Erfahrung nochmals um und setzt ihn an eine Stelle, wo er bislang nie platziert worden ist. Im Grunde koinzidiert Erfahrung dort fast mit dem, was Proust *mémoire volontaire* nennt, die expliziert wird im Hinblick auf eine sehr eigentümliche Lektüre der Eingangsabschnitte von Sigmund Freuds *Jenseits des Lustprinzips*. Benjamin kommt zu dem Schluss, dass es Erinnerungsspuren gibt, die nicht durch den Filter des Bewusstseins aufgenommen worden sind, die aber dennoch unter bestimmten Umständen zugänglich werden; das heißt, das Nie-Erlebte kann gesagt, oder besser: geschrieben werden. Und eben dies nennt er Erfahrung, also ein ‚Geschehen' jenseits aller Präsenz und Selbstpräsenz des Bewußtseins. Der Begriff des Traumas scheint mir in diesem Zusammenhang nicht so zentral, denn das Paradebeispiel, das Benjamin im Text über Baudelaire anführt, ist das Gedicht *Correspondances*. Der Erlebnisbegriff wird dagegen eher in einer sehr merkwürdigen Bewegung identifiziert mit der Möglichkeit, den großstädtischen Schock zu parieren. Der Fechter wäre dann eigentlich derjenige, der in einer überhellen Luzidität und Schnelligkeit den Schock parieren kann. Und Benjamin interpretiert die Ästhetik, die Baudelaire im Vorwort zu den *Petits poèmes en prose* vorlegt und die sich dann in dem Gedicht *A une passante* findet, ausgehend von diesem virtuell traumatischen Schock-Erlebnis. Dass auch ein Erlebnis, das nicht durch den Filter des Bewusstseins läuft, das Bewusstsein also unterläuft, traumatische Aspekte aufweisen kann, ist gewiss nicht ausgeschlossen, wird aber von Benjamin, scheint mir, nicht ausdrücklich thematisiert.

Florian Vaßen
Mir stellt sich die Frage, in welchem Verhältnis Erlebnis und Erfahrung zum Begriff Kritik stehen. Wichtig scheint mir nicht nur die Kritik am Erlebnisbegriff, sondern auch die Kritik an dem Begriff der Kritik. Was ist an der Kritik der Kritik sinnvoll, Kritik ist doch eigentlich notwendig und produktiv? Für Brecht und Benjamin gibt es offensichtlich verschiedene Formen von Kritik: Einerseits eine sehr produktive Kritik wie etwa bei dem Zeitschriften-Projekt *Krise und Kritik*; andererseits kritisiert Benjamin in *Der Autor als Produzent* Erich Kästner und Kurt Tucholsky und ihre ‚linke' Kritik als folgenlos. Benjamin ist deshalb vorgeworfen worden, dass seine Kritik an diesen aufrechten Personen des Widerstands gegen den Nationalsozialismus, was sie ohne Zweifel auch waren, ungerecht sei. Dennoch scheint mir seine Kritik insofern berechtigt, als er die „Verwandlung" ihrer Kritik „aus einem Produktionsmittel in einen Konsumartikel" aufzeigt.

Milena Massalongo
Ich denke, diese Kritik an der Kritik, die Benjamin und Brecht beschäftigt, findet auch in den Lehrstücken statt. In Frage gestellt wird nämlich auch die kritisch-negative Haltung, der Anspruch nach Kants Muster, einen neutralen, desinteressierten, rein wissenschaftlichen, pur registrierenden Standpunkt einnehmen zu können.

Florian Thamer
Ich möchte einen anderen Aspekt ansprechen. Es ist zweifelsohne problematisch, dass sich die Stadt- und Staatstheater mit ihren quasi feudalen Strukturen auf die Fahne geschrieben haben, politisches Theater zu machen, denn ihre Arbeits- und Produktionsbedingungen stehen völlig konträr dazu. Gegen diese Position wird in dem sogenannten Freien Theater oft die kollektive Produktionsweise in den Vordergrund gestellt, im Sinne von Jean-Luc Godards Feststellung, es gehe nicht darum, politische Filme zu machen, sondern politisch Filme zu machen. Im Zusammenhang mit unserem *Theater der Sorge* sind wir noch einen Schritt weitergegangen: Wir sind der Ansicht, dass man beide Ansätze verknüpfen muss, es reicht weder das eine noch das andere. Man muss also politisch politisches Theater machen.

Michael Wehren

Helene Varopoulou
Man muss diesen Aspekt des Politischen im Kontext des Theaters auch historisch sehen. Die Debatten in den 1960 Jahren waren sehr hart. Wir konnten damals z.B. Peter Brooks Inszenierungen nicht im Geringsten akzeptieren; er gehörte nicht zur politischen Linken und war z.B. vom Schah in den Iran eingeladen worden. Später kann man etwa Peter Brooks *Marat/Sade* und ein paar andere Aufführungen von ihm durchaus als politische Inszenierungen lesen. Auch seine Interkulturalität in den Workshops und seine Produktionen mit Schauspielern aus den unterschiedlichsten Ländern verweisen auf ein politisches Arbeiten. Man kann also die politische Dimension in Brooks Werk nicht völlig negieren. Damals waren wir aber sehr radikal und haben ihn für einen Reaktionär gehalten. Letztlich ist also die Frage des Politischen eingebunden in den gesellschaftlichen Kontext. Damals haben wir mit Blick auf das Theater sehr radikal gefordert, dass man vor den Fabriken spielen sollte, ich habe als Studentin z.B. jeden Morgen vor den Renault-Werken kleine Sketche für die Arbeiter und gegen die Kapitalisten gespielt. Aber ich glaube heute nicht, dass dieses Straßentheater für die Kunst und das Theater, für die Diskussion wichtiger waren, als Peter Brook, der ohne Zweifel reaktionärer war als ich.

Florian Vaßen
Das ist ein sehr komplexer Zusammenhang mit deutlich unterschiedlichen Akzentuierungen. Man kann in politischer Weise Theater machen, das auf den ersten Blick keine direkt politischen Themen anspricht. Dagegen politisches Theater zu machen, ohne es in politischer Weise zu machen, funktioniert nach meiner Meinung nur sehr eingeschränkt. Es sind zwei deutlich verschiedene Ebenen, und es wäre ideal, wenn sie zusammenkämen. Wenn wir über diese beiden unterschiedlichen Akzentuierungen und Arbeitsweisen im Theater sprechen, also zum einen in politischer Weise Theater machen, wobei sich kollektive Lernprozesse der Theatermacher im politischen Kontext entwickeln, zum anderen politisches Theater

machen, was in der Regel heißt, politische Inhalte zu thematisieren, dann müsste man meines Erachtens ein Drittes hinzufügen, nämlich den „höchsten standard technisch", wie Brecht im *Arbeitsjournal* formuliert. Traditioneller Weise spricht man von der Form, aber mit dem Technik-Begriff wird diese Kategorie modifiziert und so formuliert Walter Benjamin in *Der Autor als Produzent*, dass der „unfruchtbare Gegensatz von Form und Inhalt" in „der literarischen Technik" überwunden wird. Die Art der ästhetischen Verarbeitung eines Themas, also die literarische, respektive theatrale ‚Technik', ist Teil des Politischen. Es gibt Theatergruppen, die in politischer Art und Weise, z.B. als Kollektiv, Theater machen und die auch politische Themen aufgreifen, also politisches Theater, machen. Aber wenn sie für ihre Theater-Arbeit nicht den „höchsten standard technisch" verwenden, etwa in der Figurengestaltung, dem Sprechduktus, dem Gestus und der Bewegung, wird dieses Theater stagnieren und nur bedingt eine politische Wirkung haben.

Mauro Ponzi und Werner Waas

Clemens-Carl Härle
Wenn wir ein Theater haben wollen, das auf politische Weise Theater macht, müssen wir uns von einer bestimmten Begrifflichkeit trennen, die Brecht Ende der 1920er und Anfang der 30er Jahre ins Spiel gebracht hat, nämlich von ‚richtig' und ‚falsch', von richtiger und falscher Haltung. Und wir müssen uns ebenfalls trennen von dem Binom „Lernen und Lehren". Diese Begriffe stehen letztendlich dem im Wege, was ich als politische, experimentelle, das heißt: die szenische Präsentation verschiebende, anderweitig arrangierende Sprech- und Bewegungsweise bezeichnen würde. Die Möglichkeit eines solchen Theaters besteht aus meiner Sicht fast ausschließlich in einem Theater der Armut, das einzig aufbaut auf der Ko-Präsenz und auf der Distinktion von Körperlichkeit, Stimme und dem gesprochenen Wort in allen möglichen Tonlagen und Artikulationen, auch jenseits der Signifikation.

Mir erscheint vor allem der Aspekt der Erschütterung sehr wichtig. Ich glaube, dass in der Tat das Theater und die Kunst allgemein erschüttern muss, sozusagen eine *commotion* auslösen muss. Das heißt aber, dass man sich von den von Brecht kanonisierten Formen von Erkennen und Genuss, von Lernen und Rauchen und von einer relativ leicht zugänglichen, musikalischen Ergänzung des gesprochenen Worts zu verabschieden hat.

Florian Vaßen

Das Begriffspaar ‚Lehren' und ‚Lernen' wird nach meiner Ansicht von Brecht gerade im Lehrstückprozess insofern aufgehoben, als die Lehrenden lernen und Lernenden lehren. Es gibt da allenfalls Unterschiede im Rollenwechsel oder in der zeitlichen Abfolge oder in dem räumlichen Wechsel von Beobachtung und Agieren, aber es ist kein Gegensatz mehr. Komplizierter ist es mit dem Begriffspaar ‚richtig' und ‚falsch'. Ich bin der Überzeugung, dass dieser Gegensatz bestehen bleiben muss und auch legitim ist. Wenn eine Befreiungsbewegung sich von Kolonialherren befreit, dann handelt sie richtig, vielleicht manchmal in falscher Form, und so gibt es viele historische Beispiele, z.B. auch bei Brecht, wenn er in seinem Kampf gegen den Faschismus agiert. Das Wichtige ist nicht dieser Dualismus zwischen ‚richtig' und ‚falsch', sondern dass man die Entscheidung, die man für richtig hält und die in dieser Situation vielleicht auch richtig war, überprüft. Es gibt von Brecht die Gedichte *Der Zweifler* und *Lob des Zweifels*, in dem er deutlich macht, dass man sich in bestimmten Situationen entscheiden muss, aber nie vergessen darf, dass man die Entscheidung getroffen hat, weil man gezweifelt hat. Die Grundlage für die Entscheidung war der Zweifel an Bestehendem, und so muss man auch immer wieder an seinem eigenen Verhalten und Handeln zweifeln. Das ist ein ewiger, offener Prozess der Überprüfung, der Kritik und Korrektur. Aber grundsätzlich zu negieren, das es ‚richtig' und ‚falsch' gibt, das halte ich für problematisch.

Tina Turnheim

Die Repolitisierung des Theaters, in dessen Kontext auch Brechts Lehrstück zu sehen ist, ist ganz sicher mit der heutigen gesellschaftlichen Krise verbunden, d.h. es stellt sich die Frage nach dem Zeitpunkt: Wann denkt man wieder darüber nach, wie man Theater macht und ob man politisches Theater macht oder es politisch machen muss. Der Zeitpunkt hängt mit der gesellschaftlichen Dringlichkeit oder Notwendigkeit zusammen. Diese Kategorien, die auch für das Lehrstück relevant sind, beziehen sich nicht auf Kategorien wie ‚richtig' und ‚falsch', sondern auf die künstliche Verknappung eben auch von Zeit: Fünf Minuten entscheiden über Leben und Tod oder drei Minuten darüber, ob jetzt irgendwie ein Krieg beendet wird oder nicht. Und diese extrem kurze Zeitspanne als Zeit der Reflektion bildet auch schon einen Luxus in dieser Zeit des Reagierens. Dieses Zeitregime wird auch als Herrschaftstechnik im Sinne von Verknappung verwendet, gerade wieder in der aktuellen Krise. Ergänzend dazu ist die Haltung des ‚Hellwach-Seins' besonders wichtig.

Hans-Thies Lehmann

Wir leben ja nicht nur im Jetzt, sondern es haben sich viele Leute schon Gedanken über die Lehrstücke gemacht und über die politische Lage, auch als das Krisenbewusstsein noch nicht so ausgeprägt war. Es gibt also verschiedene Zustände der Zeit, und die Jetzt-Zeit genau zu bestimmen, das war ja für Benjamin ein entscheidender Faktor der politischen Analyse. Man muss genau wissen, an welchem Punkt man sich befindet und von diesem Punkt aus auf die Geschichte zurückblicken.

Kurz noch einige Bemerkungen zu Brechts Lehrstück *Der Jasager*. Ich war ja immer sehr skeptisch gegen die Idealisierung des *Neinsagers*. Es ist auch kein Zufall, dass Brecht nach dem *Neinsager* eine zweite Fassung des *Jasagers* geschrieben hat. Ich halte also eher den zumeist sehr positiv gesehenen *Neinsager* für problematisch. Man kann selbstverständlich sagen, dass es unerträglich ist, dass ein Knabe, der nicht mehr weiter mitgehen kann, getötet wird, indem er ins Tal geworfen wird; und dass es nicht akzeptabel ist, Kinder damit zu konfrontieren, das darf nicht sein. Aber wenn ich mir die politische Wirklichkeit ansehe, dann kann ich mir durchaus heute und in Zukunft wieder Situationen vorstellen, in denen es wieder politisch Kämpfende gibt, die genau vor der Frage stehen, jemanden von den eigenen Leuten für ihre Ziele zu opfern. *Der Jasager* stellt den „großen Brauch" aus, also dass sich solche Situationen immer wieder so ereignen, als etwas, das eigentlich überhaupt nicht akzeptabel ist, das ganz furchtbar ist. Deshalb ist *Der Jasager* im Vergleich mit dem *Neinsager*, in dem es einen Ausweg gibt, weil die Bedingungen geändert werden, viel radikaler. Man sollte also beim *Jasager* und *Neinsager* nicht zu schnell auf die Schiene springen, wie gut Brecht auf die Kritik der Schüler eingegangen ist, indem er eine andere Lösung vorgestellt hat. Die Lehrstücke haben bestimmt keinen pazifistischen oder gewaltfreien Impuls. Und auch Tanker und Kanonen und Kriegsschiffe müssen her und Flugzeuge über das Meer, um den Armen einen Teller Suppe zu erobern oder all denen, die da reden von Vergessen, die da reden von Verzeihen, all denen schlage man die Fresse mit schweren Eisenhämmern ein, heißt es sinngemäß bei Brecht. Es geht ihm ganz gewiss nicht um Gewaltvermeidung, sondern um Gewaltreflektion, um Gewaltausstellung und damit um etwas, das man nicht unbedingt theoretisch fassen und mental verarbeiten kann; man kann sich damit besser im Spielprozess auseinandersetzen, es vielleicht spielend erarbeiten.

Till Nitschmann

Mich interessiert das Lehrstück als „mitnehmbares Taschentheater", wie Milena Massalonga es formuliert hat. Also dass, was man aus den Texten ableitet, etwa wenn ein Modell entsteht, das nicht identisch ist mit dem Text, ein Spielmodell, das nicht an Institutionen gebunden ist. Man könnte das Taschentheater vielleicht mit einem iPhone oder einem iPad oder einer App vergleichen, die man als Information und Bild gebendes Verfahren mitnimmt.

Ich habe sofort an die *Bildbeschreibung* von Heiner Müller gedacht. Dieser Text ist kein Lehrstück, mit dem sich Müller ja intensiv beschäftigt hat, aber es ist ein Spielmodell, das eigentlich jedem zur Verfügung steht, der Bilder betrachten und beschreiben kann, wie Müller sinngemäß in *Krieg ohne Schlacht* schreibt. Dieses Spielmodell kann man im Theater und ebenso außerhalb des Theaters, auf Straßen und Plätzen verwenden. Mir stellt sich nun die Frage, welche Überschneidungen, Korrespondenzen oder auch Unterschiede es zwischen Formen gibt, die man aus Brechts Lehrstücktexten ableiten kann und die dann ein Spielmodell werden, und diesen Überlegungen von Müller mit der *Bildbeschreibung* als Spielmodell, das jedem zur Verfügung steht.

Milena Massalongo
Zwischen beiden Spielmodellen existiert eine totale Korrespondenz, es gibt meines Erachtens keinen wirklichen Unterschied.

Joshua Wicke
Für mich stellt sich noch eine andere Frage: Wenn in den Lehrstücken eine Verschränkung von Passivität und Aktivität stattfindet, stellt sich die Frage, in welcher Form das politisch wirksam werden kann. Was ist die spezifische Form dieser Verbindung? Gibt es so etwas wie eine aktive Passivität?

Hans-Thies Lehmann
Das ist für uns alle, auch für Brecht, ein Problem. Die Vorliebe dafür zu funktionieren, die uns dazu bringt, sich kommandieren lassen, zeigt sich schon im Spielprozess und in der Arbeit mit einem Text. In dem Augenblick, in dem ich mit meinem Körper, mit meiner Stimme etwas sage, was mir ein Text vorgegeben hat, bin ich bereits mit meinem Körperbewusstsein mit dieser Problematik konfrontiert. Ich bin dann sozusagen der ‚Diener' des Textes. Diese Erfahrung kann jeder machen, auch als nichtprofessioneller Schauspieler. Als ich bei einem Workshop im Rahmen des Symposiums der Internationalen Brecht-Gesellschaft in Porto Alegre zusammen mit Nikolaus Müller-Schöll bei einer Gruppenarbeit mit Kopfhörern auf der Bühne stand und, gemäß den Anweisungen, die *Maßnahme*-Texte gesprochen habe, habe ich diese Erfahrung von Aktiv-Passiv-Sein sehr intensiv gemacht. Man ist tief im Spielprozess versunken und zugleich reagiert man auf den anderen und geht mit ihm um. Wenn ich sehe, wie z.B. bei den Proben von Jan Fabre die Spieler aufeinander zugehen, miteinander umgehen, da ist keiner ohne den anderen denkbar, und trotzdem sind sie alle für sich. Dass man diese Passivität erleben darf und sie dann auch wiederum vom Bewusstsein her kritisieren kann, dieser Prozess zeigt einen Moment von Utopie im Theater, und zwar weit unterhalb aller theoretischen Begriffsbildung. Aber dafür ist Theater auch nicht da, dass wir mit dem Körper das machen, was man etwa in der Hegelschen Logik machen kann; es gibt einfach verschiedene Register der Theorie. Dazu braucht man jedoch nicht unbedingt einen Lehrstück-Text, das wird in jeder Theaterpraxis, im Theaterspielen auf die eine oder andere Weise deutlich. Das Besondere der Lehrstücke ist allerdings, dass sie zu einer so modellhaften Reinheit kommen, dass man zu dem Bewusstsein gelangt, dass diese aktive Passivität auch eine politische Dimension hat.

Mauro Ponzi

Politik und Experiment in Bertolt Brechts Lehrstücken

Brechts Marxismus

In Bertolt Brechts Lehrstücken kann man eine eigenartige Kombination von Politik und Experiment finden, die erst im Lichte einer Dialektik des Paradoxen entziffert werden kann. Daher muss man sich einige Fragen stellen, auf die die Brecht-Studien der letzten Jahrzehnte zu antworten versuchten: Wer lernt bei den Lehrstücken? An wen wendet sich die in den Stücken integrierte ‚Pädagogik'? In erster Linie nicht das Publikum, obwohl es möglich ist, dass die Zuschauer ‚lernen', wie man die Welt ‚mit anderen Augen' sieht, und entdecken, worin die Widersprüche und die Aporien der zeitgenössischen Gesellschaft liegen. Die ‚Pädagogik' zielt vor allem auf die Teilnehmenden, Agierenden, eben die Spielenden, die auch mit neuen Formen der Schauspielkunst experimentieren. Schließlich gilt das Lehrstück auch für den Autor und für den Regisseur als ein Lern-Raum, in dem man durch Paradoxie und Experiment die *politischen* Aporien der modernen Gesellschaft ausdrücken und kritisieren kann. Da die Lehrstücke dem Theater des Absurden nahe stehen, stellen sie mit Aspekten des Agitprop-Theaters jene von der politischen Militanz hervorgebrachten Grenz-Situationen als paradigmatische Momente dar, welche die bestehende Ordnung und sogar die eigenen politischen Werte in Frage stellen. Es sind im Grunde Theatertexte, in denen der Widerspruch inszeniert wird, und als solche unterminieren sie die „gedankliche Ordnung" – um Foucault zu zitieren –, die auf die Hegelsche Dialektik hinweist.

Die gesellschaftliche und politische Wirklichkeit der modernen Gesellschaft bringt auch die ‚Revolutionäre', d. h. diejenigen, die marxistische Positionen vertreten, zu unlösbaren, oder zumindest nur durch paradoxe Entscheidungen lösbaren Widersprüchen. Deswegen ist es mehr denn je notwendig genau zu analysieren, was Brecht mit Politik, Kommunismus, Marxismus, Partei, Militanz, Zugehörigkeit gemeint hat. Es handelt sich hierbei um eine in den 1930er Jahren verbreitete Terminologie, deren eigentliche Bedeutung sehr spezifisch und differenziert ist. Wenn man aber Brecht die heute übliche Bedeutung dieser Termini zuschreibt, geht man das Risiko ein, den Sinn, den er Begriffen wie Politik, Kommunismus, Marxismus usw. zuordnet, zu verfehlen und damit auch den eigentlichen Sinn seiner Lehrstücke misszuverstehen.

Der real existierende Kommunismus tendierte dazu, eine einzig richtige, orthodoxe Interpretation des Denkens von Karl Marx zu vertreten, die mit der Politik der Kommunistischen Partei der Sowjetunion (KPdSU) völlig übereinstimmte. Im Namen der ‚Systematik' des Denkens von Karl Marx wurde keine Kritik, nicht einmal eine partielle Kritik an nebensächlichen Aspekten der Parteipolitik, zugelassen, weil sie angeblich das ganze ‚System' in Frage gestellt hätte. Die einzige mögliche und autorisierte Interpretation des Denkens von Marx war folglich jene, die von der KPdSU geliefert wurde. Aufgabe eines Kommunisten war es, die Politik der Sowjetunion bedingungslos zu unterstützen. Man braucht hier nicht die Geschichte des Kommunismus nachzuvollziehen, um behaupten zu können, dass dieses nur *eine* Interpretation des Denkens von Marx war, nämlich jene sogenannte orthodoxe, welche mit dem Stalinismus übereinstimmte.

Schon vor der Oktoberrevolution aber wurde Marx' Denken von Rosa Luxemburg, von Lev Trockij und von vielen anderen Philosophen und Politikern ganz unterschiedlich interpretiert. Heute unterscheidet man auf Grund von Jacques Derridas Buch *Marx' Gespenster* (1993)[1], dessen Position von vielen italienischen Philosophen der 1970er Jahre, die Antonio Gramsci gelesen hatten, vorweggenommen wurde, sehr deutlich zwischen Marx und Marxismus: Der Philosoph Karl Marx wird im Rahmen der Geschichte der klassischen bürgerlichen Philosophie und des ‚revolutionären' Denkens des 19. Jahrhunderts betrachtet, während die Interpretation seiner selbsternannten ‚Schüler' und Anhänger und deren Anwendung in der konkreten Politik des real existierenden Kommunismus zur Geschichte der Politik und des politischen Denkens des 20. Jahrhunderts gehört.[2] Demzufolge existieren – wie im Deutschen (marxsch und marxistisch) – in der italienischen, aber auch in der französischen und in der englischen Sprache zwei verschiedene Adjektive: *marxiano* (*marxien – marxian*), um das Denken und die Philosophie von Karl Marx zu bezeichnen, und *marxista* (*marxiste – marxist*), um die Position der Interpreten und Anhänger von Marx zu bezeichnen. Er selbst ist übrigens der erste, der sich von seinen Interpreten distanzierte: Paul Lafargue, seit 1868 Ehemann von Marx' Tochter Laura, schrieb ein Buch mit dem Titel *Der wirtschaftliche Materialismus nach den Anschauungen von Karl Marx*, das 1884 veröffentlicht wurde.[3] Marx las es vermutlich als Manuskript und konstatierte, wie Friedrich Engels berichtet, „si ça c'est le marxisme, moi, je ne suis pas marxiste!"

Es stellt sich also die entscheidende Frage: Auf welchen Marx bezieht sich Brecht? Wie interpretiert er das Denken von Karl Marx und mit welchen politischen Konsequenzen? Deutlich ist, dass seine Interpretation nicht im Geringsten mit der stalinistischen übereinstimmt. Bei Brecht finden wir immer – aber besonders nach 1933 – eine Spannung zwischen der Notwendigkeit, die linken revolutionären Kräfte zu unterstützen, um Deutschland und Europa vom Faschismus befreien zu können, und dem Bedürfnis, seine politische Position von der stalinistischen zu abzugrenzen. Man könnte sogar behaupten, dass der Sinn seiner Lehrstücke gerade in dem Versuch

1 Jacques Derrida: *Marx' Gespenster*. Berlin, 2005.

2 Vgl. Tom Rockmore: *Marx After Marxism*. Oxford, 2012.

3 Vgl. Paul Lafargue: *Der wirtschaftliche Materialismus nach den Anschauungen von Karl Marx*. Zürich, 1884.

besteht, Widersprüche und Aporien zwischen der konkreten Wirklichkeit und den politischen Voraussetzungen des orthodoxen Marxismus sichtbar zu machen. Der paradoxe Ton, mit dem Brecht diese Widersprüche hervorhebt, wird demnach durch den Anspruch verursacht, einerseits den Stalinismus zu kritisieren und andererseits mit den ‚Feinden des Volkes' nicht verwechselt zu werden. Er versucht somit eine eigenständige Interpretation von Marx zu liefern.

Vielleicht hängt Brechts Differenz zum orthodoxen Marxismus damit zusammen, dass er sich der Marxschen Theorie aus der Perspektive der Kunstproduktion näherte und dass er Kontakt zu vielen Künstlern linker Gruppierungen hatte. Es ist ja bekannt, dass die Kulturpolitik der bolschewistischen Partei in der ersten Phase der Revolution und zur Zeit der Gründung der Sowjetunion der futuristischen Avantgarde nahe stand und eine totale „Revolution der Formen"[4] anstrebte. Politische Revolution und Revolution der Kunstsprachen stimmten damals weitgehend überein, was auch Folgen für die Produktion der politischen Propaganda hatte: Plakate, Schlagzeilen, Agitprop-Aktionen waren von Experimenten und Fotomontagen geprägt.[5] Es gab aber auch parteipolitische Implikationen, denn die Kunstposition brachte eine Stellungnahme für oder gegen die verschiedenen Fraktionen der Partei mit sich.

In der Struktur der Sowjetunion entwickelte sich eine Überschneidung der Parteiorganisation mit der Sowjet-Hierarchie, die jenen Dualismus der Machtzentren hervorbrachte, der ein Kennzeichen der Länder des real existierenden Kommunismus gewesen ist. In jedem Betrieb, in jedem Büro, in jeder Produktionsgenossenschaft gab es eine Zelle der bolschewistischen Partei und in jedem Gremium oder Vorstand saß ein politischer Kommissar, d.h. ein Vertreter der Partei, der oft auch Mitglied oder Informant der Geheimpolizei war. Diese Struktur entfaltete sich von den kleinsten Betrieben bis zur Staatsregierung, so dass dem Kulturminister in der Direktion oder im Politbüro der Partei ein „politischer Kommissar für die Kultur" zur Seite stand. Bis 1929 war Anatolij Lunačarskij, ein Anhänger der Avantgarde, politischer Kommissar für Kultur. Aber schon Mitte der 1920er Jahre begann die stalinistische Linie und deren Vertreter Andrej Ždanov, der den Schriftstellerverband als einen ‚Transmissionsriemen' der Partei zu den Arbeitermassen verstand, zu dominieren; die Theorie des sozialistischen Realismus setzte sich durch. Obwohl es sich um literaturtheoretische und kunstproduktive Positionen handelte, hatten sie, wegen der Stellung der Kunstproduktion in der Sowjetunion, direkte politische Implikationen. Die Haltung, den Realismus oder aber die Avantgarde zu unterstützen, wurde generell als eine politische Stellungnahme für Stalin oder für seine Gegner verstanden. Wenn

4 Vgl. Boris Groys: *The Total Art of Stalinism. Avant-Garde, Aesthetic Dictatorship, and Beyond*. Princeton, 1992; Bozena Cluluj: *Deutsche Schriftsteller im Banne der Novemberrevolution*. Wiesbaden, 1998; *Am Nullpunkt: Positionen der russischen Avantgarde*. Hg. Boris Groys. Frankfurt a. M., 2005.

5 Vgl. Wolfgang Mende: *Musik und Kunst in der sowjetischen Revolutionskultur*. Köln, 2009.

man die Avantgarde und das literarische Experiment verteidigte, bedeutete dies, des ‚Formalismus' verdächtigt und als Anhänger der ‚permanenten Revolution' und als Gegner der stalinistischen Theorie des ‚Sozialismus in einem einzigen Land' verfolgt zu werden.
Die in Brechts politischen Positionen enthaltene Aporie und Spannung besteht vor allem in seiner Überzeugung, eine mit der Erfahrung der Avantgarde eng verbundene Kunst fortzusetzen und zugleich den politischen Kampf gegen den Faschismus unterstützen zu wollen. Sein Lob der Partei und der Sowjetunion ist nur ein Aspekt dieser eigenartigen politischen Position und entspricht außerdem dem Wunsch, mit den Trotzkisten und sogenannten Konterrevolutionären nicht verwechselt zu werden und damit eine politische Ausgrenzung zu riskieren. Die Dissidenten und ‚Formalisten' wurden in der Sowjetunion nämlich nicht nur aus der Partei und dem Schriftstellerverband ausgeschlossen, sie wurden auch nach Sibirien verbannt oder sogar zum Tode verurteilt.
Brecht hat sich immer kritisch zum ‚orthodoxen' Marxismus und zum Stalinismus geäußert. Walter Benjamin berichtet in seinem Tagebuch, dass Brecht in einem am 21. Juli 1938 notierten Gespräch in Svendborg gegen Stalins Position behauptete: "Es kann keine sozialistische Wirtschaft in einem Land geben."[6] Auch das Gespräch vom 25. Juli handelt von der Entwicklung in der Sowjetunion. Nach Benjamin betonte Brecht in dem Gespräch:

> […]; er sitze im Exil und warte auf die rote Armee. Der russischen Entwicklung folge er; und den Schriften von Trotzki ebenso. Sie beweisen, daß ein Verdacht besteht; ein gerechtfertigter Verdacht, der seine skeptische Betrachtung der russischen Dinge fordert. Solcher Skeptizismus sei im Sinne der Klassiker. Sollte er eines Tages erwiesen werden, so müßte man das Regime bekämpfen – und zwar *öffentlich*. Aber „leider oder Gottseidank, wie Sie wollen", sei dieser Verdacht heute noch nicht Gewißheit. Eine Politik wie die Trotzkische aus ihm abzuleiten sei nicht zu verantworten.[7]

Brecht erklärte gegenüber seinem Freund Benjamin: „In Rußland herrscht eine Diktatur *über* das Proletariat." Er fügt aber auch hinzu: „Es ist solange zu vermeiden, sich von ihr loszusagen als diese Diktatur noch eine praktische Arbeit für das Proletariat leistet […]."[8] Benjamin und Brecht waren sich bewusst, dass in diesem Zusammenhang jede Kunst-Theorie und -Praxis eine unmittelbar politische Bedeutung hatte, d.h. dass eine politische Stellungnahme für die Position des Stalinismus oder aber für die Linie der sogenannten Dissidenten deutliche

6 Walter Benjamin: Tagebuchnotizen 1938. In: W.B.: *Gesammelte Schriften*, Bd. VI. Hg. Rolf Tiedemann / Hermann Schweppenhäuser. Frankfurt a. M., 1985, S. 536.

7 Ebd.

8 Ebd., S. 539.

Konsequenzen haben würde. Auch in der Expressionismusdebatte wendet sich Brecht gegen Lukács und Kurella, zieht aber folgende politische Schlussfolgerungen, wenn er auf Benjamins Behauptung: „'Mit diesen Leuten' […] Lukács, Gabor und Kurella ‚ist eben kein Staat zu machen'" antwortet:

> Oder *nur* ein Staat, aber kein Gemeinwesen. Es sind eben Feinde der Produktion. Die Produktion ist ihnen nicht geheuer. Man kann ihr nicht trauen. Sie ist das Unvorhersehbare. Man weiß nie, was bei ihr herauskommt. Und sie selber wollen nicht produzieren. Sie wollen den Apparatschik spielen und die Kontrolle der andern haben. Jede ihrer Kritiken enthält eine Drohung.[9]

Brecht kam vor allem durch Karl Korsch (1886-1961) mit Marx' Schriften, seiner Lehre und deren verschiedenen Interpretationen in Kontakt. Korsch studierte zwischen 1912 und 1914 in London, trat in der Novemberrevolution dem Spartakusbund bei, nahm an der Bayerischen Räterepublik teil und wurde 1920 Mitglied der KPD. 1923 veröffentlichte er das Buch *Marxismus und Philosophie*, das von der Kommunistischen Partei Deutschlands (KPD) scharf kritisiert wurde; 1926 wurde er aus der Partei ausgeschlossen. Er gab die deutsche Edition von Karl Marx' *Kapital* heraus und veröffentlichte 1938 in London die Untersuchung *Karl Marx* in englischer Sprache. Schon 1936 hat Brecht das Manuskript der deutschen Fassung dieses Buches gelesen, wie man aus einem Brief an Korsch, in dem er das erste Kapitel kommentiert[10], schließen kann. Brecht bezeichnet Korsch in einem Text von 1936 als „meinen Lehrer" (GBA 22, 45f). In einem Brief an Korsch von 1937, indem Brecht ihn „Genosse" nennt, und ihm für den Bericht über „die Odyssee des Marxbuches" dankt, zitiert er mit einer kleinen Veränderung den berühmten Satz von Marx, um seine eigene politische Position von der des Stalinismus noch einmal abzugrenzen: „Ein prominenter Kommunist sagte" über Brechts Theater "wenn das Kommunismus ist, dann bin ich kein Kommunist. Vielleicht hat er recht." (GBA 28, 569) Wenn also Brecht in seinen theoretischen Schriften von Realismus spricht, muss man bei diesem Begriff einerseits die *politischen* Implikationen bedenken, die er in den 1930er und 40er Jahren hatte, und zwar die Bedeutung einer Stellungnahme für die revolutionären Schriftsteller und einer Unterstützung der Sowjetunion in ihrem Kampf gegen den Faschismus. Andererseits war der *kunsttheoretische* Zusammenhang, in dem Brecht diesen Begriff verwendet, ein ganz anderer als die Auffassung von Lukács und anderen Vertreter des sozialistischen Realismus. Die schwierige geschichtliche und politische Situation zwang Brecht dazu, ‚Taktik' und ‚Strategie' zu trennen.

---

9 Ebd., S. 537.

10 Siehe Bertolt Brecht: Brief an Karl Korsch 1936. In: B.B: *Werke. Große kommentierte Berliner und Frankfurter Ausgabe.* Bd. 28. Hg. Werner Hecht u.a. Berlin / Weimar / Frankfurt a. M. 1998, S. 568f; im Folgenden steht hinter dem Zitat die Sigle GBA plus Band- und Seitenzahl.

Auch als Brecht nach dem zweiten Weltkrieg nach Europa zurückkam und sich in der DDR ansiedelte, hatte er immer wieder Schwierigkeiten mit der SED wegen seiner Inszenierungen, die des ‚Formalismus' beschuldigt wurden. Er konnte jedoch vor allem deshalb seine Arbeit fortsetzen, weil seine Stücke internationalen Erfolg hatten und er von dem damaligen Kulturminister Johannes R. Becher, der in seiner Jugend der Avantgarde nahe stand, politisch ‚geschützt' wurde.[11] Brecht war nie Mitglied der kommunistischen Partei, er war, wie man damals zu sagen pflegte, ein ‚Mitläufer'. So hatte er jene Handlungsfreiheit und gedankliche Autonomie, die ihm ermöglichten, den Richtlinien der Partei nicht in jedem Fall zu folgen.
Schaut man sich Brechts Biographie an, kann man verschiedene interessante Etappen in seiner politischen Entwicklung feststellen. Der junge Brecht war nach dem Ersten Weltkrieg durchaus an der wirtschaftlich-gesellschaftlichen Lage seiner Zeit interessiert, schenkte aber den politischen Ereignissen keine große Aufmerksamkeit; er war kein ‚engagierter Schriftsteller'. Dennoch – Ironie der Geschichte – gehörte er in der Zeit der Bayerischen Räterepublik zum Augsburger Arbeiter- und Soldatenrat. 1918 besuchte er fast täglich Lilly und Georg Prem, den Leiter der Augsburger USPD, war aber wohl eher von Lilly Prems Charme fasziniert als von dem politischen Programm der Partei.[12] Brecht war von den Soldaten als Vertreter gewählt worden, weil er Abitur hatte, er sprach aber offensichtlich nie öffentlich in einer Versammlung.[13]
Zwischen April und Juni 1924 reiste Brecht zusammen mit seiner Frau Marianne Zoff nach Italien und traf in Capri und Positano Bernhard Reich, Asja Lacis und Caspar Neher. Im Golf von Amalfi gab es damals eine ‚Kolonie' von deutschen Künstlern, Schriftstellern und Intellektuellen, die zum Großteil zur Avantgarde gehörten; vor allem Reich und Lacis waren wegen ihres revolutionären pädagogischen Theaters bekannt. Auch Walter Benjamin, der mit Asja Lacis befreundet war, wohnte damals in Capri. Als Brecht nach Berlin ging, nahm er Kontakt mit Künstlern und Intellektuellen auf, die fast ausnahmslos Marxisten waren, obwohl sie sehr unterschiedliche politische und kunsttheoretische Positionen vertraten. Gerade diese Berliner Freunde und Bekannten haben dazu beigetragen, dass sich Brecht an

11 Vgl. Mauro Ponzi: J. R. Becher und die dichterische Sprache. In: *Wandelbar und stetig. Lesarten zu Becher.* Hg. D. Schiller / I. Siebert / P. Wiens. Halle / Leipzig, 1984, S.112-118.

12 Vgl. Werner Mittenzwei: *Das Leben des Bertolt Brecht oder Der Umgang mit den Welträtseln.* Bd. 1. Berlin / Weimar, 1986, S. 94.

13 „Trotz seiner geringen Neigung, sich in politische Ereignisse zu stürzen, verfolgte er das politische Geschehen wenn auch als kühler, sachlicher Beobachter." (ebd., S. 94) In einem Brief vom 18. Juli 1966 schreibt Ernst Niekisch, Vorsitzender des Augsburger Arbeiter- und Soldatenrats in der Zeit der Bayerischen Räterepublik: „Bert Brecht war Mitglied des Augsburger Arbeiter- und Soldatenrates, ist darin aber meines Wissens niemals besonders hervorgetreten." Zit. nach Werner Frisch / K. W. Obermeier: *Brecht in Augsburg. Erinnerungen, Dokumente, Texte, Fotos*. Berlin / Weimar, 1975, S. 144.

‚heterodoxen' politischen Positionen orientierte und einer ästhetischen Praxis nahe stand, die den Positionen von Lunačarskij entsprach. Wichtig für Brechts politische Entwicklung waren auch die zahlreichen Gespräche, Diskussionen, Begegnungen, Vorträge sowie Seminare, an denen er teilnahm, z.B. in der "Marxistischen Arbeiterschule" in Berlin. Diese von den Kommunisten gegründete Schule, an der unter anderem Hanns Eisler, Erwin Piscator, John Heartfield, Bruno Taut und Walter Gropius Vorträge hielten, war keine eigentliche Parteischule, über 80% der Zuhörer waren keine Mitglieder der KPD.[14]

1932 reiste Brecht zusammen mit Slatan Dudow nach Moskau zur Uraufführung des Films *Kuhle Wampe*, dessen Drehbuch er geschrieben hatte, und begegnete dort Bernard Reich, Asja Lacis und Erwin Piscator, der an der Verfilmung der Erzählung *Die Revolte der Fischer von Santa Barbara* von Anna Seghers arbeitete; Sergej Tretjakov führt ihn durch die Stadt und machte ihn mit den Künstler- und Intellektuellen-Kreisen bekannt. Diese Moskauer Reise war für Brecht zum einen eine Enttäuschung, vor allem weil der Film ein Misserfolg beim Publikum war, zum anderen aber stand er in enger Beziehung zur sowjetischen *Intelligentsia* und war in deren kunsttheoretischen und politischen Diskurs integriert.

Auf der Basis seiner – wenn auch begrenzten – Teilnahme an dem Arbeiter- und Soldatenrat in Augsburg, seiner Begegnung mit revolutionären Schriftstellern und mit sowjetischen Literatur- und Theaterautoren, seiner Freundschaft mit Karl Korsch entwickelte Brecht einen unorthodoxen Marxismus. Auch seine Ablehnung des Reformismus der Sozialdemokratie hat ihren Ursprung in dem theoretischen Ansatz von Karl Korsch.[15]

Brechts Pädagogik

Mit Blick auf die Eingangsfrage ist zu konstatieren, dass Brechts politische Pädagogik im epischen Theater vor allem dem Publikum gilt, mit dem Ziel, es zum Nachdenken über die reale Lage der kapitalistischen Gesellschaft, über die politische Situation und die ökonomische Krise zu bringen. Wegen des Kampfes gegen den Faschismus benötigen diese Zeiten des Ausnahmezustands taktische Entscheidungen und führen bisweilen zu paradoxen Situationen, in denen der unversöhnbare Gegensatz zwischen individuellem Schicksal und kollektivem Kampf deutlich sichtbar wird, so wie Brecht es in nahezu allen Lehrstücken im ‚Opfer' des Individuums zu Gunsten des Kollektivs thematisiert hat. Diese Haltung ist vom Standpunkt des ‚gesunden Menschenverstands' nur schwer zu rechtfertigen; die politischen Ereignisse fordern ein taktisches Verhalten im Gegensatz zur Strategie, die sich in einer Kritik am Stalinismus konzentrieren würde. Die Lehrstücke können aber auch als Parabeln

14 Vgl. Mittenzwei: *Das Leben des Bertolt Brecht*, S. 405.
15 Vgl. Ebd., S. 410.

verstanden werden, in denen die Widersprüche des Stalinismus sichtbar werden und in denen die ‚Sackgasse' des orthodoxen Kommunismus in Art eines Theaters des Absurden inszeniert wird. In dieser Weise verbinden sich Politik und Experiment, Sprache und politische Stellungnahme, eben so wie in der politischen und ästhetischen Revolution der ersten Jahre der bolschewistischen Herrschaft. Ein besonders starker pädagogischer Aspekt, der heute zu einem neuen Interesse an Brechts Lehrstücken führt, gilt den Spielenden, also dem Experiment mit der performativen Umsetzung, den Gesten und Spielweisen. In seinen *Studien zur Theorie des epischen Theaters* zeigt Benjamin, dass das epische Theater „gestisch" ist und aus der Unterbrechung der Handlung besteht.[16] Die Gesten stehen jedoch auch im Zentrum der „Aufführung von Lehrstücken": "Auch seine [des Schülers – M.P.] Gesten sind deutlich und dienen der Verdeutlichung." (GBA 21, 397) Dabei geht es nicht um die Gestaltung von Personen als einmalige Charaktere wie im sogenannten aristotelischen Theater: „Für die Spielweise gelten Anweisungen des *epischen Theaters*. Das Studium des V-Effekts ist unerläßlich." (GBA 22.1, 351) Eine wichtige Rolle im Lehrstück spielt auch der Aspekt der Pädagogik in Bezug auf die Spielweise, die Schauspielkunst und die Inszenierung einer fast ‚absurden' Geschichte, welche die ‚Schauspieler', d.h. die Agierenden, dazu bringt, paradigmatische und stilisierte Gesten und Schauspielformen zu verwenden. Wenn die Agitatoren die Ereignisse vor dem Kontrollchor erzählen, stellen sie die vergangenen, vorher geschehenen Episoden als Szenen dar, in einer Art von Theater im Theater; sie spielen eine andere Rolle, die Rolle einer anderen Person, was auch zu einem Verfremdungseffekt führt. Man könnte sogar behaupten, dass die Lehrstücke für die Schauspielenden als eine Vorübung zum epischen Theater gelten. Die Lehrstücke basieren auf einer ‚Typologisierung' der Figuren, die eine in Brechts epischen Theaterstücken noch partiell existierende Charakteristik bis zur ‚Maske' reduziert. Die Lehrstücke thematisieren sowohl die Zerstörung und Vereinheitlichung des Individuums in der kapitalistischen Gesellschaft als auch die Reduzierung der individuellen Bedürfnisse zugunsten des kollektiven Interesses des Klassenkampfs. Dass die Figuren ihre individuellen Kennzeichen fast vollkommen verlieren und zu ‚Modellen' werden, korrespondiert mit dem ‚politischen' Programm, den kollektiven Bedürfnissen auf Kosten der individuellen Ansprüche den Vorrang zu geben. Das Grundprinzip der marxschen Theorie, die strukturelle Verbindung von Theorie und Praxis, wird auf die Struktur der Lehrstücke angewandt: Das Lehrstück als solches ist eine *politische* Aktion. Paradigmatisch zeigt sich dieser Auflösungsprozess der individuellen Identität in

16 "Das epische Theater ist gestisch. Streng genommen ist die Geste das Material und das epische Theater die zweckmäßige Verwertung dieses Materials. […] Gesten erhalten wir umso mehr, je häufiger wir einen Handelnden unterbrechen. Für das epische Theater steht daher die Unterbrechung der Handlung im Vordergrunde." (Walter Benjamin: Studien zur Theorie des epischen Theaters. In: W.B.: *Gesammelte Werke*, Bd. II.3. Frankfurt a.M. 1977, S. 1380f.).

Mann ist Mann: Ein Mensch wird montiert, manipuliert und auf seine gesellschaftliche Funktion reduziert. Die Macht der kapitalistischen Produktionsweise und der bürgerlichen Gesellschaft hat sich so intensiviert, dass der einzelne Mensch zerfällt und zu einer ‚Maske', Symbol der Anonymität, wird. In einer kapitalistischen Gesellschaft hilft der Mensch dem anderen Menschen eben nicht: Menschen und zwischenmenschliche Beziehungen tendieren dazu, in eine funktionale Anonymität als Kennzeichen einer technisierten Welt zu münden.[17] Ziel der Revolution ist es deshalb auch, die zwischenmenschlichen Beziehungen radikal zu verändern und womöglich eine neue Menschenlichkeit hervorzubringen.

Im Zentrum von Brechts Dramaturgie steht die Parabel: Galy Gay muss, um Jip zu werden, sich vollkommen verwandeln, eine andere gesellschaftliche Rolle annehmen, und Jip gelingt es nicht, seine Identität wieder zurückzugewinnen, weil ein anderer Mann, nämlich Galy Gay, sie, oder genauer gesagt, ihre Funktion, besser ausfüllt. Brecht verwendet dabei das Ausdrucksmittel der Verkleidung als Parodie. Paolo Chiarini betont die Übereinstimmung der allgemein menschlichen Bedeutung der Parabel in *Mann ist Mann* mit der besonderen Einmaligkeit ihrer künstlerischen Gestaltung.[18] „Einer ist keiner", behaupten die Soldaten. „POLLY: Wird das wirklich gehen, Uria? Einen Mann in einen andern Mann verwandeln?" „URIA: Ja. Ein Mann ist wie der andere. Mann ist Mann. (GBA 2, 202)" Brecht stellt hier also die Zerstörung und Vernichtung des Individuums in der bürgerlichen Gesellschaft dar, in den Lehrstücken fokussiert er dagegen den Widerspruch zwischen den Bedürfnissen des Einzelnen und den Bedürfnissen der Gesellschaft (und der Arbeiterklasse) aus einer revolutionären Perspektive. Es ist dennoch evident, dass beide Komponenten in den Lehrstücken vorhanden sind und damit jene schon erwähnte Spannung und Aporie hervorbringen.

In dem Lehrstück *Die Maßnahme* stellt Brecht die Veränderung des Individuums, seine Konzentration auf eine politische Funktion dar. Der Leiter des Parteihauses sagt am Anfang des Stückes: „Dann seid ihr nicht mehr ihr selber, [...] sondern allesamt ohne Namen und Mutter, leere Blätter, auf welche die Revolution ihre Anweisung schreibt. [...] Dann seid ihr von dieser Stunde an nicht mehr Niemand, [...]." (GBA 3, 78) Hier ist die Aporie vollkommen klar: Im Mittelpunkt des Textes steht der Konflikt zwischen dem Einzelnen und der Gesellschaft; die Spannung wird zu Gunsten der kollektiven Erfahrung und der Politik der Partei gelöst. Diese ‚Maßnahme' steht aber Brechts politischer Auffassung, wie er sie in seinen theatralen, dichterischen und theoretischen Werken deutlich ausgedrückt hat, diametral entgegen, die Lösung, also die ‚Maßnahme', kann deshalb nur als Paradox und Parodie verstanden werden. Die Reduktion des Individuums auf seine gesellschaftliche Funktion in den Lehrstücken wendet sich auch gegen den Personenkult sowohl in Form des Stalinismus als auch in Form des Faschismus. Zugleich kritisiert Brecht die Rhetorik

17 Vgl. Paolo Chiarini: *Bertolt Brecht*. Bari, 1967, S. 189.

18 Ebd., S. 178.

des Helden, die Verherrlichung des Heldentums, der Tapferkeit des Einzelnen, die der Expressionismus in ihrer negativen Form des Opfers thematisiert hatte und die von der konservativen und nationalistischen Literatur und Kultur weiterentwickelt wurde.

Die vier Agitatoren betonen in der *Maßnahme* die Notwendigkeit, die kollektiven Interessen zu berücksichtigen: "Der junge Genosse sah ein, daß er das Gefühl vom Verstand getrennt hatte." Sein Fehler wird vom Chor mit einem Zitat von Lenin korrigiert: "Klug ist nicht, der keine Fehler macht, sondern / Klug ist, der sie schnell zu verbessern versteht." (GBA 3, 110) Diese Szene zeigt erneut die Aporie von Brechts Position: Die Maßnahme der kommunistischen Partei ist die hier dargestellte, sie ist aber zugleich ein Ritual, das die späteren politischen Prozesse Ende der 1930er Jahre gekennzeichnet hat, in denen viele Künstler und Intellektuelle aus Berlin und Moskau, mit denen Brecht bekannt war, zum Exil, zur Verbannung und sogar zum Tode verurteilt wurden.[19]

Der junge Agitator agiert zum falschen Zeitpunkt menschlich und gefährdet damit die gesamte illegale revolutionäre Tätigkeit. Laut Marx kann die Revolution erst dann in Gang gesetzt werden, wenn die Machtverhältnisse und die Produktionsverhältnisse ‚reif' dafür sind und wenn die Arbeiter ein Klassenbewusstsein erworben haben, sich als Klasse verstehen und als revolutionäre Partei organisieren. In dem Lehrstück *Die Maßnahme* machen die „Agitatoren" ihre illegale politische Arbeit mit dem Ziel, dass die anderen Proletarier jenes für die Revolution notwendige Klassenbewusstsein erwerben. Wenn die Agitatoren behaupten: „Aber Kämpfer gibt es noch zu wenige" (GBA 3, 118), weisen sie genau darauf hin, dass die Zeit noch nicht ‚reif' ist.

Eine weitere Ebene der Lehrstück-Pädagogik, welche sowohl die Schauspieler als auch die Zuschauer betrifft, besteht darin, dass die Inszenierung, die aufgrund der marxschen Revolutionstheorie, wie man sie im *Kommunistischen Manifest* finden kann, als paradigmatisches Beispiel dargestellt wird. Wenn der junge Kämpfer die Schriften der „Klassiker" (GBA 3, 119) zerreißt, drückt er somit den Sieg des ‚nackten Lebens', der ‚Urtriebe' über die Politik aus; deswegen wird er verurteilt. Man muss in diesem Zusammenhang auf die Tatsache hinweisen, dass Brechts Theater-Produktion – von *Baal* bis *Im Dickicht der Städte*, von *Trommel in der Nacht* bis zur *Dreigroschenoper* – auf den individuellen Bedürfnissen, auf den ‚Urtrieben' basiert. Deren Verneinung ist eine Folge der belehrenden Darstellung der marxistischen Lehre und der ‚kollektiven' Bedürfnisse der Partei und zugleich des pädagogischen Verfahrens. Diese Überlegenheit der Partei und der kollektiven Ansprüche steht aber im Konflikt mit der politischen Auffassung und der Lebensvorstellung von Brecht. Er stellt also eine Spannung, eine Aporie, dar, welche die gesellschaftlichen Ereignisse zugunsten der ‚Maßnahme' der Partei ‚lösen'. Diese Position „von den Ereignissen gezwungen zu sein", die Partei und den

19 Asja Lacis wurde zum Beispiel von 1938 bis 1945 in einem sowjetischen Lager in Kasachstan interniert.

Stalinismus zu unterstützen, wird von Brecht in dem Gedicht *An die Nachgeborenen* poetisch ausgedrückt: "Was sind das für Zeiten, wo / ein Gespräch über Bäume fast ein Verbrechen ist / Weil es ein Schweigen über so vielen Untaten einschließt!" (GBA 12, 85) Die „finsteren Zeiten" zwingen den Dichter und den Stückeschreiber sich mit der politischen Situation zu beschäftigen und die notwendigen Formen der politischen Aktion – eben diese ‚Maßnahmen', die er in Frage stellt, die aber, wenn man einen Sieg über den Faschismus erringen will, die einzigen möglichen sind -, dennoch zu unterstützen.
Brecht schreibt in *Einübung der „Maßnahme"*:

> Jedoch sollten Versuche, aus der *Maßnahme* Rezepte für politisches Handeln zu entnehmen, ohne Kenntnisse des Abc des dialektischen Materialismus nicht unternommen werden. Für einige ethische Begriffe, wie Gerechtigkeit, Freiheit, Menschlichkeit und so weiter, die in der „Maßnahme" vorkommen, gilt, was Lenin über Sittlichkeit sagt: „Unsere Sittlichkeit leiten wir aus den Interessen des proletarischen Klassenkampfes ab." (GBA 24, 101)

Brecht will so der Tatsache Ausdruck verleihen, dass die Ereignisse des Kampfes gegen den Faschismus einen Ausnahmezustand hervorgebracht haben, in dem die allgemeinmenschlichen Werte der französischen Revolution außer Kraft gesetzt worden sind, zugunsten einer Revolution, welche die Rechte der Arbeiterklasse durchsetzen will. Brecht ist sich allerdings durchaus bewusst, dass diese Haltung nicht nur ethische, sondern auch *politische* Probleme mit sich bringt. Es stellt sich die Frage: Wer soll über den Ausnahmezustand entscheiden? Brecht kannte recht gut die Machtmechanismen der Partei, die im Namen des Ausnahmezustandes die bürgerlichen Rechte außer Kraft setzten und die das kollektive Interesse gegenüber dem individuellen – nicht immer zum Wohl der Arbeiterklasse – überwiegen ließ.
In den Lehrstücken stellt Brecht diese widersprüchliche Haltung dar: Um den Faschismus effektiv zu bekämpfen zu können, ist es notwendig, für eine gewisse Zeit die individuellen Rechte auszusetzen, aber zugleich besteht die Gefahr, dass die Machtmechanismen des Parteiapparats diese Vorherrschaft des Kollektiven auf unbestimmte Zeit ausdehnen, auch wenn es keine direkte Bedrohung mehr gibt. Brecht behandelt in den Lehrstücken das Problem der Gerechtigkeit, der ‚Maßnahme' in rein *politischen* Termini und stellt dabei das Problem der Parteileitung dar, sich mit den gesellschaftlichen Ereignissen auseinanderzusetzen. Er hatte demnach sehr früh die Hauptschwierigkeit der Länder des real existierenden Sozialismus erkannt: das Entstehen einer Dyskrasie zwischen den Parteimaßnahmen und den wirklichen Interessen des Volkes. Da Brecht "das Abc des dialektischen Materialismus" sehr gut kannte, hatte er die negative Seite des Stalinismus sehr schnell erkannt – wie es dann die folgende Entwicklung und die biographischen Ereignisse des ‚Stückeschreibers' deutlich belegen.
Das Thema der Gerechtigkeit, des Kontrastes zwischen individuellen und kollektiven Bedürfnissen, wird ebenfalls in dem Lehrstück *Die Ausnahme und die*

Regel behandelt. Auch dort ist das Urteil am Ende paradox in dem Sinne, dass die materiellen und politischen Bedürfnisse der Arbeiterklasse hervorgehoben werden. Auch in anderen Theatertexten, die nicht zu dem Lehrstück-Corpus gehören, verwendet Brecht die dramaturgische Strategie, die Realität der Machtverhältnisse durch eine paradoxe Situation darzustellen – man denke etwa an *Der gute Mensch von Sezuan*, *Der kaukasische Kreidekreis* oder an *Die Mutter*.

Brechts Beziehung zur Tradition

Brecht knüpft trotz seiner Revolutionierung der theatralischen Formen immer wieder an die Theater-Tradition an.[20] Er übernimmt z.B. die Tradition des expressionistischen Stationendramas, mit der Unterbrechung der Handlung, mit Bildunterschriften, Plakaten usw. Er verwendet weiterhin viele Elemente des politischen und des Agitprop-Theaters und ändert dabei oft deren szenische und dramaturgische Funktion, eine ‚Umfunktionierung', die den Dreh- und Angelpunkt seiner theatralen Theorie und Praxis darstellt. Mit der Verwendung von Masken, der Stilisierung der Personen, der Abschaffung der vierten Wand, dem sichtbaren Szenenwechsel und der zentralen Rolle des Chors bezieht er sich weiterhin auf das antike griechische Theater sowie das russische politische Theater. Bei Brecht gehen im Grunde Innovation und Tradition Hand in Hand. Die Revolution der theatralen Formen bedeutet bei ihm keineswegs reine formale Experimente, vielmehr erhalten bei ihm die Neuverwendung und die Aktualisierung von vorgefundenen Materialien eine neue Funktion und eine andere Bedeutung.
Chiarini stellt die These auf, dass sich Brecht mit den Lehrstücken vom Expressionismus abgrenzt[21] und stattdessen an die theatrale Tradition der *autos sacramentales* von Calderon de la Barca und die Dramaturgie des Barocks anknüpft und sie ‚umfunktioniert'. In diesem Zusammenhang muss erwähnt werden, dass die Avantgarde der 1930er Jahre das sprachliche Experiment der Barockzeit neubewertet hat, wie z.B. Walter Benjamin in seinem Buch über das deutsche Trauerspiel. Gerade die pädagogische Orientierung der Lehrstücke beinhaltet den Übergang von der individualistischen Poetik des Expressionismus, die Brechts Stücke bis zur *Dreigroschenoper* beeinflusst hat, zu einem politischen und epischen Theater.
Brecht folgt zwar nicht dem damals bei den proletarisch-revolutionären Schriftstellern sehr verbreiteten Modell einer direkten und unmittelbaren Darstellung der Arbeiterklasse und der Produktion, aber er nimmt doch politisch Stellung für die Arbeiterklasse und für die kommunistische Partei. Die Absicht, die Instrumentalisierung des einzelnen Individuums als Endpunkt der marxistischen

20 Vgl. Hans Mayer: *Bertolt Brecht und die Tradition*. Pfullingen, 1961.
21 Vgl. Chiarini: *Bertolt Brecht*, S. 166.

Ethik zu bezeichnen, liegt ihm aber sehr fern. Brecht bevorzugt dagegen eine indirekte, aber umso effektivere Kritik, die sich mit Hilfe des Paradoxen dem Absurden nähert, und zugleich die Widersprüche und die Aporie der Parteipolitik paradigmatisch ans Licht bringt. Die Lehrstücke bezeichnen eine Wende in Brechts Theaterarbeit, weil sie den Übergang vom Expressionismus zum politischen Drama mit deutlichen Implikationen in der Dramaturgie kennzeichnen: Autonomie gegenüber dem Expressionismus und Anknüpfen an andere theatrale Modelle (vom Mittelalter bis zum Barocktheater). Er funktioniert diese Modelle um, indem er die Personen ‚polarisiert': der ‚gute' gegen den ‚bösen' Menschen, der ‚gerechte' gegen den ‚ungerechten'. Diese Polarisierung hat gerade in den Lehrstücken eine sehr wichtige Funktion, verbunden mit einer gewissen Art von Parodie und Paradox als Ausdrucksmittel.

Der Übergang vom Lehrstück zum epischen Theater zeigt sich darin, dass die Personen als Gegen-Helden und nicht mehr als ‚Masken' in ihren paradigmatischen Funktionen, sondern auch in ihrer Individualität dargestellt werden: Sie erwerben eine Einmaligkeit und Einzigartigkeit, wodurch es ihnen gelingt, ihren eigenen Weg zum Klassenbewusstsein zu finden. Die anti-tragische Person, der Antagonist des positiven Helden, entsteht bei Brecht mit der Theatralisierung von Gorkijs Roman *Die Mutter*. Die Protagonistin ist hier weder der rebellische Anarchist seiner Jugenddramen, noch die unpersönliche, abstrakte und typisierte ‚Maske' der Lehrstücke. „Die Mutter ist die fleischgewordene Praxis"[22], wie Benjamin schreibt: „Brechts Gegenstand ist ein soziologisches Experiment über die Revolutionierung der Mutter."[23]

Man könnte auf Brecht den philosophischen Diskurs anwenden, den Jacques Derrida am Beispiel von Marx entfaltet hat. Derrida geht von Marx' Feststellung aus, dass die ökonomische und soziale Entwicklung falsch verläuft, dass die Arbeitsverhältnisse ungerecht sind und dass so die Welt aus den Fugen geraten ist, "out of joint", um die Worte von Shakespeare zu verwenden.[24] Wenn man von Marx spricht, spricht man von Gespenstern, zunächst im philologischen Sinne. Seitdem Marx jenes Bild am Anfang des *Kommunistischen Manifests* benutzt hat, taucht die Metapher des Gespenstes in der marxistischen (und nicht-marxistischen) Literatur immer wieder auf: „Ein Gespenst geht um in Europa – das Gespenst des Kommunismus"[25] – heißt es dort. Das Bild vom Gespenst weckt Neugier und zugleich Furcht und ist Teil von Marx' lebendigem Stil, voller Metaphern, Bildern und Rhetorik, eine Prosa, die aus der Lektüre von Hegel, aber auch der Bibel entstanden ist. Sie ist geprägt

22 Benjamin: Ein Familiendrama auf dem epischen Theater. Zur Uraufführung „Die Mutter" von Brecht. In: W.B.: *Gesammelte Schriften*. Bd. II.2, S. 513.

23 Ebd., S. 511; vgl. auch den Text von Tina Turnheim in diesem Band.

24 William Shakespeare: *Hamlet.* Herausgegeben, übersetzt und kommentiert von Holger M. Klein, Bd. 1. Stuttgart, 1984, S. 108 (I, 5, 188).

25 Karl Marx / Friedrich Engels: Das Manifest der Kommunistischen Partei. In: K.M. / F.E.: *Werke*, Bd. 4. Berlin, 1972, S. 461.

von starken, fast poetischen Bildern, von einer Dynamik voller polemischer Kraft, und sie weist eine Argumentationsart auf, deren Vorbild die Rhetorik der Antike ist. Marx war sehr belesen und verwendete Bilder und Motive aus den verschiedensten Bereichen der Weltliteratur.[26]
Das Bild des Gespensts verweist direkt auf Shakespeare und sein Theaterstück *Hamlet*, in dem das Erscheinen des Gespenstes die Machverhältnisse innerhalb des Königreichs Dänemark radikal verändert, es bewirkt eine politische Aktion. Aber heute, nach dem Untergang des real existierenden Kommunismus, beschwört das Gespenst in einer deutlichen Sinnverschiebung andere Gespenster. Das „Gespenst, das in Europa umgeht", ist der Verweis auf eine Utopie. Shakespeare ist in Karl Marx' Texten sowohl durch explizite Zitate als auch durch implizite Andeutungen präsent. Marshall Berman bezeichnet Karl Marx' Stil als das erste Beispiel der Moderne, weil er die Modernisierung betont, aber zugleich auch Themen, Bilder und Motive aus der literarischen Tradition verwendet.[27] *All that is Solid Melts into Air*, der Titel von Marshall Bermans Buch, ist im Grunde die englische Übersetzung eines zentralen Satzes des *Kommunistischen Manifests*: „Alle festen eingerosteten Verhältnisse mit ihrem Gefolge von altehrwürdigen Vorstellungen und Anschauungen werden aufgelöst, alle neugebildeten veralten, ehe sie verknöchern können." Das Denkbild stammt aber von Shakespeare, in *Der Sturm* heißt es: "These our actors, / As I foretold you, were all spirits, and / Are melted into air, into thin air."[28] In diesem von Marx unbewusst abgespeicherten oder bewusst erinnerten Satz finden wir nicht nur das Bild von etwas, das „in der Luft zergeht", es tauchen in *Der Sturm* auch Gespenster in Form von „*spirits*", von rätselhaften Wesen, auf, die in der Lage sind, sich zu verwandeln, die neuen Einwohner der Insel zu täuschen und zu betrügen – genau so, wie Mephistopheles in Johann Wolfgang von Goethes *Faust* die Nachbarn mit seinen ‚Verkleidungen' und Verwandlungen täuscht. Shakespeares „*spirits*" sind durchaus vergleichbar mit der ‚Maske' in Goethes Text; die Moderne entsteht mit dem Betrug. In dem berühmten Denkbild des *Kommunistischen Manifests* kann man ein deutliches Echo von Shakespeares *Sturm* entdecken:

> And, like the baseless fabric of this vision, / The cloud-clapp'd towers, the gorgeous palaces, / The solemn temples, the great globe itself, / Yea, all which inherit, shall dissolve, / And, like this insubstantial pageant faded, / Leave not a rack behind. We are such a stuff / As dream are made on; and our little life / Is rounded whit a sleep.[29]

26 Vgl. Siegbert Salomon Prawer: *Karl Marx and World Literature*. Oxford, 1976.

27 Mashall Bermann: *All That is solid Melts into Air. The Experience of Modernity*. New York, 1982.

28 William Shakespeare: *The Tempest. Der Sturm.* Übersetzt und herausgegeben von Gerd Stratmann. Stuttgart: Reclam, 1982, S. 120f. (IV, 1, 148-150).

29 Ebd.

Prospero beginnt in Shakespeares *Der Sturm* mit "Geistern" („spirits") und mit einer "Vision" („vision"), die „sich in der Luft auflöst", um sie dann auf „alle festen Dinge" mit vergänglichem Charakter zu übertragen: Die „von wolkenbekänzten Türme" (cloud-clapped towers), die „heiligen Tempel", die „Prunkpaläste" sind eigentlich „grundlos" ("baseless") und „im Nichts gegründet" („insubstantial)" und werden spurlos verschwinden. Das Ende von Prosperos Rede beeindruckt den Leser bzw. den Zuschauer besonders wegen eines poetischen Bildes („We are such a stuff / As dream are made on; and our little life / Is rounded with a sleep"[30], das auf die von Marx benutzte gedankliche Konstellation vorausdeutet. In Marx' Prosa taucht das Bild des Sich-in-die-Luft-Auflösens der Paläste, der Tempel, der Türme wieder auf, das Leben ist auch hier vergänglich wie ein flüchtiger Traum.
Auch Brecht, für den Shakespeare ebenfalls ein großes Vorbild war, ist der Ansicht, dass die Welt zerrüttet sei, "out of joint", um es mit Shakespeares Worten zu sagen. Es sei deshalb notwendig, wie Shakespeare in dem Drama schreibt, aus dem Marx das Bild des Gespenstes entnimmt, „to set it right", d.h. die Welt wieder in Ordnung zu bringen, die politische und gesellschaftliche ‚Gerechtigkeit' wiederherzustellen. Brecht stellt in den Lehrstücken die Zerrüttung der kapitalistischen Gesellschaft dar und zeigt, dass man versuchen muss, die Situation zu ‚retten' und eine soziale ‚Gerechtigkeit' zu erreichen: Der Klassenkampf soll die unterdruckte Menschheit erlösen. In den Lehrstücken stellt sich für Brecht, trotz ihrer brennenden Aktualität, in theoretischen, dramatischen und politischen Termini das gleiche Problem der Gerechtigkeit wie später in seiner *Antigone*. In der *Orestie* gibt es eine ursprüngliche Gerechtigkeit, eine Ur-Gerechtigkeit des Blutes, des ‚nackten Lebens', gebunden an die archaischen Beziehungen von Familie und Clan, und es gibt eine Gerechtigkeit des Logos, der Zivilisation, eine Gerechtigkeit der *polis*, die als solche per Definition politisch ist. Brecht behandelt in seiner *Antigone* und in seinen Lehrstücken diesen unversöhnlichen Kontrast zwischen der archaischen Gerechtigkeit der Sippe und der Gerechtigkeit der Polis, *dike* gegen *dike*, und aktualisiert diesen Kontrast z.B. in der Trennung von Gefühl und Verstand in der *Maßnahme*. Brechts politische Bemühung, die Welt in Ordnung zu bringen, das soziale Unrecht durch den Klassenkampf und die Logik des Kollektivs wieder gut zu machen, führen jedoch wie in der *Antigone* oder in der *Orestie* nicht zu einer völligen Versöhnung der zwei sich gegenüberstehenden Gerechtigkeitsformen. Auch wenn am Ende der Logos vorzuherrschen scheint, wird in Brechts Lehrstücken die Aporie der Opferung des Individuums nie ganz aufgelöst; es bleibt eine Logik des Paradoxons.

30 Ebd.

Tina Turnheim

Aufstand *in* der Küche

Zur Bedeutung der sozialen Reproduktion in Brechts *Die Mutter*

> Die Mutter ist zudem unter allen Mitgliedern der Familie gesellschaftlich am eindeutigsten bestimmt: sie produziert den Nachwuchs. Die Frage des Brechtschen Stücks ist: kann diese soziale Funktion zu einer revolutionären werden und wie? […] Unter den heutigen Umständen ist die Familie eine Organisation zur Ausbeutung der Frau als Mutter. Pelagea Wlassowa, Witwe eines Arbeiters und Mutter eines Arbeiters, ist also eine zweifach Ausgebeutete: als Angehörige der Arbeiterklasse einmal, als Frau und Mutter ein zweites Mal. Die zweifach ausgebeutete Gebärerin repräsentiert die Ausgebeuteten in ihrer tiefsten Erniedrigung.[1]

> Wer behauptet, dass die Befreiung der Frau der Arbeiterklasse darin liegt, eine Arbeit außerhalb des Hauses zu finden, erfasst nur einen Teil des Problems, nicht seine Lösung. Die Sklaverei des Fließbands ist keine Befreiung von der Sklaverei des Spülbeckens. Wer das leugnet, leugnet auch die Sklaverei des Fließbandes und beweist damit noch einmal, dass man, wenn man die Ausbeutung der Frau nicht begreift, auch die Ausbeutung des Mannes nicht wirklich begreifen kann.[2]

Vor dem Hintergrund eines aktuell beachtlich gestiegenen Interesses an der Frage der *sozialen Reproduktion*[3], möchte ich im Folgenden, – den Untertitel der Gespräche

---

1 Walter Benjamin: Ein Familiendrama auf dem epischen Theater. Zur Uraufführung ‚Die Mutter' von Brecht. In: W.B.: *Versuche über Brecht.* Hg. Rolf Tiedemann. Frankfurt a. Main, 1971, S. 45.

2 Mariarosa Dalla Costa: Die Frau und der Umsturz der Gesellschaft. In: M.D.C. / Selma James: *Die Macht der Frau und der Umsturz der Gesellschaft.* Berlin, 1978. Online unter http://klassenlos.tk/data/pdf/dalla_costa.pdf (abgerufen am 02.01.2016), S.13.

3 Hierbei handelt es sich um einen der marxistischen Tradition entstammenden Begriff, der einerseits die für die biologische Wiederbelebung oder Herstellung der menschlichen Arbeitskraft notwendigen Fürsorgearbeit und andererseits die Reproduktion der sozialen und kulturellen Werte von Gesellschaften beinhaltet. In den letzten Jahren erfuhr dieser Begriff vor dem Hintergrund einer allgemeinen Tendenz der gesellschaftlichen Prekarisierung, den Debatten um eine sogenannte Feminisierung von Arbeit und um Care-Arbeit und nicht zuletzt der Krise des Neoliberalismus ein gesteigertes Interesse, welches weit über feministische Diskussionen hinausgeht.

© Archivio Primo Moroni[7]

in der Villa Vigoni wörtlich nehmend –, einen auf den ersten Blick abenteuerlich anmutenden italienisch-deutschen Dialog herbeiführen: einen Dialog zwischen Brecht und Benjamin mit materialistischen Feminist_innen aus dem Umkreis der *Autonomia*-Bewegung[4] der 1970er Jahre wie Federici und Dalla Costa. Dafür soll ausgerechnet Brechts Bearbeitung von Gorkis Musterbeispiel des Sozialistischen Realismus, *Die Mutter*, als Ausgangspunkt dienen. In fünf Abschnitten, jeweils betitelt mit einem exemplarischen Zitat aus oder über Brechts *Mutter*-Adaption, möchte ich zeigen, dass sich an manchen Stellen von Brechts Schaffen ein Bewusstsein für die Frage der *sozialen Reproduktion* antreffen lässt, das den Feminist_innen von *Lotta Femminista*[5] partiell mitunter näher steht als den sozialistischen Antworten auf die „Frauenfrage" seiner (Zeit-)Genossen.[6]

4 Für eine erste Annäherung zur *Autonomia* und zum *Operaismo* unter Berücksichtigung reproduktiver Überlegungen vgl. Patrick Cuninghame: *Mapping the Terrain of Struggle: Autonomous Movements in 1970s Italy*. https://viewpointmag.com/2015/11/01/feminism-autonomism-1970s-italy/ (Zuletzt abgerufen am 07.01.2016).

5 Mariarosa Dalla Costa: *The Door to the Garden*. http://www.generation-online.org/p/fp-dallacosta1.htm (Zuletzt abgerufen am 07.01.2016).

6 Dabei soll Brecht jedoch nicht unterstellt werden letzteren gegenüber den vermeintlichen Nebenwiderspruch (Emanzipation der Frau) über den Hauptwiderspruch (Emanzipation der Menschheit durch Überwindung der Klassengesellschaft) zu stellen. Vielmehr geht es mir darum aufzuzeigen, inwiefern *Die Mutter* dadurch, dass Brecht sich nicht nur Fragen der Produktion, sondern eben auch der Reproduktion in kapitalistischen Gesellschaften widmet, Interferenzen mit dieser feministischen Strömung aufweist.

7 Sämtliche Abbildungen wurden von Archivio Primo Moroni. Mailand, im Rahmen des Projekts from *the horde to the bee* für die Kataloggestaltung ausgewählt und für die Publikation zur Verfügung gestellt. (siehe: Verzeichnis der Abbildungen und Dokumente, S. xxx. in dieserPublikation.

„OHNE DIE FRAUEN GIBT ES KEINE WIRKLICHE MASSENBEWEGUNG.“ (Lenin)[8]

Wenngleich Brecht in seiner berühmten *Anmerkung zu den Lehrstücken* nur fünf Stücke als ebensolche benennt und festhält, dass diese Bezeichnung ausschließlich für jene Stücke zulässig sei, „die für die Darstellenden lehrhaft sind“[9] und von daher kein Publikum benötigten[10], attestiert er seinem Stück *Die Mutter* doch, dass es „im Stil der Lehrstücke geschrieben“[11] [12] sei. Obwohl womöglich durchaus „zur Selbstverständigung“[13] geeignet, hatte das Stück in der Dringlichkeit des letzten Jahres der Weimarer Republik und dem sich immer stärker abzeichnenden Aufstieg des Nationalsozialismus einen klaren Adressaten: Es „[...] wandte sich hauptsächlich an Frauen.“[14] Darin folgte Brecht nicht nur Lenins Einsicht, wonach es *ohne Frauen keine wirkliche revolutionäre Massenbewegung* geben könne, sondern stellte dem aus Kindern, Küche, Haushalt und körperlicher Ertüchtigung bestehenden Leben des „deutschen Mädels“[15] das Bild der kämpfenden Proletarierfrau entgegen, zumal – wie sich auch in aktuell(er)en Phasen des gesellschaftlichen Regress immer wieder feststellen lässt –, die Emanzipation der Menschheit untrennbar mit der Emanzipation der Frau verbunden ist. Brechts Aufzeichnungen nach wohnten den Berliner Aufführungen von *Die Mutter* im Januar des Jahres 1932, die von „hochqualifizierten ersten Schauspielern des bürgerlichen Theaters“[16], gemeinsam mit Mitgliedern proletarischer Agitproptruppen in Szene gesetzt wurden, etwa 15 000 Arbeiterfrauen bei. Dabei wurde der Zweck verfolgt, den Zuschauer_innen

8 Brechts Aufzeichnungen zufolge befand sich während der Berliner Aufführungen von *Die Mutter* folgendes Lenin-Zitat als Transparent im Zuschauerraum: „OHNE DIE FRAUEN GIBT ES KEINE WIRKLICHE MASSENBEWEGUNG. *(Lenin)*“ Bertolt Brecht: Anmerkungen zur „Mutter“. In: B.B.: *Werke. Große kommentierte Berliner und Frankfurter Ausgabe*, Bd. 24. Hg. von Werner Hecht u.a. Berlin / Weimar / Frankfurt a. Main, 1991, S. 117.

9 Brecht: Anmerkung zu den Lehrstücken. In: B.B.: *Werke*, Bd. 23, 1993, S. 418.

10 Vgl. Ebd.

11 Bertolt Brecht: Das Stück „Die Mutter“. In: B.B.: *Werke*, Bd. 24, 1991, S. 110.

12 Weiter unten werde ich hierzu erläutern, inwiefern das Lernen dennoch eine entscheidende Rolle in diesem Stück einnimmt.

13 Bertolt Brecht: Fatzer. In: B.B.: *Werke*, Bd. 10.1, 1997, S. 476.

14 Brecht: Das Stück „Die Mutter“, S. 110.

15 Bereits seit dem historisch bedeutenden Jahr 1923 gab es nationalsozialistische Mädchenorganisationen, welche sich 1930 zum „Bund deutscher Mädchen“ zusammenschlossen. Im selben Jahr wurde auch die Berliner Organisationseinheit gegründet.

16 Brecht: Das Stück „Die Mutter“, S. 110.

„gewisse Formen des politischen Kampfes zu lehren“[17], worunter, wie Brecht im selben Text etwas weiter unten präzisiert, „Methoden des illegalen revolutionären Kampfes“[18] zu verstehen sind. Um dies auch szenisch zu verdeutlichen, wurde bei der Wahl der Projektionen der Berliner Inszenierung immer wieder auf Lenin-Zitate zurückgegriffen[19] und Brecht erklärte zudem, dass dieses insbesondere den kämpfenden Frauen gewidmete Stück am Todestag der „großen proletarischen Revolutionärin Rosa Luxemburg“[20] aufgeführt worden sei. In besagten Lenin-Zitaten heißt es nun, dass die Frauen beweisen sollten, dass sie kämpfen können[21] oder dass das soziale Wirken der Frauen gefördert werden müsse, „[…] damit sie ihre spießbürgerliche Heim- und Familienpsychologie abstreifen“[22].
Beschäftigt man sich jedoch näher mit Lenins Äußerungen zur *Frauenfrage*, so stößt man auf eine ambivalente Position, die spätestens seit den 70er Jahren von marxistischen Feminist*innen angegriffen wurde: Denn obwohl Lenins Äußerungen, verglichen (nicht nur) mit damaligen bürgerlichen Positionen, durchaus fortschrittlich anmuten und sich die gesellschaftliche Rolle der Frau tatsächlich in den ersten Jahren der Sowjetunion massiv veränderte, blieb doch die von Marx übernommene Unterscheidung zwischen *produktiver* und *unproduktiver Arbeit*[23],

17 Ebd.
18 Ebd.
19 Vgl. Brecht: Anmerkungen zur „Mutter“, S. 116-117.
20 Brecht: Das Stück „Die Mutter“, S. 114.
21 Vgl.: „BEWEIST, DASS IHR KÄMPFEN KÖNNT! *(Lenin an die Frauen)*“. Projektion, Titelüberschrift zu Szene 7. In: Brecht: Anmerkungen zur „Mutter“, S. 117.
22 Ebd.
23 Auch wenn es an dieser Stelle nicht möglich ist, ausführlich in die Debatte über „produktive“ und „unproduktive“ Arbeit einzusteigen, gilt es anzumerken, dass diese Trennung nicht bei Marx entsteht. So scheint es nicht nur in der marxistisch-leninistischen Tradition, sondern auch in der diese kritisierenden feministischen Ökonomiekritik mögliche Verkürzungen in der Beurteilung der Verwendung dieser Begriffe bei Marx zu geben. So fassen etwa Haidinger und Knittler zusammen: „Der Begriff der Produktivität ist bei Marx eng mit dem des Mehrwerts verknüpft. Produktiv gilt eine Arbeit im Wesentlichen dann, wenn sie Mehrwert schafft. (Bettina Haidinger / Käthe Knittler: *Feministische Ökonomie.* Wien, 2014, S. 77.) Eine hier fehlende, jedoch wichtige Ergänzung wäre es, an dieser Stelle hinzuzufügen, dass sich Marx‘ Analyse natürlich auf den kapitalistischen Produktionsprozess bezieht, welchen er eben einer Kritik unterzieht: „Der Arbeiter produziert nicht für sich, sondern für das Kapital. Es genügt daher nicht länger, daß er überhaupt produziert. Er muß Mehrwert produzieren. Nur der Arbeiter ist produktiv, der Mehrwert für den Kapitalisten produziert oder zur Selbstverwertung des Kapitals dient. […] Der Begriff des produktiven Arbeiters schließt daher keineswegs bloß ein Verhältnis zwischen Tätigkeit und Nutzeffekt, zwischen Arbeiter und Arbeitsprodukt ein, sondern auch ein spezifisch gesellschaftliches, geschichtlich entstandenes Produktionsverhältnis, welches den Arbeiter zum unmittelbaren Verwertungsmittel des Kapitals stempelt. Produktiver Arbeiter zu sein ist daher kein Glück, sondern ein Pech.“ (Karl Marx: Das Kapital. Kritik der politi-

welche eben den Stein des Anstoßes für die materialistischen Feminist*innen der zweiten Frauenbewegung liefern sollte, wesentlich. Dies tritt gerade in Lenins Ausführungen *Über die Aufgaben der proletarischen Frauenbewegung* hervor, in denen er – nach einem Lob der sowjetischen Gleichstellungspolitik – erklärt:

> Aber wir sind uns bewußt, daß das natürlich erst der Anfang ist. Solange die Frau von der Hauswirtschaft völlig in Anspruch genommen ist, bleibt ihre Lage immer noch beengt. Zur vollständigen Befreiung der Frau und zu ihrer wirklichen Gleichstellung mit dem Mann bedarf es gesellschaftlicher Einrichtungen, bedarf es der Teilnahme der Frau an der allgemeinen produktiven Arbeit.[24]

Die Arbeiterin in der Fabrik wird somit zur proletarischen Musterfrau erklärt und die im marxistischen Sinn nicht als wertschöpfend anerkannte und unbezahlte Reproduktionsarbeit von Millionen Frauen weiterhin verleugnet, obwohl doch nur diese imstande ist, die einzige Mehrwert produzierende Ware, – die menschliche Arbeitskraft –, zu produzieren und zu erneuern.[25]

Indem Lenin zu Recht anmerkt, dass „die Frau nicht durch ihre wirtschaftliche Lage im Vergleich zum Mann unterdrückt sein darf"[26], bleibt er jedoch auf einem Standpunkt stehen, der heute ausgerechnet jener der bürgerlichen Frauenbewegung ist. Es gelingt ihm somit nicht, zu einem marxistischen Feminismus vorzudringen, der durch die Anerkennung der reproduktiven Arbeit die blinden Flecken des Marxismus ausleuchtet. Und das, obwohl er erkannte, dass die „faktische Unterdrückung der Frau auch bei völliger Gleichberechtigung bestehen bleibt, weil die gesamte Hauswirtschaft ihr aufgebürdet wird".[27] Diese wird von Lenin zwar ohne Hauch einer Verklärung unmissverständlich als harte, repetitive und abstumpfende Arbeit dargestellt, von welcher es die Frauen nicht zuletzt auch aufgrund ihrer fehlenden Produktivität zu befreien galt.[28] Was er jedoch nicht erkennt, ist, dass sich der alte

---

schen Ökonomie. Erster Band. In: Karl Marx / Friedrich Engels: *Werke*, Bd. 23. Berlin, 1972, S. 532.) Zur Frage und als mögliche Erklärungen der fehlenden Analyse der Reproduktionsarbeit bei Marx vgl. Silvia Federici: Die Reproduktion der Arbeitskraft im globalen Kapitalismus und die unvollendete feministische Revolution. In: S.F.: *Aufstand in der Küche. Reproduktionsarbeit im globalen Kapitalismus und die unvollendete feministische Revolution*, Bd.1. Münster, 2012, S.28-35.

24 W.I. Lenin: Über die Aufgaben der proletarischen Frauenbewegung. In: Lenin: *Werke*, Bd. 30, S. 26f; zit. nach Karl Marx / Friedrich Engels / Wladimir Iljitsch Lenin: *Über Kultur, Ästhetik, Literatur. Ausgewählte Texte*. Hg. Hans Koch. Leipzig, 1975, S. 325f.

25 Einen ersten Überblick in die feministische Marxismuskritik und die Hausarbeitsdebatte geben Bettina Haidinger und Käthe Knittler. Vgl. Haidinger / Knittler: *Feministische Ökonomie*. S. 75-86.

26 Vgl. Lenin: Über die Aufgaben der proletarischen Frauenbewegung, S. 325f.

27 Ebd.

28 Vgl. ebd.

kapitalistische Wunsch nach der weitest möglichen Ausdehnung des Arbeitstages (auch in der Sowjetunion) zumeist bei den weiblichen Lohnarbeiterinnen verwirklicht, deren zweite, unbezahlte und zeitlich nicht limitierte Schicht nach Feierabend zu Hause beginnt.[29] Nach Dalla Costa herrscht das Kapital jedoch nicht nur durch den Lohn, sondern auch durch den Ausschluss vom Lohn, zumal gerade dadurch das Ausbeutungsverhältnis kaschiert und mystifiziert werde. Von Frauen ausgeführte Hausarbeit erscheint von daher als persönliche Dienstleistung, welche zudem den Eindruck erweckt, außerhalb des Kapitalverhältnisses zu stehen.[30]
Eine heutige Übersetzung des eingangs verwendeten Lenin-Zitats, wonach es ohne Frauen keine wirkliche Massenbewegung geben würde, ließe sich in Alain Badious durch das bewegte Jahr 2011 angestoßene These eines *Erwachens der Geschichte* finden. Im gleichnamigen Buch behauptet er ein Eintreten in ein „Zeitalter der Aufstände"[31] und unterscheidet zwischen *unmittelbaren*, *latenten* und *historischen Aufständen*.[32] Letztere werden Badiou zufolge erst durch die massenhafte Beteiligung von Frauen ermöglicht, da ein Aufstand erst dann eine geschichtliche Dimension gewänne, wenn er die Mittel und Wege einer Ausweitung fände, die sich nicht auf Nachahmung reduzieren ließe.[33] Dies wäre Badiou zufolge eben der Fall, wenn sich „Frauen aus dem Volk"[34] beteiligen würden. Unter dieser nicht ganz unproblematischen Formulierung ist ein Übergreifen auf nicht unmittelbar Betroffene und/oder noch nicht politisierte oder radikalisierte Personen zu verstehen, welche gleichermaßen eine Diffamierung des Protests erschwert. Gerade wenn Mütter, Ältere oder andere ‚unbescholtene' Bürger_innen sich an einem Aufstand beteiligten, ließe sich dieser nicht vorschnell als „Krawall jugendlicher Delinquenten" bezeichnen.[35] So einleuchtend diese Argumentation auch zunächst klingen mag, wird Frauen implizit dennoch, fast ein Jahrhundert nach Lenins Äußerungen, weiterhin ein geringerer Grad der Politisierung unterstellt, zumal sie sich, Badiou zufolge – wenn überhaupt – anscheinend erst später an einem Aufstand beteiligen würden, den Männer zuvor initiiert hätten. Dabei wurde, wie auch Heiner Müller erinnert, schon die Französische Revolution „von den Marktweibern in Gang

29 Vgl. Federici und Cox: „Eine zweite Arbeit anzunehmen hat uns noch nie von der ersten befreit. Zwei Arbeiten zu erledigen, hat für Frauen immer nur bedeutet, über noch weniger Zeit und Energie für den Kampf gegen beide zu verfügen." Silvia Federici / Nicole Cox: Counter-Planning from the Kitchen. In: Federici: *Aufstand in der Küche*, S. 112.

30 Vgl. Dalla Costa: *Die Frauen und der Umsturz der Gesellschaft*, S. 7.

31 Alain Badiou: *Das Erwachen der Geschichte*. Wien, 2013, S. 15.

32 Vgl. ebd., S. 32.

33 Vgl. ebd., S. 35.

34 Ebd. Bei dem von Badiou verwendeten Volk-Begriff handelt es sich um eine Übersetzung von „peuple", was wiederum dem englischen „people" und nicht „folk" entspreche würde.

35 Allerdings lässt sich leider in Zeiten von Pegida, „Lebensschützern" und Co. beobachten, dass auch die sogenannte neue Rechte diese Strategie längst für sich entdeckt hat.

gesetzt“[36]. Aber auch vor, nach und über den berühmten Aufstand der *Poissonarden* hinaus gab und gibt es unzählige historische und gegenwärtige Beispiele von durch Frauen angeführten (Lebensmittel-)Revolten.[37]

© Archivio Primo Moroni

Der (tägliche) Kampf um die Suppe:

„Über das Fleisch, das euch in der Küche fehlt, wird nicht in der Küche entschieden“[38] – aber darüber, ob und wie zur Arbeit gegangen wird!

Am Anfang (fast) eines jeden sozialen Kampfes steht also der Kampf um das Brot bzw. um die Suppe. So auch im Fall der „Witwe eines Arbeiters und Mutter eines Arbeiters“[39] Pelagea Wlassowa, deren *Lage und Verwendung* Walter Benjamin 1932 folgendermaßen zusammenfasst: „Von Haus aus ist es ihre Sache, zu kochen. Produzentin des Menschen wird sie Reproduzentin seiner Arbeitskraft. Nur langt es

36 Heiner Müller: Nekrophilie ist Liebe zur Zukunft. In: H.M.: *„Jenseits der Nation“. Heiner Müller im Interview mit Frank M. Raddatz.* Berlin, 1991, S. 12.

37 Vgl. Silvia Federici: *Caliban und die Hexe. Frauen, der Körper und die ursprüngliche Akkumulation.* Wien, 2015, S. 101. Federici weist in ihrer Studie auf unzählige von Frauen initiierte Lebensmittelrevolten hin: vom Europa der frühen Neuzeit bis zu Indien und Nigeria unserer Tage.

38 Bertolt Brecht: Die Mutter. Nach Gorki. In: B.B.: *Werke*, Bd. 3, 1988, S. 265.

39 Ebd., S. 263.

zu dieser Reproduktion nicht mehr."[40] Seit der letzten Lohnkürzung ihres Sohnes, schafft sie es nicht mehr, diesem von dessen Verdienst eine schmackhafte Suppe zu kochen. Denn obwohl sie jede Kopeke dreimal umdreht, an Holz und Kleidung spart, bleibt die Suppe so mager wie der Lohn. „Wenn die Kopeke fehlt [i]st die Suppe nur Wasser"[41], und zwar unabhängig davon, mit wieviel Liebe sie gekocht wird. Denn wenn selbst die Hingabe der aufopferndsten Hausfrau die Suppe nicht mehr retten kann, wird sichtbar: *Das Private ist ökonomisch.* In ihrer Aussichtslosigkeit vernimmt Pelagea Wlassowa den Chor der revolutionären Arbeiter. Trotz anfänglicher Furcht und Skepsis gerät sie selbst immer tiefer in die erst von ihr abgelehnten illegalen revolutionären Aktivitäten ihres Sohnes:

> So beginnen die Wände zu fallen um ihren Herd. Ihr Tisch beherbergt
> Mancher anderen Mutter Sohn. Zum Versammlungsraum
> Wird die Hütte, die einmal für zwei zu klein war.[42]

Um ihrem Sohn zu helfen, geht sie in die Fabrik. Doch nicht um zu arbeiten, also um im marxistisch-leninistischen Sinne endlich *produktive* Arbeit zu verrichten, sondern um zu agitieren. Getarnt als Piroggenverkäuferin wickelt sie, das Rollenklischee des geschwätzigen (alten) Weibes subversiv zu ihren Gunsten anwendend, den Pförtner um den Finger und das Essen in die verbotenen Flugblätter. Anstatt sich selbst bezahlte Arbeit zu suchen, widmet sie sich fortan dem politischen Kampf, bei dem es längst nicht mehr ausschließlich um die Suppe und den Lohn bloß ihres Sohnes, sondern von allen ihresgleichen geht.

Brecht scheint hier somit Feministinnen wie Dalla Costa oder Federici näher zu stehen, als dem sozialistischen Feminismus seiner (Zeit-)Genoss_innen, zumal die *Mutter* eben keinen Zugang für Frauen zur produktiven Arbeit in der Fabrik oder im Büro fordert, sondern sich dem politischen Kampf widmet, der eben *in der Küche* beginnt, jedoch nicht ausschließlich dort stattfindet. So schreibt Federici in einem ihrer jüngeren Essays rückblickend auf die weltweite Rebellion der Frauen Mitte der 1970er Jahre, „dass hinter dem hohen Kampfniveau in den Fabriken und an den Universitäten die sichtbaren und unsichtbaren Kämpfe lagen, die Frauen in der Community führten [...]."[43]

Immer wieder bricht die Wlassowa aus der Küche aus, um in der Fabrik oder auf der Straße zu agitieren. Gleichzeitig bleibt die Küche aber auch ein Rückzugs- und Versorgungsort, an dem gerade in Zeiten der offenen Repression (wie im vorrevolutionären Russland, am Ende der Weimarer Republik oder in Italien Ende 1970er Jahre) in der konspirativen Zurückgezogenheit des Hauses nicht nur

40 Benjamin: Ein Familiendrama auf dem epischen Theater, S. 46.

41 Ebd., S. 282.

42 Brecht: Anmerkungen zur „Mutter", S. 174.

43 Federici: *Die Reproduktion der Arbeitskraft*, S. 42f.

gegessen und pausiert, sondern auch offen politisiert und diskutiert werden kann. Nicht zuletzt kann auch der Kampf von dort aus organisiert werden, indem dort Flugblätter gedruckt und gelernt werden kann. Diese Funktion der Küche offenbart sich vor allem in der Mitte des Stückes in Szene 6: Nachdem ihr Sohn Pawel auf der Demonstration am 1. Mai 1905 festgenommen wird und die Wlassowa deswegen ihre Wohnung verliert, verschafft ihr der Genosse Iwan eine Stelle als Haushälterin bei seinem Bruder, dem unpolitischen Lehrer Nikolai Wessowtschikow. Dieser kann ihr, wie für Hausangestellte auch heute noch üblich, „natürlich nur ein ganz kleines Gehalt aussetzen“[44] und erklärt ihr: „Frau Wlassowa, in der Küche ist ein Sofa, darauf können sie schlafen.“[45] Doch sobald die Mutter in seine Küche eingezogen ist, ist es auch der Aufstand: „DER LEHRER WESSOWTSCHIKOW ÜBERRASCHT SEINE WIRTSCHAFTERIN BEI DER PROPAGANDA.“[46] Umgeben von Nachbar_innen und Erwerbslosen stimmt sie das *Lob des Kommunismus* an. Schockiert stellt er fest: „Jetzt komme ich aus meiner Bierkneipe müde nach Hause und finde meine Küche voll von Politik.“[47]

Unabhängig davon, ob es „ihre“ ist oder nicht, die Küche, in der die Wlassowa arbeitet, wird zur Brutstätte der Revolution. Wo auch immer die Mutter ist, gedeiht auch der revolutionäre Kampf.

© Archivio Primo Moroni

44 Brecht: Die Mutter, S. 285.
45 Ebd.
46 Ebd.
47 Ebd., S. 287.

Wiegenlieder für den Kommunismus: „Lerne Frau in der Küche! Lerne Sechzigjährige!“

Von daher verwundert es kaum, dass diese revolutionäre Saat in der Nähe der Mutter durch spezifische Zuneigungen gedeiht, zu denen Walter Benjamin insbesondere die von ihr gesungenen Lieder hervorhebt, welche er als *Wiegenlieder* bezeichnet. Denn zur Überbrückung der Wartezeit zwischen den vorläufigen Niederlagen singt sie. Als Mutter singt sie „Wiegenlieder des kleinen und schwachen, aber unaufhaltsam wachsenden Kommunismus.“[48] Geduldig und sorgfältig trägt sie auf diese Weise die Lehre vor, welche sich jedoch sowohl formal als auch inhaltlich von der (mitunter gewaltsam) eingetrichterten Lehre der Schule unterscheidet. Mit Leichtigkeit und klarer, entschlossener klassenbewussten Haltung singt die Mutter, die vor Beginn ihres Lernprozesses verzweifelt, ohnmächtig und ohne Perspektive für ihr Handeln war, diese Lieder, welche selbst wiederum den Lernprozess sichtbar und nachvollziehbar machen. Die Zuschauenden bekommen so Einblick in das Lernen der Mutter und können dadurch auf anregend-unterhaltsame Weise mit ihr *mit*lernen.
Von daher überrascht es nicht, dass Brecht in seinen *Anmerkungen zur „Mutter“*, die Zeitungskritiken sowohl der Berliner Aufführungen des Stückes (1932) als auch jene der New Yorker Inszenierung (1935) auswertend, nicht müde wird zu betonen, dass einer „der Haupteinwände der bürgerlichen Kritik[49] gegen die nichtaristotelische Dramatik vom Typus der ‚Mutter‘ […] sich auf eine ebenfalls rein bürgerliche Trennung der Begriffe ‚unterhaltsam‘ und ‚lehrreich‘“[50] stützt, welche eben auf das bürgerliche Schulsystem und dessen disziplinierende Aufgabe in kapitalistischen Gesellschaften zurückzuführen wären. Brecht erklärt diesen Zusammenhang folgendermaßen

> Dieser Trennung nachzugehen, ist nicht ohne Reiz. Es mag überraschen, daß hier eine Degradierung des Lernens schlechthin beabsichtigt ist, indem es nicht als Genuß vorgestellt wird. In Wirklichkeit wird natürlich der Genuß, indem er so sorgfältig von jedem Lehrwert entleert wird, degradiert.

48 Benjamin: Ein Familiendrama auf dem epischen Theater, S. 47.

49 Als exemplarisches Beispiel für eine mit dieser Argumentation begründeten bürgerlichen Kritik am Stück *Die Mutter* füge ich hier zur Veranschaulichung einen von Brecht dokumentierten Ausschnitt aus der Deutschen Allgemeinen Zeitung von 1932 an: „…Brecht hat in dieser Bearbeitung, einer dramatischen Bearbeitung des Materials ‚Die Mutter‘ von Maxim Gorki, wieder einmal ein Lehrstück geschrieben. Unterweisung für primitive Zuhörer zu richtigem, d.h. kommunistischen Verhalten in allen Lebenslagen. Als Theater und als Literatur ist das schrecklich: als politische Propaganda etwas, was man beachten sollte…“ (Deutsche Allgemeine Zeitung, Berlin, vom 17.1.1932; zit. nach Brecht: Anmerkungen zur „Mutter“, S. 128.

50 Ebd., S. 134.

> Aber man braucht sich nur umzusehen, welche Funktion das Lernen in der bürgerlichen Gesellschaftsordnung hat. Es funktioniert als Einkauf von materiell verwertbaren Kenntnissen. Dieser Einkauf hat stattzufinden, bevor das Individuum in den Produktionsprozeß eintritt. Seine Sphäre ist also die Unreife. [...] Die Erinnerung an die schreckliche Qual, unter der die bürgerliche Jugend ihr ‚Wissen' eingetrichtert bekommt, hält den zu seiner ‚Unterhaltung' ins Theater Gekommenen ab, sich wieder behandeln zu lassen wie einer, ‚der auf der Schulbank sitzt.' Die Haltung des Lernenden ist diffamiert.[51]

Wie auch Mariarosa Dalla Costa auf ähnliche Weise erinnert, trenn(t)en Fabrik und Schule nach dem Siegeszug des Kapitalismus, die frühere Produktionseinheit des Hauses auflösend, nicht nur Männer und Frauen, sondern zusätzlich beide von ihren Kindern. Lehre und Erziehung wurden ebenso voneinander getrennt, wobei die allgemeine Schulpflicht nicht bloß zu einer Vereinheitlichung und (partiellen) Demokratisierung des Wissens, sondern auch zur Disziplinierung und Kommodifizierung der Kinder führte.[52]
Dem gegenüber stellt Brecht einen Genuss am Lernen, der insofern ein Genuss ist, als das Lernen zu einer Entfaltung oder einer Form des *Empowerments* führt, welche in Brechts Logik stets die Befreiung der Unterdrückten zum Ziel hat. So weiß auch die Wlassowa: „Lesen, das ist Klassenkampf! [...] Hungriger, greif nach dem Buch: es ist eine Waffe."[53] Insofern unterscheidet sich der Imperativ „Lerne, Mann im Asyl! Lerne, Mann im Gefängnis! Lerne, Frau in der Küche! Lerne, Sechzigjährige!"[54] auch grundlegend von der neoliberalen Doktrin des lebenslangen Lernens und der permanenten Selbstoptimierung zum Erhalt bzw. der Steigerung der eigenen Wettbewerbsfähigkeit. Die Entwicklung der Wlassowa von der verzweifelten Proletarierwitwe, deren Mutterschaft eine „Form der Zwangsarbeit"[55] ist, um „Kinder für den Staat zu produzieren"[56], zu einer singenden *Anti*-Cinderella

51 Ebd.

52 „Der Kapitalismus ist das erste Produktionssystem, unter dem die Kinder der Ausgebeuteten in Institutionen diszipliniert und ausgebildet werden, die von der herrschenden Klasse organisiert und kontrolliert werden."(Dalla Costa: *Die Frauen und der Umsturz der Gesellschaft*, S. 5.); vgl. auch Foucaults Überlegungen zur Verwandtschaft der Disziplinierung in Gefängnis, Fabrik und Schule: Michel Foucault: *Überwachen und Strafen. Die Geburt des Gefängnisses.* Frankfurt a. Main, 1994.

53 Brecht: Die Mutter, S. 288-290.

54 Ebd., S. 290.

55 Federici: *Caliban und die Hexe*, S. 116.

56 Ebd. An anderer Stelle erinnert Federici daran, dass Reproduktionsarbeit im globalen Kapitalismus keine selbstbestimmte Tätigkeit ist: „Sie ist nicht die Reproduktion unserer selbst oder anderer gemäß unserer Wünsche und den Wünschen der von uns Reproduzierten. Als ‚Produktion und Reproduktion des dem Kapitalisten unentbehrlichsten Produktionsmittels des Arbeiters selbst' ist Reproduktionsarbeit keine freie Tätigkeit, sondern durchweg

erfolgt dabei auf sinnliche Weise. Die Lernpraxis ist hier eine radikal andere als in der Schule, zumal diese Form des „radical learning“[57] durch die Sorgfalt der Erklärung und den schrittweise gegangenen „Weg des gesunden Menschenverstandes“[58] entsteht. Entscheidend scheint hierfür, dass das Lernen dem Lernenden für dessen Emanzipation nützlich ist und diesem von daher zur Waffe wird, um ihn aus seiner Unmündigkeit zu befreien. So ist etwa auch die *erste Lektion in Ökonomie*, welche die Wlassowa von ihrem Sohn und dessen Genossen bekommt, nicht etwa frontal belehrend, sondern gerade insofern überzeugend, als sowohl die Alltagserfahrung der Mutter als auch ihre Einwände behutsam behandelt werden. Das Lernen setzt also dort an, wo die Mutter bereits selbst Missstände beobachtet hat, indem aufgezeigt wird, dass diese nicht so bleiben müssen. Stück für Stück wird gemeinsam über die *Lage und Verwendung* von Mutter und Sohn und über die gegenwärtige Einrichtung der Gesellschaft nachgedacht, wodurch der Kommunismus ihr nach und nach nicht mehr als Bedrohung, sondern als Hoffnung erscheint.[59] Dabei hatte die Mutter zu Beginn der Entwicklung sehr wohl große Einwände gegen den Kommunismus. Wie die New York Sun in ihrer Kritik des Stücks 1935 zusammenfasst, verschwinden diese jedoch kontinuierlich gerade aufgrund der Sorgfalt der Auseinandersetzung mit diesem:

> The point is, of course, that Pelagea Vlassova, the Mother, started out by believing in God, the Tsar and private property, and was gradually converted, chiefly by precept. It was all explained to her very carefully, and after she understood she explained it all very carefully to others. Then she, and all others, stood up and explained it, still very slowly and carefully, to the audience.[60]

Für Benjamin steht zudem fest, dass gerade die anfänglichen Vorurteile und die Ablehnung des Kommunismus durch die Mutter, diese zu dessen bedingungsloser Unterstützerin machten: „Diesen Kommunismus hat sie als Mutter an sich genommen […].“[61]

Als Gegenmodell zum Berufsrevolutionär bietet sie sich zudem für jene als *role model* an, die aus Angst den Weg des Lernens bzw. des Revolutionär-Werdens noch nicht

---

von den Bedingungen geprägt, die ihr von der kapitalistischen Arbeitsorganisation sowie von den Produktionsverhältnisse auferlegt werden.“ (Federici: *Die Reproduktion der Arbeitskraft*, S. 46f.).

57 Vgl.: Gene Ray: *Radical Learning and Dialectical Realism: Brecht and Adorno on Representing Capitalism.* http://chtodelat.org/b8-newspapers/12-38/gene-ray-radical-learning-and-dialectical-realism-brecht-and-adorno-on-representing-capitalism/ (Zuletzt abgerufen am 05.01.2016)

58 Benjamin: Ein Familiendrama auf dem epischen Theater, S. 47.

59 Vgl. Brecht: Die Mutter, S. 277-281.

60 Brecht: Anmerkungen zur „Mutter“, S. 189.

61 Benjamin: Ein Familiendrama auf dem epischen Theater, S. 47.

gegangen sind. Und das obwohl die Mutter anfangs selbst noch von Angst gesteuert und durch Verzweiflung gelähmt war. Gerade nach zur Einschüchterung bestimmten repressiven Angriffen durch den Staat (von der aggressiven Durchsuchung ihrer Wohnung bis hin zur Inhaftierung und Erschießung ihres Sohnes) geht sie ihren revolutionären Weg unbeirrt weiter. Denn:

> Die Mutter ist die fleischgewordene Praxis. Es zeigt sich beim Teekochen, und es zeigt sich beim Einwickeln der Piroggen, und es zeigt sich beim Besuch des gefangenen Sohnes, daß jeder Handgriff der Mutter dem Kommunismus dient […].[62]

© Archivio Primo Moroni

Genau das widerstrebte etwa der der Zentrumspartei nahestehenden Zeitung Germania, die in ihrer Ausgabe vom 19.1.1932 schrieb: „Das Ganze ist eine eindeutige, klipp und klare Heroisierung eines revolutionären Frauentypus, herausgeführt aus der bürgerlichen in die klassenkämpferische, proletarische Welt."[63] In diesem Zusammenhang erscheint es fruchtbar daran zu erinnern, dass sich der Begriff *Proletariat* etymologisch von *proles* herleiten lässt, was sich wiederum auf die Nachkommenschaft bezieht. Ohne geerbtes Eigentum und ohne Land hat das Proletariat nichts als seine Arbeitskraft und seine Nachkommenschaft. Für die weiblichen Proletarierinnen kam noch erschwerend hinzu, dass sie, gerade durch die langsame Verbesserung der Arbeitsbedingungen ihrer Männer, nach und nach von der Lohnarbeit ausgeschlossen wurden, wodurch ein *„Patriarchat des Lohnes"*[64] entstand.[65]

62 Ebd.

63 Zit. nach Brecht: Anmerkungen zur „Mutter", S. 165.

64 Federici: *Caliban und die Hexe*, S. 125.

65 Vgl.: „Erst in der zweiten Hälfte des 19. Jahrhunderts, nach zwei Jahrzehnten Arbeiter_innenaufständen, während derer das Gespenst des Kommunismus in Europa umging, begann die kapitalistische Klasse in die Reproduktion der Arbeitskraft zu investieren. Dies ging mit einem Wandel der Akkumulationsform einher, von der Leicht- zur Schwerindustrie […], der eine straffere Arbeitsdisziplin und einen weniger ausgehungerten Arbeiter_innentypus erforderlich machte. Marxistisch gesprochen waren die Entwicklung der Reproduktionsarbeit und die aus ihr sich ergebende Entstehung der Vollzeithausfrau Folgen des

Darin, dass die Mutter jedoch nur einen Sohn hat, sieht Benjamin eine Vereinfachung, „[…] nicht agitatorischer sondern konstruktiver Art […] Er genügt. Es stellt sich nämlich heraus, daß sie mit diesem einen Hebel schon das Schaltwerk bedienen kann, welches ihre mütterlichen Energien der ganzen Arbeiterklasse zuwendet.“[66]
Aber auch dabei kann es nicht bleiben.

„Wo auf der Suche nach der Kopeke der Staat von unten nach oben gekehrt wird, muß sich auch manches in der Familie ändern […]“[67]

Denn dass sich, wie Walter Benjamin festhält, auch in der Familie manches ändern müsse, wenn der Staat auf der Suche nach der Kopeke von unten nach oben gekehrt wird, offenbart sich vor allem in der neunten Szene von *Die Mutter*. In dieser kehrt der Sohn nach Jahren der Verbannung aus Sibirien zurück. Auf seiner Weiterreise kann er einen kurzen Halt bei seiner Mutter machen. In der Wohnung des Lehrers Wessowtschikow findet er sie in einer zur Druckwerkstatt umfunktionierten Küche. Trotz großer beidseitiger Freude über das Wiedersehen hat das Drucken der verbotenen Zeitung für die Mutter Priorität, so dass sich Pawel selbst verköstigen muss. Die Unterstützung der Revolution geht der Wlassowa mittlerweile über jene ihres Sohnes. Er stellt fest:

> Die Blätter werden herausgenommen von der Mutter des Revolutionärs Pawel Wlassow, der Revolutionärin Pelagea Wlassowa. Kümmert sie sich um ihn? Keineswegs! Setzt sie ihm den Tee vor? Bereitet sie ihm ein Bad? Schlachtet sie ein Kalb? Keineswegs! Flüchtend von Sibirien nach Finnland unter den eisigen Stößen des Nordwinds, die Salven der Gendarmen im Ohr, findet er keine Stätte, wo er sein Haupt hinlegen kann, außer in einer illegalen Druckerei. Und seine Mutter, statt ihm über das Haar zu streichen, nimmt die Blätter heraus![68]

Und so bleibt Pawel nichts anderes übrig, als sich selbst ein Brot zu schmieren und an der Druckmaschine Platz zu nehmen.
In den Worten Walter Benjamins:

Übergangs von einem Modus der Ausbeutung der Arbeit, der auf der Auspressung ‚absoluten‘ Mehrwerts beruht, zu einem auf der Auspressung ‚relativen‘ Mehrwerts beruhenden.“ (Federici: *Die Reproduktion der Arbeitskraft*, S. 30.)

66 Benjamin: Ein Familiendrama auf dem epischen Theater, S. 46.

67 Ebd., S. 48.

68 Brecht: Die Mutter, S. 306.

> Ist der kritische Augenblick einmal eingetreten, daß der gesunde Menschenverstand sich der Führung bemächtigt, dann ist die Theorie gerade gut genug, um die Hauswirtschaft zu besorgen. Dann muß der Sohn Brot schneiden, während die Mutter, die nicht lesen kann, druckt; dann hat die Notdurft des Lebens aufgehört, die Menschen nach Geschlechtern zu kommandieren; dann steht in der Proletarierwohnung die Wandtafel und schafft Raum zwischen Küche und Bett. Wo auf der Suche nach der Kopeke der Staat von unten nach oben gekehrt wird, muß sich auch manches in der Familie ändern […].[69]

Der gemeinsame revolutionäre Kampf wird für das Verhältnis von Mutter und Sohn von Brecht als entscheidender als die mütterliche Aufopferung dargestellt. Interessanterweise weicht Brecht diesbezüglich in der Zeichnung der Wlassowa von Beginn an deutlich von Gorkis Vorlage ab. Denn während der russische Schriftsteller diese als Inbegriff des selbstlosen *guten Mütterchens* darstellt, das eben durch die unverrückbare Liebe zu ihrem Sohn ihren Weg zur Partei findet, ist Brechts Mutter durchaus egoistisch, störrisch und misstrauisch. Anders als Gorkis Mutter verweigert sie den Genossen ihres Sohnes zunächst den Tee. Bei der Klage um die schlechte Suppe schwingt nicht zuletzt auch die Angst mit, für diese verantwortlich gemacht und auf die Straße gesetzt zu werden. Die Abhängigkeitsverhältnisse werden also nicht mehr durch Sentimentalität verdeckt, sondern treten noch offener hervor. Diese von Brecht vorgenommene Entromantisierung bzw. Entnaturalisierung der Mutter-Kind-Beziehung korrespondiert mit einer weiteren entscheidenden Bestrebung der materialistischen Feminist_innen der 1970er Jahre. So schreiben Federici und Cox in einem Absatz ihres berühmten Aufsatzes *Counter-Planning from the Kitchen*, der sich mit der Glorifizierung der Familie durch den Kapitalismus, insbesondere in dessen eigenen Reproduktionskrisen widmet, und diese einer feministischen Kritik unterzieht:

> Diese Ideologie, die die Familie […] der Fabrik entgegenstellt, so wie sie auch das Private dem Öffentlichen und die produktive der unproduktiven Arbeit entgegenstellt, ist funktional für unsere Versklavung an den Haushalt, die in Abwesenheit eines Lohnes stets als Akt der Liebe erschienen ist.[70]

Eine solche Entmystifizierung der Familie muss jedoch keineswegs ein Auseinanderbrechen der Beziehungen bedeuten. Im Gegenteil: Bei Brecht stehen Mutter und Sohn einander gerade aufgrund des gemeinsamen revolutionären Engagements deutlich näher, als es einzig durch Mütterlichkeit oder familiäre Fürsorge möglich wäre. Das Aufbrechen und Ablegen der Genderrollen ermöglicht gerade erst die Entfaltung einer neuen Form der Zuneigung. So rezitiert die Wlassowa das *Lob der dritten Sache*:

---

69 Benjamin: Ein Familiendrama auf dem epischen Theater, S. 48.

70 Federici / Cox: *Counter-Planning from the Kitchen*, S. 118f.

Immerfort hört man, wie schnell
Die Mütter die Söhne verlieren, aber ich
Behielt meinen Sohn. Wie behielt ich ihn? Durch
Die dritte Sache.
Er und ich waren zwei, aber die dritte
Gemeinsame Sache, gemeinsam betrieben, war es, die
Uns einte.[71]

Ähnlich fordert auch Dalla Costa, dass die Frauen aufhören müssten, ihren Männern und Kindern ausschließlich als Hausfrau und Mutter zu begegnen. Stattdessen ginge es darum, die „eigenen Söhne und Töchter auf einer Schülerversammlung zu treffen […] sie als Individuen, die inmitten anderer Individuen sprechen, zu entdecken, und […] ihnen als Individuum gegenüberzutreten.“[72]

© Archivio Primo Moroni

71 Brecht: Die Mutter, S. 307.
72 Dalla Costa: *Die Frauen und der Umsturz der Gesellschaft*, S. 18.

Fazit: „In every country of the world there are women like Pelagea Vlassova."[73]

Wo sind all die Wlassowas hin?

Angesichts der Geschichte der militanten internationalen feministischen Kämpfe der 1970er Jahre erscheint der Status Quo zunächst umso ernüchternder. Von daher leitete Nina Power vor wenigen Jahren ihren viel beachteten Essay *Die eindimensionale Frau*[74] auch mit der folgenden Polemik ein:

> Wo sind all die interessanten Frauen hin? Würde man den zeitgenössischen Darstellungsformen des Weiblichen glauben, so belaufen sich die aktuellen Errungenschaften einer Frau anscheinend auf den Besitz teurer Handtaschen, eines Vibrators, eines Jobs, eines Appartements und eines Mannes – vermutlich in dieser Reihenfolge.[75]

Doch selbst wenn Feminismus zur Zeit – wie von Power kritisiert – vor allem in kommodifizierter Form als „Feminismus™"[76] in Erscheinung tritt oder gar von reaktionären bis rassistischen Akteur_innen missbraucht wird, dürften die Wlassowas wohl kaum verschwunden sein. So sticht aktuell vor allem die Revolution von Rojava hervor. Diese konnte inmitten des syrischen Bürgerkriegs ein emanzipatorisches Gesellschaftsexperiment vollbringen, das nicht nur maßgeblich von Frauen und Frauenräten initiiert wurde, sondern auch explizit ausspricht, dass es keine wirkliche Revolution und Freie Gesellschaft ohne die Befreiung der Frau geben kann.[77] Von daher verwundert es auch nicht, dass dort aktuell sogar Siebzigjährige zur Waffe greifen, um ihr revolutionäres Gesellschaftsexperiment gegen die Angriffe des IS zu verteidigen.[78]

Und doch macht Brechts *Die Mutter*, ebenso wie die italienischen Feminist_innen, deren jüngere Forschung sich vor allem mit reproduktiven Commons[79] und den

73 Brecht: Anmerkungen zur „Mutter", S. 153.

74 Nina Power: *Die eindimensionale Frau*. Berlin, 2010.

75 Ebd., S. 7.

76 Ebd., S. 47 ff.

77 Einen ersten Einblick in die Rolle der Frau in der kurdischen Revolution bietet dieser Blog: http://rojava.blogsport.eu/ (Zuletzt abgerufen am 05.02.2016).

78 Vgl. Anja Flach / Ercan Ayboğa / Michael Knapp: *Revolution in Rojava. Frauenbewegung und Kommunalismus zwischen Krieg und Embargo*. Hamburg, 2015.

79 Der Begriff *Commons* leitet sich vom englischen ‚common' (gemeinsam) ab und wird im Deutschen oft durch ‚Gemeingüter' übersetzt. Der Begriff verweist auf eine gemeinsame Nutzung von Ressourcen, die für alle Menschen überlebenswichtig sind. In der De-

alltäglichen weltweiten Kämpfen von Frauen auseinandersetzen[80], deutlich, dass abseits der ‚heroischen' historischen Taten auch die zähe politische und reproduktive Arbeit im Kleinen nicht nur von größter Wichtigkeit, sondern darüber hinaus auch Teil des gemeinsamen Kampfes um Emanzipation in weitester Hinsicht ist. Denn nicht nur die großen Namen aus den Geschichtsbüchern spielen Brecht zufolge eine Rolle, sondern auch all die *unbekannten Vorkämpfer_innen*[81], darunter alte Frauen wie die Mutter, die immer noch weltweit die Verhältnisse (zunächst) in Küche und Schlafzimmer umkrempeln, ohne es hierbei belassen zu wollen. Im *Lob der Wlassowas* heißt es dementsprechend:

> Ihre Arbeit ist klein
> Zäh verrichtet und unentbehrlich.
> Sie ist nicht allein, wo auch immer sie kämpft.
> Wie sie kämpfen zäh, zuverlässig und listig
> In Twer, Glasgow, Lyon und Chikago
> Shanghai und Kalkutta
> Alle Wlassowas aller Länder, gute Maulwürfe
> Unbekannte Soldaten der Revolution
> Unentbehrlich.[82]

---

batte um Commons lässt sich mittlerweile eine gewisse Verschiebung feststellen: Während sich der Begriff in historischer Anlehnung an die *Almende* zunächst auf Ressourcen wie Wasser, Wälder, Land bezog, werden mittlerweile Wissen und Kultur (im weitesten Sinne) miteinbezogen. Wie Haidinger und Knittler zusammenfassen, beziehen sich gegenwärtige Commonsdebatten „[…] genauso auf soziale Infrastruktur wie öffentliche[n] Verkehr, Strom oder Bildung; reproduktive Commons umfassen unter anderem Bereiche der Pflege, Gesundheit, Kinderbetreuung, Essensversorgung." (Haidinger / Knittler: *Feministische Ökonomie*, S. 155.)

80 Vgl. u.a. Federici: *Der Feminismus und die Politik der Commons*. Münster 2012; oder auch Zeitschriftenprojekte wie http://www.commoner.org.uk/ oder https://viewpointmag.com/2015/11/02/issue-5-social-reproduction/ (Beide zuletzt abgerufen am 07.01.2016.)

81 An anderer Stelle erläutert Brecht: „Als ich das Stück ‚Die Mutter' schrieb/[…] Ohne allen Umschweif, in kärglicher Sprache/ Reinlich die Worte setzend, alle Gesten/ Meiner Gestalt sorgsam wählend, wie man/ Die Worte und Taten der Großen berichtet./Nach bestem Vermögen/ Stellte ich jene alltäglich erscheinenden/Tausendfachen Vorgänge in verachteten Wohnungen Unter den Vielzuvielen als historische Vorgänge dar/Keineswegs weniger bedeutend als die berühmten/Taten der Feldherren und Staatsmänner der Lesebücher/Für meine Aufgabe hielt ich es, von einer großen/Historischen Gestalt zu berichten:/ Dem unbekannten Vorkämpfer der Menschheit./Zur Nacheiferung." (Brecht: Anmerkungen zur „Mutter", S. 173).

82 Brecht: *Die Mutter*, S. 302.

Francesco Fiorentino

Unterbrechen, Wiederholen, Darstellen Über Brechts Lehrstück *Die Massnahme*

1

Brecht lebte in einer anderen Zeit, in einer Zeit, in der ein Germanist wie Ernst Schumacher schreiben könnte:

> Die Geschichte besitzt in sich selbst eine objektive dramatische Vollkommenheit und Schönheit. Wenn das historische Drama seinen Sinn darin hat, das Wesen der Geschichte zu veranschaulichen, dann findet es seine Erfüllung notwendig in der Abbildung revolutionärer Vorgänge, in denen das Wesen der Geschichte klar in Erscheinung tritt.[1]

Ein Hauptimpuls des epischen Theaters ist die *Dekonstruktion* dieser Allianz von klassischer Dramenform und der Vorstellung eines objektiven Gangs der Geschichte. Dass Geschichtsschreibung und Geschichtsphilosophie sich ästhetischen Konstruktionsprinzipien bedienen, um Geschichte mit einem Sinnzusammenhang auszustatten, dass es literarische Gattungen wie Roman und Drama sind, die als Modelle für die Konstruktion von Geschichte gedient haben, war damals keine Erkenntnis, die als vorausgesetzt gelten könnte, zumal von marxistischer Seite. Marx hatte ja in *Das kommunistische Manifest* die Weltgeschichte als ein riesiges dialektisches Drama beschrieben. Durch die klassische dramatische Form konnte die Geschichte als ein dialektischer und zugleich linear fortschreitender, teleologischer Verlauf dargestellt werden, der mit der Lösung des dramatischen Konflikts zur klassenlosen Gesellschaft des Kommunismus seine Erfüllung findet.

Brecht hat diese dramatische Repräsentation durch eine epische Konstruktion zu dekonstruieren versucht und dabei vor allem zwei ihrer fatalen Implikationen anvisiert: die Vorstellung eines objektiven, teleologischen Gangs der Geschichte und die Legitimierung des Opfers der Einzelnen im Namen einer besseren Zukunft. Diese epische Dekonstruktion der dramatischen Vorstellung von Geschichte und Revolution weist einige Analogien zu der Kategorie der proletarischen Revolution auf, die Marx in *Der achtzehnte Brumaire des Louis Bonaparte* der bürgerlichen Revolution entgegensetzt. Interessant ist, dass Marx diese als Produkt eines *Wiederholungszwangs* sieht, einer nicht verarbeiteten Vergangenheit, die

1 Ernst Schumacher: Geschichte und Drama. Geschichtsdramatik, Geschichtsauffassung, Geschichtswissenschaft. In *Sinn und Form* 11 (1959), H. 4, S. S. 593.

ständig wiederkehrt und revolutionäre Energie bändigt. „Die Tradition aller toten Geschlechter lastet wie ein Alp auf dem Gehirne der Lebenden", lautet sein berühmtes Diktum.[2] Das geschichtliche Handeln scheint hier alles andere als frei: Etwas Vergangenes, das sich der Kontrolle der historischen Akteure entzieht und ihre eigene Wiederholung erzwingt, bestimmt den Gang bzw. das Scheitern der bürgerlichen Revolutionen. Geschichte figuriert wie eine Triebwirklichkeit, der der Wille der historischen Subjekte ausgeliefert ist, so als wäre die Revolution nur eine Sache des Willens (eine These, die in Brechts *Maßnahme* zur Diskussion gestellt wird). Den Kommunismus aber dachte Marx als einen Zustand der freien Produktion in einer neuen Sprache, die nur dann gelingen kann, wenn der Mensch „sich ohne Rückerinnerung in ihr bewegt und die ihm angestammte Sprache in ihr vergißt".[3] Die Vergangenheit ist ein Hindernis. Um zu sich selbst zu kommen, muss das revolutionäre Subjekt „die Toten ihre Toten begraben lassen".[4] Nur dann wäre für Marx die Zeit der bürgerlichen Revolutionen überwunden, welche "rascher von Erfolg zu Erfolg" stürmen, in einer Überbietung „dramatischer Effekte" ständig von einer „Ekstase" erfasst.[5] Ganz anders die proletarischen Revolutionen, die an der Zeit sind:

> [Sie] kritisieren beständig sich selbst, unterbrechen sich fortwährend in ihrem eignen Lauf, kommen auf das scheinbar Vollbrachte zurück, um es wieder von neuem anzufangen, verhöhnen grausam-gründlich die Halbheiten, Schwächen und Erbärmlichkeiten ihrer ersten Versuche, [...] schrecken stets von neuem zurück vor der unbestimmten Ungeheuerlichkeit ihrer eigenen Zwecke, bis die Situation geschaffen ist, die jede Umkehr unmöglich macht.[6]

Die Arbeit der proletarischen Revolution erscheint quasi wie ein *Durcharbeiten* im Sinne Freuds: eine Arbeit gegen „die Macht des Wiederholungszwangs, die Anziehungskraft der unbewussten Vorbilder."[7] Auch proletarische Revolutionen stehen unter dem Zeichen der Wiederholung: einer anderen, nicht zwanghaften Wiederholung, die dialektisch mit der *Unterbrechung* verbunden ist und diese braucht, um den Raum einer Selbstkritik, eines reflexiven Zurückkommens auf die eigenen Handlungen, einer Hinterfragung der eigenen Zwecke, eines Bewusstwerdens ihrer Ungeheuerlichkeit zu produzieren.

---

2 Karl Marx: Der achtzehnte Brumaire des Louis Bonaparte, "Vorrede zur dritten Auflage". In: K. M. / F. E.: *Werke*, Bd. 8, Berlin/DDR, 1972, S. 115.

3 Ebd.

4 Ebd., S. 117.

5 Ebd., S. 118.

6 Ebd.

7 Sigmund Freud: Hemmung, Symptom und Angst, in: S.F.: *Studienausgabe*. Band VI, Frankfurt a. M., 1989, S. 227-308. Zum Begriff "Durcharbeiten" siehe Siegmund Freud: Erinnern, Wiederholen und Durcharbeiten. In: S.F.: *Studienausgabe*. Ergänzungsband, 1989, S. 205-215.

2

Brechts Lehrstück *Die Maßnahme*, in dem es eben um das Begräbnis eines Toten durch das revolutionäre Subjekt geht, setzt gerade mit einer solchen Unterbrechung ein.
Am Anfang steht eine Siegesfreude, der aber buchstäblich Halt geboten wird:

> DER KONTROLLCHOR
> Tretet vor! Eure Arbeit war glücklich, auch in diesem Land
> Marschiert die Revolution, und geordnet sind die Reihen der Kämpfer auch dort.
> Wir sind einverstanden mit euch.
> DIE VIER AGITATOREN
> Halt, wie müssen etwas sagen! Wir melden den Tod eines Genossen.
> DER KONTROLLCHOR
> Wer hat ihn getötet?
> DIE VIER AGITATOREN
> Wir haben ihn getötet. Wir haben ihn erschossen und in eine Kalkgrube geworfen, darüber fordern wir euer Urteil.
> DER KONTROLLCHOR
> Stellt dar, wie es geschah und warum, und ihr werdet hören unser Urteil.
> DIE VIER AGITATOREN
> Wir werden anerkennen euer Urteil.[8]

Was die Agitatoren mit ihrer Forderung unterbrechen, ist der Ansatz einer Darstellung von Geschichte aus der Sicht des Siegers, die das Problem der Opfer tendenziell verdrängt. Die Unterbrechung schafft eine Szene der *Wiederholung*, in der die Wiederkehr dieses Verdrängten durch die Agitatoren gespielt wird. Sie werden als Sieger begrüßt, weigern sich aber in den Chor einzustimmen. Sie erheben Einspruch gegen das Urteil des Chors, dass ihre Arbeit „glücklich" war, weil es etwas auslässt, das sie nicht auslassen wollen. Schon mit ihrer Forderung nach einem anderen Urteil decken sie einen Widerstand auf, legen eine Verdrängung offen. Der Chor scheint von der Dynamik der vorwärts kommenden Revolution besessen, scheint eben „rascher von Erfolg zu Erfolg" fortschreiten zu wollen, von einer Eile, einer ‚Ekstase' ergriffen. Die Agitatoren unterbrechen dessen ganz auf die Zukunft eingestelltes ‚Siegeslied', um vergangene Vorgänge in das aktuelle revolutionäre Bewusstsein zu holen. Ein Vergangenes ruft sie zurück, zwingt sie zurückzugehen, versucht, in der Gegenwart einen Platz zu finden.
Die Agitatoren weisen die Identifikation mit dem Sieger deshalb zurück, damit etwas

8 Bertolt Brecht: *Werke. Große kommentierte Berliner und Frankfurter Ausgabe*, Bd. 3. Hg. Werner Hecht u.a. Berlin / Weimar / Frankfurt a. M., 1988, S. 75; im Folgenden wird dafür die Sigle GBA mit Band- und Seitenzahl verwendet.

ins revolutionäre Bewusstsein Eingang finden kann, das es ohne Zögern hinter sich lassen will, etwas, das sich hinter der Szene der siegreichen Revolution verbirgt: die Tötung eines Genossen, der das Richtige wollte, aber falsch handelte. Sie haben ihn töten müssen, weil er für die ‚Bewegung' eine Gefahr wurde. Sie haben ihre Pflicht erfüllt, haben nach den Dispositionen der Partei gehandelt und sind schon von der Gemeinschaft freigesprochen worden. Schon nach einem Urteil über ihre Tat zu fragen, heißt jene Disposition und ihren Freispruch in Frage zu stellen. Die Wiederholung von Vergangenem in die Gegenwart hat bei Brecht immer mit einem Einspruch, einer Infragestellung, einer Übertretung der gegenwärtigen Norm zu tun. Geschehenes wird ins Gedächtnis wieder zurückgeholt, damit es den Charakter des Selbstverständlichen verliert, damit es anders, d.h. in einem anderen, der Analyse ermöglichenden Kontext, fassbar werden kann. Wiederholung geht bei Brecht also mit der Dekonstruktion des Selbstverständlichen zusammen, das ja immer auch Produkt einer Abwehr ist; insofern geht es ihm um einen Abbau von Widerständen. Widerstände auch gegenüber der Anerkennung der „Ungeheuerlichkeit ihrer eigenen Zwecke" wie es bei Marx heißt. Insofern konstituiert Wiederholung die Szene für eine Konfrontation mit dem *Schrecken*, der stets abgewehrt wird, der aber „zum Erkennen nötig ist" (GBA 21, 280). Im Bedürfnis nach Wiederholung, wie es sich bei den Agitatoren äußert, ist immer auch ein körperlicher, mimetischer Drang im Spiel, das Schreckliche ihres Tuns wieder zu erleben, und der Wunsch, es zu verstehen, einen Sinn daraus zu ziehen. Wiederholung gestattet den Schrecken aus einer Distanz wieder oder vielleicht sogar erstmals zu erfahren, die allein das Spiel, die Kunst gewähren kann. Im *Messingkauf* heißt es:

> Man könnte also vielleicht sagen, Kunst sei die Geschicklichkeit, Nachbildungen vom Zusammenleben der Menschen zu verfertigen, welche ein gewisses Fühlen, Denken und Handeln der Menschen erzeugen können, das der Anblick oder die Erfahrung der abgebildeten Wirklichkeit nicht in gleicher Stärke und Art erzeugen. (GBA 22.2, 760)

Die Chance der Wiederholung in der Kunst, die Chance der Kunst als Wiederholung liegt in der *Distanz*, die sie schaffen kann und die ein Erleben der Wirklichkeit gestatten kann, das in der Wirklichkeit wegfällt, weil man dem Schrecklichen zu nahe kommt, weil man sich selbst zu nahe ist. Deshalb fordert Brecht für Schauspieler wie für Zuschauer den Abbau jeder Nähe. „Jeder sollte sich von sich selbst entfernen. Sonst fällt der Schrecken weg, der zum Erkennen nötig ist" (GBA 21, 280). Wiederholung kann dann als Ermöglichung einer „Durcharbeitung" im Sinne Freuds[9] wirken, einer Arbeit der Reflexion und der gleichsam körperlichen Integration des Schreckhaften, die sich im Subjekt vollzieht. Die Überwindung des Wiederholungszwangs, der

9 Vgl. dazu J. Laplanche / J.-B. Pontalis: Durcharbeitung, Durcharbeiten. In: *Das Vokabular der Psychoanalyse*. Frankfurt a. M., 1994, S. 123-125.

Anziehungskraft unbewusster Vorbilder steht auf dem Spiel. „Der Prozess mußte schmerzhaft sein“, heißt es bei Brecht: „Ein riesiger Aufbau von Vorstellungen und Vorurteilen brach zusammen [...].“ (GBA 22.1, 280)

Am Objekt der Wiederholung ändert sich nichts: Der Junge Genosse bleibt in der Kalkgrube verschwunden. Wohl aber ändert sich etwas am Subjekt der Wiederholung, d. h. in diesem Fall an dem Subjekt der Revolution: Dass es sich selbst betrachtet, untersucht und beurteilt, dass es zum Schauplatz eines schmerzhaften Prozesses der unmöglichen Wiederkehr des Verdrängten wird.

Dies ist aber eine grundsätzliche Arbeit des epischen Theaters. Sein konstituierender Gestus ist bekanntlich der *Verfremdungseffekt*, d.h. eben die Unterbrechung des Einverständnisses mit dem im öffentlichen Bewusstsein Gegebenen, die einen Reflexionsraum über die dargestellten Vorgänge schaffen will. Die Unterbrechung der mitreißenden Bewegung der Revolution, mit der die Szene der „Maßnahme“ sich konstituiert, meint auch die Unterbrechung des mitreißenden Flusses der dramatischen Repräsentation, „der „Sucht, den Zuschauer in eine einlinige Dynamik hineinzuhetzen, wo er nicht nach rechts und links, nach unten und oben schauen kann, [...].“ (GBA 24, 59) Dieser wird die Form eines erzählerischen und theatralen Berichts entgegengesetzt, der zudem von Diskussionen und gemeinsamem Singen unterbrochen wird. Das Spiel der Agitatoren, das auch den Chor einbezieht, ist auch eine Inszenierung des epischen Theaters, insofern dieses eine Repräsentationsform ist, die sich bewusst als Wiederholung versteht und auf Wiederholung baut. Die vier Agitatoren betonen immer wieder, dass sie ein Gespräch oder einen Vorgang wiederholen, und Brecht verlangt vom Schauspieler, dass der Wiederholungscharakter seines Spiels ihm bewusst bleibt. „Er *zeigt* die Figur, er *zitiert* den Text, er *wiederholt* einen wirklichen Vorgang“, heißt es in einem *Nachtrag zur Theorie des »Messingkaufs«* (GBA 22.2, 701). In Brechts Theater soll der Schauspieler zeigen, dass Theater kein ursprüngliches Tun ist. „Anstatt den Eindruck hervorzurufen zu wollen, er improvisiere, soll der Schauspier lieber zeigen, was die Wahrheit ist: er zitiert.“ (GBA 22.2, 668) Die Wiederholung als Grundlage des szenischen Geschehens offenlegen und präsent machen, ist ein Grundanliegen des epischen Theaters. „Das Geprobte am Spiel tritt voll in Erscheinung, das auswendig Gelernte am Text, der ganze Apparat und die ganze Vorbereitung.“ (GBA 22.1, 372)

Brecht setzt deshalb bewusst auf den *Wiederholungscharakter* des Theaters, weil er eine produktive Spaltung bzw. Verdoppelung im Subjekt und in der Repräsentation bewirken kann. Wiederholung eröffnet die Chance eines Sich-Selber-Zusehens, eines künstlichen und kunstvollen Akts der Selbstentfremdung, mit dem das Subjekt eine Distanz zu sich selbst und zu den Vorgängen schafft, damit aber auch einen Raum des Kommentars, der Stellungnahme produziert. Bekanntlich ist diese Spaltung der Repräsentation in Darstellung und Kommentar charakteristisch für das epische Theater. Der entspricht eine Spaltung im Subjekt des Schauspielers: Er wird zum Schauplatz eines Prozesses, indem er der Agierende und zugleich Beobachter seiner selbst ist. Er erhält zweierlei sich widersprechende Ichs, zwei sich überschneidende Gesichter. Im *Messingkauf* heißt es: „Der V-Effekt bleibt aus, wenn der Schauspieler, ein fremdes Gesicht schneidend, sein eigenes völlig verwischt. Was er tun soll, ist: das Sichüberschneiden der beiden Gesichter zeigen“ (GBA 22.2, 740). Da entstehen Interferenzen, die deshalb produktiv sind, weil sie einen Abstand zu Emotionen, Gedanken, Verhaltensweisen anzeigen, der ihre Behandlung ermöglicht. Das Subjekt und das Geschehen werden geteilt, verlieren ihre mythische Konsistenz. Dazu heißt es in einem Gedicht aus dem *Messingkauf*:

> Denn aus eurer Nachbildung
> Lerne der Zuschauer das, was da nachgebildet, behandeln.
> Dieses Lernen sei lustvoll. Als eine Kunst
> Werde das Lernen gelehrt und auch das Behandeln der Dinge und Menschen
> Lehret als Kunst, und Kunst auszuüben, ist lustvoll. (GBA 14, 386f.)

Wiederholung als Bedingung der Möglichkeit einer analytischen Behandlung, die das Zusammenleben der Menschen betrifft. Der Schauspieler ist bei Brecht immer auch ein Täter oder der Zeuge einer Untat, der über diese so berichten soll, dass die Abwehr oder die Widerstände gegen die Anerkennung der Untat, welche beim Zuschauer vorausgesetzt werden, unmöglich gemacht werden:

> Entsprechend den Vorschriften des *epischen Theaters* soll der Schauspieler nicht so spielen, daß die jeweilige Untat unmittelbar den Wunsch des Zuschauers hervorruft, sie aufzuhalten. Sein Spiel muß die bloße Wiedergabe der Untat bleiben, erkennbar als bloße Wiedergabe, [...] das Spiel des Zeugens und Experten, der nichts unterschlägt, was zur Beurteilung der Untat zu erfahren nötig ist. Die Abwehr der Untaten erfolgt an anderer Stelle zu anderem Zeitpunkt. Das hier Gesehene mag unter die Erfahrung des Zuschauers eingehen, er mag diese Erfahrung im Theater mit den gleichen Gemütsbewegungen machen wie außerhalb des Theaters, aber zugleich bekommt er hier Material vorgelegt, vielfältiges und widersprechendes Material, das ganz durchzugehen er die Geduld aufbringen muß. (GBA 22.1, S. 283f.)

3

Geduld zum Durcharbeiten des vielfältigen, sich widersprechenden Materials, das ihm die vier Agitatoren vorlegen, scheint der Chor immer wieder nicht aufbringen zu wollen. Er kann die spannungsvolle Langsamkeit der Analyse nicht ertragen, weil sie eine Komplexität der zu beurteilenden Lage zu Tage fördert, die wiederum Gegenstand eines hartnäckigen Widerstands ist. Die vier Agitatoren versuchen eben nichts zu unterschlagen, weshalb sie bei der erzählenden Wiedergabe der Situation verweilen. Der Chor treibt sie aber immer wieder vorwärts und muss ständig gebremst, zu der notwendigen *Geduld* aufgefordert werden:

DER KONTROLLCHOR
Sie verließen die Stadt!
Die Unruhen wachsen in der Stadt
Aber die Führung flieht über die Stadtgrenze
Eure Maßnahme!
DIE VIER AGITATOREN
Wartet ab!
Es ist leicht, das Richtige zu wissen
Fern vom Schuss
Wenn man Monate Zeit hat
Aber wir
Hatten zehn Minuten Zeit und
Dachten nach vor den Gewehrläufen. (GBA 3, 121f.)

Der Chor will schnell voranschreiten, es gibt aber noch manches zu wissen, bevor man die ‚Maßnahme' verstehen kann, zu der die Agitatoren sich in jener Situation entschieden haben. Man muss alle Elemente der Situation in Betracht ziehen, in der die ergriffene ‚Maßnahme' als die einzig mögliche erschienen ist. Man muss, mit anderen Worten, die Situationsgebundenheit ihrer blutigen ‚Maßnahme', ihre Kontingenz erkennen. Das Vorwärtstreiben des Chors zeigt sich einmal mehr als Widerstand gegen diese Kontingenz und gegen die Komplexität, auf die sie verweist. Die Szene thematisiert bekanntlich die kategoriale Differenz zwischen der *Raumzeit* der Tat und der Raumzeit der theoretischen Reflexion.[10] Diese kann den Schutz der Abstraktion und des Imaginären genießen, so dass sie eine Erfahrung und eine Erkenntnis produzieren kann, die in der Zeit des Handeln-Müssens nicht möglich ist. Erst und allein die (analysierende) Wiederholung gibt die Möglichkeit, die Singularität einer konkreten Situation und ihrer unaufhebbaren Differenz, ja ihre Inkommensurabilität gegenüber der Allgemeinheit der Lehre zu erfassen. Erst und allein auf der Ebene der (analytischen) Wiederholung ergibt sich die Chance, konkret nachzuvollziehen, wie diese Inkommensurabilität jedes Urteil auf ihre Grenze, ihre Kontingenz verweist.

Vom Theater verlangt Brecht, dass es die *Krise* entfesselt.Die Wiederholung bewirkt eine Überblendung von Vergangenem und Jetzigem, die Kontingenz und somit Veränderbarkeit anzeigt. Bedeutsam in dieser Hinsicht ist die Szene, in der die vier Agitatoren ihre Maßnahme begründen:

10 Vgl. Susanne Winnacker: DIE MASSNAHME von Bertolt Brecht – ein unspielbares Stück. In: *MASSNEHMEN. Bertolt Brecht / Hanns Eislers Lehrstück DIE MASSNAHME. Kontroverse, Perspektive, Praxis*. Hg. Inge Gellert / Gerd Koch / Florian Vaßen. Berlin, 1998, S. 273.

Bei der Kürze der Zeit fanden wir keinen Ausweg
[...]
Fünf Minuten im Angesicht der Verfolger
Dachten wir nach über eine
Bessere Möglichkeit
Auch ihr jetzt denkt nach über eine
Bessere Möglichkeit.
Pause
Also beschlossen wir: jetzt
Abzuschneiden den eigenen Fuß vom Körper.
F u r c h t b a r i s t e s, z u t ö t e n.
Aber nicht andere nur, auch uns töten wir, wenn es nottut
Da doch nur mit Gewalt diese tötende
Welt zu ändern ist, wie
Jeder Lebende weiß.
Noch ist es uns, sagten wir
Nicht vergönnt, nicht zu töten. Einzig mit dem
Unbeugbaren Willen, die Welt zu verändern, begründeten wir
Die Maßnahme. (GBA 3, 123f.)

4

Wie Hans-Thies Lehmann gezeigt hat, kollabieren hier das Bühnengeschehen und die Szene einer politischen Tötung ineinander. Kontrollchor und Publikum sind aufgefordert, eine andere Lösung des Konflikts vorzuschlagen, aber damals wie jetzt wird kein Ausweg gefunden. Nach dem langen *Schweigen*, das einer nachträglichen Legitimation der Tat gleichkommt, sind alle zu Mitschuldigen der damaligen Tat geworden. Die erzählte Vergangenheit wiederholt sich hier und jetzt in der Erzählsituation, und der Vers „Also beschlossen wir: jetzt" zieht die Gegenwart der Darstellung in die Zeit der Exekution des Jungen Genossen hinein.[11] Die Differenz zwischen den Ereignissen und ihrer theatralen Repräsentation ist ‚aufgehoben', d.h. sie wird beibehalten und zugleich überwunden. Die Zeit des Theaters verbindet sich mit der Zeit der Tötung. Der Tod des einzelnen, der am Anfang vom kollektiven Jubel übertönt wurde und in der Abstraktion der Theorie verloren ging, wird ins Zentrum der Gemeinschaft gestellt – als stummer Verweis auf eine revolutionäre Ethik jenseits des Prinzips der Stellvertretung, das die Schuld auf Distanz hält. Alle Mitglieder der Gemeinschaft werden zu Mitverantwortlichen erklärt. Der ‚Kurzschluss' zwischen zwei Zeiten, ein Effekt von Wiederholung, legt fast unmerklich ein Verdrängtes

11 Vgl. Hans-Thies Lehmann: Lehrstück und Möglichkeitsraum. In: H.-T.L: *Das politische Schreiben. Essays zu Theatertexten*. Berlin, 2002, S. 366-379.

offen. Aber wir haben es hier mit der „Wiederholung einer Verdrängung“[12] zu tun. Was in Szene gesetzt wird, ist die Unmöglichkeit einer Wiederkehr des Verdrängten:

> DER KONTROLLCHOR
> Erzählt weiter, unser Mitgefühl
> Ist euch sicher
> Nicht leicht war es, zu tun, was richtig war.
> Nicht ihr spracht ihm sein Urteil, sondern
> Die Wirklichkeit. (GBA 3, 124)

Mitgefühl existiert hier nicht mit dem Opfer, sondern mit den Vollstreckern der revolutionären Gewalt, und Schuld bzw. Verantwortung wird zurückgewiesen, mit dem Hinweis auf die Realität. Die Verdrängung wird wiederholt, wieder präsent gemacht, damit sie von und mit der Gemeinschaft geteilt werden kann. Dabei steht der Junge Genosse für das, was ausgeschlossen worden ist, was vielleicht ausgeschlossen werden muss, damit Gemeinschaft und Bewusstsein sich identifizieren können. Es ist das Dispositiv des tragischen Opfers, das die Notwendigkeit einer Gewalt gegen den Einzelnen für das Wohl der Gemeinschaft behauptet. Die Geschichte des Jungen Genossen wird aber erneut erzählt und dies, weil diese Gewalt, nicht aufgehört hat, den Henker zu quälen. Aus dem Bild der vier Agitatoren, die dem Jungen Genossen zu sterben helfen, fast eine Nachbildung der *Pietà*, spricht so etwas wie Scham gegenüber der Unwiderruflichkeit, dem So-Sein des Realen: Sie besagt, dass ein Wesen hingerichtet wurde, dass jemand ihn in die Kalkgrube warf, dass es also Elemente in diesem Geschehen gibt, die real sind, die aus der allgemeinen symbolischen Verabredung herausfallen. Die wiederholende Inszenierung versucht, dieses Geschehen wieder in die symbolische Ordnung zu holen, und legt zugleich die ganze Vergeblichkeit dieses Versuchs offen.

Wenn das Ziel der Demonstration der vier Agitatoren in der Integration des Todes bzw. der Tötung des Jungen Genossen in die symbolische Ordnung besteht und die Endlichkeit überdauert, dann zeigen ihre „Sekunden Trauerarbeit“[13] in der Grablegung-Szene, dass diese Integration nicht restlos gelingt. Denn die Agitatoren werden hier mit dem konfrontiert, wofür sie die Integration blind machen soll: das Grauen der endgültigen Vernichtung, die unaufhebbare Endlichkeit. Ihre Verdrängung ist die konstitutive Grundlage der Revolution. Diese kann nur stattfinden, wenn seine Akteure blind dafür bleiben.

12 Helmut Lethen: Das Weiß der Stimme im Schallraum der MASSNAHME. In: *MASSNEHMEN*, S. 161.

13 Ebd., S. 163.

5

Es gibt keine Verdrängung ohne eine *Wiederkehr* des Verdrängten, das aber nie in reiner Form wiederkehrt (als solche existiert es auch nicht), sondern immer verzerrt, durch etwas Anderes substituiert. So geschieht es in der *Maßnahme* mit der Stimme des Getöteten: Sie kommt wieder, aber als Stimme derjenigen, die ihn getötet haben. Auch der Körper des Getöteten kehrt nur durch diese Stimme wieder: als fehlender Körper, der für ein grundsätzliches Fehlen ins Zentrum der Darstellung steht. Der abwesende Körper des Jungen Genossen hat keinen Platz auf der Bühne, er wurde vor ihrer Realisierung in seiner Materialität restlos ausgelöscht: Ein Auswurf, ein radikal kontingentes Element, das aber konstituierende Bedingung und Basis der Repräsentation ist, insofern es ihre Grenze, ihren Makel anzeigt; etwas, das in der symbolischen Ordnung nicht aufgeht und dennoch die Bewegung ihrer Darstellung in Gang setzt. Diese geht immer aus dem Schock – oder sogar dem Trauma – einer kontingenten Begegnung mit dem Realen hervor: Hier wäre es die Tötung des Jungen Genossen. Schock und erst recht Trauma verschaffen sich nicht direkt Ausdruck, führen ein verstecktes Nachleben, das manchmal hinter einer schamvollen Verdeckung aufleuchtet, wie hier in der Szene der Grablegung. Dieses *Verdecken* ist bei Brecht ein zweifaches, denn der schamvoll verborgene Körper ist ein nur erzählter, existiert nur in den Worten der Agitatoren, die den realen und ausgelöschten Körper des Jungen Genossen substituieren. Sie wiederholen die Auslöschung des Körpers des Jungen Genossen im Medium des Wortes, als Erzählung von etwas, das anderswo stattgefunden hat. Die Szene ist der Ort des medialen Transfers und wohl auch eines medialen Konflikts zwischen Körpern, die auf verschiedene Weise ab- und anwesend sind. Gegenüber dem unsichtbaren, nur in der Sprache präsenten abwesenden Körper des Getöteten behauptet der Körper der Berichtenden sinnliche Gegenwart, und er verfügt über die Stimme des Anderen, Getöteten. Aber jene tote Stimme ist es, die die Grundlage der Repräsentation ausmacht. Der Junge Genosse fehlt, und die Darstellung der Agitatoren nimmt den Platz seiner *Abwesenheit* ein. Sie vertritt die Stelle des Getöteten, dessen Verdrängung die Bedingung dafür darstellt, dass die Darstellung stattfinden kann. Eine Darstellung tritt an die Stelle des Körpers, füllt die Leere des gefallenen Körpers, figuriert als Statthalter eines Mangels, der sie begründet und zugleich in Frage stellt.

6

Von hier aus lassen sich einige Schlussfolgerungen zum Objekt der Wiederholung ziehen, die bei Brecht für das Theater steht: Es ist das Erlebnis einer Substitution, die in letzter Instanz auf eine Lücke der Darstellung referiert, die wiederum auf die *Uneinholbarkeit* dessen, was wiederholt wird, hinweist. „Es gibt keinen ersten Term, der wiederholt wird", heißt es bei Deleuze.[14] Es gibt ihn nicht, weil die Wiederholung

14 Gilles Deleuze: *Differenz und Wiederholung*. München, 2007, S. 34.

sich immer durch eine *Verschiebung*, eine Veränderung konstituiert. Was das war, was sich verändert, können wir nie wissen. Den ersten Term gibt es wohl, von ihm können wir aber nur wissen und erfahren, was die nachträglichen Aktualisierungen von ihm hergeben. Was wir hier von der Tötung des Jungen Genossen wissen, wird von den Tätern gesagt. So etwas wie Objektivität oder Wahrheit kann man von ihnen nicht erwarten. Aber was sie durch ihr Sprechen und Zeigen wiederholen, ist etwas Reales, eine Gewalt, die Leben zerstört hat. Würden wir hier die Wiederholung poststrukturalistisch als ohne Ursprung denken, dann würden wir in letzter Instanz einer Verdrängung von Gewalt, von Endlichkeit das Wort reden. Die Wiederholung ist kein leeres Spiel von Masken, die „nur andere Masken" verdecken[15], aber sie ist auch keine Re-Präsentation, keine Vergegenwärtigung einer vergangenen Wirklichkeit. Die Exposition des Theaters als Wiederholung unterstreicht die Sekundarität und die Gemachtheit der Darstellung und arbeitet gegen die binäre Opposition von Ereignis und medialer Vermittlung; das Ereignis gibt es nur *in* seinen medialen Vermittlungen: Dies zu zeigen, ist ein Grundanliegen von Brechts Theater. Gegen jede Illusion von Realismus, wird die Uneinholbarkeit des dargestellten Geschehens ausgestellt.
Wenn es aber so ist, worüber soll man dann urteilen? In diesem Sinne stellt Brechts Theater, das stets Urteil fordert und fördern will, zugleich die Möglichkeit des Urteilens radikal in Frage. Dies ist sein politischer Gestus: Der abgründige Zweifel an der Möglichkeit eines politischen Theaters, das auf der Urteilskraft basiert. Die epische Szene der Wiederholung exponiert die Medialität der Darstellung; gezeigt wird, dass etwas in einer bestimmten Form mitgeteilt wird und dass diese Mitteilung konstitutiv mangelhaft ist. Brecht geht es um eine Erfahrung der Medialität des Theater-Mediums, die Theater in seinen Möglichkeiten und seiner letztendlichen Unmöglichkeit hervortreten lässt.

7

Zu all dem bisher Gesagten lässt sich noch eine notwendige Randbemerkung hinzufügen: Es bleibt etwas, das bei Brecht nicht thematisiert wird, nämlich das *Genießen* im Sinne Lacans. Dazu Slavoj Žižek:

> Man sollte aber hier nicht vergessen, dass bei Lacan das Reale par excellence das Genießen ist: die Grenze, an die die symbolische Ordnung stößt, ist nicht nur der Tod, sondern auch der Genuss als ein nicht symbolisierbares Trauma [...]. Das Subjekt kann sich nie vom Makel des Genießens freimachen, der an ihm haftet, mit dem er befleckt ist.[16]

15 Ebd.

16 Slavoj Žižek: *Liebe dein Symptom wie Dich selbst! Jacques Lacan, die Psychoanalyse und die Medien.* Berlin, 1991, S. 39.

Das Genießen – das Genießen der Gewalt als Symptom und vielleicht unvermeidliches Produkt und Motiv der Revolution – steht im Zentrum von Heiner Müllers Stück *Mauser*. „[E]ine Variante der *Maßnahme*", hat Müller das Stück genannt, „oder eine Fortsetzung". Und weiter heißt es: „(es ist die Lehrstück-Form, wenn man will, aber doch schon eine sehr veränderte Form von Lehrstück, nicht einfach darlegend, sondern so, dass es nur möglich ist, wenn die Leute von vorneherein in den Vorgang hereingerissen werden) […]."[17] Dieses Hereingerissen-Werden ist das Kennzeichnende des Textes. Es inszeniert den Alptraum des schmerzhaften Verlustes der Selbst-Distanz, die bei Brecht als das eigentlich Produktive an der Wiederholung figuriert. Die obsessiv rekurrierenden Elemente, die den hämmernden Sprachfluss des Textes strukturieren, lesen sich wie eine virtuose Literarisierung des Wiederholungszwangs, so wie es Freud in *Jenseits des Lustprinzips* beschrieben hat. In *Die Maßnahme* finden wir anstelle dieses Zwangs die Lüge der Agitatoren, dass sie selbst keine Mitschuld tragen für die Zustände, die sie anprangern. Was sie sich selbst verheimlichen: Dass sie in Wirklichkeit sich viel zu viel an die Gewalt, die sie beklagen, angepasst haben. Sie klagen darüber, dass sie zur Gewalt – auch gegenüber sich selbst – gezwungen sind. Sie trösten sich, indem sie sich sagen, dass die Revolution hart ist, dass man sich anpassen muss, damit alles sich ändern kann. Diese *Anpassung* ist aber fatal, vielleicht ist sie sogar nur eine Rechtfertigung für das, was mit keinem vernünftigen Argument beizukommen ist.
Die Geschichten der beiden Henker A und B in Heiner Müllers *Mauser*, die im Auftrag der Partei die Feinde der Revolution zu tötet haben, sind zeitlich ineinander verschlungen. Der eine wird hingerichtet, weil er in den Feinden den Klassenbruder erkannte und sie frei ließ. Dem anderen ist seine blutige Arbeit moralisch unerträglich geworden, aber die Partei entlässt ihn nicht aus seinem Auftrag; zudem vermag sie ihm auch keine Gewissheit über den Sinn seines Tötens zu geben. So wird er zum bewusstlos-orgiastisch tötenden Henker und wird deshalb selbst liquidiert.
Eine Begründung für die tödliche Arbeit der Revolution ist unmöglich geworden, es gibt keine übergeordnete Instanz einer Beurteilung mehr. Damit ist aber auch keine Distanz mehr existent zu sich selbst und dem eigenen Tun:

> Zwischen Finger und Abzug der Augenblick
> War deine Zeit und unsre. Zwischen Hand und Revolver die Spanne
> war dein Platz an der Front der Revolution
> Aber als deine Hand eins wurde mit dem Revolver
> Und du wurdest eins mit deiner Arbeit
> Und du hattest kein Bewusstsein mehr von ihr

17 Heiner Müller: Literatur muß dem Theater Widerstand leisten. Ein Gespräch mit Horst Laube über die Langweiligkeit stimmiger Stücke und eine neue Dramaturgie, die den Zuschauer bewusst fordert. In: H.M.: *Werke*, Bd. 10. Hg. Frank Hörnigk. Frankfurt a. M., 2008, S. 59.

Dass sie getan werden muss hier und heute
Damit sie nicht mehr getan werden muss und von keinem [...]
War dein Platz in unsrer Front eine Lücke
Und für dich kein Platz mehr in unsrer Front.[18]

Finger und Abzug, Hand und Revolver, Körper und Maschine sind eins geworden. Nichts, dass dem Henker einem Abstand zur eigenen Schuld oder Verantwortung gewähren könnte. Ein ungelöster Konflikt wird agiert durch Wiederholung, reproduziert als Tat. Was bleibt ist ein *lustvolles Töten*, das jenseits des Lustprinzips steht. Ein Töten, das nicht mehr Arbeit, sondern Genuss ist, maschineller Genuss, von einem Wiederholungszwang skandiert. Gerade dieses Genießen ist aber, Lacan zufolge, das Reale: das, was auf die Dimension der Wahrheit, der Politik, der Interpretation irreduzibel ist und deshalb nicht aufhört, die Menschen zu quälen – und zu beflügeln.

18 Heiner Müller: Mauser. In: H.M.: *Werke*, Bd. 4, 2001, S. 257.

Michael Wehren

„TESTS TESTEN TESTS"

Anmerkungen zur Logik der Prüfung in Brechts Lehrstücken

Wer die Fragen nicht beantwortet, hat die Prüfung bestanden.
Franz Kafka: *Die Prüfung*

[...] der Fall ist das Individuum [...]
Michel Foucault: *Überwachen und Strafen*

Wer lernt hier eigentlich was und wie?

In den Auseinandersetzungen mit den Lehrstücken ging es immer wieder um die Diskussion ‚was' von ‚wem' und vor allem ‚wie' denn in diesen überhaupt zu lernen sei. Die Frage trieb bereits Brecht selbst um, und so findet sich in seinen Notizen zu *Aus Nichts wird Nichts* folgende Reflexion auf das Verhältnis von Lernen und Lehren: „im lehren muß das lernen erhalten bleiben."[1] Ergänzend fährt er sogleich fort: „die lehrstücke sind nicht lediglich parabeln, die eine aphoristische moral mit zeigbildern ausstatten. sie untersuchen auch."[2] Dieses Moment der Untersuchung hat die Lehrstückforschung über weite Strecken auf den Prozess des Spielens, Erfahrens und Verhandelns bezogen, der das ‚Wie' des Lehrstückprozesses beschreiben soll. Insbesondere die wichtige und in Teilen prägende theaterpädagogische Rezeptionslinie hat die Lehrstücke denn auch signifikanter Weise vor allem *methodisch* als spezielle theatrale Spielform interpretiert. Dabei kann sich dieser Ansatz zu Recht auf Aussagen und Selbstdeutungen Brechts stützen, die eben das *Spielen* der Lehrstücke in den Vordergrund rücken. Stellvertretend für diesen Zusammenhang sei eine besonders prägnante Formulierung des Sachverhalts, die auch auf der Website der Gesellschaft für Theaterpädagogik zu finden ist, zitiert:

> „Das Lehrstück lehrt dadurch", wie Brecht schreibt, „dass es gespielt, nicht dadurch, dass es gesehen wird. Prinzipiell ist für das Lehrstück kein Zuschauer nötig, jedoch kann er natürlich verwertet werden." Es geht nämlich bei Brechts Lehrstückkonzeption eben gerade nicht darum, dass Theaterfiguren dem Publikum eine ‚fertige' Lehre vortragen, sondern dass die Spielenden

1 Bertolt Brecht: Aus Nichts wird Nichts und Lehrstücke. In: *Brechts Modell der Lehrstücke. Zeugnisse, Diskussion, Erfahrungen*. Hg. Reiner Steinweg. Frankfurt a. M., 1976, S. 53.

2 Ebd.

als Lernende die eigentlichen ‚Protagonisten' und zugleich Co-Autoren werden, indem sie in der Gruppe theatrale Experimente durchführen im Sinne von „Durchführung bestimmter Handlungsweisen, Einnahme bestimmter Haltungen, Wiedergabe bestimmter Reden" (Brecht).[3]

Brechts Erwägung, „ob nicht die bezeichnung lehrstück eine sehr unglückliche"[4] gewesen sei, findet hier ihre theoretisch konsequent weiter entwickelte Fortführung und Fortschreibung, die zudem mit einer ebenso vielschichtigen wie vielseitigen Praxis verwoben ist. Im Gegensatz zur befürchteten Überbetonung des Lehrens hat sich die Unterstreichung des Moments des Lernens im Lehrstück zudem in der englischen Übersetzung des Begriffs als *learning play* niedergeschlagen.[5] Die so erfolgte Hervorhebung eines eher undogmatischen Begriffs von Lehre in den Lehrstücken im Sinne von *Lernstücken* trägt bis heute nicht unwesentlich zu ihrem Reiz und ihrer Faszination bei. Impuls gebend für eine solche Theorie- und Praxisperspektiven waren die bekannten und wegweisenden Arbeiten Reiner Steinwegs über deren unterschiedliche Aspekte inzwischen bereits umfangreich diskutiert worden ist. Schon 1971 schrieb Reiner Steinweg zum Lehrstück:

> Der von Brecht geprägte Begriff des *Lehrstücks* hat zu einem Mißverständnis geführt: Nicht Thesenstücke sind gemeint. Nicht Belehrung eines wie auch immer rezipierenden Publikums durch den Autor oder Regisseur ist beabsichtigt – sofern man unter Belehrung die Vermittlung von Ideen oder Ansichten versteht. Die Spieler ‚belehren' sich selbst. Sie lernen – wie unten genauer auszuführen – durch die Bewußtmachung ihrer Erfahrungen, und das Lehrstück dient dazu lediglich als *Lehrmittel*. Als Brecht 1935 den Ausdruck *Lehrstück* ins Englische übersetzte, schrieb er: „*the nearest equivalent I can find is the ‚learningplay*'".[6]

So folgert schon Steinweg in diesem Sinne, dass die bessere Bezeichnung „'Lernstück'" gewesen sei: „Der Akzent liegt auf der Selbsttätigkeit des Subjekts, daran läßt die Lehrstücktheorie keinen Zweifel."[7] Das Lehrstück als Lehr-, besser noch als Lernmittel im Sinne eines kollektiv vollzogenen Prozesses der Selbstunterrichtung und auf ästhetischer Spielerfahrung basierenden (Selbst) Reflexion war dabei auch ein notwendiges Korrektiv gegenüber der älteren

3 Florian Vaßen: Lehrstück-Spiel nach Bertolt Brecht, http://gesellschaftfuertheaterpaedagogik.net/pages/lehrstueck.php,letzter Zugriff: 20.04.2016.

4 Bertolt Brecht: Missverständnisse über das Lehrstück. In: Steinweg: *Brechts Modell*, S. 129.

5 Vgl. hierzu: Vaßen: Lehrstück-Spiel.

6 Reiner Steinweg: Das Lehrstück – ein Modell des sozialistischen Theaters. Brechts Lehrstücktheorie. In: *Alternative* 14 (1971), H. 78 / 79, S. 105f.

7 Ebd., S.106.

deutschen Nachkriegsgermanistik, der sich eben die von Steinweg bemängelte Konzeptualisierung der Lehrstücke als ‚Thesenstücke' verdankte und die hinter der Komplexität der Lehrstückversuche Brechts bei weitem zurückblieb. Auch gegenüber neueren Versuchen die Lehrstücke rein als ideologisches Programm (z.B. im Sinne von Kollektivismus und Totalitarismus) zu beschreiben, behält diese Position eine entscheidende Korrekturfunktion bei. Doch die Annahme, dass die Lehrstücke weniger eine positive Lehre böten, sondern viel eher als *learning plays* zu verstehen seien, da sich das Lernen erst im Prozess des Durchspielens, also im Umgang und in der Arbeit *mit* ihnen, einstelle, hat auch dazu geführt, dass den konkreten Prozessen des Lehrens und Lernens sowie ihrer Darstellung *in* den Lehrstücken von Seiten der Forschung weniger bis kaum Aufmerksamkeit geschenkt wurde. Ihre Darstellung erfahren die erwähnten Prozesse aber in Form von theatralen Situationen, d.h. in „Szenen des Lehrens"[8] und Lernens, welche die Lehrstücke exponieren und deren ZeugInnen die beteiligten LeserInnen, SpielerInnen und ZuschauerInnen werden. Diese eigentlich naheliegende Beobachtung hat bisher in der Lehrstückforschung kaum Beachtung gefunden und ist dementsprechend zum gegenwärtigen Zeitpunkt im Wesentlichen unerforscht. Zurückzuführen ist diese Lücke vielleicht u.a. darauf, dass Brecht selbst mit seinen Kommentaren zum eigenen Werk und zur Anlage der Lehrstücke, ob absichtlich oder nicht, Spuren verwischt und die Diskussion von den konkreten Momenten des Lernens und Lehrens weggelockt hat.

Der vorliegende Beitrag unternimmt es diese theatralen Situationen und Szenen des Lehrens und Lernens am Beispiel des *Badener Lehrstücks vom Einverständnis* genauer in den Blick zu nehmen. Dabei zeigt sich, dass die Szenen des Lehrens und Lernens einem bestimmten, wirkmächtigen Paradigma folgen, das hier vorab als eines der Prüfung bzw. des Tests umrissen werden soll. Darüber hinaus werde ich versuchen herauszuarbeiten, dass diese theatralen Szenen und Situationen zugleich mit ihrer Darstellung auf dem Podium des Epischen Theaters (im Sinne Benjamins auch die Lehrstücke umfassend) selbst einer Überprüfung ausgesetzt werden. Gerade an ihnen zeigen sich die Risse der Darstellung und das Reale, dessen Schrecken auch die Brechtsche Geste des Zeigens grundiert bzw. verabgründet. Damit einher geht eine Verschiebung bzw. Ergänzung der Perspektive – teilweise weg von den Subjekten des Lernens (und der Selbstbelehrung) – hin zur Analyse und Thematisierung ihrer Rahmenbedingungen und Versuchsanordnungen. Hierzu gehört über die Subjekte des Lernens hinaus ein Blick auf die Lehrenden und

8 Ich greife hier auf eine Formulierung Marianne Schullers zurück – die in ihrem Text jedoch nur auch auf die Lehrstücke zurückgreift, um sie zugleich direkt auf ihre Methodik zu reduzieren. Damit entfällt der theoretisch-praktische Impuls den gerade die genaue Analyse dieser Stückszenen für die Lehrstück-Debatten und Diskussionen der Lehrperformance im Allgemeinen geben könnte. Vgl. Marianne Schuller: Szenen des Lehrens. In: *Lehren bildet? Vom Rätsel unserer Lehranstalten*. Hg. Karl-Josef Pazzini / Marianne Schuller / Michael Wimmer. Bielefeld, 2010.

die Anordnungen des Lehrens. Für den „Bildungsbereich“ hat Mark Terkessidis festgehalten, dass dort „fast immer die Lernenden im Fokus“ stünden, d.h. „ihre Defizite, ihre Probleme, ihre Bedürfnisse.“ Doch inzwischen „wird die ‚Kompetenz‘ der Lehrenden erforscht, etwa ihre Expertise, ihre [...] Wissensbestände und ihre Flexibilität im Umgang mit Abläufen und Störungen.“[9] In diesem Sinne laden die folgenden Abschnitte dazu ein sich nicht nur mit den Lernenden, sondern auch den Lehrenden der Lehrstücke auseinander zu setzen und die Logik der Prüfung mit ihren theatralen Anordnungen genauer zu untersuchen.

Die Technik der Prüfung

Tatsächlich ist Brecht nicht der Einzige, der sich in der Zwischenkriegszeit der Weimarer Republik für Prüfungen und Tests sowie die mit diesen verbundenen Motiven des Versuchs und der Übung interessiert. So teilt Brecht sein Interesse an diesem Komplex nicht zuletzt mit Walter Benjamin, mit dem ihn auch darüber hinaus eine intensive Arbeitsbeziehung verbindet. Gerade in Auseinandersetzung mit den neuen Medien (das sind zu jener Zeit der Rundfunk bzw. der Film) und den sie begleitenden medialen Zäsuren[10] hat Benjamin Aspekte der Prüfung und des Tests theoretisch entwickelt, die er als Zeitgenosse Brechts für seine Lektüre des epischen Theaters und der Lehrstücke fruchtbar machte. Das epische Theater und seine gestische Ästhetik erschienen Benjamin vor einem solchen medialen Hintergrund geradezu als „Zurückverwandlung der in Funk und Film entscheidenden Methoden der Montage aus einem technischen Geschehen in ein menschliches“.[11]

In seinem Text *Theater und Rundfunk. Zur gegenseitigen Kontrolle ihrer Erziehungsarbeit*, aus dem die vorhergehende Passage stammt, fragt Walter Benjamin nach den ebenso historischen und technischen wie ästhetischen und politischen Einsätzen von Brechts Theaterversuchen. Diese fasst er prägnant mit der Bezeichnung des „dramatische[n] Laboratoriums“ zusammen. Es ist dieses Laboratorium, in welchem „der Mensch in unserer“ der Logik des Tests unterzogen und ausgesetzt wird. Benjamin schreibt:

> Das epische Theater stellt dem dramatischen Gesamtkunstwerk das dramatische Laboratorium gegenüber. Es greift in neuer Weise auf die große alte Chance des Theaters zurück – auf die Exponierung des Anwesenden. Im Mittelpunkt

9 Mark Terkessidis: *Kollaboration*, Frankfurt a. M, 2015, S. 120f.

10 Vgl. hierzu Georg Christoph Tholen: *Die Zäsur der Medien. Kulturphilosophische Konturen*, Frankfurt a.M., 2002.

11 Walter Benjamin: Theater und Rundfunk. Zur gegenseitigen Kontrolle ihrer Erziehungsarbeit. In: W.B.: *Gesammelte Schriften* II.2. Hg. Rolf Tiedemann / Hermann Schweppenhäuser. Frankfurt a. M., 1991, S. 775.

> seiner Versuche steht der Mensch in unserer Krise. Es ist der vom Radio, vom Kino eliminierte Mensch, der Mensch, um es ein wenig drastisch auszudrücken, als fünftes Rad am Wagen seiner Technik. Und dieser reduzierte, kaltgestellte Mensch wird gewissen Prüfungen unterworfen, begutachtet.[12]

Dabei ergebe sich, so Benjamin, dass „das Geschehen [...] nicht durch Tugend und Entschluss“, sondern durch „Vernunft und Übung“ verändert werde. Dementsprechend ist Bildung nach Benjamin denn auch kein Ziel des epischen Theaters. Vielmehr zielten Brechts Unternehmungen auf „Schulung“.[13]

Zwar ist der Zusammenhang von Test und Gestus bei Benjamin und Brecht schon zum Gegenstand der Forschung geworden[14] und Benjamins Analyse wurde auch wegweisend für Untersuchungen zu „Brechts Medienästhetik“[15] sowie ihre echte oder vermeintliche Tendenz zur „Disziplinierung“[16], doch wurden Benjamins Überlegungen bisher nicht für eine Analyse konkreter Szenen und Situationen in den Lehrstücken fruchtbar gemacht. Nun könnte Benjamins Formulierung von der Begutachtung und Prüfung des „reduzierte[n] und kaltgestellte[n] Mensch[ens]“[17] als rein technischer Vorgang verstanden werden, der mit Prozessen des Lernens und Lehrens wenig bis nichts zu tun hat. Es sind Michel Foucaults Studien zur „Geburt des Gefängnisses“, die es an dieser Stelle erlauben einen differenzierteren Blick auf die Technik der Prüfung zu werfen. Dabei zeigt sich die Prüfung als zentrales Moment an der Schnittstelle von Lehren und Lernen.

Nach Foucault erreicht die „Überlagerung der Machtverhältnisse und der Wissensbeziehungen [...] in der Prüfung ihren sichtbarsten Ausdruck.“[18] Sie ist „eine Technik“[19] und „ein Mechanismus“[20] an der sich jene Produktivität der Macht zeigt, durch welche „Wirkliches“ entsteht und im doppelten Sinne des Wortes hervorgerufen wird: „Sie produziert Gegenstandsbereiche und Wahrheitsrituale: das Individuum und seine Erkenntnis sind Ergebnisse dieser Produktion.“[21] Tatsächlich situiert Foucault die Prüfung in einer entscheidenden Übergangsphase zwischen der

12 Ebd.

13 Ebd.

14 Vgl. Brigid Doherty: Test and Gestus in Brecht and Benjamin. In: *Modern Language Notes*, Vol. 115, No. 3, German Issue (April 2000), S. 442-481.

15 Vgl. Hans-Christian von Hermann: *Sang der Maschinen. Brechts Medienästhetik*. München, 1996.

16 Ebd., S. 100.

17 Benjamin: Theater und Rundfunk, S. 775.

18 Michel Foucault: Über*wachen und Strafen. Die Geburt des Gefängnisses.* Frankfurt a.M., 1977, S. 238.

19 Ebd., S. 249.

20 Ebd., S. 241.

21 Ebd., S. 250.

traditionellen Macht und den Formen der Individualität erzeugenden Mechanismen der Disziplinarmacht. Die „Prüfung mit ihren Ritualen, ihren Methoden, ihren Rollen, ihren Frage- und Antwortspielen, ihren Notierungs- und Klassifizierungssystemen“[22] erscheint als ein modernes „Machtritual“[23], durch die sich medizinische, schulische und militärische Codes „der Verhaltensweisen und Leistungen“[24] formieren. Am Beispiel der Schule hebt Foucault hervor, dass es bei der Prüfung nicht nur um die Transmission und Bestätigung des „Übergang[s] der Erkenntnisse vom Lehrer an den Schüler“ zu tun ist, sondern dass zugleich eine Erhebung von Wissen über den Schüler von Statten geht, „das für den Lehrer bestimmt und ihm vorbehalten ist. Die Schule wird zum Ort, an dem die Pädagogik erarbeitet wird.“[25] Am Beispiel der Schule zeigt Foucault demnach auf, wie im Modus der Prüfung ein spezifisches Wissen über die Lernenden generiert wird. Insgesamt betrachtet, inszeniert die Prüfung eine neue Szene der Sichtbarkeit, welche nicht mehr die Glorie des Souveräns, sondern der „Unterworfenen“ zum Gegenstand hat:

> *Die Prüfung kehrt die Ökonomie der Sichtbarkeit in der Machtausübung um.* Die traditionelle Macht ist diejenige, die sich sehen läßt, die sich zeigt, die sich kundtut und die die Quelle ihrer Kraft gerade in der Bewegung ihrer Äußerung findet. Jene aber, an denen sich die Macht entfaltet, bleiben im Dunkeln; sie empfangen nur so viel Licht von der Macht, wie diese ihnen zugesteht: den Widerschein eines Augenblicks. Ganz anders die Disziplinarmacht: sie setzt sich durch, indem sie sich unsichtbar macht, während sie den von ihr Unterworfenen die Sichtbarkeit aufzwingt. In der Disziplin sind es die Untertanen, die gesehen werden müssen, die im Scheinwerferlicht stehen, damit der Zugriff der Macht gesichert bleibt. Es ist gerade das ununterbrochene Gesehenwerden, das ständige Gesehenwerdenkönnen [...] was das Disziplinarindividuum in seiner Unterwerfung festhält. Und das Examen ist die Technik, durch welche die Macht, anstatt ihre Mächtigkeit erstrahlen zu lassen und ihren Abglanz auf ihre Untertanen fallen zu lassen, diese in einem Objektivierungsmechanismus einfängt.[26]

Die neuen Funktionsweisen der Macht inszenieren demnach eine Logik der Sichtbarkeit, die tatsächlich eine Art Bühne, die theatrale Szene einer Überwachung installiert, in welcher eine neue Aufteilung des Sinnlichen im Sinne Jacques

22 Ebd., S. 238.
23 Ebd., S. 240.
24 Ebd., S. 244.
25 Ebd., S. 241.
26 Ebd.

Rancières[27] ihre Realisation findet. Sichtbar sind in diesem Set-Up die Unterworfenen, das heißt die zu Prüfenden bzw. im Beispiel der Schule die Lernenden, unsichtbar sind die Prüfenden bzw. die Lehrenden. Die Theatralität dieser Prüfungssituation manifestiert sich dabei nicht zuletzt in ihrer Beschreibung als „Zeremonie dieser Objektivierung“.[28] Weiterhin hebt Foucault an der Prüfung hervor, dass sie *„die Individualität dokumentierbar“*[29] und *„aus jedem Individuum einen ‚Fall‘“*[30] mache. Bezüglich des Examens als einer Variante der Prüfung führt er aus:

> Letzten Endes steht das Examen im Zentrum der Prozeduren, die das Individuum als Effekt und Objekt von Macht, als Effekt und Objekt von Wissen konstituieren. Indem sie hierarchische Überwachung und normierende Sanktion kombiniert, erbringt die Prüfung die großen Disziplinarleistungen der Verteilung und Klassifizierung [...].[31]

Damit „öffnet das Examen zwei miteinander zusammenhängende Entwicklungen: einerseits konstituiert sich das Individuum [...] andererseits baut sich ein Vergleichssystem auf“. In der Konsequenz erscheint die Prüfung in Foucaults Perspektive als Ritualisierung „jene[r] Disziplinen [...] für die der individuelle Unterschied entscheidend ist“. Dieser Unterschied konstituiert sich im Vergleich bzw. in der „vergleichende[n] Messung“, die „sich auf die ‚Norm‘“ bezieht und in der das Individuum in Form einer Abweichung Gestalt und Kontur gewinnt. Mehr „als der Normale“, der „Erwachsene“ oder „Gesunde“ werden in einem Disziplinarsystem demnach „das Kind“, „der Kranke“, „der Wahnsinnige“ oder „der Delinquent“ individualisiert. Auch hierin „zeigt die Prüfung das Heraufkommen einer neuen Spielart der Macht an“, während sie selbst als „eine Technik“ erscheint, „mit deren Hilfe die Individuen als Macht- und Wissenselemente wirklich hergestellt worden sind.“[32]

Bei weitem nicht ausschöpfend, sondern vielmehr kursorisch und in Form einer Probe versuchen die folgenden Abschnitte diese Perspektiven am Beispiel von *Das Badener Lehrstück vom Einverständnis* für eine Analyse jener „gewissen Prüfungen“ nutzbar zu machen, denen der „reduzierte, kaltgestellte Mensch [...] unterworfen“ wird.[33] Insbesondere die Individualisierung der Abweichung sowie die durch die Prüfung installierten Sichtbarkeitsverhältnisse und ihre theatrale Rahmung sollen dabei im Zentrum der Lektüre stehen.

---

27 Vgl. Jacques Rancière: *Die Aufteilung des Sinnlichen. Die Politik der Kunst und ihre Paradoxien*. Berlin, 2008.

28 Foucault: *Überwachen*, S. 242.

29 Ebd., S. 243.

30 Ebd. S. 246.

31 Ebd. S. 247.

32 Sämtliche Zitate in Focault: *Überwachen*, S. 245-249.

33 Benjamin: Theater und Rundfunk, S. 775.

Das Theater der Prüfung:
Das Badener Lehrstück vom Einverständnis

Das Badener Lehrstück vom Einverständnis ist laut Brecht „nach dem *Flug der Lindberghs* ein weiterer Versuch im Lehrstück."[34] Während das direkte Vorläuferstück *Der Flug der Lindberghs* noch die erfolgreiche Geschichte der Atlantiküberquerung durch Charles Lindbergh in Form einer Übung wiederholte, stehen nun vier abgestürzte Flieger im Zentrum des Geschehens. Dieses führt mitten hinein in das Nachspiel einer technischen Katastrophe in dessen Szenario ‚der Mensch' tatsächlich in gewisser Weise bereits ‚kaltgestellt' ist:

> *Auf einem in seinen Abmessungen der Anzahl der Mitspielenden entsprechenden Podium steht im Hintergrund der gelernte Chor. Links ist das Orchester aufgestellt, links im Vordergrund steht ein Tisch, an dem der Dirigent der Sänger und Musikanten, der Leiter der allgemeinen Gesänge (Vorsänger) und der Sprecher sitzen. Die Sänger der vier Gestürzten sitzen an einem Pult rechts im Vordergrunde. Zur Verdeutlichung der Szene können neben oder auf dem Podium die Trümmer eines Flugapparates liegen.* (GBA 3, 27)

Nachdem DIE VIER FLIEGER gleich zu Beginn noch Gelegenheit haben einen recht euphorischen „BERICHT VOM FLIEGEN" (GBA 3, 27) abzuliefern, konfrontiert sie bereits die zweite Szene mit Schock und Absturz. DER FÜHRER DES GELERNTEN CHORS spricht die nun als DIE GESTÜRZTEN titulierten Flieger an: „Fliegt jetzt nicht mehr. / [...] / Der niedere Boden / Ist für euch / Jetzt hoch genug. / Daß ihr reglos liegt / Genügt." (GBA 3, 28) Gleich im Anschluss fordert er DIE GESTÜRZTEN auf Rechenschaft von sich abzulegen: „reglos / Sagt uns, wer ihr seid." (GBA 3, 28) DIE GESTÜRZTEN antworten mit einem weiteren Bericht, in dem sie nicht nur die Momentaufnahme einer auf technologischen Fortschritt gegründeten Gesellschaft bieten, sondern zugleich um Hilfe bitten:

> Unsere Gedanken waren Maschinen und / Die Kämpfe um Geschwindigkeit. / Wir vergaßen über den Kämpfen / Unsere Namen und unser Gesicht / und über dem geschwinderen Aufbruch / Vergaßen wir unseres Aufbruchs Ziel. / Aber wir bitten euch / Zu uns zu treten und / Uns Wasser zu geben / Und unter den Kopf ein Kissen / Und uns zu helfen, denn / Wir wollen nicht sterben. (GBA 3, S. 28)

34 Bertolt Brecht: Das Badener Lehrstück vom Einverständnis. In: B.B.: *Werke. Große kommentierte Berliner und Frankfurter Ausgabe.* Hg. Werner Hecht u.a., Bd. 3. Berlin / Weimar / Frankfurt a.M., 1988, S. 26. Im Folgenden werden die Sigle GBA sowie Band- und Seitenzahl verwendet.

An dieser Stelle interveniert DER CHOR und vermittelt den Appell der Hilfesuchenden an die sogenannte Menge: „Hört ihr, vier Menschen / Bitten euch, ihnen zu helfen. [...] Ihr aber sagt uns / Ob wir ihnen helfen sollen.“ (GBA 3, 29) Es folgt eine erste Situation der belehrenden Befragung als die spontane Hilfsbereitschaft der Menge vom Chor mit einem „Haben sie euch geholfen?“ (GBA 3, 29) beantwortet wird. Als die Menge daraufhin verneinend antwortet, folgt die Ankündigung dreier Untersuchungen: „Über die Erkaltenden hinweg wird untersucht, ob / Es üblich ist, daß der Mensch dem Menschen hilft.“ (GBA 3, 29) Diese drei Untersuchungen sind ein erstes Beispiel für eine Pädagogik, die ostentativen, d.h. zeigenden Charakter hat.

Schon die erste Untersuchung bietet eine fast rituell gegliederte Szene, die im Wechselspiel zwischen dem vortretenden Chorführer und dem gelernten Chor eine theatrale Schulung und Belehrung in Gang setzt:

> DER FÜHRER DES GELERNTEN CHORS *tritt vor:* / Einer von uns ist über das Meer gefahren und /Hat einen neuen Kontinent entdeckt. / Viele aber nach ihm / Haben aufgebaut dort große Städte mit / Vieler Mühe und Klugheit. /DER GELERNTE CHOR *erwidert:* Das Brot wurde dadurch nicht billiger. (GBA 3, 29)

Dieses Wechselspiel zwischen den Instanzen wiederholt sich noch mehrere Male. Dann stellt DER FÜHRER DES GELERNTEN CHORS der Menge die Frage, ob der Mensch dem Menschen helfe, worauf diese „Nein“ erwidert. (GBA 3, 29) Im Spiel von Setzung und Einspruch entwickelt sich so eine direkt an DIE MENGE adressierte Szene der Belehrung, die durch das Vortreten des Chorführers inauguriert wird.

Auch die zweite Untersuchung wendet sich direkt an die Menge. Diese soll, so DER FÜHRER DES GELERNTEN CHORS, eine Reihe von Bildern bzw. Photographien betrachten und danach sagen, „[d]aß der Mensch dem Menschen hilft!“ (GBA 3, 30) Auf diese Handlungsanweisung hin werden „*zwanzig Photographien gezeigt, die darstellen, wie in unserer Zeit Menschen von Menschen abgeschlachtet werden.*“ (GBA 3, 30) Schließlich und endlich folgt ein Zwischenspiel, eine „Clownsnummer“, in welcher unter dem Vorwand von Hilfe die Gliedmaßen eines Riesen namens Herr Schmitt von den Clowns Einser und Zweier brutal-zynisch amputiert werden. Alle drei Untersuchungen zielen auf die emotionale Bewegung der Menge, sie zielen auf ihre Empörung und auf den Schock plötzlicher Wahrnehmung, hervorgerufen durch die direkt aneinander geschnittenen Szenen des Lehrstücks. Diese Strategie scheint erfolgreich zu sein: Während die erste Untersuchung von der Menge noch ruhig aufgenommen und mit einem scheinbar normalem „Nein“ (GBA 3, 30) beantwortet wird, erfolgt die gleiche Antwort nach der zweiten und dritten Untersuchung jeweils schreiend. Zusammen ergeben die drei Untersuchungsszenen eine Reihung von schockartig montierten Demonstrationen, von drei demonstrativ-ostentativen Schauspielen, deren pädagogischer Aufbau geradezu übermäßig präsent ist und offenbar ganz nach Plan funktioniert. Fast überdeutlich erscheinen Führer und gelernter Chor als in Kontrolle der Lehrsituation, die anhand durchweg negativer Demonstrationen ihr Wissen, bzw. eher die gewünschte Reaktionsform, an DIE MENGE vermittelt und ihre ‚humanen Illusionen' zerstört. So wird die Szene der Belehrung in der Tendenz zum prototypischen Schauspiel und realisierten Modell einer Belehrung oder belehrenden Korrektur, in dem auf die Abfolge von Rede und Gegenrede der vermeintlich direkte Schock der medialen Präsentation folgt, der wiederum von der vor Ort stattfindenden Demontage des Individuums namens Herr Schmitt überboten wird. Nach diesem Beispiel und Vorspiel einer erfolgreich wirkenden pädagogischen Operation verschwindet DIE MENGE denn auch folgerichtig und geradezu beiläufig aus dem Fokus des Stücks: Nachdem sie den Gestürzten die Hilfe verweigert hat und durch den gelernten Chor Kissen zerrissen und Wasser ausgeschüttet worden sind, „*liest [die Menge] für sich*" – offenbar aus einem mehr oder weniger plötzlich erscheinenden Buch:

> Freilich saht ihr/Hilfe an manchem Ort/Mancherlei Art, erzeugt durch den Zustand/Der noch nicht zu entbehrenden/Gewalt./Dennoch raten wir euch, der grausamen/Wirklichkeit/Grausamer zu begegnen und/Mit dem Zustand, der den Anspruch erzeugt/Aufzugebenden Anspruch. Also/Nicht zu rechnen mit Hilfe: Um Hilfe zu verweigern, ist Gewalt nötig/Um Hilfe zu erlangen, ist auch Gewalt nötig. Solange Gewalt herrscht, kann Hilfe verweigert werden/Wenn keine Gewalt mehr herrscht, ist keine Hilfe mehr nötig./Also sollt ihr nicht Hilfe verlangen, sondern die Gewalt abschaffen./Hilfe und Gewalt geben ein Ganzes /Und das Ganze muß verändert werden. (GBA 3, 35f.)

Die letzten Worte der Menge sind damit gesprochen, sie wird im weiteren Verlauf des Stücks nur noch einmal erwähnt (dazu später mehr), während der Fokus der Lehrstück-Szene von nun an hauptsächlich auf die Interaktion zwischen den vier abgestürzten Fliegern, dem Chorführer und dem gelernten Chor übergeht. Freilich: Obwohl die Belehrung der Menge geradezu problemlos von Statten geht, sind Zweifel bezüglich des Ergebnisses dieser pädagogisch-demonstrativen Veranstaltungen angebracht. Nicht nur sind die Reaktionen der Menge relativ erwartbar und eher spontan-affektiv. Auch bleibt offen, ob es sich um nachhaltige Positionierungen handelt und irgendeine der Szenen über den Moment hinaus Wirkung hat. In der Schwebe bleibt zudem die Wirkung der vierten Szene, in welcher die Menge den komplexen Text über das Verhältnis von Gewalt und Hilfe ‚für sich' liest. Welche Haltung die Menge zu dieser Lektüre einnimmt und wie sie sich zu ihr positioniert, erfahren wir nicht.

Bis zum Ende der vierten Szene entfaltet *Das Badener Lehrstück vom Einverständnis* demnach ebenso demonstrierende wie demonstrative Szenen des (Be)Lehrens und Lernens. Ihnen ist gemeinsam, dass die in ihnen vorgenommene pädagogische Transmission – wie sehr sie auch einer Logik des Schocks folgen mag – zunächst als unproblematisch und (im Unterschied zu den gezeigten Szenen) konfliktfrei erscheint. Weder die Lernenden (DIE MENGE) noch die Lehrenden (DER

GELERNTE CHOR/DER FÜHRER DES GELERNTEN CHORS) treten verstärkt in den Vordergrund oder kommen in die Verlegenheit einer ausführlicheren Prüfung unterworfen zu werden. Weder Sichtbarkeit noch Individualisierung der Menge oder des gelernten Chors spielen hierbei eine entscheidende Rolle, wichtiger erscheint die Sichtbarkeit der „Demonstrationsobjekte‘, also beispielsweise der Photographien und der Clownsnummer.

Mit der fünften Szene des Stücks ändert sich dies. Von nun ab stehen die vier gestürzten Flieger als DER GESTÜRZTE FLIEGER und DIE DREI GESTÜRZTEN MONTEURE im Mittelpunkt der Versuchsanordnung:

> DER GESTÜRZTE FLIEGER/Kameraden, wir/Werden sterben./DIE DREI GESTÜRZTEN MONTEURE/Wir wissen, daß wir sterben werden, aber/Weißt du es?/Hör also:/Du stirbst unbedingt/Dein Leben wird dir entrissen/Deine Leistung wird dir gestrichen/Du stirbst für dich/Es wird dir nicht zugesehen/Du stirbst endlich/Und so müssen wir auch. (GBA 3, 36)

Daran, ob dies zutreffend ist, – nämlich, dass dem Sterbenden nicht zugesehen wird –, wecken die folgenden Szenen berechtigte Zweifel. Denn weder vollzieht sich der Sterbeprozess allein für die Sterbenden noch in einem Bereich der den Blicken entzogen wäre. Vielmehr erfolgt der Prozess des Sterbens bzw. Sterben-Lernens exponiert auf dem Podium des Lehrstücks und unter den Augen von gelerntem Chor sowie wahrscheinlich der – freilich nicht mehr explizit erwähnten – Menge. Dabei wirken die folgenden Szenen auch als Wiederholung von Elementen, die bereits zuvor für DIE MENGE eine Rolle gespielt haben. So werden erneut Photographien gezeigt und gemeinsam betrachtet, wobei dieses Mal „*sehr groß zehn Photographien von Toten* gezeigt“ (GBA 3, 37) werden. Diese Wiederholung des Zeigens von Photographien wird dabei selbst wiederholt, wenn DER SPRECHER die „'*Zweite Betrachtung der Toten*'“ (GBA 3, 37) ansagt. Ebenso wie DIE MENGE reagieren DIE GESTÜRZTEN auf diese Präsentation mit einem Schrei – mit dem Unterschied, dass DIE GESTÜRZTEN ihre Unfähigkeit zu Sterben artikulieren: „Wir können nicht sterben.“ (GBA 3, 37)
Die sich anschließende Szene liest sich nun interessanterweise ebenfalls wie eine Wiederholung und Variante der vorrangegangenen Szenen. Während DIE MENGE zuvor für sich las, ist es nun ein aus dem gelernten Chor hervortretender Sprecher, der „*sich [mit einem Buch] zu den Gestürzten [begibt]*“, sich zu ihnen setzt und „*aus dem Kommentar*“ vorliest. (GBA 3, 37) Diese Lesung für DIE GESTÜRZTEN folgt auf eine Partie des gelernten Chors, in welcher dieser bereits auf das Verhältnis von Sterben und Lernen reflektiert hat: „DER GELERNTE CHOR *wendet sich an die Gestürzten:*/Wir können euch nicht helfen./Nur eine Anweisung/Nur eine Haltung/Können wir euch geben./Sterbt, aber lernt/Lernt, aber lernt nicht falsch.“ (GBA 3, 37) Die Wiederholung der Szene von Lernen und Lehren, die mit der doppelten Wiederholung im Rahmen der (erneuten) „BETRACHTUNG DER TOTEN“ (GBA 3, 37) in Gang gesetzt wurde, lässt so erstmals die Lernenden und Lehrenden stärker

gemeinsam im Rahmen einer explizit pädagogischen Situation in den Fokus treten. So erfahren wir einerseits, dass der gelernte Chor nicht über die Möglichkeit verfügt den Sterbenden zu helfen, während andererseits die Lernenden – d.h. die Gestürzten – deutlicher als zuvor im Licht der Szene stehen.

Auch die einzelnen Elemente der Belehrung treten nun stärker hervor, so beispielsweise das Buch sowie die zu ihm gehörende Szene des Vorlesens als pädagogischer Unterweisung. Dabei wird die vorgelesene Passage deutlich als Teil eines Kommentars bezeichnet, welcher wiederum durch eine Anmerkung mit dem „Fatzerkommentar", „Sterbekapitel" in Bezug gesetzt wird. Welchen Haupttext dieser Kommentar kommentiert muss zwar trotz dieses intertextuellen Hinweises offen bleiben, doch liegt es nahe ihn mit Bezug auf jenen Text zu verstehen, welchen DIE MENGE drei Szenen zuvor für sich gelesen hat. Die nun erfolgende Verlesung der vier Kommentartexte entwickelt Überlegungen und Gleichnisse die sich um das Erreichen der „kleinsten Größe" und das sogenannte „Einverständnis" drehen. (GBA 3, 37f.) Über den möglichen Lehrinhalt dieser Kommentartexte ist an anderer Stelle bereits umfangreich diskutiert und philosophiert worden, wobei im Kontext einer Analyse des Lehrens, insbesondere wenn man bedenkt, dass der Chor „[n]ur eine Haltung" (GBA 3, 37) geben kann, am auffälligsten die Haltung des Sprechers erscheint: Dieser setzt sich und liest. Das Lesen als theatral ausgestellter Akt verweist nicht nur auf die damit verbundenen Selbsttechniken, es weist auch auf jene Literarizität des epischen Theaters bzw. des Lehrstücks hin, die Brecht auch im Kontext der *Dreigroschenoper* thematisierte: „Tafeln, auf welche die Titel der Szenen projiziert werden, sind ein primitiver Anlauf zur *Literarisierung des Theaters*. [...] Auch in der Dramatik ist die Fußnote und das vergleichende Blättern einzuführen." (GBA 24, 58f.)

Die Lesung der Kommentartexte ist mit den von Brecht erwähnten, literarisierenden Tafeln vergleichbar, sie lässt erneut die Medialität der Lehre hervor treten und verweist zugleich auf die Notwendigkeit, die Szenen des Lehr- und Lerntheaters immer wieder zu *lesen* und zu interpretieren. Für die Frage nach Test und Prüfung sowie ihrer Theatralität ist jedoch das von der Forschung weitestgehend wenig untersuchte, sich anschließende „Examen" interpretatorisch noch aufschlussreicher.

Was zeigt das Examen?

Während die Schauanordnungen des Lehrstücks bis zu dieser Stelle vor allem implizit inszeniert wurden, werden sie mit dem Beginn der Szene „Das Examen" explizit: "*Der gelernte Chor examiniert die Gestürzten im Angesicht der Menge.*" (GBA 3, 39) Damit ist die Szene des Lehrens und Lernens wiederum in eine neue Dimension der Sichtbarkeit eingetreten: Während es sich bisher um ein relativ direktes Verhältnis von Lehrenden und Lernenden handelte, findet die Examinierung

als theatrale Situation zwischen Gestürzten und Chor „*im Angesicht der Menge*“, also vor ihren Augen, statt. Damit treten einerseits die Examinierten deutlich exponiert hervor, andererseits geraten jedoch auch die Examinierenden erstmals detaillierter in den Blick. Das Examen selbst ‚zeigt sich‘ in einer Beobachtung zweiter Ordnung, d.h. in einer potentiellen Examinierung des Examens. Denn spätestens an dieser Stelle erfolgt eine Triangulierung der Darstellung und der Instanzen, wobei die Szene des Lehrens zwischen einer theatralen Demonstration *für* die Menge und einer Überprüfung eben dieser Lehrsituation *durch* die Menge changiert.
Die mit „Das Examen“ übertitelte achte Szene des Lehrstücks besteht aus insgesamt fünf Abschnitten. Alle fünf Abschnitte folgen einer Logik der wiederholten, insistierenden Befragung in deren Verlauf DER GELERNTE CHOR sein Gegenüber, d.h. DIE DREI GESTÜRZTEN MONTEURE, immer wieder nach dem gleichen Muster befragt und die antwortenden Monteure Schritt für Schritt in Richtung einer radikalen Selbstnegation drängt:

> DER GELERNTE CHOR/Wie hoch seid ihr geflogen?/DIE DREI GESTÜRZTEN MONTEURE/Wir sind ungeheuer hoch geflogen./DER GELERNTE CHOR/Wie hoch seid ihr geflogen?/DIE GESTÜRZTEN MONTEURE/Wir sind viertausend Meter hoch geflogen./DER GELERNTE CHOR/Wie hoch seid ihr geflogen?/DIE GESTÜRZTEN MONTEURE/Wir sind ziemlich hoch geflogen./DER GELERNTE CHOR/Wie hoch seid ihr geflogen?/DIE GESTÜRZTEN MONTEURE/Wir haben uns etwas über den Boden erhoben. (GBA 3, 39)

Auch die anderen Abschnitte des Examens folgen einem ähnlichen bis gleichen Aufbau. So wird nach dem gleichen Muster nach dem Ruhm der Monteure, ihrer Identität und den auf sie Wartenden gefragt. Die Frage „Wer also stirbt, wenn ihr sterbt?“ beschließt diese Reihe und führt die unterschiedlichen, vorhergehenden Fragen noch einmal zusammen:

> DER GELERNTE CHOR/Wer also stirbt, wenn ihr sterbt?/DIE GESTÜRZTEN MONTEURE/Die zuviel gerühmt wurden./DER GELERNTE CHOR/Wer also stirbt, wenn ihr sterbt?/DIE GESTÜRZTEN MONTEURE/Die sich etwas über den Boden erhoben./DER GELERNTE CHOR/Wer also stirbt, wenn ihr sterbt?/DIE GESTÜRZTEN MONTEURE/Auf die niemand wartet./DER GELERNTE CHOR/Wer also stirbt, wenn ihr sterbt?/DIE GESTÜRZTEN MONTEURE/Niemand./DER GELERNTE CHOR/Jetzt wisst ihr:/Niemand/Stirbt, wenn ihr sterbt./Jetzt haben sie/Ihre kleinste Größe erreicht. (GBA 3, 41)

In jedem einzelnen Examensabschnitt wiederholt DER GELERNTE CHOR seine jeweilige Frage mehrere Male, wobei die Antworten der Monteure jedes Mal die Bedeutung des eigenen Selbst, der eigenen Taten und so fort relativieren und geringer einschätzen. So erreichen die Monteure jene „kleinste Größe“, von der bereits bei der Vorlesung der Kommentartexte die Rede war. Identitätslosigkeit oder besser: Entleerung des Selbst werden so exemplarisch im Hin und Her zwischen

Chor und Monteuren vorgeführt. Die so entstehende Prüfungssituation weist ebenso einen stark rituell-zeremoniellen wie auch einen dezidiert disziplinatorischen Charakter auf. In ihrer Formelhaftigkeit und repetitiven Anlage erinnert sie zugleich an jene „einzigartige Form gerichtlicher Wahrheitsfindung", die in Form einer Herausforderung auftritt und sich „durch eine Probe"„ realisiert.[35] „Proben sprachlichen Charakters" sind nach Foucault auf die korrekte Wiedergabe einer Formel angelegt: „Ein grammatischer Fehler oder eine Wortvertauschung machten die Formel ungültig, nicht die Wahrheit der Behauptung, die dadurch bewiesen werden sollte."[36] Zugleich inszeniert die Einübung der Formel bzw. das Spiel der Formel die Gefügigkeit und Gelehrigkeit der Monteure, die wiederum an die zuschauende Menge adressiert bzw. eben dieser präsentiert wird. Dies geschieht nicht nur durch die allgemeine Aufstellung der Szene „*im Angesicht der Menge*" (GBA 3, 39), sondern noch einmal ganz explizit vermittelnd durch den FÜHRER DES GELERNTEN CHORES. Dieser „*wendet sich an die Menge*" und fasst mehrmals das ‚Ergebnis' des szenischen Prozesses zusammen. So kommentiert er die finale Antwort der Monteure auf die Frage wie hoch sie geflogen seien wie folgt: „Sie haben sich etwas über den Boden erhoben." (GBA 3, 39) Dieser verweisende Gestus des Chorführers ist zwar bereits aus den Untersuchungen „Ob der Mensch dem Menschen hilft" bekannt, doch dieses Mal instruiert der Chorführer die Menge nicht, sondern fasst die gegebenen Antworten zusammen. Zudem behalten Chorführer und Chor selten das widerspruchslose Deutungsmonopol der Situation. Vielmehr tritt neben die neue Sichtbarkeit der Lehr- und Lernszene die Individualisierung des gestürzten Fliegers, dessen Antworten jeweils die Gegenthese zur vorgeführten Gelehrigkeit der Monteure bilden. Auf das „Wir haben uns etwas über den Boden erhoben" sowie auf die damit einhergehende Zusammenfassung des Chorführers erwidert DER GESTÜRZTE FLIEGER beispielsweise „Ich bin ungeheuer hoch geflogen." (GBA 3, 39) Und im Kontext der Beantwortung der Frage „Wer seid ihr?" entspinnt sich folgende Szene:

> DIE GESTÜRZTEN FLIEGER/Wir sind niemand./DER FÜHRER DES GELERNTEN CHORES *zur Menge:*/Sie sind niemand./DER GESTÜRZTE FLIEGER/Ich bin Charles Nungesser./DER GELERNTE CHOR/Und er ist Charles Nungesser. (GBA 3, 40)

Damit spielt zum ersten Mal überhaupt ein Eigenname im Rahmen des Stücks eine Rolle. Während die im Zentrum der Aufmerksamkeit stehenden Monteure allesamt namenlos bleiben, findet die Individualisierung im abweichenden Fall statt. Die Abweichung, daran hatte bereits Foucault erinnert, wird stärker individualisiert als der vorgebliche Normalfall. Erst im Rahmen der Prüfung konstituiert sich der Sonderfall Nungesser im Modus der Individualisierung:

---

35 Michel Foucault: *Die Wahrheit und die juristischen Formen*. Frankfurt a. M., 2003, S. 32.

36 Ebd., S. 58f.

> DER GELERNTE CHOR/Jetzt haben sie/Ihre kleinste Größe erreicht./DER GESTÜRZTE FLIEGER/Aber ich habe mit meinem Fliegen/Meine größte Größe erreicht./Wie hoch immer ich flog, höher flog/Niemand./Ich wurde nicht genug gerühmt, ich/Kann nicht genug gerühmt werden/Ich bin für nichts und niemand geflogen./Ich bin für das Fliegen geflogen./Niemand wartet auf mich, ich/Fliege nicht zu euch hin, ich/Fliege von euch weg, ich/Werde nie sterben. (GBA 3, 41f.)

Damit hat auch die Sichtbarkeit der machtvollen Individualisierung ihre größte Ausdehnung und höchste Intensität erreicht. Der unsterbliche Flieger verkörpert ein geradezu narzisstisches Phantasma des Selbst, sein Ich-Bild löst sich vorgeblich aus allen möglichen sozialen Zusammenhängen und Konstitutionsbedingungen. Mit dieser Selbstverherrlichung des Fliegers endet die achte Szene.
Die nun folgende Szene „Ruhm und Enteignung“ radikalisiert die schrittweise aufgebaute Versuchsanordnung nun noch ein weiteres Mal. Denn hinter diesem Zwischentitel versteckt sich sozusagen das finale Examen des Stücks. Dieses wird durch den gelernten Chor mit den folgenden Worten eingeleitet: „Jetzt aber / Zeigt, was ihr erreicht habt. / Denn nur / Das Erreichte ist wirklich. / Gebt also jetzt den Motor her / Tragflächen und Fahrgestell, alles / Womit du geflogen bist und / Was ihr gemacht habt. / Gebt es auf!“ (GBA 3, 42) Die Aufforderung an Monteure und Flieger zu zeigen was ‚erreicht worden ist‘, eröffnet die erste Szene einer Prüfung, welche weniger rituell ist als dass sie eine ostentative, selbsttätige Performance der ‚Schüler‘ im Auge der Lehrenden darstellt. Die Lernenden sollen den Erfolg des Lernens aktiv ‚zeigen‘, indem sie auf dem Podium die Reste des Flugzeugs umräumen. Kaum überraschend ist es DER GESTÜRZTE FLIEGER, der sich der Prüfung verweigert: „Ich gebe es nicht auf. / Was ist / Ohne den Flieger das Flugzeug?“ (GBA 3, 42) Wenn daraufhin DER FÜHRER DES GELERNTEN CHORS mit dem Befehl „Nehmt es!“ (GBA 3, 42) gewaltsam diesen Widerstand bricht und die Flugzeugteile „*von den Gestürzten weg in die andere Ecke des Podiums getragen*“ werden, beginnt DER GELERNTE CHOR mit einem Lobgesang und Ruhmeseloge auf die Monteure: „Erhebt euch, Flieger, ihr habt die Gesetze der Erde verändert.“ (GBA 3, 42) Genau an dieser Stelle verschiebt sich die Logik der pädagogischen Szene und die Lehrenden selbst treten „unbeabsichtigt‘ in die volle Sichtbarkeit des Theaters ein. Während zuvor die Monteure sowie der Flieger in der Tendenz im Blick der Macht angeordnet waren, dreht sich dieses Verhältnis nun für einen Augenblick um. Im Rahmen einer Prüfung würde man normalerweise erwarten, dass die Gesten und Reaktionen der Prüflinge im Zentrum stehen, doch sind es nun genau die Gesten und Reaktionen der Prüfenden, welche sich deutlich zeigen:

> DIE DREI GESTÜRZTEN MONTEURE *zeigen plötzlich auf den gestürzten Flieger:*/Was ist das, seht doch!/DER FÜHRER *schnell zum gelernten Chor:* Stimmt das ‚Völlig unkenntlich‘ an./DER GELERNTE CHOR *umringt den gestürzten Flieger:* Völlig unkenntlich/Ist jetzt sein Gesicht/Erzeugt zwischen ihm und uns, denn/Der uns brauchte und/Dessen wir bedurften: das/War er./

> DER FÜHRER DES GELERNTEN CHORES/Dieser/Inhaber eines Amtes/Wenn auch angemaßt/Entriß uns, was er brauchte, und/Verweigerte uns, dessen wir bedurften/Also sein Gesicht/Verlosch mit seinem Amt:/Er hatte nur eines! (GBA 3, 43)

Einzelne aus dem Chor diskutieren sodann darüber, ob es den Flieger überhaupt gegeben habe, bevor der gelernte Chor die Menge mit den Worten „Was da liegt ohne Amt/Ist es nichts Menschliches mehr./Stirb jetzt, du Keinmenschmehr!“ (GBA 3, 44) Daraufhin werden nur noch die Ausstoßung des Fliegers durch den Chor sowie die finale Schlussszene folgen, in der die erfolgreich Lernenden akklamiert werden. Ich möchte an dieser Stelle nun das Hauptaugenmerk auf die rasche Geste, das *„schnell“* erfolgende Eingreifen des Chorführers sowie die Umringung des Fliegers durch den gelernten Chor richten. Bisherige Deutungen dieser Szene haben vor allem die hier vorgeblich explizierte soziale, d.h. gesellschaftliche Konstitution der menschlichen Identität hervorgehoben. Gerade das sich von seiner es konstituierenden Gesellschaft völlig abhebende und abtrennende, monströse Individuum, wie es uns in Gestalt des Fliegers begegnet, verliert in dieser Perspektive seine Identität. So schreibt beispielsweise Krabiel zu dieser Szene:

> Das Gesicht, individuellster menschlicher Ausdruck – nur ein Produkt gesellschaftlicher Interaktion! Der Mensch ist als Individuum nur, was er durch und für die Gesellschaft ist [...]. Gerade im solidarischen Wirken für die Gemeinschaft erhält der einzelne sein ’Gesicht‘! Gesichts-los, „völlig unkenntlich“, ist vielmehr der A-soziale [...]. Der Flieger kündigt mit der Verantwortung für die Gemeinschaft auch sein menschliches Wesen auf [...].[37]

Und auch der sonst zumeist als Antipode zu Krabiel wahrgenommene Steinweg geht mit seiner Interpretation der Szene in eine ähnliche Richtung. Bereits 1973 spricht Steinweg von der im *Badener Lehrstück vom Einverständnis* vorgenommenen „Neubestimmung des ‚Individuums‘ aus seinen sozialen Beziehungen“[38] und führt in diesem Kontext aus, dass man aus materialistischer Sicht eben tot sei, wenn „du durch deine Haltung niemandem mehr Anlaß gibst, etwas von dir zu erwarten.“[39] Was die Interpreten in solchen vor allem soziologisch inspirierten Interpretationen nicht erklären oder problematisieren, ist das im wahrsten Sinne des Wortes namenlose Entsetzen, mit welchem die Monteure ihr „Was ist das, seht doch!“ (GBA 3, 43)

37 Klaus-Dieter Krabiel: *Brechts Lehrstücke. Entstehung und Entwicklung eines Spieltyps*. Stuttgart / Weimar, 1993, S. 119.

38 Reiner Steinweg: “Das Badener Lehrstück vom Einverständnis“. Mystik, Religionsersatz oder Parodie? In: *Bertolt Brecht II. Sonderband aus der Reihe text+kritik*, 2. revidierte Auflage. Hg. Heinz Ludwig Arnold. München, 1979, S. 123.

39 Ebd.

ausstoßen. Auch die schnelle, vertuschende Geste des Chorführers mit seinem „Stimmt das ‚Völlig unkenntlich' an." (GBA 3, 43) sowie die folgende Umringung des Fliegers durch den Chor werden auf die gleiche Weise ignoriert.
Doch ausgehend von der Frage nach einer Logik der Prüfung und der mit ihr verbundenen Szene des Lehrens und Lernens, erscheinen diese drei Momente als von zentraler Bedeutung. Die theoretischen Anregungen Heinz von Foersters aufgreifend, „dass es sinnvoll sein könnte, sich nicht mehr primär mit der Lehre, sondern dem Lernen selbst zu befassen"[40] und „dass im Grunde genommen [im Rahmen einer Prüfung] die Prüfer geprüft werden"[41], muss konstatiert werden, dass hier in aller Radikalität die Prüfung selbst zum Gegenstand einer Prüfung wird. Diese Dimension der Selbstbezüglichkeit hat Foerster theoretisch wie folgt zusammengefasst: *„Tests test tests."*[42] Was der Test, was die Prüfung zeigen, ist folglich etwas von sich selbst sowie etwas, dass sich in ihm bzw. ihr plötzlich ereignet, die Lernenden aufschrecken lässt und rasche ‚Sicherheitsmaßnahmen' der Lehrenden nötig macht. Das als Reaktion auf dieses Aufschrecken erzeugte, *„schnell"* durch den Chorführer angewiesene und durch den gelernten Chor vorgetragene „'Völlig unkenntlich'"(GBA 3, 43) sowie die sich formierende Sichtmauer erweisen sich damit als Abwehrgeste und ‚Cover Up', welches die Plötzlichkeit einer Konfrontation mit etwas offenbar den Monteuren Unbekanntem unterbricht und die Aufmerksamkeit vom Skandal des Sehens ablenkt: Der Diskurs über die soziale Konstitution des Subjekts wäre damit eine Geste des Wissens, welche die Sicherheit und Effizienz der pädagogischen Szene gegenüber einer in ihr selbst hervorgerufenen Bedrohung abdichtet und absichert. Was immer jedoch von den Monteuren gesehen wird und sich offenbar an oder durch den gestürzten Flieger zeigt, wird nicht direkt greifbar – das Theater des Textes stellt es nicht dar, kann es vielleicht auch nicht darstellen, sondern nur gestisch auf es verweisen. Allein in der zeigenden Geste der Monteure wird dasjenige ‚präsent', was sie erschrickt. Im Anschluss an Rainer Nägele lässt sich hier mit Recht davon sprechen, dass das „Theater [...] der Sehnsucht zu sehen, mit dem Zeigen des Nicht-Sehens" begegnet – das Entsetzen der Monteure führt an „eine Grenze des nicht Sichtbaren" und auch Darstellbaren.[43] Was die Monteure sehen bzw. nicht sehen (im Sinne eines visuell identifizierenden Sehaktes), was sie erschrickt sowie latent hysterisch macht und auch noch die Gesten und Worte der Prüfenden bestimmt, wäre in diesem Sinne auch als Erfahrung eines Angeblickt-Werdens zu verstehen: Was wir sehen, blickt uns an.[44] Insofern schirmt der Chor

40 Heinz von Foerster / Bernhard Pörksen: *Wahrheit ist die Erfindung eines Lügners. Gespräche für Skeptiker*. Heidelberg, 2013, S. 69.

41 Ebd., S. 68.

42 Ebd., S.67.

43 Rainer Nägele: Augenblicke: Eingriffe – Brechts Ästhetik der Wahrnehmung. In: R.N.: *Lesarten der Moderne. Essays*. Eggingen, 1998, S. 135.

44 Vgl.: Georges Didi-Huberman: *Was wir sehen blickt uns an. Zur Metapsychologie des Bildes*. München, 1999.

den Flieger vor den Blicken der Umstehenden doch auch die Umstehenden vor dem Blick des Fliegers ab. Unterstützt wird die Deutung der Szene (insofern sie als von Schrecken und Bedrohung grundiert erscheint) durch einen abweichenden Entwurf, welcher sich im Bertolt Brecht Archiv der Akademie der Künste (Berlin) finden lässt: „der Führer des gelernten Chors mit lauter stimme zur menge:/~~SEHT DOCH~~! Was ist das? seht doch!/Stimm das völlig unkenntlich an/der gelernte chor schreit:/völlig unkenntlich [...].“[45] In dieser Fassung ist es offenbar der Chorführer, der über den fremd Gewordenen ‚stolpert‘ und durch seinen Anblick zu dem bereits bekannten Ausruf provoziert wird. Auch das „’Völlig unkenntlich‘“ erscheint in dieser Fassung angegriffener und exponierter als in der späteren Textgestalt. Die Überlegungen zum Gestürzten nehmen hier die Form von Schreien an – also einer Artikulationsform, welche das spätere Stück allein der Menge sowie den abgestürzten Fliegern überlässt und die emotionale Affizierung der Prüfenden deutlich markiert. Das was die Prüfung freilegt und was die Blicke nicht identifizieren können, wäre in diesem Sinne am ehesten als Monstrum zu beschreiben. Nach Jacques Derrida ist

> [...] das Monstrum etwas, das zum ersten Mal auftaucht und folglich noch nicht erkannt oder wiedererkannt werden kann. Ein Monstrum ist eine Gattung für die wir noch keinen Namen haben [...] Sie *zeigt* sich einfach [elle *se montre*] – das ist die Bedeutung des Wortes >Monstrum< –, sie zeigt sich in einem Wesen, das sich noch nicht gezeigt hatte und deshalb einer Halluzination gleicht, ins Auge fällt, Erschrecken auslöst, eben weil keine Antizipation bereit stand, diese Gestalt zu identifizieren.[46]

Voraussetzung für diese Halluzination inmitten der Szene des Lehrens und Lernens ist ein Riss in der Figur des Humanen und des Menschen. Das Lehrstück ‚zertrümmert‘ das menschliche Gesicht bzw. das „menschliche Antlitz“, welches „das furchterregende *Ding*, das die letzte Realität unseres Nächsten ist [domestiziert].“[47] Genauer formuliert, zeigt es eine Szene in der jene „Arten anthropozentrischer Anlagen und kultureller Rahmungen“ suspendiert oder demontiert wirken durch die „uns ein gegebenes Antlitz als menschliches“ erscheint.[48] Gleichzeitig zeigt sich gerade hier das gesamte Arrangement als ein theatrales. Die schnelle Geste des Chorführers auf der sich das Ding spiegelt, verweist auch auf einen bereits geübten bzw. einstudierten Ablauf. Sie ist weniger numinos als vielmehr eine Theaterszene, in der es auf Timing ankommt. Insofern erweist sich diese Partie auch als eine ausgestellte theatrale Übung – und zwar nicht nur (wie zuvor) als eine Übung der

45 BBA 448/73.

46 Jacques Derrida: Übergänge – vom Trauma zum Versprechen (Interview mit Elisabeth Weber). In: J.D.: *Auslassungspunkte. Gespräche*. Wien, 2002, S. 390.

47 Slavoj Žižek: *Die politische Suspension des Ethischen*. Frankfurt a.M., 2005, S. 25.

48 Judith Butler: *Kritik der ethischen Gewalt. Adorno Vorlesungen 2002*. Frankfurt a. M., 2007, S. 43.

Monteure, sondern auch als eine Übung der Prüfenden selbst, d.h. ihrer theatralen Performanz. Die Szene des Lehrstücks wäre dann folgerichtig nicht der ‚blanke Horror', sondern immer auch schon seine Re-Präsentation. Oder anders: das „Reale" zeigt sich eben im Register des Repräsentierten, als Riss oder blinder Fleck. Dem Anblick dieser radikalen, realen Andersheit, welche sich zeigt, ist offenbar selbst die Behauptung völliger Unkenntlichkeit vorzuziehen. Das Lehrstück überführt im Folgenden diese radikale Alterität in die politische Geste einer Austreibung und führt diese Geste zugleich vor:

> DER GELERNTE CHOR/Einer von uns/An Gesicht, Gestalt und Gedanke/ Uns gleichend durchaus/Muß uns verlassen, denn / Er ist gezeichnet über Nacht und/Seit heute morgen ist sein Atem faulig./Seine Gestalt verfällt, sein Gesicht/ Einst uns vertraut, wird schon unbekannt./Mensch, rede mit uns, wir erwarten/ An dem gewohnten Platz deine Stimme. Sprich!/Er spricht nicht. Seine Stimme/ Bleibt aus. Jetzt erschrick nicht, Mensch, aber/Jetzt mußt du weggehen. Gehe rasch!/Blick dich nicht um, geh/Weg von uns.
> *Der Sänger des gestürzten Fliegers verläßt das Podium.* (GBA 3, 44)

Was die Sichtbarkeit der Prüfenden und Lehrenden offenbart, ist damit gegen Ende des Lehrstücks auch eine Vision der Dekomposition des Individuums. Verfallende Gestalt, fremd gewordenes Gesicht, fauliger Atem und ausbleibende Stimme affizieren den gelernten Chor und beunruhigen ihn offenbar zutiefst. So wird der Flieger durch den Chor schließlich als vom Tod Gezeichneter, einem Sündenbock gleich, verstoßen. Die Aufforderung nicht zu erschrecken, klingt in diesem Sinne durchaus ambivalent nach und wirkt wie eine Projektion der Affekte des Chors auf den Ausgestoßenen. Auch die Aufforderung sich nicht umzudrehen, wirkt folglich eher wie eine defensiv-präventive Schutzmaßnahme, denn als Rat an den Ausgestoßenen. Erst nach der Ausstoßung des monströsen Anderen kann sich das politische Kollektiv final formulieren, um mit der Beschwörung einer fortgesetzten Revolution zu enden: „DER GELERNTE CHOR/Ändernd die Welt, verändert euch!/Gebt euch auf!/DER FÜHRER DES GELERNTEN CHORS/Marschiert!" (GBA 3, 46) Zuvor hat *Das Badener Lehrstück vom Einverständnis* die unterschiedlichen Register von Lehre und Lernen durchmessen, um schließlich an zentraler Stelle die Prüfung selbst einer öffentlichen Prüfung auszusetzen. Dabei zeigen sich die Szenen des Lehrstücks als höchst differenzierte theatrale Anordnungen von Lehren und Lernen. Brechts bereits zu Beginn zitierte Notiz, dass die Lehrstücke auch untersuchen würden[49], ist also im analysierten Fall zuzustimmen – denn *Das Badener Lehrstück vom Einverständnis* präsentiert, exponiert und untersucht die herausgearbeiteten, theatralen Anordnungen, Situationen und Szenen des Lehrens und Lernens. Diese verschieben nicht nur die klassische Aufteilung des Sinnlichen im Bereich des Examens und der Prüfung, sie teilen auch etwas von jenem Schrecken des Realen mit, welcher die pädagogische Darstellung mit ihrer Performance des Zeigens grundiert und zugleich heimsucht.

49 Vgl. Anm. 1.

Nikolaus Müller-Schöll

Theater als Arbeit am Bösen

Ein Lehrstück *nach* Brecht: Heiner Müllers *Der Horatier*

Der namenlose Kämpfer stößt dem verwundeten Gegner, der am Boden liegt und "mit schwindender Stimme" um Schonung bittet, "sein Schwert in den Hals, daß das Blut auf die Erde" [1] fällt, er wirft sich das blutige Schlachtkleid des Getöteten über die Schulter, steckt sich dessen Waffe in den Gürtel und behält das eigene blutige Schwert in Händen. So wird er vom Volk bejubelt.
Die Rede ist nicht von einem islamistischen Milizionär in Diensten des IS, der einen weiteren Gefangenen enthauptet hat. Die Rede ist nicht von einer Szene aus dem Jemen, dem Sudan, der Ukraine oder einem der vielen anderen gegenwärtigen Schauplätze extremer Gewalt. Die Rede ist von einem von uns: Von dem Horatier in Heiner Müllers gleichnamigen Stück. Die Szene kann pars pro toto für die spezifische in- und genauer a-humane Wendung stehen, die Heiner Müller in seinen Varianten von Brechts Lehrstücken diesem Spieltypus gibt. Paradigmatisch kann sie für ein Theater stehen, das sich in einer noch näher zu erläuternden Weise als ‚Arbeit am Bösen' bezeichnen ließe. Zugleich steht sie im Zusammenhang der von Müller wie von Brecht verfolgten szenischen Befragung der Konstitution staatlicher Ordnungen und stellt das Problem des von Müller wie Brecht untersuchten Prinzips der Stellvertretung aus. Beide Aspekte werden im Stück auf dem Weg einer impliziten Relektüre und Dekonstruktion von Brechts *Die Horatier und die Kuriatier* verhandelt. Nach einer kurzen Skizze dessen, was unter einem Theater als Arbeit am Bösen im Allgemeinen begriffen werden könnte (1), werde ich nachfolgend zunächst spezifischer zu fassen versuchen, inwiefern Müllers *Horatier* als solches gelesen werden kann (2). Im dritten und vierten Teil möchte ich dann zeigen, dass Müllers Stück insofern als Lehrstück *nach* Brecht begriffen werden kann, als es einen auf die blinden Flecke von Brechts Stück verweisenden Gegenentwurf zu diesem darstellt.

Theater als Arbeit am Bösen

Theater als Arbeit am Bösen zu begreifen, das heißt zunächst einmal, dass das Theater, entgegen seiner aufklärerischen Rechtfertigungen als ‚moralische Anstalt', Stätte

1 Heiner Müller: Der Horatier. In: H.M.: *Mauser*. Berlin, 1988, S. 45. Aus dieser Ausgabe wird nachfolgend im Text wie folgt zitiert: H + Seitenzahl.

der Erziehung, der Nationenbildung und Selbstverständigung einer Gesellschaft[2], in seiner abendländischen Form von seinen Anfängen bis zu den jüngsten Beispielen der Darstellung von Krieg, Terror und Verbrechen ein besonderes Interesse an Szenen und Momenten gezeigt hat, in denen wir mit dem konfrontiert werden, was kaum zu ertragen ist, mit Grenzüberschreitungen, Tabuverletzungen und Anschlägen auf den Common Sense. Und kaum zu ertragen ist dabei, dass dieses ‚Böse', das, was ein ‚wir' gerne als das ‚Andere' unserer selbst von sich fern hielte, um sich in seinem Ausschluss zu versammeln, sich nicht eingrenzen lässt.
Man könnte dies entlang von einer lange Kette von Stücken beschreiben. Sie reicht von der *Orestie* des Aischylos über die *Antigone* des Sophokles, die sich überbietenden Grausamkeitsdarstellungen Senecas, deren Wiederaufnahme bei Shakespeare, etwa im bei seinen Zeitgenossen beliebtesten Stück *Titus Andronicus*[3], aber auch in seinen Darstellungen von Schurken in *Richard III.*[4] oder *Macbeth*[5], sie setzt sich fort mit den blutigen Stücken des französischen 16. und 17. Jahrhunderts[6], die ihr Publikum in Konkurrenz zu öffentlichen Hinrichtungen gewinnen mussten, mit Corneilles später von Lessing verdammten Rechtfertigungen herrschender Grausamkeit[7] und vor allem mit den französischen Schriftstellern, die man unter dem Oberbegriff einer ‚schwarzen Aufklärung' der vermeintlich weißen Aufklärung entgegengesetzt hat: Erwähnt seien hier nur de Sade, die Surrealisten, George Bataille und Antonin Artaud, an deren Tradition nach 1945 und 1989 Peter Weiss, Peter Brook, Heiner Müller und Frank Castorf anknüpften, aber auch, um nur einige weitere Beispiele aus der internationalen Theaterszene zu nennen, Reza Abdoh, La Fura dels Baus, Romeo Castellucci, Laurent Chétouane oder jüngst Simon Stone.
Das Theater als Arbeit am Bösen findet seinen Widerhall in den Denktraditionen der kritischen Theorie, der Psychoanalyse und des Poststrukturalismus, die – zum Teil ohne Kenntnis von einander – hervorhoben, dass es die sogenannten ‚schwarzen' Aufklärer waren, welche die Konsequenz des kantischen Denkens offenlegten, dass die Vernunft keinen Grund gegen einen Mord biete, so Theodor W. Adorno und Max

2 Vgl. Lessing: *Hamburgische Dramaturgie*. Stuttgart, 1981; Friedrich Schiller: Was kann eine gute stehende Schaubühne eigentlich wirken? In: F.Sch.: *Schillers Werke*, Bd. 4. Frankfurt a.M., 1966, S. 7-19.

3 Vgl. Shakespeare: Titus Andronicus. In: W.Sh.: *Sämtliche Werke*, Bd. 2. Frankfurt a.M. 2010, S. 1903-1962. Vgl. auch Heiner Müller: Anatomie Titus Fall of Rome. Ein Shakespearekommentar. In: H.M.: *Shakespeare Factory 2*. Berlin, 1989, S. 125-226.

4 Vgl. Shakespeare: The Tragedy of King Richard III. In: W.Sh.: *Sämtliche Werke.* Bd. 2, S. 1551-1640.

5 Vgl. Shakespeare: The Tragedy of Macbeth. Ebd. S. 2171-2233.

6 Christian Biet: *Théâtre de la cruauté et récits sanglants en France, XVIE SIÈCLE – XVIIE SIÈCLE.* PARIS, 2006.

7 Vgl. dazu differenzierter: Nikolaus Müller-Schöll: Corneille en Allemagne (d')après Lessing. In: *Théâtre/Public*, mars 2009, S. 24-30.

Horkheimer über de Laclos und Sade in ihrer Dialektik der Aufklärung[8], oder aber auf die Ähnlichkeit des Phantasmas eines unendlichen Verbrechens bei de Sade mit demjenigen eines erhabenen Gesetzes beim Kant der zweiten Kritik hinwiesen, so Jacques Lacan in seinem provokanten Essay *Kant mit Sade*[9]. Zu denken gaben sie gleichermaßen, dass wir vielleicht in jenem Bösen, das wir so gerne als das ‚Andere' unserer abendländischen Tradition sähen und am liebsten in ihrem Jenseits oder Außen verorten würden, viel eher unsere eigene Frage als Gestalt wiederfinden – um es mit den Worten zu sagen, die Carl Schmitt in seiner *Theorie des Partisanen* dafür findet.[10]

Über die Arbeit am Bösen dachten von jeher auch diejenigen nach, die Theater theoretisch zu ergründen suchten: Das Theater, so lautet eine klassische Position, solle vom Schmutz zu heftiger Empfindungen reinigen oder, so eine andere: durch Schrecken lehren. Es könne verbotene oder aggressive Regungen dadurch, dass es sie darstellt, der Bearbeitung zuführen, einer Katharsis, wie man fälschlich unter Bezug auf Aristoteles sagte. Es stelle einen umgrenzten Ort dar, an dem die Faszination am Tabuierten ohne praktische Konsequenzen zugelassen werden könne. Mit Recht ist andererseits darauf hingewiesen worden, dass Platons Verdammung der Mimesis ihren wahren Grund wohl in der beständigen Möglichkeit der Überrumpelung der Vernunft durch die Sinne hat.[11] Und wenn später unter ex- wie impliziter Berufung auf Platon immer wieder von Neuem die Diskussion geführt wurde, wie weit Theater in dem, was es *zeigt,* wie auch in dem, *wovon* es erzählt oder *worauf* es referiert, gehen darf, dann legt dies nahe, dass sich etwas vom Phänomen selbst, von dem, was man nur unter Vorbehalt als ‚Böses' bezeichnen kann, sich auf die Auseinandersetzung mit ihm übertragen hat. Es scheint ihm in allen Theorien *nolens volens* eine Art von viraler Qualität zugesprochen zu werden: Es lässt sich kaum eindämmen. Es steckt an.

Die Fragen, die in diesem Zusammenhang zu diskutieren wären, sind uns allen vermutlich mehr oder weniger geläufig, wenngleich vermutlich mittlerweile häufiger aus dem Zusammenhang der Diskussion über Film, Fernsehen und das Internet: Wann wird das ‚Böse' ‚bearbeitet', wann in eben dem Sinne wiederholt und zementiert, in dem es die herrschende Kultur bestimmt hat? Wie sieht die ‚*Arbeit* am Bösen' aus und was geschieht bei ihr mit *Spielern*, *Zuschauern* und beider *Affektwelt*? Ist die ‚Arbeit am Bösen' eine, die durch ein bestimmtes *Spielen* auf der Bühne oder eine bestimmte *Anlage des Spiels* gefördert und hervorgebracht wird oder ist sie vielmehr

8 Theodor W. Adorno / Max Horkheimer: Juliette oder Aufklärung und Moral. In: Th.W.A./ M.H.: *Dialektik der Aufklärung. Philosophische Fragmente.* Frankfurt a. M., 1997, S. 100-140.

9 Jacques Lacan: Kant avec Sade. In: J.L: *Ecrits II.* Paris, 1971, S. 119-150.

10 Carl Schmitt: *Theorie des Partisanen. Zwischenbemerkung zum Begriff des Politischen.* Berlin, 2. Auflage, 1973, S. 87.

11 Vgl. dazu Jacques Derrida: *La dissémination*. Paris, 1972.

davon unabhängig? Gibt es Maßstäbe dafür, ob diese Arbeit erfolgreich war oder ist sie als Arbeit per se und ohne weiteres Zutun und Resultat bereits von Wert und Interesse? Und wie lässt sich überhaupt die Arbeit der Arbeit am Bösen genauer erkennen?
Ich kann diesen Fragen hier auf einer theoretischen Ebene nicht weiter nachgehen, möchte sie vielmehr nun am eingangs zitierten Beispiel von Heiner Müllers *Horatier* diskutieren. Dieses kaum gespielte Stück ist vielleicht deshalb ein wenig in Vergessenheit geraten, weil es lange Zeit im Einklang mit entsprechenden Äußerungen des Autors nur als Auseinandersetzung mit Stalin und dem Prager Frühling gelesen wurde.[12] Tatsächlich untersucht dieser Theatertext aber, wie ich zeigen möchte, die für unsere abendländische Staatlichkeit und Politik konstitutive Gewalt und konfrontiert uns dabei mit einer Auflösung der klaren Oppositionen von gut und böse, legitimer und illegitimer Gewalt, Staatsgewalt und Terrorismus und darüber vermittelt vielleicht mit jenem Schrecken, der „zum Erkennen nötig ist".[13]

Der Horatier

Das kurze Stück ist schnell zusammengefasst: Ein Streit um Herrschaft zwischen den römischen Städten Rom und Alba muss beigelegt werden, damit Rom im Krieg gegen die Etrusker nicht gespalten und geschwächt ist. Die Heerführer beschließen, dass lediglich je ein Kämpfer beider Seiten stellvertretend für seine Stadt den Kampf austragen soll. Das Los fällt auf einen Horatier und einen Kuriatier, die auch familiär verbunden sind: Der Kuriatier ist der Verlobte der Schwester des Horatiers. Als der Kuriatier verwundet am Boden liegt, verweigert ihm der Horatier die Schonung, tötet ihn und kehrt mit dem blutigen eigenen und dem Schwert des erlegten Feindes nach Rom zurück. Dort wird er vom Volk bejubelt, bringt aber, noch im Siegesrausch, die eigene Schwester um, weil sie ihm Vorwürfe macht. Zwischen der Bewunderung

12 Vgl. Heiner Müller: *Krieg ohne Schlacht.* Leben in zwei Diktaturen. Köln, 1992, S. 258 f. Vgl. aber bereits die frühe und bis heute sehr lesenswerte Auseinandersetzung mit dem Text von Hans-Thies Lehmann: Der Horatier. In: Genia Schulz: *Heiner Müller*. Stuttgart, 1980, S. 93-98. Erwähnt sei auch der Einbezug des Textes in Heiner Müllers Inszenierung seines Lohndrückers von 1988. Die Verwendung des Textes in der Inszenierung kann als dramaturgischer Verweis auf die nachfolgend entfaltete Problematik der konstitutiven Gewalt begriffen werden. Vgl. zur weiteren Literatur und Aufführungsgeschichte Florian Vaßen: *Bibliographie Heiner Müller*. Bielefeld 2013. Auf eine genauere Auseinandersetzung mit der Sekundärliteratur zu diesem Stück wird an dieser Stelle aus Platzgründen verzichtet.

13 Vgl. Bertolt Brecht: Dialog über Schauspielkunst. In: B.B.: *Werke. Große kommentierte Berliner und Frankfurter Ausgabe*, Bd. 21. Hg. Werner Hecht u.a. Berlin / Weimar / Frankfurt a. M., 1992, S. 280. Die Ausgabe wird nachfolgend als GBA zitiert.

für den Sieger und der Verabscheuung des Mörders schwankend, entschließt sich das Volk, den Helden zu ehren, um dann den Mörder zu töten. Danach beschließt man, den Leichnam zunächst als Helden aufzubahren, dann aber als Mörder vor die Hunde zu werfen, man entreißt dem schon erstarrten Toten das Schwert und verfügt, dass fortan jeder zugleich über den Helden wie den Mörder sprechen müsse.
Auf den ersten Blick wirkt das Stück wie eine jener Parabeln, die Brecht vor allem in der zweiten Hälfte seines Schaffens häufig verfasst hat. Vorgeführt, so scheint es, wird in zeittypischer Verschlüsselung Stalin als, wie Brecht es nach der Lektüre der Akten des XX. Parteitags der KPdSU im Jahr 1956 formulierte, „Der verdiente Mörder des Volkes"[14], ein irreduzibel zwiespältiger Protagonist, Held und Mörder zugleich, in der Tradition von Brechts Bearbeitung von Shakespeares Coriolan.[15] Dem scheint die Schlusswendung zu entsprechen, in der es heißt:

So stellten sie auf, nicht fürchtend die unreine Wahrheit
In Erwartung des Feinds ein vorläufiges Beispiel
Reinlicher Scheidung, nicht verbergend den Rest
Der nicht aufging im unaufhaltbaren Wandel
Und gingen jeder an seine Arbeit wieder, im Griff
Neben Pflug, Hammer, Ahle, Schreibgriffel das Schwert. (H 53)

Tatsächlich aber enthält schon dieser vermeintliche Lehrsatz Anzeichen davon, dass die Sache komplizierter ist, dass Müllers Parabel, wenn es noch eine ist, eher den Parabeln Kafkas als den ein wenig zu schlichten des späten Brecht gleicht[16]: Zwar dürfte die Beschreibung des Belagerungszustandes, der eine Selbstverständigung Roms nur bedingt möglich macht und die Römer unter der Bedrohung durch die Etrusker zu einer überstürzten praktischen Politik zwingt, die mit Kompromissen und Entscheidungen verbunden ist, für die es keine Letztbegründung geben kann, durchaus lesbar sein als Anspielung auf Müllers Diagnose der Geburtsfehler der DDR: Ein neuer Staat muss überstürzt und in seiner Existenz bedroht auf den Trümmern des alten aufgebaut werden, bevor die Keller, in denen noch Minen lagern, ausgeräumt sind. Die Bedrohung von außen erlaubt es nicht, interne Konflikte auszutragen. Doch dies ist nicht alles. Nicht von ungefähr ist hier die Rede von einem „vorläufige(n) Beispiel" reinlicher Scheidung, von einem „Rest", der nicht aufgeht. Es ist dieser Rest, der uns heute an diesem Stück interessieren kann. Wir begegnen ihm nicht zuletzt in der Szene, die ich eingangs geschildert habe,

14 Vgl. Brecht: Der Zar hat mit ihnen gesprochen. In: GBA 15, 300f. Vgl. zur Entstehung des Gedichts ebd. S. 498.

15 Brecht: Coriolanus. In: GBA 9, 7-81.

16 Vgl. zu dieser Entgegensetzung Heiner Müller: Fatzer + Keuner. In: *Heiner Müller Material. Texte und Kommentare.* Hg. Frank Hörnigk. Leipzig, 1989, S. 30-36. Müller nimmt dort Bezug auf Walter Benjamins Aufzeichnungen in Svendborg. Vgl. Walter Benjamin: *Versuche über Brecht*. Frankfurt a. M., 1971, S. 161.

dort, wo uns die im weiteren Stück vom römischen Volk immer wieder bejubelte Tötung des Kuriatiers vorgeführt wird, die Szene, die aus dem Horatier einen mit Lorbeer zu schmückenden Sieger macht, den Gründervater eines einigen römischen Staats. Der spätere Jubel des Volkes und mehr noch seine Abscheu, die beständige Abwägung von Verdienst und Schuld des Horatiers lassen uns im Stück als Leser oder Betrachter über der Schwärze des Mordes an der Schwester beinahe übersehen und vergessen, dass bereits die vorgeblich notwendige Gewalt, die verdienstvolle Tötung, mit welcher der Horatier als Stellvertreter seiner Stadt die Einheit des Imperiums Roms wiederherzustellen trachtet, tatsächlich – betrachtet aus heutiger Perspektive – nichts anderes ist als ein Kriegsverbrechen. Wir lesen in Müllers Text:

> Und der Kuriatier sagte mit schwindender Stimme:
> Schone den Besiegten. Ich bin
> Deiner Schwester verlobt.
> Und der Horatier schrie:
> Meine Braut heißt Rom
> Und der Horatier stieß dem Kuratier
> Sein Schwert in den Hals, daß das Blut auf die Erde fiel. (H 45)

Im Satz „Meine Braut heißt Rom" kennzeichnet sich der stellvertretende Schlächter als einer, der nicht nur keine Rücksicht auf familiäre Bindungen und keine Gnade kennt, sondern vielmehr seine Tötung als eine Art von Entjungferung zelebriert, als archaisch anmutende Besiegelung seiner Vermählung mit Rom, die das Stehen für Rom ganz buchstäblich nimmt. Nicht erst der Mord an der Schwester, sondern schon die Gründungsgewalt wird in Müllers Text als eine mit anderen als bloß dem Zweck der Befriedung Roms dienenden Motiven behaftete präsentiert. Überkonnotiert, unrein, erinnert die Tötungsszene an Büchners Mercier, der empfiehlt: „Geht einmal Euren Phrasen nach bis zum Punkt, wo sie verkörpert werden".[17]
Und gleichzeitig wohnt dem geschilderten Mord an der Schwester eine gewisse Logik inne, die der des Gründungsmordes nicht unähnlich ist. War doch die Ausgangskonstellation, derjenigen der Antigone ähnelnd, eine, in der die familiäre Verbindung sich bereits als gleichursprüngliche Komplikation des Zweikampfs um die Herrschaft andeutete. Auf diese Komplikation, diesen Rest, verweist die zur Schau getragene Trauer der Schwester: Der Repräsentant Roms, so signalisiert sie nach der ersten Tat, ist auch Bruder, Schwager und Sohn. Dass die Tötung des Stellvertreters der Stadt Alba zugleich der Mord am Schwager ist, erzeugt im Moment der Stiftung römischer Einheit Zwietracht. Rom ist von daher nicht nur durch die Spaltung in zwei Städte, sondern auch durch die Spaltung jedes einzelnen seiner Bewohner, durch seine Aufspaltung in ein sprechendes und ein begehrendes Wesen, seine Zugehörigkeit zu familiären und regionalen Bindungen, gefährdet.

17 Georg Büchner: Dantons Tod. In: G.B.: *Werke und Briefe.* München, 1980, S. 47.

Jeder ist in sich bereits plural, ein Bündel von Relationen, aus denen sich irreversibel vielfältige Motive seiner Handlungen ergeben. Dem Mord an der Schwester liegt von daher eine nicht minder ebenso große wie zugleich nichtige Notwendigkeit zugrunde wie dem für die Einigkeit der Stadt unternommenen Ur-Verbrechen. Wiederum schreibt sich der doppelte Tötungsakt als neuerliche Spaltung in die als „Volk" bezeichnete Masse ein, die sich nun beständig in solche aufspaltet, die den Sieger ehren, und solche, die den Mord sühnen wollen. Und wenn am Ende ein „vorläufiges Beispiel/Reinlicher Scheidung" (H 53) erreicht scheint, so begreift man spätestens beim Erkennen der Zwiespältigkeit bereits der ersten Tötung, der Urszene oder des Urverbrechens, dass man sich allenfalls hat zum Glauben verführen lassen, irgendeine der vom „Volk" und seinen Vertretern angebotenen Lösungen löse hier irgendetwas. Indem man nun aber dieser Verführung durch die Rhetorik nachgibt, um sie, aufgrund der Lakonie von Müllers Sprache und der Überfülle von Handlung vermutlich retardiert, zu erkennen, wird man die Erfahrung der eigenen Anfälligkeit für das Akzeptieren des, für sich betrachtet, ganz Inakzeptablen machen, womit uns die zitierte erste Tötungsszene konfrontiert. Man erkennt, dass Müller uns mit dem Bericht vom Räsonnement des Volks, seiner Vertreter und Ordnungshüter, der fortlaufend wiederholten Reden über Verdienst und Schuld, einem geschickten Zauberer gleichend, durch Ablenkung dazu gebracht hat, einen feigen Mord als notwendige Gewalt zu akzeptieren – und erschrickt. Über sich.

Doch das Stück vermittelt uns mehr als diese Erfahrung des Erschreckens über die eigene Bereitschaft, sich mit einer als notwendig postulierten Gewalt abzufinden. Mit dem römischen Stoff, den Müller von Livius und Corneille übernommen und nach dem Vorbild der Brechtschen Lehrstücke für ein Spielen ohne Publikum modifiziert hat, vermittelt Müller vor allem etwas über die „Politik der Stellvertretung"[18]. Zu den Topoi politischer Theorie gehört, dass in Rom das Modell der Politik der Repräsentation zu sehen ist, der Staatlichkeit schlechthin. Der Stellvertretung Christi durch den Papst gleichend, beruhe es, so etwa Carl Schmitt, auf der Personifizierung einer Idee.[19] Dieses Modell bringt Müller in *Der Horatier* auf die Bühne. Er führt vor, was er selbst einmal als seinen „Punkt im Theater" beschrieben hat: „Körper und ihr Konflikt mit Ideen werden auf die Bühne geworfen. Solange es Ideen gibt, gibt es Wunden, Ideen bringen Körpern Wunden bei."[20] Man könnte sagen, dass Müller damit aber jene Umkehrung des berühmten Satzes von Clausewitz beschreibt, die Michel Foucault und Giorgio Agamben als beste Beschreibung moderner Bio-Politik bezeichneten: Die Politik als Fortsetzung des Krieges mit

18 Vgl. zu Müllers Auseinandersetzung mit dieser Politik: Heiner Müller: *Krieg ohne Schlacht,* S. 309-316.

19 Vgl. Carl Schmitt: *Römischer Katholizismus und politische Form.* Stuttgart, 1984.

20 Heiner Müller: Ich glaube an Konflikt. Sonst glaube ich an nichts. Ein Gespräch mit Sylvère Lotringer. In: H.M.: *Gesammelte Irrtümer 1. Interviews und Gespräche.* Frankfurt a. M., 1986, S. 97.

anderen Mitteln.[21] Darüber hinaus lässt Müller etwas von jenem „mystischen Grund der ‚Autorität'" erkennbar werden, den Jacques Derrida in seiner Lektüre des Gewalt-Aufsatzes von Walter Benjamin herausgearbeitet hat: Von der Einsicht, dass jede Autorität, jede staatliche Gewalt und jedes Gesetz auf einem selbst weder legalen, noch illegalen Akt der gleichzeitigen Setzung und Ent-setzung aufbaut, die eben das, was sie wirksam werden lässt, im selben Moment verbieten muss und dadurch sich selbst gleichsam retrospektiv schwächt.[22] Im konkreten Fall: Der für die Einigkeit Roms begangene Gründungsmord geht unmittelbar einher mit dem Verbot eben dieses Gründungsaktes. Doch die Ahndung der Übertretung dieses Verbots schwächt rückwirkend zugleich den Gründungsakt und lässt die mit ihm gegründete Gemeinschaft brüchig werden. Was Müller mit diesem Stück uns vorführt, kann von daher nicht nur bezogen werden auf politische Verhältnisse und geschichtliche Momente, in denen Gewalt nicht eindeutig zu bewerten ist. Er unterminiert hier zugleich die prinzipielle Möglichkeit einer ein für alle Mal gültigen Setzung einer staatlichen Ordnung, die etwa grundlegend anders wäre als die ihr entgegengesetzten Akte des Terrorismus. Das Böse, um bei diesem Thema zu bleiben, wäre im selben Maße auf der Seite der Einsetzung staatlicher Gewalt zu suchen wie auch auf der Seite der Akte, die sich der einmal eingesetzten staatlichen Gewalt widersetzen. Um die Aktualität dieser Überlegung zu verdeutlichen wäre in diesem Zusammenhang nicht zuletzt an die bleibende Uneinigkeit der Völkergemeinschaft zu erinnern, wie genau der „Terrorismus" zu definieren wäre. In einem *Freiheitskämpfer oder Terroristen* überschriebenen Text, der 2015 anlässlich der kriegerischen Auseinandersetzungen in Syrien in „Le Monde diplomatique" erschien, erinnert Alain Gresh daran, dass etwa jene „heroischen Widerstandskämpfer", die den sogenannten „Islamischen Staat" im Jahr 2015 in Kobani in die Flucht geschlagen haben, seit mehr als einem Jahrzehnt in den USA und Europa „auf der Liste der Terrororganisationen" stehen. Mit Blick auf den südafrikanischen ANC, die palästinensische PLO und die zionistische Miliz Irgun, aus der zwei spätere israelische Ministerpräsidenten hervorgingen (Menachem Begin und Jitzchak Schamir), weist er darauf hin, dass die Geschichte uns lehre, dass die „Terroristen von gestern die politischen Amtsträger von morgen sein können."[23]

Wenn dieser Kommentar mit der Aufforderung versehen ist, sich Analysen, die mit dem Begriff des Terrorismus operieren, entgegenzusetzen, weil sie „jedes Verständnis

21 Vgl. Giorgio Agamben: Lebens-Form. In: *Gemeinschaften. Positionen zu einer Philosophie des Politischen*. Hg. Joseph Vogl. Frankfurt a. M., 1994, S. 251-257. Michel Foucault: *Der Wille zum Wissen. Sexualität und Wahrheit 1*. Frankfurt a. M., 2. Auflage, 1988. Ders.: *„Il faut défendre la société." Cours au Collège de France*. 1976. Paris, 1997.

22 Vgl. Jacques Derrida: *Gesetzeskraft. Der „mystische Grund der Autorität"*. Frankfurt a. M., 1991; vgl. auch Werner Hamacher: Afformativ, Streik. In: *Was heißt „Darstellen"?* Hg. Christiaan L. Hart Nibbrig. Frankfurt, 1994, S. 340-374.

23 Alain Gresh: Terroristen oder Freiheitskämpfer. Was der Westen im Umgang mit den Konflikten im Nahen Osten ausblendet. In: *Le Monde Diplomatique* vom 9.4.2015.

der vorhandenen Probleme“[24] verhinderten, so könnte man sagen, dass ein Theater als Arbeit am Bösen ein solches Verständnis nicht zuletzt dadurch ermöglicht, dass es uns für die eigene Anfälligkeit für die von Überkomplexität befreiende Haltung sensibilisiert, die klare Fronten zwischen den ‚Bösen‘ dort und ‚uns‘, zwischen dem mit einem Gewaltmonopol ausgestatteten Staat hier und Terrorismus dort etabliert. Das Theater kann uns allerdings wohl kaum Lösungen der Frage des richtigen Umgangs mit Terrorismus anbieten, doch es vermag uns vielleicht dazu zu bringen, uns etwas mehr mit dem zu beschäftigen, was wir gerne vergessen, wenn wir das Böse, den Terror, anderswo suchen als bei uns selbst.

Müller *nach* Brecht

Müllers *Der Horatier* kann, wie erwähnt, nicht zuletzt als spätes Echo von Brechts *Die Horatier und die Kuriatier*[25] gelesen werden. Das Stück, das Brecht in den Jahren 1934 und 1935 im dänischen Exil verfasst, erscheint im Erstdruck 1936 in Moskau, später in den „Gesammelten Werken“ und als Teil der „Stücke für Schulen“ (HK 388) in den *Versuchen*. Bei seiner Abfassung lässt sich Brecht unter anderem von Margarete Steffin, Karl Korsch und Walter Benjamin beraten. Das „Lehrstück über Dialektik für Kinder“ (HK 388) beschreibt den Kampf zwischen der Stadt der Kuriatier, die, um von inneren Auseinandersetzungen abzulenken, einen Raubkrieg beginnt, und der Stadt der Horatier, deren Kämpfer sich zur Wehr setzen müssen, damit die Horatier nicht an Hunger sterben. Auf eine als „Aufmarsch“ (HK 389) bezeichnete erste Szene, welche die Überlegenheit der Kuriatier vorführt, folgen drei Kampfszenen, an deren Ende die Horatier mit List den Kampf für sich entscheiden. Eine Szene zeigt einen Kampf der Bogenschützen, bei denen der Horatier seinen Gegner zwar verwunden kann, gleichwohl von diesem zuletzt getötet wird. Die zweite Szene zeigt, wie ein Lanzenträger sich die Kraft des Flusses zu eigen macht, um als Geschoß seinen Gegner empfindlich zu treffen, dann aber vom Fluss in die Tiefe gestürzt wird und stirbt. Die dritte schließlich zeigt einen mit nur einem leichten Schild bewaffneten Kämpfer. Er schlägt alle Empfehlungen und Kommentare des seine Handlungen begleitenden Chores in den Wind, so etwa auch die Aufforderung: „Weiche keinen Fußbreit!“ (HK 412) Damit setzt er Feinde wie Freunde gleichermaßen in Erstaunen: Die Feinde wähnen sich bereits am Ziel, die Freunde glauben sich verraten. Doch indem der vermeintlich desertierende Einzelkämpfer die Flucht ergreift, spaltet er tatsächlich die ihn verfolgenden Gegner

24 Ebd.

25 Bertolt Brecht: Die Horatier und die Kuriatier. In: B.B.: *Versuche*, Bd. 19/27//29/31-32/37. Frankfurt a. M., 1977 (Reprint von Berlin 1958), S. 387. Die Ausgabe wird nachfolgend zitiert als: HK + Seitenzahl.

so weit auf, dass er sie, die nun durch ihre verschiedenen Handicaps, die sie am Laufen hindern, getrennt worden sind, einen nach dem anderen erlegen kann, um so letztendlich für die Horatier den Sieg zu erringen.
Das Stück wirkt in der extremen Reduktion des Spiels im Interesse der zu lernenden Dialektik wie die Illustration der von Benjamin aus dem Svendborger Exil berichteten Tendenz Brechts, „die Kunst dem Verstande gegenüber zu legitimieren", eine Parabel zu verfassen, „in der sich die artistische Meisterschaft dadurch bewährt, dass die Elemente der Kunst am Ende sich in ihr wegheben".[26] Dem entspricht zum Beispiel auch die „Anweisung für die Spieler", in der es heißt, dass die Dekoration „nicht verspielt (zum Beispiel nicht farbig) sein" (HK 417) dürfe. Alles soll mit einem Höchstmaß an Kontrolle ablaufen: Die Landschaft wie die Schritte der Spieler sollten „fixiert" (HK 417) werden, die Zeit gemessen sein, das Ganze wie unter „Zeitlupe" (HK 417) dargestellt werden. Genaue Anweisungen für Illustration, Sprache, Musik und Titel ergänzen diese Angaben.
Umso mehr dürfte es Brecht nicht entgangen sein – ja letztlich den von Benjamin auch berichteten „Bedenken einer tieferen Schicht" entsprochen haben, die sich „auf diejenigen Momente" der Kunst richteten, „die sie teilweise und gelegentlich refraktär gegen den Verstand machen"[27] –, dass man das Stück als eine Art von szenischer Widerlegung der in ihm vermeintlich ausgesprochenen allgemeinen Lehren lesen kann: Denn das „Lehrstück über Dialektik" (HK 388) lehrt neben anderen, eher sekundären Tugenden wie Umsicht und Mut als oberste Einsicht, keine abstrakte Lehre, keine von vergangenen auf gegenwärtige Situationen schließende Regel zu akzeptieren, ganz gleich, von welcher Autorität sie verkündet wird: Das teilt sich vermittelt über die Einsicht mit, dass der Bogenschütze der ersten Szene scheitert, weil er den mittags gegebenen Rat der Stadt bzw. des Chores erst abends befolgt, das zeigt sich auch im Untergang des vom Wasser weggetragenen Lanzenträgers in der zweiten Szene. Vor allem aber wird es in der dritten Szene verdeutlicht: Staaten, die im Stück auf der Erzählebene durch Städte und auf der Theaterebene durch Chöre repräsentiert werden, erscheinen hier als fehlbar. Durch die dreifach erteilte Lehre in Dialektik, vor allem aber durch die Wendung gegen fixierte Lehrsätze allgemeiner Art wird allerdings zugleich auch das Lehrstück selbst in seiner Geltung erschüttert: Der es spielende oder betrachtende Lernende lernt hier nach und bei dem Durchgang durch alles Lernbare, sich auf dessen zeitliche Bedingtheit zu besinnen und damit auf die Notwendigkeit, in jeder konkreten Situation Anderes, Neues zu erfinden: „Erfinde Neues, der du viel/Erfunden hast." (HK 405) Brecht dürfte hiermit nicht zuletzt auf das wiederkehrende Missverständnis reagiert haben, Chöre wie den „Kontrollchor"[28]

26 Vgl. Benjamin: *Versuche über Brecht, S. 161.*
27 Ebd.
28 Vgl. etwa Bertolt Brecht: *Die Maßnahme. Kritische Ausgabe mit einer Spielanleitung*. Hg. Reiner Steinweg. Frankfurt a. M., 4. Auflage, 1982, S. 7.

in der *Maßnahme* oder den „gelernten Chor“[29] im *Badener Lehrstück* als Partei, allwissendes Gremium, höhere Instanz oder unfehlbare Autorität zu begreifen, die immer recht hat. Der Chor in diesem Stück ist nur eine gewisse Zeit lang als höhere Gewalt oder Autorität begreifbar, insofern er als Stimme des Gemeinwesens und dabei als gleichermaßen Willen aller wie auch Willen der Vielen in Erscheinung tritt, beides dadurch vereinend, dass er an keiner Stelle erkennbar mit mehr als einer Tendenz das Wort ergreift. Er tritt zu Beginn wie am Ende auf der Theaterebene als Spielleiter und Erzähler auf, der die Waffen verteilt und die Ergebnisse des Kampfes festhält, der das Geschehene in größere Zusammenhänge setzt und somit in gewisser Hinsicht die Verbindung der dargestellten Handlung mit der Handlung der Darstellung herstellt. Darüber hinaus repräsentiert er zwischendurch, wenn er den Kämpfer anfeuert, im Spiel als impliziter Betrachter den Zuschauer. Doch spätestens im Moment der List des dritten Kämpfers verkehrt sich seine Weisheit in Dummheit, der Lehrende wird belehrt.[30]

Von dieser Volte am Ende her kann das Stück als zeitbedingte Reaktion auf Faschismus wie Stalinismus begriffen werden: Gegen die Kollektivismen seiner Zeit setzt Brecht ein Stück, das anti-etatistisch und anti-kollektivistisch dem Einzelnen gegen das Kollektiv, die Masse, die Stadt bzw. den Chor, der vermeintlich feigen gegen die ahistorisch heldische Handlung und der konkreten Praxis gegen die abstrakten Regeln zum Recht verhilft. Auch die Tendenz, das Stück in größter Nüchternheit, ohne Appell an Emotionalität gleich welcher Art zu verfassen, dürfte der Zeit geschuldet sein. Mit Brechts späteren Worten:

> Der Faschismus mit seiner grotesken Betonung des Emotionellen und vielleicht nicht minder ein gewisser Verfall des rationellen Moments in der Lehre des Marxismus veranlaßte mich selber zu einer stärkeren Betonung des Rationellen. Jedoch zeigt gerade die rationellste Form, das *Lehrstück*, die emotionellsten Wirkungen.[31]

Erst der Vergleich mit Müllers *Der Horatier*, dem nach *Philoktet* zweiten der explizit als solche ausgewiesenen Lehrstücke Müllers, lässt deutlich werden, welchen Preis Brecht für die Reinigung, Vereinfachung und Ausnüchterung seiner Parabel bezahlt. Mit der Entscheidung, den Krieg in einen solchen zwischen zwei römischen Patriziergruppen zu übertragen, die er entgegen der historischen Quellen zu

29 Bertolt Brecht: Das Badener Lehrstück vom Einverständnis. In: GBA. 3, 25-46, speziell S. 29f.

30 Vgl. zum Chor in diesem Stück in der Tradition von Marx: Nikolaus Müller-Schöll: De-Figurationen des Politischen. Chorische Theaterkollektive nach Marx. In: *Chor-Figuren. Transdisziplinare Beiträge.* Hg. Julia Bodenburg u.a. Freiburg u.a., 2016, S. 157-175.

31 Vgl. Brecht: Über rationellen und emotionellen Standpunkt. In: Reiner Steinweg (Hg.): *Brechts Modell der Lehrstücke, Zeugnisse, Diskussion, Erfahrungen.* Frankfurt a.M., 1976, S. 168 f.

verfeindeten Städten werden lässt, macht sich Brecht die Logik des Nationalismus zu eigen, der Feindschaften auf die Behauptung gegensätzlicher nationaler Identitäten aufbaut. Wohl der historischen Situation geschuldet, schreibt er sein Stück überdies dergestalt, dass der Leser, Betrachter und Spieler bei der Entscheidung, auf wessen Seite er sich stellt, keine Wahl hat: Unweigerlich wird er mit den ‚guten' Opfern, den Horatiern, sympathisieren. Ob Brecht, wie aus einer entsprechenden brieflichen Äußerung geschlossen wurde, das Stück tatsächlich im „Auftrag der Roten Armee" geschrieben hat[32], ist dabei zweitrangig. Es ist so geschrieben, dass es sich deren Sache zu eigen macht. Mag dies als Entscheidung eines Exilanten, der vom Jahr 1933 an auf die Niederlage des nationalsozialistisch regierten Deutschlands wartet, nachvollziehbar sein, so wirkt es doch im Vergleich zu Brechts früheren Lehrstücken, die ihrer Tendenz nach exakt an der Auflösung klarer Fronten und am Lernen durch Furcht und Schrecken gearbeitet hatten – etwa im Vergleich zu *Fatzer*, der *Maßnahme* und speziell zum *Badener Lehrstück* mit der Konfrontation des Zuschauers mit der eigenen Verführbarkeit für eine faschistoid zu nennende Logik des Opfers[33] –, wie der Rückfall in von Brecht zuvor mit guten Gründen verabschiedete Formen des Theaters und der Politik, zumal wenn man es mit Heiner Müllers Gegenentwurf vergleicht:

Müller lässt, wie ausgeführt, statt zwei Völker oder Städte zwei im Kampf gegen die Etrusker verbündete, doch untereinander zerstrittene Städte, Rom und Alba, einander begegnen, die zufällig einen Horatier und einen Kuriatier für den Stellvertreterkampf auswählen und dabei zudem ausgerechnet solche, die durch eine Wahlverwandtschaftsbeziehung potentiell mit einander verbunden sind. Aggressor und Angegriffener, die bei Brecht durch die Bezeichnung Kuriatier und Horatier unterschiedlichen Nationen in einem imperialistischen Krieg angehören, verlieren bei Müller diese Zugehörigkeit. Ihre Gruppenzugehörigkeit erscheint arbiträr, die Bewohner der Städte nicht kategorisch unterscheidbar: Rom, Alba, den Kuriatiern oder Horatiern anzugehören, diese Attribute stellen sich bei ihm als mehr oder weniger austauschbare und kontingente dar. Wo Brecht eine Ordnung von Freund und Feind aufstellt, deren Repräsentanten in einen antagonistischen Kampf ziehen, da verlagert Müller durch die neue Konstruktion diesen Kampf gewissermaßen ins Innere eines jeden Einzelnen. Jeder ist bei ihm, wie gezeigt, nichts als ein Bündel

32 Bertolt Brecht: An Hanns Eisler, Svendborg, 29. August 1935. In: GBA 28, 518-520, hier S. 518. Vgl. dazu kritisch den Kommentar in GBA 4, 504, demzufolge Eisler später daran gezweifelt hat, dass das Stück tatsächlich von der Roten Armee in Auftrag gegeben worden sei.

33 Vgl. dazu ausführlich: Nikolaus Müller-Schöll: Bruchstücke eines (immer noch) kommenden Theaters (ohne Zuschauer). Brechts inkommensurable Fragmente *Fatzer* und *Messingkauf.* In: *Der kreative Zuschauer. The Brecht Yearbook 39,* Hg. Theodore Rippey, Bowling Green, Ohio, 2014, S. 30-55. Ders.: *Das Theater des „konstruktiven Defaitismus". Lektüren zur Theorie eines Theaters der A-Identität bei Walter Benjamin, Bertolt Brecht und Heiner Müller*. Frankfurt a.M./Basel, 2002, insb. S. 325-360.

verschiedener, unvereinbarer Tendenzen. Sind die Horatier bei Brecht als die Opfer eines imperialistisch und ökonomisch begründeten Angriffs die Guten, mit denen sich – und sei es nur auf dem Weg der Einfühlung als Zuschauer – zu verbünden man im Spiel nicht umhin kann, so eignet sich Müllers Horatier für dessen ‚Arbeit am Bösen' gerade deshalb, weil die Grenze zwischen Gut und Böse durch ihn hindurch geht.

Damit deckt Müller nicht zuletzt auf, in welchem Maß Brecht sich in seinem Stück die Politik der Stellvertretung, das Denken der Repräsentation in politischer wie das Theater betreffender Hinsicht zu eigen macht. Bei Brecht liest man in der „Anweisung für die Spieler": „Die Heerführer stellen zugleich ihre Heere dar." (HK 417) Gleich die erste Anmerkung zur Spielweise verwischt also das Verhältnis von Führer und Masse, kaschiert das Verhältnis der Repräsentation. Dies geschieht bei Brecht vermutlich zunächst einmal, weil diese Reduktion der Heere auf ihre Heerführer die Darstellung vereinfacht. Doch tatsächlich wird damit mehr und anderes bewirkt. Der einzelne Kämpfer vertritt als Allegorie *pars pro toto* mehrere „Fraterien" (vgl. HK 400, 408, 414). Sein Körper wird damit dem Heereskörper gleichgesetzt. In Brechts Stück zeigt sich dies darin, dass die individuelle Verletzung des Feindes aus den Reihen der Kuriatier in der dritten Szene als Schwächung der Fraterie neuerlich in Erscheinung tritt. Dass die Verletzung des einzelnen für die teilweise Auslöschung eines Heeres steht, hat zur Folge, dass diese Verletzung wie überhaupt die gesamte Kampfhandlung ohne jede Emotionalisierung von statten geht. Der Kampf wird – entsprechend der Absicht, ein Schulstück für Kinder zu produzieren – von Brecht geradezu verniedlicht: Wenn dem Kuratier in der ersten Szene ein Knie zerschmettert wird (HK 396, 397), dann konstatiert er dies ohne jede erkennbare Regung eines Gefühls. Und der Horatier, welcher den Kuriatier verletzt, wird dem korrespondierend nicht als jemand wahrgenommen, der einem anderen Schmerzen zufügt. Entsprechend kann der Kuriatier, den der Speer des Horatier in der zweiten Szene trifft, gewissermaßen noch mit Grazie von der eigenen Verwundung sprechen: „Ich bin schwer verwundet und liege unbeweglich im Engpaß." (HK 408)

Dem durchweg stilisierten Tod entspricht der stilisierte Kampf: Was Brecht nicht beschreibt – vermutlich nicht zu beschreiben vermag – ist dessen Hässlichkeit: die Verrohung der Soldaten, die gemischten Motive ihrer Handlungen. Nicht minder stoisch ertragen es die Frauen, wenn ihre Männer fallen. Sie sind für den Kampf und bedauern den Fall der Kämpfer. Ein Verhalten wie das der Frau des getöteten Kuriatier im *Horatier* ist ihnen fremd. Und wenn schließlich in der dritten Szene die durch ihre schwere Rüstung bzw. ihre Verwundung geschwächten Feinde vom Horatier einer nach dem anderen niedergestreckt werden, so geschieht dies in einer bloß angedeuteten, von allen Gräueln des Kampfes abstrahierenden Weise. Die Heere der Kuriatier werden in Gestalt der drei sie stellvertretend darstellenden Kämpfer niedergeschlagen und -gestoßen, das Resultat vom Chor der Kuriatier ohne jede Gefühlsregung verkündet:

Die Auftretenden sind reine Spielfiguren. Sie leiden keinen Schmerz und kennen keine Todesfurcht. Die Ästhetisierung des Schmerzes, der Aggression und des Krieges ist es, was Brechts Stück von Müllers Theater als Arbeit am Bösen vielleicht am meisten unterscheidet und zu einer Art von Kriegspropaganda werden lässt, nicht unähnlich derjenigen, die zur gleichen Zeit die mentale Voraussetzung für den Krieg in Europa schafft.[34]

Wenn Brecht in gewisser Hinsicht angesichts einer historischen Situation, die vermutlich aus seiner Sicht Propaganda verlangte, zu einem Theatermodell der Einfühlung, der Freund/Feind-Dichotomie, der Ästhetisierung von Gewalt, der Repräsentation und der Protagonisten zurückkehrt, so verwirft er damit nicht zuletzt jene Formen des *Fatzer*, die er einige Jahre später als „höchsten standard technisch"[35] bezeichnen wird. Es sind jene, die Müller in seinem *Horatier* rehabilitieren wird. Dies bleibt in einem letzten Punkt auszuführen.

Die chorische Auflösung des Theaters der Stellvertretung

Die Form, die Müller für seinen *Horatier* wählt, dürfte dem Wunsch entsprechen, die Politik der Stellvertretung nicht nur zu thematisieren, sondern auch auf der Ebene der theatralen Darstellung zum Gegenstand der Untersuchung durch die Spielenden zu machen. *Der Horatier* ist ein Text in Verssprache, die das Verstehen immer wieder durch dem Rhythmus geschuldete Wortstellungen, Enjambements und gegenrhythmische Unterbrechungen suspendiert. Episch ist über weite Strecken der Gestus der Sprache, getragen von einer namenlosen, aus dem Zusammenhang als Chor zu definierenden Masse. Die Reden des Protagonisten, seines Gegenspielers wie der aus dem Volk hervortretenden, anderen namenlosen Akteure, tauchen ungefähr so auf, wie direkte Rede in mündlichen Erzählungen, etwa im Bericht von einem alltäglichen Unfall an einer Straßenecke. Es sind Stimmen, durch die hindurch eine fortlaufende Erzählung geht, welcher sie zusätzliche Plastik verleihen, ohne dass dabei die als Sprechende vortretenden mit einer Psychologie, einer Rolle oder gar einem Charakter versehen werden. Figuren sind es allenfalls in jenem Sinne, in dem ein Choreograph einmal von seinen Figuren als den kleinsten „operative units"[36] gesprochen hat. Der Text erhält so die Qualität eines in seiner Ausführung

34 Vgl. zum Aspekt der Ästhetisierung als eines zentralen Aspekts des Faschismus wie des Stalinismus: Walter Benjamin: *Das Kunstwerk im Zeitalter seiner technischen Reproduzierbarkeit.* Hg. Burkhardt Lindner u.a., Berlin, 2012, S. 46, 92, 142; Boris Groys: *Gesamtkunstwerk Stalin. Die gespaltene Kultur in der Sowjetunion.* München/Wien, 1988/1996.

35 Bertolt Brecht: *Arbeitsjournal. Erster Band 1938-1942*. Hg. Werner Hecht. Frankfurt a. M., 1974, S. 32.

36 Gabriele Brandstetter: Figura: Körper und Szene. Zur Theorie der Darstellung im 18. Jahrhundert. In: *Theater im Kulturwandel des 18. Jahrhunderts. Inszenierung und Wahrneh-*

durchzuspielenden Fallbeispiels, wobei in eben dieser Ausführung etwas über den *Fall des Falles* selbst herauszufinden ist, über das Singuläre jenseits von Besonderem und Allgemeinen oder, mit Müllers Worten: über die „Perforation“[37] jener Dialektik, die Brechts Lehrstück zu vermitteln versucht, durch das, was als Singuläres nicht in ihr aufgeht. Dieses Singuläre wird als Erfahrung aber nur im Durchgang durch die Logik des Besonderen und des Allgemeinen möglich – eben als der Rest, der nicht aufgeht.[38] Der Logik des Besonderen und Allgemeinen entspricht in Brechts Stück die stellvertretende Darstellung eines Heeres durch seinen Heerführer, in Müllers *Horatier* die im Stück referierte Überlegung, einen für alle kämpfen zu lassen, wie auch die Überlegung, dass einer für alle und alle für einen stehen (Der Horatier kämpft für Rom, alle Römer müssen ihn bejubeln…). Doch über das, was den Horatier zur Verkörperung Roms, zum exemplarischen Römer, macht, ist er, wie erwähnt, mehr und anderes als Römer, ist Bruder, Sohn, Schwager, jähzorniger Hooligan, potentieller Mörder.

Was so ansichtig wird, ist aber auch das Prinzip des Chorischen: Eben das, was uns singulär von allen anderen trennt, wird sicht- und hörbar, wo wir mit anderen verbunden sprechen. Die singuläre Differenz der Sprechenden, welche Sprache ermöglicht, doch in ihr, wo sie referiert, zugunsten eines Sinns wenn nicht eliminiert, so doch vergessen wird, tritt im Chorischen als die Erfahrung auf, dass, wenn zwei das Gleiche sprechen, dies nicht Dasselbe ist. Anders gesagt: Die Spielenden dieses Stücks machen eben die Erfahrung, die inhaltlich im Stück verhandelt wird, in dem Maße auch in ihrem Spiel, wie sie sich auf die im Text angelegte gemeinsame Überlieferung, auf das Chorische von Müllers Text einlassen. Denn spätestens dann rücken jene politischen Fragen, die im Theater der Protagonisten durch die Politik der Stellvertretung gelöst sind, in den Mittelpunkt: Wer bestimmt, wann gesprochen, wann geschwiegen wird? Wie rhythmisiert man die Rede, wie betont man, welche Melodie verwendet man, wie schnell oder langsam wird gesprochen, wie hoch, wie tief? Wie sich ‚Rom‘, das Imperium, dem Stück zufolge tatsächlich selbst aus unterschiedlichen Städten zusammensetzt (zumindest aus Alba und Rom) und als Staat in seiner Einheit auf einen blutigen Gründungsakt zurückgeht, der selbst auf die konkrete Bedrohung von außen antwortet, wie, anders gesagt, diesem Staat eine städtische, regionale und familiäre Un-Ordnung vorausgeht, die in ihm unheimlich weiterlebt, so löst auf der Ebene der Darstellung das ‚Chorische‘ des Textes anarchisch das in der chorischen Rede erscheinende Theater der Stellvertretung auf. Die politische Ordnung der Stellvertretung, die auf der inhaltlichen Ebene diskutiert

mung von Körper – Musik – Sprache. Hg. Erika Fischer-Lichte/Jörg Schönert. Göttingen, 1999, S. 23-38.

37 Vgl. Müller: Fatzer + Keuner, S. 35.

38 Vgl. zur Frage des Singulären: Nikolaus Müller-Schöll: Das Problem und Potential des Singulären. Theaterforschung als kritische Wissenschaft. In: *Episteme des Theaters.* Hg. Ulrike Haß u.a. Bielefeld, 2016. [Angekündigt]

wird, erscheint so als eine, die jenem Theater nicht fremd ist, das über der Aufgabe der Repräsentation den je singulären Träger der Darstellung zu vergessen sucht – den Signifikanten, das Wort in seiner Buchstäblichkeit und den Schauspieler in seiner Körperlichkeit – damit aber jenen Rest, der, ob in Politik oder Theater, nicht aufgeht „im unaufhaltbaren Wandel“ (H 53).

Gespräche 5: Lehrstück und Apparat

Wiederholung und Zeitlichkeit, „Massemenschen“ und Anthropogenese. Tragik und Sterbelehre, Grenzüberschreitung und Übertretungsmodell

Knut Hirche

Was bedeutet der Apparat bei Brecht? Wichtig finde ich den Hinweis: Der Apparat kann auch das Theater sein. Das ist mein Hauptinteresse schon immer gewesen.

Michael Wehren

Bei der Uraufführung des *Lehrstücks* waren die Trümmer sozusagen dort, wo zuvor die Radioübungselemente des *Lindberghflugs* zu finden waren. Der Apparat ist das eine und das andere ist er auch. Ich würde sagen: er ist ein Indikator des Institutionellen.

Gerd Koch

Ich habe eine Frage zum Begriffsfeld von Aktualität, Reaktualisierung, Reenactment. Wie kann man diese Begriffe genauer fassen? Reenactment könnte ja ein plattes, fotografisches Nachbilden sein, Aktualität kann dem gerade modernen Zeitgeist folgen, während Reaktualisierung einen sehr starken Arbeitsprozess beinhaltet, der auf Vergangenheit, Zukunft und Gegenwart verweist. So wäre jetzt meine vorläufige Sichtweise.

Michael Wehren

Zur Frage nach Aktualität, Reaktualisierung, Reenactment: Wenn man diese Begriffe plausibel und auch zeitgemäß verwenden will, braucht man einen Begriff der Wiederholung, der auch den Aspekt der Zeit, also eine spezifische Zeitlichkeit, einbezieht. Das ist auch bei *friendly fire* ein ganz entscheidender Aspekt. In unserer Arbeit ist Aktualisierung nicht etwas, was wir stellvertretend für andere Leute machen wollen. Manche Dramaturgen stellen einen aktuellen Bezug bei der Inszenierung her, sie fügen sogenannte Aktualität einfach dem Text bei. Uns interessiert dagegen, Situationen zu schaffen, in denen sich etwas in einem kollektiven Arbeitsprozess, einem Aufführungs- oder Spielprozess aktualisiert und so spezifische Einsichten, soziale, historische, politische Verbindungen entstehen. Das heißt nicht, dass man sich vorher nicht mit dem Thema auseinandersetzt. Es braucht die Zeit des Durcharbeitens und Wiederholens im Probenprozess, nur dann kann Aktualisierung anstelle von Aktualität sich einstellen.

Hans-Thies Lehmann
Es gibt zwei Sätze von Heiner Müller, die diesen Aspekt sehr gut benennen: „Die Aktualität der Kunst ist morgen“ und „Ohne Vergangenheit keine Zukunft“. Wenn man die beiden Sätze zusammendenkt, hat man von Aktualität schon das begriffen, was Benjamin unter Aktualität versteht – eben nicht das, was gerade im Gespräch ist oder in allen Zeitungen steht. Die *Dreigroschenoper* ist eben nicht aktuell wegen des Themas der organisierten Kriminalität, wie neulich ein Dramaturg meinte.

Mauro Ponzi
Bei *Fatzer*, bei *Baal* und noch bei einigen anderen Stücken des frühen Brecht spielt die Zertrümmerung der Zeit und auch Schizophrenie etc. im Sinne Nietzsches eine entscheidende Rolle. Man muss zu Nietzsche zurückkehren, um die politische Dimension zu erkennen.

Florian Vaßen
Meine Frage bezieht sich auf Brechts Formulierung *Massemenschen*, der mir von großer Bedeutung für das 20. Jahrhundert zu sein scheint, der aber eventuell noch wichtiger für unsere Gegenwart ist. In dem Vortrag von Michael Wehren werden am Beispiel von *Fatzer* die Begriffe Masse und Pöbel sowie das Verhältnis Kollektiv-Individuum oder Gruppe-Individuum untersucht. Fatzer hat ja eigentlich keine Angst vor der Gruppe, aber er beobachtet skeptisch den „Massemenschen“ und fühlt sich von seiner „mechanischen Art“ bedroht. Ist dieser neue Menschentypus aus Brechts Sicht eine Gefahr oder eine positive Utopie? Und in welchem Verhältnis steht er zu der Konstellation von Individuum und Kollektiv?

Hans-Thies Lehmann, Helene Varopoulou und
Marianne Streisand

Michael Wehren

Bei dieser zentralen Frage muss man vorab konstatieren, dass es in *Fatzer* eine Art von Vervielfältigung von Kollektiven und gemeinschaftlichen Formen gibt: Als erstes die Gruppe der Deserteure und der Versuch, daraus ein revolutionäres Kollektiv zu bilden, das weniger eine Gemeinschaft als eine Art Arbeitskollektiv ist; dann die Chöre und schließlich diese seltsame Form von kollektiven Gespenstern oder Gespensterkollektiven, die aus der Zukunft kommen und die Fatzer wahrnimmt. Fatzer hat ja immer wieder Visionen, und ich würde dafür plädieren, diese Visionen als Double der Chorszenen zu sehen, die sich an Keuner richten und in denen er vom Chor angesprochen wird, sinngemäß in etwa so: „Keuner, steh auf und geh durch die Stadt und such dir Helfer!" oder: „Geh noch einmal zurück! Entdecke euren Fehler!" Wer der Chor allerdings ist, ob er z.B. einfach ein weiteres Kollektiv ist, ist nicht eindeutig festgelegt.

Wenn es darum geht, eine Manifestation des „Massemenschen" jenseits der Texte von *Fatzer* zu finden, würde ich zunächst mal dafür plädieren, Hinweise darauf im Textmaterial selber zu suchen. Wenn „Massemensch" nicht nur meint, dass es einen ‚Riesenhaufen' gibt, sondern dass man diese Metapher der Masse wirklich ernst nimmt, dann liegt es sehr nahe, sich dieses unglaublich materialreiche, variantenreiche, differenzreiche Konvolut genau anzusehen, es philosophisch, theoretisch ernst zu nehmen und zu überlegen, ob wir es hier mit einer Text-Multitude zu tun haben. Ob der Text nicht gerade in seiner Heterogenität die Spur der Vielen als Viele ist. Es geht also nicht darum, den „Massemenschen" eins zu eins dingfest zu machen, sondern um eine Spur der Manifestation von Kollektivität und Schreiben. Der „Massemensch", der sich in Brechts Schreibprozess artikuliert und diesen immer wieder ‚versetzt' und ‚verrückt', verändert auch die Formen von Kollektivität.

Florian Vaßen

Es gibt im *Fatzer* ja mindestens zwei Chöre, die entgegengesetzte Positionen vertreten; sie agieren auf der Handlungsebene und gehören zugleich zur Ebene des Kommentars. Das löst aber noch nicht die Frage, für was die Chöre stehen, sie sind jedenfalls nicht mehr eine allwissende Instanz. Möglicherweise sieht Brecht als Visionär in dem „Massemenschen" eine Auflösung der Konstellation Individuum und Kollektiv und beschreibt damit eigentlich unseren heutigen Zustand. Es gibt nur punktuell funktionierende Kollektive und das Individuum hat sich in seiner traditionellen Form zusehends aufgelöst, in dem sich seine Identität pluralisiert hat. Phänomenologisch könnte man in unsere Gegenwart die mechanische Art des Massemenschen überall beobachten, aber bei einer derartigen Aktualisierung muss man vermutlich sehr vorsichtig sein.

Michael Wehren

Bei jeder *Fatzer*-Lektüre und jeder Aktualisierungsarbeit am Material stellt sich die Frage, wer sind denn jetzt diese „Gespenster aus der Zukunft", von denen der

Text spricht. Sind *wir* vielleicht diese Gespenster, dieser „Massemensch"? Das war ja eine These von Alexander Karschnia von „andcompany&Co" bei ihrer Produktion *FatzerBraz*. Ich würde die Lektüre zweiteilen und erst mal sagen, dass man einerseits eine defigurierende Tendenz feststellt, die sich in dieser Formulierung vom „Massemenschen" manifestiert. Diese Bewegung einer Defiguration kann aber dann auch wieder sehr schnell figuriert werden und damit zu einer allzu festen Figur werden. Die Frage ist, ob dieser Vorgang eine Gespensteraustreibung darstellt. Diese Komplexität zeigt sich in der Ambivalenz, die man in der Lektüre auszuhalten versuchen sollte.

Marianne Streisand
Gerade in den Jahren, in denen die Lehrstücke und das *Fatzer*-Material entstehen, rückt die Masse für Brecht ebenso wie für andere Schriftsteller und Intellektuelle in den Focus. In *Mann ist Mann* erleben wir ja den Umbau in den Massenmenschen, was zunächst von Brecht durchaus positiv gesehen wird. Bei den folgenden Bearbeitungen rückt Brecht Schritt für Schritt immer weiter davon ab und erkennt schließlich mit Schrecken, was er produziert hat und wie die gesellschaftliche Entwicklung verläuft. Fritz Sternberg berichtet, wie Brecht, er und andere am sogenannten Blut-Ersten-Mai 1929 oben in der Wohnung stehen und beobachten, wie die Polizei auf die Masse der Demonstranten schießt und plötzlich Tote auf dem Bülowplatz liegen. Diese Situation ist für Brecht mit Schrecken, Angst und Scham besetzt, vor allem weil er als Intellektueller getrennt ist von der Masse, aber eigentlich ja im Namen der Masse zu sprechen versucht.

Hans-Thies Lehmann
Brecht wird da „kreidebleich", wie es bei Sternberg heißt, aber nicht nur aus Angst, wie ich meine, auch aus Wut. Das erinnert an Walter Benjamin, der in den Svendborger Gesprächen bei Brecht eine Kraft und Gewalt, sogar eine Brutalität spürt, die vielleicht dem Faschismus gewachsen sein könnte. Noch zu einem anderen Aspekt: Die Anthropogenese beginnt tatsächlich mit der Zusprache, der Mensch wird erst Mensch, in dem er spricht. Dass der Schmerz dem Sprechen noch voraus gehen kann, ist ein spezifisches Element bei Heiner Müller. Das Besondere in der Dramaturgie des *Badener Lehrstücks* liegt darin, dass die Verhandlung, „ob der Mensch dem Menschen hilft", über die Sterbenden, die ‚Erkaltenden' hinweg stattfindet. Der Prozess des Sterbens und die Verhandlung, ob ihnen geholfen werden soll, laufen parallel. Diese Szene ist so wichtig, weil sie – wie die Hilfe für die Mutter im *Jasager* und wie die Auseinandersetzung zwischen Ausgebeuteten und Ausbeutern um Rechtsfragen und Gerechtigkeit in *Die Ausnahme und die Regel* – nicht nur etwas mit der Logik der Revolution bzw. dem revolutionären Subjekt zu tun hat, sondern eben mit Anthropogenese. Dieses ist in der heutigen Situation wieder besonders wichtig, weil wir uns fragen müssen, wo sind die Reste von Solidarität, Gemeinschaftlichkeit, Dialog geblieben, die in einer Ideologie des Individualismus unterzugehen drohen.

Florian Vaßen

Der Schrei in der Szene „Nachtstück“ aus Heiner Müllers *Germania Tod in Berlin* steht ja an Stelle von: Am Anfang war das Wort. Hier entsteht aus dem Schrei, aus Schmerzen und demnach aus dem Körper der Neubeginn.

Brecht sagt an einer Stelle, die kleinste soziale Einheit ist nicht ein Mensch, sondern zwei Menschen. Damit haben wir zwar noch nicht das Verhältnis von Gruppe und Einzelnem geklärt, aber Brecht gibt hier einen Hinweis auf das Individuum, auf den Einzelnen als isoliertem Menschen. Es geht ihm immer um ein Duo, einen Ansprechpartner, einen, der auf einen sieht, ob als Gruppe oder Einzelner, d.h. der Mensch ist ein soziales Wesen. In Bezug auf die Kunst-Produktion betont Brecht ja sehr radikal: Wenn der Künstler Individuum wäre, würde er schweigen.

Marianne Streisand, Kurt Hirche und Till Nitschmann

Hans-Thies Lehmann

In meinem Buch über die *Tragödie und dramatisches Theater* habe ich auch die Lehrstücke in das Tragödien-Modell einbezogen, vor allem, weil ich überzeugt bin, dass es bei der Tragödie um die Grenzüberschreitung, über das Zuviel, das Maßlose geht und viel weniger um den Konflikt von Werten. Auch in den Lehrstücken findet man dieses Maßlose, vor allem diese Grenzüberschreitung der einzelnen Figuren, die vollkommen unvernünftig handeln. Das auffällige ist, dass es dieses Moment der Unvernunft ist, das bei Brecht die vernünftige Revolution und die politisch-rationale Aktion in Gang bringt und hält. Es kommt eben immer auf Figuren wie Fatzer, den jungen Genossen in der *Maßnahme* und den Knaben im *Jasager* an und nicht darauf, dass alle Personen so werden wie die anderen Soldaten oder Agitatoren, also dass das Kollektiv alle Personen integriert. Im Text und im Spiel wird immer wieder die Notwendigkeit dieser Impulse, die Notwendigkeit des Spontanen, die Notwendigkeit der unvernünftigen Handlung durchgespielt. Sonst würde der Ozeanflieger im

Lindberghflug nie aufsteigen. Aber er sagt: Die Wetterberichte sind zwar schlecht, aber ich wage es trotzdem, jetzt steige ich auf. Der Knabe sagt: Alles, was ihr sagt, ist richtig, aber ich will trotzdem mitgehen, und der junge Genosse sagt: Alles, was ihr sagt, ist zwar irgendwie vernünftig, aber ich lebe jetzt und jetzt sehe ich, dass das menschliche Elend nicht warten kann. Ohne diese emotionalen Akzente, ohne diese Impulse der Unvernunft, die im Gegensatz zur Selbsterhaltung, zur Reflexion und zur Rationalität stehen, gäbe es keine Bewegung. Das ist das Motiv, worum es in den Lehrstücken geht. In dem Sinne ist es nach meiner Ansicht ein tragisches Motiv, aber ich denke dabei nicht an eine Tragödie im Sinne von Schiller, wie Reinhold Grimm damals in der Diskussion über Lehrstück und Tragik, sondern an eine Art Übertretungsmodell im Sinne Batailles.

Florian Vaßen
Auch der gestürzte Flieger im *Badener Lehrstück vom Einverständnis* gehört in die Reihe von Lindbergh, dem jungen Genossen, dem Knaben und von Fatzer. Direkt vor der Szene 9 „Ruhm und Enteignung“ sagt er: „Aber ich habe mit meinem Fliegen/ Meine größte Größe erreicht./Wie hoch ich immer flog, höher flog/Niemand./Ich wurde nicht genug gerühmt, ich/Kann nicht genug gerühmt werden./Ich bin für nichts und niemand geflogen./Ich bin für das Fliegen geflogen./Niemand wartet auf mich, ich/Fliege nicht zu euch hin, ich/Fliege von euch weg, ich/werde nie sterben.“ Am Ende dieser Szene merkt er lapidar an: „Ich kann nicht sterben.“

Hans-Thies Lehmann
Ich möchte noch an dieses eine Gedicht erinnern, das Heiner Müller so beeindruckt hat. Als der alte Brecht es im Krankenzimmer der Charité schreibt, hat er schon gelernt, dass er sich vor dem Tod eigentlich nicht fürchten muss, denn wenn er selbst fehlt, kann ihm ja nichts mehr fehlen. Nach dem Anfang „Als ich im weißen Krankenzimmer der Charité/Aufwachte gegen Morgen zu/“ heißt es: „[…] wußte ich/Es besser.“ Und warum wusste er es besser? Weil er „eine Amsel hörte“. Am Schluss steht dieser sensationelle Satz: „Gelang es mir, mich zu freuen/Alles Amselgesanges nach mir auch./“[1] Das ist eine Art von Sterbelehre, wie sie genau in das Schema der Lehrstücke passt: Die einzige Möglichkeit zu sterben ist, dass man weiß, dass man mehr aufgibt, als man hat, z.B. die Straße, die man kennt, und die man nicht kennt. Und das, finde ich, ist ein radikaler Gedanke gerade auch gegen den heute dominierenden Neoliberalismus.

1 GBA 15, S. 300.

Ehrich Tunk

LERNSTÜCK

Widmung zunächst

Ein Monat nachdem wir im Frühjahr mitten in der Landschaft, wo die Schönheit fast weh tut, am Comer See in der Villa Vigoni saßen, um über die Lehrstücktheorie zu sprechen - was übrigens einen interessanten Widerspruch zu ergeben schien - gab der Chefbühnenbildner der Volksbühne Bert Neumann eines seiner letzten Interviews http://www.tagesspiegel.de/kultur/zum-tod-von-bert-neumann-wer-bleibt-in-der-rosa-luxemburg-strasse-der-sex-shop-oder-wir/11653950.html. Auf der zweiten Seite sagt er etwas Wesentliches über den Beruf des Kurators und endet mit: „... Deshalb arbeite ich mit Künstlern zusammen und nicht mit Kuratoren." Mir gefiel, dass er das Wort *Kurator* irgendwie in die Nähe des Begriffs *FDJ-Kulturfunktionär* gerückt hatte. Ich erkannte wieder das Muster... Das Theater in der DDR stand immer unter Verdacht, deswegen waren die Zuschauer so spitzohrig, es war die negative Speerspitze der Gesellschaft, auch als Hüter der Tradition (auch darin lag etwas Subversives). Es war kein Unflat, wie es seiner Herkunft entspräche, aber es hatte viel Platz für faule Menschen. So stürzte ich mit Fleiß, der bei mir grundsätzlich aus Faulheit kommt, in dieses Abenteuer. Durch die Gründung des dreizehnten Staatlichen Puppentheaters der DDR, hatten wir im toten Winkel des Großen die Gelegenheit, dieses Metier wie auf dem Zeichenbrett zu erlernen. Seine Vorder-, Drauf- und Seitenansicht. Alles fing von Null an. Hinzu kam der Umstand: In Neubrandenburg gab es das eingefahrene Rezeptionsverhalten nicht, keine plüschige Tradition, wie man ins Theater geht und was dort zu erwarten wäre. Wir konnten zu jeder Zeit glaubhaft machen, daß das, was wir tun richtiges Theater sei. Auf diese Weise häufte sich ein ungewöhnlicher Schatz an Metaregeln für die Herstellung des Nichterwartbaren. 1988 begannen die Vorbereitungen für die Rekonstruktion des ruinösen Schauspielhauses. Vom Ensemble beauftragt, schrieb ich das Stadttheaterkonzept für ein *ensemblegesteuertes grenzübergreifendes Theater*. KAMMERTHEATER NOCH MACHEN. Die Lehrstücktheorie war darin die sechste Säule. Leider legten wir zur Eröffnung des Schauspielhauses diesen Punkt wieder auf Eis, und im Trubel der Jahre verblasste es nach und nach. Nach der Abwicklung des Ensembles 2000, war die Volksbühne für mich die einzig denkbare Heimat. Ab und zu traf ich den befreundeten Intendanten auf ein Bier. Ich verstand lange nicht, wenn es nicht um seine Produktionen ging, wie viel oder wenig Einfluss er eigentlich auf seinen Apparat hatte oder haben wollte. Dann tauchte das Lehrstück wieder auf. Ein skurriler Traum:

2007. Es war die Zeit, als eine neue Oberspielleiterin das *Schlachtschiff* wieder auf Kurs bringen sollte: Keine Allüren mehr, Rückbesinnung auf Brecht/Müller hieß es, Lehrstücke waren ein interessantes Material. Auf Empfehlung des Intendanten

empfing sie mich. Ich schlug einen konsequent betriebsinternen Umgang mit dem *Badener Lehrstück vom Einverständnis* vor. Ob sie den *Inszenierungsentwurf* gelesen hat, weiß ich nicht. Irgendwie landeten die Seiten in der Schublade des technischen Direktors (dort schlummern sie wahrscheinlich heute noch). Das fand ich gut, denn ich hoffte, diese bisher unerfüllte Theorie Brechts als spielerische *Fortbildung* mit interessierten Mitarbeitern wie ein ‚Spaziergang zu beginnen'. Die Vorstände würden dem wachsenden Interesse und dem vergleichsweise geringen Aufwand schon zustimmen. Der Leiter der Werkstätten gab mir die Möglichkeit, die Sache den Tischlern und Schlossern vorzustellen. Als ich dann die Raumskizze an ihre Schultafel zeichnete, schien sich die freundliche Aufmerksamkeit in Interesse zu verwandeln. Zwei Leute aus dem *Chor der Volksbühne* versprachen ihre Teilnahme. Ein guter Anfang. Wochen später, eine wichtige Vollversammlung: „Optional", meinte die Oberspielleiterin, könnte ich mich mit einer kleinen Ansprache darauf vorbereiten. Ich saß in der Kantine und wartete darauf, über die Freisprechanlage bei passender Gelegenheit von ihr reingerufen zu werden. Dazu kam es nicht mehr, denn, wie ich später erfuhr, ging es in dieser Versammlung darum, die neue Regierung wieder loszuwerden. Gut, daß sie mich nicht reinrief, ich hätte günstigen Wind gehabt. Damit war die kleine Vorleistung, die solche Betriebe permanent und teilnahmslos einfordern, im Labyrinth des Apparats wieder verschwunden.
Vilém Flusser verweist in *Für eine Philosophie der Fotografie* auf Kafka: „Funktionäre beherrschen ein Spiel, für das sie nicht kompetent sein können." Als Bert Neumann im Sommer starb, er war erst 54, dachte ich, den Beitrag für dieses Buch ihm zu widmen.
Villa Vigoni, den 05.03.2015
(für den Druck überarbeitet und eingerichtet am 06.12.d.J.)

Vorschlag: Durchführung einer schulmeisterlichen LESEPROBE des *Inszenierungsentwurfs (2007) für eine theater-interne Lernübung*

Eins
ein Rätsel vorne weg

UNSERE SORGE IST STETS IHR VERGNÜGEN
welche drei Bedeutungen hat dieser Werbespruch des Kammertheaters Neubrandenburg von 1993:
um das zu beschleunigen, stellen wir uns drei unterschiedliche Plakate vor:
1. ein Zirkusplakat,
2. ein Plakat für ein Suchtberatungszentrum und
3. eins für das böse Clownstheater des ‚Herrn Schmitt'.
Die Lösung findet sich im Abschnitt ‚Nachspiel'.

Zwei

Vor dem Einverständnis kommt in der Regel ein Geständnis. Ich bin nie über die Voraussetzung für den Satz „Bretter, die die Welt bedeuten" hinausgekommen. Bei mir heißt das nach wie vor: *Bretter, die die Bühne bedeuten*, also ich stehe immer noch am Anfang. Umso mehr bin ich Milena Massalongo dankbar für die Gelegenheit, diesen Entwurf von Euch prüfen zu lassen, denn Ihr seid bestimmt die *Monteure* die wissen, wie der *Flugapparat* Lehrstück funktioniert. Und da dieser Entwurfstext von der Art ist, Wort für Wort gelesen und nicht überflogen zu werden, hoffe ich, ihr seid einverstanden, ihn hier mit verteilten Rollen vorzutragen - auch wenn die Formel in Eurem Programm „schnelle Eingreiftruppe" an viele Enttäuschungen im Theaterbetrieb erinnert - man findet dort selten Menschen, mit denen man Pferde stehlen kann - würde ich Euch bitten diesen Eifer bei der Lesung als schönen Albtraum im Hinterkopf zu behalten.

„Die Geschichte ist da" heißt es im Programm weiter. Gut, wir fangen mit dem Schrotthaufen an: auf der Suche nach einer greifbaren Metapher für FLUGAPPARAT, grenzen wir den Schrott des kaputten Flugzeugs auf Trümmerteile ein, die mit Händen auf die Bühne getragen werden können und die ausschließlich aus einem ehemalig gut funktionierenden Theaterapparat stammen. Um zu verdeutlichen, was damit gemeint ist, komme ich zum Beispiel mit dem Schwarzen Brett vom Bühneneingang und werfe es dort hin: die Schiefertafel zerbricht. Dann lesen wir mit verteilten Rollen.

Meine Wunschbesetzung der Teilnehmer hier am Comer See wäre:

Das Vorwort übernimmt der Vorleser, das sind alle Stellen, die gerade gestellt sind, auch das Vorgedicht ER KÄME IN SEINER KLEINSTEN GRÖßE (im Stile Brechts, was nur für die interne Werbung der Mitarbeiter vorgesehen ist und später geändert oder gestrichen werden kann), und das Gedicht VORAUSSETZUNG FÜR DAS EINVERSTÄNDNIS (auch im Stile Brechts, was für das Spiel gebraucht wird): Florian Thamer,

für alle Zitate im Kursivsatz, einer, der gut zitieren kann: Hans-Thies Lehmann

und für alle Texte, die in Klammern stehen, der Zwischenplapperer: Michael Wehren, ab „Das Spiel beginnt", Stücktext kursiv, weil original Brecht, wird von den jeweiligen Rollen gesprochen oder entsprechend stumm gestikuliert:

Der Dirigent (hebt und senkt den Stab) Florian Vaßen

Der Vorsänger (singt) Werner Waas

Der Sprecher (spricht) Mauro Ponzi

Der Flieger (allein oder mit den anderen) Milena Massalongo

Drei Monteure (Frauenchor unisono) Marianne Streisand, Helene Varopoulou, Tina Turnheim…

Der gelernte Chor (das spricht einer) vielleicht Gerd Koch

Die Übrigen spielen
Der Assistent und/oder die Menge (sie agieren laut Anweisung).
Alle Regieanweisungen, nicht kursiv, werden weiterhin vom Vorleser des Vorworts gelesen.

Die Lesung beginnt

ER KÄME IN SEINER KLEINSTEN GRÖßE
Ich käme zu euch fast
In meiner kleinsten Größe.
An euer gerühmtes Haus
Als ein ‚ungeheuer Gerühmter', (siehe 2. Examen)
Ohne Kostüm- ohne
Bühnenbildner ohne einen
Spieler, der Rückhalt geben könnte
oder Assistent kurz:
Ohne den Schweif des Kometen
Ohne den das Deutsche Theater nicht
Das Deutsche Theater wär.
Ich käme als einer
Der auch
mit seinem kleinen Apparat
den Atlantik überquerte allerdings
Ohne, daß die Kontinente mich/ihn
Geschickt oder erwartet hätten.

Vorwort
(Alles im Kursivsatz: original Brecht: das Lehrstück und Texte aus Reiner Steinweg (Hrsg.): „Brechts Modell der Lehrstücke", edition suhrkamp 751. Brecht, Eisler und Mitarbeiter Äußerungen zu den Lehrstücken, chronologisch geordnet (1929–1970). Die Nummer am Ende des Zitats entspricht der Chronologie der Zeugnisse dieser Edition.)

Das Badener Lehrstück vom Einverständnis, als eine lange Serie von Videoclips: Die monatlich stattfindende innerbetriebliche Übung der Mitarbeiter des Theaters. Claim: WIR SPIELEN IMMER, ein Geheimdokument. Publikum ist nicht dabei. *...prinzipiell ist für das lehrstück kein zuschauer nötig, jedoch kann er natürlich verwertet werden (145).* Über die hauseigne Website und die Internetportale: clipfish, myvideo, youTube, vimeo oder myspace kann diese ‚Verwertung' stattfinden. Die Zuschauer werden mit zunehmendem Interesse an dieser ‚geheimen Dauerübung hinter den Kulissen' teilnehmen, es mit ihren smarten Telefonen und Tablets

‚verlinken' und ‚liken'. Jeden Monat erscheint ein neues Kapitel: Ein Spiel mit kleinen und großen Apparaten. Es geht um die allgemeine Bereitschaft der Theaterleute, ein vergleichsweise bescheidenes und unaufwendiges aber *groß angelegtes Experiment* zu machen. Ein Beitrag zum *Theater der Zukunft* mit Folgen. Die Uraufführung im Sommer 1929 in Baden-Baden war für Brecht in dem Punkt nicht befriedigend, als daß es sich, wahrscheinlich besonders durch die(schwierige?) Musik und die spezielle Auffassung von Hindemith, als neues Kunstwerk nur unter der Folie ‚kreativen' Lernens darstellte, so ‚als ob' gelernt würde... (siehe Äußerung 41). Frank-Patrick Steckel ist allerdings der Auffassung: „Die erste Fassung stellt eine für Brecht ungewöhnlich deutliche Kritik an dem Naturbewältigungswahn der Gattung Mensch dar, eine Entwicklung, die uns ja inzwischen in einige Schwierigkeiten zu bringen in der Lage war. Und die zweite Fassung stellt im Grunde nichts anderes dar als die Zurücknahme dieser Kritik." (http://www.deutschlandfunk.de/der-ur-brecht.757.de.html?dram:article_id=113317) Trotzdem scheint mir, daß erst in dieser zweiten Fassung alle Elemente der Lehrstück-Theorie archetypisch enthalten sind. Aber es sollte trotzdem eine kluge Kombination beider Fassungen geben (der getanzte Tod von Valeska Gert z.B., löste in Baden-Baden einen Skandal aus… eine vage Vorstellung davon bekommt man, wenn man sich ‚Das Baby' von ihr ansieht (https://www.youtube.com/watch?v=2XgpvtaOUMA). Die Fragestellung ist hochkarätig. Thema ist die dem Fortschritt innewohnende Ambivalenz von Demut und Größenwahn. Es handelt sich um das kollektive und individuelle Einverständnis... als Beispiel: ...mit dem eigenen ‚Tod'. Nebenbei wäre vielleicht interessant: Würde Brecht, angesichts der Kamikaze-Flieger aus dem zweiten Weltkrieg und anderer Arten suizidaler Kriegsführung heute, auf die Frage, ob man unter bestimmten Umständen mit dem eigenen Tod einverstanden sein sollte, andere Muster erzeugen? (Das Ausbauen!)
Die Mitarbeiter des Theaters sind für diesen Versuch mit folgender Fiktion einverstanden:

VORAUSSETZUNG FÜR DAS EINVERSTÄNDNIS
Nehmen wir an, wir sind
Gestürzt.
Nehmen wir an, wir haben
Den Apparat nicht verstanden.
Seine Trümmer liegen vor unseren Füßen.
Nehmen wir an, wir wissen
Nicht was Nebel, was Sturm ist.
Also
Wir nehmen an, durch *nachahmung*
hochqualifizierter Muster davon

Etwas zu begreifen zum Beispiel
In welchem FLUGAPPARAT wir uns
befinden und
Wo er mit uns hin will.

Das Stück hat elf Szenen, wobei die dritte eigentlich aus dreien besteht, das sind insgesamt dreizehn. Hinzu kommt der geänderte Prolog aus *Der Flug der Lindberghs*, der als Plakat am schwarzen Brett des Theaters um Beteiligung wirbt:

AUFFORDERUNG AN JEDERMANN
Das Gemeinwesen bittet euch: wiederholt
Das Badener Lernstück vom Einverständnis
Durch das gemeinsame
Absingen der Noten
Und das Ablesen des Textes

Hier ist der Apparat
Steig ein...

Es bedarf keiner vorbereitenden Übung: Die Übung ist die Übung.
Alle Mitarbeiter, die vom Blatt singen können, sprechen und mit Gesten gestikulieren und spielen, bzw. mitsingen, mitsprechen wollen und können, bekommen von der Leitung monatlich einen Tag frei für ‚Fortbildung', ein ‚Betriebsaus-flug', ‚Wandertag', für einen DREHTAG eben. Das Stück wird jedes mal ganz durchgespielt und aufgezeichnet. Aus diesen Aufnahmen wird je ein Clip (nach und nach die einzelnen Kapitel in chronologischer Reihenfolge) fürs Internet geschnitten. Das Spiel läuft von mal zu mal besser. Es kommt (nicht) auf Schönheit an, (sondern) auf den Lerneffekt. Von einem ‚Regisseur' bekommt man während der Übung keine Hinweise. Es darf nicht unterbrochen werden. ‚Er' ist in die Partitur durch seine präzisen Spielanweisungen und spielmethodischen Richtlinien eingegangen. Vor der Übung selbstverständlich und danach wird ‚Er' immer versuchen, eventuelle Missverständnisse auszuräumen. Die Spielpartitur wird dann den aktuell gemachten Erfahrungen gemäß verbessert.
Man trifft sich *auf einem in seinen Abmessungen der Anzahl der Mitspielenden entsprechenden Podium*. Davor, *die „Trümmer eines Flugapparates"*, eine schwarze Kiste vielleicht. Es sind vier bemannte ‚Beobachtungskameras' installiert. Sie heißen so, weil ihre Bewegungen nichts Menschliches mehr haben, sie bewegen sich absolut mechanisch. Zusätzlich könnte eine Drohne erratisch herumfliegend mit bewegten Bildern für Unruhe sorgen. Mit buddhistischer Strenge wird auf, neben und vor der Bühne diese

Geschmeidigkeitsübung (179) im Denken gemacht. Die Rolle des *gestürzten Fliegers*, des scheinbar eigentlich Lernenden wechselt, so dass jeder aus dem *gelernten Chor* prüfen kann, ob die Praxis die Theorie hervorbringen wird, die sich Brecht und seine Mitarbeiter damals gedacht hatten.
Diesen Lernübungen gegenüber ‚unbeteiligt': der Apparat drumherum, bestehend aus ihm selbst, den Musikern, dem Dirigenten, dem Sprecher, Vorsänger, Kamera-, Licht- u. Tontechnik etc. Ein Assistent im Parkett (ein vierter Clown der wie Buster Keaton aussieht), eifrig damit beschäftigt, die Antworten der *Menge* auf vielen Schildern hochzuhalten, Ordnung ins Chaos zu bringen und: natürlich die drei ausgesuchten Schauspieler für die *Dritte Untersuchung*, die Clownsszene (ein Weißclown Herr Schmitt und zweimal August), gehören auch sehr deutlich zum Kunst-Apparat. Aus der Clownsszene kommt die Grundgeste. Sie fungiert als Blutstrom für den gesamten Versuch: Alles Clowns, die aus der asozialen Haltung agieren, die dem *FATZER*-Fragment entnommen ist: *WIR WOLLEN NICHTS LERNEN*... (eine denkbare Steigerung dieser Haltung kann auch der arrogante Spruch, den man allenthalben hört sein: WIR HABEN UNSERE HAUSAUFGABEN GEMACHT). Der Apparat und die ‚Apparatschiks' müssen vorbereitet sein. Denn: die Aufgabe und Lust des Apparates ist es, ZU FUNKTIONIEREN.
Mitarbeiter, die noch unentschlossen sind, sich an diesem schulmeisterlichen Lernprozess zu beteiligen, dürfen als künftige Elemente des Apparates etwas näher, als die *MENGE* (ggf. dem Assistenten ‚helfend') mit größerem Abstand die Sache selbstverständlich beobachten....
Das ‚Lehrstück', gegeben durch einige Theorien […], die auf eine kollektive Kunstübung hinzielen, ist zur Selbstverständigung der Autoren und derjenigen, die sich dabei tätig beteiligen, gemacht und nicht dazu, irgendwelchen Leuten ein Erlebnis zu sein. Es ist nicht einmal ganz fertig gemacht. Das Publikum würde also, sofern es nicht bei dem Experiment ‚mithilft', nicht die Rolle des Empfangenden, sondern eines schlicht Anwesenden spielen. (2) Oder durch unsere Videoaufzeichnung, eher die eines Voyeurs bzw. Heimkinobesuchers.
Grundformel für das mitspielende, plumpe Denken* der Mitarbeiter des Theaters:
Und: Alle Räder stehen still, denn wenn
Dein starker Arm es will, sägst Du am Ast
Am eigenen…
(* *„Es ist freilich plump gedacht, aber der Wirklichkeit ist dieses Denken sehr nahe. Die Hauptsache ist, plump denken lernen. Plumpes Denken, das ist das Denken der Großen."* aus Bertolt Brecht: *Dreigroschenbuch. Texte Materialien Dokumente*, Bd. 2. Frankfurt a. M., 1973, S. 496).
Zur Spielpartitur (wir sind immer noch beim Vorwort)

Das Badener Lernstück *vom Einverständnis*
Text (beide Fassungen) 1929/30: Bertolt Brecht, Musik 1929: Paul Hindemith, Einrichtung 2015: Ehrich Tunk.

Zur Spielweise und den Regieanweisungen:
Es kommt (nicht) auf Schönheit an, (sondern) auf den möglichen Lerneffekt: *wenn ihr ein lehrstück aufführt, müsst ihr wie schüler spielen. durch ein betont deutliches sprechen versucht der schüler immer wieder die schwierige stelle durchgehend ihren sinn zu ermitteln oder für das gedächtnis festzuhalten…* dafür steht das Wort: ‚**deutlich**' als Regieanweisung an bestimmten Stellen in dieser Partitur. *Auch seine gesten sind deutlich und dienen der verdeutlichung.*
…andere stellen müssen schnell und beiläufig gebracht werden wie gewisse rituelle oft geübte handlungen… dafür stehen die Worte: ‚**schnell und beiläufig**' an anderen Stellen in dieser Partitur *das sind die stellen die jenen passagen einer rede entsprechen, durch die gewisse informationen gegeben werden die für das verständnis des folgenden hauptsächlich nötig sind.*
Und: *diese stellen die ganz dem gesamtprozeß dienen sind als* (alltägliche?) *verrichtungen zu bringen…* dafür stehen die Worte: ‚**verrichtend, als wenn man es täglich tun würde**'.
…dann gibt es teile die schauspielkunst benötigen ähnlich der alten art. so wenn typisches verhalten gezeigt werden soll… dafür steht das Wort: ‚**professionell**' *denn es gibt ein gewisses praktisches verhalten des menschen das ebenfalls situationen schaffen kann die dann neue haltungen nötig machen oder ermöglichen...* (31) (und auch dazu im Material das Zeugnis Nr. 98) *...wo alle bestrebt sind die wenigen grundgedanken herauszustellen wie bei einer fußballmannschaft…*
und wenn es Stellen gibt, wo es sinnvoll zu sein scheint, die didaktische Geste des Stückes zu betonen nehmen wir die Anweisung: ‚**schulmeisterlich**'.

Das Wort: ‚**Wechsel**' bedeutet: das ewige Ritual des Rollenwechsels.

Beim Singen folgen wir den Noten und Anweisungen Hindemiths. Die Musik sollte nicht lauter sein, als der Gesang.
Beim Sprechen gilt, was Brecht zum Vers sagt: ...*die anderen teile sind nicht vertont, sie werden lediglich rezitiert, wobei der sprecher* […] *am ende jeder zeile eine zäsur macht.* (8) oder wie er selbst von Elisabeth Hauptmann beim Vorlesen beschrieben wurde: *„…die zu sprechenden teile las er, ohne sein eigenes gefühl mit dem gefühlsinhalt des textes zu identifizieren, also am schluss jeder verszeile absetzend, also in der art einer übung…"*(49)

Erst wird gespielt und dann begriffen. ...*nicht das verhalten kommt aus der anschauung, sondern umgekehrt. Es soll also die anschauung aus dem verhalten kommen...* (90) oder:

DAS OPERIEREN MIT BESTIMMTEN GESTEN
Das Operieren mit bestimmten Gesten
Kann deinen Charakter verändern
Ändere ihn.
Wenn die Füße höher liegen als das Gesäß
Ist die Rede eine andere, und die Art der Rede
Ändert den Gedanken.
Eine gewisse heftige
Bewegung der Hand mit dem Rücken nach unten bei
Einem Oberarm, der am Körper bleibt, überzeugt
Nicht nur andere, sondern auch dich, der sie macht. (121)

Die Theorie soll aus der Praxis kommen. Die Begriffe ‚Theater' und ‚Theorie' haben etymologisch die gleiche Wurzel. Die Lehrstücktheorie wäre demnach eine Prätheorie, eine Vermutung oder Hypothese, was die bisherige Praxis in gewisser Weise bestätigt oder wie B.K. Tragelehn in seinem Nachwort der Separatherausgabe der Lehrstücke bei Reclam 1978 schreibt: „[...] Diese Konzeption ist auf lange ins Leere gefallen. Auch wenn man die Tatsache in Rechnung stellt, daß die theoretischen Texte erst im Nachlaß veröffentlicht wurden, bleibt merkwürdig, daß die Stücke selber, die Anmerkungen zu den Stücken und Brechts Aufführungspraxis, [...] lange einen Wiederhall, [...] nicht fanden." Ich finde das nicht „merkwürdig". Die anschließende Frage, ob die Zeit reif war, führt ins Fatale. Die Zeit ist nie reif. Tragelehn setzt das allerdings auch in Anführungszeichen: „[...] Waren also die ‚Verhältnisse' nicht ‚reif' für eine ‚Idee'? Man kann annehmen, daß Bedingungen vorlagen, hinreichend, Brecht zu seiner Konzeption, theoretisch zugespitzt, kommen zu lassen, nicht hinreichend diese Konzeption durchzusetzen." Solange Theaterbetriebe im besten Fall hierarchisch und im schlechtesten demokratisch geführt werden, kann diese Prätheorie nicht fruchtbar werden. Da hilft auch das Klischee vom Freien Theater nicht, das dem Professionellen den Marsch zu blasen fähig ist, oder die romantische Vorstellung einer kräftigen und breiten Amateurbewegung, die sich in Kreativität übt, ganz zu schweigen von einer „proletarischen Pädagogik", denn die „organisierende Funktion" (Benjamin) kann nur unter Bedingungen funktionieren, unter denen der Funktionär bereit ist, „seinen Posten zu verlassen" (*Fatzer*), aber das wird er nicht freiwillig tun. Solange die Regisseure Wasser predigen und Wein trinken nützt die ganze Revolution nichts, denn diese Pädagogik braucht keine

Lehrer die sich herabbeugen, sondern Vermutungen entwickeln, was der Lehrapparat eigentlich vorhat. Es ist schade, daß gerade dort, wo das Spiel frei sein könnte, die größten Ängste den Spielplan bestimmen. Wenn es gelänge, den lawinenartigen Produktionsfluß des Theaterbetriebs ab und zu zu unterbrechen, um die Spielregeln grundsätzlich zu prüfen, bekäme diese Konzeption eine echte Chance (siehe **Nachspiel** im Anschluss an diese Lesung.

Das Spiel beginnt:

Der Apparat ist schon da, das ist der Raum, die Technik und die Funktionäre. Sie haben elegante Anzüge an. Und: glänzende, etwas zu große, spitze harte Schuhe, die bei jedem Schritt deutlich in die Welt stechen. Der Dirigent steht in der ersten Reihe. Die Musiker des Fernorchesters, neun Bläser, sind im großen Halbkreis auf kleinen Podesten auf der Bühne verteilt, der Vorsänger und der Sprecher stehen links an dem kleinen Tisch, der Assistentclown inmitten der Sitzreihen, die drei ‚richtigen' Clowns lümmeln in der letzten Reihe (siehe Skizze unten rechts).

DER SPRECHER vorne schreit **deutlich,** mit erhobenem Zeigefinger:

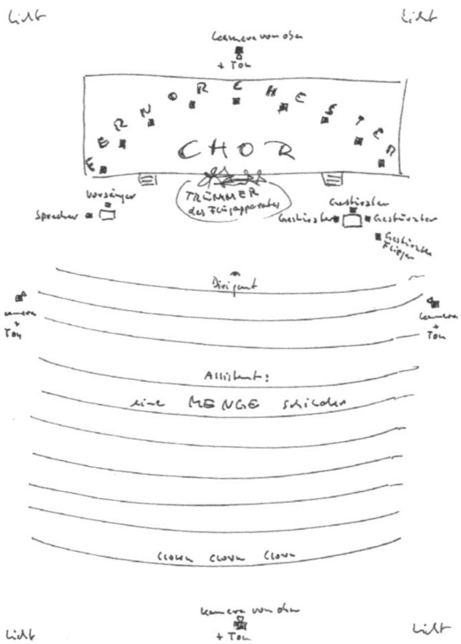

AUFFORDERUNG AN JEDERMANN
Das Gemeinwesen bittet euch: wiederholt
Das Badener Lehrstück vom Einverständnis
Durch das gemeinsame
Absingen der Noten
Und das Ablesen des Textes
Hier ist der Apparat
Steig ein...

Die Clowns fügen sich, als wenn sie sich nicht fügten: übertrieben mühsam, pubertär richten sie sich auf, wie in der Klippschule. Der Dirigent hebt den Stab. Das Fernorchester beginnt mit dem Marsch der Clownsszene:

(Notenmaterial edition schott (Notenbuch) Seite: 36 *„Dritte Untersuchung*

ob der Mensch dem Menschen hilft"):
Einzug der Lernenden mit ihren Partituren unterm Arm; von links aus dem Saal gehen sie am Podest vorbei und betreten es von rechts. Sie sind mit den orangefarbenen Gewändern buddhistischer Mönche (Ti-cîvara) und entsprechenden Kurzhaarglatzen ausgestattet.
Auch die Clowns in der letzten Reihe springen auf und marschieren los, merken aber, dass sie zu früh sind und marschieren, als wenn nichts gewesen wäre wieder zurück (genauso wie Chaplin in *The Kid*, als er das gefundene Baby in den Müll legt, reagiert bzw. nicht reagiert; er zeigt nicht das kleinste Erschrecken: er dreht sich um, steht vor dem Polizisten, dreht sich wieder um, hebt das Kind auf und marschiert los.
Die Lernenden begeben sich auf ihre Positionen: Im Kreis der Musiker verteilt sich der Chor. *Die Gestürzten* drei am Ende sind noch nicht kostümiert, sie tragen ihre orangenen Gewänder und Glatzen ordentlich zu einem Paket gefaltet vor sich her, gehen aus der Bewegung des Chors an den Tisch rechts. Sie legen die Sachen ab und setzen sich ran, eng in artiger Lernhaltung, offen für den Zuschauerraum. *Der gestürzte Flieger* kommt als letzter ohne Kostümpaket geht lässig wie ein Westernheld (ein Eastwood, den Tod nicht fürchtend: ‚Man hat ihm ins Auge geblickt') Er setzt sich etwas abseits von den drei Monteuren und schlägt ein Bein über.
Alle haben ihren Platz erreicht, der Dirigent unterbricht den Marsch der Clowns und beginnt mit:

1
BERICHT VOM FLIEGEN (Musik. Notenbuch Seite: 5)

DER GELERNTE CHOR singt die Noten ab. **Deutlich**, hier und da mit erhobenem Zeigefinger, zwischendurch schaut der Chor immer wieder auf die Gestürzten.
DIE VIER FLIEGER stehen auf, jeder auf seine Art und gestikulieren. **Deutlich.** Sie bewegen den Mund. Sie können auch mitsingen, ohne abzulesen. Sie sind es, die diesen Bericht eigentlich abgeben.

> *Zu der Zeit, wo die Menschheit*
> *Anfing sich zu erkennen*
> *Haben wir* Flugapparate *gemacht*
> *Aus Holz, Eisen und Glas*
> *Und sind durch die Luft geflogen.*
> bei „Und zwar" heben die vier Gestürzten den Zeigefinger
> *Und zwar mit einer Schnelligkeit, die den Hurrikan*
> *Um das doppelte übertraf.*
> dito *Und zwar war unser Motor*

Stärker als hundert Pferde, aber
Kleiner als ein einziges.
Tausend Jahre fiel alles von oben nach unten
Ausgenommen der Vogel.
Selbst auf den ältesten Steinen
Fanden wir keine Zeichnung
Von irgendeinem Menschen, der
Durch die Luft geflogen ist. (??? Erich von Däniken)
Aber wir haben uns erhoben.
Gegen Ende des zweiten Jahrtausends unserer Zeitrechnung
Erhob sich unsere
Stählerne Einfalt
Aufzeigend das Mögliche
Ohne uns vergessen zu machen: das
*Noch nicht Erreichte**

** Im ersten Versuch heißt es fälschlich: Das Unerreichbare. Dies ist auszubessern in: das noch nicht Erreichte* (ob das so schlau ist?)

Wechsel
Das ewige Ritual des Rollentausches, **verrichtend, als wenn man es täglich tun würde:** Einer links außen tritt aus dem gelernten Chor mit großem Bogen an den rechten Tisch. Er zieht sein Kostüm aus, packt es zu einem Paket. Die Gestürzten erheben sich, wechseln die Plätze. Der Flieger zieht das Kostüm seines Nachfolgers, des nächsten Fliegers an. Er tritt von rechts ‚wieder' in den Chor, während der neue Flieger sich wieder lässig hinsetzt.

2
DER STURZ (Musik. Notenbuch Seite: 13)

DER VORSÄNGER singt die Gestürzten an. **Schnell und beiläufig:**
Fliegt jetzt nicht mehr.
Ihr braucht nicht mehr geschwinder zu werden.
Der niedere Boden
Ist für euch
Jetzt hoch genug.
Daß ihr reglos liegt
Genügt.
Nicht oben über uns
Nicht weit vor uns
Nicht in eurem Laufe
Sondern reglos

Sagt uns, wer ihr seid.

DIE GESTÜRZTEN stehen auf und singen vom Blatt, **schnell und beiläufig:**

Wir beteiligten uns an den Arbeiten unserer Kameraden
Unsere Apparate wurden besser
Wir flogen höher und höher
Das Meer war überwunden
Schon waren die Berge niedrig.
Uns hatte erfasst das Fieber
Des Städtebaus und des Öls.
Unsere Gedanken waren Maschinen und
Die Kämpfe um Geschwindigkeit
deutlich:
Wir vergaßen über den Kämpfen
Unsere Namen und unser Gesicht
Und über dem geschwinderen Aufbruch
Vergaßen wir unseres Aufbruchs Ziel.

DER GESTÜRZTE FLIEGER wieder sitzend, Rezitativ, **schnell und beiläufig:**

Aber wir bitten euch
Zu uns zu treten und
Uns Wasser zu geben
Und unter den Kopf ein Kissen
Und uns zu helfen, denn
Wir wollen nicht sterben.

Wechsel (dito)

DER GELERNTE CHOR, der die ganze Zeit auf die Gestürzten sah, wendet sich an die Menge. **Verrichtend, als wenn man es täglich tun würde:**

Hört ihr, vier Menschen
Bitten euch, ihnen zu helfen.
Sie sind
In die Luft geflogen und
Auf den Boden gefallen und
Wollen nicht sterben.
Darum bitten sie euch
Ihnen zu helfen.
Hier haben wir
Einen Becher mit Wasser und
Ein Kissen.
Ihr aber sagt uns
Ob wir ihnen helfen sollen.

DIE MENGE antwortet dem Chor. Während der Chor für die Menge die Noten singt: *Warum sollen wir ihm helfen...* springt der Assistent durch die Reihen und stellt sehr viele Schilder auf

Ja. Ja. Ja.

DER CHOR spricht zur Menge, **verrichtend, als wenn man es täglich tun würde:**

Haben sie euch geholfen?

DIE MENGE, der Assistent dreht die Schilder um.

Nein. Nein. Nein.

DER SPRECHER an die Menge, **schulmeisterlich:**

Über die Erkaltenden hinweg wird untersucht, ob
Es üblich ist, daß der Mensch dem Menschen hilft.

3

UNTERSUCHUNG OB DER MENSCH DEM MENSCHEN HILFT (Musik. Notenbuch Seite: 19)

ERSTE UNTERSUCHUNG

DER VORSÄNGER singt **verrichtend, als wenn man es täglich tun würde:**

Einer von uns ist über das Meer gefahren und
Hat einen neuen Kontinent entdeckt.
Viele aber nach ihm
Haben aufgebaut dort große Städte mit
Vieler Mühe und Klugheit.

DER CHOR **deutlich:**

Das Brot wurde dadurch nicht billiger.

(Musik: *Zerreißt das Kissen* sollte vielleicht nicht gestrichen werden)

DER VORSÄNGER

Einer von uns hat eine Maschine gemacht
Durch die Dampf ein Rad trieb und das war
Die Mutter vieler Maschinen.
Viele aber arbeiten daran
Alle Tage.

DER CHOR

Das Brot wurde dadurch nicht billiger.

(Musik: *Schüttet das Wasser aus* sollte vielleicht nicht gestrichen werden)

DER VORSÄNGER

Viele von uns haben nachgedacht
Über den Gang der Erde um die Sonne, über
Das Innere des Menschen, die Gesetze
Der Allgemeinheit, die Beschaffenheit der Luft
Und den Fisch der Tiefsee.

Und sie haben
Große Dinge gefunden.

DER CHOR

Das Brot wurde dadurch nicht billiger.
Sondern
Die Armut hat zugenommen in unseren Städten
deutlich, mit erhobenem Zeigefinger:
Und es weiß seit langer Zeit
Niemand mehr, was ein Mensch ist.
Zum Beispiel, während ihr flogt, kroch
Ein euch Ähnliches vom Boden
Nicht wie ein Mensch!

(Musik Chor: *Zerreißt das Kissen/Schüttet das Wasser aus.* und Vorsänger: *Also soll ihm nicht geholfen werden.* Chor: *Wir zerreißen das Kissen, wir/schütten das Wasser aus...* sollte vielleicht nicht gestrichen werden)

DER SPRECHER spricht die Menge an. **Schulmeisterlich:**

Hilft der Mensch also dem Menschen?

DIE MENGE antwortet. Der Assistent rennt.

Nein.

DER GESTÜRZTE FLIEGER macht eine wegwerfende Geste. **Deutlich.**

Wechsel (dito)

ZWEITE UNTERSUCHUNG (keine Musik)

DER SPRECHER spricht die Menge an. **Schulmeisterlich:**

Betrachtet unsere Bilder und sagt danach
Daß der Mensch dem Menschen hilft!

Es werden in einem extremen Schnelldurchlauf zwanzig Photographien projiziert, die darstellen (im blauen Soft-Rahmen der Tagesschau), wie in unserer Zeit Menschen von Menschen abgeschlachtet werden.

DIE MENGE schreit. Der Assistent rennt: größere Schilder

Der Mensch hilft dem Menschen nicht.

DER GESTÜZTE FLIEGER schlendert nach hinten, setzt sich zu den Clowns und legt die Beine hoch.

DRITTE UNTERSUCHUNG (Musik. Notenbuch Seite: 36, dieselbe Musik wie ganz am Anfang)

DER SPRECHER wendet sich an die Menge, **schulmeisterlich:**

Betrachtet unsere Clownsnummer, in der
Menschen einem Menschen helfen!

Der Dirigent hebt den Stab. Der Marsch der Clowns beginnt. Währenddem marschieren alle Beteiligten, auch alle spielenden Musiker in die Zuschauerreihen. Dort verwandeln sie sich in Publikum, in die Menge. Die Clowns marschieren auf Bühne. Der weiße Chefclown, Herr Schmitt genannt, ist ein Riese. (Aus der Erfindung der Technologie, wie Herr Schmitt „zersägt" wird, ergibt sich die ganze Spielweise der Szene, das könnte an Karl Valentin erinnern, bei der ersten Aufführung war Theo Lingen Herr Schmitt). Sie sprechen sehr laut..., **professionell.**

EINSER

Heute ist ein schöner Abend, Herr Schmitt.

ZWEIER

Was sagen sie zu diesem Abend, Herr Schmitt?

HERR SCHMITT

Ich finde ihn nicht schön…

[…] (usw. jetzt die vollständige Clownsszene)
(Übergang)

…ZWEIER

Ist Ihnen jetzt leichter, Herr Schmitt?

HERR SCHMITT

Nein, ich liege nämlich mit meinem Rücken auf einem Stein.

ZWEIER

Ja, Herr Schmitt, alles können Sie nicht haben.

Beide lachen schallend. Musik: Der Marsch der Clowns. Alle Beteiligten marschieren (tatsächlich rückwärts) wieder auf ihre alten Positionen. Ende der Clownsnummer.

DIE MENGE schreit. Der Assistent rennt nach dem Schild.

Der Mensch hilft dem Menschen nicht.

DER SPRECHER **schulmeisterlich:**

Sollen wir das Kissen zerreißen?

DIE MENGE

Ja!

DER SPRECHER

Sollen wir das Wasser ausschütten?

DIE MENGE

Ja!

usw. usf.
Ende der Lesung.

Der Entwurf wird nach Genehmigung des Projekts weiter und bis zum Ende unter der Verwendung der beiden Fassungen ausgearbeitet. Neben umfangreicher begleitender Literatur zum Lehrstück gibt es für die Beteiligten dieses Projekts eine Pflichtlektüre: Vilém Flussers *Die Geste des Machens*, die man in unserem Fall als Geste des Theatermachens umdeuten soll.

Vielen Dank für die Aufmerksamkeit!

Nachspiel und Lösung des Rätsels

1. wir sorgen uns darum, dass sie sich immer und gut vergnügen,
2. wir sind besorgt, wie sie sich üblicherweise vergnügen und
3. unsere eigenen Ängste, Sorgen und Nöte werden sie vergnügen.

Gibt es eine Chance zu verstehen, dass wir niemals in der Lage sein werden den Apparat zu reiten, wie das Surfen auf einer Medienwelle, so wie es Christoph Schlingensief beispielsweise aus einer Position, die die Lage zu beherrschen glaubt versucht hat? Und: Kann eine Möglichkeit, die nicht als Möglichkeit in Erwägung gezogen wird, jemals als Mangel empfunden werden?
Um die Position des Regisseurs bei diesem Inszenierungsentwurf zu erhellen, eine Clowns-Reprise:

Der Kichererbsentrick

Weiße Chefclowns in halbprivater Runde ständig zwischen Lethargie und Hyperaktivität schwankend:
Sie sitzen im Kreis. Plötzlich springen sie auf und bauen ein Turm aus Dachlatten. Alles läuft wie am Schnürchen. Sie merken, dass es gut ist, einfach und konkret zu agieren. Die Entscheidungen fallen von selbst. Der Turm wächst in die Zirkuskuppel. Doch manchmal stockt die Arbeit und sie fangen an, darüber zu spekulieren, was das Publikum gut finden könnte. Alles scheint von der Platzierung einer einzigen Latte abzuhängen. Dann geht gar nichts mehr. Enttäuscht setzen sie sich in den Kreis und diskutieren laut und heftig mit existentiellen ausladenden Gesten. Dann: Demokratie, sie stimmen ab: Ein eigenartiges Gerät aus Röhrchen und Kichererbsen macht die Runde. Einer fällt um. Das Gerät wird weitergereicht, niemand fällt um. Der Vorgang wiederholt sich: mal fällt einer um und mal nicht. Dieses Wundergerät scheint jeden einzelnen ex-actus zur Disposition zu stellen. Dann diskutieren die Verbliebenen heftig weiter, wo und wie verdammt nochmal diese Latte angebracht

werden soll. Bauen, Abstimmen, Bauen. Das ganze läuft wie eine Verfolgungsjagd. Wenn das Spiel eine Pointe braucht, bleibt am Ende einer übrig, der keine *Arbeiter* mehr hat. Also muss er den einen oder anderen Dispositionierten reanimieren, um das Werk zu vollenden.

Werner Waas

Das Lehrstück aus der Subjektive

Februar 2015, Villa Vigoni, ein Impulsreferat

Liebe Seminarteilnehmer,

mein Vater war Lehrer. Meine Mutter auch. Ich habe ein Pädagogentrauma. Wenn ich eine Schule betrete, habe ich noch heute ein ungutes Gefühl. Wenn Brecht in seinem Text zur *Theorie der Pädagogien* vom „Nutzen für den Staat [...] durch den werdenden Bürger" spricht[1], bekomme ich Gänsehaut. Die Universität habe ich nach der Zwischenprüfung abgebrochen, weil ich ein Sinnproblem hatte mit dem Gelehrten. Ja, und jetzt stehe ich da und soll meine Meinung zum Lehrstück sagen. Ich habe keine kohärente Meinung zum Lehrstück.

Brecht Camp, Turin (Foto: Portage)

1 Bertolt Brecht: Theorie der Pädagogien. In: B.B.: *Werke. Große kommentierte Berliner und Frankfurter Ausgabe*, Bd. 21. Hg. Werner Hecht u.a. Berlin / Weimar / Frankfurt a.M., 1992, S. 398: "Diese Spiele müssen so erfunden und so ausgeführt werden, daß der Staat einen Nutzen hat. [...] Aber gerade die Darstellung des Asozialen durch den werdenden Bürger des Staates ist dem Staate sehr nützlich, besonders wenn sie nach genauen und großartigen Mustern ausgeführt wird."

Vor zwanzig Jahren habe ich mich an *Der Jasager* und *Der Neinsager* versucht, in Cagliari. Es ging mir darum mit den Schauspielschülern eine Theaterarbeit zu leisten, bei der sich nicht alles ums Theater dreht und wie man ein berühmter Schauspieler wird, sondern um die Wirklichkeit, um Haltungen, um ein draußen, das im Theater reflektiert werden sollte. Aber es gelang uns nicht in dem Text Wirklichkeit zu finden. Es war ein eher peinliches Scheitern, ohne Schönheit und auch ohne interessante Gedanken. Es war ein Gefühl wie in der Schule, wenn man etwas mechanisch übt, ohne zu wissen, worum es dabei wirklich geht, aber man macht es trotzdem, nur eben ohne Überzeugung. Wahrscheinlich ging es damals um fundamentale Denkfehler: Was ist Wirklichkeit? Was ist Leben? Was ist Theater? Was ist Haltung? Was ist Aktion?

“Manifatture Knos” (Foto:Maurizio Buttazzo)

Fünfzehn Jahre später arbeitete ich in Lecce an einem sehr utopischen Projekt, namens „Manifatture Knos“, das sich der Wiederentdeckung des Selbstgemachten verschrieben hatte. Eine ehemalige Fabrik, in der Handwerker und Geistesmenschen in engem Kontakt miteinander arbeiteten. Ich war dort mit Lea Barletti für den Theaterbereich zuständig und wollte in dem Zusammenhang das Theater und seine soziale Funktion neu erfinden und überprüfen, ohne den schützenden Schirm der Tradition. Unsere Spielzeit hatte den Titel „Wozu braucht es Theater?“ und ging von der These aus, dass, wenn keiner das Theater braucht, es wohl besser ist, wenn es verschwindet, als künstlich am Leben erhalten zu werden. Es gab dort einen Raum, den wir Theater nannten und den ich jeden Abend für zwei Stunden geöffnet habe, damit er seine Funktion als Spiegelraum des Tageswerks, als Forum sozialer Selbstbetrachtung ausüben könne. Was dort geschehen sollte, war allerdings niemandem so richtig klar. Ich habe bewusst darauf verzichtet Programm, Texte, Szenen anzubieten, weil mich ja interessierte, welchen Nutzen die kleine Gesellschaft, die wir darstellten, aus diesem Raum der Möglichkeiten zu schlagen wisse, welchen Defiziten des Lebens er entgegenkommen könnte. Also wurden dort manchmal

Texte gelesen, Vorfälle des Tags auf der Bühne erzählt oder nachgestellt, manchmal haben wir gesungen, manchmal hatte auch ein Handwerker oder Künstler zuhause eine Szene geschrieben und sie dort vorgestellt, Wissenschaftler kamen auf die Bühne und haben versucht dem Publikum Theorien im Bereich der Nanotechnologie nahezubringen, meistens gab es einen Mix aus mehreren Elementen, natürlich auch viel Leerlauf, aber Sinn hatte dieses ‚Theater' für jene Minigesellschaft allemal.
Eins von den ‚Lehrstücken', darum handelte es sich nämlich meiner Meinung nach, für das Publikum und auch für mich, die sich dort abspielten, war als mein damals 8jähriger Sohn Rocco und sein Freund Ernesto zufällig auch mit von der Partie waren. Ich bat sie auf die Bühne zu gehen und von dort aus Fragen, die aus dem Publikum an sie gestellt wurden, zu beantworten. Es kamen Fragen zum Geld, zur Wirtschaft, zum Sinn von Arbeit, auf welche die beiden Jungen mit Ernsthaftigkeit und offener Ehrlichkeit antworteten, während sie sich auf der Suche nach einem eigenen Gedanken zu einem für sie unerwarteten Thema zusehen ließen, absolut entwaffnend.
Das war eins meiner interessantesten Theatererlebnisse, die dem Brechtschen Philosophen auf dem Theater sehr nahe kam. Darauf aufbauend möchte ich gerne mit Ihnen zusammen hier ein Experiment durchführen. Ich habe meinen Beitrag „Die Lehrstücke aus der Subjektive" genannt und möchte diese Subjektive gern möglichst ungeschützt über uns ergehen lassen. Deshalb wollte ich Sie bitten, mich während der Dauer meines Vortrags möglichst häufig zu unterbrechen und mir intelligente oder auch dumme Fragen zu stellen, auf die ich dann mit größtmöglicher Ehrlichkeit und Spontaneität Antwort zu geben versuche. Sollten keine Fragen von Ihnen kommen habe ich mir selber welche zurechtgelegt.

Glaubst du, dass die Welt heute über das Lehrstück beschreibbar ist?

In Berlin arbeite ich seit zwei Jahren in Nordneukölln in dem Verein ItzBerlin e.V., der in der theaterpädagogischen Schiene beheimatet ist und wo man versucht durch Theaterspielen mit Jugendlichen aus schwierigen sozialen Verhältnissen, kulturelles Wachstum und eine Verbesserung des sozialen Kontextes zu bewirken. Dafür wird der Verein vom BaMF (Bundesamt für Migration und Flüchtlinge) gefördert. Leider muss ich feststellen, dass es für mich einfacher ist, besagte Ziele über einen Workshop in handwerklichen Tätigkeiten, z.B. Schreinern, zu fördern, als durch Theater. Es ist eine Welt, die fast ohne Sprache abläuft, eine Welt aus obsessivem Imponiergehabe, physischer Gewalt der Stärkeren gegenüber den Schwächeren. Eine Welt ohne Stille, ohne Konzentrationsvermögen, ohne Aufmerksamkeit, eine Welt ohne sichtbare Zeichen, zumindest für mich, der Liebe, der Zuneigung, der Behutsamkeit. Andrerseits ist es ein Fakt, dass wir praktisch nichts wissen von dieser parallelen Welt, zu deren kulturellen Sanierung wir mit massiven Investitionen von Seiten der Politik ständig aufgerufen werden. Unser Bild ist wertend und verurteilt ständig von oben herab eine Realität, die uns verstellt ist.
Meine Präsenz in diesem Rahmen als Künstler, der nichts besser weiß, dem diese

Realität ins Herz schneidet, dem sie Angst macht, der sich nicht in irgendeinen behüteten Schutzraum zurückziehen will, sondern sich ständig aussetzt, ist ein ständiges gelebtes ‚Lehrstück', ohne Zuschauer, dessen Finale und auch Moral bis zuletzt ungewiss ist.

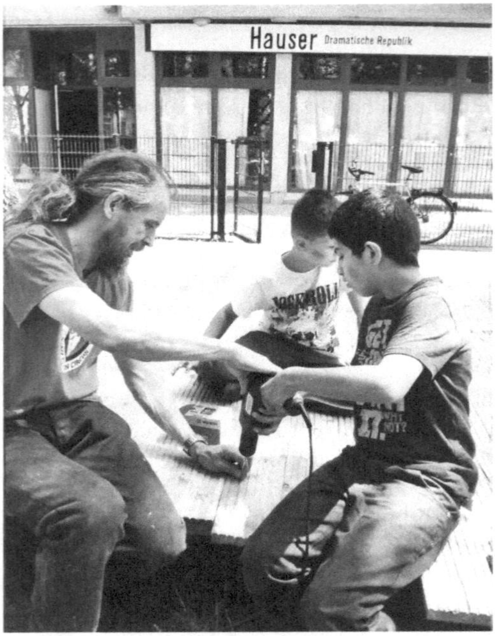

Konstruktion der Bühne im Hausergarten des Itz, Berlin Neukölln (Foto: Lea Barletti)

Was erwartest du dir von dieser Tagung für Deine Arbeit?

Ich erwarte mir von dieser Tagung nicht zuletzt auch Impulse, die aufzeigen, welche Art von Lehrstücken wir für unsre Welt brauchen. Meine Erfahrung zeigt mir, dass heute alles in streng geteilten Bereichen abläuft, es gibt keinerlei Durchmischung. Ich glaube nicht, dass ein Text, der auf einer rein inhaltlichen Ebene Verhaltensmodelle aufzeigt und untersucht, in so einem Rahmen wirklich greifen kann. Es müssen Rituale entwickelt werden, in denen Leute spielerisch zueinander kommen, ohne Lehrauftrag, und sozusagen selbst entdecken, was gerade daran politisch ist.

Aber was passiert denn eigentlich, wenn du spielst?

Im besten Fall kommt es beim Spielen zu einer Verknüpfung der Seelen: In dem Fall bin ich dann gleichzeitig auch alle andren, für die ich dort stellvertretend spiele. Das hat nichts mit Illusion oder Identifikation mit einer Figur zu tun, vielmehr reflektiert jeder für sich, über den Umweg meines Spiels mit meiner Figur, meiner sich wandelnden Haltung gegenüber dem Spielmaterial, ganz eigenständig über seine Welt und seine eigene Haltung ihr gegenüber. Zu vordergründige Inhalte stören eher dieses Spiel, indem sie davon ablenken, zu Gunsten einer Verlagerung der Interessen auf aufgestellte Thesen oder Modelle. Der therapeutische Befreiungscharakter des Theaters hat aber eher mit dem Entdecken von noch nicht Gewusstem oder Bewusstem zu tun, als mit der Vermittlung zuvor erkannter Tatsachen und deren Übertragung oder Verschlüsselung in einer dramatischen oder auch postdramatischen Struktur. Das kann ich natürlich nicht allgemein so hinstellen, sondern nur im Hinblick auf eigene gelebte Erfahrung, in dem Fall die von *Selbstbezichtigung* von Peter Handke, das ich nun seit zwei Jahren immer wieder spiele und dem besonderen intimen Raum, den es durch die ausschließliche Verwendung von Gemeinplätzen, die allen gehören, zu schaffen weiß.

„Selbstbezichtigung" von Peter Handke, (Foto: Manuela Giusto)

Du meinst, das ist immer noch ein Lehrstück im Sinn Brechts?

Ich glaube schon, denn es macht einem bewusst, was Sprache ist, sein kann. Es wirft einen durch die konkrete Erfahrung auf ein uns alle verbindendes Schema zurück. Diesen Prozess durchlaufen auf aktive Weise alle Teilnehmer an der Aufführung, Zuschauer und Schauspieler auf gleiche Weise, und vor allem beinahe ohne Kontrollfunktion des Bewusstseins, also überraschend und sozusagen wie von selbst.

Und was passiert, wenn du auf der Straße spielst, ohne diese Möglichkeit zur Konzentration?

Dort kommt der kommunikative Sog aus der Komik, die den Zuschauer immer dann kalt erwischt, wenn er es sich am wenigsten erwartet. Nichts Aufklärerisches, kein Lessing, nur Energie und Lust am fröhlichen Kaputtmachen von vorgefassten Meinungen. Für mich ist das auch ein Lehrstück, aber ich glaube nicht, dass Brecht sich das so vorgestellt hat.

> LE PERE NOEL:
> Et alors... si vous êtes d'accord avec moi que la liberté est mieux que la merde, alors pour vous tous est arrivé le moment pour que vous compreniez que la liberté a un prix. Et le prix qu'il faut payer est que vous devez... vous devez? ... vous devez acheter, chers enfant! Acheter! Et pour pouvoir acheter vous devez avoir une ... une?... une carte bleue! Et pour avoir une carte bleue il faut... il faut?... il faut travailler, travailler chers enfants, travailler comme un nègre. Et donc, chers enfants? Donc? Pour être libre il faut acheter et pour pouvoir acheter il faut travailler... donc, chers enfants, donc... le travail.... rend... libre, le travail rend libre... Arbeit macht frei! Chers enfants et la liberté rend immortels. Nous ne mourrons jamais, nous ne mourrons jamais, nous ne mourrons jamais! (On entend un coup de pistolet et un terroriste masqué crie: Liberté, égalité, fraternité. Le père Noel tombe.)

"Christmas Forever" (Foto: Tony Clifton Circus)

Erzählst du uns ein wenig vom Fatzer*? Wie war das in Turin?*

Während der Proben zu *Fatzer* am Staatstheater in Turin unter der Regie von Fabrizio Arcuri habe ich mal zu einem meiner Schauspielerkollegen gesagt, dass ich mir vorkomme wie organischer Müll, der mal hier und mal dahin geschoben wird und dann dort eine Weile statisch weiterwirken darf. Das war ein sehr interessantes Gefühl von Freiheit, weil man ja nichts machen musste, sondern nur da sein, in einem Rahmen, der seinen Sinn aus dem Zusammenwirken unterschiedlichster Elemente bezog. Das Stück war ein ziemliches Durcheinander unterschiedlichster Spielweisen, aber sehr geschickt organisiert und es hat sozusagen durch den distanzierten Blick des Regisseurs eine eigene Objektivität entwickelt, die einem eine unabhängige Betrachtung des Ganzen ermöglichte. Da war also eine Möglichkeit, diesen ganzen Diskurs, nach dem unsere Zeit ja wirklich hungert, unter die Leute zu bringen. Und dann? Und dann war's halt doch wieder nur ein als ob, mit vier oder fünf Aufführungen, gerade genug, damit ein paar Kritiker kommen, ein bisschen Ausland und aus war's. Das macht doch keinen Sinn! Ist aber die Regel, zumindest in Italien. Eine Aufführung braucht Zeit zum Wirken und Wachsen und sie braucht auch einen Bezug zur Wirklichkeit, das heißt sie muss stattfinden, immer wieder, sich langsam durchsetzen vor Ort, gegen Widerstände, gegen Unverständnis. Das wäre meine Idee vom Lehrstück heute in Italien.

Das Schöne am *Fatzer* ist seine multiple Persönlichkeit, seine gleitende Identität. Eine absolut inkohärente Gedankenführung, wo Individualismusbehauptungen bis hin zur Anarchie, ideologische Gesellschaftsthesen, demagogische Feldzüge, Verhöhnungen aktueller Verhaltensstrukturen, dekadentes In-Sich-Hineinfallen und philosophisch gepanzerte Diskurse problemfrei aufeinanderfolgen. Für eine revolutionäre Anwendung absolut unbrauchbar, dieser *Fatzer*-Text, das ist wunderbar. Gerade die Tatsache, dass es zu keinem stimmigen Ganzen führt, macht ja genau das Lebendige, das Gefährliche an diesem Text aus. Wenn man diesen Text spielt und dann auf dem Nachhauseweg im Autoradio dieses ständige gutgelaunte Gequassel hört, wird einem erst wieder die Fallhöhe bewusst, die es zu überwinden gilt, um zu irgendeinem wirklichen Dialog zu kommen. Um etwas sagen zu können, was auch etwas meint und nicht nur auf irgendwelchen Meinungen herumsurft, die uns allen ja überall zur Verfügung stehen. Dazu braucht es nämlich eine gewisse Genauigkeit, eine Sprache und eine Form, was vielleicht alles mehr oder weniger das Gleiche meint. Wenn ich drüber nachdenke, hätte ich vielleicht weniger auf starke Bilder gesetzt: kein Feuer, kein explodierendes Auto, kein amerikanisches Kino. Ich misstraue starken Bildern und ziehe überraschende und weniger gefühlsmanipulierend auf die Nervenzentren wirkende Leerräume vor. Unsere Zeit surft und zapped und copy & pasted und sampled und remixed alles durch, was ihr unter die Finger kommt, in einer betäubenden Illusion von Freiheit im Umgang mit allem, was es gibt. Ich glaube aber an die Möglichkeit auch heute noch etwas direkt sagen zu können, ich glaube an die Möglichkeit etwas denken zu dürfen, was nicht schon von vornherein wahnsinnig intelligent daherkommt, in voller Rüstung, und somit im Grunde nichts Neues sagt und nichts, aber auch rein gar nichts riskiert.

Dieser Terror vor dem eigenen Risiko ist das, was mir in der gegenwärtigen Theaterlandschaft, auch in Deutschland, am meisten in die Augen sticht. Ein gigantisches Unterhaltungsprogramm, das den Anschein erweckt, transgressiv und mutig zu sein, aber sich letztendlich nichts zu berühren traut.

Seit Jahren versuche ich in Deutschland ein besonderes Lehrstück auf die Bühne zu bringen: Antonio Tarantinos *Materialien für eine deutsche Tragödie*. Dort werden italienische Denkmechanismen, zynische Beschreibungsqualitäten und Tonfälle, die aus dem italienischen Volkstheater stammen, dazu benutzt, deutsche Tabudenkschemen aufzubrechen, mittels einer respektlosen Darstellung der Geschehnisse rund um die Schleyer-Entführung und den Tod der Terroristen in Stammheim. Keine Chance, dieser Lehre wollen wir uns in Deutschland nicht unterziehen, da brechen atavistische Ängste durch. Im Herbst 2015 werde ich es dennoch als Lesung auf die Bühne bringen, mitten im Brennpunktkiez Neukölln.

Flyer zur Berliner Aufführung von Antonio Tarantinos „Materialien für eine deutsche Tragödie“

Lehrstück, man hat's vielleicht kapiert, ist für mich alles, was einen aktiv etwas erfahren lässt: Nicht als passiver Zuschauer, sondern als aktiv denkender und handelnder Mensch, der eigenständig Denkprozesse durchläuft, parallel oder gegenläufig zum Text oder zum Schauspieler, oder auch als Schauspieler selbst. Das ist für mich im Grunde aber nichts, was sich wirklich vom Theater an sich, wenn es denn lebendig und also Theater ist, unterscheidet.
Gegen diesen ganzen Berg an Bedeutung anzurennen ist zwar manchmal etwas frustrierend, aber notwendig. „Du hast keine Chance, aber nutze sie!" hat mein von der Welt vergessener Freund Herbert Achternbusch das mal genannt.
Vielen Dank für die Aufmerksamkeit!

Sommer 2015, ein Brief zwischendurch.

(Brief des Autors an Clemens Härle, der ebenfalls an den Villa-Vigoni-Gesprächen teilgenommen hat und dessen Vortrag in überarbeiteter Form auch in diesem Sammelband abgedruckt ist.)

Lieber Clemens,
ich habe deinen Text dann am Sonntag tatsächlich noch gelesen. Dein Zweifel, ob mich das eigentlich interessiert, ist ja wirklich berechtigt. Das Thema interessiert mich schon, du eigentlich auch, ich habe dir ja beim Denken zugesehen, dort am Lago di Como, und habe gesehen, dass die Materie in dir arbeitet und wütet. Trotzdem werde ich mit dem Text nicht warm. Mich würde interessieren, worum es hier wirklich geht. Ob der Brecht das so und so gemeint, oder nicht gemeint hat, wo er sich widerspricht und ob man ihn irgendwie auf ein ideologisches Muster festnageln kann, ist doch wirklich uninteressant.
Es gibt da einen Punkt, wenn du von der Unvereinbarkeit zwischen Denken und Handeln sprichst, dass Handeln das Denken nicht zitieren kann, dass die beiden Formen ohne Analogie und Mimesis auskommen müssen. Das interessiert mich brennend, weil das vom Körper spricht, vom Theater.
Ich glaube, dass man sich gar nicht genug vergegenwärtigen kann, dass es sich bei Brechts Texten um Theatertexte handelt, die von lebendigen Menschen gesprochen werden, durch die sie hindurchgehen und von denen sie ständig organisch zersetzt werden.
Ein andrer Punkt, der mich interessiert, ist der zwischen Handeln und gezeigtem Handeln, was ja wirklich nicht dasselbe ist, und dessen Implikationen auf den angestrebten Lernerfolg. Dazu gibt's ja auch diese schönen Essays von Handke zum Straßentheater, wo er sich mit dem gleichen Thema beschäftigt. Und auch den sehr witzigen Dialog von Platon *Ion* mit Sokrates und dem Schauspieler, wo ständig die Ebenen verwechselt werden und wo Platon unsere heutige Zeit auf eine sensationelle Weise vorwegnimmt. Es ist dies ein sehr reichhaltiges Terrain für Erfahrung. Das kann man meiner Meinung nach nicht zu vorschnell auf ein Schema wirklich–als ob

zurückführen. Die Körper sind nämlich echt und das Denken auch, das kann man nicht vortäuschen, ohne dass es sofort stinklangweilig wird auf der Bühne. Der Unterschied ist nur, dass es halt als sichtbar ausgestellt wird, als Spiel betrachtet wird. Ohne Untermauerung, ohne Behauptung auf Endgültigkeit, als ein nicht geschlossenes, immer prekäres System.
Aber ich weiß ja auch nicht ob dich das überhaupt interessiert...
lieben Gruß
Werner

Herbst 2015, letzte Gedanken zum Thema Lehrstücke

Heute war Klassenkonferenz. Es wurde vorgeschlagen als rituelle Strafmaßnahmen für Verspätung beim Unterricht relativ stumpfsinnige Abschreibearbeiten durchzuführen. Für zehn Minuten Verspätung ein Kapitel abschreiben. Ich habe auch zugestimmt, ich bin Elternvertreter. Da habe ich ans Lehrstück gedacht.
Vor ein paar Tagen war ich mit meinen Kindern im ethnologischen Museum in Berlin. Es gab da unter anderem eine Sonderausstellung zum Islam. Vieles kennt man ja schon, manches kann man schon nicht mehr hören und die Burqas im Schaukasten waren auch nicht wirklich interessant, aber plötzlich war da in einer elektronischen Schautafel die schon bekannte aber eben wieder vergessene Info vom Koran, der eigentlich nicht übersetzt werden darf. Wenn man ihn nicht versteht, kein arabisch kann und auch die Schrift nicht kennt, macht es mehr Sinn, sagen sie, die unbekannten Schriftzeichen zu betrachten und dem Laut der unbekannten Sprache zu lauschen, als der Bedeutung und dem Sinn hinterherzurennen. Da habe ich erneut ans Lehrstück gedacht, an den Glauben, der ihm innewohnt, durch das Spielen schematischer Abläufe eine Bewusstseinsveränderung herbeizuführen.
Ja, was hat Brecht eigentlich mit dem Glauben zu schaffen? Er hat ja verschiedene Glaubensbekenntnisse in die Welt gesetzt, z.B. das von der Veränderbarkeit der Welt und auch seine Sprache hat der Bibel viel zu verdanken. Die Sprache ist ja überhaupt das, was mich am meisten bei ihm berührt. Da ist eigentlich schon alles enthalten, was für mich zählt: die Menschwerdung und das unmögliche Sich-Einfügen in ein System aus Zeichen, Werten, der Widerstand der Materie gegen den Geist. Das sprachlich zu erleben, also sozusagen durch den Satzbau, hat etwas Befreiendes. Meine Frage wäre ja, was von den Lehrstücken übrig bliebe, wenn man ihnen ihre spezielle Sprache wegnehmen würde. Also die ganze Theorie beibehalten, aber die Sprache vertauschen, mit einer glatten, sauberen Deutschunterrichtssprache. Das wäre wahrscheinlich der absolute Horror, nicht auszuhalten, Inhaltstheater, Ideologiewahnsinn. Eigentlich ist ja das Scheitern der Lehrstücke an ihrer eigenen Sprache, wie es sich im *Fatzer* exemplifiziert, das Interessanteste an ihnen.
Um Zeit zum Schreiben dieser Zeilen zu finden habe ich heute meinem Sohn Tobia absagen müssen, mit ihm zum Basketballspiel von Alba Berlin zu gehen.

Das Gespräch lief ungefähr so:

> W: „Weißt du, ich muss noch einen Text schreiben, zu den Lehrstücken von Brecht. Du weißt ja, wer Brecht ist oder? Der vom Berliner Ensemble."
> T: „Ja, ja, ich weiß. Lehrstücke?"
> W: „Ja, das waren Texte fürs Theater, die der Brecht vor mehr als 80 Jahren geschrieben hatte. Die heißen Lehrstücke, weil man, wenn man sie spielt, etwas darüber lernt, wovon sie handeln. Es geht da um so Dinge wie Einverständnis mit den Regeln der Gesellschaft, oder darum, ob der Einzelne mehr Recht hat als die Mehrheit oder umgekehrt, oder ob es richtig ist jemanden zu töten, um mehrere zu retten. Solche Dinge, vielleicht etwas abstrakt..."
> T: „Ja, natürlich ist es richtig einen zu töten, wenn man dafür mehrere retten kann."
> W: „Ja? Bist du dir da wirklich sicher?"
> T: „ Ja schon, weil einer ja nicht so viel zählt wie viele."
> W: „Und wenn das aber ein ganz besonderer Mensch wäre, der für viele ganz wichtig ist, ein großartiger Arzt, der alle heilen kann und die vielen hingegen nur eine Horde von Verbrechern und nutzlosen und schlechten Menschen wären, was dann?"
> T: „Naja, wenn das alles Mörder wären, dann ist es nicht richtig, dass einer stirbt, um sie zu retten, aber wenn sie nur nicht fleißig sind oder faul, dann eigentlich schon. Oder wenn da zum Beispiel fünf Kinder wären, die ich retten könnte, durch meinen Tod, dann würde ich mich zum Beispiel gerne umbringen, um sie zu retten."
> W: „Bist du dir da sicher? Ich glaube, ich wäre dazu nicht bereit."
> T: „Ja, ich schon. Oder wenn zum Beispiel da ein Alter wäre und auf der anderen Seite ein Kind, dann wäre es richtig, dass der Alte stürbe, denn er hat ja schon gelebt."

Und so ging das noch eine halbe Stunde weiter mit: wieso darf man keine Menschen töten, aber Tiere schon und mit den verschiedenen Graden von Bewusstsein von einer Wanze, zu einem Elefanten, zu einem Baum bis hin zu einer Möhre usw. usw. So eine Diskussion zum Beispiel, die wirft mich völlig aus dem Gleis, da weiß ich am Ende überhaupt nichts mehr. Es scheint ja aktuell tatsächlich genügend junge Leute zu geben, die bereit sind, sich umzubringen, um die Welt zu verändern, wenn auch nicht alle aus so noblen Beweggründen wie Tobia. Eines der ‚heißen' Diskussionsthemen unseres Seminars in der Villa Vigoni war ja genau die Frage, ob es richtig ist, die rituelle Tötung eines Menschen zu fordern zur Erreichung eines revolutionären Ziels. Ob, wer dies fordert, nun Terroristen oder Nazis oder Staatsmänner oder kommunistische Revolutionäre sind, spielt für mich vorerst keine besondere Rolle. Was mich interessiert ist die Sprache, in der diese Forderung vorgebracht wird, vorgebracht werden kann, ebenso wie die Sprache ihres Gegenübers, des rituellen Opfers, dem natürlich meine ganze Sympathie gilt. Ich zitiere einen Passus aus den

Materialien für eine deutsche Tragödie von Antonio Tarantino. Darin begründet der Richter des Bundesverfassungsgerichts Benda im Gespräch mit Eberhard Schleyer die Notwendigkeit der Entscheidung, die Hinrichtung seines Vaters von Seiten der RAF hinzunehmen:

> EBERHARD SCHLEYER
> Ich bitte Sie nur darum, das Leben meines Vaters zu retten.
>
> BENDA
> Natürlich, mein Junge, aber nur indem man die sanktionierende Macht des Staates rettet, ist auch das Anrecht auf das Leben Ihres Vaters gerettet: wenn man hingegen sein Leben retten würde, verschwände jedes Anrecht auf seine persönliche Unversehrtheit eben gerade durch den Verlust der Macht desjenigen, der am Leben bleibt nur, weil er sanktionieren kann und wo es keine Sanktion gibt, kann es weder Bewahren geben, noch Unversehrtheit, noch Leben, sondern nur Tod, jenen Tod, der manchmal eben von demjenigen verlangt wird, der, obwohl er zu Recht lebt, das Anrecht auf die Macht derjenigen töten würde, die nur deshalb leben, weil es Macht gibt und Sanktion und einen Paragraph zwei... Aber wo wollen Sie denn hin... Schreibt Ihnen Ihr Vater immer noch?
> (Antonio Tarantino: *Materialien für eine deutsche Tragödie*)

Auch das ist ein Glaubensbekenntnis und wer es ausspricht, auch ohne daran zu glauben, zementiert dessen Fundament, im Leben, aber eben nicht im Theater, denn Theater hat keinen Wahrheitsanspruch und hat mehr mit Zweifeln zu tun als mit Glauben. Theater ist eine Befreiungsanstalt, keine Erziehungsanstalt. Es ist das exakte Gegenteil von Schule. Seine Lehre, wenn es denn eine solche geben soll, kann nicht a priori bestimmt, sondern höchstens a posteriori herausgefunden werden. Die Lehrstücke sind eine sehr Theorie lästige Angelegenheit. Die produzierte Theorie, die ein Vielfaches der eigentlichen Theatertexte ausmacht, kommt der Praxis nicht unbedingt zugute. Aber immer wieder flackert doch ein Interesse auf. Ich habe den Verdacht, dass das mit der geahnten Möglichkeit zu tun hat, dass es dort zu einer Fusion zwischen politischer Aktion und ästhetischer Reflexion kommen könnte, wie sie als Idee manchen revolutionären Utopien innewohnt. Die Gesellschaft für politische Schönheit, Milo Rau, Ai Wei Wei oder vor ihnen streckenweise Schlingensief, Beuys und viele mehr, sie alle haben mit dieser Idee zu tun und treiben sie vorwärts. Nur: wo sind die Dichter?

Gespräche 6: Die Institution des Theaters und das Lehrstück

Erfahrungstransfer zwischen Zuschauen und Spielen, Theaterpädagogik und künstlerische Arbeit, Spontaneität und Versuchsanordnung

Joshua Wicke

Es wurde gesagt, dass es enorm wichtig ist, angeschaut zu werden, und dass man auch dabei viel lernen kann. Ich frage mich, ob dieses Angeschaut-Werden unterschiedlich ist, je nachdem man mit einem Text arbeitet oder in einem Projekt improvisiert. Gibt es also einen Unterschied zwischen der Situation als Schauspieler, z.B. in der *Fatzer*-Inszenierung, und der Projektarbeit ohne Arbeitsteilung in der von Werner Waas erwähnten ‚Theater'-Fabrik. Und ich frage mich auch, inwiefern durch dieses Angeschaut-Werden und Spielen das ‚Pädagogen-Trauma' überwunden werden kann.

Werner Waas

Der Text ist ein toller Raum, der, solang er frei bleibt und nichts bedeuten muss, alles bedeutet, was man darin finden kann. Und in dieser gemeinsamen Theater-Arbeit, auch in diesem Zuschauen bei der Arbeit mit einem Text, in dem etwas gesucht wird, in dem man sich bewegt, auf den man reagiert, der ein Versuchsfeld darstellt, kann eine sehr befreiende Erfahrung entstehen.

Für mich ist die Welt des Theaters und die der sozialen Welt so weit auseinander gedriftet, dass die eine von der anderen wirklich nur noch sehr wenig weiß. Das mag überraschend klingen, weil sich die Theater in Deutschland neuerdings wieder auf soziale Brennpunkte fokussieren, in den öffentlichen Raum gehen und viele soziale Projekte initiieren, gerade auch theaterpädagogischer Art. Aber ich glaube, dass die Lebenszeit der Institution Theater abgelaufen ist, dass es einer anderen Art von Theater bedarf, auch anderer Theaterräume, eines anderen Theater-Verständnisses. In Italien hat das Theater den ‚Vorteil', dass es sich dermaßen im Abseits befindet, dass es letztendlich auf Augenhöhe mit einem Großteil der Gesellschaft steht. Sein Außenseitertum rückt es fast ins Zentrum der Gesellschaft, die ja auch aus ganz vielen Außenseitern besteht, die zu keinem gemeinsamen Handeln kommen. In Deutschland aber hat das Theater eine Funktion und sogar eine gewisse Machtposition im gesellschaftlichen Diskurs, die es ihm verwehrt, wirklich produktiv zu werden. Es wird immer von oben herab agiert, immer in einer Art von Besserwisserei und nur mit einem scheinbaren Risiko. Ich habe eine Aufführung des Maxim Gorki Theaters gesehen, das gerade einen Preis als das beste deutsche Gegenwartstheater bekommen hat, eine Tanztheater-Inszenierung im Freien. Es war gut gemacht und durchaus faszinierend, nur mit türkischen Schauspielern, es ging um Gewalt im menschlichen Miteinander. Erst hinterher habe ich bemerkt, dass es ein gefakter Diskurs war, dass das nur geschickt arrangiert und eigentlich nur für sich selbst produziert worden ist. Es ging gar nicht wirklich um den Inhalt, und das ist sehr oft mein Eindruck von Kunstproduktionen.

Marianne Streisand und Gerd Koch

Till Nitschmann
Man könnte in Anlehnung an Brecht sagen, dass das Theater nicht dadurch lehrt, dass es gesehen wird, sondern dadurch, dass man es spielt. Siehst du eventuell darin ein Potential, diesen Problemen ganz konkret zu begegnen?

Werner Waas
Es ist ein wichtiges Prinzip, dass man im Spielen lernt, das ist eigentlich die Begründung für Theater überhaupt. Ich glaube aber auch, dass man hauptsächlich durch Missverständnisse und Fehler lernt und nicht durch Rechthaben und Gewissheiten. Die Zuschauer können nur Erfahrungen machen, indem sie Schauspielern zusehen, die selber Erfahrungen machen.

Hans-Thies Lehmann
Ich fand diese desillusionierte Schilderung des Theaters wichtig, aber wir sollten dabei doch zwei Dimensionen unterscheiden. Das Eine ist die Funktion von Kunst überhaupt, also auch der Theaterkunst in der Gesellschaft bei uns. Das Zweite ist die spezifische Frage von Lehrstückpraxis als einer besonderen Spielart von Theater. Das, was mit Recht an den Theatern kritisiert wird, das Pseudorisiko, die ‚Selbstfütterung'

der Institution, ich würde noch hinzufügen, die Selbstbestätigung der Kultur, der herrschenden Kultur – jeder geht ins Theater und strahlt sich gewissermaßen selber an, wie kulturvoll es doch ist, dass er dieses Theater ansieht –, das ist tatsächlich ein Grund, weswegen man heute davon sprechen muss, dass man wirkliche Kunst, wenn man unter Kunst eine kritische und abweichende Praxis versteht, die unsere gemeinhin gepflegten Sicherheiten erschüttert, fast gar nicht mehr im Theater erwarten kann.
Man sollte das Kind aber auch nicht mit dem Bade ausschütten, denn diese Lage der Theaterinstitute ist ja nicht wirklich neu. Das war z.B. für Goethe schon so, der kaum Erfolg hatte, die Leute wollten lieber Kotzebue sehen; das war im neunzehnten Jahrhundert mit Ibsen so. Diese sozialkritischen Stücke wurden von denen, die sie eigentlich befreien sollten, nämlich von der Bourgeoisie, natürlich nicht gesehen, sondern von einem exklusiven, gebildeten Publikum. So war es in den 1960er Jahren letztendlich auch, und so war es sogar bei Brecht. Das heißt, es gibt keine reine ästhetische Praxis im Kapitalismus, es gibt immer nur partielle Möglichkeiten. Adorno spricht deswegen von der Schuld der Kunst, und Müller davon, dass jede Kunst Privilegien voraussetzt und deshalb die Künstler auch für ihre Privilegien bezahlen müssen. Wenn wir also die Frage der politischen Wirkungslosigkeit des Theaters so verallgemeinern, dass wir sagen, wir brauchen überhaupt keine Kunst mehr, dann wäre das für mich eine grundlegend falsche Konsequenz.

Tina Wellmann, Werner Waas, Clemens-Carl Härle, Mauro Ponzi, Marianne Streisand und Knut Hirche

Werner Waas
Kunst soll zur Befreiung von Gefängnissen aller Art dienen, und es ist die Frage, ob dieses allein durch das Sehen, das Zuschauen möglich ist. Es geht vor allem um Erfahrungstransfer und um das Sich-Entfernen von eigenen Sicherheiten, darum, eine andere Perspektive zu gewinnen, gerade auch durch die Ungeschütztheit dessen,

der sich auf der Bühne ausstellt. Und je fragiler dieses Sich-Aussetzen ist, je weniger er sich einmauert und je mehr er zusammen mit mir auf Erfahrungssuche geht, desto stärker ist auch meine Erfahrung als Zuschauer.

Florian Vaßen
Es stellt sich darüber hinaus auch die Frage, wie das Spannungsverhältnis zwischen Theater und Schule, von Theater als Schulfach und Theater im Sinne von Stop-Teaching zu verstehen ist, also einerseits die Negation der Theaterpädagogik, andererseits der Versuch theaterpädagogische und künstlerische Arbeit zu verbinden.

Werner Waas
Ich denke, dass man von den Kindern viel lernen kann. Ich denke aber auch, dass sehr viel Schindluder getrieben wird mit diesen pädagogischen Vorgaben, die allem widersprechen, was für mich Theater ist, ob nun pädagogische Nützlichkeit intendiert ist oder die Erziehung zum guten Staatsbürger oder Konfliktprävention. All das sind für mich Reizwörter, die mir die Theater-Arbeit verleiden, weil ich mich unfrei, einem Zweck unterworfen fühle. So kann es für mich zu keiner wirklich sinnvollen kreativen Arbeit kommen.

Knut Hirche
Wichtig ist, dass das Publikum eben nicht nur im klassischen Sinn Zuschauer ist, sondern dass es merkt, dass es mit verantwortlich für das Theater-Ereignis ist. Erst wenn die Zuschauer erfahren, dass auch sie Verantwortung haben für das, was auf der Bühne stattfindet, erst dann können die Leute auf der Bühne ‚frei' werden, und es kann ein gemeinsamer Prozess von Erfahrungen entstehen.
Ich würde gerne noch mal die Frage nach der Trennung von Figur und Person stellen; ich finde das sehr schwierig und auch problematisch. Kann man wirklich die sogenannte private Ebene, die unter der Spielebene liegt, heraushalten? Sie spielt doch immer eine große Rolle. Muss man nicht in diesem Niemandsland, in dem man sich da zwischen Person und Figur befindet, bewusst hin- und hergehen? Alle Dinge, mit denen man im Kunst- oder Theaterbereich arbeitet, sollten mit Respekt betrachtet werden, vor allem die Form, die Qualität der Texte, die Reichhaltigkeit von Bedeutungen; Poesie ist eben nicht eindeutig lesbar.

Milena Massalongo
Was bedeutet im Theater Spontaneität, Improvisation, ohne jegliche Regieanweisungen in einem experimentellen Theaterraum? Mit Kindern kann man vielleicht sehr spontan arbeiten, sie sind noch nicht völlig vorprogrammiert. Aber bei Erwachsenen bin ich sehr skeptisch, oft ist Spontaneität doch nur ein Komplex von tief verwurzelten, unbewussten Gedankengängen, Glaubenssätzen, Gewohnheiten, ja Vorurteilen. Und deshalb brauchen wir zumeist eine Versuchsanordnung, ästhetische Regeln, wie sie bei den Lehrstücken zu finden sind.

Werner Waas
Ich glaube, man braucht beides. Man braucht einerseits den Mut, etwas zu machen, was man noch nicht weiß. Eine präzise Versuchsanordnung dient oft doch nur der Bestätigung einer zuvor aufgestellten Hypothese, und das ist mir schon wieder suspekt. Ich halte aber Form für sehr wichtig, ohne sie kann man nicht ästhetisch arbeiten, man braucht Material, an dem man arbeiten kann.

Milena Massalongo
Material muss aber auch mit den Agierenden, den Theater-Praktikern arbeiten können.

Werner Waas
Ja, genau. Aber es muss Material sein, das offen konzipiert ist, das nicht besetzt ist mit einer festen Meinung oder starren Bedeutung.

Milena Massalongo
Meinst du, dass das der Fall bei Brechts Lehrstücken ist?

Werner Waas
Man sollte sicherlich nicht allgemein über die Lehrstücke sprechen, sie sind zu unterschiedlich. *Der Jasager* und *Der Neinsager* scheinen mir aber doch sehr schematisch zu sein, fast ‚schulmeisterlich', geschrieben eben im Dienst einer zuvor aufgestellten These. Der *Fatzer* dagegen ist das genaue Gegenteil, ein Text, bei dem Experimentieren möglich ist.

Hans-Thies Lehmann
Zum einen: Brecht hat in Bezug auf die Problematik der Institution Theater kurz vor seinem Tod offensichtlich schon geahnt, wie die Entwicklung weitergeht, und deshalb gefordert: Was wir jetzt brauchen, sind „kleine, wendige Truppen und Trüpplein", „junge Berufsschauspieler" und „Laien" In diesem Sinne bilden auch die Lehrstücke einen Impuls, die Theaterinstitution zu verändern. Zum anderen: Wir brauchen eine Form, weil wir sonst nur von einer Spontaneität in eine andere, vielleicht noch primitivere zurückfallen, denn unsere Spontaneität ist natürlich nicht spontan, sie ist tatsächlich kodiert. Dabei helfen nicht nur die Lehrstücke, sondern auch andere Theatertexte und sogar Prosatexte. Es geht also nicht darum die Kunst abzuschaffen, sondern ganz im Gegenteil.

Florian Vaßen
Wie Spontaneität ist auch der Begriff der Authentizität, der ständig im Theaterdiskurs verwendet wird, sehr problematisch. Was heißt denn Authentizität im Theater? Im Grunde gibt es in Kunstprozessen doch nur eine konstruierte, gemachte, ästhetisch hergestellte Authentizität.
Der Jasager ist ohne Zweifel starrer und lehrhafter als das *Fatzer*-Fragment; der egoistische Fatzer ist eine ganz andere Figur in einer völlig anderen Konstellation

als der Knabe im *Jasager*. Aber es gibt eben auch den *Neinsager*. Die Schülerinnen und Schüler des Neuköllner Reformgymnasiums fanden es nicht akzeptabel, einfach dem „großen Brauch“, übernommen aus dem Ritual des japanischen Theaters, zu folgen, wie im *Jasager*. Sie fragten sich: Warum kann man den „großen Brauch“ nicht ändern? Entsprechend ihrer Anregungen und Kritik hat Brecht deshalb den *Neinsager* geschrieben, in dem der „große Brauch“ abgeschafft wird. Wer A sagt, muss eben nicht B sagen; es gibt nicht nur dieses konsekutive, angeblich logische Verhalten, sondern auch ein widerständiges, eigensinniges, so wie wir es bei Fatzer finden. Trotz aller Strenge und Eindeutigkeit kann man deshalb – nach meiner Überzeugung – mit jungen Menschen auch den *Jasager* und *Neinsager* spielen, und zwar gemeinsam, so wie Brecht es immer wollte. Deshalb betont er ja: „Einverstanden sein heißt auch: *nicht* einverstanden sein.“

Florian Thamer

Eine Frage der -STELLUNG

Ergänzungen zum *Theater der Sorge* als zeitgemäße Lehrstückpraxis

> Der Zweck, wofür eine Arbeit gemacht wird, ist nicht mit jenem Zweck identisch, zu dem sie verwertet wird. So ist das Fatzerdokument zunächst hauptsächlich zum Lernen des Schreibenden gemacht. Wird es späterhin zum Lehrgegenstand, so wird durch diesen Gegenstand von den Schülern etwas völlig anderes gelernt, als der Schreibende lernte. Ich, der Schreibende, muß nichts fertig machen. Es genügt, daß ich mich unterrichte. Ich leite lediglich die Untersuchung und meine Methode dabei ist es, die der Zuschauer untersuchen kann.[1]

Ausgehend von dem Dilemma, dass sich künstlerisch-kritische Bezugnahmen auf die Politik und das Politische in den letzten Jahren mehr und mehr zu einer förderungsrelevanten Bezugskategorie entleert haben, eine *Festivalisierung* politischer Kunst stattfindet, die Kritik kommodifiziert und somit nahezu stillgelegt wird oder gar systemstabilisierend wirkt[2], stellten Tina Turnheim und ich uns Anfang des Jahres 2014 die Frage, wie und in welcher Form denn dann heute noch Politisches Theater gemacht werden könne, das diese Bezeichnung auch verdient. Wir entwickelten, ausgehend von einer mit unserem Theaterkollektiv EGfKA gemachten praktischen Erfahrung[3], das Modell eines *Theaters der Sorge*[4], welches

---

1 Bertolt Brecht: Fatzer. In: B.B.: *Werke. Große kommentierte Berliner und Frankfurter Ausgabe*. Hg. Werner Hecht u.a. Bd. 10.1. Berlin / Weimar / Frankfurt a. M., 1997, S. 514.

2 Vgl. hierzu z.B.: Helmut Draxler: *Der Habitus des Kritischen – Über die Grenzen reflexiver Praxis*. http://eipcp.net/transversal/0308/draxler/de

3 Im März 2013 nahmen wir die Einladung der Besetzer_innen des Athener Embros Theaters wahr, dort im Rahmen einer Artist Residency einen Workshop zu Brechts Fatzermaterial durchzuführen. Aus der Beschäftigung mit dem Material ergab sich zwangsläufig die formale Umsetzung im Stile eines Lehrstücks. Neben breit gefächerten Diskussionen über theoretische Texte und die aktuelle Lebenssituation in Athen gab es szenische Spiel-Versuche, die eine künstlerische Auseinandersetzung mit den Fragen ermöglichte.

4 Erschienen ist der Text „THEATER DER SORGE – Politisch politisches Theater machen“ zuerst in: *In Gemeinschaft und als Einzelne_r. Mülheimer Fatzerbücher 3*. Hg. Matthias Naumann / Mayte Zimmermann. Berlin, 2014, S. 181-200. Mittlerweile liegt auch eine englische Übersetzung mit einem veränderten Vorwort vor: „Performing Politics of Care: Theatrical Practices of Radical Learning as a Weapon Against the Spectre of Fatalism.“

als ein *politisch gemachtes Politisches Theater* verstanden werden will.[5] Unserer Meinung nach reicht es also keineswegs aus, wie es in der Praxis vieler öffentlich geförderter Staats- und Stadttheater zu beobachten ist, sich alleine auf politische Inhalte zu beziehen, ohne dabei gleichsam die (Re-)Produktionsbedingungen[6], in welchen diese bearbeitet werden an diese Inhalte anzupassen; genauso wenig kann aber auch die bloße (wie auch immer geartete) kollektive Herstellungsweise ohne direkte Auseinandersetzung mit politischen, sozialen oder ökonomischen Gesellschaftsentwicklungen genügen, um im – für uns – wirklichen Sinne als Politisches Theater zu gelten.

EINSTELLUNG

Der entscheidende Punkt unserer Ansicht nach ist: Ein wirklich politisches Theater postuliert zuvorderst eine bestimmte *Einstellung* zur gegenwärtigen Verfasstheit der Welt, vielmehr: eine Haltung – eine dezidiert emanzipatorische Haltung, die ganz klar, auch nach außen hin, ein absolutes Nicht-Einverstanden-Sein mit allen gegenwärtigen Ausbeutungsverhältnissen formuliert, diese über die konkrete inhaltliche Auseinandersetzung offenlegt und die eigene Theaterpraxis als eine Akteurin neben anderen ins Feld führt, diesen Verhältnissen widerständig zu begegnen.

Um diese Haltung auch theoretisch auszustellen, erschien uns als logischer Ausgangspunkt unserer Überlegungen zu einem *Theater der Sorge* der Bezug auf die von Brecht um 1930 entwickelte Lehrstückkonzeption, die er als ein lehrhaftes Theater verstanden wissen wollte, in der Lernende spielend als Produzent_innen von Kunst im Mittelpunkt stehen. Die Teilnehmenden sollen dabei „durch die Durchführung bestimmter Handlungsweisen, Einnahme bestimmter Haltungen, Wiedergabe bestimmter Reden und so weiter gesellschaftlich beeinflußt werden [...]“[7], sie sollen also, indem sie „zugleich zu Tätigen und Betrachtenden“[8] gemacht werden, durch das Theaterspielen erzogen werden, denn das Lehrstück „lehrt dadurch, daß es gespielt, nicht dadurch, daß es gesehen wird.“[9]

In: *Performances of Capitalism, Crises and Resistance – Inside/Outside Europe*. Hg. Marilena Zaroulia / Philip Hager. London, 2015, S. 77-93.

5 Für nähere Informationen siehe die vielstimmige Dokumentation des „Athener Lehrstücks“: „(THEATER)ARBEIT AM WIDERSTAND – Zwischen Verweigerung und Organisation“. In: *In Gemeinschaft und als Einzelne_r. Mülheimer Fatzerbücher 3,* S. 145-179, oder die Projektseite: www.fatsa-koina.de

6 Mit dem Sorge-Begriff stellen wir einen klaren Bezug her zu aktuellen Debatten der feministischen Theorie, die auch für soziale Bewegungen die Zentralstellung der Sorge fordern, um diese auf Dauer zu stellen.

7 Bertolt Brecht: Zur Theorie des Lehrstücks. In: B.B.: *Werke,* Bd. 22.1, 1993, S. 351.

8 Brecht: Fatzer, S. 524.

9 Brecht: Zur Theorie des Lehrstücks, S. 351.

Gerade die Rolle des Spiels wird von Brecht hier als vollständig veränderte, als das Lernen unterstützende Tätigkeit hervorgehoben, denn wenn das „System Spieler und Zuschauer“ aufgehoben wird, gibt es „nur mehr Spieler, die zugleich Studierende sind.“[10]

ERSTELLUNG

Brecht schrieb eigens für diese Zwecke zu benutzende Texte, die sich thematisch mit Konflikten Einzelner innerhalb bestimmter Gruppengefüge auseinandersetzen, meist zugespitzt in der Frage, ob das Individuum bereit sein muss, sich für das Kollektiv zu opfern.

In unserer aktualisierten Form von Lehrstückstückpraxis, die wir mit dem *Theater der Sorge* verfolgen, besteht eine entscheidende „Neuerung“[11] darin, dass nicht zwangsläufig ein von Brecht geschriebener Lehrstück-Text als Lernmaterial zugrunde liegen muss. Wir beschwören vielmehr einen Dreiklang aus künstlerischem Material, passenden theoretischen Abhandlungen und Erfahrungswissen aus politischer Bewegungsarbeit, aus dem dann ein Materialkorpus erstellt wird. In der aktiven *Erstellung* dieser Materialsammlung besteht dann auch schon der erste Akt des Lernens, muss doch sorgfältig gelesen, geprüft und abgewogen werden, muss darauf geachtet werden, dass durch die Auswahl auch sich widersprechende Denkschulen gleichberechtigt Gehör finden, um Konflikte und Reibungen in der Auseinandersetzung zu gewährleisten.

So war schon das von uns im besetzten Athener Theater Embros durchgeführte Labor „Face(s) in/of the community, non-citizens, spectres and living/surviving under capitalism...“, zu dem sich eine heterogene Gruppe von etwa zwanzig Teilnehmenden einfand und das Fatzermaterial mit Texten von Walter Benjamin, Giorgio Agamben und anderen Denkern politischer Theorie und mit der damals aktuellen (Über-) Lebenssituation in Athen in Bezug setzte, gerade von der Reichhaltigkeit der Materialien geprägt und ermöglichte den Teilnehmenden so, die verschiedensten Blickwinkel auf die gegenwärtige Situation einzunehmen.

Und in dem von uns im Frühjahr 2015 im Ringlokschuppen Ruhr durchgeführten Labor „PROMETHEUS ENTFESSELN!“, welches das Prometheus-Material in seinen zahlreichen Varianten von Hesiod und Aischylos, über Goethe und Kafka bis hin zu Heiner Müller mit Theorien aus dem Umfeld des Spekulativen Realismus und aktuellen Kämpfen emanzipatorischer Bewegungen kurzschloss, waren außer seinen Überlegungen zum *Dividuum* und zum *Rundfunk als Kommunikationsapparat* kaum Texte von Brecht Gegenstand der Auseinandersetzung.

---

10 Bertolt Brecht: [Die Grosse und die Kleine Pädagogik]. In: B.B.: *Werke,* Bd. 21, 1992, S. 396.

11 Vgl. Brechts Kommentar zum „*Rundfunk als Kommunikationsapparat*“: „Neuerung nicht Erneuerung.“

Labor im besetzten Theater Embros – Übung „Fatzer lesen“

HERSTELLUNG
Trotzdem bleibt der Bezug auf Brechts Lehrstücktheorie für das *Theater der Sorge* maßgeblich – gerade für die 1. Phase, in der es um die gemeinschaftliche *Herstellung* einer Laborsituation geht. Wie bereits oben gesagt, geht es hier darum, ein künstlerisches Material mit aktuellen politischen und theoretischen Debatten zu verknüpfen, um so heterogene Lebens-, Denk- und Arbeitsformen in diskursiver und spielerischer Weise zu erproben. Dies soll zur „'*Selbstverständigung*'“[12] und möglichst hierarchiefrei geschehen. Während des Labors gibt es keine Zuschauer, sondern nur Beteiligte. Beteiligt sind alle Teilnehmenden dabei auch an den anfallenden reproduktiven Arbeiten. Der Bezug auf den Sorgebegriff erfolgte u.a. auch aus diesem Grund: Ein Raum zur Selbstverständigung über emanzipatorische Lebens-, Denk- und Arbeitsformen wird erst dann wirklich geschaffen, wenn neben dem gemeinsamen Diskutieren und den praktischen Spiel-Versuchen sich auch über die Notwendigkeit des gemeinsamen Kochens und Putzens verständigt wird und diese Aufgaben fair verteilt werden. Die radikale Lernpraxis, der sich das Theater der Sorge verpflichtet, bezieht zu einem nicht geringen Teil das Lernen dieser Notwendigkeiten zum Gelingen einer gerechten Gesellschaft mit ein.

12 Bertolt Brecht, zit. nach Herausgeberkommentar zu Fatzer. In: B.B.: *Werke*, Bd. 10.2, 1997, S. 1120.

Labor im besetzten Theater Embros – Input von Yunus Muhammadi

Seit dem Erscheinen des Textes hatten wir erstens die Möglichkeit, das Modell nochmals einem Praxistest zu unterziehen[13], zweitens führten wir aber auch unzählige, meist sehr konstruktive Diskussionen über unseren Ansatz. Vielfach wurde dabei der Begriff des Labors als mittlerweile – gerade in der Freien Szene – inflationär gebrauchte Worthülse bezeichnet. Wir beharren aber weiterhin darauf, das Theater als den Raum mit der Möglichkeit zum freien Experiment zu bezeichnen und zu benutzen. Um dies zu untermauern, schließen wir uns der Sicht von Wolfgang Heise an, der von 1963 bis 1985 Professor an der Humboldt-Universität zu Berlin war und dort utopische Philosophie lehrte, wonach das Theater als „Laboratorium der sozialen Phantasie“[14] – eine Formel, die auch von Heiner Müller einige Male verwendet wurde – zu verstehen und zu benutzen sei. Heise plädierte dafür, das Theater als „Organ der Selbstbesinnung der Gesellschaft auf ihr eigenes historisches Gewordensein [...] als Organ der Selbstdarstellung unserer Gesellschaft, einschließlich der Selbstkritik“[15] zu begreifen.

In dieser Funktion kann das Theater als „Organ zur Diskussion politischer Probleme, zur Entscheidung von Gestaltungsfragen sozialer Beziehungen“ und zur „Entdeckung unserer eigenen Möglichkeiten, [...] der produktiven Möglichkeiten

13 Für nähere Informationen zu diesem Labor: https://promlab.wordpress.com/.

14 Dialog der Theaterleute mit Philosophen, Politikern und Naturwissenschaftlern. In: *Brecht-Dialog 1968. Politik auf dem Theater.* Dokumentation 9.-16. Februar 1968. Berlin, 1968, S. 216; zit. nach Camilla Warnke: Abschied von der Illusion – Wolfgang Heise in den 60er Jahren. In: Hans-Christoph Rauh / Peter Ruben: *Denkversuche. DDR-Philosophie in den 60-er Jahren*, 2005, S.332.

15 Ebd.

des Individuums“[16] beitragen. Wie sehr Heise bei der Formulierung dieser Gedanken Brechts Lehrstückkonzeption vor Augen gehabt haben muss, zeigt sich besonders an folgender Passage:

> Es gibt keine Situation, die eine und nur eine Möglichkeit ihrer Behandlung zuläßt: Es gibt immer mehrere Antworten. Und schon eine Entscheidung verändert den Ausgangspunkt der nächsten Situation, sei es im individuellen oder gesellschaftlichen Leben. Hier sehe ich gerade eine der großen Möglichkeiten des Theaters, solche Entscheidungssituationen durchzuexperimentieren, indem man die einzelnen Momente dieser Entscheidungssituation dabei variiert.[17]

Labor „PROMETHEUS ENTFESSELN!“ – Übung „Cognitive Mapping“

AUFSTELLUNG

Heise entdeckt dazu im Theater, verstanden eben als *Laboratorium der sozialen Phantasie*, ein Potential, welches in dieser Form keiner anderen Kunstgattung innewohnt: Die Möglichkeit zur Aktivierung des Zuschauers.[18]

Dies widerspricht nur auf den ersten Blick dem gängigen Verständnis von Brechts Lehrstückkonzeption als „Theater ohne Zuschauer“[19]. Denn nur in Bezug auf *Die Maßnahme* sprach Brecht ein konkretes Aufführungsverbot aus – und dies aus dem Grund, dass es von der Kritik häufig missverstanden wurde.[20] Unterzieht man die

16 Ebd., S. 217f.; zit. nach: Ebd.

17 Ebd., S. 222; zit. nach: Ebd. S. 333.

18 Vgl. ebd., S. 217.

19 Hans-Thies Lehmann: Theater als Experimentierfeld. Mejerchol’d, Brecht, Artaud. In: *Funkkolleg literarische Moderne. Studienbrief 5, Einheit 14*, 1993/94, S. 17.

20 Zum Aufführungsverbot der „Maßnahme“ vgl. Bertolt Brecht: Brief an Paul Patera vom 21.4.1956. In: B.B.: *Werke*, Bd. 30, 1998, S. 447.

folgenden drei Textstellen einer offenen Bewertung, so fällt auf, dass Brecht sich niemals rigoros gegen Aufführungen von Lehrstücken ausgesprochen hatte.

Aufstellung „PROMETHEUS ENTFESSELN!“ – Szene „Cognitive Mapping“

Zum einen schreibt Brecht, dass die Bezeichnung Lehrstück nur für die Stücke gelte, „die für die *Darstellenden* lehrhaft sind. Sie benötigen so kein Publikum.“[21] Wenn sie kein Publikum benötigen, heißt das nicht, dass die Anwesenheit eines solchen kategorisch ausgeschlossen ist. Auch wenn Brecht schreibt, dass *Der Ozeanflug* keinen Wert hat, „wenn man sich nicht daran schult. Er besitzt keinen Kunstwert, der eine Aufführung rechtfertigt, die diese Schulung nicht bezweckt.“[22], gelangt man schon zur Möglichkeit, unter dem bestimmten Zweck der *Schulung der Zuschauenden*, diese auch zuzulassen. Am deutlichsten aber ist die Beschreibung, dass das Lehrstück zwar dadurch lehrt, „daß es gespielt wird, nicht dadurch, daß es gesehen wird. Prinzipiell ist für das Lehrstück kein Zuschauer nötig, jedoch kann er natürlich verwertet werden.“[23]
Diese *Verwertung des Zuschauers* hatten auch wir im Blick, als wir das *Theater der Sorge* als ein 2-Phasen-Modell beschrieben. Nach der 1. Phase, der Laborphase, geht es in der 2. Phase um die gemeinschaftliche Konzeption, Vorbereitung und Durchführung einer abschließenden theatralen *Aufstellung*, die auf den kollektiven Erfahrungen und Ergebnissen der Labore basiert. Hatten wir bisher, uns auf eine von Brecht getätigte Aussage beziehend, eher mit dem Begriff der „Ausstellung“[24]

21 Brecht: Anmerkung zu den Lehrstücken. In: B.B.: *Werke*, Bd. 23, 1993, S. 418.

22 Brecht: Erläuterungen [zu „Der Flug der Lindberghs“] In: B.B.: *Werke*, Bd. 24, 1991, S. 87.

23 Brecht: Zur Theorie des Lehrstücks, S. 351.

24 Unsere Verwendung des Begriffs „Ausstellung“ bezog sich auf Brechts Kommentar zur „Maßnahme“. in: *Werke,* Bd. 24, S. 96.

operiert, scheint uns der Begriff der Aufstellung doch weitaus treffender. Hierzu aus dem *Fatzer*:

> Ihr aber seht jetzt
> Das Ganze. Was alles vorging, wir
> Haben es aufgestellt
> In der Zeit nach genauer
> Folge an den genauen Orten und
> Mit den genauen Worten, die
> Gefallen sind.
> [...]
> Und aufgebaut haben wir es, damit
> Ihr entscheiden sollt
> Durch das Sprechen der Wörter und
> Das Anhören der Chöre
> Was eigentlich los war, denn
> Wir waren uneinig.[25]

Aufstellung „PROMETHEUS ENTFESSELN!" – Szene „Suprematistische Eilmeldung II"

Die von allen Teilnehmenden des Labors gemeinschaftlich konzipierte Aufstellung hat erstens den Zweck, schon in den Spiel-Versuchen während der Laborphase zielgerichtet nach schwer aufzulösenden Widersprüchen innerhalb des studierten Materials und jeweiliger Darstellbarkeit ebendieser zu suchen und diese dann szenisch zu probieren. Zweitens führt die Aufstellung den Teilnehmenden ihren Produzent_innenstatus vor Augen und drittens können im Zuge einer öffentlichen

25 Brecht: Fatzer, S. 477.

Präsentation gesellschaftliche Resonanzen erzeugt und die im Rahmen des Labors erarbeiteten Positionen vorerst gefestigt werden. Denn betrachtet ein Publikum eine Aufstellung, in der Menschen mithilfe ästhetischer Abstraktion und ohne Auslassung der Widersprüchlichkeiten die erlebten Versuche abbilden, alternative Denk-, Arbeits- und Lebensformen zu schaffen, wird es am Ende entscheiden können, ob diese Ansätze womöglich auch in größerem, nämlich gesamtgesellschaftlichen Maßstab gedacht und erprobt werden könnten. Hierzu eine Äußerung von Frank-Patrick Steckel und Peter Stein zur Begründung der programmatischen Spielzeit-Eröffnung der Schaubühne am Halleschen Ufer mit Brechts *Die Mutter*:

Mindestens kann mit der Aufführung des Stückes der verbreiteten Abneigung gegen eine revolutionäre Politik entgegen getreten werden, indem das Verhalten von Leuten gezeigt wird, die einmal eine solche Politik gemacht haben.[26]

Vorstellung „FATSA/KOINA: Athen" – Szene „Revolutionsfabrik"

VORSTELLUNG

Eine weitere Ergänzung unseres Ansatzes scheint durch die in praktischer Arbeit gewonnenen Erkenntnisse notwendig: Aus dem Labor und der dieses abschließenden Aufstellung in Athen entwickelten wir die Inszenierung „FATSA/KOINA: Athen", um weitere Kreise von Zuschauer_innen zu *verwerten*. Für diese nun 3. Phase aktualisierter Lehrstückpraxis im Rahmen eines *Theaters der Sorge*, der Konzeption und Probe einer Theaterinszenierung gebrauchen wir den Begriff *Vorstellung*, da dieser einen breiteren Assoziationsraum eröffnet, in welchem auch viele Entsprechungen zur Konzeption des *Theaters der Sorge* zu finden sind: Neben

26 Frank-Patrick Steckel und Peter Stein: „Der Vorschlag Brechts..."; zit. nach Joachim Fiebach: *Manifeste Europäischen Theaters – Grotowski bis Schleef*. Berlin, 2002, S. 231.

der sich hier aufdrängenden Auslegung als ‚Vorführung' oder ‚Bekanntmachung' ergeben sich noch die Komplexe ‚Ansicht'/‚Anschauung'', – welche dem bei uns bisher als Haltung umschriebenen Begriff verwandt sind – und ‚Ahnung', was auf die Möglichkeitsräume verweist, die in kollektiven Prozessen radikal emanzipatorischer Lernpraxis spekulativ und präfigurativ aufscheinen können. Noch vor dem Beginn der gemeinsamen Entwicklung einer Vorstellung (Probenprozess) erscheinen uns diese Bedingungen als notwendige Voraussetzungen: Erstens muss jeder Vorstellung im Kontext einer Praxis des *Theaters der Sorge* ein kollektiver Prozess der oben beschriebenen Laborpraxis vorangehen. Zweitens müssen die Vorstellungen wiederum auch als freie, offene Versammlungen konzipiert sein, die Inhalte und vorläufigen Erkenntnisse also wieder offen und verhandelbar zur Diskussion gestellt werden. Dies hilft dann auch dabei, dass sie sich danach nicht einer weiteren Entwicklung verschließen und zum Werk erstarren. Sie bleiben vielmehr offen für weitere Bearbeitungen, Überprüfungen und Aktualisierungen.
Gerade das Gastspiel mit „FATSA/KOINA: Athen" im Athener BIOS im November 2015, eineinhalb Jahre nach der Premiere im Ringlokschuppen Ruhr, ließ uns das Publikum auf zweierlei Weise ‚verwerten': Wir machten eine offene Diskussion über die verhandelten Inhalte und benutzten Formen im Anschluss an die gesehene Vorstellung zum gleichberechtigten und obligatorischen Teil des Abends. Hierdurch wurde der Theater-Raum zu einem der engagierten politischen Diskussion. Die abstrahierten Ereignisse des Bühnengeschehens wurden vom Publikum individuell mit tatsächlich erlebter Lebenswirklichkeit abgeglichen und im Plenum besprochen. Die Kritik, die so geäußert wurde, führte zu einigen Aktualisierungen, die wir postwendend in die Inszenierung integrierten.

Vorstellung „FATSA/KOINA: Athen" – Szene „Imagine"

DARSTELLUNG

Um eine wirklich engagierte Diskussion im Anschluss an eine Vorstellung zu gewährleisten, ist es aber auch von höchster Wichtigkeit, die *Darstellung* bestimmter Fragen und Konflikte innerhalb der Vorstellungen so zu gestalten, dass die Zuschauer stets die Möglichkeit haben, den Bühnenvorgängen gegenüber eine distanziert-kritische Haltung einzunehmen. Somit ist für die Form der Darstellung, die nach Brecht „von den Studierenden nach jener der ersten Künstler ihrer Zeit nachgeahmt“ und solange „mündlich und schriftlich kritisiert, aber in jedem Fall so lange nachgeahmt werden [soll], bis die Kritik sie abgeändert hat“[27], sich ebenfalls an Brecht zu orientieren und seine Gedanken zum epischen Theater ernst zu nehmen. Denn erst wenn die Darstellung auf der Bühne geändert ist, kann sich die Haltung der Zuschauenden ändern. Damit das Publikum „eine nicht willenlose [...], hingegebene, sondern eine beurteilende Haltung“ einnehmen kann, muss es miteinbezogen werden, muss das „theatralische Ereignis weniger ‚in ihm‘ und mehr ‚mit ihm‘ statt[finden]“[28].

Werden diese von uns gemachten Vorschläge, nämlich erstens eine klare emanzipatorische Einstellung (d.h. Haltung) zur Welt zu formulieren und auf dieser zu beharren, zweitens die inhaltliche Auseinandersetzung an diese Haltung anzugleichen und dabei drittens die Reproduktionsbedingungen innerhalb derer gearbeitet wird ebenso anzupassen, dann kann das Theater, dem Wunsch Heises folgend, „direkt zu einem Organ der sozialistischen Demokratie [...], zur Form einer künstlerischen Selbstverständigung der neuen Gesellschaft über ihre eigenen Probleme, Möglichkeiten, Bedürfnisse usw.“[29] gemacht und somit wirklich politisch werden.

27 Bertolt Brecht: Fatzer, S. 515.

28 Bertolt Brecht: Entwurf für den Essay »Über eine dialektische Dramatik«, (BBA 10331/144r). In: B.B.: *Notizbücher*. Hg. Martin Kölbel/Peter Villwock, Elektronische Edition, letzte Änderung 23. Juli 2014, http://www.brecht-notizbuecher.de/content/uploads/bba-10331.144.pdf

29 Dialog der Theaterleute mit Philosophen, Politikern und Naturwissenschaftlern, S. 332.

Andreas Häckermann / Joshua Wicke

Ich scheisse auf die Ordnung der Welt

36h für ein neues Handbuch der Lebenskunst der jungen Generationen

1

In Berlin fahren sechs Streifenwagen mit angeschaltetem Blaulicht und Sirenen am SOHO-Haus vor. Den Polizeieinsatz haben wir ausgelöst.

Wir haben uns zuvor zwei Tage lang mit einer Gruppe von Jugendlichen mit dem *Fatzer*-Fragment von Bertolt Brecht auseinandergesetzt; mit einer Frage im Rücken: Wohin desertieren, wenn man den polternden Agitationen des Egoisten Johann Fatzer folgen will: „Ich mache / Keinen Krieg mehr, sondern ich gehe / Jetzt heim gradewegs, ich scheiße / Auf die Ordnung der Welt."[1] Ja, richtig – wir auch irgendwie. Während für Fatzer und seine Panzerbesatzung die Konsequenz klar ist: Die Front unterqueren, untertauchen in Mülheim und nur sporadisch an der Oberfläche des alltäglichen Ausnahmezustands auftauchen, überforderte uns schon die Frage, unter welcher Front wir hindurchtauchen sollten. Würden wir versuchen, so unser Eindruck damals, eine (Land)Karte zu zeichnen, die die Herrschaftsverhältnisse abstrahiert darstellt, um sie von der Fahnenflucht zu überzeugen, würde sie unendlich komplex. Die einfachen Dichotomien, in denen Fatzer die Position seiner Gruppe darstellen kann, schienen uns nicht geeignet, um unsere politische Alltagserfahrung zu fassen. Sein Handeln folgt vor allem – schließlich ist er im Titel schon überdeutlich als Egoist gestempelt – ‚asozialen' Interessen und individuellem Begehren. Trotzdem entfaltet der gesteigerte Bezug zu seinen eigenen Bedürfnissen eine eigene Dialektik – er gibt den Impuls, den Krieg zu verlassen, und formuliert schließlich eine soziale Utopie, die von den Bedürfnissen der Einzelnen aus eine emergente soziale Ordnung konstituiert: Aus den Leidenschaften und Interessen der einzelnen Individuen entsteht die übergreifende Ordnung.[2] Fatzers Antagonist in diesem Zusammenhang ist der ‚Kontrollfreak' Koch/Keuner – die Ordnung, die ihm vorschwebt, besteht auf Disziplinierung nach einem hierarchischen Top-Down-Prinzip.

Diese Verschränkung von Mikro- und Makropolitiken war es, die den Fatzer-Stoff unter umgekehrten Vorzeichen für uns auf einen zeitgenössischen Resonanzkörper

1 Bertolt Brecht: *Der Untergang des Egoisten Johann Fatzer.* Bühnenfassung von Heiner Müller. Frankfurt a. M., 1994, S. 21.

2 „[…] und für dich geht es/Richtig, Koch, weil du diese Leidenschaft hast, daß es/Richtig gehen soll." Ebd., S. 51.

treffen ließ: Die postfordistischen Akkumulationsregimen, die – flankiert von der neoliberalen Ideologie – seit den 70er Jahren des letzten Jahrhunderts polit-ökonomisch durchgesetzt werden, zählen ebenfalls auf emergente soziale Ordnungen.[3] Analog zu den Mechanismen des Marktes entscheidet keine politische Auseinandersetzung über die Form des Zusammenlebens, sondern aus Einzelhandeln soll sich ein übergeordnetes Ganzes ergeben – das Soziale als quasi-kybernetisches System, so die neoliberale Ideologie, reguliere sich selbst. In diesem Kontext läuft selbst militante Kritik Gefahr, als Korrektiv & re-entry in den Normalvollzug der neoliberalen Sozioökonomie vereinnahmt zu werden.
Während Fatzers vitale Energie im Kontext eines Krieges, der durch Ideologie, nationalstaatliche Grenzen und Fronten den europäischen Raum gegliedert hat, noch sein transgressives Potenzial entfalten konnte, wäre er heute vielleicht als 'business-punk' in jeder Unternehmensberatung willkommen. Trotzdem – so unser Eindruck, als wir Anfang 2012 das ‚Diskurscamp' im Rahmen des *Fatzer geht über die Alpen*-Festivals an der Volksbühne am Rosa-Luxemburg-Platz konzipierten, ließ sich aus dem ‚Energiezentrum' Fatzer eine kritische Geste ableiten, die immer noch zeitgemäß ist.

2

In einer entscheidenden Szene kurz vor ihrer Desertion kartografiert Fatzer die polit-geografische Situation, in die er und seine Gruppe sich mit ihrem Panzer manövriert haben:

> Der Punkt bedeutet
> Fatzer
> Das bin ich und hier ist gegen mich
> Unabsehbar eine Linie, das sind
> Soldaten wie ich, aber mein Feind
> Hier aber sehe ich
> Plötzlich eine andere
> Linie, die ist hinter mir, die ist
> Auch gegen mich. Was ist das? Das ist
> Die uns herschicken, das ist die
> Burschoasie[4]

3 So etwa Friedrich August von Hayek: *Recht, Gesetz und Ordnung*. Hg. Viktor Vanberg, Tübingen 2003, S.462ff. Vgl. dazu u.a. Niklas Luhmann: *Die Wirtschaft der Gesellschaft.* Frankfurt a. M., 1994, S. 43ff.

4 Brecht: *Der Untergang des Egoisten Johann Fatzer*, S. 24.

Auch im weiteren Verlauf spielen zumindest in Heiner Müllers „Bühnenfassung" räumliche Dispositive eine entscheidende Rolle. Immer wieder tritt Fatzer als eine Figur auf, die auf unterschiedliche Arten Räume zergliedert und rekomponiert. Mit dem Jesuitenpater und Mystiker Michel de Certeau lässt sich die oben genannte Szene auf ihren geometrisch-poetischen Sinngehalt hin untersuchen: Er unterscheidet in *Die Kunst des Handelns* zwischen Ort und Raum: „Ein Ort ist also eine momentane Konstellation von festen Punkten. Er enthält einen Hinweis auf eine mögliche Stabilität. Ein Raum entsteht, wenn man Richtungsvektoren, Geschwindigkeitsgrößen und die Variabilität der Zeit in Verbindung bringt."[5] Während der Raum vor allem performativ hervorgebracht wird, unterhalten *Orte* laut de Certeau eine enge Verbindung zur *Ordnung*.

Vor dieser Folie gelesen, leitet der Übergang von Fatzers Kartografie vom Punkt zur Linie, schon die Dekonstruktion des *Ortes* ein, an dem er und seine Panzerkollegen sich befinden. Zum Vektor wird Fatzer schließlich selbst am Ende dieser Szene, wenn er die „Stelle der Welt, wo ich/ Nachdenken konnte drei Minuten lang" mit dem militärisch anmutenden Ruf an seine Kameraden: „Und jetzt vorwärts!"[6] verlässt. Nur folgt sein Kommando nun nicht mehr den Punkten und Linien der kriegerischen Ordnung, sondern verläuft quer dazu, darunter und darüber: Anstatt in die Sackgassen des Stellungskrieges führt es in die Straßenfluchten und Wege der Stadt Mülheim.

Fatzer bewegt sich vom „*sehen* (das Erkennen einer Ordnung)" zum „*gehen* (raumbildende Handlungen)"[7]. Er wird zum destabilisierenden Element innerhalb der Ordnung dadurch, dass er sich beständig am falschen Ort befindet. Fatzers Widerständigkeit findet sich so weniger auf einer begrifflich-reflexiven Ebene, sondern vor allem in seiner Körperlichkeit bzw. in der Verkörperung der Figur durch die Le(h)r(n)enden – in seiner Haltung.

Hans-Thies Lehmann und Helmut Lethen haben diese Dimension der Lehrstücke in dem Text *Ein Vorschlag zur Güte. Zur doppelten Polarität der Lehrstücke* bereits 1978 herausgearbeitet. Dort heißt es unter anderem, „daß bei aller Dialektik auf der Bühne der Lehrstücke ein Moment des stummen Protestes der Körperlichkeit bleibt, an dem die aufgebotene Rationalität sich abarbeitet."[8] Haben Lehmann und Lethen dabei vor allem die Tragik des Subjekts im Sinn, das von der rationalistischen ‚Maschinerie' hingerichtet, getötet und zurückgelassen wird, lässt sich anhand des Fatzer-Stoffes diese ‚Ebene II' der Lehrstücke auch auf ihre schöpferisch-vitalistische Dimension untersuchen. Fatzers Weigerung, sich auf einen Begriff bringen zu lassen, seine

5 Michel de Certeau: *Kunst des Handelns*. Berlin, 1988, S. 218.

6 Brecht: *Der Untergang des Egoisten Johann Fatzer*, S. 25.

7 de Certeau: *Die Kunst des Handelns,* S. 221.

8 Hans-Thies Lehman/Helmut Lethen: Ein Vorschlag zur Güte. Zur doppelten Polarität der Lehrstücke. In: *Auf Anregung Bertolt Brechts: Lehrstücke mit Schülern, Arbeitern, Theaterleuten*. Hg. Reiner Steinweg. Frankfurt a. M., 1978, S. 306.

Winkelzüge und Illoyalität kurz: seine sogenannte Asozialität lassen sich dann als Ausdruck von wechselndem, heterogenem und fluidem Begehren lesen, zu denen nicht zuletzt auch ein Begehren nach Sozialität zählt.[9] Die Haltung Fatzers umgeht so die militärischen Konnotationen eines ‚Haltung-Annehmens' und folgt eher einem selbst gewählten ‚Rührt euch' – sie hat mehr mit Rührung, Bewegung und Sensitivität der sozialen und räumlichen Umwelt gegenüber zu tun.
Im Kontext der aktuellen Diskussionen über neoliberale Gouvernementalität könnte man sie als Ausdruck eines „Prekärseins" beschreiben. Mit diesem Begriff versucht Isabell Lorey im Anschluss an Judith Butler die sozialontologische „Dimension eines existentiell Geteilten, eine nicht hintergehbare und damit nicht zu sichernde Gefährdetheit von Körpern, nicht nur weil sie sterblich, sondern gerade weil sie sozial sind"[10], zu fassen. So wird Fatzers Selbstverhältnis politisch verstehbar: Seine wechselhaften Haltungen und Verhältnisse unterlaufen die bürgerliche, maskulinistische Immunisierung gegen die „Gefährdetheit des Lebens"[11] und die damit verbundene Kontingenz durch ein Selbstverhältnis, das den eigenen Körper und seine Arbeitskraft „als Besitz des Selbst"[12] imaginiert. Mit dem Panzer scheint Fatzer auch seinen „Körperpanzer"[13] zu verlassen.
Wenn man den Konflikt zwischen dialektischer Ordnungswut und Individualanarchismus etwas aus dem Fokus rückt, wird deutlich, wie auch die (sozialen) Räume, die Haltungen, diesen Konflikt motivieren und beeinflussen.

3

Schließlich ist auch die oben umrissene neoliberale Gouvernementalität eng verknüpft mit einem politischen Zugriff auf den Körper. Das zentrale Problem eines biopolitisch grundierten Neoliberalismus besteht darin, „Kräfte hervorzubringen, wachsen zu lassen und zu ordnen".[14] Zwischen der Intensivierung der Kräfte des Körpers und ihrer Regierung besteht eine zentrale inhärente Spannung des

9 So wirft er seinen Kameraden in einer Szene vor, es fehle ihnen „(a)n impulsiver Zuneigung/Törichtem Aufbrausen.". Bertolt Brecht: *Der Untergang des Egoisten Johann Fatzer*, S. 58. Das Versteck in Mülheim wählt Fatzer weil wie er sagt „Wenn es losgeht müssen wir/ Zusammen sein." Ebd. S. 50.

10 Isabell Lorey: *Die Regierung der Prekären.* Wien / Berlin, 2012, S. 26.

11 Ebd., S. 43.

12 Ebd., S. 44.

13 So der Begriff, den Theweleit für die durch Drill zu „Stahlnaturen" verhärteten männlich-soldatischen Körper des Ersten Weltkriegs. Vgl Klaus Theweleit: *Männerphantasien*. Bd. 2. München/Zürich, 2000, S. 162.

14 Michel Foucault: *Der Wille zum Wissen. Sexualität und Wahrheit 1.* Frankfurt a. M., 1983, S. 132.

neoliberalen Regierens.[15] Und obwohl Deleuze den Einschließungsmilieus in den aufkommenden Kontrollgesellschaften 1990 eine Krise attestiert, bleibt die Frage nach der Verknüpfung von Ort und Ordnung virulent – wie die Platzbesetzungen von New York und im Zuge des ‚arabischen Frühlings' gezeigt haben.
In der Folge rückt die Frage nach den Unterteilungen des Raumes ins Zentrum des politischen Bewusstseins: „Ein unserer Situation angemessenes Modell der politischen Kultur muß die Frage des Raums zur wichtigsten Problemstellung machen."[16] Das Mittel, das Frederic Jameson vorschlägt, um dem scheinbar fragmentierten öffentlichen Raum der Postmoderne auf die Schliche zu kommen, entlehnt er der Situationistischen Internationalen: Eine kartografische Technik des *cognitive mapping* oder, wie die Situationisten es genannt hatten, der Psychogeografie, mit dem Ziel, „dem Subjekt eine situationsgerechte Repräsentation dieser endlosen und eigentlich nicht repräsentierbaren Totalität [zu] ermöglichen, die die Stadtstruktur als Ganzes ausmacht."[17] Eine solche Strategie zergliedert den städtischen *Raum* aus der Subjektive wieder zu *Orten*, um auf einer abstrakteren Ebene eine Synthese zu ermöglichen. Eine Entsprechung jener „Ent-fremdung", wie Jameson es nennt, taucht beim temporären Mitglied der Situationistischen Internationale Raul Vaneigem als „Umkehrung der Perspektive" auf – Pate dafür steht ein gewisser Bertolt Brecht. Auch Vaneigem zeigt sich als Verfechter einer politischen Geometrie:

> Am Anfang war ein spitzer Winkel, dessen Spitze sich in der Weite des Himmels verliert. Dann erweitert sich der Winkel, indem die Spitze niedersinkt, sichtbar wird, und erstreckt sich schließlich flach auf einer geraden Linie, geht auf in einer Aufeinanderfolge von gleichwertigen Punkten ohne Kraft. Jenseits dieser Linie, der Linie des Nihilismus, beginnt eine neue Perspektive, nicht die Spiegelung der alten, nicht seine Rückbildung. Eher eine Gesamtheit individueller, harmonisierter Perspektiven, die niemals miteinander in Konflikt geraten, sondern die Welt nach den Prinzipien der Kohärenz und der Kollektivität konstruieren. Die Totalität dieser Winkel öffnet sich trotz aller Verschiedenheit in dieselbe Richtung.[18]

Dieser Gleichförmigkeit setzt Vaneigem eine Reihe von Affekten entgegen. Die folgenden Beschreibungen einer radikal-vitalistischen, transgressiven Subjektivität lesen sich wie ein Porträt Fatzers. Vaneigem knüpft an den frühen Feministen

15 Nicht zuletzt Foucault legt in seiner Arbeit über das Panopticum einen Fokus auf räumliche Anordnungen, die eine sanfte (Selbst)steuerung, Disziplinierung und Kontrolle jener vitalen Kräfte der Körper möglich machen.

16 Fredric Jameson: Postmoderne. Zur Logik der Kultur im Spätkapitalismus. In: *Postmoderne. Zeichen eines kulturellen Wandels.* Hg. Andreas Huyssen/Klaus R. Scherpe, Hamburg, 1986, S. 96.

17 Ebd., S. 97.

18 Raul Vaneigem: *Handbuch der Lebenskunst für die jungen Generation,* Hamburg, 2008, S. 228.

und Sozialisten Charles Fourier an, wenn er eine Mikropolitik der Begierden, der Spontaneität und Kreativität dem Spiel der „notwendigerweise totalitären Weltanschauungen" gegenüberstellt. Nicht analytische, reflexive und begriffliche Fähigkeiten wirken bei ihm daran, die Gesellschaftsordnung rund um den Mai 68 zu unterlaufen, sondern: „Die Gesten, die die Macht zerstören und die Gesten, die den freien Willen des Individuums konstruieren sind die gleichen."[19] Dem sozio-kybernetischen Zeitgeist seiner Zeit, setzt er eine vitale, schöpferische Energie der Subjektivität entgegen, die sich nicht in disziplinären oder kontrollierenden Dispositiven regulieren lassen.[20]
Jene Hinwendung zur radikalen Subjektivität und zur Affektpolitik grundieren schließlich die Taktiken und Strategien der Situationistischen Internationale: Détournement und dérive – die Umdeutung bestehender Strukturen und das ungerichtete, spielerische Umherschweifen als subversive Taktik im Raum. Die materialisierte Ordnung in der Stadt wird durch Umnutzung neubesetzt, verfremdet und neu gesehen. Die „Umkehrung der Perspektive" ist ohne umherschweifende Bewegung nicht zu machen – Fatzers Abweichung, sein „Spaziergang" und sein „Rundgang durch die Stadt Mülheim"[21] ermöglichen auch ihm, die politische Lage zu analysieren. Sein Gehverhalten, so könnte man wieder mit de Certeau feststellen, „spielt mit der Raumaufteilung, so panoptisch sie auch sein mag: es ist ihr weder fremd (es bewegt sich nicht woanders hin) noch konform (es bezieht seine Identität nicht aus ihr). Es erzeugt in ihr Zwielichtigkeit und Zweideutigkeit."[22]
Fatzer bewegt sich fortwährend, wechselt seine Haltungen, spielt damit und blickt aus verschiedenen Winkeln auf den Kriegsalltag der Stadt – immer wieder öffnen sich für ihn neue Fluchten, Ablenkungen und Bewegungsspielräume. Fatzer schweift als Deserteur umher, während er auf den revolutionären Abbruch des Krieges wartet.

4

Ausgehend von dieser Lesart bestand unsere Auseinandersetzung mit dem *Untergang des Egoisten Johann Fatzer* also vor allem darin, seine Gesten, Haltungen und Bewegung auf ihr aktuelle Widerständigkeit zu überprüfen – mit dem Ziel, die Ergebnisse einer subversiven ‚Umkehrung der Perspektive' in einem *„neuen Handbuch der Überlebenskunst der jüngeren Generation*" zu sammeln und unserer Vereinnahmung zuvorzukommen.

19 Ebd., S. 229.

20 Auch wenn er der Kybernetik „ihren Herren entrissen" eine Rolle in einer befreiten Gesellschaft einräumt. Vgl. Ebd., S. 101.

21 Brecht: *Der Untergang des Egoisten Johann Fatzer*, S. 69 und 27.

22 de Certeau: *Kunst des Handelns*, S. 194.

Die Aufgabe der Teilnehmenden des Workshops bestand darin, sich allein oder in kleinen Gruppen an einem Ort aufzuhalten, an dem man normalerweise nicht sein durfte; analog zu Fatzer abzutauchen, um die verdeckten Aufteilungen, Normen und Regeln des neoliberalen städtischen Raums in den Blick zu bekommen. Am zweiten Tag wurden die Ergebnisse, die die Jugendlichen selbstständig gesammelt und auf verschiedene Arten dokumentiert hatten, im ‚Diskurscamp' zusammengetragen. Eine hatte auf dem Weg zur Volksbühne einen Umweg über ein Baugerüst in der Torstraße genommen, um den Bewohner*innen des Hauses bei ihren sonntagmorgentlichen Geschäftigkeiten zuzusehen.

Da hatten ein paar andere entgegen einem ausdrücklichen Verbot, das wir im Namen der Volksbühne weitergegeben hatten („Geschlafen wird nicht und wenn doch, nicht im Theater!"[23]), im Foyer des Theaters übernachtet – sind vor den Nachtwächtern geflohen und haben dementsprechend übermüdet von den nächtlichen Regulierungen der Heterotopie Theater berichtet. Die Empörungsenergie, die letztendlich zu unserer Fast-Verhaftung geführt hat, entzündete sich schließlich daran, dass ein Teilnehmender versucht hatte im ‚Membersclub' Soho Haus, in dem in den 1950er Jahren das Zentralkomitee der SED residierte, ein Frühstück abzugreifen, was ihm verwehrt wurde. Das entscheidende Distinktionsmerkmal des Soho Hauses gegenüber „anderen Clubs, deren Mitgliedschaft oft auf Reichtum und Status basiert, liegt […] darin, Gruppen von Menschen zusammenzubringen, die eine Gemeinsamkeit haben – nämlich ihre Kreativität."[24] Die Membership-Politik dieses Clubs, der vor allem einen Zugang zum Netzwerk junger Kreativwirtschaftsunternehmer_innen bietet, institutionalisiert und materialisiert so die Ausschlussmechanismen, die im urbanen, postindustriellen Kontext immaterieller Arbeitswelten eigentlich unsichtbar wirksam sind.[25]

Abweichend von unserem eigentlichen Plan für den letzten Tag des Workshops entschied die Gruppe, ausgehend vom Bericht des verweigerten Frühstücks, das SOHO-Haus mit Fatzer zu konfrontieren. Heraus kam eine Spontandemonstration mit dem Slogan „Eure Angst macht hungrig" mit dem überzogenen Polizeieinsatz.

Ergebnis: Fatzer-Texte sind im Soho Haus nicht so gern gesehen. Aber weil sie auch eine Horde von etwas übermüdeten Jugendlichen als sogenannte Kreative auszeichnen, ziehen sie kein lebenslanges Hausverbot nach sich und auch keine Anzeige wegen Hausfriedensbruch – nur ein paar belehrende Worte irgendeiner Chefin, die uns gnädigerweise in ihrem erweiterten Kunstverständnis einen Platz

---

23 Aus dem Ankündigungstext des Projekts.

24 Website des Soho-Hauses: url: <https://www.sohohouseberlin.com/de/membership> zuletzt abgerufen: 30.11.2015.

25 Hier wird auch die ganze Misere der Situationisten sichtbar, ist doch Kreativität ein Schlüsselbegriff bei Vaneigem. Vgl. dazu: Ève Chiapello: Evolution und Kooption. Die „Künstlerkritik" und der normative Wandel. In: *Kreation und Depression. Freiheit im gegenwärtigen Kapitalismus*. Hg. Christoph Menke/Juliane Rebentisch. Berlin, 2010, S. 38-52, vgl., S. 44ff.

einräumte: „Wir sehen jetzt von einer Anzeige wegen Hausfriedensbruch ab, weil wir verstehen, dass das Kunst sein soll.“

Das deterritoriale Umhergeschweife ist in genau jenem Wattebausch der repressiven Toleranz gelandet, von dem wir ausgegangen waren. Und obwohl wir im Sinne einer *revolutionären Politik in nicht-revolutionären Zeiten* genauso ‚scheiterten‘, wie Fatzer und seine Gruppe, begaben wir uns doch an Orte, die in ihrer Unbeobachtetheit die Möglichkeit boten drei Minuten lang nachzudenken.

Wir hoffen, dass der Weg, den wir im ‚Diskurscamp‘ vorgeschlagen haben, an der Verbreitung einer „wuchernden Gesetzlosigkeit“[26] im Alltag teilhat.

---

26 De Certeau: *Kunst des Handelns*, S.186.

Hans-Thies Lehmann / Helene Varopoulou

Zukunft des Lehrstücks (d.h. Lernstücks)

Teil 1

1

Gegenwärtig stellt sich auf den deutschen Bühnen das Problem der Relation zwischen Theater und Politik wieder deutlicher – zumal durch das gewachsene Bewusstsein der fortdauernden, durch Flüchtlingszustrom und Migration nur verschärften sozialen, politischen und finanziellen Krise Europas. Die unverhüllt reaktionären und antidemokratischen Parolen von europäischen Machthabern nutzen die verbreitete Terrorangst aus. Die Beziehung zwischen Demokratie und radikalkapitalistischer Wirtschaft, ebenso die zwischen realen sozialen und *nur* politischen Freiheitsrechten ist wieder auf der Tagesordnung. Kunst (Theater) findet sich oft nicht mehr im Mainstream der Meinungen, sondern konfrontiert mit Misstrauen und Anfeindung in gesellschaftlichen Milieus, in denen liberale Freiheitspostulate, nicht zu sprechen von sozialistischen Ideen wie Solidarität und Brüderlichkeit, immer offener denunziert werden. Zugleich ist zu konstatieren, dass es nicht mehr (wie noch zu der Zeit, als Brecht in den Jahren vor 1930 das *learning play* konzipierte) eine deutliche, von vielen geglaubte Antwort auf die politischen Fragen gibt, einen politischen Diskurs, etwa eine sozialistische Perspektive. Politik – oder besser: das Politische – tritt darum eher indirekt auf, in Gesten der Bezweiflung, kaum in Gestalt von theatralisch dargebotenen Antworten und Thesen.

Das erneuerte politische Interesse bringt auch ein gesteigertes Interesse an politisch motivierten Theaterformen mit sich, und zu den wichtigsten unter diesen ist das Modell des Brechtschen Lehrstücks oder, wie Brecht es englisch nannte: *learning play* zu zählen. So begreiflich aber der Wunsch sein mag, Theater als politisch direkt wirksame Praxis denken zu wollen – von Anfang an darf die Erörterung des Lehrstücks nicht die Einsicht vergessen machen wollen, dass *Theater* (auch Lehrstücktheater) eben *nicht Politik ist.* Daneben steht dann die nicht minder grundlegende Erkenntnis, dass Theater stets und notwendigerweise eine Beziehung *zum* Politischen enthält. Diese Beziehung muss – darin besteht die Herausforderung – richtig bestimmt werden, will man überhaupt mit Sinn von politischem Theater sprechen. Die im Folgenden erörterten Beispiele gegenwärtiger Theaterarbeit mit (oder orientiert an) dem Modell Lehrstück sind gespeist aus der Inspiration durch diese Stücke und den Theaterdiskurs darüber, wie Theater und Lernen sich verbinden können. Es geht um die Frage, welche nicht-orthodoxen Perspektiven auf die Möglichkeiten eines *Theaters des Lernens* nicht in der Theorie, sondern in konkreten Theaterarbeiten eröffnet werden. Einleitend soll es aber um ein von orthodoxer Lehrstückrezeption eigentümlich missachtetes Thema gehen: Die besondere Poesie und Kraft der Sprache dieser Texte, die eine allzu rasche Aneignung und Fixierung ihres Sinns wieder und wieder vereitelt – oder doch vereiteln sollte. Sodann diskutieren wir ein Beispiel dafür, wie eine präzise Poesie des Spiels und des Raums ein pädagogisch angelegtes Theater mit jungen Leuten zu Kunst werden lässt. Es folgen ein Fall der radikalen Aufhebung der Trennung zwischen Publikum und Akteuren; ein Beispiel für das ‚Durcharbeiten' eines klassischen Dramas mit Hilfe des Brechtschen Lehrstücks; zuletzt ein Spiel um das Theaterinstitut selbst.

In den in diesen Theaterarbeiten ausgemessenen Kontexten des Politischen bleiben – das ist das eigentlich Aufregende – genau die Fragen relevant, um die es in den *learning plays* ging. Jenseits des Referenzrahmens der konkreten politischen Probleme, die sich Brecht stellten, als er an den Lehrstücken arbeitete, sind das:

- das Verhältnis von *Anarchismus* und Selbstbehauptung des Individuums zur Disziplin der Gemeinschaft, des Kollektivs, des politischen Handelns;
- die Frage nach der *Subjektivität im kollektiven Prozess;* überhaupt das Problem, was denn ein individuelles Subjekt wäre;
- der Konflikt von *Rationalität* und humanem Impuls;
- die Frage des *Opfers.*

All diese Themen kehren, nur oberflächlich anders maskiert oder kostümiert als zentrale Fragen des Politischen heute wieder. Zugleich machen unsere Exempel Facetten einer freien (befreiten) Lektüre der Lehrstücke erkennbar, die notwendig ist, will man das in ihnen gespeicherte Potential eines Theaters der Zukunft – es handelt sich vielleicht um das Potential einer Zukunft des Theaters – realisieren.

Brechts Lehrstück ist undenkbar ohne eine *Reflexion des Politischen,* wobei man das Politische abzugrenzen hat gegen das, was gemeinhin als Politik bezeichnet wird. Das Politische mag man als die Frage nach der Art der menschlichen „Verkehrsformen" im Sinne von Marx denken, im Sinne Rancières oder Derridas als das Auftauchen der Stimme der Gleichheit in der „Polizei" existierender sozialer Hierarchien, oder mit Jean-Luc Nancy als die Artikulation des „Kommunen" der *communauté désoevrée.* Wie immer man es bestimmen will – in jedem Fall stellt das Politische ein Aliud dar im Verhältnis zu dem gemeinhin als Politik Bezeichneten. Es kann daher vom ästhetisch ungeübten Blick ebenso wie vom überstürzten Verlangen nach Aussage und Stellungnahme leicht als unpolitische, bloß philosophische Kategorie verkannt werden.

Das Modell des Lehrstücks wurde von Brecht zunächst für Laien entwickelt, es sollte von Schülern, Studenten, politischen Aktivisten benutzt werden nicht etwa, um ein Publikum mittels Theater über Politik zu belehren, sondern um sich selbst durch Schauspielen, also durch Verkörpern, Reflektieren und das Studium der Gesten der anderen wie der eigenen Gesten, im Begreifen des Politischen zu schulen. Wenn man von einem Theater ohne Publikum sprechen kann, sofern es zur Selbstbelehrung der Spielenden dient, so entfiel doch die Funktion Zuschauen in dieser Konzeption keineswegs. Sie wurde in das Konzept des Spielprozesses selbst integriert. Zum Spielen gehörte in dieser Praxis nämlich vor allem die hellwache Aufmerksamkeit für die Gesten der Mitspielenden sowie die Reflexion/Diskussion über ihre soziale und politische Signifikanz. Der Rollenwechsel macht es dabei möglich und zugleich notwendig, das beim anderen Gelernte und Erkannte nicht so sehr theoretisch ‚aufzuheben', sondern sogleich ins eigene Spiel zu integrieren. Diese Integration der Funktion *Zuschauen* in das Spiel sollte das Vorspielen vor Publikum im tradierten Sinne nicht ausschließen (Brecht selbst war viel zu sehr selbst ein ‚Theatertier', lebenslang auf der Suche nach einem eigenen Haus, um das vorzuschlagen). Aber das Verhältnis von spielendem Teilnehmer und zuschauendem Teilnehmer verändert sich in diesem Modell in prinzipieller Weise. *Schauspieler und Spielschauer* werden zwei Seiten derselben Medaille.

Bedenkt man die hier nur skizzierten basalen Aspekte des Lehrstückmodells, dann wird das verstärkte Interesse daran keine Überraschung bedeuten und kaum als Zufall erscheinen – suchen gegenwärtig doch Theaterkünstler vielfach ein postdramatisch angelegtes Theater, ein Theater der Situation, das durch Öffnung des hergebrachten Rahmens Formen von „relationaler Dramaturgie"[1] entwickelt. Formen, von denen man sich (oft gewiss in naiver Weise) Interaktivität und Partizipation verspricht. Unverkennbar sind es bislang noch vor allem kleinere Initiativen, Gruppen, politische und Theater- oder Performancekollektive, die sich mit derartigen Fragen auseinandersetzen.[2] Dagegen ist ein großer Teil der breit medialisierten Kunst, der öffentlichen Theaterinstitute und der darin dominanten Darstellungsformen schon durch den Umstand diskreditiert, dass sie in ihrer eigenen Struktur und Produktionsweise dem Hohn sprechen, was auf ihren Bühnen oft genug inhaltlich behauptet wird. Vorwiegend sind die Theaterapparate überaus hierarchisch strukturiert. Sie stellen Machtgefüge dar, die ihre Arbeit – wenn auch oft zähneknirschend – an Erfolg und ‚Akzeptanz' orientieren müssen und so sehr in die arbeitsteiligen Hierarchien bürgerlich-kapitalistischer Arbeitsverhältnisse eingelassen sind, dass diese Theaterhäuser wie ein beliebig anderes Unternehmen am Markt funktionieren. Ein politischer Appell oder eine politisch radikale Geste kann hier nicht glaubwürdig wirken, soweit die eigenen von Markt- und Gelddiktaten determinierten Arbeitsbedingungen nicht thematisiert werden.

1 Ein hilfreicher Begriff, den ich, angelehnt an Nicolas Bourriauds „Relational esthetics" für solche Theaterentwürfe zu verwenden vorschlage, bei denen es vor allem anderen auf die in der Aufführungssituation entstehenden Beziehungen zwischen Performern und Zuschauern sowie zwischen den Zuschauern ankommt, erst in zweiter Linie auf das Inszenierte.

2 Zu denken ist beispielsweise an She She Pop, Rimini Protokoll, Signa, andcompany & Co, Hofmann & Lindholm.

2

An den Anfang stellen wir nun einige wenige Anmerkungen zur Poetik und Dramaturgie des Brechtschen Lehrstücks, die sich gegen das Vorurteil wenden, der Text dieser Stücke sei einfach, gar primitiv. Es handelt sich vielmehr, wenn um Schlichtheit, dann um eine abgründige, um eine Poesie des Einfachen, die ganz im Sinne der Kunst der Moderne die eigenen Setzungen eher in Schwebe bringt als sie bestätigt. Dass gerade dieser Zug nicht etwa als eine Behinderung, sondern allererst als Ermöglichung des Lerneffekts gelten muss, ist zu oft übersehen worden. Nur wenige, unter ihnen Ingeborg Bachmann und Heiner Müller, haben die Größe dieser Sprache – „so fremd wie Hölderlin" (Bachmann) – zu hören vermocht.[3] Ohne eine erneute ins Detail gehende Befassung mit diesen Texten ist kaum ein sicherer Stand zu gewinnen für die Erkundung ihres ‚Gebrauchswerts' für heutige Autoren und Theatermacher.

Am 21. April 1956 schrieb Brecht an Paul Patera, der um die Aufführungsrechte an der Maßnahme nachgesucht hatte, die folgenden Sätze, die als großer Schriftzug über den Eingang zu allen Lehrstückdebatten, nicht nur solche über dieses besondere Stück gehören:

> „Die Maßnahme" ist nicht für Zuschauer geschrieben worden, sondern nur für die Belehrung der Aufführenden. Aufführungen vor Publikum rufen erfahrungsgemäß nichts als moralische Affekte für gewöhnlich minderer Art beim Publikum hervor. Ich gebe daher das Stück seit langem nicht für Aufführungen frei.[4]

Unübersehbar, dass dem Briefschreiber hier zum einen der unreflektierte moralische Affekt zugunsten der spontanen Menschlichkeit des jungen Genossen vor Augen stand, dass er aber zugleich ebenso sehr an die in Brechts Augen 1956 viel schlimmere Affekt getragene Bejahung der absoluten Weisheit der Autoritäten, des Kollektivs dachte, an der er bekanntlich gewaltige Zweifel hegte.[5] Keine noch so

3 Zit. nach Klaus Völker: *Erinnerungsbild und eine Salve Zukunft.* Bertolt Brechts Lehrstück „Die Maßnahme". In: *Maßnehmen. Bertolt Brecht/Hanns Eislers Lehrstück „Die Maßnahme". Kontroverse, Perspektive, Praxis*. Hg. Inge Gellert / Gerd Koch / Florian Vaßen. Berlin, 1998, S. 21.

4 Bertolt Brecht: Brief an Paul Patera. In: B.B.: *Werke. Große kommentierte Berliner und Frankfurter Ausgabe*. Briefe 3, Bd. 30. Hg. Werner Hecht u.a. Berlin / Weimar / Frankfurt a.M. 1998, S. 447; im Folgenden steht bei Brecht-Texten aus den Werken die Sigel GBA mit der Band- und Seitenzahl in Klammern hinter dem Zitat.

5 Erinnern wir nur an einige Anzeichen dieses Zweifels: Brecht wollte in den Proben zu Galilei diesen wegen seines Nachgebens der Autorität gegenüber ganz einseitig als Verbrecher zeigen. Die *Buckower Elegien* und etwa das Gedicht über den 17.Juni zeigen die deutliche Spur der Resignation. Bekannt ist der Wert, den Brecht auf eine unabhängige Rückversicherung seiner persönlichen Handlungsspielräume legte: durch den österreichischen

aufwändige Deutungsarbeit führt um die Feststellung herum, dass *Die Maßnahme* in der Gestalt als oratoriumsartiges Musikwerk von Zuschauern und Zuhörern beinahe zwangsläufig als Hohelied auf Disziplin und Selbstaufgabe des Einzelnen erlebt wird. Die feinen und auch die größeren Brüche, die Selbstaufhebung von Aussagen, die eigentümlichen logischen ‚Fehler' des Textes, die durchaus beabsichtigt sind und den scheinbar eindeutigen Sinn stets wieder zweifelhaft werden lassen – diese und andere Raffinessen können kaum ins Gewicht fallen, wenn die starke Musik Eislers hinzutritt. Diese steht im Zeichen einer Gewalt machtvoller Überredung und dynamisch drängender Ungeduld, die die Momente von zäsurierenden Zweifeln, Verunklarungen und Mehrsinnigkeiten, kurz: das Ambige und damit das Poetische der Rede ebenso wie die dramaturgischen Fallen, die sich nur einer zögernden Lektüre erschließen, nicht zum Zuge kommen lässt. Tatsächlich führt das Stück daher eine eigentümliche Doppelexistenz – als totales Musiktheaterwerk und als geschriebener Text, der im Sinne der Lehrstücktheorie als Dispositiv funktionieren soll, das nicht so sehr Antworten bietet, sondern zerreißende, im Grunde unerträgliche Widersprüche zur Diskussion stellt.

Wir skizzieren nur einige Punkte, die die Brüchigkeit der scheinbar eindeutigen Sinn-Setzungen des Textes verdeutlichen.[6] Der Kontrollchor urteilt gleich zu Beginn offenbar voreilig und unzulänglich informiert. Die Agitatoren müssen seinen Lobgesang auf ihre Arbeit erst durch ein „Halt" unterbrechen. Seine Position zu Beginn („Eure Arbeit war glücklich…") wiederholt er am Ende (GBA 3, 75 und 98), ohne dass der Text für dieses Urteil auch nur die geringste Begründung lieferte. Wovon man erfährt, ist einzig Niederlage, Flucht und Rückschlag der revolutionären Bewegung. Die Behauptung des Erfolgs (aufgrund der ‚klugen' Taktik der Agitatoren) bleibt eine Geste ohne jeden sicheren Boden, das triumphale Resultat der Befolgung der in der Maßnahme scheinbar gepredigten Klugheitsregeln wird lediglich behauptet, im Text aber keineswegs demonstriert. Aus diesen und anderen Gründen sind die Aussagen des Kontrollchors nicht als autoritative letzte Wahrheiten, die der Text verkündet, zu verstehen, wie es immer wieder geschieht. Und gerade dieser Umstand hält das Problem des Urteils über das taktische Verhalten offen. „So war es kein Urteil?" heißt es in einer Fassung der Maßnahme, und die Agitatoren antworten – „sehr laut" vermerkt Brecht – „Nein! Eine Maßnahme."[7]

Pass, der ihm jederzeit freies Reisen; das Schweizer Konto, das ihm jederzeit den Zugriff auf sein Vermögen; die Vergabe der Autorenrechte an den Suhrkamp-Verlag im Westen, die ihm jederzeit das Publizieren sicherte. Soviel zum empirischen Vertrauen der empirischen Person Bertolt Brecht in die Weisheit von Kollektiven und Kontrollchören.

6 Vgl. dazu auch Hans-Thies Lehmann: Lehrstück und Möglichkeitsraum. In: H.-T.L.: *Das politische Schreiben. Essays zu Theatertexten.* Berlin, 2002, S. 366-380.

7 Bertolt Brecht: *Die Maßnahme. Kritische Ausgabe mit einer Spielanleitung.* Hg. Reiner Steinweg. Frankfurt a.M., 1972, S. 100.

Brecht hat dort, wo es um den Bericht über den Moment der Entscheidung geht, den jungen Genossen zu liquidieren, eine weitere Spur gelegt. Das nah liegende Gegenargument, das in der Handlung überdeutlich vom rationalen Kalkül überspielt und ausgespielt wird, hat er im Text gesperrt gesetzt: „F u r c h t b a r i s t e s z u t ö t e n." Es ‚sperrt' sich buchstäblich der Auflösung des Konflikts in die rationale Begründung. Es bleibt ein Rest, der nicht aufgeht. Der springende Punkt ist: Die zu beurteilende Tat bleibt in einem letzten Grund oder besser ‚Abgrund' (fortwährend ist ein Abgrund in der Phantasmagorie der Lehrstückszenen präsent) ganz unhaltbar. Sie kann berichtet werden, aber nicht begründet. Der Grund entzieht sich. Im Text heißt es weiter: „Noch ist es uns, sagten wir/Nicht vergönnt, nicht zu töten. [...]"[8]
Wieder ein kleiner Widerhaken: der unauffällige Einschub „sagten wir" macht aus der Begründung ein Zitat! Aus dem, was als end-gültiges Argument posiert, wird bloße erzählte Rede über eine getane Äußerung. Und jene Wendung, die das Argument scheinbar zum krönenden Abschluss bringt, öffnet es in Wahrheit noch einmal: „[...]. Einzig mit dem/unbeugbaren Willen, die Welt zu verändern, begründeten wir/ die Maßnahme."[9]
Mit einem Willen kann man eine Handlung vielleicht erklären, nicht aber sie begründen, wie man ein Urteil begründet. Zwischen dem Grund oder dem rationalen Urteil und dem Tun, der Maßnahme, herrscht Inkommensurabilität. Ein winziger ‚Denkfehler', durch den der Text gezielt verdeutlicht, dass es gerade um die Spannung zwischen Maßnahme und Urteil geht, um eine subtile Zersetzung des scheinbar planen Sinns. Dazu dient eine Poetik und eine Dramaturgie, die weit entfernt ist vom Klischeebild, das die Wahrnehmung der *Maßnahme* weithin bestimmt. Klare Setzungen werden durch ihre dramaturgische Platzierung oder rhetorische Ambiguität verschoben oder aufgehoben, Parolen der Rationalität erweisen sich als ‚zu klug', der scheinbar deutlich vermittelte Sinn wird fraglich. Nur wenn man diese poetischen Verfahren in Rechnung stellt, kann der Gebrauch der Lehrstücktexte aus der orthodoxen Festschreibung ihrer Bedeutung erlöst werden.

8 Ebd., S. 132
9 Ebd., S. 100.

TEIL 2

1

Antigone

Antigone von 1992 war eine griechische Aufführung der sophokleischen Tragödie, die man im Sinne der Idee der Lehrstücke lesen kann. Zunächst ein paar Worte über den Regisseur Lefteris Voyatzis.

Lefteris Voyatzis. Foto: Costas Ordolis

Er studierte Schauspiel und Regie in Athen und Wien und sein am Text interessiertes Theater ist deutlich inspiriert von der Idee des europäischen Regietheaters. Anfang der 1980er Jahre gründete er zusammen mit einigen anderen die Theatergruppe "Skini" (später "Nea Skini"), wo er u.a. Kleist, Goldoni, Chechov, Molière und Thomas Bernhard, aber auch zeitgenössische griechische Dramatik spielte. 1992 wählte er als erste antike Tragödie *Antigone,* nicht zuletzt, weil gerade dieses Stück seit langem mehr als andere Teil des kollektiven Gedächtnisses für jeden Schüler und zumal für seine eigene Studentengeneration war. Der Produktion ging eine längere Phase der theoretischen Reflexion über die antike Tragödie in einem Workshop mit Laien und jungen Schauspielern voraus. Die Aufführung war das Resultat einer über drei Jahre sich erstreckenden Forschungsarbeit an Geste und Musikalität der Übersetzung durch den Dichter Nikos Panayotopoulos – der auch in die Produktion involviert war. Der Baritonsänger Spyros Sakkas leitete einen Stimmen-Workshop.

Das ganze Unternehmen hatte, wie diese Umstände zeigen, einen stark pädagogischen und lehrhaften Zug, das Endprodukt aber war zugleich eine künstlerisch sehr starke und überzeugende Inszenierung, in der das schulische Element in der Kunst aufging.

Voyatzis leitete die kleine Gruppe junger Schauspieler und Schauspielstudenten an, den Text mit einer extremen Genauigkeit und im Geiste großer Ernsthaftigkeit und Bescheidenheit zu studieren. Die gewählte Bühnenform, die Atmosphäre und die Ästhetik dieser *Antigone* stellte eine provozierende Alternative zur üblichen Art der Bühnenpräsentation der antiken Stücke in Griechenland dar: Diese *Antigone* fand in einem geschlossenen Raum statt, im Inneren eines kleinen Theaters, gleichsam als *tragédie de chambre,* als Kammertragödie.

Foto: Costas Ordolis

Den Raum hatte der Maler Alekos Levidis konzipiert und gestaltet. Das Theater in der Kykladenstraße in Athen war transformiert in einen Ort der Ausgrabung und Forschung. Im Theater hatte man einen Graben ausgehoben, der es möglich macht, die Spieler als Chor zu einem Ritual um eine tischartige Platte herum zu gruppieren, die zugleich als Grabstein und als Auftrittsfläche fungiert. Die Tafel stellt einen Raum der Verteilung und der Kommunikation für die Spieler dar, die sich wie von einer Katakombe umschlossen fanden. zugleich dachte man an eine Nekropolis.
Die Spieler sprachen den Text unter Verzicht auf alles Pathos und den gewohnten überhöhenden tragischen Stil. Ihre Sprechweise war stattdessen von einem brechtartigen Minimalismus geprägt, mit nüchternen, leisen Gesten und gleichmäßigem Tonfall, oft halblaut, bisweilen gar als ein Murmeln. Die Übersetzung in Prosa schlug die Brücke zur zeitgenössischen Dichtung. Die Simplizität der bescheidenen Gesten der jungen Spieler mochten, besonders wenn sie etwa friedfertig die Hände auf den Tisch legten, die Zuschauenden an die geheimen Zeremonien der frühen Christen erinnern – und zugleich daran, wie tief und genau der nüchterne Ton Brechts mit dem Charakter der Lehrstücke als stark rituell gefärbten Dialogen und Chören korrespondiert.

Foto: Costas Ordolis

Auf den sonst üblichen Rückgriff auf Instrumentalmusik wurde verzichtet. Die Musikalität der *Antigone* basierte vielmehr auf den Stimmen, auf den Elementen von Gesang, der von Teilen der Liturgie bis zu populären Liedern reichte, sowie auf dem subtilen Rhythmus der einfachen Gesten und Bewegungen. Die Protagonisten und der Chor stellten eine unauflösliche Einheit dar. Das Hinübergleiten der Protagonisten aus der *community* des Chors in die Rolle des Protagonisten geschah manchmal in sehr diskreter Weise – etwa durch eine kleine indikative Geste, ein Zeichen, den Einsatz eines symbolischen Objekts.Der Regisseur und die Gruppe stellen sich nicht vor als frei erfindende Künstler, sondern verkörpern vielmehr den Geist des Lernens. Sie sind Archäologen, die man mit der Arbeit befasst sieht, vergangene Kulturen und verlorene Sinnzusammenhänge und tief vergrabene Erinnerungen wieder freizulegen. Die Porträts der Toten werden wie die von Fayoum in Ägypten exhumiert. Im Hintergrund waren Teile eines Freskos und der Eingang zu einem ionischen Palast zu sehen. Die Fresken erinnerten an die Wiederentdeckung der Antike in der italienischen Frührenaissance. Und indem wir angeleitet werden, mit der gleichen Genauigkeit und philologischer Akribie dem Klang und den Bedeutungen jedes Wortes nachzuhören, finden wir uns weit hinaus versetzt aus dem Bannkreis eines Theaters, in dem wir als Beschauer einer Repräsentation angesprochen werden. Stattdessen nehmen wir an einer gemeinsamen Forschungsreise in den alten Text teil. Ich würde diesen Ansatz des Theatermachens vergleichen mit dem, den Jean-Marie Straub und Danielle Huillet in ihren Antikenfilmen, besonders aber in ihrer *Antigone* von 1991, verfolgten, das ebenfalls als ein lehrstückartiges Theater und bezeichnenderweise nicht im großen Haus, sondern auf der Probebühne der Schaubühne stattfand. Und die ganz außergewöhnliche Reinheit, mit welcher der klassische Text gesprochen wurde, wäre mit Laurent Chétouanes Sprechtheater zu vergleichen.

2

No time for art
In einem Projekt der Ägypterin Laila Soliman, das man als Aufführung oder auch als *performance lecture* charakterisieren könnte, wurde jedem Besucher beim Betreten des Saals ein Briefumschlag mit der handgeschriebenen Adresse des Internationalen Gerichtshofs für Menschenrechte in Brüssel ausgehändigt. Als ich mich, wie die anderen, auf meinen Platz setze und den Inhalt des Umschlags in Augenschein nehme, finde ich darin zwei Blätter Papier. Auf dem einen steht dieser Text, umgeben von einem schwarzen Rahmen wie eine Todesanzeige: "I demand a trial for those responsible for the killing of Mina Daniel Ibrahim, age 19, died at Maspero, Cairo, on October 9th 2011 by an army bullet to the right corner of his chest which shattered his right lung and liver and caused intense bleeding, [...]." Die Briefe sind, wie bald klar wird, alle analogen Inhalts. Sie nennen den Namen eines Opfers der Polizeigewalt während der Massendemonstrationen in Kairo, einige konkrete Details, Ort und Zeit seines Tods. Auf dem anderen Blatt finde ich diese Instruktion:

> Dear audience member, we would like to ask you for your help. We want to give as many martyrs as possible a face and a voice. If you are willing to help, please read the following instructions: 1. Somewhere in the theatre, someone will begin to read the name, age, circumstances, and place of death of a martyr into the microphone. 2. The microphone will be passed on and at one point the microphone will reach you. 3. If you want too, please read the statement, name and details of the martyr whom you have been given with this letter. 4. After you finish, please pass the microphone on to the audience member next to you; if you happen to be at the end of the row, please pass it on to the person in the row in front of you. Thank you, No Time for Art – Team.

Ich sitze und warte ab, und in der Tat vernehme ich alsbald hinter mir die Stimme eines Besuchers, der eine Gerichtsverhandlung wegen eines anderen Getöteten fordert. Dann eine andere Stimme, dann wieder eine andere. Als das Mikrophon mich erreicht, lese auch ich meinen Text laut vor und gebe das Mikrophon weiter. Als der letzte Besucher gesprochen hat, kündigt die Künstlerin die Vorführung bis dahin nicht publizierter Filmdokumente über die Ereignisse in Kairo an. Warum sie unpubliziert blieben, wird rasch klar. Es sind harte Bilder, manche schwer zu ertragen – Polizeiautos, die in hoher Geschwindigkeit auf Demonstranten zu und sie zu Tode fahren, schwere Wunden, verzerrte Gesichter. Dann ist es zu Ende – aber was? eine Aufführung, eine politische Aktion, ein Ritual, eine Vorlesung?
‚Questions, please!'
Es war ein intensiver Moment, von dem aber nicht leicht anzugeben ist, was genau da geschah. In der Tat handelt es sich um ein Theater ohne Publikum oder soll man sagen: ein *Theater des Publikums*. Wie es Brecht vorschwebte, sind alle Anwesenden Teilnehmer. Wir haben, wenn auch wenig und ungeprobt, mitgespielt. Wir haben eine Geste des Lautwerdens vollzogen und, wie es das Lehrstück anstrebt, etwas

erfahren, das wir rein mental nicht erfahren hätten. Wir haben die Stimme erhoben – wenn auch im Schutz des Kunstraums. Zudem haben wir durch das Hören und Sprechen der Namen eine Zeit des Andenkens an die ‚Märtyrer' der Demokratiebewegung verbracht – und dies gemeinsam. Ein Quasi-Ritual, zugleich ein Moment der Bewusstheit, des Lernens und des Engagements. Das aber freilich *vollkommen theatral und fiktiv* blieb – eine solche Forderung nach einer Gerichtsverhandlung hat ohne den Namen eines konkret Beschuldigten keinerlei juristischen Status. War es also doch nur ein vorübergehender konsequenzloser Theatermoment wie andere auch? In meiner Hand bleibt dieser ominöse Umschlag mit der eigenhändig von einem Individuum geschriebenen Adresse. Was soll oder kann ich, ein anderes Individuum, damit ‚tun'? Wo ist mein Gesicht, mein Name? Das ist ein Effekt des *learning play*, meine eigene Verantwortung zu thematisieren. Doch sie ändert nichts daran, dass es sich nicht um eine politische Aktion handelt. Wir durchleben vielmehr einen präzise ästhetisch organisierten Moment, *Theater*. Alles, woraus Theater besteht, ist vorhanden. Es geht um Stimmen, individuelle Stimmen, die zu Körpern gehören, auch zu meinem; um einen Raum, um Emotion und um Denken. Ich werde nicht belehrt über die politische Position, die ich zu nehmen hätte. Stattdessen belehre ich mich selbst, sprechend und Aufmerksamkeit schenkend. Und ich spüre die schweigende Forderung, die von dem Umschlag ausgeht, spüre, gewissermaßen beschämt, das Unbehagen über meine eigene Untätigkeit, die schon von der offensichtlich in die Aufführung eingegangenen mühsamen und vermutlich nicht ungefährlichen Recherche absticht. Es ist ein extremes Beispiel für eine „Dramaturgie des Zuschauers", wie die jüngst viel zu jung verstorbene Marianne van Kerkhoven es nannte. Keine Performance, oder nur als Spurenelement, kein Theater als Vorführung, als Service für das Publikum. Vielmehr wird das Publikum selber das Ereignis eines Theaters, buchstäblich als Stimmen in einem öffentlichen Raum, als aufmerksames Schweigen, als Zuhören, gemeinsames ‚Eingedenken'. Es ist postdramatisches Theater der Situation. Und es ist ein *learning play* – das seine Bedeutung auch nach dem offenbar gewordenen vorläufigen Scheitern der Demokratiebewegung des arabischen Frühlings bewahrt.

3

Ibsen als Lehrstück
In die Zukunft einer direkten, ‚post-dramatischen' Art des Gebrauchs, den man vom Modell Lehrstück machen kann, weist der Weg, den der Regisseur und Autor Zlatko Pakovic aus Serbien gegangen ist. Wir lernten ihn in Skien kennen bei Gelegenheit des Seminars zu Ehren des Ibsenpreisträgers Peter Handke. Pakovic hatte eines der aus diesem Anlass vergebenen Stipendien erhalten und stellte sein Projekt vor: „Ibsens ‚Ein Volksfeind' als Brechts Lehrstück". Inzwischen hatte die Aufführung im September 2015 erfolgreich Premiere am 1994 gegründeten Belgrader „Zentrum für kulturelle Dekontamination", das sich vor allem gegen Intoleranz, Nationalismus und Ausländerfeindlichkeit engagiert.

Die Zuschauer sitzen um die rechteckige Spielfläche herum, die Bühne fungiert als Podium, wie Benjamin es für Brechts Theater analysiert hat. Helles Arbeitslicht. Das Spiel erweist sich als durchaus lebendig, szenisch und rhetorisch heiter und nüchtern angelegt, der Grundgestus der Aufführung erinnert an Brecht: Szenen in episch verfremdeter Spielweise, eingeschobene Erläuterungen des Regisseurs, der selbst mitspielt, Wechsel von Sprechszenen und songartigen Einlagen. Zu Beginn und immer wieder einmal im Lauf der Vorstellung werden Fragen der Darstellung theoretisch ins Spiel gebracht.

Sämtliche Fotos: Zlatko Pacovic

Magrittes bekannter Satz „Ceci n'est pas une pipe" hat einen Auftritt. Ein großer Teil des Textes wird gesungen (unterstützt durch einen Keyboard-Spieler) – so gleich zu Beginn eine lange mit Brecht-Zitaten gespickte Darstellung der Lehrstücktheorie. Es ist eine durchaus heitere und erhellende Erfahrung, Theorie gesungen zu hören.

Das Theater stellt sich als gemeinsamer Erkundungsprozess dar, in dem einerseits die Frage gestellt wird, warum Ibsen (oder das bürgerliche Theater der Identifikation) heute vielleicht Brecht benötigt, aber auch die umgekehrte, was ein politisches Theater heute mit der Ibsenschen Narration anfangen kann. Zwei Theaterentwürfe sind im Spiel, die jeder auf andere Weise die Gesellschaft verändern, bessern, revolutionieren wollten. Eine subtile Pointe will es dabei, dass das Zusammentreffen auch zwei Aspekte bei Brecht anklingen lässt, die gewöhnlich wenig beachtet werden: das Kollektiv als Stütze des Individuums (Marx) und der Aspekt der Überschreitung der Norm durch das Individuum (Nietzsche).

Ibsens nietzscheanischer Dr. Stockmann, der das Recht und die Überlegenheit des besonderen Individuums über die Mehrheit behauptet, ist auf den ersten Blick eine wenig brechtianische Figur. Hier aber geht es um das höchst aktuelle Thema, sich dem verbreiteten Konformismus zu widersetzen, indem man den öffentlich verbreiteten Lügen mutig entgegentritt und das Risiko eingeht, auch als angefeindete Minderheit für die Wahrheit zu streiten. Die Lehrstücke, einschließlich des zentralen Themas der Relation des einzelnen zur Gemeinschaft, lesen sich anders in einer postkommunistischen Gesellschaft. Die Lehre zielt auf den individuellen Akt des Sich-Engagierens, und diese Position wird nicht von einem orthodoxen Kollektivgedanken aus demontiert, sondern behält ihr Recht: Moment der, wenn auch gebrochenen, Identifikation. Brechtsche Distanz wird nicht aufgehoben, aber durchsetzt von einem Appellcharakter der Aufführung.

Der Gewinn der postdramatischen Theaterform, dass die Story jederzeit aufgebrochen werden kann, wird weidlich genutzt. Plötzlich wird die Wahrheitsfrage mit der Medienberichterstattung verknüpft, ein Fernseh-Interview nachgespielt und parodiert, in dem der serbische Staatspräsident Tomislas Nikolic zuverlässig dementiert, irgendetwas mit der Ermordung von Zoran Dindic zu schaffen zu haben.

Am Ende steht eine erneute theoretische Darlegung der unterschiedlichen Methoden des psychologischen Einfühlungstheaters und des „dialektischen Theaters“ Brechts

– und ein Übergang von den Medien- und Theaterfragen zur sozialen Realität Serbiens. Eine Darstellerin berichtet davon, wie sie einmal die Gelegenheit zu einem Besuch in Robert Wilsons Apartment in der Canal Street in New York erhielt und dort in einer großen Kollektion von Kunstwerken unter anderen die Schuhe der von Wilson sehr verehrten Marlene Dietrich erblickte, die diese im „Blauen Engel" getragen hat. Von dort aber leitet sie zu anderen Schuhen über, nicht solchen von Berühmtheiten, sondern von gewöhnlichen Menschen.

Und die Spieler bringen nun in einer Modenschau der kleinen Leute sehr alltägliche Kleidungsstücke herbei, Schuhe, Jacken, Mäntel von Personen, die auf die eine oder andere Weise Opfer der gesellschaftlichen Verhältnisse, des Übergangs zur postkommunistischen Gesellschaft, des kapitalistischen Wirtschaftens wurden. So wird die Orientierung auf das opferbereite Individuum am Ende durch ein brecht-marxisches Motiv und die sehr brechtsche Einsicht relativiert. „Wir selbst sind die, auf die wir schon lange warten."[10]

4

„Einige von uns"

Für eine andere Vermittlung zwischen Lehrstück und der eigenen Spielpraxis entschied sich die Gruppe She She Pop, als sie 2014/2015 über einen Zeitraum von rund anderthalb Jahren ein Projekt am Stuttgarter Schauspiel realisierte. Für das Projekt ließen sich die Künstler vom Thema des Apparats inspirieren, das sowohl im Konzept ‚Lehrstück' überhaupt relevant ist, sofern es Brechts Kritik am Theater

10 https://www.youtube.com/?v=5dLFBeURdUA

als Apparat artikuliert, als auch konkret in verschiedenen Lehrstücken verhandelt wird, wenn es um das Verhältnis des Menschen zur Technik geht. Ebenso wurde Brechts Lehrstücktheorie zu einem Medium der Suche nach neuen Theaterformen des gemeinsamen Produzierens. Am Anfang stand eine ausgedehnte Recherche. Es wurden Interviews mit dem Ensemble, Intendanz und Dramaturgie, mit Technikern und Handwerkern geführt. Vom Schuhmacher bis zum Theaterabonnenten ist jeder ein Teil des Apparats ‚Theater'. Am Horizont stand ein Aufführungsprojekt, in dem alle Berufsgruppen des Theaters auf der Bühne mitwirken sollten. Die Etappen bestanden in einer ersten Phase des Kennenlernens, mit den Interviews, gemeinsamen Fragespielen und ersten Ideen. Nach einigen Monaten wurde eine erste Präsentation öffentlich gezeigt, die Premiere der Aufführung fand im September 2015 statt.

„Einige von uns", von links nach rechts: Marietta Meguid, Claus Staudt, Jule Koch, Hanna Plaß, Isabell Hoeckel, Verena von Waldow, Boris Burgstaller, Henrike Eichhorn, Michael Stiller, Adrian Vajzovic, Florian Rummel. Foto: © Julian Marbach

Das Performancekollektiv aus Sebastian Bark, Johanna Freiburg, Fanni Halmburger, Lisa Lucassen, Mieke Matzke, Ilia Papatheodorou und Berit Stumpf versteht sich nicht als Teil eines Theaterapparats, sondern als ein Unternehmen aus Konzeptkünstlern. Dass sie sich als Kollektiv bezeichnen, ist Programm. Es soll in der Arbeit möglichst unhierarchisch, aber trotzdem organisiert zugehen. Eine festgeschriebene Arbeitsteilung gibt es nicht, alle Performer verstehen sich nicht nur als Darsteller, sondern zugleich als Autoren, Dramaturgen und Ko-Regisseure. Ausgangsbasis ist meistens eine gemeinsam entwickelte Idee, die eher selten auf einer literarischen Vorlage beruht. Daraus entstehen jedoch keine biografischen Abhandlungen, sondern vielmehr eine performativ realisierte Reflexion über die Beziehung des Individuums zur Gemeinschaft.

Man ersieht aus der hier skizzierten Selbstbeschreibung leicht, warum man sagen kann, dass eine gewisse Logik darin waltet, wenn die Gruppe nun auf das Brechtsche „Lehrstück“ gestoßen ist. Kollektiv und Gemeinschaft, die Frage des Individuums, die Kritik des Theaterapparats sind Motive Brechts, die sich in aktueller Verschiebung in der Arbeit von She She Pop wiederfinden. Bei Brecht gibt es zumal die radikal anti-individualistische Denkfigur, dass der einzelne verwiesen und sogar durch und durch konstituiert ist durch seine Relation zu den anderen („Indem man ihn anruft, entsteht er. / Wenn man ihn verändert, gibt es ihn“ (GBA 3, 43f.), wie es im *Badener Lehrstück vom Einverständnis* heißt. Motiv der Solidarität ist, dass den Einzelnen nur das Wohl der Gemeinschaft stärken kann („Wer im Stich läßt seinesgleichen, läßt ja nur sich selbst im Stich,“ heißt es im *Solidaritätslied* GBA 14, 119) – ein Gedanke der die heutige Generation schon deswegen interessieren muss, weil sie mit einem starken Individualismus aufgewachsen ist und kaum ein Gegenkonzept dazu kennt.

Ein Teil der Inspiration war Brechts Sprache. Deren Ton hört man schon in einem internen Skript für die Präsentation heraus, er ist durch Anverwandlung und direkte wörtliche oder fast wörtliche Zitate präsent. Worte und Satzteile aus dem *Fatzer*-Fragment, aus *Die Maßnahme* oder aus dem *Badener Lehrstück vom Einverständnis* zeugen von der Beschäftigung des Performancekollektivs mit den Lehrstücktexten:

> Stellt dar, wie es geschah und warum, und ihr werdet hören unser Urteil.
> […]
> Halt, wir müssen etwas sagen
> […]
> Ihr aber, die ihr einverstanden seid mit dem Fluß der Dinge
> Sinkt nicht zurück in das Nichts.
> Löst euch nicht auf wie Salz im Wasser, sondern
> Erhebt euch
> Umwälzend eine Umwälzung
> […]
> Wir erwarten euer Urteil. […]
> Entscheidet jetzt:
> Durch das Sprechen der Wörter und
> Das Anhören der Chöre
> Was eigentlich los war, denn
> Wir waren uneinig.

5

Gewiss sind die Verfahren nicht ganz neu: die Mitarbeiter des Theaters als Akteure, die ins Rampenlicht treten und sich vorstellen; das Prinzip der Fragen und Antworten, die das Kollektiv in Gruppen und Individuen aufspalten – all das hat es so oder ähnlich schon gegeben. Aber neu ist die Legierung dieser postdramatischen Verfahren mit der Idee, der Sprechweise und den Themen des Brechtschen Lehrstücks. Der Theaterapparat steht dabei stellvertretend für jedes lebendige System – sei es eine Firma oder auch die Gesellschaft.

Was heißt es unter diesen Umständen, das Verhältnis von Darsteller und Zuschauer neu zu denken? Kann im und mit dem Theater überhaupt gelernt werden – ohne in simplifizierende Theaterpädagogik zu verfallen? Die Antworten fallen in den betrachteten Beispielen unterschiedlich aus. Sie alle aber suchen etwas wie ein *Theater des Lernens*. Worauf es freilich, sofern die Brecht-Interpretation betroffen ist, vor allem ankommt, ist eine Einsicht, die immer wieder neu gewonnen werden muss, aber offenbar in der Praxis wie in der Theorie nur mit Mühe festzuhalten ist: Im Theaterspiel, auch und gerade im Lehrstück, kann es nicht darum gehen, bereits Begriffenes, also schon in Begriffen Erfasstes, zu illustrieren, sondern solches zu lernen, was auf rein theoretischem Wege nicht gelernt werden kann, sondern allein durch das Spiel. Bei der Suchte nach neuen Wegen, diese Art des Lernens zu verwirklichen, steht alles auf dem Spiel: das gesamte Modell des Theaters der Repräsentation, des Schauspielens und des ‚Wissens'. Es geht um neue Modelle des Theaterraums, um Methoden und Formate, die das Theater als sozialen Raum begreifen. Welche Form des Theaters der Zukunft brauchen wir? Bei den Versuchen, auf diese Frage Antworten zu (er)finden, spricht der Brecht der Lehrstücke ein gewichtiges Wort mit.

Foto: Knut Hirche

Hans-Thies Lehmann und Helene Varopoulou

SCHREIBEN AN BERTOLT BRECHT

30. März 2016

Verehrter Bert Brecht,
hier stocken wir schon, denn an wen richten wir dieses Schreiben? An Sie, den anarchisch, manchmal expressionistischen Dichter der frühen Gedichte und des Baal? An Sie, den Brecht der Neuen Sachlichkeit, der schreiben konnte „Das Abc heißt: man wird mit euch fertig werden"? An den marxistisch denkenden Brecht, der das Modell der Lehrstücke erdachte? An Sie, den Erfinder tragischer Figuren vom jungen Genossen des Lehrstücks *Die Maßnahme* bis zu Gestalten ihrer Klassiker des epischen Theaters, z.B. *Mutter Courage*? Auch wenn es besonders der eine Brecht ist, nämlich der ‚Andere', den wir ansprechen, so meinen wir doch auch irgendwie Sie, die anderen, mit.
Sie waren eben nicht einer, sondern immer ein 'Anderer', und dadurch ein Veränderer. Sie sahen sich nie als den ‚Besitzer' von Ideen und notierten früh in Ihren Tagebüchern:

> Ich glaube nicht, daß ich jemals eine so ausgewachsene Philosophie haben kann wie Goethe oder Hebbel, die die Gedächtnisse von Trambahnschaffnern gehabt haben müssen, was ihre Ideen betrifft. Ich vergesse meine Anschauungen immer wieder, kann mich nicht entschließen, sie auswendig zu lernen. (GBA 26, S. 139)

Und wir vergessen nicht Ihre wundervolle Beschreibung, als Sie einmal ihr Gesicht betrachteten, als Sie vor dem Spiegel Kirschen aßen. Mein „Gesicht", schrieben Sie,

> hat viele Elemente von Brutalität, Stille, Schlaffheit, Kühnheit und Feigheit in sich, aber nur als Elemente, und es ist abwechslungsvoller und charakterloser als eine Landschaft unter wehenden Wolken. Deshalb können viele Leute mein Gesicht nicht behalten (‚es sind zu viele', sagt die Hedda). (GBA 26, S. 230)

„Wer immer es ist, den ihr sucht: ich bin es nicht." (GBA 11, S. 33)
Wir beide, die Ihnen diesen Brief schreiben, fanden das so sehr,

dass wir - damals noch unbekannt miteinander - zur gleichen Zeit, 1991, das Motto „Der andere Brecht" für eine Brechtveranstaltung wählten. Der eine in Augsburg, die andere in Athen. Damals reichte unsere Bekanntschaft mit dem, was Sie schrieben, schon weit zurück. Bei dem einen bis in seine Bremer Jugendzeit, als er als Schüler in einem der blassgelben schmalen Einzelausgaben Ihrer Stücke am Fenster einer Bibliothek oder Buchhandlung der Innenstadt diesen Satz las und elektrisiert war: „Daß da gehören soll, was da ist / Denen, die für es gut sind" (GBA 8, S. 185). Elektrisiert vom Inhalt, der den jugendlichen Sinn für Gerechtigkeit ansprach; aber ebenso sehr formal, durch das wundervolle kleine Stolpern in Syntax und Klang, „die *für es* gut sind". Ein so schlagend einfacher Dreh, den der Deutschlehrer vermutlich moniert hätte.

Auch bei der anderen gab es die ersten Begegnungen mit Ihnen in der Kindheit und Jugend. Brecht: Das war im Griechenland der 1950er und 1960er Jahre mehr ein Mythos als ein konkret bekannter Autor, eine Figur des antifaschistischen Deutschen, eine Größe der deutschen Exilliteratur, ein ‚Linker' mit einem starken Gefühl für soziale Gerechtigkeit, Leiter des Berliner Ensembles. Zunächst gab es Texte, programmatische Schriften, auch Gedichte, präsentiert in einem vor allem ideologischen Kontext. Und es gab die erste Erfahrung einer Aufführung: *Der kaukasische Kreidekreis* im Künstlertheater von Karolos Koun. Das große Erlebnis kam aber später, als sie in den 1970er Jahren die umwerfende Erfahrung des Gastspiels des Berliner Ensembles in Paris machte. Ihre Sprache, Bert Brecht, nun im Originalton; das Spiel der Helene Weigel. Das war der Brecht, der ihre intellektuelle Biographie lebenslang prägen sollte.

Wenn wir beide heute als Paar an Sie schreiben, als ein Paar, das auch zusammenarbeitet, so hoffen wir, welcher BB es auch sei, den wir antreffen, vor allem eines: Dass Sie sich in Ihrem Himmel der guten Bösewichte nicht langweilen. Oder haben Sie es doch in die Hölle geschafft? Sie hatten doch deutlich geahnt, dass, wie schon Hegel wusste, im Paradies nur Gott und die Tiere es aushalten - weil es da eben so schrecklich langweilig ist. Und Sie schrieben ein Gedicht darüber, dass gerade die Sünder, die „Unreinen", denen man auf dem Weg in die Hölle zuvor noch im Überflug den Himmel zeigt, sich sehr enttäuscht von ihm zeigen - „denn gerade sie / Haben ihn sich strahlender gedacht" (GBA 13, S. 197).

Nach dieser *captatio benevolentiae* fassen wir uns nun ein Herz, denn wir müssen Sie gleich in einem wichtigen Punkt womöglich enttäuschen. Denn bei aller Liebe und Bewunderung für die Episierung des Theaters, denken wir, wenn wir an Sie denken, und das tun wir sehr oft, weniger an das epische Theater im engeren Sinn als an Sie, Dichter und Denker des Modells der Lehrstücke. Natürlich, Sie waren, mit Erwin Piscator, der Erfinder und bleiben als Dichter und Theaterdenker der eigentliche Begründer des epischen Theaters. Sie könnten in dieser Hinsicht mehr als zufrieden sein: denn das epische Theater hat ja ‚gesiegt'. Ihre Forderung nach einem epischen - und das hieß ja vor allem: nach einem intelligenten - Theater ist heute bei allen, die künstlerisch zählen, zum selbstverständlichen Maßstab geworden. Ihre Ideen sind auch dort wirksam, wo nicht ihre eigenen Stücke aufgeführt werden. Und die epische Spielweise als verfremdendes Spiel ist bei vielen der besten Schauspieler der neueren Zeit schon der gewöhnliche Habitus. Sie erlauben uns sogar im Hollywoodfilm immer wieder, Distanz zu ihren Figuren zu nehmen. Sie zeigen, historisieren und demonstrieren, ironisieren und zitieren Gesten. Kurz: Sie verfremden und episieren, was das Zeug hält.

Ihr episches Theater war eine epochale Wendung der Theater- und Schauspielkunst im 20. Jahrhundert, und es bleibt maßgebend in seiner Wendung gegen das Spektakuläre, gegen den Pleonasmus, gegen das Großtun im Theater, gegen alle neobarocken Versuchungen. Ihr materialistischer Minimalismus, das Bestehen auf Stil und Präzision des Theaters, lässt alles ‚Zuviel' auf der Bühne blamabel wirken. Ihre Strenge, die uns bei allen Unterschieden der Konzeption immer wieder an Beckett erinnert, stellt unausgesprochen eine Kritik am allzu Leichtfüßigen mancher Ihrer Adepten dar. Gewiss geht es darum, das Gezeigte im Theater ‚leicht' zu machen. Aber Sie hätten jederzeit Einstein zugestimmt, der betonte, man müsse die Dinge so einfach wie irgend möglich machen - aber nicht einfacher. Ihr Theater, verehrter Brecht, sollte Denkprozesse skandieren, einen Diskurs der Widersprüche quer zum Bewusstsein Ihrer Protagonisten artikulieren, Konflikte darstellen, keine Lösungen auf Kosten der widersprüchlichen Wahrheit.

Wenn trotzdem heute die drängende Frage, der heftige Wunsch nach einem NEUEN epischen Theater auftaucht, so handelt es sich nicht um eine Sache der Mode. Sondern darum, dass für Sie die formale Erneuerung des Theaters - im Unterschied zu bloß formalistischen Neuerungen - stets nur eine Seite der Medaille war. Deren andere hieß: das Politische im Theater. Und wenn wir nicht orthodox ‚brechtgläubig' die Augen davor verschließen, dann müssen wir heute erkennen, dass in der gegenwärtigen Bilderflut die Techniken des epischen Theaters einen großen Teil ihrer den Betrieb und das Bewusstsein einst verstörenden Kraft verloren haben. Vermutlich weit über Ihre eigenen schlimmsten Befürchtungen hinaus verwandelt der kapitalistische Kulturbetrieb, wie der Kapitalismus insgesamt, das gegen ihn gespritzte Gift in Rauschgift und genießt dieses. Trotzdem geben sich viele unverdrossen mit dem schulischen Gedanken zufrieden, der Brecht hätte revolutionärer Weise das Denken ins Theater eingelassen. Wir beide können uns, ehrlich gesagt, überhaupt nicht vorstellen, Sie hätten je bezweifelt, dass man auch im dramatischen Theater ‚des Shakespeare', wie Sie ihn gern nannten, viel und sehr viel gedacht hat. Das allein kann also nicht das Wesentliche an Ihrer Theaterrevolution gewesen sein. Es war jedoch wohl bequemer zu meinen, es genüge, etwas Intelligenz, Denken, Theorie, Wissen auf der Bühne, um das Theater einer Grunderneuerung zu unterziehen. Geht man über diesen Gesichtspunkt nicht hinaus, so bleibt aber davon ganz unberührt und unangefochten das Institut, der Apparat des Theaters. Ihre Idee des Theaters hatte aber immer eine politische, zumal eine institutionskritische Pointe.

Darum wollen wir das, was in unseren Augen das eigentlich Revolutionäre Ihres Denkens, Ihrer Praxis ausmacht, anders definieren. Sie haben als ein ‚Kippernikus' des Theaters tatsächlich die ganze Grundidee von dem, was Theater sei, gekippt und einen radikal anderen Begriff davon begründet. Indem Sie das Theater nicht mehr als *Aufführung vor und für*, sondern als *szenische Praxis von und mit* allen, auch den Besuchern = Teilnehmern, imaginiert haben. Theater in aller Konsequenz als gemeinsame Veranstaltung aller Beteiligten zu denken - das, erscheint uns, ist die veränderte Sehweise, die uns bei der Suche nach einem NEUEN epischen Theater Orientierung gibt. Und daher werden Sie verstehen, warum wir gerade Sie, den Inspirator der Idee des *learning play*, des Lehrstücks, als unseren Paten und Schutzpatron auf diesem Weg zu gewinnen hoffen.

Vermutlich ist die Kunde schon bis zu Ihrem Himmels-Saloon oder Ihrer Höllenkneipe gedrungen (wo Sie gestern noch mit Marx und Lessing, heute mit Nietzsche, Sophokles und Lukrez ewige Gespräche führen), dass sich viele der Jüngeren zurzeit mehr für Sie als den Erfinder des *learning play*, d.h. für ein Theater der Recherche und Selbstverständigung der Spielenden interessieren, als für das epische Theater.

Es ist nicht lange her, dass uns jüngere Theatermacher auf die Tonaufzeichnung eines Gesprächs aufmerksam gemacht haben, in dem Sie 1953 erklärten, was man „jetzt" brauche, seien „kleine bewegliche Formen, Theaterchen". Sie erinnern da an die Tradition des Agitprop und meinen, kleine Theaterkollektive könnten auch an den großen Theatern selber entstehen, durch - hier hört man auf dem Band förmlich Ihr kleines erfreutes Schmunzeln über die eigene Formulierung - „durch Selbstzündung“ (GBA 23, S. 365-374). Sie haben in diesen späten Jahren Ihres viel zu kurzen Lebens die *Buckower Elegien* geschrieben, Gedichte voller Skepsis. Und diese Skepsis hat Sie, so will es uns erscheinen, schon damals ahnen lassen, von welch lähmender Erstarrung die großen Theaterapparate bedroht waren und sind.

Welche Art von „Theaterchen“, welche beweglichen Formen und Strukturen benötigen wir für ein neues episches Theater? Wir können Ihnen nicht versprechen, wie das neue epische Theater aussehen wird. Manche werden vielleicht statt eines Stücks eine Installation oder einen getanzten Prozess machen, zumal ja große Dichter, die mit der Kunst der komplexen Einfachheit ihrer Lehrstücktexte heute rivalisieren könnten, nicht in Trauben zur Welt kommen. Andere interessiert vielleicht eine Adaptation Ihres Modells auf andere Texte der dramatischen Literatur. Wieder andere schicken das Publikum vielleicht auf eine Erkundungsreise in ihre Umwelt oder arbeiten mit dokumentarischem Material. Das alles und viel mehr, was wir uns nicht im Voraus ausdenken können und wollen, ist möglich. Angeknüpft wird jedenfalls, wie sagten Sie so treffend: beim schlechten Neuen, nicht beim guten Alten.

Nennen wir unsere ‚Wunschliste‘ so:

von den Räumen die kleineren, von den Spielern die klügeren, von den Gedanken die geräumigeren, von den Zeiten die längeren, von den Künstlern überhaupt die, die mehr am gesellschaftlichen Leben als an ihrem Selbst interessiert sind.

Warum nur selten ein Theater der großen Dimension? Weil Theater die Kunst *par excellence* ist, in der wir mit Blicken und Gesten, mit Schwingung und Färbung der Stimme, mit Haltung und sinnlicher Ausstrahlung, kurzum: mit dem Körper kommunizieren. Darum plädieren wir für die physische Nähe zwischen den Akteuren, Spielern, Zuschauern. So können sie sich mental voneinander entfernen, wie Sie es immer verlangt haben, aber diese Ferne nicht nur theoretisch, sondern körperlich erfahren - als ‚entferntes Verstehen‘.

Warum die klügeren Spieler? Manchen mag, was wir eben sagten, zu wenig intellektuell klingen für ein Theater in Ihrem Geist. Das neue epische Theater braucht aber gerade die klugen Spieler, die nicht einfältig genug sind, im Theater Ideen zu propagieren, eine Botschaft an den Mann bringen zu wollen, mit der Absicht einer direkten Beeinflussung der Leute im Hinterkopf. Wir wissen doch längst, dass sich diese Vorstellung bei der ersten Besinnung, spätestens beim Verlassen des Theaters widerlegt. Vielmehr wird ein NEUES episches Theater von Ihrem gelegentlich geäußerten Gedanken ausgehen, dass die Schauspieler als ‚Delegierte‘ des Publikums zu

verstehen sind. Sie sind dazu bestellt, gemeinsam interessierenden Themen, besonders den schwer lösbaren Grundkonflikten des gesellschaftlichen Zusammenlebens, sinnliche Gestalt zu verleihen. Sie sollen sich nicht wie Zauberer aufführen, die den Zuschauern magische Wundertaten der Verkörperungskunst anbieten, sondern als besonders aktive Teilnehmer Theater als einen auf Zeit gemeinsam bewohnten Denkraum realisieren. Siegreiche Parolen waren nicht Ihre Sache. Ihr „Theater des konstruktiven Defaitismus" fängt ja schon damit an, dass Sie nie die erfolgreiche Revolution ins Bild setzten, sondern immer nur ihre Probleme. Nie den siegreichen, heroischen Kampf, immer die Niederlage, den Deserteur, den, der nicht mitspielt.
Warum von den Gedanken die geräumigeren? Die geräumigen Gedanken sind die, die das Undenkbare mit einschließen. Ihr ganzes Theaterdenken zielte nicht auf die schlichte Vorstellung ab, die viele noch immer bei Ihnen zu finden glauben, dass Theater solle mit seiner Sinnlichkeit etwas illustrieren, was man auch theoretisch denken und als Gelerntes schwarz auf weiß nach Hause tragen kann. Vielmehr haben Sie immer wieder implizit und manchmal auch explizit auf etwas bestanden, was den Liebhabern des belehrenden Theaters in die Parade fährt: Theaterspiel ist eine Praxis, durch die und mit deren Hilfe man ‚begreift', was man rein *theoretisch* eben *nicht* begreifen kann - sondern nur gestisch, sinnlich, stimmlich, körperlich. Der Prozess des Spielens, des Darstellens eröffnet ein ‚Lernen', das nicht in fixierbarem Gelerntem mündet. Viel näher als dem Bild, das viele von Ihnen malen, scheinen Sie uns darum Hölderlin, der den Menschen als „unter Undenkbarem wandelnd" zeigen wollte.
Warum von den Zeiten die längeren? Es wird ein Theater sein, dessen Aufführungen der Idee nach fortgesetzter Probenarbeit unter Beteiligung der Öffentlichkeit folgen. Ein Theater der Erforschung, das viele Mitautoren hat und sucht. Ein Theater, das sich dafür die nötige Zeit nimmt und entsprechenden Zeitaufwand auch seinen Besuchern zumutet. Wir denken, das neue epische Theater soll sich jene Haltung zum Vorbild nehmen, mit der Sie den Funktionären der Partei, die die Länge einer geplanten Aufführung monierten, weil die Leute morgens zur Arbeit müssten, zur Antwort gaben: Da gebe es wirklich ein Problem. Man müsse ganz offenbar die Arbeitszeiten ändern.

Grüße in Ihr Exil jenseits von Zeit und Arbeit senden
Hans-Thies Lehmann und Helene Varopoulou.

Dieser Text wurde ursprünglich für die Aktion der Projektreihe Durcheinander von Katrin Deufert und Thomas Plischke geschrieben, die im August 2015 im Berliner HAU1 im Rahmen des Festivals Tanz Premiere hatte. Mehr Infos unter: http://www.festivalimpulse.de/de/news/594/brechtbrief und http://www.deufertandplischke.net

Auswahl wichtiger Publikationen zu Theorie und Praxis des Lehrstücks

Günter Hartung: *Der Dichter Bertolt Brecht. Zwölf Studien*. Leipzig, 2004 [bes. S. 111-248].

Gerd Koch: *Lernen mit Brecht. Bertolt Brechts politisch-kulturelle Pädagogik.* Hamburg, 1979, 2. Aufl. Frankfurt a. M., 1988.

Gerd Koch/Reiner Steinweg/Florian Vaßen (Hg.): *Assoziales Theater. Spielversuche mit Lehrstücken und Anstiftung zur Praxis.* Köln, 1984.

Klaus-Dieter Krabiel: *Brechts Lehrstücke. Entstehung und Entwicklung eines Spieltyps*. Stuttgart/Weimar, 1993.

Bernd Ruping: *Material und Methode. Zur Theorie und Praxis des Brechtschen Lehrstücks*. Münster, 1984.

Reiner Steinweg: *Das Lehrstück. Brechts Theorie einer politisch-ästhetischen Erziehung*. Stuttgart, 1972.

Reiner Steinweg (Hg.): *Brechts Modell der Lehrstücke. Zeugnisse, Diskussion, Erfahrungen*. Frankfurt a. M., 1976.

Reiner Steinweg (Hg.): *Auf Anregung Bertolt Brechts: Lehrstücke mit Schülern, Arbeitern, Theaterleuten.* Frankfurt a. M., 1978.

Reiner Steinweg: *Lehrstück und episches Theater. Brechts Theorie und theaterpädagogische Praxis.* Frankfurt a.M., 1995, 2. Aufl., 2005.

Weitere bibliographische Hinweise in: Krabiel, Steinweg (2005) und *Korrespondenzen. Zeitschrift für Theaterpädagogik* 10 (1994), H. 19-21.

Verzeichnis der Abbildungen und Dokumente

Coverfoto	Aufführungsfoto von „FATSA/KOINA: Athen" im Rahmen der 3. Mülheimer Fatzer Tage am Ringlokschuppen Ruhr: © Björn Stork.
Vorwort und Gespräche	Sämtliche Fotos entstanden während der Villa-Vigoni-Gespräche: © Knut Hirche und Florian Vaßen.
Finn Iunker	Sämtliche Faksimiles: © Bertolt-Brecht-Archiv: Signaturen BBA 407/13-14; BBA 407/22-23; BBA 407/24-25. Transkription der Faksimiles: Antje Köhler
Gerd Koch	Brecht-Karikatur: Der Autor bzw. Rechte-Inhaber konnte nicht ermittelt werden.
Hans-Thies Lehmann / Helene Varopoulou	Sämtliche Fotos zu Sophokles' *Antigone*: © Costas Ordolis; Sämtliche Fotos zu Ibsen *Ein Volksfeind*: © Zlatko Pacovic; Foto zu She She Pop: © Florian Marbach.
Thomas Martin	Gerda Goedhart © Suhrkamp Verlag.
Bernd Ruping	Bei der Bilder-Sequenz auf S. 102 handelt es sich um Screen-Shots des digitalisierten Videos zum Lehrstück-Seminar in der Eichenkreuzburg, April 1980: © Deutsches Archiv für Theaterpädagogik, Lingen; die folgende Bildersequenz auf S. 103: © Bernd Ruping; die Golgota-Picnic-Fotos: © Chris Rzonca.
Marianne Streisand	Abb.1: Aus: Hans Deichmann: *Leben mit provisorischer Genehmigung. Leben, Werk und Exil von Dr. Eugenie Schwarzwald (1872-1940). Eine Chronik*. Wien, 1988. S. 98. Abb. 2: Akademie der Künste, Berlin, Bertolt-Brecht-Archiv FA 17/065, Foto: unbekannt. Abb. 3: Aus: Siegfried Unselt (unter Mitwirkung von Helene Ritzerfeld): *Peter Suhrkamp. Zur Biographie eines Verlegers in Daten, Dokumenten und Bildern.* Frankfurt a.M., 2004.

S. 71 (Foto aus Privatbesitz).
Abb. 4: Walter Benjamin in Dachau, 1917, Akademie der Künste, Berlin, Walter Benjamin Archiv; Foto: Aliza Auerbach.
Abb. 5: Akademie der Künste, Berlin, Bertolt-Brecht-Archiv FA 06/135, Foto: unbekannt.

Mit Dank an das Bertolt-Brecht-Archiv und das Walter-Benjamin-Archiv der Akademie der Künste, Berlin, für die Bereitstellung der Fotos.

Florian Thamer

Die Bilder der Labore in Athen und in Mülheim: © EGfKA
Die Aufführungsfotos „FATSA/KOINA: Athen": ©Bordstein/Björn Storck.

Ehrich Tunk

Skizze: „Der Apparat ist schon da."
© Ehrich Tunk.

Tina Turnheim

Sämtliche Abbildungen: © Archivio Primo Moroni, Mailand, im Rahmen des Projects *From the Horde to the Bee* für die Kataloge-Gestaltung ausgewählt vom *visual artist* Marco Fusinato. Die Kataloge waren Teil einer Installation bei der 56. Biennale von Venedig und konnten gegen eine Spende von 10 Euro von den Besucher_innen direkt aus dem Ausstellungsraum heraus mitgenommen werden. Durch das Fehlen von Verkaufspersonal wurde einerseits die Tauschhandlung sichtbar, zumal im Lauf der Aktion der Stapel der Kataloge immer kleiner wurde, während die Geldmenge auf der Mitte des Tisches wuchs. Vor allem jedoch gelang es, einen Kapitalstrom von diesem Großereignis der Kunstwelt zu dem Mailänder Archiv militanter Kämpfe umzuleiten. Ich danke Marco Fusinato und dem Archivio Primo Moroni dafür, hier auf diese Materialien zurückgreifen zu dürfen.
(Vgl. Marco Fusinato: From the Horde to the Bee. http://marcofusinato.com/art/from-the-horde-to-the-bee/ (zuletzt abgerufen am 11.04.2016) und: http://www.inventati.org/apm/ (zuletzt abgerufen am 11.04.2016.)

Werner Waas

Brecht Camp, Turin: © Foto: Portage; Manifatture Kno: © Foto: Maurizio Buttazzo; Konstruktion der Bühne im Hausergarten des Itz, Berlin Neukölln: © Foto: Lea Barletti; „Selbstbezichtigung" von Peter Handke: © Foto: Manuela Giusto; Christmas Forever: © Foto: Tony Clifton Circus; Flyer zur Berliner Aufführung von Antonio Tarantinos „Materialien für eine deutsche Tragödie".

Autorinnen und Autoren

Francesco Fiorentino, Professor für deutsche Literatur an der Universität Roma Tre. Er koordiniert das Forschungsprojekt *Materiali, strumenti e progetti per una riconfigurazione delle scienze umane* (http://www.newhumanities.org/it) und die Doktoratschule für Letterature e culture comparate an der Università degli studi Roma Tre. Fiorentino leitet die Verlagsreihe *Scienze della cultura* für Quodlibet. Er ist Mitglied des Wissenschaftsrats der Zeitschriften *Studi culturali* und *Prospero*.

Publikationen u.a.: *La sentinella perduta. Ernst Jünger e la Grande Guerra* (1993); *La letteratura della Svizzera tedesca* (2001); *Heiner Müller. Per un teatro pieno di tempo* (Hg., 2005); *Atlante della letteratura tedesca* (Mit-Hg., 2009); *Al di là del testo. Critica letteraria e studio della cultura* (Hg. 2011); *Brecht e i media* (Hg. 2013); *Brecht e la fotografia* (Mit-Hg. 2015).

Andreas Häckermann, Student der Geschichte und Sozialwissenschaften an der Humboldt-Universität zu Berlin, verfasst derzeit seine Abschlussarbeit zu Rudolf Bahro. Er hat mehrere Jahre an der Mahn- und Gedenkstätte Ravensbrück (Konzentrationslager Ravensbrück) gearbeitet und war bis vor kurzem Praktikant beim *Merkur. Zeitschrift für europäisches Denken.*

Clemens-Carl Härle, Professor für Deutsche Literatur und Philosophie der Kunst an der Universität Siena. Seine Forschungstätigkeit erstreckt sich auf die deutsche Literatur des XX. Jahrhunderts (Kafka, Brecht, Bachmann, Peter Weiss, Heiner Müller), Literaturtheorie, die Ästhetik der Aufklärung (Winckelmann, Kant), die Frankfurter Schule (Benjamin, Adorno) und die neuere französische Philosophie (Deleuze, Lyotard, Rancière); Visiting Professor u.a. an der Freien Universität Berlin, der Université Paris-VIII, dem Collège International de Philosophie Paris, der Yale University.
Mit Giorgio Agamben und Barbara Chitussi Herausgeber der gesammelten Fragmente von Benjamins unvollendetem Baudelairebuch: *Walter Benjamin. Charles Baudelaire. Un poeta lirico nell'età del capitalismo avanzato* (2012); französische Ausgabe *Baudelaire* (2013).

Finn Iunker, norwegischer Dramatiker und Literaturwissenschaftler; internationaler Durchbruch als Dramatiker mit *The Answering Machine*, Uraufführung 1994 in Gießen (Regie: John Jesurun, USA), Ibsen-Preis 2006. Iunker promovierte 2014 mit der Dissertation *Bertolt Brechts ‚Der Jasager' (erste Fassung). Text, frühe Rezeption und Einverständnis als Einwilligung*. Zurzeit ist Iunker als Stipendiat an der Kunsthochschule in Oslo tätig, wo er im Rahmen eines *artistic research*-Projekts u.a. an der Entwicklung eines Theaters für Sehbehinderte arbeitet.

Letzte Buchpublikation: *Arbeider for scenen 1993–2015* (*Arbeiten für die Bühne*, 2015).

Gerd Koch, Berlin; Dr. phil., Diplom-Pädagoge, Außenhandelskaufmann, pensionierter Professor für Theorie und Praxis der Sozialen Kulturarbeit (Theater) und wissenschaftlicher Leiter des Master-Studiengangs Biografisches und Kreatives Schreiben an der Alice-Salomon-Hochschule Berlin; Mitbegründer der *Zeitschrift für Theaterpädagogik* und der Gesellschaft für Theaterpädagogik; Vorstandsmitglied in der Bundesarbeitsgemeinschaft Spiel und Theater und in der Gesellschaft für Sinn und Form.

Publikationen u.a.: *MASSNEHMEN* (Hg. mit Inge Gellert / Florian Vaßen, 1999), *Wörterbuch der Theaterpädagogik* (Hg. mit Marianne Streisand, 2003ff), *Ohne Körper geht nichts* (Hg. mit Gabriela Naumann / Florian Vaßen, 2. Aufl. 2011), *SozialRaumInszenierung* (Hg. mit Nadine Giese / Silvia Mazzini, 2012), *Theater und community – kreativ gestalten!* (Hg. mit Ömer Adıgüzel / Ute Handwerg, 2014).

Hans-Thies Lehmann, Literatur- und Theaterwissenschaftler; 1988 bis 2010 Professor für Theaterwissenschaft an der Johann Wolfgang Goethe-Universität in Frankfurt am Main, davor wesentlich am Aufbau der Studiengänge für Angewandte Theaterwissenschaft (Universität Gießen) und Dramaturgie (Universität Frankfurt) beteiligt. Gastprofessuren u.a. in Amsterdam, Paris, Wien, Krakau, Tokio, Berkeley, Kent und Charlottesville.

Publikationen u.a.: *Theater und Mythos* (1991) *Postdramatisches Theater* (1999, übersetzt in 22 Sprachen), *Handbuch Heiner Müller* Hg. mit Patrick Primavesi, (2003), „DAS POLITISCHE SCHREIBEN“ (2002; 2. erw. Aufl. 2012), *Tragödie und Dramatisches Theater* (2013), *Brecht lesen* (2016).

Milena Massalongo, Germanistin, Magisterarbeit zu Walter Benjamins Begriff vom Medium (bei Giorgio Agamben), 2005 Doktorarbeit *Heiner Müller liest Bertolt Brecht: das Fatzer-Fragment, ein ‚Jahrhunderttext*‘ an der Universität Pavia; erste italienische Übersetzung des *Fatzer*-Fragments nach der Bühnenfassung von Heiner Müller (2007). 2010-2012 Mitarbeit am internationalen Theaterprojekt *Fatzer geht über die Alpen.*

Publikationen u.a. zu Benjamin, Brecht, Heiner Müller, Kafka, Carl Schmitt, Aby Warburg; *'L'uomo è il nemico e deve cessare.' Il frammento-Fatzer di Brecht, un commento al nostro tempo* (2016); im Druck: Monographie zu Hölderlins Sophokles-Übersetzungen und Brechts und Müllers Auseinandersetzung damit (*Interrompere il tempo*); Walter Benjamin: *Congedo dall'opera. Saggi su Brecht*, erste italienische Ausgabe der Suhrkamp-Sammlung der Schriften Benjamins über Brecht.

Nikolaus Müller-Schöll, Professor für Theaterwissenschaft am Institut für Theater-, Film- und Medienwissenschaft der Goethe-Universität Frankfurt a.M. und Leiter des Masterstudiengangs Dramaturgie; Studium in Avignon, Hamburg und Baltimore, Promotion in Frankfurt a.M., Lektor an der Ecole Normale Superieure in Paris und Habilitation an der Ruhr-Universität Bochum in der Theaterwissenschaft. Seine

Forschungsschwerpunkte liegen im Spannungsfeld zwischen Theater, Literatur, Philosophie und Politik.

Publikationen u.a.: *Das Theater des ‚konstruktiven Defaitismus'. Lektüren zur Theorie eines Theaters der A-Identität bei Walter Benjamin, Bertolt Brecht und Heiner Müller* (2002); *Ereignis* (Hg., 2003); *Performing Politics* (Hg. mit André Schallenberg / Mayte Zimmermann, 2012); *Unterm Blick des Fremden. Theaterarbeit nach Laurent Chétouane* (Hg. mit Leonie Otto, 2015).

Mauro Ponzi, Professor für Neuere deutsche Literatur an der Universität Rom La Sapienza, Alexander von Humboldt-Stipendium 1986-87 (Berlin), DAAD-Stipendiat Düsseldorf (1996), Berlin (2006); Visiting Professor Roskilde University (Dänemark 1994), Heinrich-Heine-Universitat Düsseldorf (1996 und 1999); seit 2001 Herausgeber der Zeitschrift für deutsche Literatur- und Kulturwissenschaft *links* (Pisa-Roma), seit 2004 des *Hermann-Hesse-Jahrbuchs*; 2000-2008 Vorstand der Internationalen Walter Benjamin Gesellschaft und seit 2012 Präsident der Associazione Italiana Walter Benjamin.
Forschungsschwerpunkte: Exilliteratur, Goethe-Zeit, Komparatistik und Medienwissenschaft.

Publikationen u.a.: *Melancholie und Leidenschaft. Der Bildraum des jungen Goethe* (2011); *Die Kräfte des Rausches. Nihilismus und Politik im Denken Benjamins* (in: *Benjamins Grenzgänge / Benjamins' Frontiers* (2013); *Schwellen. Aufsätze für eine neue Theorie des Raums* (Hg. mit S. Borvitz, 2014); *Naples as Topography of Spaces In-between: Walter Benjamin and the Threshold between Old and New* (in: *Between Urban Topographies and Political Spaces*, 2014).

Bernd Ruping, Studium der Germanistik, Pädagogik, Soziologie und Philosophie an der Westfälischen Wilhelms-Universität Münster; von 1987 bis 1998 zunächst Fachbereichsleiter, dann wissenschaftlicher Leiter des Theaterpädagogischen Zentrums Lingen; seit 1999 Studiendekan und Leiter des Instituts für Theaterpädagogik der Hochschule Osnabrück Hochschule Osnabrück/Campus Lingen (Ems). Gründungs-Mitglied des Bundesverbandes Theaterpädagogik (1990) und des Europäischen Theaterhauses Lingen (2013). Mitbegründer und Mitherausgeber der *Zeitschrift für Theaterpädagogik* und der *Lingener Beiträge zur Theaterpädagogik*.
Lehr- und Forschungsgebiete: Ästhetik der Darstellenden Kommunikation; Soziokulturelle Interventionsformen des Theaters, Theatrale Organisationsforschung.

Publikationen u.a.: *Material und Methode. Zur Theorie und Praxis des Brechtschen Lehrstücks* (1984); *Gebraucht das Theater! Die Vorschläge Augusto Boals - Erfahrungen, Varianten, Kritik* (Hg., 1991); *Widerwort und Widerspiel. Theater zwischen Eigensinn und Anpassung* (Hg., 1991); *Theatrales Lernen. Ein Hand- und Kopfbuch zur Theaterpädagogik* (Hg., mit Hans-Joachim Wiese/Michaela Günther, 2004).

Marianne Streisand, Professorin für Angewandte Theaterwissenschaft am Institut für Theaterpädagogik der Hochschule Osnabrück/Campus Lingen und wissenschaftliche Leiterin des *Deutschen Archivs für Theaterpädagogik* (DATP). Theaterwissenschaftlerin und Theaterpädagogin; 1983 Promotion mit einer Arbeit zu Heiner Müller, 2000 Habilitation mit der Schrift *Intimität. Begriffsgeschichte und Entdeckung der Intimität auf dem Theater um 1900* (2001).

Publikationen u.a.: *Wörterbuch der Theaterpädagogik* (Hg. mit Gerd Koch, 2003); *Generationen im Gespräch. Archäologie der Theaterpädagogik* (Hg. mit Ulrike Hentschel u.a., 2005); *Der Bilderatlas im Wechsel der Künste und Medien* (Hg. mit Inge Münz-Koenen u.a., 2005); *Lektionen 5. Theaterpädagogik* (Hg. mit Dietmar Sachser u.a., 2012).

Florian Thamer studierte Theaterwissenschaft und Neuere deutsche Literatur an der Freien Universität Berlin. Derzeit ist er wissenschaftlicher Mitarbeiter am Internationalen Forschungskolleg *Interweaving Performance Cultures* und schreibt in diesem Rahmen seine Dissertation bei Joachim Fiebach; gemeinsam mit Tina Turnheim entwickelte er – unter Rückbezug auf Brechts Lehrstückkonzeption – das theoretische Modell eines *Theaters der Sorge*, das mit der Theatergruppe EGfKA kollektive Arbeitsformen an der Schnittstelle zwischen Theater und dem Politischen erprobt.

Publikationen: *Show You're Not Afraid. Go Shopping!* Antje Budde, Hg: *Fiebach – Theater. Wissen. Machen*, 2014); *THEATER DER SORGE. Politisch Politisches Theater machen* (in: *In Gemeinschaft und als Einzelne_r*) (mit Tina Turnheim, 2104) *Performing Politics of Care* (in: Marilena Zaroulia u.a., Hg.: *Performances of Capitalism, Crises and Resistance*, mit Tina Turnheim, 2015).

Ehrich Tunk/Knut Hirche u.a., Künstler und Theaterkonstrukteur in Berlin; 1974 Stuckateur; Gründung des Puppentheaters Stromboli am Kollwitzplatz; 1979 Bühnenreife NVA; Spieler, Ausstatter am Puppentheater Neubrandenburg, auch für Erwachsene; Internationale Festivals, wichtige Impulse in der ostdeutschen Theaterlandschaft; Schauspiel-, Musik-, Straßentheater der Stadt Neubrandenburg. VBK 1988/90 Erarbeitung des erweiterten Konzepts: grenzübergreifend, ensemblegesteuert; Leitformel: *Kammertheater noch machen*; 1990 künstlerischer Leiter, 1992 Bestellung zum Intendanten, 2000 Abwicklung durch Fusion, seitdem freier Künstler in Berlin.

Tina Turnheim studierte Theater-, Film-, und Medienwissenschaften in Wien und Berlin und arbeitet als Theatermacherin und Theoretikerin in Berlin. Sie ist Mitbegründerin des Theaterkollektivs *EGfKA - Europäische Gemeinschaft für kulturelle Angelegenheiten*, für welches sie gemeinsam mit Florian Thamer das Modell eines *Theaters der Sorge* entwickelte. Sie ist Promotionsstipendiatin am Internationalen Graduiertenkolleg *InterArt* der Freien Universität Berlin. Darüber hinaus forscht und publiziert sie über das Konzept der Zukunft, politisches Theater, soziale Reproduktion, Protest und Aufstände.

Publikationen: *Theater der Sorge. Politisch Politisches Theater machen* (in: *In Gemeinschaft und als Einzelne_r*, 2014, mit Florian Thamer); *Embros heißt vorwärts! Theater als Insel der Unordnung, temporäre autonome Zone und Exodus* (in: *In Gemeinschaft und als Einzelne_r*, 2014); *Performing Politics of Care* (mit Florian Thamer; in: Marilena Zaroulia u.a., Hg.: *Performances of Capitalism, Crises and Resistance*, 2015).

Helene Varopoulou, Kritikerin, Übersetzerin (u.a. Heiner Mueller, Bertolt Brecht, Walter Benjamin, Hermann Broch, Goethe, Falk Richter, Aischylos, Euripides), Theaterwissenschaftlerin; Beraterin Athener Concert Hall Megaron; Konsultantin Nationaltheater Athen 1998/2008. Leiterin Sommerakademie des Nationaltheaters Athen 2000/2009, 1994/1997 Direktorin Internationales Theaterfestival Argos; Lehraufträge an den Universitäten Athen, Thessaloniki, Patras, Frankfurt am Main, Berlin. Seit 2014 ehrenamtliche Leiterin der Zweigstelle Berlin der Griechischen Kulturstiftung.

Publikationen u.a.: *Passagen* (2009); *To zondano Theatro* (Das Lebendige Theater, 2002); *Dystinos Angelos* (Glückloser Engel, 2002), die erste umfangreiche Ausgabe von Heiner Müllers Texten in Griechisch; Brief an Heiner Müller (griechisch und deutsch, 2016).

Florian Vaßen, Studium der Germanistik, Romanistik, Philosophie und Geschichte in Frankfurt am Main, Aix-en-Provence und Marburg; von 1982 bis 2009 Professor für neuere deutsche Literatur am Deutschen Seminar der Leibniz Universität Hannover; Leiter der Arbeitsstelle Theater – Theaterpädagogik sowie des Studiengangs Darstellendes Spiel bis 2009; Mitbegründer der Gesellschaft für Theaterpädagogik, Mitbegründer und Mitherausgeber der *Zeitschrift für Theaterpädagogik.*
Arbeits- und Forschungsgebiete: Drama, Theater und Theaterpädagogik; Literatur des Vormärz; Satire und Karikatur; Bertolt Brecht; Heiner Müller.

Publikationen u.a.: *Korrespondenzen. Theater – Ästhetik – Pädagogik* (Hg., 2010); *Ohne Körper geht nichts* (Hg. mit Gerd Koch/Gabriela Naumann, 2. Aufl. 2011,) *Collective Creativity. Collaboration Work in Sciences, Literature and Arts* (Hg. mit Gerhard Fischer, 2011); *Bibliographie Heiner Müller* (2013).

Werner Waas, deutsch-italienischer Regisseur, Schauspieler, Übersetzer, Theaterleiter. Mit der Gruppe *Quellicherestano* realisiert er in den 1990er Jahren etwa 30 Stücke zeitgenössischer Autoren, in Theatern, Kneipen, Kunstgalerien, auf der Straße, darunter *Mann ist Mann* von Brecht; ab 2007 Aufbau der Kulturfabrik *Manifatture Knos* in Lecce, Einrichtung des Dramatikerpreises *Il centro del discorso* und des Werkstattfestivals *K-Now!*; ab 2009 Arbeit mit dem Tony Clifton Circus in *Christmas Forever* und *Hula Doll*, 2012 spielt er Fatzer in *Getting lost faster* am Staatstheater Turin; seit 2012 Arbeit mit ItzBerlin u.a. für *FabulaMundi-Playwriting Europe*; 2013 Gründung der Kompanie Barletti/Waas, Arbeit an Handke *Autodiffamazione/Selbstbezichtigung* und Antonio Tarantino *Materialien für eine*

deutsche Tragödie; Übersetzungen von Jelinek und Achternbusch.
Publikationen zu Jelinek in *Lia Secci Il teatro di Elfriede Jelinek in Italia* und in *Doppiozero Sul concetto di patria* sowie zu Handke in *Alfabeta 2*.

Michael Wehren, Theaterwissenschaftler und Mitglied der freien Theatergruppe *friendly fire*. Studium der Theaterwissenschaft und Philosophie an der Universität Leipzig; wissenschaftlicher Mitarbeiter der Forschungsprojekte *Körperpolitik: Disziplinierung und Inszenierung im Kontext von Gymnastik, Ausdruckstanz und Massenchoreographie* sowie *Körperpolitik in der DDR*. Promotion über die Lehrstücke und Bertolt Brechts *Fatzer*-Fragment sowie ihre heutige Produktivität.

Publikationen: *Kommando Johann Fatzer. Mülheimer Fatzerbücher 1* (Hg. mit Alexander Karschnia, 2013); *Räume, Orte, Kollektive. Mülheimer Fatzerbücher 2* (Hg. mit Matthias Naumann, 2013); *Verortungen/Entortungen. Urbane Klangräume* (Hg. mit Melanie Albrecht, 2015).

Joshua Wicke hat Philosophie und Volkswirtschaftslehre studiert und arbeitet als freier Dramaturg, Philosoph und Autor. Er interessiert sich für die Mischverhältnisse von Realität und Fiktion und für das Theater der Wissenschaften; zuletzt betreute er Arbeiten von Max Linz, Anita Vulesica und der Gruppe müller**** u.a. an den Sophiensælen Berlin, Hebbel am Ufer, Mozarteum Salzburg & der vierten Welt. Er arbeitete wiederholt bei Martin Laberenz am Deutschen Theater Berlin. Außerdem Konzeption und Durchführung von Workshops u.a. an der Volksbühne am Rosa-Luxemburg-Platz und der Kunsthochschule für Medien Köln. Im letzten Jahr wurde das Hörspiel *Funkstille*, das er mit Anna Zett entwickelt hat, im Deutschlandfunk ausgestrahlt und nun für den Prix Marulic nominiert. Zurzeit studiert er Dramaturgie (MA) an der Hochschule für Schauspielkunst Ernst Busch in Berlin.